场

莱西建总梦

建总人力争用10年左右的时间把莱西建总打造成一个充满人文关怀、追求卓越品质、勇于担当社会责任、在全国有一定影响力和核心竞争力的知名品牌企业集团。

品牌战略
质量优胜

用良心做建筑
用诚心做事业

市场布局

巩固青岛市场，重点发展两翼（东部蓝色硅谷、西部西海岸经济新区），实现中间突破（做大高新区市场），并辐射烟台、威海市场；成立济南区域公司，辐射济南周边地区及郑州、徐州市场；成立京津冀区域公司，进军华北市场；力争用3-5年的时间完成市场布局。

五次鲁班奖

浮山新区

卓亭广场

华侨新村

千禧龙花园

青岛四方住宅小区

烟台公司地址：烟台开发区秦淮河路海天花园小区
联系方式：0535---6398639

济南公司地址：高新区颖秀路2766号
联系方式：0531---55701537

中国驰名商标
乐好集团
——2015世界休闲体育大会独家服装供应商
——2015乐好时代城杯世界街舞比赛冠名商
世界休闲组织名誉主席德雷克·卡塞博士莅临参观考察
休闲体育大会专用服装
商务·政务
青春时尚
高端定制
羊绒大衣及棉服
水貂、皮衣专柜
羊毛、羊绒大衣专柜
时尚女装专柜
新婚礼服专区
新扩建装修的乐好精品服装商城
地　址：莱西市上海西路1号乐好工业园三楼
联系电话：81871858

莱西利客來风雨十三载 风华正茂

青岛利客來集团莱西购物中心是青岛利客來集团于2002年在异地开设的第一家大型购物中心，经营面积20000m^2，她东邻月湖广场和月湖公园，北接夜市，西面与南面紧靠商业街，占据莱西市最繁华的商圈中心，是莱西市地理位置最佳、整体销售规模最大、商业平效最高、影响力最强的零售商场。

十三年发展，硕果累累；十三易春秋，辛苦付出。十三年来，利客來人凭借不怕困难、努力进取的精神，历经磨砺卓然前行，回首过往峥嵘岁月，利客來人一步一个脚印，一年一个台阶，撒一路辛勤的汗水，留一路胜利的欢笑，载一路美好的希望，用汗水铺就了一条超越自我的发展之路，取得了不凡的业绩。

多年来，莱西利客來紧紧围绕“做大做强，区域领先”的发展目标，成功开设了李权庄、江山、东庄头、冯格庄、南墅五家乡镇直营连锁店和南京路、龙口路两处社区店，形成了“一个城区中心总店，七家乡镇社区直营店”的连锁发展格局，多次荣获“山东省消费者满意单位”、“山东省服务名牌”、“青岛市食品安全标杆商场”、“青岛市诚信企业”、“青岛市百城万店无假货示范店”等荣誉称号，成为莱西市商业企业城乡一体化连锁发展的典范。

十三载耕耘，勇立潮头。莱西利客來历经十三年风雨征程，用服务赢得顾客，用诚信赢得尊重，用品质赢得信誉，凭借底蕴醇厚而又朝气蓬勃的企业文化和先进的管理制度，翘

首莱西城。

回顾十三年的发展，艰辛与辉煌并存。利客來的发展壮大，离不开广大顾客朋友的支持和厚爱，离不开所有合作伙伴的风雨同舟、精诚合作，离不开全体员工的开拓进取、奋勇拼搏，离不开员工家属们的默默支持和无私奉献，因为大家的支持与厚爱、奉献与付出，成就了今天的莱西利客來，一路相伴，利客來感谢有您！

如今的莱西利客來是一副迷人的画卷，令人向往；是一首昂扬的诗歌，令人沉思；是一曲动人的乐章，催人奋进。未来，在充满机会与挑战的路上，莱西利客來将始终秉持“服务生活，利惠顾客”的服务宗旨，坚持“以信经商，以德取利，以礼行事，以义为人，以实为本，以人为荣”的核心理念，一如既往不断开拓进取，在新的征途中再谱新篇！

2004年1月11日，利客來李权庄商场开业，营业面积4800m^2，是利客來分部隔代衍生的第一店。

2006年7月30日，利客來江山商场开业，营业面积4000m^2。

2011年12月25日，利客來东庄头商场开业，建筑面积23000m^2，商场面积8000m^2，楼上为大型酒店及写字楼。

2012年9月16日，利客來龙口路超市（营业面积2000m^2）与南京路超市（营业面积3500m^2）同日盛大开业，是莱西分部在城区首开的社区直营店。

2012年12月28日，利客來冯格庄商场盛大开业，营业面积3000m^2，这是利客來在烟台地区开设的第一家门店。

2014年11月20日，利客來南墅商场盛大开业，营业面积8000m^2，超市2层，酒店部分3－－5层，约6000m^2。

莱 西 市 人 民 政 府 主 办

（总第十一卷）

莱西年鉴

2015

莱西市史志办公室　承编
莱 西 市 档 案 局　协编

方志出版社

国网山东莱西市供电公司

凝心聚力 共谋发展 击鼓催征 策马扬鞭

2014年，国网山东莱西市供电公司在省、市供电公司和莱西市委、市政府的坚强领导下，凝心聚力、共谋发展、高效创新、策马扬鞭，秉承“一强三优”现代公司的管理理念，站在全局高度，用战略思维科学谋划全年工作，各项工作取得新突破。2014年公司完成购电量15.747亿千瓦时，售电量14.95亿千瓦时，综合线损率5.06%，电费回收率100%，实现营业收入10.33亿元，利润58万元。公司先后荣获“全国守合同重信用企业”、“全国安康杯优胜单位”、“山东省理论宣教基地”、“青岛市基层行风示范窗口”、“青岛市A级纳税信用等级单位”、“青岛市道德讲堂示范点”、“莱西市先进基层党委”等荣誉称号，连续十年在莱西市行风评议中喜获公共服务类第一名。

莱西市市长纪家栋到供电公司营业大厅视察工作

2015年公司上下认真践行党的群众路线、严格贯彻执行八项规定、落实“三严三实”教育要求，以安全稳定为基础，以推进和坚强智能电网建设为重点，以“年初的工作目标”为抓手，以“优质服务再提升”为突破，坚定不移推进“两个转变”，各项工作稳步发展、持续推进。

安全生产 全面管控到位

市供电公司始终坚持“安全第一、预防为主、综合治理”方针，全员、全方位强基固本，设备健康状况和电网运行水平有效提升。抓现场，坚持重心下沉，各级管理人员现场到岗到位监督287人次，安全督察队督察现场196处，查处违章175起。抓培训，高效完成春检任务166项，发现消除设备缺陷78处。开展反光膜清理、输电通道隐患排查整治活动，累计回收反光膜3800公斤，清理树障15200余棵，安装驱鸟器1455个。开展“安全用电·爱心彩虹”四进工作，走进学校134所，家庭368家，企业1202家，社区42 个，发放宣传材料15.6万份，发现整改安全隐206处。联合市工信局开展农村用电安全示范建设活动，在全市范围内创建安全用电示范镇（村），确保农村用电安全实现“三个百分百”。营业大普查完成大电量用户670户、零电量用户3.7万户,整改分类电价执行错误276户、计量装置消缺37户，重点查处违约用电、计量故障，追补电量80.4万千瓦时，追补电费及违约使用电费20.1万元。圆满完成中国旅游日、中高考、月湖文化节、青岛2015世界休闲体育大会保供电等重大活动保电工作。

青岛供电公司总经理孙敬国现场督导梅花山变电站建设

电网建设 优化网架结构

编制完成莱西市“十三五”配电网规划。联合政府开展线路通道清理，500千伏海阳核电工程完成莱西境内树障清理52处、房屋拆除1处，夏格庄35千伏配出工程完成项目核准和跨越施工手续。

主网结构愈加坚强。建成投运110千伏院西、夏格庄、梅花山3座变电站的输变电工程。城乡配网更加可靠，大力实施“三个两千”工程，工程总投资9253.76万元，新增配变台区430台，新建、改造中低压线路300.4公里 。城区17条配网自动化线路4月份投入运行，实现了8对“手拉手”线路，1条单辐射线路环网供电，有效提升城区配网供电可靠性。加快实施老旧小区“一户一表”改造，完成香格丽苑、焦格庄新村等4个小区、3610户接收改造，占年度计划的36.1%。加强业扩报装过程管控，精简上电手续，压缩上电流程，报装流程实现可视化查询和信息主动告知，业扩时限达标率100%。

休闲体育大会保电员工现场战前紧急动员

迎峰度夏 积极处置应对

青岛供电公司总经理孙敬国在莱西公司查看职工书画摄影展

受夏日高温潮湿天气影响，7月29日10时49分，莱西电网最大负荷达到32.37万千瓦，创历史年负荷新高，最高用电负荷比去年最高值增长12%。

组织实施了企业错峰能力调查，会同市工信局制定了莱西电网2015年事故拉路及限电拉路序位，对涉及的772家企业签订了协议书或发放了有序用电告知书，确保在电力出现缺口时，主动实施轮休、检修及调整生产班次等避峰措施。与市电视台、广播电台达成协议，在迎峰度夏期间加大宣传力度，引导企业、商场、学校、居民增强节能减排意识，自觉停用不必要的用电设备，营造全社会参与节电的良好氛围。加强重过载设备治理，将重过载的7台配变、3条线路列入2015年自筹配网和农网改造项目。开展电网设备防汛检查，完善输变配电设施、在建施工工地度汛方案，加强与气象、防汛等政府部门信息共享，积极应对恶劣天气，高效有序处置7月30日店埠镇暴雨突发龙卷风等各类应急事件。

服务休体 电力保障有力

2015年，市供电公司为全力保障青岛2015世界休闲体育大会场馆的电力供应，超前谋划、提前介入，主动向山东省电力公司、青岛供电公司汇报沟通，并赴海阳专程取经亚沙会保电经验，仅用153天规划新建110千伏梅花山变电站1座。该变电站位于梅花山街道办事处35千伏韶存庄变电站南侧，工程总投资8729.9万元。针对中低压电力配套工程，对休闲体育大会莱西体育中心（开、闭幕式）、城区大沽河沿岸、莱西湖、姜山湿地等5处比赛场馆、8处后勤保障场所的供电状况进行了排查梳理，投入改造资金2891万元，涉及10千伏新架线路6条：水集街道龙水1#线线路改造工程及31个低压台区改造工程、梅花山街道产芝线线路新架工程、产芝Ⅱ线线路新架工程及11个台区改造工程、姜山镇姜山企业线线路新架工程、姜山农业线线路新架工程及24个台区改造工程。

青岛赛威鞋业有限公司成为莱西市首家分布式光伏电源并网发电企业

公司在济南路小学进行“四进”安全用电宣传

营销服务 打造品牌形象

市供电公司加快提升优质服务，全力打造“你用电、我用心”的企业服务品牌形象。积极推行营业厅“一柜通”、电话预约等服务模式，实行业扩报装“一对一”跟踪服务。简化业扩报装办理流程，完成报装接电容量4.33万千伏安、增长41.3%。加快用电信息采集系统建设，安装更换电能表30.38万只，终端覆盖率100%，采集成功率98.49%。全面开展营业大普查，普查高低压及居民用户6.6万户，居民电量异常用户1180户,零电量用户3.8万户,整改销户606户，调整分类电价执行错误276户。加强用电稽查，查处窃电、违约用电12户，追补电量81.4万千瓦时、电费60.2万元。开展带电作业442次，零点作业55次，多供电量269万千瓦时，有效减少了客户停电时间和范围。

作风形象 全面实施提升

店埠镇雷暴雨停电后供电公司员工抢修供电现场

认真开展“我是国家电网人”、“我的班组我的家”系列教育活动，发挥党员先锋模范作用，积极争创先进基层班组。开展“亮身份、亮承诺、亮目标”活动，签订领导班子、班子成员及党员承诺书，撰写领导干部学习心得57篇，各党支部开展大讨论12次。丰富职工文化生活，举办新春职工书法、摄影、工艺品展、职工趣味运动会、读书征文等系列活动。积极参加全市休体大会倒计时100天合唱比赛，获得银奖的优异成绩。积极开展“慈善一日捐”活动，公司和个人踊跃捐款9万余元，为全市慈善事业持续发展注入了活力。

金秋硕果飘溢香，电力发展铸辉煌。市供电公司将在省、市供电公司和莱西市委、市政府的正确领导下，以世界眼光谋划未来，以国际标准提升工作，以本土优势彰显特色，以服务民生为着力点，调整思路、探索经验，抓好落实，继续奋力拼搏，在加快建设“一强三优”现代公司的征程中，以更加饱满的精神状态，为全面实现“中国梦”，谱写更加灿烂辉煌的篇章。

材料来源：国网山东莱西市供电公司

青岛（莱西）城乡社区建设投资有限公司

莱西市城镇化和新型农村社区建设投融资平台

青岛（莱西）城乡社区建设投资有限公司是由青岛城乡社区建设投资集团有限公司与青岛昌阳投资开发有限公司（代表莱西市财政投出资）共同组建的国有合资公司。公司成立于2013年7月，注册资本2.6亿元，是莱西市城镇化和新型农村社区建设的投融资平台和开发建设主体。

公司自成立以来，紧紧围绕青岛市委市政府关于加快推进青岛城乡一体化的指示精神，以及“两区共建、三个集中、四个融合”新型农村社区的总体建设思路，在莱西市委市政府的大力支持下，积极探索和实践着产业支撑下的新型社区建设模式，服务城乡发展、引领社区建设。

在社区建设中，公司坚持“以人为本、产城共建”，高标准规划建设社区安置房的同时，配套完善基础设施和公共服务设施，使农民真正享受到市民的生活条件。 “乐业”方能“安居”，社区同步配套产业园区，搭建产业集聚平台，为新型社区建设提供有效产业支撑，促进农民就业，保障农民收入的实质性增加和生活质量的真正提高，真正实现人的城镇化。

在姜山镇，公司年投资建设的李权庄社区（一期）规划面积16万平米，总投资7.16亿元。藉由李权庄原镇驻地周边现有良好的产业基础、人口集聚情况和商业氛围，该项目以安置区建设为切入点，对李权庄原镇驻地周边2.34平方公里的范围进行了规划，在结合当地特色高标准设计、建设民安置用房，打造优良的社区环境的同时，确保道路、给排水、燃气、暖气、电力等等的配套，同步针对学校、医院、养老、商业、体育、休闲娱乐公共服务配套进行合理布局，让安置区居民真正过上城市人的生活。

李权庄社区（一期）效果图

李权庄社区（一期）农贸市场效果图

在河头店镇，为保证水库移民搬迁，公司投资建设了龙泉湖社区（二期）项目。社区占地面积67亩，规划建设面积6.6万平方米，建设内容包括住宅、车库、储藏室、商业网点等设施，总投资超过2亿元。同时，为推动搬迁居民致富，公司深入研究农村产业发展，在做好社区建设的基础上，为乡镇经济发展贡献力量。

李权庄社区（一期）住宅效果图

2016年，公司将积极推进其他社区、道路、产业及美丽乡村项目的运作，充分发挥财政资金的放大作用，努力为莱西市的城乡统筹，新型城镇化建设和美丽乡村建设做出贡献。

龙泉湖社区规划图

莱西市国土资源局

融入中心　履职尽责
推动国土资源管理工作再上新台阶

近年来，莱西市国土资源局主动融入中心大局，积极落实国土管理职能，推动了国土资源管理工作不断迈上新台阶。先后被国土资源部授予“国土资源节约集约模范市”、“双保行动成效显著单位”、“推进依法行政先进单位”、“信访工作先进单位”，被山东省国土资源厅授予“国土资源执法模范市”、“国土资源管理先进集体”，被省文明委授予“省级文明单位”，被青岛市委授予“青岛市级创先争优先进基层党组织”等荣誉称号。

一、融入中心，进位争先，争创科学发展新业绩

把创先争优的动力转化为执政为民的自觉追求，努力争创一流工作业绩。

局长刘明诗（右三）陪同市人大领导调研矿山环境恢复治理工作

（一）抓用地、保发展。加强土地利用总体规划、年度计划实施管理，坚持有保有压，优化土地利用布局，统筹土地指标利用，重点工业项目、重大基础设施项目、民生工程等用地做到了应保尽保。坚持严控增量、用好现量、盘活存量、扩大流量，充分利用第二次土地调查、卫片执法检查、土地变更调查等成果，健全了建设用地低效利用的常态化预防、监管、处置机制，力争土地使用效益最大化。

（二）保红线、固根基。积极实施建设用地增减挂钩、工矿废弃地调整复垦利用等工作，加大土地整治资金投入，共承建省级以上土地整理项目3个，青岛市级土地整理项目300多个，建设高标准基本农田10余万亩，为全市粮食安全奠定了坚实基础。

局党委书记刘明诗为全局党员干部上党课

行政服务窗口工作人员为市民办理商品房土地证

（三）抓执法、保稳定。加大土地矿产违法案件查处的力度、速度、广度，做到查处一案、震慑一片、教育一方，土地卫片执法检查违法占地比例低于上级15%的问责比例。坚持关口前移、重心下移、快速反应，打造“一小时”执法圈，增强执法权威，有效降低了执法成本。每年开展卫片执法检查、“蓝色盾牌”行动、严厉打击非法采矿专项行动，通过组织“会战”、集中攻坚，始终保持执法监察的高压态势。

二、转变作风、优化服务，塑造党员干部时代新形象

我们牢牢把握教育实践活动和“三严三实”专题教育对党员干部作风建设的新要求，以人民满意为第一追求，倡导党员干部在工作中模范带头，牢记宗旨，廉洁勤政。

（一）率先垂范，树先锋形象。充分发挥党员干部的先锋模范作用，通过开展“双示范”、“创先争优、联创齐争”、“党徽在岗位闪光，服务让市民评议”、“党员先锋岗”等活动，真正“把党的旗帜举起来，让党的声音响起来，使党的形象树起来”。党建工作经验在全省国土系统“五个建设”工作会议上进行了推广。大力实施国土所“进位争先”工程。目前，全局17家国土所中，省级文明单位1家，青岛市级文明单位标兵1家，青岛市级文明单位15家。另外，省级党风廉政建设示范所5家，省一级档案管理先进单位7家。

（二）创新管理，树公仆形象。建立了企业联络员制度，选派党员干部联络全市重点企业进行登门服务。主动削权去利，简化审批程序，优化办事流程，将能进驻的审批事项全部进驻市行政服务中心，打造“一站式”服务升级版。狠抓整风肃纪，采取局督查室“主动查”与聘请中介公司“暗中访”相结合的形式，对干部职工思想、纪律、作风进行全方位督查，督查结果在月例会上进行通报，纳入绩效考核，切实打造全程闭合、过错倒查、压力传递的工作执行链条。

（三）强化监督，树清廉形象。建立联席会审制度，在资源审批、招拍挂出让、违法案件查处等环节实行民主、公开决策，最大限度地压缩自由裁量权空间。每半年开展一次“开门纳谏，促勤促廉”活动，每季度开展一次“阳光对话”活动，进一步畅通监督渠道，从源头上防止腐败问题发生，近几年全局干部职工无一人出现违法违纪问题。

三、创新载体，践行品牌，打造队伍建设新标杆

围绕创建“阳光国土”党建品牌，我们从教育塑造、宣传引领、文化凝聚等方面入手，努力打造人民满意的干部队伍。

（一）加强教育强党性。加强党建阵地建设，配备了先进的LED电子屏幕，开通了视频会议系统。不定期邀请青岛市委党校、青岛市检察院等领导前来授课，经常性开展重温入党誓词、观看主旋律影片、开展警示教育等活动，进一步增强了干部职工的党性修养。

（二）注重宣传造氛围。精心设计、策划、宣传“创先我当先，争优我先优”等导向鲜明的主题活动，品牌创建经验先后在青岛市党建工作研讨会议、《青岛日报》、《国土资源报》、《纪检监察报》、省委《支部生活》、青岛电视台《岛城先锋》等媒体宣传推广，原国土资源部部长徐绍史题字予以肯定。

（三）培育文化聚合力。努力挖掘党建品牌的文化积淀，增强党员对党组织的归属感和集体荣誉感。每年组织职工运动会、文艺晚会等职工喜闻乐见的文化活动，增强了队伍的凝聚力。定期开展“廉政文化日”活动，唱“廉”歌、写“廉”信、定“廉”铭，营造了人人思廉的文化氛围。

工作人员走上街头宣传测绘法律法规

土地整理项目施工现场

企业联络员深入包联企业现场调研

交运集团公司青岛莱西分公司

向前推进 向上提升 打造城乡公交“莱西模式”

莱西汽车站于1963年建立，隶属青岛公路运输总公司。1985年在汽车站的基础上建立了青岛公路客运公司莱西站队，后几经易名，成立了现在的青岛交运集团公司第七分公司。2010年7月2日更名为青岛交运集团公司莱西分公司，2012年2月6日更名为交运集团公司青岛莱西分公司。目前，我公司拥有车辆 713部，在职职工1412人。

交运集团公司青岛莱西分公司是莱西市重点国有大型交通运输企业，总部驻地在莱西市青岛路70号。是集班线客运、站务服务、温馨校车、温馨巴士、温馨的士、汽车修理、旅游和小件快递等系列服务于一体的国有专业运输企业。莱西汽车站是山东省首家“政府管、企业办”的公用型汽车站， 1997年被省交通厅评定为二级汽车站，2004年10月通过ISO9001：2000质量体系认证。目前，车站平均日接发旅客10000余人次，日发班次660个，是莱西市公路客运枢纽站。

莱西分公司秉承“向前推进，向上提升”的发展理念，以创新驱动战略引领发展，构建了全新的商业模式。打造城乡公交“莱西模式”；发展专业校车，形成“市区、社区、郊区、新区、山区和农村”校车六位一体发展格局；在莱西市各大企事业单位推行“定制公交”业务，方便市民上下班，有效地缓解城市拥堵的“社会病”。

坚持文化引领发展方向，全面融合“情感”“温馨”和“家园”等文化元素，形成独具特色的交运文化。在莱西率先实施员工工资三年倍增计划和“交运新工时”每周四天工作制，打造了员工幸福的企业。

坚守国企责任，设立“爱心基金”，资助特殊情况旅客回家；建立“爱心驿站”，为环卫工人提供免费早餐等暖心服务；组织“爱心义捐”、发起“爱心支教”，助力希望工程，圆农村娃的求学、文艺和体育梦；设置“爱心陪护”，为空巢老人提供温情服务；推出“爱心义运”，免费接送高考中考生，为老人提供免费送票和乘车服务，用真情诠释了无私奉献的“大爱交通”。

近年来，莱西汽车站以创建文明汽车客运站为目标，不断强化软硬件设施，以“比顾客的需求做得更好”的服务理念，先后推出了“旅客代表”、“人车联检”“邮寄儿童”“温馨驿站”等特色服务，以其特色鲜明、优质诚信的个性化服务在社会上树立了良好的形象，车站先后荣获青岛市文明单位、青岛市文明车站和青岛交运集团“先进集体”等荣誉称号。

1月20日，随着莱西市政府副市长曹杰军宣布，莱西市城乡公交一体化在经过9天的试运营后全面启动。莱西市实行城乡公交一体化后，运行在乡村的客车达到了169部，涉及49条线路。开通的城乡公交线路，全部实行优惠票价。新的车辆、优惠的票价、温馨的服务，将为莱西市民提供更加舒适、便捷的出行条件。

交运集团莱西姜山汽车站正式启用，成为对接世休会的重要交通枢纽，标志着莱西交通事业的发展又迈上了新台阶。

姜山汽车站将长途客运、公交客运、旅游客运和出租客运、物流配送等融于一体，成为目前全省配套设施和服务功能最为丰富和完善的乡镇二级汽车站，解决了周边10万居民的出行难题。新车站的开门纳客对拉开莱西城市骨架、缓解城区交通压力效果显著，同时对组团发展姜山新城、加快大青岛北部区域崛起将起到重要的支点作用。

莱西城区新公交线路历时几个月经过多次修正，实地调研，全面完成调整。

新城区公交线路设计10条线路，采取大跨度、小方块设计，确保城区全覆盖。大跨度车多，如1、2路，贯穿城区南北，从轻轨北站，沿烟台路直到梅花山生态园，走香港路、上海路、南京路到滨河路回到起点；小格局车快，多格局相互套叠，便于换乘。重要节点主要有：轻轨北站、汽车站、温馨巴士公司，还有市政府广场、威海路、上海路、烟台路及医院、银行、学校等关键节点，改变了过去单线路往返上行下行区分，实行单双号标注。

自8月13日，10部崭新的纯电动公交车从交运集团青岛汽车东站陆续发出，标志着青岛至莱西纯电动城际公交线路正式开通，也标志着“青岛2015世界休闲体育大会专号”正式运营，这也是全国首条纯电动城际公交线路。

莱西市中医医院

德布四方　　术惠民生

莱西市中医医院是我市唯一一所二级甲等中医医院。医院始终坚持突出中医特色的办院方向，谨承“大德布四方”的行医理念，审时度势，统筹规划，科学决策，攻坚克难，采取有力措施，狠抓工作落实，不断加强行业作风建设，努力构建和谐医患关系,全面提升医疗服务质量，促进了医院的健康持续发展。

深入扎实开展二甲中医医院持续改进活动，提升医院整体服务水平　。

在深入开展二级中医医院持续改进工作中，我们高度重视，认真组织，强化措施，落实方案。一是发挥中医药特色优势，扩大中医药服务范围。在开展中医药临床服务中，医院积极进行了中医药治疗方法的临床研究，探索了符合中医整体观念、辨证论治、个体化诊疗等理论和实践特点的研究方法及疗效评价方法，收到了良好的服务效果。二是严格质量控制监管，启用电子病历，规范中医病历书写。医院严格按照《中医病历书写基本规范》的要求，建立了病历质量控制体系，加强了对全体医疗人员的病历书写培训，加强了对运行病历和归档病历的督查，坚持了环节质控与终末质控相结合的管理方式，按月对质控情况进行全院点评，对点评和质控结果进行全院通报，对归档病历实行了由“终末质量监控”到“病案全过程、各环实节、多层次的动态质量控制”的机制，促进了病案质量的持续提高。三是加强中医技能培训，提高临证处置能力。为提高全院非中医类别执业人员的中医药服务能力，医院进一步强化了中医药服务的“三基、三严”培训，建立了考试考核制度，完善了培训措施，促进了非中医类别执业人员对中医药基本理论、基本知识、基本技能的掌握；提高了非中医类别执业人员应用中医药知识和技能处理常见病、多发病、疑难病和急危重症的能力。

院长郭旭先（右二），青岛大学心血管病医院业务院长安毅（右四）陪同中国中西医结合学会会长、中国科学院院士、上海科协主席陈凯先（左二）,全国人大代表、全国脑心同治专业委员会主任委员赵步长（左一）视察医院心脑病科病房。

更新大型医院设备，为群众提供更加优质诊疗服务。

为了提高诊疗水平，医院千方百计筹措资金，更新了美国GE公司生产的64排128层螺旋CT—optima680、DR、电子胃镜等大型医疗设备，为临床诊断提供了可靠依据，提高了医院综合服务能力。

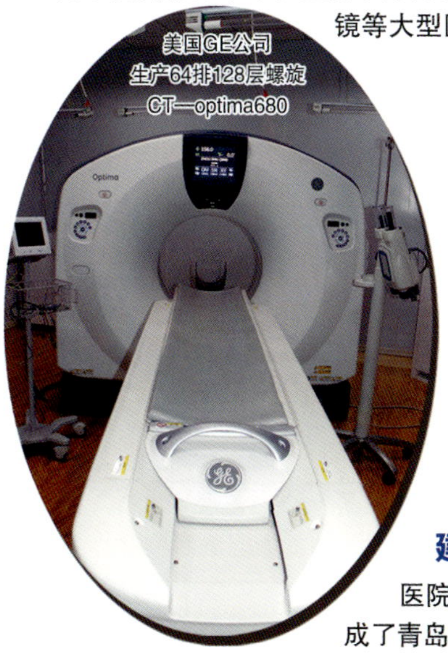
美国GE公司
生产64排128层螺旋
CT—optima680

认真扎实地开展“治未病”工作。

开展中医“治未病”是继承发展中医药学术的重要内涵，是根据现代医学模式转换的需要，通过“中医体质辨识”，结合中医辨证、现代医学体检，将中医治未病预防保健服务与“六位一体”服务功能有机结合，打造体现中医文化特色的中医综合服务区，为人民群众提供中医预防、养生、保健指导等服务；建立健全治未病科病区，接受病患者咨询，推广中医“治未病”知识，宣传“治未病”的“未病专防”、“已病防变”、“病后防复”的实质意义。临床治疗“疑难病”、“慢性病”，运用“已病防变”的中医治疗特点，用简、便、廉、验的诊疗方法，设定治疗措施，大力开展各类疾病针灸、艾灸、穴位埋线、拔火罐、中药熏蒸、养生教育等治疗方式，达到辨识病理体质，防病治病，健康长寿的目的，真正提高我市市民的健康素质。

建立青岛市级名老中医工作室。

医院在省中医药大学的扶持带动下，认真做好中医院专家学术经验的继承和创新工作，建成了青岛市级骨科、皮肤科、妇产科、内分泌科等名老中医工作室，进一步实施“名医、名科、名院”战略，带动医院的专科专病建设和中医学术的整体发展，确保医院核心竞争力的提升和持续发展。

进一步加强医院文化建设。

医院文化是以人为本的文化，是围绕人力资源开发的文化，是人性关怀、人文服务的文化，是医院管理、医院精神、医院品牌、医院形象等要素的综合体现。医院文化在医院发展中起着凝聚人心，外树形象的核心作用，医院将抓住医院文化这一主线，促进医院各项事业快速发展。

莱西市市立医院

二级综合甲等医院　　医疗医术再上新水平

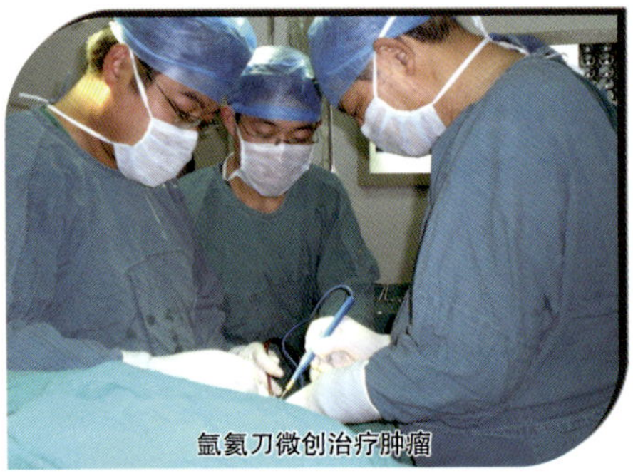
氩氦刀微创治疗肿瘤

莱西市市立医院是一所集医疗、教学、科研和预防保健于一体的二级综合性甲等医院，近年来，医院不断引进新技术、设备和人才，聘请省内外知名专家坐诊手术，除常规医疗外，在心血管病介入治疗、肿瘤微创治疗、椎间盘微创治疗、前列腺增生微创治疗、眼病治疗、睡眠呼吸监测治疗、碎石治疗、断指（趾）再植、精神病治疗、结核病治疗等多个学科形成了自己的专科特色。

省肿瘤医院专家坐诊手术　莱西唯一肿瘤介入微创治疗专科

院长付斐珍（右二）接受国际冷冻治疗学会主席授予“国际肿瘤氩氦冷冻治疗中心”证书

莱西市市立医院是莱西唯一一家掌握肿瘤介入技术并拥有数字减影血管造影系统DSA介入设备的医院，2015年起邀请拥有精湛医术和丰富临床经验的省肿瘤医院专家于竹成每月10日至15日到医院外二科坐诊，常年开展手术治疗。6年来已完成500余例肝癌、肺癌、食道支架等手术。肿瘤介入治疗的主要特点是创伤小、简便、安全、有效、并发症少，还能缩短住院时间。其中，其最显著的一个优点就是可以集中用药，大部分病人只要局部麻醉而非全身麻醉，药物直接作用于病变部位，不仅能够有针对性地用药，提高病变部位药物浓度，还能够大大减少药物用量，减少药物副作用，降低了麻醉的危险性，在整个手术过程中，病人都可以随时保持清醒。根据相关统计，介入治疗的成功率高达90%。

北京同仁医院眼科专家坐诊手术　青岛地区唯一白内障指定补贴实施医院

医院参与世界休闲体育大会保障人员合影

北京同仁医院眼科专家坐诊

2015年9月，莱西市市立医院与北京同仁医院眼科合作成立远程会诊基地，北京同仁医院眼科专家每月来医院眼科坐诊手术，同时加入由中国健康促进基金会发起的“贫困白内障患者复明工程”大型公益援助活动，对白内障患者进行援助与救治。莱西市市立医院作为该公益活动青岛地区唯一一家指定实施医院，从10月份开始，开展免费筛查活动，为每位患者提供最高2000元的手术补助，减轻患者的负担，将真正的实惠带给老百姓。为更好地开展眼科诊断与治疗，市立医院引进超声乳化仪等国际先进设备，为白内障患者采用先进的“超小切口白内障超声乳化+指定（美国爱尔康等）人工晶体植入”手术，切口更小，恢复更快，视力更好。

与青岛市立医院医联体签约仪式

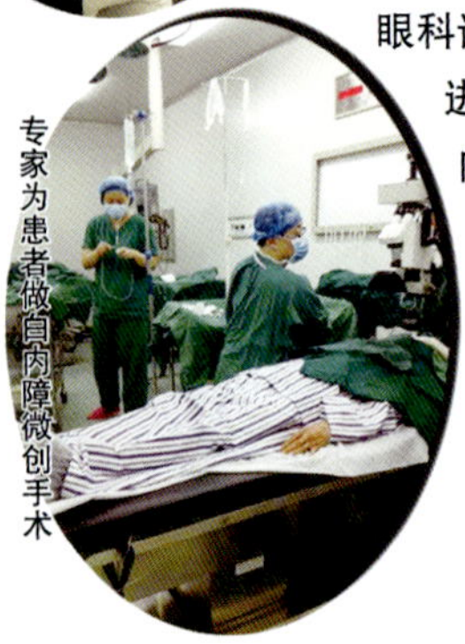
专家为患者做白内障微创手术

白内障是世界上首位致盲眼病，因老化、遗传、局部营养障碍、免疫与代谢异常、外伤、中毒、辐射等，引起晶状体代谢紊乱、晶状体蛋白质变性发生混浊而导致，主要表现为视力逐渐下降，临床上初期时出现视物模糊、眼前固定性黑影、复视等，视力下降明显时甚至仅有光感。白内障治疗没有特效药，盲目使用护眼贴、眼药水，不对症更容易产生副作用，延误病情，甚至导致失明，手术才是治疗白内障唯一有效的方法。

地址：莱西市威海西路8号（长途汽车站西100米）　急诊电话：120　88438000
肿瘤治疗热线：66898744　眼科热线：66898746

莱西市疾病控制中心

加强公共卫生监测　预防控制疾病传播

莱西市疾病控制中心为具体实施政府对社会疾病控制职能的卫生事业单位，是全市唯一具有疾病控制、卫生监测和预防性健康检查资格的合法机构。主要职责是：负责拟定全市疾病控制规划、计划，并负责指导和组织实施；负责全市疾病控制工作的技术指导与培训；开展急慢性传染病、慢性非传染病的流行病学调查、监测和免疫效果评价；开展可免性疾病的流行病学调查、监测和免疫效果评价；负责卫生检测、检验、出证工作；开展预防性健康检查与疾病控制方面的培训；开展健康教育和健康促进活动；开展病媒生物的监测和消杀防制；协助做好公共卫生突发事件的调查处理，开展预防医学领域内的科学研究与防治实践应用。

目前，中心拥有固定资产总值912余万元，大型仪器设备234余万元。具有省卫生厅颁发的“预防性健康体检机构”资质、“职业卫生技术服务机构”资质和省技术监督局、省卫生厅颁发的 “计量认证”实验室资质。并建立了常温疫苗储藏冷库、艾滋病确认实验室，为我市的公共卫生服务提供技术力量。

（一）全面开展了世界休闲体育大会疾病预防控制保障工作

一是为做好大会期间病媒生物防制工作，对我市重点区域的“四害”密度进行了监测，准确掌握了我市病媒生物的种类、数量、分布及季节变化,完成了《病媒生物风险识别与评估》报告。为开展病媒生物消杀灭工作提供了科学依据；二是结合我市夏、秋季节实际，对传染病防控、食源性疾病应急调查、病媒生物监测等工作进行了明确的要求。制定了《莱西市世界休闲体育大会疾病预防控制保障方案》和各项应急处置预案，成立了全市的防控工作领导小组和专家组。三是举办了保障人员专题培训班。邀请了青岛市疾控中心的3位专家前来授课，分别从大型活动公共卫生保障、风险监测评估技术、突发事件应急处置等方面进行了培训。通过培训，提升了相应的工作能力和水平，为圆满完成休体大会疾病控制保障工作奠定了基础。

副市长丁朝霞参加4.25计划免疫宣传日活动

副局长郎小平主持休体大会疾病预防控制保障培训班

李言禹主任主持人感染H7N9禽流感应急演练

（二）创建宣传平台，树立疾病预防控制工作新形象。

为使广大群众更多的了解疾病预防控制工作，在市卫计局统一部署下，与电视台联合制作了20期《防病在线》专题访谈节目。根据季节及疾病流行特点，及时向群众宣传常见传染病、慢性病等防控知识。教育和引导群众养成健康的生活方式，提高群众的防病意识。从根本上全面降低我市各种疾病的发病率和死亡率。目前，已经对出血热、流感、麻疹、艾滋病、结核病、埃博拉等疾病防制、预防接种等工作进行专题栏目宣传，受到了市民的极大欢迎和好评。

（三）突出重点，强化措施，传染病防治工作成效显著。

加强传染病监测，重点做好人感染H7N9禽流感、埃博拉、手足口、发热伴、出血热等防控工作。2015年，我市共报告法定传染病病例825例，发病率为105.47/十万，是青岛市发病率最低的区市。同时，为做好中东呼吸综合症疫情防控工作，按照上级各部门的部署要求，及时成立了相应领导小组及应急小组，组织开展了有关人员的培训和应急演练。在市指挥部的统一部署指导下开展了全市Mers防控演练。自筹资金积极购置Mers应急防控物资，并做好定点医疗机构发热门诊的督导工作。及时完成了两起来自疫区发热病人的流行性病学调查处置、送样等工作。

（四）提高预防接种服务，完善免疫规划管理工作。

认真落实国家扩大免疫规划工作，全年共接种各类疫苗16.3万针次，基础免疫接种率达到99%，儿童建卡、建证率达到100%，“八苗”接种率达到90%。继续积极开展“妈妈课堂”，在全市接种门诊给妈妈们讲解预防接种知识和注意的问题，并通过QQ群、现场宣传解答和发放宣传单等形式与妈妈们进行了多种形式互动，收到了良好的社会效果。

（五）完成上级指令性工作任务。

按照市食安办的工作要求，承担了全市食品安全风险检测任务。在无工作经费的情况下，垫付资金30余万元，抽检各类食品1200批次，监测公共场所321处，防止了不合格食品进市场，保障了广大居民的消费安全。

（六）完成预防性健康检查工作。

按照“预防性健康检查管理办法”的要求，完成食品行业从业人员查体16982人，职业卫生查体4023人，检测碘盐300份，生活饮用水110份，餐具消毒检测700份，车间空气检测62个单位，并出具了相应的检测报告和证明。为降低我市职业病和传染病疫情的发生率提供了坚实的保障。

组织开展“百万志愿者结核病防治知识进校园活动”

东方化工检测空气中苯系毒物

传染病突发事件应急拉动

中国银行股份有限公司莱西支行

积极履行社会职责　服务莱西经济发展

中国银行莱西支行成立于1989年7月，是中国银行股份有限公司山东省分行直属支行，内设4个职能部室，管辖4个经营性支行，共有在职职工125人。中国银行秉承追求卓越的精神，树立了卓越的品牌形象，得到了业界和客户的广泛认可和赞誉，经营规模不断扩大，经济效益不断提升。多次荣获全国“金融系统先进单位”、中国银行总行“安全保卫先进单位”、“防案先进单位”、山东省分行“先进基层党组织”、“文明优质服务先进单位”、“信息宣传先进单位”等10余项省级以上荣誉称号和50余项各级各类荣誉称号。2014年支行获评《城市信报》“2014年度青岛优秀支行”，姜柏卿行长获评《城市信报》“2014年度青岛优秀支行行长（最具创新力奖）”。

青春靓丽的营业部员工

业务发展

为支持莱西地方经济发展，莱西支行根据地方特色，因地制宜，在原有的“奶牛贷”、“花生通宝”等中小企业授信产品和为解决小微企业融资的“小微企业贷款”的基础上，又推出了“易信通宝”、“易兑通宝”等授信产品，解决了企业发展的难题，扶植了莱西企业的发展，践行了社会责任。

品牌建设

莱西支行重视文化建设，注重品牌建设，“服务常新，诚信永恒”、“中银理财，畅想未来”等优秀服务品牌得到了广大客户和社会各界的广泛认可和肯定。支行致力于全面推进文明优质服务建设，不断提升服务绩效，以服务赢得客户。

莱西支行运动员在省行运动会上的风采

举办贵金属展销会

2015年第二届世界休闲体育大会期间，中国银行作为赛会金融合作服务单位，为了切实做好休体大会期间的金融服务工作，从外币兑换、技能达标训练、加强安保等方面开展了一系列卓有成效的工作，并积极组织义务献血、参与“迎休体、展风采、促服务”窗口行业服务礼仪技能竞赛等活动，展示中国银行员工的风采。休体会期间所有网点均设立外币兑换专柜，并组建中国银行休体大会志愿者服务队。作为金融系统唯一的一支志愿者队伍，在9月12日-21日的10天时间里，中国银行志愿者以规范标准的礼仪、专业的业务素养、热情周到的服务，赢得了大会组委会的赞誉，赢得了教练员、运动员、裁判员的首肯，赢得了广大市民的赞赏，在休闲运动会的各个赛场上竖起来一道亮丽的风景。

莱西支行志愿者积极参与休体大会服务

员工走上街头进行金融知识宣传

休体大会期间开立外币兑换专柜
为客户提供专业的金融服务

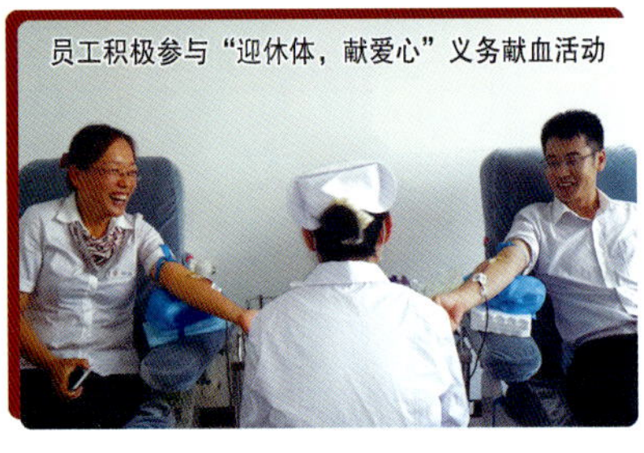

员工积极参与“迎休体，献爱心”义务献血活动

中国建设银行
China Construction Bank

中国建设银行股份有限公司
莱西支行

中国建设银行股份有限公司莱西支行成立于1976年1月，现有员工78人，内设4个部室，下辖1个营业部、2个储蓄所。

中国建设银行莱西支行在总、分行党委的正确领导下，在莱西市委、市政府的大力支持下，始终秉承“以市场为导向、以客户为中心”的经营理念，热忱服务全市广大市民，积极支持地方经济建设。支行领导班子带领全行员工以求真务实的工作态度、以攻坚克难的拼搏精神，坚定信心，真抓实干，立足市场营销，加强效能管理，提升服务质量，着力风险管控，提高员工综合素质，促进各项业务快速健康发展，推动支行各项工作再上新台阶。

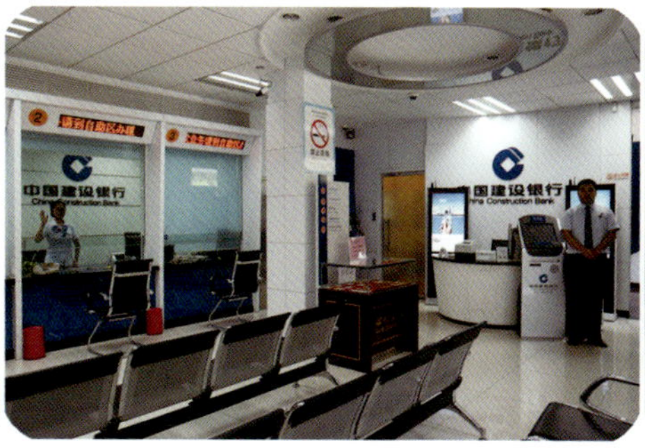

截止2015年6月末，支行本外币一般性存款时点余额11.30亿元，其中：企业存款余额5.97亿元，储蓄存款余额5.33亿元；本外币贷款余额23.15亿元，其中：企业贷款15.6亿元，个人类贷款7.55亿元；实现税前利润2,411万元。

支行坚持以人为本，以业务发展为主线，深入贯彻落实科学发展观，实现了业务发展和经营管理齐头并进，物质文明和精神文明双丰收，被青岛市委市政府授予“精神文明单位标兵”，被莱西市委市政府评为“2014年度科学发展综合考核先进单位”荣誉称号，连续五年被莱西市委市政府授予“目标绩效考核先进单位”荣誉称号。

莱西公安局交通警察大队

对生命安全负责　向交通事故宣战

莱西公安局交通警察大队以“对生命安全负责、向交通事故宣战”百日攻坚整治行动为牵引，深入开展道路交通“平安行·你我他”行动，履职尽责，突出隐患排查、秩序整治、宣传教育等各项工作措施，全市道路交通安全形势总体平稳。共查处违法行为为 5 万余起，其中查处酒后驾驶112起。

一是保节日辖区道路安全畅通。

各大节日期间，城区道路每天部署30名警力，延长1小时工作时间，确保了节日城区道路安全畅通；204、309国道及其他省道上，每天部署14组56名警力，严查以客车为主的违法，确保了人员、车辆安全畅通。

二是开展“对生命安全负责、向交通事故宣战”攻坚整治行。

自4月中旬起至7月20日，开展“对生命安全负责、向交通事故宣战”百日攻坚整治行动，坚决遏制死亡道路交通事故的发生，杜绝发生一次死亡3人以上道路交通事故。全局联合开展5次集中整治，共查处“七种违法行为”4483起，其中酒驾、醉驾、毒驾120起，重中型货车超载30%以上906起，涉牌涉证420起。

三是开展城区小红车集中整治行动。

自2015年4月15日至5月31日，在我市城区范围内组织开展三轮车、四轮电动车交通违法集中整治行动。所有参战人员共分三个小组，每组配备交警、110民警、派出所民警共14名警力，同时，交通运输局和综合行政执法局各安排5名执法人员、残联安排1人开展联合执法。累计查处44辆违法小红车。车超载30%以上906起，涉牌涉证420起。

四是深化道路交通安全隐患排查治理。

年初排查出安全隐患共40处，共整改完毕27处，完成204国道升级改造项目信号调试，142处爆闪灯安装任务，完成了城区黄标车禁行区域标牌设置和创禁行电子警察抓拍系统。

五是强化重点车辆及其驾驶人安全监管。

将全市19家大型货运企业、6家拥有10辆以上营运客车的客运企业和3家危化品运输企业全部纳入监管平台，安排专人定期滚动式对全市的车辆和驾驶人进行安全检查教育，建立重点车辆档案1980起。

六是开展交通安全宣传工作。

先后深入学校、村庄（社区）、党政企事业单位、建筑工地宣讲交通安全法律法规50余场次，受教育人数3万余人次。制作交通安全宣传横幅100条、宣传展板20套；出动宣传车，在城区及各镇办公路沿线广泛进行宣传，扩大社会宣传面；制作6集交通安全公益宣传片光盘600张，广泛下发宣传。先后在市级平面媒体刊发宣传稿件120余篇。

七是全力服务休体大会交通安保。

提前勘察比赛场地及线路，制订了交通安保总体方案、开闭幕式、马拉松比赛、自行车比赛、龙舟赛等方案。除了一线执勤警力外，每天安排50名警力，在大队待命，随时执行处置突发情况，同时提前制作了40块交通管制标牌、购买了1200个反光锥，分发到执勤中队，做到了人员物资齐上阵，发挥了最大交通保障效力。共出动警力1980人次，警车240辆次，设岗390处，确保了辖区道路安全畅通，圆满完成休体大会道路交通安保工作。

八是加强智能交通建设，向科技要警力。

新建设54处信号灯，23处电子警察，32处视频监控等交通设施，投入使用。为避免造成交通拥堵，缓解交通压力，专门组织人员对路口进行实地勘察，制定调流方案。在烟台路、青岛路、上海路、北京路、G204国道设置“绿波带”进行减轻交通压力，已有85处电子警察，69处视频监控正在运行，视频录像均在大队保存，交警监控配合“天网工程”监控力求将全市安保工作完善到位。对城区24条道路、新建信号灯路口以及泊车位进行标线施划，完成威海路、南京路、天津路、重庆路、苏州路、团岛路、广州路道路标线及60余个路口的斑马线施划工作，完成1750个停车泊车位施划工作。

《莱西年鉴（2015）》

编辑说明

一、《莱西年鉴》是莱西市人民政府主办、莱西市史志办公室承编、莱西市档案馆协编的系统反映莱西市情况的大型综合性年刊。旨在逐年记述、系统反映上一年度全市的基本情况，为各级领导了解市情、实施科学决策及为社会各界了解、研究、认识莱西提供市情资料，为向海内外推介莱西提供资料性宣传品。同时，为编史修志积累资料。

二、《莱西年鉴（2015）》为本年鉴总第十一卷。全书正文字数总量42万字左右，设综合文字、宣传彩页两大部分。共设特载、大事记、市情综述、政治、政法、工业、农业、国内贸易、对外贸易·经济合作、经济事务管理、城市建设管理、生态建设、交通·邮政·信息、金融·保险、科技·文化、教育·体育、卫生、社会生活、旅游、人物、镇·街道、荣誉榜、附录等23个类目。

三、本卷年鉴主要记载2014年莱西政治、经济、文化和各项社会事业等方面的发展情况。为保持事物的连续性和完整性，部分条目的资料作适当的上溯和下延。

四、本卷年鉴由各镇（街道）、经济开发区、市直各部门、各单位撰（供）稿，部分稿件由市史志办公室撰写。经各相关单位主要领导审阅，市史志办公室组织统编，莱西市人民政府审定。主要数据以统计部门为准，截至2014年12月31日。

五、本卷年鉴是各级领导和编辑人员及资料提供者通力合作的成果，谨向所有为本卷年鉴编辑出版付出辛勤劳动、给予热情支持的供稿单位和个人深表感谢。由于水平所限，疏漏错误之处在所难免，恳请广大读者批评指正。

2015年10月

目　录

对外贸易·经济合作

经济事务管理

城市建设与管理

生态建设

交通·邮政·信息

金融·证券·保险

科技·文化

教育·体育

卫生·计划生育

特　载

在市委十三届六次全体（扩大）会议暨市第十七届人民政府第四次全体会议上的主持讲话

莱西市委书记　刘圣珍

（2015 年 1 月 14 日）

同志们：

根据市委常委会研究的意见，今天我们一并召开中共莱西市委十三届六次全体会议暨莱西市第十七届人民政府第四次全体会议。主要任务是：传达学习青岛市委十一届七次全体会议和青岛市经济工作会议精神，全面总结 2014 年工作，研究部署 2015 年工作。

参加今天会议的有：市委委员、候补委员，市政府组成人员；非市委委员、候补委员、市政府组成人员的市级领导；市纪委委员；各镇（街道、经济开发区）党（工）委书记、镇长（主任）；市直党政群机关、事业单位、双管单位主要负责人；市人大常委会、市政协各工作部门负责同志。

今天的会议共有四项议程：一是市委常委会向全委会报告工作；二是部署 2015 年工作；三是审议 2014 年市委常委会工作报告、市委 2015 年工作要点；四是奏国际歌。

会上书面印发了青岛市委十一届七次全体会议和青岛市经济工作会议主要精神，大家要认真学习领会，贯彻落实到具体工作中。下面，根据会议安排，我代表市委常委会向全委会报告工作。

2014 年，面对错综复杂的形势和艰巨的改革发展稳定任务，市委常委会深入学习贯彻中共十八大、十八届三中、四中全会精神和习近平总书记系列重要讲话精神，扎实开展党的群众路线教育实践活动，以作风转变新成效稳增长、调结构、促改革、惠民生，经济持续健康发展，社会保持和谐稳定。全市实现公共财政预算收入 42 亿元，同比增长 19.8%，税收占比达到 77.8%，创历史新高；预计生产总值增长 10%；城镇居民人均可支配收入 33272 元，增长 10%；农民人均纯收入 16985 元，增长 11%。

一、紧扣为民务实清廉主题，党的群众路线教育实践活动取得实效

按照中央、省委和青岛市委部署，围绕“照镜子、正衣冠、洗洗澡、治治病”总要求，聚焦“四风”，深学细照，真查实改，推动教育实践活动步步深入、健康发展。在活动开展过程中，突出领导带头，市委常委认真履行受教育、抓活动两个责任，在自身参加活动的同时，建立基层单位联系点34个，全程指导活动开展，形成了一级抓一级、层层抓落实的良好局面；突出动真碰硬，召开高质量专题民主生活会和组织生活会，敢于揭短亮丑、深挖思想根源，党内政治生活的原则性和战斗性明显增强；突出问题导向，深入推进省委、青岛市委部署的各项专项整治行动，坚决纠正发生在群众身边的不正之风，公务接待经费和公务出国经费分别下降45%、15%，清理违规公务用车77部，全市性会议、文件数量分别减少35%和25.4%，“庸懒散慢拖瞒”“中梗阻”“吃拿卡要”等现象得到有效遏制；突出群众参与，扎实开展党员干部与群众心连心、千名党员干部联村大走访、市直机关党员干部进社区等实践活动，密切了党群干群关系。通过开展教育实践活动，全市党员干部的理想信念更加坚定，宗旨意识更加牢固，“四风”问题得到有力整治，一批涉及群众利益的热点难点问题得到有效解决。行风在线满意率达到98%。《大众日报》头版头条以《转作风转出莱西效率》为题，肯定了莱西市教育实践活动取得的成效。

二、持之以恒抓项目，转方式、调结构取得新成效

牢牢把握主题主线，狠抓项目建设不放松，推动产业结构加快调整，经济发展方式加快转变。

（一）项目建设提质增效。扎实开展项目建设“百日会战”活动，加快重点项目推进速度，北汽新能源汽车生产基地、东庄头国际农副产品交易物流港等43个过亿元项目开工建设，国林臭氧二期、普华物流等23个过亿元项目竣工投产，开竣工项目数量均列青岛第5位。其中，北汽新能源汽车今年将实现整车下线，全部达产后年产电动汽车10万辆，形成百亿元级新能源汽车产业链。与即墨市达成合作建设一汽大众华东生产基地汽车配件产业园协议，借势发展汽车配件产业。精密机械产业园、华通高新装备产业园、石墨新材料产业园等特色园区加快建设，预计全年实际利用内资140亿元，增长17.3%；到账外资4.5亿美元，增长6.8%。

（二）工业体系更加完善。先进制造业持续壮大，预计四大主导产业完成产值760亿元，增长7.7%，占规模以上工业的67%；五大新兴产业完成产值165亿元，增长25%，高于全市平均增速14个百分点。骨干企业运行质量和效益不断提高，纳税过千万元企业增至33家，税收过亿元企业增至4家。六大产业集聚区加快建设，全市工业产业集聚度达到70%，同比提高6个百分点，集聚集约发展水平不断提高。

（三）现代农业稳步提升。争取上级扶持，开工建设青岛市唯一的国家现代农业示范园。实施了小农水二期等农田水利工程，防汛抗旱减灾能力进一步提升。大力实施标准化生产，完成12处镇级农产品质量监管中心和检测室建设，农药监管和农产品质量追溯体系更加完善。不断提高产业化水平，青岛市级以上农业产业化龙头企业、农民专业合作社示范社、示范家庭农场数量分别达到60家、82家、17家，均居青岛市首位。2000公顷百亿公斤粮食项目顺利推进，农业机械化综合作业水平达到86.5%，粮油生产实现“十二连丰”，被评为全国粮食生产先进县。建成国家级园艺标准园2处，新建现代农业示范园区18个、渔业标准化养殖园区3个、畜禽养殖示范园区4个，新建、改扩建畜禽标准化养殖场43处，肉蛋奶总产量和人均占有量均居全省前列。

（四）服务业加快发展。出台加快旅游业发展的若干意见，深入开展“休闲田园游”示范点创建活动，培育乡村旅游特色点10个、精品农业园10个，推动休闲旅游持续升温。全市旅游总收入突破30亿元，增长22%。高端服务业“十个千万平方米工程”竣工面积38.9万平方米，华玺大酒店等4个服务业重点项目正式营业，瑞鑫宇雅阁大酒店等16个项目加快建设，社会消费品零售额增长13%。宏远小额贷款有限公司等5家企业成功在“四板”挂牌，企业登陆资本市场实现“零”的突破。金融业态日趋丰富，现有银行机构18家、保险机构22家，纳税地方留成突破亿元，增幅达到31.1%。

（五）创新能力不断增强。新建科技企业孵化器3.6万平方米，入孵企业14家。完成技改投资142.6亿元，增长20.5%。发明专利授权60项，增长9.3%。25家高新技术企业申报成功，争取国家中小企业创新基金2项、农业科技成果转化资金和海洋经济创新资金各1项。新增省级院士工作站1家，引进国家“千人计划”专家3名。新增驰著名商标、名牌产品17件。

三、稳步推进各项改革，经济社会发展迸发新活力

按照上级全面深化改革决策部署，准确、有序、协调推进各项改革，在多个领域取得阶段性成果，被确定为省旅游综合改革和供销社综合改革试点单位。

（一）加快行政管理体制改革。实施新一轮政府机构改革，政府组成部门精简为24个。完成事业单位分类和机构编制核查工作，精简压缩行政事业编制749个。清理行政审批事项84项，全面推行登门服务、代办服务、延时服务、预约服务，审批服务效率提高30%。审批权下放进展顺利，经济开发区和姜山镇行政服务中心投入运行。实施工商登记制度改革，全年新登记各类市场主体3.6万余户，注册资本??72亿元，市场活力进一步激发。

（二）推进投融资和财税体制改革。制定国有企业资产出租管理办法，以同期最低利率发行企业债券10亿元，填补了从资本市场直接融资的空白。加强预算执行动态监控，规范预算单位财务管理，财政服务发展能力明显增强。开展镇级国库集中支付改革试点，镇级财政管理水平不断提高。对建筑业、房地产业税收划分进行调整，行业税收征管秩序进一步规范。

（三）深化农村改革。在15个村庄进行集体经济组织产权制度改革试点，率先完成755个村庄土地承包经营权确权登记工作，相关经验被青岛推广。加强土地流转规范化管理，土地流转面积达到2.01万公顷。完成小型水利工程管理体制改革试点。

（四）探索社会事业改革。出台中小学校长职级制改革意见，实现校长去行政化。建立学生成长绿色评价机制，成立教育服务中心。正式启动公立医院综合改革，药品实现“零差率”销售。社会救助第三方评估顺利推行。推进社会组织登记管理改革，17个行业协会商会与行政机关脱钩分离。

四、统筹城乡一体发展，新型城镇化实现新突破

以筹办第二届世界休闲体育大会为契机，进一步完善城市综合功能，彰显生态休闲城市特色，推动城乡统筹协调发展。

（一）完善城乡基础设施配套。青荣城际铁路济南方向正式通车，莱西北站投入使用，莱西市迈入“轻轨时代”。青龙高速公路莱西至城阳段主线贯通，莱西与青岛主城区实现高速直达互通。主城区实施了48项基础设施重点工程，新增绿地面积18万平方米、供热面积80万平方米，翻修改造道路44.8公里。市民文化中心加快内部施工，智慧城市建设稳步推进。姜山新城核心区基础设施加快建设，合联新型产业城招商中心主体完工，在全省200个示范镇考核中列第14位。沽河新城基础设施配套项目陆续展开，大沽河城区综合服务区开工建设，威海西路翻修工程竣工通车。推进镇域污水管网建设，完成农村规模化供水二期工程。

（二）抓好旧城改造和新型农村社区建设。扎实推进旧城改造，长平街片区一期安置楼竣工、二期主体完工，宾馆片区一期拆迁结束，华廷城市广场片区开工建设，缤纷五洲片区西区主体完工。“梦想望城”一期项目加快主体施工，东方化工生产区拆迁结束，“腾笼换鸟”步伐不断加快。新建集聚类社区14个，龙水社区一期等22项新型农村社区工程完工。出台了进一步健全社区运转机制的意见，建立社区经费补助机制，115个社区服务中心初步实现了人员到位、服务下沉、有序运转。

（三）提升城市环境整治水平。持续开展城乡环境综合整治，新建垃圾中转站4个，城乡环卫一体化步伐进一步加快。加大市容秩序整治力度，清理和规范占路经营、室外经营、流动摊点，集中拆除违规户外广告，统一设置门头牌匾，城市形象进一步提升。全面完成大沽河治理工程，实施污水直排口截污整治，主要河流断面水质稳步提升。新造林、补植造林4.82万亩，植树总量1072万株。实行高污染黄标车区域限行，开展燃煤锅炉和有机废气污染治理，稳步推进污染物减排。严禁农作物秸秆焚烧，连续两年实现无烟夏收、秋收。完成青岛市下达的节能减排目标任务，万元GDP能耗下降3.8%。

（四）做好休闲体育大会筹办工作。经过积极对上争取，休闲体育大会承办权得到国家确认，组织领导框架进一步完善，形成了青岛全力支持、部门积极配合、责任明确落实的筹办机制，休闲体育大会成为青岛继世园会之后又一项重要赛事。科学制定大会总体方案，确定赛事内容及比赛场地，完成会徽、吉祥物和主题口号征集筛选，启动开、闭幕式策划。完成主媒体中心改造设计，体育场、体育馆主体封顶，运动员村、休闲体育公园等配套设施顺利推进，攀岩、轮滑等比赛场地完工。召开了“大干300天、迎办休体会”誓师大会，先后举办了中国旅游日青岛主会场暨莱西休闲汇、环大沽河马拉松测试赛等活动，营造了全民筹办休闲体育大会的浓厚氛围。

五、全力保障和改善民生，社会建设开创新局面

扎实推进民生工作和社会管理创新，着力解决好群众关心的现实利益问题。全年民生投入达到28.2亿元，占财政支出的60%。

（一）不断提高社会保障水平。实施就业促进战略，新增城乡就业2.45万人。企业最低工资标准提高11%，机关事业单位工资达到青岛市规定标准。狠抓社会保险扩面、征缴、支付和管理，统一城乡居民医疗保险制度，覆盖城乡的社会保险体系更加完善。城乡低保、农村五保和新农合筹资标准进一步提高，高龄津贴发放范围扩大到85周岁，实现了65周岁以上老人免费乘坐城区公交车。扩大基本药物制度实施范围，发放村医补助经费和养老保险补助1960万元。改造农村危房1000户，筹备召开了省农村危房改造工作现场会议。

（二）积极发展各项社会事业。新建现代化学校41所、标准化幼儿园28所，建成新“班班通”教室788处、青岛市标准化食堂60所。济南路小学、香港路幼儿园等投入使用。投放运营校车200辆，农村义务教育校车覆盖率达87.2%。建立城乡教师交流制度，为镇级教师发放津贴，推进城乡教育均衡发展。人民医院综合提升工程进展顺利，全市一二级医疗机构实现“患者服务中心”全覆盖。完成627处村卫生室标准化建设，实现镇村卫生服务一体化管理。规范社会福利中心社会化管理，新建养老服务机构3处、社区日间照料中心81处，为389名困难老人提供居家养老服务。人口计生、档案、史志、体育、老龄、双拥、妇女儿童、防灾减灾、残疾人、气象等事业健康发展。

（三）大力弘扬社会主义核心价值观。广泛开展理想信念、党性党风、先辈先进宣传教育，用中国特色社会主义理论体系武装党员干部、教育人民群众。建设前保驾山村党支部纪念馆和解文卿革命烈士纪念馆，弘扬爱国主义精神。加强文明素质教育，创建省级以上文明单位5个、文明镇村13个。牢牢把握舆论引导权，做好对外宣传工作，营造了良好舆论氛围。农家书屋建设、公益电影放映、文化遗产传承保护等工作有序推进，拍摄并上映首部反腐倡廉吕剧电影《断桥惊魂》，木偶戏《农夫与蛇新传》获全国木偶大赛银奖，成功举办了第十二届月湖文化艺术节等大型群众性文化活动。加强文化市场管理，被评为省“扫黄打非”工作先进集体。

（四）切实维护社会安全稳定。加快推进“天网工程”，社区矫正管理教育服务中心投入使用，立体化治安防控体系逐步完善。组织开展了“黎明行动”、“夜间清查”等行动，持续加大对违法犯罪行为打击力度，不断压缩违法犯罪空间。认真开展领导干部公开大接访活动，每个工作日都有一名市级领导现场接访，加大矛盾纠纷排查调处力度，昌华集团、东方化工职工欠费欠保等老企业遗留问题得到有序解决。深入开展六大领域专项治理，严格落实“党政同责”和“一岗双责”责任制，安全生产形势总体平稳。加大食品药品违法案件查处力度，“食安莱西”建设扎实推进。

六、全面落实管党治党责任，党的建设迈出新步伐

坚持党要管党、从严治党，发挥好党委统揽全局、协调各方的作用，加快民主政治建设进程，为经济社会发展提供有力保证。

（一）狠抓基层党组织建设。认真落实青岛市委基层建设“六小六大”要求，分层次召开基层党建工作座谈会，切实加大对基层党建工作的调度、督导力度。抓好87个软弱涣散村党组织治理整顿，选派优秀机关干部担任“第一书记”，一对一驻村开展工作。完善基层党建经费保障机制，保证村级工作正常运转。利用农村社区服务中心等阵地，对全市农村党员进行了轮训。积极开展“莱西会议”资料搜集工作，举办了以“发扬‘莱西会议’精神建设服务型党组织”为主题的专题展览。第十一届村（社区）“两委”换届选举工作基本完成。

（二）持续加强干部队伍建设。调整市管干部139名、中层干部273名，进一步激发了各级干部活力。深入开展超职数配备干部消化整改，在企业、行业协会、社会团体兼职干部清理规范等工作，顺利通过省委组织部选人用人专项检查。加强干部教育培训，举办主体班次15期、专题讲座10期，累计培训干部9500人次。扎实开展网络培训、岗位必备知识学习等活动，分两批组织党政领导干部70余人赴南开大学进行专题学习，干部履职能力和理论素养进一步提升。

（三）着力推进廉洁莱西建设。召开市委全委会，对落实党风廉政建设“两个责任”进行专题部署。健全落实中央八项规定、加强党风廉政建设各项规章制度，建立市直部门主要负责人向市纪委全会述责述廉制度，开展党政一把手“五个不直接分管”和“末位表态”制度试点，逐步形成用制度管权管事管人的体制机制。完善干部监督信息库，强化干部任期经济责任审计，着力提高事前监督实效。支持纪委聚焦中心任务，清理议事协调机构，突出做好监督、执纪、问责主业。进一步加大案件查办力度，共立查各类案件140起，有145人受到党纪政纪处分；查处违反中央八项规定精神问题35件，处理36人，有力维护了党纪法规的严肃性和权威性。

（四）扎实推进民主政治建设。强化党委领导核心作用，保障人大、政协按章履行职能，工青妇等群团组织作用得到充分发挥。切实加强民族、宗教和对台工作，统一战线更加巩固。党管武装工作得到加强。认真学习贯彻党的十八届四中全会精神，深入开展法制宣传教育，推进依法治市。加快基层民主建设，进一步深化党务、政务公开工作，主动接受各方面监督。

（五）全面加强常委会自身建设。制定了市委班子谈心谈话、加强和改进学习、市委常委直接处理信访问题等制度，做到处事有原则、行为有规范，为全市党员干部树了标杆、作了表率。带头加强学习，补足精神之钙，筑牢思想之基，不断增强自我净化、自我完善、自我革新、自我提高能力。带头讲政治、顾大局、守纪律，认真抓好中央、省委和青岛市委各项决策部署的贯彻落实，自觉在政治上、思想上、行动上与党中央保持高度一致，自觉在大是大非问题上始终保持清醒和坚定。带头严格党内生活制度，重视发挥重大事项联席会议作用，不断提高科学决策、民主决策和依法决策水平。带头廉洁自律，要求别人做到的自己首先做到，要求别人不做的自己坚决不做，自觉管好配偶、子女和身边工作人员，主动接受各方面监督，努力树立自身良好形象。

一年来，各位市委委员和广大党员干部，为推动全市经济社会又好又快发展付出了艰辛努力，做出了突出贡献，对市委常委会的工作给予了充分信任和大力支持。在此，我代表市委常委会，向同志们表示衷心的感谢！

回顾一年来的工作，我们清醒地认识到还存在一些问题和不足。一是对新形势、新情况的研判还不够深入，用改革创新精神解决复杂问题、创造性开拓工作局面的能力有待进一步提高。二是经济总量还不够大，发展质量还不够高，不平衡、不协调的问题仍然存在，转变经济发展方式步伐需要加快，民生和社会事业有待进一步加强。三是抓落实的力度需要进一步加大，有些工作存在进展不快、效率不高等问题。四是反“四风”的思想基础还不牢固，个别党员干部的党性意识不强、工作作风不实，党风廉政建设和反腐败斗争有待进一步加强。对于这些问题，市委常委会将在今后工作中采取更加切实有力的措施，认真研究解决，努力推动莱西各项事业实现新发展。

以上报告了市委常委会一年来的工作，请各位市委委员审议。

下面，会议进行第二项，请纪市长讲话。

同志们，刚才纪市长回顾了2014年的政府工作，从全力推进经济稳定增长、加快转型升级步伐、全面深化各项改革、全力筹办世界休闲体育大会、重视社会和民生事业发展5个方面，对今年的工作作了全面部署，重点很突出，要求很明确，我完全赞同，各级各单位一定要认真传达学习，切实抓好贯彻落实。这次会上，我们还印发了市委工作要点（讨论稿），会后将以市委文件印发，市委办公室负责把责任分解到部门、落实到人头。下面，我就做好今年的重点工作再强调几点意见。

一、要准确把握经济发展新常态

去年5月，习近平总书记在河南考察时第一次提出“要适应新常态，保持战略上的平常心态”；在前段时间召开的中央经济工作会议上，总书记系统阐述了经济新常态的深刻内涵、趋势变化和重要特征，强调认识新常态、适应新常态、引领新常态，是当前和今后一个时期我国经济发展的大逻辑，具有很强的理论性、思想性、指导性。在青岛市经济工作会议上，李群书记围绕把握好经济发展新常态，强调了6点意见：在工作导向上要把握好“稳”与“进”，在发展支撑上要连贯好“转”与“接”，在产业转型上要协调好“新”与“旧”，在推进改革上要处理好“舍”与“得”，在扩大开放上要统筹好“出”与“进”，在保障民生上要兼顾好“面”与“点”。对此，我们一定要深刻领会，吃透精神，牢牢把握经济发展新常态这个关键，扎实做好今年的经济工作。

要清醒地认识到，面对当前经济增长速度换挡期、结构调整阵痛期、前期刺激政策消化期“三期叠加”的形势，做好新常态下的经济工作，既是一个崭新的课题，又是一个严峻的考验。我们必须始终坚持发展第一要务，坚持稳中求进工作总基调，更加注重结构调整，更加注重开放合作，更加注重创新驱动，努力推动经济发展扩量提质增效，确保增速能保持、企业能增效、财政能增收、民生能改善、生态能持续。在这里，需要特别强调的是，我们坚决反对两种错误倾向，一种是不顾新常态的客观规律，盲目追求高增长，以牺牲环境为代价换取一时的增长；另一种是以新常态为借口，把经济增速换挡等同于不追求增速，认为可以松一口气，甚至任由经济增长下滑而无所作为。经济发展新常态是一场“大考”，我们只有在观念上适应、在认识上到位、在方法上对路、在工作上得力，才能牢牢把握发展主动权，在新起点上开创莱西经济社会发展新局面。

二、要坚定不移抓好项目建设

换届以来，我们坚持把项目作为科学发展的生命线，全力谋项目、上项目、推项目，落地了一批对莱西长远发展具有重要影响的项目（比如，合联姜山新型产业城拉开了姜山新城建设的序幕，梦想望城开启了南部城区旧工业片区和社区改造的新篇章，北汽新能源汽车生产基地有望打造一条百亿级新能源汽车产业链），办成了一批让基层受益、群众得实惠的实事，有力推动了城市改革发展的进程（与2011年相比，财政收入由23.6亿元增长到42亿元；城市低保由4320元提高到6480元，农村低保由2604元提高到4200元，农村五保由4800元提高到8760元；先后6次调增了机关事业单位津补贴，基本达到了青岛市工资标准）。

在新常态下，要实现有质量、有效益、可持续的发展，归根到底还是要靠好的项目。离开了项目，适应新常态就无从谈起，发展就是一句空话。所以，我们一定要紧抓项目不放松，千方百计引进好项目、培育好项目、建成好项目。一是在对外开放上要有新思路。要更加积极主动地融入国家和区域发展重大战略，努力寻求更高层次、更宽领域的合作。当前，青岛市正在制定落实国家“一带一路”战略规划的行动方案，发改、工信、招商、商务等有关部门要及时做好对接，认真谋划莱西市的落实举措，重点围绕汽车及零部件制造、新能源、新材料等行业开展定向招商，着力引进一批带动能力强、产业关联度高的优质项目。要抢抓中韩自贸区建设机遇，进一步完善外商投资管理体制，提高引进外资质量，扩大进出口规模，做大做强对外贸易。二是在项目建设上要有新成效。要建立健全项目建设倒逼机制，强化责任落实，加强协调配合，着力解决资金、土地等瓶颈问题，确保年内新开工投资过亿元项目60个以上，竣工37个以上。要突出抓好北汽新能源汽车生产基地、一汽大众华东生产基地配件产业园等大项目建设，带动配套项目集聚发展，使整车和汽车零部件制造产业成为莱西市新的经济增长极。三是在服务质量上要有新提升。要进一步深化简政放权，继续减少审批事项、优化审批流程，解决好“吃拿卡要”“中梗阻”等问题，切实提高审批效率。要进一步规范涉企检查行为，严格落实检查备案、网上公告和企业“宁静日”制度，为企业发展打造良好环境。

三、要举全市之力办好休闲体育大会

办好第二届世界休闲体育大会，是今年工作的重中之重，必须举全市之力、汇全民之智，以最大的决心、最大的勇气，确保举办一届“精彩、热烈、节俭、务实”的大会。关于大会筹办的具体工作，刚才纪市长已经作了详细部署，这里我再提三点要求。一是信心要足。经过全市上下的共同努力，大会筹办工作得到了国家、省、青岛市有关领导和部门的支持帮助。郭树清省长和季缃绮、王随莲、孙伟、夏耕副省长分别做出批示，要求省有关部门给予大力支持。1月9日下午，李群书记亲自召开调度会，听取莱西市休闲体育大会筹办工作汇报，安排部署下一步的工作，令人鼓舞、催人奋进，为我们营造了更加浓厚的办会氛围。所以，大家一定要坚定必胜信心，保持高昂斗志。二是标准要高。不干则已，干就要干出个样子。要坚持高的标准、严的要求，精心做好方案制定、经费筹措、基础设施建设、宣传推介等各项工作，确保工程建设质量过硬、城市环境整洁优美、接待服务热情周到、赛会组织严谨细致，给国内外朋友留下莱西最美好的印象。需要特别强调的是，大会成不成功关键看安全，不出安全事故就成功了一半。因此，要把安全作为头等大事抓紧抓实，确保万无一失。三是干劲要大。现在距离大会开幕还有不到8个月的时间，筹办工作进入了最关键、最艰苦、最紧张的冲刺阶段。各级领导干部都要铆足干劲、争分夺秒、砥砺攻坚，市级领导要身体力行，当好表率；各工作部要当好先锋，走在前头；各相关部门要主动配合，积极作为，在全市持续掀起筹办休闲体育大会的热潮。

四、要稳步推进全面深化改革各项工作

今年是全面深化改革的关键之年，各个领域的改革“鼓点”将越敲越密、步子会越走越快。全市各级各单位要早计划、早安排、早落实，及时、主动对接上级有关部门，全面了解国家、省和青岛市今年的改革思路和措施，结合莱西实际，加强改革调研，制定高质量的改革方案，确保改革举措“行得通、真管用”。在推进改革的过程中，要注意把握好三个原则。一是要依法。党的十八届四中全会，对全面推进依法治国做出了战略部署，标志着党治国理政进入了法治进行时。全市各级党委政府要把依法开展工作，作为贯彻十八届四中全会精神的具体体现，把该放的放到位、该管的管到位，在法治轨道上推动各项工作。比如，各级党委要按照宪法法律和党内法规制度的要求，切实担负起工作责任来，对党委该负责的事必须真抓、常抓，像干部队伍建设、基层组织建设、党风廉政建设等，都是党委的法定之责，必须切实抓好，一刻也不能放松。二是要高效。提高效率是行政体制改革的核心目标之一。比如，“大部制改革”“行政执法体制改革”等改革，一个重要考量就是要提高效率。要按照上级的部署要求，进一步规范机构设置，理顺权责关系，加快建立精干高效的行政管理体制，解决权责交叉、多头执法等问题，全面提升行政效率和水平。

三是要公平。十八届三中全会指出，全面深化改革必须以促进社会公平正义、增进人民福祉为出发点和落脚点。去年以来，我们建立大救助机制、推进义务教育均衡发展、统筹城乡居民医疗保险，努力缩小城乡差距，赢得了群众的认可。要牢牢把握公平正义的价值导向，不断深化社会体制改革，加快基本公共服务均等化步伐，努力营造更加公平的社会环境，让改革发展成果更多更好地惠及广大人民群众。

五、要加快推进姜山新城和沽河新城建设

在市第十三次党代会上，我们做出了建设姜山新城和沽河新城的战略部署，这是加快推进新型城镇化、建设宜居幸福新莱西的重大举措。经过全市上下三年多的共同努力，姜山新城和沽河新城建设取得阶段性成效，已经成为莱西市城镇化格局中的重要板块。同时，我们也要清醒地认识到工作中存在的问题，比如，基础设施不够完善、产业支撑能力偏弱，等等。

特别是姜山新城，作为青岛市试点培育的首批5个小城市之一，上级领导关心、社会广泛关注、群众高度期待。按照规划，到2016年，姜山新城建成区面积要达到15平方公里以上，建成区常住人口达到13万左右。要实现这个目标，兑现我们的承诺，今年是非常关键的一年。必须精心谋划好全年工作，把握好时间节点，突出抓好合联姜山新型产业城等重点项目建设，加快推进核心区基础设施、教育新区以及休闲体育大会配套工程建设，确保9月份休闲体育大会举办前新城核心区呈现明显形象，借机把姜山新城更好地宣传推介出去。

沽河新城也要抢抓机遇，充分发挥大沽河生态景观轴的辐射作用和休闲体育大会的推动作用，进一步完善发展规划，加快推进基础设施和高端食品谷建设，着力打造水绿交融、宜居宜业的生态新城。

六、要着力加强基层党组织建设

基础不牢，地动山摇。党的基层组织是党全部工作和战斗力的基础，地位和作用非常重要。上周五，我们组织了全市2014年镇街基层党建述职评议，逐一点评了各镇街一年来的基层党建工作，并对今年的工作进行了部署。总的思路是，以纪念“莱西会议”召开25周年为契机，以继承和发扬“莱西会议”精神为切入点，认真落实青岛市委基层建设“六小六大”要求，切实加强基层党组织建设，发挥好基层党组织的战斗堡垒作用。重点抓好三个方面的工作：一要压实责任。各级党组织特别是党组织书记要牢固树立“抓好党建是本职、不抓党建是失职、抓不好党建不称职”的理念，坚持书记抓、抓书记，努力形成一级抓一级，层层抓落实的党建工作格局。要健全党建工作述职评议制和问责制，加大对党员领导干部的考核力度，切实解决“人人有责却又无人担责”“干与不干一个样、干好干坏一个样”等问题。二要夯实基础。围绕加强党员干部队伍建设，要重点强化对农村党员的经常性教育培训。现在村“两委”换届已经基本结束，市里将分三批对全市近千名新一届村党支部书记、村委会主任进行封闭培训，各镇街要抓好其他村“两委”成员的培训工作，同时组织好党员冬训，党委书记要亲自上党课，切实提高教育培训实效。围绕壮大村集体经济，要积极探索新路子，千方百计增强村庄“造血”能力。同时，要继续加大财政帮扶力度，不断提高基层党建经费保障水平。三要破解难题。要坚持问题导向，勇于和善于破解基层党建中的难题。要把稳定作为第一责任，深刻剖析引发矛盾纠纷的根源，深入查原因、定措施、抓整改，切实化解矛盾，保持社会稳定。要严把党员入口，坚决杜绝不按程序发展党 员问题。要积极探索不合格党员处置办法，疏通出口，纯洁队伍，提升党员队伍整体素质。

七、要严格落实党风廉政建设“两个责任”

党要管党、从严治党，落实“两个责任”不能空谈，仅是“表表态”、“唱唱高调”不行，“说一套、做一套”更不行，必须贯穿于党委、纪委的日常工作中，扎扎实实地抓好落实。一要发挥领导带头作用。落实“两个责任”，“一把手”是关键。各级党组织“一把手”，要坚持以身作则，率先垂范，自觉做到重要工作亲自部署、重大问题亲自过问、重点环节亲自协调、重要案件亲自督办，坚决支持纪检监察机关履行职责，带头遵守领导干部廉洁自律各项规定，主动接受各方面的监督。班子其他成员也要发挥带头作用，担负起“一岗双责”，抓好职责范围内的党风廉政建设，促进全市形成风清气正的政治生态。二要持续改进工作作风。要继续抓好教育实践活动后续工作，对整改落实效果和存在的问题进行全面深入的“回头看”，坚决防止“四风”问题反弹回潮。特别是要深化“庸懒散慢拖瞒”专项治理，继续整治“门难进、脸难看、事难办”等问题，坚决查处征地拆迁、涉农利益、教育医疗等方面损害群众利益行为，切实维护好群众利益。三是不断加强制度建设。要加快推行党政一把手“五不一末”等制度，着力堵住反腐倡廉建设体制机制漏洞，切实把权利关进制度的笼子。要建立健全“一案双查”和查处大要案协调机制，对顶风违纪仍不收手、不收敛的，对出现区域性、系统性严重腐败案件的，对党风廉政建设责任制落实不力的，对发生问题不报告、压案不查的，同时追究主体责任和监督责任。

（市委办）

政府工作报告

——2015年1月20日在莱西市第十七届人民代表大会第四次会议上

莱西市人民政府市长 纪家栋

各位代表：

现在，我代表市人民政府向大会报告工作，请予审议，并请各位政协委员和其他列席人员提出意见。

一、2014年工作回顾

2014年，面对复杂的发展环境和繁重的改革发展稳定任务，在中共莱西市委的坚强领导下，我们紧紧团结和依靠全市人民，深入贯彻落实党的十八大和十八届三中、四中全会精神，攻坚克难，扎实工作，在建设宜居幸福新莱西的道路上迈出了坚实步伐。

公共财政预算收入增长19.8%；城镇登记失业率1.32%；人口自然增长率3.63‰。预计，全市生产总值增长10%；城乡居民收入分别增长10%和11%；社会消费品零售额增长13%；完成了青岛下达的进出口、外资到账、实际利用内资和节能减排各项任务。

（一）经济运行稳中有进。规模以上工业总产值增长17%，其中五大新兴产业产值增速高于全市14个百分点。纳税过千万元企业增至33家，其中新增税收过亿元企业2家，总数达到4家。振宇中兴机械等5家企业成功登陆“四板”。公共财政预算收入突破40亿元，达到41.99亿元，其中税收增长24%，占比达到77.8%，创历史新高。金融机构存、贷款余额分别突破300亿元、200亿元，增长16.3%和25.4%；新增存贷比达到101.5%，提高7.7个百分点；税收地方留成突破亿元，增长31.1%。积极落实稳增长措施，完成出口退税8.36亿元，争取用地指标5191亩，帮助中小微企业融资5.9亿元。大沽河旅游规划编制结束，全面启动乡村旅游示范点创建，举办青岛旅游休闲汇等系列节庆活动，旅游总收入突破30亿元，增长22%。农业机械化综合作业水平达到86.5%，农业产业化龙头企业、示范合作社数量列青岛首位。青岛市唯一的国家现代农业示范园落户店埠镇。新建基本农田保护示范区2.8万亩，新增灌溉面积12万亩，连续3年列青岛农业综合开发绩效评价第一名。新建、改扩建畜禽标准化养殖场43处，肉蛋奶总产量和人均占有量保持全省领先。粮油生产“十二连丰”，被评为全国粮食生产先进县。

（二）转型发展步伐坚实。以有效投资拉动转型。扎实开展项目建设百日会战，强化重大项目调度推进，43个过亿元项目开工，23个过亿元项目竣工，数量均列青岛第5位。拉动固定资产投资增长19%，其中先进制造业、新兴产业投资分别增长26%和29%。与即墨市签订一汽大众华东生产基地汽车配件产业园合作建设协议，东庄头国际农副产品交易物流港、北汽新能源汽车生产基地等重点项目顺利推进，为长远发展奠定了基础。以产业集聚支撑转型。主城区现代服务业加快发展，华玺大酒店正式营业，营业收入过亿元商场增至4家，银行业金融机构增至18家，青岛北路汽车销售商圈初具规模；旧城区改造进展顺利，东方化工生产区拆迁结束，“梦想望城”项目开建，开启了莱西市旧工业片区、旧村改造与商业地产捆绑开发的序幕。经济开发区汽车配件产业园起步区配套工程启动，中鸿重型机械等8个项目开工，海瑞普电力科技等6个项目竣工。姜山先进制造业功能区产业集聚度明显提高，精密机械产业园、华通高新装备产业园等园中园加快推进，开工、竣工过亿元项目数量分别占到全市的37%和26%。沽河食品谷扩容增量，秋润食品建成试投产，德州扒鸡等6个过亿元项目推进顺利，普华物流等4个项目竣工。南墅石墨新材料产业园承载能力进一步提高，原南墅石墨矿土地资产成功收回，污水处理厂开工建设。以科技创新引领转型。工业技改投入增长20.5%。建设科技企业孵化器3.6万平方米，入孵企业14家。获得国家中小企业创新基金2项、农业科技成果转化资金和海洋经济创新资金各1项，新增青岛市以上院士工作站2家，新引进国家“千人计划”专家3名，技术合同交易额增长358%。新增驰著名商标、名牌产品17件。新认定高新技术企业25家，居青岛首位。以节能减排力促转型。关停昌华集团等落后产能企业6家，实施重点节能改造项目5个，万元GDP能耗下降3.8%。完成脱硫、除尘等43项治理工程，化学需氧量、二氧化硫排放量分别削减820吨和195吨。

（三）改革创新增添活力。加快推进政府职能转变。实施新一轮政府机构改革，政府组成部门精简为24个，压缩行政事业编制749个，全面推行事业单位绩效工资改革，清理行政审批事项84项。取消企业注册部分前置审批，办理时限提速30%。经济开发区和姜山镇两处行政服务中心投入运行。新农合成建制移交人社部门统一管理，建立了城乡一体的居民社会医疗保险制度。深化重点领域改革。制定国有资产出租管理办法，启动镇级国库集中支付改革试点，成功发行企业债券10亿元，财政管理绩效跨入全国县级200强。合理调整建筑业和房地产业税收划分，有效规范税收秩序。公立医院改革正式启动，药品实现“零差率”销售。社会救助第三方评估顺利推行。实施工商登记制度改革，新登记市场主体总量、注册资本总额分别增长236%和36%。供销社、旅游两项省级综合改革试点快速启动，设立发展专项资金，与青岛市供销社签订区域战略合作协议，完成旅游综合改革方案。试点集体经济组织产权制度改革，率先完成755个村庄土地承包经营权确权登记，相关经验被青岛推广。积极引导农村土地依法规范流转，流转面积达到30.2万亩。

（四）城乡建设统筹推进。空间布局进一步优化。完成姜山新城总体规划、青荣城际铁路莱西北站广场规划和14个集聚类社区修建性详细规划，对“千熙之城”等50个项目规划进行了评审完善。基础设施建设全面推进。青荣城际铁路济南方向开通，莱西北站投入使用，莱西市迈入“半岛同城时代”。青龙高速公路莱西至城阳段主线贯通，结束了莱西市至青岛市区无直达高速公路历史。着力提升城市功能，累计硬化道路36.3万平方米，铺设排水管网22公里，改造旧灯具494套，新增绿地18万平方米、供热面积80万平方米，市民文化中心主体完工。新城建设步伐加快。姜山新城合联新型产业城招商中心主体完工，企业标准化厂房、蓝领公寓和核心区主干道路相继开工，进入全省示范镇综合考核前20强。沽河新城基础配套项目陆续展开，大沽河城区综合服务区开工建设，威海西路翻修工程竣工通车。姜山、南墅和店埠入选全国重点镇。美丽乡村建设成效明显。历时3年的大沽河治理工程全面完工，呈现水清、岸绿、景美的良好生态景观，成为带动沿岸产业发展的资源河和造福两岸人民的幸福河。新造林、补植造林4.82万亩，绿化村庄50个。龙泉湖社区、龙水社区一期等22项新型农村社区工程完工，青岛在莱西市召开了现场会。改造农村危房1000户，承办了省农村危房改造现场会。开展农村环境综合整治，新建垃圾中转站4个，城乡环卫一体化基本实现。城市管理能力进一步增强。智慧城市规划建设全面展开，世界休闲体育大会信息系统、数字地理信息平台加快推进，完成数字化城管系统建设，设置天网工程监控点位2320个、信号灯路口52个、电子警察31处。开展市容秩序综合整治活动，完成24个小区环境综合整治，拆除违法建筑7300平方米。

（五）世界休闲体育大会筹办扎实推进。完善青岛执委会工作机制，组建莱西现场推进指挥部，形成青岛全力支持、部门积极配合、责任明确落实的筹办机制。科学制定大会总体方案，完成会徽、吉祥物和主题口号征集筛选，启动开、闭幕式策划，招募培训志愿者1300余人。完成媒体中心改造设计，体育场、体育馆主体封顶，运动员村、休闲体育公园等配套设施顺利推进，攀岩、轮滑等比赛场地完工。先后赴韩国春川和烟台海阳等地学习培训，启动宣传和市场开发工作，举办环大沽河万人马拉松赛、自行车公开赛、钓鱼赛等系列测试赛，社会动员进一步升温，筹办经验进一步丰富。

（六）民生工作持续改善。民生投入达到28.2亿元，占财政支出60%，提高9.2个百分点。7件政府实事全部完成预期目标。社会保障力度加大。新增城乡就业2.45万人。社会保险收支额持续增长。发放村医补助和养老保险补助。调增机关事业单位人员津补贴。新农合、城乡低保、农村五保等标准进一步提高，发放各类救助金6695万元。新建养老服务机构3处、日间照料中心81处，扩大高龄津贴范围，落实65周岁以上老人免费乘坐城区公交车待遇，为389名困难老人提供居家养老服务。公共服务全面加强。投入1.48亿元，创建现代化学校41所、标准化幼儿园28所，济南路小学、香港路幼儿园投入使用，60所中小学标准化食堂通过验收，教育均衡化水平进一步提高。建立学生成长绿色评价机制，探索普通高中特色化、多元化发展路子，高考一本达线人数、达线率创历史新高。人民医院综合提升工程顺利推进，部分医院挂大靠强，服务能力明显提高。基本公共卫生服务项目增加到11大类43项，人均经费提高到40元。依法规范文化市场秩序，被评为省“扫黄打非”先进单位。积极开展送戏送电影下乡活动，新建卫星数字农家书屋60家，市图书馆升级为国家一级馆。荣获首届全国木偶大赛银奖。参与完成吕剧电影《断桥惊魂》拍摄。成功承办第23届省运会射箭预赛。妇女儿童、民族宗教工作得到加强。残疾人、慈善事业健康发展。统计、气象工作有序展开。应急、防震减灾、人防工作扎实开展。科普、档案、史志工作取得新成效。社会治理扎实推进。严格“党政同责”和“一岗双责”，建立安全生产长效机制，整改各类安全隐患7000余项。实施大气和水污染防治行动计划，划定高污染燃料禁燃区，淘汰黄标车2470辆，连续两年实现秸秆零焚烧。查处食品药品违法违规案件500余件，“食安莱西”建设步伐加快。健全治安防控体系，刑事发案率青岛4市最低，群众安全感在省电话民意调查中列青岛第一。社区矫正管理服务中心投入使用，被评为省“六五”普法中期先进市。健全领导干部公开接访机制，信访秩序进一步规范。

（七）行政效能不断提升。坚持问题导向，深入开展群众路线教育实践活动。修订市政府工作规则，制定常务会议规则等规范性文件6个，进一步完善了公众参与、专家论证、风险评估、合法性审查、集体讨论决定的行政决策程序。立项督查81条群众反映问题，整改完成76条。开展镇村财务专项整治活动。妥善解决市属老工业企业遗留问题，清理社保欠费5000余万元。严格落实中央八项规定，公务接待经费下降45%，公务出国经费下降15%，公车购置和运行经费下降17%。自觉接受人大、政协监督，坚持重大事项向人大报告、向政协通报制度，356件代表建议和政协提案全部按期办结。受理行政复议案件42件，办结率100%。行风在线满意率达到98%，居青岛4市第一。坚持招投标、政府采购制度，节约财政资金1.1亿元。认真落实党风廉政建设责任制，强化行政监察和审计监督，廉政建设进一步加强。

各位代表，过去的一年，是莱西克难而进、向着美好生活阔步迈进的一年。一年来，全市人民满怀激情，斗志昂扬，用智慧、魄力和坚韧不拔的精神，赢得了发展征途中的又一个胜利！在此，我代表市人民政府，向全市广大干部群众和所有为莱西发展做出贡献的社会各界人士，表示衷心的感谢并致以崇高的敬意！

在肯定成绩的同时，也要清醒地认识到，莱西的发展还面临一些困难：促进经济转型与产业升级，还有许多亟待解决的问题；财政增收趋缓与刚性支出上升之间矛盾突出；城市管理的精细化水平还不高，安全生产、环境保护等领域还存在薄弱环节；改进作风的基础还不牢固，一些“四风”问题树倒根存。对此，我们将高度重视，采取有效措施，认真加以解决，努力把工作做得更好。

二、2015 年重点工作

2015 年是全面深化改革的关键之年，是全面推进依法治国的开局之年，是全面完成“十二五”规划的收官之年，也是全力筹办世界休闲体育大会、实现莱西跨越发展的机遇之年。随着大沽河治理工程完工，青荣城际铁路、青龙高速等重大基础设施投入使用，济青高铁潍坊至莱西连接线纳入规划，我们的半岛交通枢纽地位进一步突出，承接产业转移、配置生产要素等方面的条件根本改善；2015 年世界休闲体育大会，是青岛继世园会之后举办的又一个国际性盛会，为我们推进产业升级、改变城乡面貌、提升城市文明，提供了一次重大历史机遇；经过群众路线教育，干部作风得到进一步改进。我们已经完全具备加快转型发展、向更高层次迈进的坚实基础。同时，经济发展进入新常态，增长速度的换挡期、结构调整的阵痛期、前期刺激政策的消化期相互叠加，区域之间竞争更趋激烈。我们将牢固树立“转型发展时不我待”的危机意识，向改革要红利、靠转型强实力、凭实干兴莱西！

今年政府工作的总体要求是：深入贯彻党的十八大和十八届三中、四中全会以及各级经济工作会议精神，按照市委总体部署，主动适应新常态，紧紧抓住筹办世界休闲体育大会这个重大历史机遇，稳中求进，积极作为，努力在转型升级、改革创新、城乡统筹、社会管理、精神文化、生态文明等重点领域实现新突破，促进经济科学发展、社会和谐稳定。

主要预期目标为：生产总值增长 9%；公共财政预算收入增长 12%；固定资产投资增长 15%；社会消费品零售额增长 12%；城乡居民收入分别增长 9% 和 11%；人口自然增长率控制在 5‰以内；城镇登记失业率控制在 1.8% 以内；完成青岛下达的进出口、外资到账、实际利用内资和节能减排任务。

重点抓好以下五项工作：

（一）着力筹办世界休闲体育大会。以高度的自豪感、紧迫感、责任感，举全市之力，加快推进城市规划、功能、管理和文明的跨越提升，科学筹划组织赛事，以城乡面貌的大变化，大会筹办的高水平，打响“休闲莱西”品牌。

推进规划提升。坚持城乡统筹、南北统筹，修改城市总体规划、城镇体系规划，编制新型城镇化规划，构建“网络化、组团式、生态型”城市空间结构，以高水平的规划引领支撑高层次的经济发展、高质量的人居生活。着眼提升城市综合承载力，编制综合交通规划，构建与城市发展相适应的区域交通网络。强化规划引领，坚守规划底线，着力推进经济社会、城乡建设、土地利用等规划衔接整合。设计布展城市规划展览馆，打造集市情宣传、会展招商于一体的规划展示平台。认真做好“十三五”规划纲要及各专项规划编制工作。

推进功能提升。突出休闲特色，完成市民文化中心和体育场、体育馆、休闲体育公园等重点项目，建设青荣城际铁路莱西北站广场，维修月湖广场、人民广场，建设国际标准的轮滑、自行车等休闲运动场地，努力营造国内一流的休闲运动环境，打造半岛休闲之城。坚持以绿塑城、以水润城，实施主城区北京东路等绿化提升、污水整治工程 14 项，更新城区环卫设施，铺设镇村污水管网 61 公里，建设农村无害化厕所 1500 座，造林 1333 公顷，综合整治大沽河 11 条支流，强化农业面源污染和养殖污染治理，开建绿野生态园垃圾渗滤液处理二期等项目，着力营造碧水绿树相映的怡人环境，打造半岛生态之城。着眼实现区域内外高水平互联、互通，完成城区上海路罩面、深圳路翻修等道路工程 7 项，大中修和新建省县乡道路 83 公里，实施城乡客运公交化改造，加快建设城乡一体、衔接高效、安全畅通的综合交通体系，打造半岛畅通之城。实施扬州路等亮化提升工程 7 项，综合整治文化路等 4 条道路户外广告，改造安居小区等 4 个老旧小区；加快姜山新城、沽河新城开发建设；综合整治大沽河沿岸98个村庄，进一步提升城乡环卫一体化水平；稳步推进新型农村社区建设和居民回迁，规范社区服务中心运行，着力营造主城流光溢彩、镇村整洁文明的良好形象，打造半岛魅力之城。

推进管理提升。加快重心下移、职责下延，积极构建权责清晰、事权一致、规范高效的城市管理运行体系，依法整治占路经营、露天烧烤、违章建筑等热点难点问题，实现优质管理常态化。规范业主委员会运行机制，切实提高物业服务水平。加快智慧城市建设，建成中心信息平台，推进天网工程、智能交通、智慧国土、城市积水监测、气象服务等系统建设，进一步提高城市智能化管理水平。

推进文明提升。策划市民素质主题教育活动，开展文明理念、文明交通、文明生态、文明秩序、文明服务、文明形象等系列提升活动，进一步激发全体市民作为东道主的责任感，营造理解、支持、参与、服务、奉献世界休闲体育大会的浓厚氛围。深入开展志愿服务和道德实践，完成志愿者注册，规范未成年人活动场所建设。广泛开展月湖文化艺术节等群众文化活动，打造“戏曲之乡”。持续推进城乡文化互动，重视地域特色文化保护传承，挖掘利用革命历史文化资源，推进优秀传统文化进校园、进社区、进乡村。

在全面改善城乡面貌、提升城市文明的基础上，建立起政府主导、市场运作、社会赞助相结合的多渠道筹资机制，保障世界休闲体育大会筹办顺利进行。坚持精益求精、节俭办会，组织好各项测试赛、开闭幕式等系列专项工作，统筹做好安全保卫、人力资源、信息传输、医疗饮食卫生等各项保障工作，把世界休闲体育大会办出莱西特色、办出国际水准、办出综合效益，努力举办一届世界知名盛会，打造一项休闲旅游产业，建设一座生态宜居城市，在莱西发展史上留下浓墨重彩、为之赞叹的一笔。

（二）着力提高经济发展质量和效益。在保持经济合理增速的同时，加快推动产业转型升级，着力调整优化经济结构，走可持续发展之路。

优化发展驱动力。坚持以项目为主导，宽领域寻求合作，全方位扩大招商，严格包联、调度、督查等措施，力争新开工、竣工投资过亿元项目数量超过2014年。发挥财政资金杠杆作用，加强市场化运营，打通各个领域的融资渠道，广泛撬动社会资本支持莱西市发展。发挥旅游对消费的引领作用，加快推进旅游综合体制改革，深入开展休闲田园游创建活动，大力培育农家乐、田园采摘等乡村旅游产品，充分释放大沽河、莱西湖、姜山湿地、大青山等旅游资源的综合产业价值，建设胶东半岛重要的乡村休闲旅游目的地。适应个性化、多样化消费特点，大力推进电子商务向各行业、向农村拓展、延伸，促进实体经济与网络经济深度融合。组织筹办好各类节庆活动，打造一批品牌体育赛事，聚集人气商气、激活消费市场。推进原产地认证业务升级，加强与海关、检验检疫等部门的沟通协调，提高外贸便利化水平。推进东庄头国际农副产品交易物流港公共保税仓库建设，加大对企业境外参展、拓展海外销售渠道的扶持力度，鼓励九联集团等重点出口企业产品升级，提高抗风险能力。

强化板块支撑力。坚持项目招引、产业更新与功能开发同步推进，加快区域经济板块建设。主城区，坚持现代服务业导向，坚定不移实施老工业企业环保搬迁和旧城改造，推进“缤纷五洲”“华廷城市广场”“梦想望城”等项目建设，加快威海银行、招商证券等金融机构筹建，促进总部经济、商务经济发展，实现业态联动、产城并进，集聚人流、物流和资金流，进一步增强辐射带动力。经济开发区和姜山先进制造业功能区，加快精密机械产业园、华通高新装备产业园等园中园建设，规划建设现代物流产业园，着力推进合联新型产业城、迪趣世纪文化城等重大项目。同时，瞄准国家发展纯电驱动新能源汽车的战略导向，依托北汽新能源汽车生产基地等项目，密切与即墨市一汽大众华东生产基地合作，加快建设汽车配件产业园，全力培育年产能10万辆的百亿级新能源汽车产业集聚区。沽河食品谷，加强与荷兰家禽协会对接，完成产业规划编制，强化定向招商，进一步突出产业特色。南墅石墨新材料产业园，依托资源优势，充分利用好原石墨矿国有土地，做好规划和设施配套，重点对接引进石墨烯等高端石墨产品生产研发企业，着力建设集产学研于一体的创新型科技产业园。

提升产业竞争力。认真落实扶持企业发展加快工业转型升级意见，着力推动传统产业升级、新兴产业壮大，力争规模工业总产值增长11%以上。鼓励四大主导产业加快技术革新、装备更新、组织创新，完成技改投入165亿元以上，力争产值突破850亿元。坚持市场导向，实行差别扶持，力争五大新兴产业产值增长30%以上。突出特色、集聚发展，进一步壮大提升休闲度假、商贸流通、现代物流等重点产业，推动服务业发展提速、比重提高、水平提升，力争增加值增长9%以上。进一步提高农业园区化、产业化、组织化和品牌化水平，深化农业结构调整，促进转型发展。推进店埠国家现代农业示范园建设，实施夏格庄北部农业综合开发、小农水等农田水利工程230项，整理复垦土地3880亩，夯实农业发展基础。规划建设青岛市级农业示范园5处，加快培育特色农业园区，放大蔬菜、果品等优势农产品增值效应，推动休闲观光农业发展。创建青岛市级畜牧示范园4处，提升畜牧业现代化水平。创新农业经营方式，推进供销社综合改革，重点培育青岛示范合作社等新型经营主体50家，建设农技110服务平台和农技推广服务体系，培训农民1.5万人次以上。完善农产品质量、农业投入品监管追溯机制，保障农业安全。

增强企业创新力。突出企业创新主体地位，加快技术创新和成果转化步伐。重点优化中小微企业扶持政策，推动“个体转企业、小企升规模”，进一步壮大创新主体。发挥市场导向作用，抓好创新平台建设，支持产学研协同创新。新增青岛市以上企业研发、技术中心6家，建成孵化器3万平方米，培育高新技术企业10家以上。探索建立知识产权保护机制，新增专利授权30件以上。支持企业争创品牌，参与或主导制定国家、行业、地方标准。坚持技术人才和管理人才一起抓，制定更具吸引力的人才政策，实现引才育才层次规模与经济发展质量效益同步攀升。

提高风险防控力。强化政银企协作联动、风险共担，加强非法集资排查，严厉打击逃废金融债务行为，守住不发生系统性、全局性风险的底线，确保金融安全。加强政府性债务管理，健全反避税措施，增强财政实力。科学把握房地产供地规模和时序，突出商业经营用房审批建设，掌握好开工节奏，防止库存规模进一步扩大，促进房地产业稳健发展。

（三）着力深化改革。强化责任意识、问题意识、攻坚意识，突出重点领域，紧扣关键环节，释放制度红利，不断增强发展活力。

深化政府职能改革。进一步理顺内部权责关系，形成精干、高效、科学的政府组织体系。完善市镇行政执法联动机制，切实解决镇级执法能力不足和多头执法等问题。实施行政权力清单和政务服务清单制度，公开运行流程，接受社会监督。改革行政复议体制，健全行政复议案件审理机制。实施政府法律顾问制度，保证法律顾问在重大行政决策、推进依法行政中发挥积极作用。积极实施市场监管制度改革，提升事中、事后监管水平，进一步激发市场活力。

深化财政金融改革。加强预算绩效管理，对幼儿园标准化建设、城区居民集中供暖和新型农村社区服务中心运行等进行第三方绩效评价。完成公务用车制度改革。全面推开镇级国库集中支付改革，保障财政资金规范高效运行。进一步拓宽融资渠道，提升融资质量，满足发展需求。设立政府创投引导基金，撬动社会资本加大对实体经济支持。完善企业上市扶持政策，力促一批企业挂牌上市。

深化农村综合改革。抓好农村土地承包权和经营权分置改革，建立健全农村产权交易体系，规范土地经营权流转。完成20个村庄集体经济组织产权制度改革，做好土地承包经营权确权登记颁证扫尾工作。推进农村土地承包经营权抵押融资，支持新型农业经营主体发展。全面改革小型水利工程管理体制，健全镇村水利服务体系。

深化社会事业改革。鼓励引导社会力量参与医疗、教育、养老等社会事业发展，健全公共服务多元化供给机制。探索社会化办学，实现民办学校建设突破。完善中小学教育质量综合评价体系，推动义务教育优质均衡发展。推进公立医院改革，建立公立医院评估体系，健全绩效考核与财政补助挂钩机制。推广医养结合模式，大力发展养老健康服务业。

（四）着力增进民生福祉。坚持财力更多倾斜民生、精力更多倾注民生，重点办好10件政府实事，使发展成果更多更公平地惠及全市人民。

健全社会保障。重点抓好农村劳动力、城镇就业困难人员、高校毕业生就业，新增城乡就业1.6万人。落实最低工资和工资支付保障制度，健全劳动纠纷预防、调处机制。出台新增被征地农民养老保险办法。坚持精准务实，进一步提高城乡医保筹资、低保和农村五保供养标准，增加城乡居民医疗保险门诊大病病种，规范低保管理、日常救助、残疾人扶助等工作，落实城镇失业、无业独生子女父母年老一次性奖励政策，改造550户农村困难群体危房，保障困难群众基本生活权益。加快“千万平方米”养老基础设施建设，继续为适龄老年人发放高龄津贴，建设2处社区老年人日间照料中心示范点。

完善健康服务。完成人民医院综合提升工程。优化医疗资源配置，完善预约诊疗、双向转诊、检验检查结果互认等服务，加强乡村医生培训，逐步建立市镇村三级一体化管理的医疗联合体，让市民就近享受优质医疗服务。开展孕妇产前和新生儿疾病免费筛查，提高出生人口质量。实施全民健身计划，实现村级全民健身路径工程全覆盖，建设一批笼式足球场，丰富群众性体育活动内容。开展送体育下乡等活动，引导群众了解体育，参与健身，增强体质。

发展社会事业。积极创建省义务教育发展基本均衡县，建设50所中小学标准化食堂，创建66所现代化学校，启动济南路中学规划建设，加大农村学校师资配备和培训力度，完善家庭困难学生资助体系，逐步让孩子享受条件均等、起点公平的优质教育。加快推进二中迁建，改造一中、实验学校供暖设施，扩建一中活动场地。促进初高中教育教学有机衔接，加强体育卫生艺术教育，努力实现学生全面发展。改造媒体中心，推动广电事业发展。促进妇女事业全面进步和儿童健康成长。加快民族宗教、红十字、科普、档案、史志等工作发展。提高防震减灾水平。

加强社会治理。深入开展法治宣传教育活动，努力形成办事靠法、遇事找法、解决问题用法、化解矛盾依法的法治环境。健全企业安全生产管理体系，完善风险防控制度。构建食品药品安全监测体系，提高监管科学化水平。狠抓大气、流域污染治理，确保重点河流断面水质稳定达标、空气质量稳定好转。加大平安莱西建设力度，完善社会治安防控体系，优化小案办理机制，有效压降违法犯罪空间，进一步提升公众安全感和治安满意度。整合司法、民政、信访、文化执法等部门资源，最大限度实现社会服务管理力量下沉，提升源头治理水平。健全应急体系，加强应急演练，进一步增强应急处置能力。

（五）着力强化依法行政。坚持运用法治思想和方式，阳光施政，廉洁从政，努力建设市民满意的服务型政府。

依法决策，建设法治政府。自觉接受市人大及其常委会的监督，主动接受市政协的民主监督，重视司法、舆论、公众、审计监督，自觉将政府工作置于全方位监督之下。认真执行行政决策制度，强化重大决策、重点事项风险评估，注重做好决策咨询，广泛听取群众意见，加强重要政策实施的跟踪评价，提高决策科学化、民主化水平。深化政务公开和信息公开，增强政府工作透明度。

依法服务，建设高效政府。坚持法定职责必须为、法无授权不可为，厘清执法监管和属地化管理界限，解决管理缺位等问题。坚持勤政为民，倡导敢于负责、敢于担当的作风，把抓落实作为政府最主要的工作，强化政府绩效管理和政务督查，形成“一竿子插到底”的工作推进机制。发挥行风在线和为民服务热线作用，围绕群众关心、基层关注的发展热点难点，全力推动重心下移，强化现场办公服务，使政府工作更加贴近实际、更加高效便民。

依法管理，建设廉洁政府。坚持把反腐倡廉贯穿于政府工作的全过程，进一步完善“不易腐”的保障机制、“不能腐”的防范机制、“不敢腐”的惩戒机制。加强公共资源交易管理，严格政府采购制度和公务卡结算制度。完善重大项目保廉促效体系，严格落实规划设计、土地出让、工程管理等方面廉政制度，加强公共资金、国有资产、国有资源和领导干部经济责任审计。认真贯彻执行中央八项规定，落实党政机关厉行节约反对浪费条例，坚决反对“四风”，继续严控“三公”经费及一般性经费支出，确保只减不增。严肃查处各类违法违纪案件，切实增强各级干部公仆意识和自律意识。

各位代表，今年全市经济社会发展任务十分繁重。让我们在中共莱西市委的坚强领导下，集中全市智慧，凝聚全市力量，坚定信心，迎难而上，顽强拼搏，苦干实干，在莱西科学发展征程上再谱新篇章、再创新辉煌！

（市政府办）

中共莱西市委 2014 年工作要点

一、加快转方式、调结构，推动经济扩总量、提质量

1. 继续瞄准行业巨头、产业龙头、创新源头特别是世界 500 强、中国 500 强和行业前三强开展定向招商，年内组织专题招商活动 15 次以上。

2. 完善总部经济落户鼓励政策，加快重点企业总部落户，促进技术、资金和人才集聚发展。

3. 继续坚持双月奋战活动中的经验做法，深入推行并联审批、容缺审批、全程代办、登门服务等工作方式，完善项目包联、倒排工期、调度通报和督查考核等推进机制，加快推进北汽集团 10 万辆新能源汽车生产基地等重点项目，力争新开工投资过亿元项目 67 个，竣工 30 个以上。

4. 严格落实涉企检查备案、网上公告和企业宁静日制度，实行大项目直通车和绿色通道制度，加强企业周边治安环境整治，严厉打击影响企业生产经营的不法行为，切实提高服务质量。

5. 完成青岛市下达的外资到账和实际利用内资建议目标。

6. 研究出台加快工业转型升级意见，改造提升传统产业，大力发展新兴产业，着力构建现代工业产业体系。加强企业培育，持续推进企业上市，力争规模以上工业增加值增长 15%。加强企业研发中心等创新平台建设，实施 35 个技改项目，完成技改投入 130 亿元以上。抓紧出台老城区企业搬迁改造工作意见和实施细则，积极推进老工业企业环保搬迁。

7. 支持现有的 55 家青岛市级以上农业产业化龙头企业做大做强，加快推进国际蔬果食品交易物流港建设，打造农业部“菜篮子”蔬菜标准园 2 个，青岛市级示范农业园 3 个，畜牧业重点示范园区 5 个，培育夏格庄“渭田牌”绿色蔬菜、马连庄甜瓜等农业品牌 7 个，完成“三品一标”产品认证 3 个以上，新建农业标准化生产基地 100 公顷以上。

8. 加快君洲大酒店、华玺大酒店等服务业大项目建设，提高 2015 年世界休闲体育大会接待能力。

9. 科学编制全市旅游业发展总体规划，出台加快旅游业发展意见，加快莱西湖、江山湖、大沽河等重点区域旅游项目开发建设，深入推进“休闲田园游”示范点及乡村旅游特色点创建工作，打造“休闲田园游”示范点 10 处，乡村旅游特色点 10 处。

10. 大力引进金融机构，加强政银企合作，积极筹建小额贷款公司，为经济社会发展提供金融支持。积极协调各金融机构实现属地缴纳税收，努力增加金融机构对地方经济社会发展的贡献度。

11. 经济开发区、姜山先进制造业功能区加快推进日韩产业园、精密机械产业园二期、华通高新装备产业园、中一实业产业园等园中园建设，促进项目和产业集聚发展，不断扩大经济总量、提升竞争实力，争创国家级经济技术开发区。

12. 加快完善沽河新城食品谷发展规划，依托雀巢公司、九联集团等龙头企业，进一步提高设施配套水平，加大产业链招商，着力引进技术研发中心、产品展销中心和物流配送中心，打造深加工、高附加值的食品加工业集聚区。

13. 大力引进战略性投资企业，推进石墨资源的深度开发利用，逐步打造石墨材料产业园。

14. 镇级特色工业小区，重点实施污水管网配套工程，着力打造特色鲜明、配套完善、功能齐全的中小项目集聚平台。

15. 深化产学研合作，年内举办 1–2 场高端人才、项目洽谈会，力争引进一批高层次人才和高科技合作项目。抓好技术市场培育，争取上级科技立项 10 个以上，认定国家高新技术企业 5 家以上，组建企业研发中心 5 家以上，高新技术产业产值占比达到 21.9%。加快科技创新平台建设，新建 1 处综合孵化器。进一步提高发明专利申请量和授权量，发明专利申请 1000 件以上，获得授权 30 件以上。充分发挥科技金融专项资金引导作用，年内提供科技金融支持不少于 2000 万元。

16. 积极实施商标名牌战略，新培育驰（著）名商标 4 个以上。

二、全面深化改革，增强经济发展活力

17. 进一步精简审批事项，扩大审批权限下放范围。将具有行政审批职能的部门、涉及并联审批流程的部门、垂直管理部门、独家垄断中介机构以及相关审批事项全部入驻行政审批大厅统一管理，进一步完善窗口职能。

18. 全面落实向经济开发区和姜山镇的赋权任务，实现行政服务中心与经济开发区、姜山镇便民服务中心收费网络连接。

19. 实施建筑工程项目竣工联合验收，解决多头验收、效率低下问题。

20. 建立专职帮办、代办制度，实现对重点项目的全程专职代办、帮办和咨询服务。

21. 发挥市属投资公司作用，对国有资产进行梳理登记，依法实施有效管理，确保国有资产保值增值。

22. 建立上级扶持项目竞争机制，公开项目建设要求和建设标准，实行公开竞争、择优落户，确保资金效益最大化、社会效益最大化。

23. 不断创新政府融资渠道和方法，适时发行企业债券，着力打造稳定透明、科学合理的政府融资平台。

24. 鼓励企业在“新三板”及其他场外交易市场进行融资，借助资本市场实现快速发展。

25. 实施全口径预算管理，全面启用财政预算执行动态监控系统，加强对公务卡制度执行情况的监督审计，规范预算单位财务管理。

26. 开展国库集中支付镇级试点，建立市、镇两级财政资金集中支付和管理制度，规范镇级财政财务管理和镇级工程资金划拨程序。

27. 加强源头防范，严格执行偿债准备金制度，完善政府举债程序，切实防控债务风险。

28. 在国家税制改革统一框架下，对接上级税收调整，推进营业税改征增值税改革。逐步清理规范针对部分区域、产业、行业或企业出台的税收优惠政策，严格依法征税。

29. 坚持农村基本经营制度，培育规范农业新型经营主体，扶持壮大一批农业龙头企业、专业合作社和家庭农场，推进农业经营方式创新。

30. 深化农村土地制度改革，推进农村土地承包经营权确权、登记、颁证工作，依法保障农民土地承包经营权、宅基地使用权，引导农村土地有序规范流转。

31. 推进农村集体资产管理改革，选择条件成熟的镇（街道），推进以股份合作为主要形式的农村集体产权制度改革，探索制定农村集体经济组织产权管理制度，加快农村集体产权交易服务平台建设，保障农民集体财产收益分配权。逐步推进农村集体资产股份化，探索构建城乡统一的土地、资本和劳动力市场，加快城乡生产要素平等交换和公共资源均衡配置。

32. 推行中小学绿色指标体系，建立体现素质教育要求的评价制度；实施校长去行政化改革，扩大学校办学自主权；探索办学模式改革，加快发展职业教育和民办教育。

33. 全面推进县级公立医院综合改革，优化城乡卫生资源配置，建立稳定的财政补偿机制，努力实现二级医疗机构门诊和住院次均费用零增长。

34. 探索社会组织直接登记，完善社会组织联席会议制度，推进社会组织明确权责、依法自治、发挥作用。

三、加快推进城乡一体化进程，促进城乡全域统筹发展

35. 结合青龙高速公路、青荣城际铁路等重大基础设施建设以及城市建设，做好城市总体规划修编、城镇体系规划和重点区域规划。组织开展城市综合交通规划编制工作，完成青荣城际铁路莱西北站站前区规划。

36. 进一步加大旧城片区和城中村改造力度，完成华廷城市广场等4大片区建设和任家疃等13个城中村的拆迁改造。

37. 稳步推进新型农村社区建设，抓好社区服务中心设施完善、制度健全，确保已投入运行的社区服务中心建好用好。

38. 科学制定并实施城乡基础设施重点工程，加快市文化中心建设。

39. 配合做好青龙高速公路、青荣城际铁路等重大工程建设，推进南水路南延工程，进一步优化城市交通网络。

40. 投资5125万元，完成农村规模化供水三期工程，全面实现城乡供水一体化。加大农田水利基础设施建设力度，投资2580万元，完成211项小型农田水利项目。

41. 加快公交车辆改造步伐，完成协议签署、新增出租车招投标、线路编制规划等工作，推动城乡公交一体化。

42. 坚持“一心引领、两区集聚、三城共建”，加快青岛合联姜山新型产业城建设步伐，配套完善新城核心区公共服务设施，拉起姜山新城主体框架。

43. 加快完善沽河新城建设规划，推进道路、绿化等配套工程建设和碧桂园等大项目建设。

44. 全力推进世界休闲体育大会筹备工作。组建现场建设指挥部，明确时限，全力推进体育场馆、运动员村等各项工程。启动大会会歌会徽及奖牌设计征集、竞赛日程编制、志愿者招募培训等各项工作，办好大会倒计时一周年和重要测试赛等活动。多方引进有实力和影响的赞助商、合作伙伴，加大对外宣传力度，提升莱西知名度。

四、切实保障和改善民生，促进社会和谐稳定

45. 健全促进就业创业的体制机制，重点做好以高校毕业生为重点的青年就业和农村转移劳动力、城镇就业困难人员、退役军人就业，新增城乡就业1.75万人，城镇登记失业率控制在2%以下。重视守住民生底线，落实最低工资标准制度和工资集体协商制度，实行企业工资网上备案及工资指导线备案，合理调增企业退休（职）人员养老待遇。稳妥做好各类养老保险衔接或转移接续工作，增加养老保险参保人数。

46. 将新农合人均筹资标准提高到425元，进一步提高患大病群众的医疗保障水平，满足农村居民基本医疗需求。

47. 进一步提高城乡低保标准、五保供养标准，为85岁以上老人发放高龄津贴。

48. 完成农村危房改造1622户。

49. 整合多部门救助资源，建立大救助机制，提高社会救助的及时性和实效性。

50. 加大教育投入，投入使用济南路小学，创建35所现代化学校，新建、改扩建28处标准幼儿园，继续推进莱西二中搬迁，组织实施教育信息化、学校现代化、幼儿园标准化建设工程以及教育质量提升工程，促进教育均衡、内涵发展。

51. 加快推进市人民医院综合提升工程和市立医院迁建工程，进一步改善市民医疗卫生条件。

52. 积极推进农村敬老院整合工作，抓好社会福利中心运营，建设33个社区老年人日间照料中心，扩大残疾人托养服务范围。

53. 做好“单独两孩”政策实施准备工作，促进人口和计划生育事业持续健康发展。

54. 推进全民健身，创立莱西独有的休闲体育赛事品牌。

55. 坚持党管武装，做好双拥工作，推进军民融合深度发展。

56. 坚持把维护稳定作为第一责任，创新有效预防和化解社会矛盾体制，健全社会稳定风险评估机制，从源头上预防和化解社会矛盾，最大限度减少不和谐因素。

57. 坚持以群众工作统揽信访工作，落实领导干部公开接访、带案下访等制度，加快实行诉讼与信访分离，推动实现阳光信访、公信信访和法治信访。

58. 加强社会治安综合治理，实施治安防控“天网”工程，完善综治基层基础，严厉打击各类违法犯罪行为，确保治安形势持续向好。

59. 改革食品药品安全监管体制，加快建立最严格的食品药品生产、流通、消费全过程监管制度和责任追究制度。

60. 严格落实“党政同责、一岗双责、齐抓共管”的安全生产责任制度，建立党政同责领导体制，保证安监队伍标准化建设投入，完善网格化监管体系，推进企业安全生产主体责任落实，着力解决重点行业领域的薄弱环节和突出问题，做到全覆盖、零容忍、严执法、重实效，确保安全生产形势持续稳定。

61. 推进校车安全工程。

五、大力推进生态文明，建设美丽莱西

62. 全面完成大沽河治理任务。

63. 实施小沽河综合治理工程，积极推进洙河、嵯阳河等区域水污染整治和产芝水库生态环境专项保护工作。

64. 继续开展城乡环境综合整治，加快城乡环卫一体化建设，投入运行姜山镇等5处垃圾中转站。

65. 加快城乡污水处理一体化建设，建设南墅至城区、店埠至姜山等污水管网，实施部分城区道路翻修及雨污分流改造工程，继续改造部分老旧居民小区道路、排污和供水设施。

66. 改建农村无害化卫生厕所1500座，全面改善农村卫生条件。

67. 推进国家森林城市创建工作，继续开展大规模植树造林，完成造林面积4万亩，植树总量1000万株以上。

68. 做好城区裸露土地绿化，实施梅花山生态园、月湖广场及部分路段绿化工程。

69. 大力发展循环经济、低碳经济，万元GDP能耗降至0.6019吨标煤，化学需氧量和二氧化硫排放量分别控制在42939吨和5820吨，完成青岛市下达的节能减排目标任务。以创建省级生态城市为目标，认真落实能评、环评制度，严格控制“两高一资”项目。

70. 加大闲置土地清理力度，推进城乡建设用地增减挂钩，确保供地率、用地率达到90%以上，实现土地资源利用效益最大化。开展工矿废弃地复垦，逐步恢复区域内工矿废弃地生态功能。加强土地出让源头管理，建立供后动态监管长效机制，严格实行“净地”出让制度。

六、扎实推进政治和文化建设，提升城市文明程度

71. 完善和落实党务、政务、村（居）务、厂务各领域公开制度，不断扩大人民群众的民主权利。

72. 坚持依法行政、公正司法，大力提升政法队伍素质，支持法院、检察院依法独立行使职能。做好公证、律师、法律援助和司法救助等工作，进一步提高法律服务水平。

73. 认真贯彻落实“六五”普法规划，深入开展法制宣传教育，形成自觉学法、守法、用法的社会氛围。

74. 围绕“两个巩固”的根本任务，深入学习宣传贯彻习近平总书记系列重要讲话和党的十八届三中全会精神，深入开展中国梦和中国特色社会主义宣传教育，用社会主义核心价值体系引领社会思潮。深化群众性精神文明创建工作，积极培育奋发进取、理性平和、开放包容的健康社会心态。牢牢把握正确舆论导向，提高对媒体的舆论引导能力，做好对外宣传工作，营造良好舆论氛围。深入实施“乡村文明行动”，争创第四届省级文明城市。

75. 深入开展“扫黄打非”工作，全面推进文化执法领域监督管理，确保意识形态领域安全。

76. 实施文化馆、图书馆、博物馆、美术馆免费开放工程，继续开展送戏下乡和农村公益电影放映活动，广泛开展群众文化活动，办好首届全国吕剧票友大赛、月湖文化艺术节等文化活动，不断丰富群众精神文化生活。整体推进市镇村三级文化站室提标工程，推动公共文化服务向基层倾斜、向农村延伸、向老百姓开放。探讨推进西沙埠遗址保护性开发，传承振兴莱西木偶、莱西秧歌等非物质文化遗产，积极打造戏曲之乡。大力发展文化创意产业，扶持壮大演艺娱乐业，积极开拓文化旅游业。

七、全面加强和改进党的建设，为经济社会发展提供坚强保障

77. 按照“照镜子、正衣冠、洗洗澡、治治病”的总要求，聚焦“四风”问题，推动全市第二批党的群众路线教育实践活动健康有序开展。突出为民务实清廉、实践特色、服务群众、领导干部四个重点，扎实做好各个环节的工作，努力把活动成果转化为推动工作的强劲动力。

78. 广泛开展干部教育培训，深化干部岗位必备知识学习测试活动，探索实施“领导干部上讲堂”工程，切实增强干部履职能力。

79. 深化干部人事制度改革，重点围绕领导班子和领导干部综合分析研判进行改革创新，选优配强“一把手”，重视用好各年龄段的干部，增强班子整体功能。改进干部选拔方法和程序，探索综合运用组织意见、民主推荐以及干部一贯表现情况评价和使用干部，构建有效管理、简便易行的干部选拔任用机制，发挥党组织在干部选拔任用中的领导和把关作用，防止简单以分取人、以票取人。加大年轻干部培养选拔力度，选拔一批优秀年轻干部到基层和发达地区挂职锻炼，表现优秀的予以提拔，为年轻干部成长提供广阔舞台。

80. 加强干部监督管理，改进干部监督管理措施，分类建立干部监督信息库，定期对干部有关信息进行分析研判，强化干部事前监督。

81. 健全党管人才工作格局，科学设置人才工作目标责任分解体系，完善高层次人才创业扶持措施，加大各类人才队伍培养选拔、表彰激励、管理使用力度，积极营造引才、留才、聚才、用才的浓厚氛围。

82. 严格执行中央八项规定和《党政机关厉行节约反对浪费条例》。进一步改进文风会风，大兴调查研究之风。严肃党内生活，开展经常性的批评和自我批评。

83. 完善《庸懒散慢拖瞒行为处理暂行办法》，持续整治“庸懒散慢拖瞒”行为，对具有普遍性的作风问题，逐一研究制定规范性、约束性制度，尽快建立作风建设的制度体系。加强和改进对领导干部特别是主要领导干部行使权力的制约和监督，完善并严格执行领导干部工作生活保障制度，反对特权思想和特权作风。

84. 加强农村基层党组织建设，深化“第一书记”选派管理、抓好后进村治理整顿、联村党支部设置调整，完成村“两委”换届选举工作。深化拓展“莱西会议”精神，探索新形势下村级管理规范化机制。推进新型农村社区党建创新，探索构建以社区党组织为核心，社区组织管理、社区民主政治建设、社区配套服务联动机制。创新村党组织书记队伍调整备案、教育管理和绩效考核机制，完善村党组织书记绩效补贴发放办法。创新发展党员公选机制，择优确定入党积极分子。完善党员量化积分管理机制，量化考评标准，提高党员履职尽责的主动性。

85. 坚持党要管党、从严治党，健全反腐败领导体制和工作机制，建设廉洁莱西。加大查办违纪违法案件工作力度，加强纠风和专项治理，保持惩治腐败高压态势。扎实做好科技防腐和岗位廉政风险防控工作，不断推动政府采购、土地招拍挂、建设工程招投标、国有和集体资产资源集中交易等制度落实，压缩权力寻租空间，从源头上防治腐败。深化党风廉政教育，健全考核办法，加强工作督导，完善“大宣教”格局，实现廉政教育常态化、制度化。加强基层党风廉政建设。

（市委办）

大 事 记

2014 年大事记

·1 月·

3 日

政协莱西市第八届委员会第十次常委（扩大）会议在市行政办公中心召开。市政协主席于永才，市政协副主席王仁臣、王志强、李美玲、王志超、孙焕伟、赵彦军，秘书长张绍东出席会议。

14 日

青岛市药监局局长孙利国一行到莱西市开展工作调研，市委书记、市人大常委会主任刘圣珍在市行政办公中心会见了孙利国一行，并就食药体制改革问题进行了探讨。

15 日

莱西市涉氨制冷企业安全生产专项整治工作会议在市行政办公中心召开，会议主要目的是结合当前的安全生产形势，对涉氨制冷领域的安全生产工作进行再动员、再部署，扎实开展安全生产隐患排查。市委副书记、市长纪家栋参加会议并讲话，市委常委、常务副市长赵希胜主持会议。

22 日

莱西市在市行政办公中心召开食品药品工商质检管理体制改革工作会议。会议传达学习了中央、省、青岛市关于食品药品工商质检管理体制改革精神，全面部署莱西市食品药品工商质检管理体制改革相关工作。市领导赵希胜、郝曙光、丁朝霞出席会议。

23 日

全市重点行业安全生产工作会议在市行政办公中心召开。

24 日

莱西市在市行政办公中心召开市委第 56 次常委（扩大）会议，市委书记、市人大常委会主任刘圣珍在会上传达学习了习近平总书记在党的群众路线教育实践活动第一批总结暨第二批部署会议上的重要讲话精神。市委副书记、市长纪家栋传达了省“两会”精神。会议对全市的安全生产、信访稳定等工作进行了部署。

27 日

中共莱西市纪委十三届四次全体（扩大）会议在市行政办公中心召开。会议学习贯彻了中央、省和青岛市纪委全会精神，回顾总结了 2013 年全市党风廉政建设和反腐败工作，研究部署了2014年工作任务。

·2月·

10日

市第十三届委员会第58次常委会议在市行政办公中心召开。市委书记、市人大常委会主任刘圣珍主持会议并部署有关工作。

11日

市委党的群众路线教育实践活动领导小组办公室及督导组全体人员会议在市行政办公中心召开，会议传达了市委常委会议精神，动员市委党的群众路线教育实践活动领导小组办公室和督导组的全体人员，统一思想认识，明确工作职责和要求，切实增强责任感、使命感，迅速进入工作角色和工作状态，为组织开展好党的群众路线教育实践活动提供坚强保证。

19日

学习贯彻上级厉行节约反对浪费有关规定工作会议在市行政办公中心召开。

24日

市第十三届委员会第59次常委会议在市行政办公中心召开，市委书记、市人大常委会主任刘圣珍出席会议并作重要讲话。

27日

市委政法工作会议在市委党校会议中心召开，会议传达学习中央、省委和青岛市委政法工作会议精神，总结2013年政法工作，分析当前所面临的形势，研究部署今年的政法工作任务。

·3月·

7日

莱西市党的群众路线教育实践活动动员大会在市委党校会议中心召开。会议主要任务是，深入贯彻落实中央、省委和青岛市委关于开展党的群众路线教育实践活动一系列重要会议精神，对莱西市的教育实践活动进行动员部署。

12日

莱西市在市教体局召开全市学校安全工作会议，贯彻落实各级党委、政府安全生产工作会议精神，研究部署2014年全市学校安全工作。会议宣读了市政府《关于进一步加强中小学、幼儿园安全工作的通知》。市领导张升山、王福考参加会议。

19日

副省长孙绍骋到莱西市就新型城镇化、社会养老服务体系建设等工作进行调研。青岛市副市长徐振溪，莱西市领导刘圣珍、纪家栋陪同调研。

2014年度全市消防工作会议在市行政办公中心召开，会议主要贯彻落实省、青岛市消防工作会议精神，总结2013年度全市消防工作，表彰全市“消防安全基层基础提升年”活动先进集体和个人，部署2014年度工作任务。副市长黄迪勇参加。

20日

全市安全生产工作会议在市行政办公中心召开。会议通报了2013年全市安全生产控制指标完成、目标责任考核和2014年前两个月安全生产情况，表彰了先进集体和先进个人；市政府与各镇街签订了2014年安全生产目标责任书。市领导纪家栋、赵希胜、张升山、纪玉水、丁朝霞参加会议。

市政府廉政暨全市审计工作会议在市行政办公中心召开。会议主要任务是传达贯彻上级有关会议精神，部署安排2014年廉政和审计工作。市领导纪家栋、姜水清、赵希胜、张升山、纪玉水、丁朝霞参加会议。

27日

市委书记、市人大常委会主任刘圣珍专题调研了世界休闲体育大会筹备情况。市领导王保岚、纪玉水、王志强参加。

市人大常委会第十八次会议在市人大常委会会议室举行。

·4月·

1日

莱西市在市行政办公中心召开建立大救助机制工作会议，部署莱西市大救助机制建设工作。副市长丁朝霞参加会议并讲话。

9日

第66次市委常委会议在市行政办公中心召开。会议集中学习《面向未来的赶考——习近平总书记指导河北省党的群众路线教育实践活动回访记》。市委常委出席会议。

10日

全市信访稳定工作专题会议在市行政办公中心召开，会议通报了4月份以到莱西市发生的群众到省进京非访案件，听取了各镇（街道、经济开发区）关于当前信访工作开展情况、存在的问题及下一步措施的汇报，签订信访工作责任书，并对做好当前莱西市信访稳定工作进行了安排部署。市委书记、市人大常委会主任刘圣珍出席会议并讲话。市委副书记李兴伟主持会议。

25日

为深入贯彻落实《青岛市控制吸烟条例》，进一步推动莱西市控烟工作，全市控烟工作调度会在市行政办公中心召开。副市长丁朝霞参加会议。

28日

市工商业联合会（总商会）七届三次执委会议在市电力公司召开。会议通报表彰了先进，传达学习了全国、省、青岛市工商联执委会议精神，通过了人事任免事项，听取并审议了第七届执委会工作报告，对2013年以来新成立的同业商会进行了集中授牌。市领导邹学新、王明兴、纪玉水、李美玲参加会议。

23日

莱西市召开全市调结构稳增长抓落实现场推进活动动员会议，动员全市上下进一步统一思想、提高认识、严格措施、积极工作，再掀项目推进高潮，促进经济社会快速健康发展。市委书记、市人大常委会主任刘圣珍出席会议并讲话，市委副书记、市长纪家栋主持会议。全体市级领导参加会议。

·5月·

4日

全市道路交通安全工作会议在市行政办公中心召开。会议贯彻落实了青岛市道路交通安全工作会议精神，分析了当前面临的道路交通安全形势，并对做好今年的道路交通安全工作进行了安排部署。副市长黄迪勇参加会议并代表市政府同各部门、各镇街签订《2014年度道路交通安全工作目标责任书》。

7日

市委书记、市人大常委会主任刘圣珍先后主持召开党外人士和农业合作社座谈会，诚恳征求对市委班子及市委常委本人在群众路线教育实践活动中的意见、建议。

13日

浙江省安吉县考察组到莱西市考察学习城市建设、管理及产业布局等方面的经验做法。考察组一行先后实地考察了休闲体育大会体育场、体育馆建设，洙河改造工程，大沽河治理工程，旧城改造项目长平祥和苑，宾馆片区改造项目等情况。副市长纪玉水陪同。

15日

全市关心下一代工作会议在市民政局会议室召开。市委常委、组织部长、市关工委副主任郝曙光参加会议并讲话。

莱西市在市行政办公中心召开防空地下室建设整改工作会议，传达了青岛市人防民防工作会议精神，通报了《关于组织开展防空地下室建设整改工作的通知》和加强防空地下室建设管理的有关规定，研究部署了下一步莱西市人防工程整改有关工作。副市长曹杰军参加会议。

19日

莱西市社会工作协会成立大会在市民政局召开。大会通过了《莱西市社会工作协会章程》《莱西市社会工作协会会费收缴和管理办法》，选举出第一届理事会理事、常务理事、会长、副会长、秘书长，共有80余个单位会员和个人会员参加了协会成立大会。

山东省第二十三届运动会射箭预赛暨2014年“中国体育彩票杯”山东省射箭锦标赛在莱西市体育中心圆满落幕。

20日

青岛市副市长、大沽河治理工作指挥部总指挥徐振溪带领青岛市大沽河治理工作指挥部相关单位负责人，在莱西市召开大沽河治理工程建设总结观摩考评会议。市领导刘圣珍、张升山、王保岚参加。

24日

由青岛市体育局和莱西市2015年世界休闲体育大会组委会联合主办的“中凯·香格丽苑杯”2014年江山湖湿地钓鱼比赛拉开帷幕。市领导刘莉、丁朝霞、王志强参加开幕式。

28日

2014青岛莱西首届新媒体高峰论坛在豪邦度假村举办。

·6月·

3日

全市飞机防治美国白蛾暨林业有害生物防控工作会议在市行政办公中心召开。市政府副市长黄迪勇参加会议并讲话。

10日

莱西市在市行政办公中心召开2014年夏粮收购工作会议，会议传达了全国、省、青岛市夏粮收购工作会议精神，研究分析莱西市产购形势，部署莱西市夏粮收购工作。副市长黄迪勇参加会议。

18日

2014年迎峰度夏有序用电工作会议在市供电公司召开。会议对当前全市电力供需形势进行了分析，并对迎峰度夏工作提出了明确要求。市委常委、副市长张升山参加会议并讲话。

23～24日

中国煤矿文工团党委书记、团长付伟一行到莱西市考察了2015年世界休闲体育大会有关工作。市领导丁朝霞、王志强陪同考察。

25日

莱西市在市行政办公中心召开城区防汛工作会议，副市长曹杰军参加会议并讲话。

·7月·

15日

青岛市委常委、纪委书记何建平到莱西市调研纪检信访工作，并在市行政办公中心召开座谈会。市领导刘圣珍、姜水清、王保岚参加。

16日

全市供销合作社综合改革试点启动会议在市供电公司召开。市委副书记、市长纪家栋参加会议并讲话，副市长黄迪勇主持会议。

全市行政审批制度改革工作会议在市行政办公中心召开。市委常委、常务副市长赵希胜参加会议并讲话。

经济开发区和姜山镇行政服务中心运行工作会议在市行政办公中心召开。会议主要任务是对两个服务中心的运行情况进行调度，解决存在问题，推进工作落实。市委常委、常务副市长赵希胜参加会议并讲话。

21日

莱西市在市行政办公中心召开市政府安委会十二次（扩大）会议暨全市六大领域专项治理工作动员会议，会议贯彻落实了青岛有关会议精神，针对当前的社会发展形势，就如何抓好生产安全、食品药品安全、大气和水污染、交通拥堵、市容环境、社会治安等六大领域的治理工作，进行了分析和部署。市委副书记、市长纪家栋参加会议并讲话。市委常委、常务副市长赵希胜主持会议。

24日

莱西市在市行政办公中心召开无序占用通道治理行动会议。会议传达了青岛市无序占用通道治理工作会议精神，下发了《莱西市无序占用通道治理行动工作导则》，对莱西市无序占用通道治理工作进行了部署。

31日

全市食品药品监督管理工作会议暨基层食品药品监管体系建设现场会在望城街道办事处召开。副市长黄迪勇参加会议。

·8月·

5日

莱西市在市行政办公中心召开全市2015世界休闲体育大会志愿者招募调配工作动员会议，安排部署全市2015世界休闲体育大会志愿者招募调配工作。市领导纪玉水、王志强参加会议。

6日

市委书记、市人大常委会主任刘圣珍在市行政办公中心主持召开全市教育实践活动专项整治工作调度会议，贯彻落实省委和青岛市委专项整治行动工作会议精神，扎实推进全市教育实践活动专项整治工作。省市赴莱西市联合督导组组长刘杰及全体成员，市委副书记、市长纪家栋等相关市级领导参加会议。

15日

莱西市在市行政办公中心召开专题会议,对“六打六治”打非治违专项行动进行动员，对涉氨制冷专项治理工作进行部署。市委副书记、市长纪家栋参加会议并讲话，市委常委、常务副市长赵希胜主持会议。

由2015年世界休闲体育大会组委会、青岛啤酒股份有限公司共同主办的莱西市首届青岛啤酒节在月湖广场拉开帷幕。市领导刘莉、纪玉水、赵彦军出席啤酒节开幕式。

25日

由莱西市2015年世界休闲体育大会组委会主办的英语演讲比赛在莱西市电大阶梯教室举行。

·9月·

4日

市委召开第81次常委会议，传达学习省委赴青岛督导组第一副组长彭绪进在莱西调研时讲话精神。市委书记、市人大常委会主任刘圣珍主持会议并讲话，全体市级领导参加。

莱西市在人民广场举行“香格丽都”杯全市团体操(舞)太极表演类选拔赛预赛。

11日

市工商联在联通公司举行果蔬保鲜加工业商会成立大会。市工商联负责人及各会员企业负责人参加成立大会。会议讨论通过了《莱西市工商联果蔬保鲜加工业商会章程（草案）》《莱西市工商联果蔬保鲜加工业商会选举办法（草案）》。通过举手表决的形式选举产生了商会执行委员会，选举产生了会长、副会长及秘书长。

15日

全省农村危房改造暨农村人居环境调查工作会议在莱西市召开，省住建厅副厅长耿庆海，市委副书记、市长纪家栋，市委常委、常务副市长赵希胜参加相关会议。

·10月·

9日

莱西市在市行政办公中心召开青岛2014环大沽河马拉松赛工作会议，副市长纪玉水、丁朝霞参加会议。

10日

青岛市市容环境整治行动考核组到莱西市就2014年三季度市容环境整治工作进行考核。副市长曹杰军陪同。

11日

市委第83次常委会议在市行政办公中心召开，会议深入学习贯彻习近平总书记在党的群众路线教育实践活动总结大会上的重要讲话精神。市委书记、市人大常委会主任刘圣珍主持会议并讲话，市委副书记、市长纪家栋参加会议并讲话。市委常委参加会议。

16 日

青岛市委副书记、市长张新起带队到莱西市现场查　　看大沽河治理有关工作。青岛市副市长徐振溪，莱西市领导刘圣珍、纪家栋、张升山陪同。

21 日

全市党的群众路线教育实践活动总结大会在市委党校会议中心召开。会议要求，认真学习贯彻中央、省委和青岛市委党的群众路线教育实践活动总结大会精神，始终保持干事创业的良好精神状态，尚实干、勇作为、敢担当，一心一意谋发展，聚精会神抓党建，确保全面完成全年目标任务，为加快建设宜居幸福新莱西做出新的更大贡献。

22 日

莱西市海外联谊会成立大会暨第一次理事会在市行政办公中心召开。市委常委、宣传部部长、统战部部长邹学新参加会议。

23 日

全市市场主体发展与商标创建工作调度会议在市行政办公中心召开。副市长黄迪勇参加会议并讲话。

24 日

全市村（社区）“两委”换届选举工作会议在市行政办公中心召开。会议贯彻落实省委、青岛市委“两委”换届选举工作会议精神，研究部署莱西市“两委”换届选举工作。市委书记、市人大常委会主任刘圣珍出席会议并作重要讲话。

31 日

莱西市举办电子商务培训班，电商、物流企业，部分商会、外资企业及民营进出口企业等 66 家企事业单位负责人参加了培训。

·11 月·

5 日

青岛市科技局局长姜波一行到莱西市调研科技工作。市委常委、常务副市长赵希胜陪同。

7 日

居民医疗保险征缴工作会议在市行政办公中心召开，会议部署 2015 年全市居民社会医疗保险费征缴工作。市委常委、副市长张升山参加会议。

省委统战部副部长牟强率省委省政府民族工作第二调研组到莱西市调研民族工作开展情况。市委常委、宣传部长、统战部部长邹学新陪同。

13 日

全市创建第四届省级文明城市工作联席会议在市行政办公中心召开，对迎接省级文明城市届满测评验收工作进行了全面部署和调度。会议要求，要牢固树立“守土有责、守土明责、守土尽责”的大局意识，严格按照责任分工，认真抓好工作落实，确保测评工作圆满成功。市委常委、宣传部长邹学新参加会议。

20 日

青岛市新型农村社区建设工作专题会议在莱西市召开，青岛市委副书记、市长张新起出席会议并讲话，他强调，要坚定信心、总结经验、完善政策，坚定不移地推进新型农村社区建设。青岛市副市长黄龙华，市领导刘圣珍、纪家栋等参加会议。

25 日

莱西市召开“大干 300 天，迎办休体会”誓师大会，会议主要任务是贯彻张新起市长赴莱西市调研讲话精神，落实 11 月 20 日在莱西市召开的休闲体育大会现场工作会议要求，进一步统一思想，凝聚力量，真抓实干，在全市掀起筹办休闲体育大会的新高潮，营造干事创业、比学赶超的浓厚氛围，推动经济社会发展实现新跨越。

26 日

市人大常委会第二十四次会议在市人大常委会会议室举行。市人大常委会党组书记、第一副主任张锐，市人大常委会副主任李信斋、王明兴、刘莉及委员共 24 人出席会议。市委常委、常务副市长赵希胜，副市长黄迪勇，市检察院检察长孙健，市人大常委会办事机构、市法院、市政府办公室、市发改局、市财政局、市国土局、市农业局、市水利局、市审计局、市房管局、市产芝水库管理局负责同志，各镇人大主席，各街道(经济开发区)人大工作办公室主任，5名市级及市级以上人大代表列席会议。2名公民旁听了会议。张锐、李信斋分别主持了第一次、第二次全体会议。

·12月·

2日

市人大常委会党组书记、第一副主任张锐，副主任李信斋、王明兴、刘莉及部分委员，在市政府副市长、休闲体育大会组委会执行副主任纪玉水，市政协副主席、休闲体育大会组委会副主任兼秘书长王志强及市政府办公室主要负责人员的陪同下，视察了市政府2014年重点实事完成和2015年世界休闲体育大会筹备情况。

莱西市在市行政办公中心召开社区服务中心审计问题整改暨非法侵占林地清理排查专项行动工作会议，市农工委办和林业局分别就社区服务中心审计整改问题和开展非法侵占林地清理排查专项行动做了汇报。副市长黄迪勇参加会议。

省委赴青岛巡回督导组组长彭绪进一行到莱西市，调研党的群众路线教育实践活动和村两委换届选举工作开展情况。市领导刘圣珍、郝曙光、王保岚参加座谈。

4日

青岛市人大常委会主任王文华到莱西市调研三农、民生、社区建设等工作。青岛市人大常委会副主任张锡君，莱西市领导刘圣珍、张锐、王保岚、王明兴参加。

世界休闲体育大会书画作品捐赠仪式在休闲体育大会组委会会议室举行。捐赠仪式上，莱西市政协原副主席、中国书画家协会理事王淑兰捐赠了自己创作的《竹报平安》、《年年有余》等20幅国画作品，中国书画家协会会员宫钦斋捐赠了《中国梦》等两幅“双钩”大幅书法作品。市领导纪玉水、王志强参加捐赠仪式。

5日

青岛市政协副主席李学海一行到莱西市，就青岛市女书画家协会莱西分会筹备工作进行调研。市政协主席于永才参加活动。

9日

市委书记、市人大常委会主任刘圣珍在世界休闲　　体育大会组委会会议室主持召开工作会议，调度2015年世界休闲体育大会筹办工作。她强调，各相关单位要尽快明确任务、时限，统筹协调，群策群力，扎实做好经费保障、工程推进、品牌推广等工作，全力以赴办好大会。

由省公安厅副厅长任建军带领的全省“五项整治”工作督导检查组，到莱西市督导检查“五项整治”工作。副市长黄迪勇参加。

12日

莱西市基督教三自爱国运动委员会第七次代表大会在市委党校会议室召开，市领导邹学新、黄迪勇参加会议。

16日

市委书记、市人大常委会主任刘圣珍在市行政办公中心主持召开座谈会，听取市人大常委会的工作情况汇报和对全市工作的意见建议。

24日

青岛市人大常委会副主任邹川宁一行到莱西市调研2015年世界休闲体育大会筹办情况。市领导张锐、刘莉、纪玉水参加。

青岛市市容环境整治行动考核组到莱西市，就第四季度暨年终市容环境整治工作进行考核。市政协副主席王志强参加。

30日

市人大常委会第二十五次会议在市人大常委会会议室举行。市人大常委会党组书记、第一副主任张锐，市人大常委会副主任李信斋、王明兴、刘莉及委员出席会议。市政府副市长丁朝霞，市法院院长曹波及市人大常委会工作部门、市检察院、市政府办公室负责同志，各镇人大主席、各街道（经济开发区）人大工作办公室主任，市直各代表组组长，6名莱西市人大代表列席会议。2名公民旁听会议。

省水利移民管理局副局长修婷带领避险解困方案评

审组到莱西市，对大中型水库移民避险解困实施方案进行评审。副市长黄迪勇参加活动。

青岛市农药监管追溯平台建设现场会在莱西市召开，青岛市农委、农业行政执法支队有关负责人，各区市农业局、农业执法大队有关负责人参加会议。

莱西市电子商务协会成立暨第一次会员大会召开。会议通过《莱西市电子商务协会章程（草案）》，选举出电子商务协会第一届理事会理事、会长、副会长、秘书长。青岛俊晨商贸有限公司总经理吕小虎当选为莱西市首届电子商务协会会长。

（市史志办）

2014 年市政府在城乡建设和改善人民生活方面重点办好的实事

一、提高全民健身水平，开工建设体育场馆等设施

（一）建设市体育中心体育场及体育馆

实事内容：在市体育中心建设规模 10000 座体育场，占地面积 46204 平方米，建筑面积约 13028 平方米。建设规模 4000 座体育馆，占地面积 24252 平方米，建筑面积约 9508 平方米。

工作安排：2014 年完成主体工程、内部装修和设备安装；2015 年 4 月份竣工。

责任单位：市城建局

分工领导：曹杰军

（二）建设市体育中心休闲广场

实事内容：在体育中心建设休闲运动攀岩场地、障碍轮滑场地，占地面积 31200 平方米。

工作安排：2014 年 4 月份开工建设，9 月份竣工。

责任单位：市体育中心

分工领导：纪玉水

（三）建设市生态休闲体育公园

实事内容：在上海路至威海路大沽河东西两岸河滩地段建设生态休闲体育公园，主要包括沙滩足球比赛场地等体育设施、园林绿化、景观小品等。

工作安排：2014 年 3 月份开工建设，12 月份主要比赛场地和管理用房基本完工；2015 年 5 月份竣工。

责任单位：青岛昌阳投资开发有限公司

分工领导：赵希胜

二、扎实推进大沽河治理，实施路桥、绿化等工程

实事内容：实施大沽河堤顶道路、跨支流桥梁建设和绿化工程

工作安排：绿化工程 2014 年 4 月底完工；路桥工程 2014 年 6 月底主体贯通，10 月份完工。

责任单位：大沽河治理工作指挥部、市交通运输局、市林业局

分工领导：张升山

三、加强农村居民医疗保障，将新农合人均筹资标准由 375 元提高到 425 元

实事内容：按照青岛市的统一部署，将 2014 年新农合人均筹资标准提高到 425 元。

工作安排：2014 年 3 月份完成。

责任单位：市人社局

分工领导：黄迪勇

四、提高学前教育水平，建设 28 处标准化幼儿园

实事内容：按照省定基本办园标准，在各镇街新建、改扩建 28 处幼儿园，合计 197 个班，总建筑面积 34186 平方米。

工作安排：2014 年 5 月份开工，12 月份竣工。

责任单位：市教体局，各镇政府、街道办事处、经济开发区管委会

分工领导：纪玉水

五、优化农村生态环境，着力打造美丽乡村

（一）开展田园生态游活动

实事内容：主要建设“休闲田园游”乡村旅游特色点，开展乡村旅游节庆活动，编制全市旅游规划等。

工作安排：2014 年 1 月份开始启动项目筛选等工作，年内完成。

责任单位：市旅游局

分工领导：纪玉水

（二）建设 4 座垃圾中转站

实事内容：在南墅镇、日庄镇、河头店镇、马连庄镇，建设 4 座垃圾中转站。

工作安排：2014 年 4 月底开工，9 月底竣工。

责任单位：市城建局

分工领导：曹杰军

（三）改建 1500 座农村无害化卫生厕所

实事内容：按照青岛市的统一部署，改建农村无害化卫生厕所 1500 座。

工作安排：2014 年 12 月底前完成。

责任单位：市卫生局

分工领导：纪玉水

六、提高老年人保障水平，为适龄老年人发放高龄津贴

实事内容：为 85 — 89 周岁老年人每人每年发放 400 元高龄津贴；90 — 99 周岁老年人每人每年发放 600 元高龄津贴。

工作安排：2014 年 6 月份完成。

责任单位：市老龄委办

分工领导：张升山

七、加快推进市容环境整治，改造部分老旧居民小区的道路、排污和供水设施

实事内容：对荷塘小区、月湖小学北小区楼前楼后路面、排污排水管道、古力井等设施进行综合整治改造。

工作安排：2014 年 3 月底开工，6 月份竣工。

责任单位：市房管局

分工领导：曹杰军

对上述七件实事，各责任单位要切实加强组织领导，制定具体的进度计划，明确阶段性工作内容、具体措施、质量标准和完成时限。各主要责任单位要切实负起牵头责任，组织做好与相关责任单位的分工协作，抓好实施和监控。其他相关部门和单位要积极支持，密切配合。

为进一步明确任务、落实责任，加强调度、强化监督，市政府督查室将按月督促检查，严格考核，确保 2014 年市办实事各项目标任务全面完成。

（市政府办）

市情综述

莱西概要

地理位置

莱西市位于胶东半岛中部，地处北纬 36° 34′~ 37° 09′、东经 120° 12′~ 120° 40′。东临莱阳市，西以小沽河为界与平度市相邻，南沿五沽河同即墨市交错接壤，北、西北靠招远市、莱州市。南北最大长度 63 公里，东西最大宽度 36 公里，呈不规则的长方形。全市总面积 1568.8 平方公里。

历史沿革

莱西市境内在 5000 年前原始氏族社会就有先民定居。商朝时属莱夷地，西周属莱子国，东周属齐东境即墨地，秦属齐郡东境。西汉于境内置邹卢县，遗址在今龙水街道古城庄村，公元前 164 年，隶胶东国。公元 37 年（东汉），撤邹卢县属挺县，隶东莱郡。59 年，属昌阳县，隶北海国。470 年（北魏献文帝皇兴四年），长广县治移于今沽河街道长清村，556 年（北齐文宣帝天保七年），徙胶东城（今平度），原城遂废。596 年（隋文帝开皇十六年），在邹卢县治故址置卢乡县。627 年（唐太宗贞观元年），撤卢乡县，并入昌阳县，隶莱州。923 ~ 926 年（后唐庄宗同光年间），改昌阳县为莱阳县，至宋、金均隶莱州。元朝初隶益都路，后改隶般阳路。明、清隶登州府。1912 年（民国元年），莱阳县隶胶东道。1928 年 5 月废道，莱阳县改隶山东省第八专员公署。1940 年 5 月，莱阳县抗日民主政府成立，隶胶东行署。1941 年 2 月，莱阳县析出莱东县（始称行署），莱阳县习称莱西县，隶南海专区；10 月，莱阳县析出莱西南县（始称行署），隶南海专区。1943 年 8 月，莱阳县改隶西海专区。1944 年 11 月，隶南海专区。1950 年 3 月，莱阳与莱西南两县合并，称莱西县；6 月，改隶莱阳专区。1958 年 10 月，莱西与莱阳两县合并，称莱阳县。1962 年 1 月，莱西与莱阳两县分治，均隶烟台地区。1983 年 10 月，莱西县改隶青岛市。1991 年 2 月，撤莱西县，设莱西市。

人口简况

2014 年末户籍总户数 25.12 万户，全市户籍总人口 742008 人，比 2013 年增加 4451 人；当年出生人口 9014 人，死亡人口 6317 人，人口自然增长率 3.63‰。

行政区划

1941年2月，莱阳县析出莱东县后，莱阳县（习称莱西县）辖原莱阳县的第五、六、七、九、十区。1945年8月，莱阳县辖12个区，莱西南县辖10个区。1950年3月，莱阳、莱西南县合并为莱西县，全县划为22个区、1个镇，辖836个行政村。1952年2月，全县划为18个区，176个乡。1958年5月，撤区设27个乡、1个镇。同年9月，撤乡镇设22个人民公社。10月，莱西、莱阳两县合并。1962年1月，莱西县从莱阳县析出，辖河头店、马连庄、南墅、日庄、院上、店埠、孙受、夏格庄、姜山、牛溪埠、水集11个人民公社。同年5月，增设望城、李权庄、武备、院里、唐家庄5个人民公社。1963年，又增设周格庄、绕岭、南岚、朴木、韶存庄5个人民公社。1972年，从南墅人民公社析出河里吴家人民公社。至此，全县共有22个人民公社。1982年1月，水集人民公社改称水集镇。1984年4月，改人民公社为乡镇，全县设8个镇（水集、南墅、河头店、日庄、院上、夏格庄、望城、姜山）、14个乡（牛溪埠、河里吴家、马连庄、李权庄、武备、院里、唐家庄、绕岭、周格庄、韶存庄、朴木、店埠、孙受、南岚），辖839个自然村。1992年6月，莱西市经济技术开发区成立。1993年10月，牛溪埠、周格庄、李权庄、院里、朴木、孙受、马连庄7个乡撤乡设镇。1994年8月，店埠乡撤乡设镇，同时设立滨河路街道。1995年12月，南岚乡、唐家庄乡、武备乡撤乡设镇。1996年，绕岭乡撤乡设镇。1997年12月，韶存庄乡、河里吴家乡撤乡设镇，全市共划为22个镇、1个街道。1998年12月，水集镇、望城镇撤镇设街道。2001年1月，经省政府批准，撤销河里吴家镇、南岚镇、朴木镇、唐家庄镇、院里镇、绕岭镇和滨河路街道，韶存庄镇、周格庄镇撤镇设街道。2002年3月，莱西市经济技术开发区更名为莱西经济开发区。2003年6月，经省政府批准，牛溪埠镇撤镇设沽河街道，韶存庄街道更名为梅花山街道，周格庄街道更名为龙水街道，全市划为10个镇、5个街道、1个省级经济开发区。2012年12月，望城街道与龙水街道合并，成立新的望城街道。沽河街道与孙受镇合并，成立新的沽河街道。院上镇与武备镇合并，成立新的院上镇。撤销产芝街道。调整后辖8个镇、3个街道和1个经济开发区，862个行政村。

自然环境

莱西地形总趋势是北高南低。北部为低山丘陵，中部为缓岗平原，南部为碟形洼地。地势由西北边境向南逐步降低，过蓝烟铁路后逐步向西南倾斜。地貌类型可分为低山、丘陵、平原、洼地4种。其中，低山占总面积的2.4%，丘陵占42.4%，平原占40.6%，洼地占14.6%。

境内北部蜿蜒起伏的低山小岭纵横交织。主要山脉有4支：西部宫山脉，由平度市入境，山势最高；中部芝山脉，由招远市入境，除南墅镇北部群山集聚外，于大沽河、小沽河之间蜿蜒南下，经马连庄、南墅、日庄、武备、沽河等镇、街道，形成一纵贯北半市的隆脊，有白石山、福山、疾驹山、岘山、大架山、长院山等；东北部夭山脉，由招远市入境，向西南转向西延伸，于大沽河东形成一隆起，有莲花山、垛山、大埠顶、重青山、马银山等；东部为由莱阳市入境的铎山余脉，有萝卜山、凤凰山等。境内最高海拔427.8米，为南墅镇与平度市交界处的周家大山；最低海拔26米，位于店埠镇鲍家庄一带。

境内大小河流共61条，主属大沽河水系。大沽河纵贯市中部南流，小沽河沿市西境南流，洙河沿市东部南流，五沽河沿市南境西流。洙河、小沽河、五沽河分别于水集街道北张家庄村西南、院上镇大里村前、店埠镇韩家汇村西汇入大沽河，然后南流注入胶州湾。

境内气候为温带季风型大陆性气候，四季变化和季风进退都比较明显。空气湿润，气候温和，四季分明。春季雨少、风大、多干旱；夏季高温多雨、湿度大；秋季多晴干旱；冬季漫长干冷。年平均气温11.7℃，极端最高气温39.8℃（2005年6月24日），极端最低气温-21.1℃（1981年1月27日）。全年7月份最热，平均气温25.3℃；1月份最冷，平均气温-3.3℃。降水量年平均为635.8毫米，降水最多为1420.4毫米（1964年）；最少仅377.0

毫米（1981年）。一日最大降水量为172.7毫米（1997年8月20日）。主要风向为东南风和西北风，东南风出现在4月到8月，西北风出现在9月到翌年3月，年平均风速为3.6米/秒。日平均气压为1007.6百帕。年平均日照时数2656.3小时，年平均蒸发量为1423.5毫米。历年初霜出现日期为10月18日，最早为10月2日，最晚为11月2日；终霜结束日期为4月18日，最早为3月30日，最晚为5月14日，无霜期183天。最大冻土深度为51厘米（1968年2月），共有3天。2010年平均气温11.8℃，极端最高气温35.6℃，出现在7月6日，极端最低气温为-14.2℃，出现在1月5日。年降水量为664.1毫米。日照时数2384.3小时。终霜日为4月16日，初霜日为10月27日，无霜期193天。

莱西市土壤总面积119952.6公顷，占土地总面积的76.46%。主要土壤种类有棕壤土类、潮土土类、砂姜黑土土类、水稻土土类、褐土土类、风沙土土类等。

自然资源

全市土地总面积为156883.53公顷，农用地面积为123420.31公顷，占土地总面积的78.67%。其中，耕地84488.99公顷，园地15074.45公顷，林地6316.87公顷，其他17540公顷，分别占土地总面积的53.85%、9.61%、4.03%、11.18%。建设用地总面积24530.27公顷，占土地总面积的15.64%。未利用地面积8932.95公顷，占土地总面积的5.69%。

全市多年平均水资源总量3.65亿立方米，人均占有量为518.8立方米，亩均水资源量160.1立方米，属缺水区。新中国成立后，境内建有大型水库1座，中型水库3座，小（一）型水库4座，小（二）型水库49座，塘坝447座，机电井1万多眼，总库容5.12亿立方米，兴利库容2.16亿立方米。

境内已发现的各类矿产资源中，探明储量的有19种，以非金属矿为主。其中，金属矿产有铁、钛、金3种，稀土矿产1种，以及伴生铌、伴生钽2种矿产；非金属矿产有重晶石、钾长石、石墨、大理石、沸石、珍珠岩、膨润土、透辉岩、安山岩、砖瓦用黏土、伴生硫铁矿11种；水气矿产有矿泉水和地下水2种。优势矿种为石墨、沸石、透辉岩、金。已发现各类矿产地107处，其中大型矿床4处、中型矿床4处、小型矿床20处、矿点和矿化点79处。

动物资源除饲养的奶牛、肉牛、生猪、肉羊、鸡、鸭、鹅、兔外，还有丰富的野生动物，其中林中鸟类15目40科136种，占青岛地区鸟类资源种类的45.9%，野生动物18种，陆栖、两栖爬行动物22种，森林昆虫298种，隶属14目102科。植物有树木种类和品系58科250余种，国家级古树名木65株，用于园林绿化的主要花木113种，草木花卉、宿根花卉101种。野生植物有山枣树等；有木本药用植物26种，草本药用植物63种。

（市史志办）

2014年机构设置及主要领导名单

·中国共产党莱西市委员会·

书　记：刘圣珍（女）

副书记：纪家栋　李兴伟（4月离职）　邢福栋（8月任职）

常　委：刘圣珍（女）　纪家栋　李兴伟（4月离职）邢福栋（8月任职）　姜水清（女）　赵希胜　梅红波　张升山　王福考　郝曙光　邹学新　王保岚

市委工作部门

部门名称	主要领导职务、姓名
市委办公室	主任：王保岚
市委组织部	部长：郝曙光
市委宣传部	部长：邹学新
市委统战部	部长：邹学新
市委政法委员会（市社会管理综合治理委员会办公室）	书记：王福考 主任：邹廷清（8月离职） 颜培成（8月任职）
市委市直机关工作委员会	书记：王德刚
市机构编制委员会办公室	主任：万国才（8月离职） 张秀杰（8月任职）

市委部门管理机构及办事机构

机构名称	主要领导职务、姓名
市委农村工作委员会办公室	主任：赵先强（8月离职） 李日海（8月任职）
市委老干部局	局长：李　华（女，4月离职） 李旭光（8月任职）
市委群众工作部 （加挂市委市政府信访局牌子）	部长：王福考 局长：任永升
市委610办公室	主任：柏卫东

·莱西市人民代表大会常务委员会·

主　任：刘圣珍（女）

副主任：张　锐　李信斋　王明兴　陈玉国　刘　莉（女）

办公室及各工作室

部门名称	主要领导职务、姓名
办公室	主任：李旭光（9月离职） 逄贵松（9月任职）
人事代表工作室	主任：胡豪杰
法制工作室	主任：姜淑英（女）
财政经济工作室	主任：陈忠刚
城建环资工作室	主任：刘世伦
科教文卫工作室	主任：逄贵松（9月离职） 吴耀文（9月任职）
农村经济工作室	主任：崔海杰

·莱西市人民政府·

市　长：纪家栋

副市长：赵希胜　张升山　曹杰军　黄迪勇　纪玉水　丁朝霞（女）
李　焜（5月任职）　胡生立（11月任职）

政府工作部门

部门名称	主要领导职务、姓名
市政府办公室	主任：战洪贤
市发展和改革局	局长：王崇斌
市工业和信息化局	局长：刘　东
市教育体育局	书记：李中禹 局长：王志超
市科学技术局	局长：孙承浩
市公安局	局长：管恩富（3月离职） 张方宝（9月任职）
市监察局	局长：封芝宝

续表

部门名称	主要领导职务、姓名
市民政局	局长：程显玉
市司法局	局长：张均芳（女，9月离职） 张　平（9月任职）
市财政局	局长：吴　昊
市人力资源和社会保障局	局长：唐惟庆
市城乡建设局 （挂城市管理行政执法局牌子）	局长：张显杰 局长：吴耀文（8月离职） 田洪青（8月任职）
市交通运输局	局长：李　波（9月离职） 周厚勋（9月任职）
市农业局	局长：张瑞忠
市水利局	局长：张言伟
市林业局	局长：周厚勋（9月离职） 张洪才（9月任职）
市商务局	局长：魏任得
市文化广电新闻出版局	局长：程灿谟（9月离职） 孔祥月（9月任职）
市卫生和计划生育局（机构改革组建）	局长：刘术林（9月任职）
市卫生局（机构改革撤销）	局长：张　瑜（8月离职）
市人口和计划生育局（机构改革撤销）	局长：孔祥月（8月离职）
市审计局	局长：乔玉文
市环境保护局	局长：王平令
市统计局	局长：展　翼
市安全生产监督管理局	局长：徐　宏
市食品药品监督管理局	局长：陆　波
市工商行政管理局	局长：何贤德
市质量技术监督局	局长：李　晓

政府派出机构

机构名称	主要领导职务、姓名
莱西经济开发区	党工委书记、管委会主任：左永胜 人大办主任：高瑞君

·中国人民政治协商会议莱西市委员会·

主　席：于永才

副主席：王仁臣　王志强　李美玲（女，不驻会）王志超（不驻会）　孙焕伟（不驻会）　赵彦军

办公室及工作科室

部门名称	主要领导职务、姓名
办公室	主任：张绍东
经济与人口资源环境工作办公室	主任：刘在运（9月离职） 李　波（9月任职）
社会法制与港澳台侨工作办公室	主任：孙玉忠
教科文卫体与文史工作办公室	主任：孙永传
提案与委员活动工作办公室	主任：徐鹏程
民族与宗教工作办公室	主任：咸立琴（女）

·中国共产党莱西市纪律检查委员会·

书　记：姜水清（女）

副书记：李　伟　封芝宝

常　委：姜水清（女）　李　伟　封芝宝　陈　伟史世东　张华俊　左雪琴（女）

·莱西市人民法院、莱西市人民检察院·

部门名称	主要领导职务、姓名
市人民法院	院　长：曹　波
市人民检察院	检察长：孙　健

·群团组织·

部门名称	主要领导职务、姓名
市总工会	主席：陈玉国（8月免职） 隋庆九（8月任职）

续表

部门名称	主要领导职务、姓名
共青团莱西市委员会	书记：路环宇（8月免职） 刘光明（10月任职）
市妇女联合会	主席：任春风（女）
市工商业联合会	主席：李美玲（女）
市残疾人联合会	理事长：程全谟
市红十字会	会长：
市文学艺术界联合会	主席：万洪波
市科学技术协会	主席：刘延峰

·市直事业单位·

部门名称	主要领导职务、姓名
市委党校	校长：刘圣珍（女） 书记：张仁坤
市档案馆	馆长：李 冰
市新闻中心	主任：王军腾（8月离职） 李建亭（8月任职）
市委党史研究室	主任：赵明江
市农村党员干部现代远程教育管理中心	主任：苏玉廷
市畜牧兽医局	局长：王仁波
市水产局	局长：高瑞波
市农业机械管理局	局长：江世军
市机关事务管理局	局长：全成旭
市住房资金管理中心	主任：常志毅
市房产管理局	局长：吕国栋
市月湖商城管理局	局长：刘 伟
崔子范美术馆	馆长：李建亭（8月离职） 程灿谟（8月任职）
市市场发展局	局长：仇丽全
市老龄工作委员办公室	主任：刘远萍（女）
市产芝水库管理局	局长：隋九辉
市史志办公室	主任：李 冰
市体育中心	主任：咸国栋

部门名称	主要领导职务、姓名
市新区管理委员会	主任：马日荣
市旅游局	局长：左 杰
中国国际贸易促进委员会莱西市支会	会长：吕英志
市外事侨务办公室	主任：任钦武
市招商局	局长：褚方晓
市行政服务中心	主任：邹新占
市地震局	局长：宋 杰
市文化市场行政执法局	局长：张 岩（女，8月离职） 邹廷清（8月任职）
市广播电视台	台长：于少军
市矿业集团公司	总经理：韩树生
市二轻集体企业联社	主任：张俊峰
莱西宾馆	经理：
市服务业发展局	局长：郭永汶（8月离职） 王军腾（8月任职）
青岛莱西革命烈士陵园管理处	主任：程显玉（4月任职）
市金融工作办公室	主任：郭永汶（1月任职）
市供销合作社联合社	主任：孟宪凌

·镇、街道·

单位名称	主要领导职务、姓名
水集街道	党工委书记：臧志勇 办事处主任：姚 军（8月离职） 王志军（8月任职） 人大办主任：王志军（9月离职） 臧志勇（9月任职）

续表

单位名称	主要领导职务、姓名
河头店镇	党委书记：于建波 镇　　长：张代利 人大主席：胡克宇（9月离职）于建波（9月任职）
马连庄镇	党委书记：隋庆九（8月离职）徐兆华（8月任职） 镇　　长：苏泓源 人大主席：崔恒松
南墅镇	党委书记：张　平（8月离职）　姚　军（8月任职） 镇　　长：李日海（9月离职）　崔旭升（9月任职） 人大主席：崔旭升（9月离职）姚　军（9月任职）
日庄镇	党委书记：王仁江 镇　　长：李超涛 人大主席：史先桥
院上镇	党委书记：张　笑 镇　　长：吴海波（女） 人大主席：孙　琳
沽河街道	党工委书记：张洪才（8月离职） 张俊武（8 月任职） 办事处主任：张俊武（8月离职） 鞠丕良（8月任职） 人大办主任：张春霞（女）
店埠镇	党委书记：徐一冰 镇　　长：李春雷 人大主席：鞠丕良（8月离职）徐一冰（8月任职）
夏格庄镇	党委书记：于同荀 镇　　长：颜培成（8月离职）胡克宇（8月任职） 人大主席：王洪亮
姜山镇	党委书记：张维振 镇　　长：徐兆华（8月离职）　姜浩亮（8月任职） 人大主席：姜浩亮（8月离职）　张维振（8月任职）
望城街道	党工委书记：刘术林（8月离职）于　胜（8月任职） 办事处主任：于　胜（8月离职）　路环宇（8月任职） 人大办主任：王　春

2014 年莱西市国民经济和社会发展综述

2014 年，面对错综复杂的国内外形势和艰巨繁重的发展任务，在市委、市政府正确领导下，全市上下主动适应新常态，紧紧抓住筹办世界休闲体育大会这个重大历史机遇，坚持稳中求进工作总基调，呈现出经济平稳发展、民生保障水平提高、生态环境继续改善、社会和谐稳定的良好局面。

一、综合

经初步核算，2014 年全市实现生产总值（GDP）651.7 亿元，按可比价格计算，比 2013 年增长 8.6%。其中，第一产业增加值完成 61.05 亿元，增长 5.4%；第二产业增加值完成 309.55 亿元，增长 8.5%；第三产业增加值完成 281.10 亿元，增长 9.4%。三次产业的比例由 2013 年的 9.76 ：47.82 ：42.42 调整为 2014 年的 9.37 ：47.50 ：43.13。

截至 2014 年年末，全市工商注册个体户达到 64688 户，私营企业 7269 户，内资企业 621 户，外资企业 411 户，农民专业合作社 2195 户。

二、农业

全市种植业增加值完成 35.24 亿元，比 2013 年增长 2.41%。粮食播种面积 141.92 万亩，比 2013 年减少 2.28%；总产量达到 61.88 万吨，比 2013 年减少 7.52%；亩产达到 436 公斤。花生总产量达到 8.53 万吨，比 2013 年减少 6.06%；亩产达到 309 公斤。

全市畜牧业增加值完成 23.14 亿元，比 2013 年增长 11.34%。大牲畜年末存栏 10.06 万头，比年初下降 6.85%，其中奶牛 8.0 万头，比年初减少 6.1%；生猪年末存栏 44.2 万头，比年初减少 2.77%；家禽出栏 8271 万只，比 2013 年减少 3.24%。肉类总产量 19.39 万吨，比 2013 年减少 1.77%。禽蛋总产量 3.4 万吨，比 2013 年增长 2.41%。奶类总产量 24.93 万吨，比 2013 年增长 1.59%。

全市林业增加值完成 0.24 亿元，比 2013 年增长 21.73%。完成造林面积 2533 公顷，年末实有林地面积 52358 公顷，森林覆盖率达到 35.4%，比年初提高 0.5 个百分点。全年完成幼林抚育面积 0.9 万公顷，比 2013 年增长 0.01%。

全市渔业增加值完成 0.78 亿元，比 2013 年减少 16.11%。水产品总产量 10520 吨，比 2013 年减少 5.87%。

2014 年年末，全市拥有农业机械总动力 131.47 万千瓦；农用拖拉机 41080 辆。农田有效灌溉面积 58340 公顷，增长 0.01%，其中，节水灌溉面积 36580 公顷，增长 4.9%。

三、工业与建筑业

2014 年，全市规模以上工业企业增加值比 2013 年增长 10.7%；总产值完成 1073.75 亿元，比 2013 年增长 10.8%；主营业务收入完成 1046.21 亿元，比 2013 年增长 13.0%；实现利税 82.08 亿元，比 2013 年增长 11.5%；实现利润 61.72 亿元，比 2013 年增长 5.6%；高新技术产业产值占规模以上工业总产值比重达到 21.86%，比 2013 年增长 0.76 个百分点。

全年完成建筑业增加值 33.7 亿元，比 2013 年增长 7.9%。

四、固定资产投资

2014 年，固定资产投资（计划总投资 500 万元以上项目）达到 516.78 亿元，比 2013 年增长 16.1%。其中，房地产完成投资 13.18 亿元，比 2013 年增长 83.31%。商品房施工面积 162.28 万平方米，比 2013 年增长 16.52%。商品房新开工面积 79.28 万平方米，比 2013 年增长 125.42%。商品房竣工面积 29.38 万平方米，比 2013 年下降 31.58%。商品房销售（包括预售）面积 42.40 万平方米，比 2013 年下降 3.26%。

五、交通运输和邮电通信业

2014 年，全市交通运输和邮电通信业共完成增加值 43.13 亿元，比 2013 年增长 3.4%。

2014年完成客货运周转量323674万吨公里，比2013年增长5.18%。其中，完成公路客运周转量40547万人公里，比2013年增长2.66%；完成公路货运周转量283127万吨公里，比2013年增长5.56%。市区共有营运公交汽车110辆，运营线路网长度为301.25公里。年末全市共有出租汽车129辆。

2014年完成邮电业务总量4886万元，比2013年增长2.33%；国内函件488万件，比2013年减少5.57%；国际函件302万件，比2013年增长61.5%；代理出口汇票2.64万张，比2013年减少40.34%；代理特快专递4万件，比2013年减少15%。

2014年，全市程控交换机总容量达到15万门。861个村全部开通程控电话，固定电话用户数8.9万部，其中农村用户5.1万部。移动电话用户达到69.29万部，互联网用户累计达14.78万户（以上内容不包括电信数据）。

2014年，年末有线数字电视用户达到17.5万户。莱西市有广播电台1个频道，1套节目；电视台4个频道，4套节目。

六、国内贸易

2014年，全市实现社会消费品零售总额232.24亿元，比2013年增长12.4%。其中，批发和零售业199.58亿元，比2013年增长12.3%；住宿和餐饮业32.66亿元，比2013年增长13.1%。

七、对外经济与国内招商

2014年，全市进出口总额实现32.77亿美元，比2013年增长11.2%，其中，出口总额为24.46亿美元，比2013年增长12.6%。全市新批准利用外资项目19个。外资到账4.76亿美元，比2013年增长12.98%。

2014年，全市实际利用内资140亿元。

八、财政和金融

2014年，全市实现财政总收入49.21亿元，比2013年增长16.7%。其中，实现地方财政收入42.69亿元，比2013年增长19.7%；地方税收收入32.67亿元，比2013年增长24.0%。全年财政总支出62.83亿元，比2013年增长7.9%。其中，地方财政支出46.94亿元，比2013年增长15.9%。

2014年末，金融系统各项存款（本外币）余额达到309.86亿元，比年初增长16.26%。其中储蓄存款221.36亿元，比年初增长12.55%。各项贷款（本外币）余额达到217.31亿元，比年初增长25.37%。其中，个人贷款70.06亿元，比年初增长13.20%；涉农贷款154.12亿元，比年初增长26.07%；新增短期贷款12.20亿元，比年初增长12.11%；新增中长期贷款31.56亿元，比年初增长43.78%。

九、科学技术和教育

2014年，初步统计莱西市实施青岛市级以上科技计划16项，其中，国家科技发展计划3项；取得科技成果32项，其中，10项成果获省、青岛市科技进步奖。

全年新认定国家高新技术企业24家；获批省级院士工作站1家；成交技术合同项目44项，成交额2.72亿元。全年发明专利申请3437件，发明专利授权50件。

2014年年末，全市拥有普通中学33处，在校学生36881人，其中高中2处（一中南校、北校为1处），在校学生10329人；拥有职业学校2处，在校学生4866人；拥有小学96处，在校学生37186人。学龄儿童入学率100%，初中入学率达100%。教育投入进一步加大，为城乡义务教育阶段63805名中小学生免除杂费以及补助公用经费共计6186万元。

十、文化、卫生和体育

全市共有各类文化机构20处。其中，影剧院1处，文化馆（站）13处，博物馆1处，公共图书馆1处，艺术表演团体4个。

2014年，编辑出版《莱西母亲河——大沽河》，共39.8万字；长篇小说《苦涩岁月》，共36万多字。全市编创人员及业余作者共在地市级以上报纸杂志发表各类文化艺术作品98件，其中32件获奖。农村文化设施得到改善，全市现有农村文化大院861个，农家书屋861个。

2014年，公共卫生服务经费为2944万元。年末医疗卫生机构达到943处（含诊所、卫生室），医疗床位达到3895张，每千人医院（卫生院）床位数为5.2张，专业卫生人员数达到3823人。全年医院病床使用率为80.5%，卫生机构诊疗人次数达到129.4万人次。

2014年，莱西市新农合人均筹资标准提高到425元。参合人数达到586957人，参合率继续保持100%。开展了“以卡代证”工作，为全部参合人员发放了“诊疗一卡通”。全年累计共为7.9万人次发放了2.3亿元住院补助，政策范围内住院补偿比例达到51.1%。

社会保障、红十字救助、社会救助、灾民救援和社会互助体系更加完善。城镇居民最低生活保障标准为月人均480元，4月份后，增加到540元；农村人口最低生活保障标准为每人每年3420元，4月份后，增加到每人每年4200元。

2014年，体育运动蓬勃开展，共向青岛市级以上体校和体育专业队伍输送体育人才65名。全市运动员参加青岛市级以上体育比赛共获得85枚奖牌，其中金牌31枚，银牌25枚，铜牌29枚。

十一、城市建设与环境保护

城市新硬化道路27.77万平方米，新铺设雨污管道2.4公里，新铺装人行道板0.38万平方米，新增园林绿地面积18公顷。城镇化水平由60.4%提高到60.9%，比2013年提高0.5百分点。全市主城区建成面积达到32.23平方公里。

全市实际用电量160759万千瓦时，比2013年减少5.41%。其中工业用电100053万千瓦时，比2013年减少11.29%。

全市供水总量达到3199万立方米，其中生活用水1607万立方米，日均用水136.18升。

全市实际供热面积471.8万平方米，其中住户面积444万平方米。

城市天然气总户数达到51606户，用气总量达到3300.3万立方米。液化气总户数达到46700户，用气总量达到6110吨，城区用气普及率99.97%。

全市城市道路长度达到516.46公里，道路面积达到812.56万平方米，路灯19041盏。

市区空气质量优良天数达到223天，优良率61.1%。集中式饮用水水源地水质达标率100%。市区区域环境噪声平均值49.9分贝，市区交通干线噪声平均值63.9分贝。建成区绿化覆盖率、污水处理率、生活垃圾处理率分别达到45.52%、99.96%、100%。

十二、人口、人民生活

2014年年末户籍总户数25.12万户，全市户籍总人口742008人，比2013年增加4451人；当年出生人口9014人，死亡人口6317人，人口自然增长率3.63‰。

2014年，农民人均纯收入为16990元，比2013年增长11.03%；农民人均生活消费性支出为9575元，比2013年增长11.56%。城镇居民人均可支配收入为32881元，比2013年增长8.71%；城镇居民人均消费性支出为20282元，比2013年增长8.91%。

（市统计局）

全市主要经济指标完成情况(一)

指标名称	单位	2010年	2011年	2012年	2013年	2014年	比13年±%
年末总户数	万户	24.97	25.06	25.09	25.18	25.12	-0.24
年末总人口	万人	73.55	73.63	73.54	73.76	74.20	0.60
其中：城区人口	万人	25.83	27.03	30.66	31.59	32.33	2.34
农业人口	万人	40.79	40.79	40.68	40.79	38.03	-6.77
非农业人口	万人	32.76	32.84	32.85	32.97	36.17	9.72
出生人口	人	6216	5220	7266	6079	9014	48.28
死亡人口	人	7412	6049	7578	6222	6317	1.53
人口自然增长率	‰	-1.6	-1.1	-0.42	-0.19	3.63	——
社会劳动者	万人	46.31	47.34	47.82	49.80	49.54	-0.54
# 农村劳动力	万人	36.80	36.80	36.80	37.85	38.82	2.56
非私营单位在岗职工年末人数	人	95086	105404	111479	119538	107157	-10.36
非私营单位在岗职工年平均人数	人	99962	111369	110107	111057	106525	-4.08
非私营单位在岗职工年工资总额	万元	266340	335599	393580	467489	506382	8.32
非私营单位在岗职工年平均工资	元	26644	30133	35745	41726	47536	13.92
非私营单位全部职工年平均工资	元	26823	30782	35140	42817	48245	12.68
社会在岗职工年平均工资	元	22206	25738	29739	33926	39218	15.60
城镇居民人均可支配收入	元	21395	24524	27594.0	30247.0	32881	8.71
城镇居民人均消费性支出	元	14229	15809	17235.0	18622.0	20282	8.91
全市生产总值（现价）	亿元				439.47	492.99	8.5
第一产业增加值（现价）	亿元				51.96	59.04	5.2
第二产业增加值（现价）	亿元				222.52	237.85	8.4
第三产业增加值（现价）	亿元				164.98	196.1	9.6
常住人口	万人	75.02	75.20	74.99	74.83	75.07	0.32
人均地区生产总值	元				58729	65671	11.82
规模以上工业总产值	万元	5845638	7417090	9220437	10214339	10392645	1.7
规模以上工业主营业务收入	万元	5667577	7273370	8909998	9893112	10220821	3.3
规模以上工业增加值（现价）	万元	——	——	2264000	——	——	——
规模以上工业利润	万元	420448	510316	561524	626295	593140	-5.3
农民人均纯收入	元	10154	12048	13623	15302	16990	11.03
农民人均生活消费性支出	元	5524	6641	7504.76	8582.67	9575	11.56

续表

注：1. 自2010年开始规模以上工业标准由500万提高到2000万元
2. 根据青岛反馈，对2011、2012年常住人口和人均GDP数据进行了修正
3. 根据第三次经济普查数据对2013年、2014年GDP和人均GDP进行修正，2009 ~ 2012年GDP未修正

全市主要经济指标完成情况（二）

指标名称	单位	2010年	2011年	2012年	2013年	2014年	比2013年（%）
耕地面积	万亩	107.26	107.28	——	——	——	——
粮田面积	万亩	71.78	74.31	74.52	73.36	70.96	-3.27
单产	公斤	888	901	944	912	872	-4.39
总产	吨	637604	669470	703534	669118	618818	-7.52
小麦面积	万亩	73.13	74.55	74.93	72.65	69.18	-4.78
单产	公斤	430	431	438	442	401	-9.28
总产	吨	314200	321331	328197	321123	277437	-13.60
秋粮面积	万亩	70.43	72.87	72.99	72.58	72.74	0.22
单产	公斤	459	478	514	480	469	-2.29
总产	吨	323400	348140	375337	347995	341381	-1.90
其中：玉米面积	万亩	69.13	71.68	71.89	71.80	71.89	0.13
单产	公斤	461	479	516	480	470	-2.08
总产	吨	318700	343501	370959	344635	337917	-1.95
花生面积	万亩	27.15	27.41	28.50	29.21	27.62	-5.44
单产	公斤	313	324	326	311	309	-0.64
总产	吨	84881	88676	92921	90826	85347	-6.03
蔬菜面积	万亩	27.90	25.85	25.27	25.99	27.35	5.23
总产	吨	1139650	1057536	1032748	1057806	1146527	8.39
果园面积	万亩	11.83	11.85	11.84	11.93	12.07	1.17
水果总产量	吨	217479	217948	224443	220714	224205	1.58
蚕茧总产量	吨	288	274	239	212	108	-49.03
肉类总产量	吨	190720	197211	195177	197426	193920	-1.78
# 猪肉产量	吨	55113	55999	51754	57610	56838	-1.34
牛肉产量	吨	2992	2966	2825	3890	4148	6.63
牛羊奶产量	吨	240930	244759	245304	245361	249275	1.60
禽蛋总产量	吨	36872	35646	33800	33194	34035	2.53
水产品产量	吨	11208	11291	11174	11176	10520	-5.87

全市主要经济指标完成情况(三)

指　标　名　称	单位	2010年	2011年	2012年	2013年	2014年	比13年(%)
固定资产投资	亿元	287.30	304.87	372.00	448.36	516.78	16.1
社会消费品零售总额	亿元	135.35	158.49	182.20	206.59	232.24	12.4
银行存款余额（本外币）	万元	1712147	1932566	2270300	2665353	3098610	16.3
#储蓄存款余额（本外币）	万元	1254764	1391947	1713123	1966879	2213643	12.5
银行贷款余额（本外币）	万元	993687	1120786	1362562	1733293	2173082	25.4
财政总收入	万元	227608	296085	348622	419408	492137	16.7
# 地方财政收入	万元	180678	236399	295006	355366	426867	19.7
财政总支出	万元	279795	377139	421425	582143	628285	7.9
# 地方财政支出	万元	203988	261889	315910	405108	469416	15.9
新批准外资项目个数（个）	个	86	46	46	30	19	
合同利用外资金额	亿美元	2.07	2.61	4.26	5.00	6.52	30.72
到账外资	亿美元	2.03	2.17	3.06	4.21	4.76	12.98
出口总额	亿美元	13.73	17.59	19.63	21.69	24.46	12.60
学校处数	个	140	147	138	133	133	
在校学生	人	82630	82809	81153	79846	79000	-1.06
# 小学	人	34250	36031	35835	36012	37186	3.26
普通中学	人	43251	40891	39352	38176	36881	-3.39
教职工数	人	7785	7712	7543	7414	7290	-1.67
# 专任教师	人	6941	6879	6797	6786	6616	-2.51
# 小学	人	2783	2727	2678	2712	2685	-1.00
普通中学	人	3662	3665	3628	3573	3432	-3.95
卫生机构数	个	849	826	715	941	943	0.21
# 镇（街道）卫生院	个	16	16	16	16	16	
卫生技术人员	人	3022	3293	4067	4182	3823	-8.58

注：固定资产投资标准：2009年以前计划总投资50万元以上，2010年以后计划总投资500万以上

各镇、街道，开发区主要经济指标完成情况

镇（街道）	地区生产总值（亿元）	地方财政收入（万元）	外资到账（万美元）	进出口总额（万美元）	农民人均纯收入（元）	全社会用电量（万千瓦时）	固定资产投资（万元）	亿元以上新开工投资项目	
								个数（个）	投资额（万元）
水集	96.38	64349	7632	58837	18444	40691	742371	11	124077
河头店	26.92	2099	1900	2053	16137	3966	217060	3	47960
马连庄	23.61	2812	2887	1641	14822	3358	144273	0	0
南墅	38.95	4247	2017	3828	14258	8473	353543	3	64051
日庄	32.80	3280	2198.7	13155	13901	4620	208417	2	12349
沽河	71.19	13060	5862	36679	16082	7498	542041	4	18100
院上	51.81	3203	3160.1	4518	16495	5595	166067	0	0
店埠	40.03	8382	2582.3	19499	17174	5994	234293	10	209508
夏格庄	25.04	4991	2037.5	5330	17443	2550	266458	1	9648
姜山	104.29	37573	11017.2	133279	18558	33174	1114794	14	264794
望城	41.86	10886	4423.8	20393	17619	12040	346643	4	44337
开发区	41.40	13568	7253.1	28478	17561	13962	542282	5	67183

莱西一日（2014年）

指标名称	单位	数值
工业增加值	万元	7558
农业增加值	万元	1673
全市生产总值	万元	17855
到账外资	万美元	130
全社会用电量	万千瓦时	440
规模以上固定资产投资	万元	14158
社会消费品零售总额	万元	6363

续表

指标名称	单位	数值
住宅竣工面积	平方米	631
每日供水量	立方米	87644
天然气供应量	立方米	90419
出生人口	人	25
地方财政收入	万元	1170

（市统计局）

精神文明建设

2014年，莱西市按照中央、省、青岛及市文明委部署，以培育和践行社会主义核心价值观为根本，以推进第四轮省级文明城市创建工作为抓手，加强思想道德建设，开展群众性精神文明创建活动，各项工作取得新成绩、新成效。获得全国青少年爱国主义读书教育活动优秀组织奖、全省未成年人思想道德建设工作先进市。按照“立足城区、突出社区、覆盖镇村”的思路和要求，在统筹城乡精神文明发展上突出抓好“八化”建设：

推进文明城市创建活动常态化

2014年是第四届省级文明市（2012 ~ 2014）创建周期的最后一年，根据文明城市测评的新形势、新特点和新要求，重点抓4项工作：一是抓体制机制完善。督促协调各责任单位强化一把手责任，完善联席会议、指挥调度、专项整治、督导检查、评议奖惩等常态化创建机制，加大城乡环境综合整治力度，探索建立有效的常态化管理机制，加大日常执法和管理力度，巩固和提高城乡文明水平。二是抓特色活动开展。每年都精心设计并组织开展“凝聚道德力量、建设文明莱西”主题宣传服务月活动和文明交通志愿者上岗服务、“平安行、你我他”、文明交通“三让”“文明城市推进月”“我为创城加一分”“小手拉大手，共创文明城”等系列主题实践活动，吸引更多的市民踊跃参与到创城活动中来，在参与中提高文明素质，提升文明形象。三是抓环境维护和设施更新。对城区青岛路、烟台路、北京路、威海路等主次干道两侧卫生定期进行集中清理，全线新铺设沥青路面；对城区电子监控、路灯、交通信号灯等市政设施进行排查、更新和维护，为市民文明、安全出行提供保障。四是抓档案材料收集上报。按照要求，及时收集、整理、上报青岛市迎接全国文明城市测评所需的全部档案材料，准备省级文明市测评的所有档案材料。

推进“乡村文明行动”示范化

按照各级关于“乡村文明行动”的部署要求，结合莱西农村实际，以行政村（社区）为基本单位，以“村容村貌、村风民俗、乡村道德、生活方式、平安村庄、文化惠民”六大建设为重点内容，以“营造新环境、培育新农民、倡导新风尚”为目标，坚持每年选择1 ~ 2个镇召开1次“乡村文明行动”现场会，以城乡文明牵手共建、城乡环境综合整治和“两示范八治理”（评选文明示范标志区域、文明示范标志村庄；治理乱穿马路、乱贴乱画乱挂小广告、乱设广告牌、占道经营、乱停乱放、乱堆乱放、乱倒垃圾和不文明养犬现象）等系列活动为载体，推进乡村文明行动不断拓展、深化。目前，培育“乡村文明行动“示范镇”6个，乡村文明家园489个，其中，省级“乡村文明行动”示范镇2个（经济开发区、店埠镇）、乡村文明家园14个。

推进公民道德实践活动大众化

加强“讲文明树新风”公益广告宣传。在城区广场、车站、主次干道和商场、社区、驻地村庄，设置一批主题鲜明、形式新颖的大型道德公益广告。利用学校、公园、广场、车站和各大商场电子屏幕，常年穿插播出道德公益宣传广告语，扩大对市民的影响力和感召力。开展“我推荐、我评议身边好人”活动。在电视台和《莱西市情》开辟“莱西好人”专题专栏，在农村、社区设立“善行义举”四德榜，宣传各类道德典型。在此基础上，组织开展2013～2014年度“感动莱西”道德模范评选宣传活动，从各行各业涌现出的36位候选人中评选出10名“感动莱西”道德模范和集体，其中，店埠镇勇救落水学生而光荣献身的农民葛中科，被中央电视台等国家级媒体作为践行社会主义核心价值观的先进典型进行深入宣传，获得2014年度“感动青岛”道德模范提名奖。定期在城区广场、社区举办“社区大舞台”——全市道德模范与身边好人事迹文艺巡演活动，已累计举办16场次，受众达63900多人。利用道德讲堂，加强对市民的传统美德教育。推行“善行义举四德榜”，村居覆盖率达到90%以上。以“我们的节日”等为载体，开展经典诵读、俭以养德和文明餐桌等主题实践活动。

推进未成年人思想道德建设网络化

探索构建“学校、社会、家庭”三位一体的道德教育网络，形成齐抓共管的工作格局。在全市未成年人中开展“我的中国梦”与社会主义核心价值观教育实践活动。利用社区“道德书屋”“文化长廊”和未成年人社会课堂，加强对未成年人的校外品德教育。推进“乡村学校少年宫”建设，通过每年召开现场会、观摩会、推进会等形式，督促指导全市120所城乡中小学校，按照标准要求新建、完善“乡村学校少年宫”，实现城乡全覆盖；累计争取中央和省体彩福彩帮扶资金75万元，新建和完善8个高标准的“乡村学校少年宫”。

推进学雷锋志愿服务活动制度化

成立莱西市志愿服务协会，制订《莱西市青年志愿者注册管理办法》，依托青岛志愿服务网做好志愿者、志愿服务组织、志愿服务基地注册工作，到年底，全市完成志愿者注册登记2.4万人，成立注册志愿服务队73支，建成注册志愿服务基地30个，全年开展各类宣传、服务活动300多项。在各级文明单位中组织开展“牵手社区·心系百姓”志愿服务活动，大批志愿者深入社区参加义务劳动，向空巢老人、农民工、残疾人、留守儿童奉献爱心。

推进文明单位培育管理动态化

按照常态化建设、动态化管理的要求，加强对文明单位、文明村镇和文明社区的指导、培育和管理，实行计划生育、安全生产、社会治安等“一票否决”制度，提高文明单位创建的质量和水平。2014年以来，新培育全国文明单位、文明村镇各1个（国土局、水集一村），省级文明单位4个（国家统计局莱西调查队、市委宣传部、日庄镇政府、夏格庄镇政府）、村镇8个、社区4个，青岛市文明单位（标兵）30个、文明村镇（标兵）26个、文明社区4个，因各种原因申请撤销不合格文明单位、村镇、社区43个。

推进网络文明传播活动社会化

依托青岛文明网，建立莱西文明网，经常刊播莱西精神文明建设、乡村文明行动、未成年人思想道德建设、志愿服务等相关方面内容。指导、协调全市所有文明单位和蒲公英志愿服务队等社会层面的志愿服务组织，建立网络文明志愿者队伍，注册网络文明传播志愿者2180人。

推进城乡环境卫生一体化

7月，省文明委对全省132个县（市、区）的26400位农村群众，围绕城乡环卫一体化情况进行电话访问，莱西市排名87位，12月，省文明委第二次电话民意调查，莱西市排名110位。按照各级的部署要求，协同市委办督查室、政府办督查室对莱西市城乡环卫一体化工作开展全面督查，推动城乡环卫一体化工作。

（市委宣传部）

政　治

中国共产党莱西市委员会

·市委常委会议·

十三届市委第五十五次常委会议

2013 年 12 月 30 日下午召开，刘圣珍主持，纪家栋、李兴伟、姜水清、赵希胜、王福考、郝曙光、邹学新出席会议，张锐、曹杰军、纪玉水、张琳、王仁臣、田业长、丁乃奇列席，各镇（街道、经济开发区）党（工）委书记、市直有关单位负责人列席相关议题。

会议听取市安监局关于全市安全生产大检查隐患排查治理情况的汇报。会议原则同意汇报的意见。会议指出，青岛“11·22”中石化输油管线泄漏爆燃事故后，莱西市贯彻上级指示精神，落实安全生产大检查提出的各项要求，安全生产工作得到加强。但是，从前段排查和青岛通报情况看，目前莱西市各类隐患和问题仍然较多，必须引起高度重视。会议要求吸取事故教训，以对人民群众生命财产高度负责的精神，提高对做好安全生产工作重要性的认识，增强责任感、紧迫感、危机感。会议确定：由市安委办牵头，继续抓好安全生产大检查。

第五十六次

2014 年 1 月 24 日上午召开，刘圣珍主持，纪家栋、李兴伟、姜水清、赵希胜、张升山、王福考、邹学新、王保岚出席会议，于永才、张锐、曹杰军、丁朝霞列席，各镇（街道、经济开发区）党（工）委书记、市直有关单位负责人列席相关议题。

会议传达学习习近平总书记在党的群众路线教育实践活动第一批总结暨第二批部署会议上的重要讲话和省“两会”精神，听取市安监局关于全市安全生产大检查工作情况的汇报，听取市农工委办关于开展全市农村环境综合整治大干 100 天活动情况的汇报，听取市纪委关于中央、省、青岛三级纪委全会精神及莱西市贯彻意见的汇报，听取市纪委关于有关违纪问题处理情况的汇报。

第五十七次

2014 年 2 月 7 日上午召开，刘圣珍主持，李兴伟、姜水清、赵希胜、梅红波、张升山、王福考、郝曙光、邹学新、王保岚出席会议，于永才、张锐、李信斋、王明兴、刘莉、黄迪勇、纪玉水、丁朝霞、王仁臣、王志强、李美玲、王志超、孙焕伟、赵彦军及各镇（街道、经济开发区）、市直有关单位负责人列席会议。

会议组织观看著名党史专家、北京大学原副校长梁柱谈党员干部如何达到“十二字”要求视频，集中对中央在群众路线教育实践活动开展中提出的“照镜子、正衣冠、洗洗澡、治治病”的“十二字”要求进行专题学习。

第五十八次

2014 年 2 月 10 日下午召开，刘圣珍主持，纪家栋、李兴伟、姜水清、赵希胜、张升山、王福考、郝曙光、王保岚出席会议，于永才、张锐、曹杰军、黄迪勇、纪玉水、丁朝霞及市直有关单位负责人列席会议。

会议听取市委组织部关于中央、省委和青岛市委党的群众路线教育实践活动总结部署会议精神及莱西市开展党的群众路线教育实践活动有关建议的汇报。

第五十九次

2014 年 2 月 24 日下午召开，刘圣珍主持，纪家栋、李兴伟、姜水清、梅红波、张升山、王福考、郝曙光、王保岚出席，于永才、张锐、曹杰军、纪玉水、丁朝霞、丁乃奇列席，有关镇（街道）、市直有关单位负责人列席相关议题。

会议传达学习青岛市“两会”精神，听取市委组织部关于中央、省委和青岛市委近期有关党的群众路线教育实践活动工作会议精神及莱西市近期工作打算的汇报，听取市委办公室关于部分重点项目建设督查情况的汇报，听取市审计局关于经济责任审计工作方案的汇报，听取市委政法委关于 2014 年市委政法工作会议筹备方案的汇报，听取市委宣传部关于集中宣传葛中科典型事迹的情况汇报。

第六十次

2014 年 3 月 3 日上午召开，刘圣珍主持，纪家栋、李兴伟、姜水清、赵希胜、梅红波、张升山、王福考、郝曙光、邹学新出席，于永才、张锐、曹杰军、黄迪勇、纪玉水、丁乃奇列席，有关镇（街道、经济开发区）、市直有关单位负责人列席相关议题。

会议听取市委党的群众路线教育实践活动领导小组办公室关于全市深入开展党的群众路线教育实践活动有关情况的汇报，听取市城建局关于重点工程建设进展情况的汇报，听取休闲体育大会组委会关于 2015 年世界休闲体育大会筹办工作情况的汇报，听取大沽河治理工作指挥部关于大沽河治理工程进展情况的汇报，传达学习上级关于规范清理党政领导干部在企业兼职（任职）和关于严禁超职数配备干部有关文件精神，听取市委宣传部关于全国宣传部长会议，省、青岛市宣传思想文化工作会议精神及莱西市贯彻意见的汇报，听取市委统战部关于全国、省、青岛市统战部长会议主要精神及莱西市贯彻落实意见的汇报。

第六十一次

2014 年 3 月 6 日上午召开，刘圣珍主持，纪家栋、李兴伟、姜水清、赵希胜、梅红波、王福考、郝曙光、邹学新、王保岚出席，于永才、张锐列席。

会议听取市委党的群众路线教育实践活动领导小组办公室关于党的群众路线教育实践活动有关情况的汇报，原则同意汇报的意见。

第六十二次

2014 年 3 月 20 日下午召开，刘圣珍主持，纪家栋、李兴伟、姜水清、赵希胜、梅红波、张升山、王福考、郝曙光、邹学新、王保岚出席，于永才、张锐、曹杰军、纪玉水、丁朝霞、丁乃奇列席，有关镇、市直有关单位负责人列席相关议题。

会议听取关于青荣城际铁路莱西南站建设有关情况的汇报，听取关于青岛（莱西）城乡社区建设投资有限公司出资建设青荣城际铁路莱西南站有关情况的汇报，听取关于争取扩大青荣城际铁路莱西北站站房规模有关情况的汇报，听取关于 2014 年市委中心组理论学习的意见的汇报，听取关于姜玉光严重违纪违法问题处理情况的汇报。

第六十三次

2014 年 3 月 24 日下午召开，刘圣珍主持，纪家栋、李兴伟、姜水清、赵希胜、梅红波、王福考、郝曙光、邹学新、王保岚出席会议，于永才、张锐、黄迪勇、纪玉水、丁朝霞、丁乃奇列席。

会议传达青岛市委常委、市纪委书记何建平在夏格庄镇调研时的讲话精神，听取市委常委、市政府副市长一季度工作完成情况和二季度工作打算的汇报，研究了有关干部任免事项。

第六十四次

2014年3月31日下午召开，刘圣珍主持，纪家栋、李兴伟、姜水清、赵希胜、张升山、王福考、郝曙光、邹学新、王保岚出席会议，于永才、张锐、曹杰军、黄迪勇、纪玉水、丁朝霞、丁乃奇列席，李信斋、王明兴、刘莉、王仁臣、王志强、李美玲、王志超、赵彦军和部分市直单位主要负责人列席相关议题。

会议集中观看群众路线专题教育片《生命的承诺》和《沃土》，听取市委办公室关于省市赴莱西联合督导组反馈问题整改意见的汇报，听取市委组织部关于开展党员干部与群众“心连心”实践活动的实施意见和市委常委参加教育实践活动学习教育、听取意见环节工作日程安排的汇报，听取市委政法委关于贯彻落实青岛市系列重大活动维稳安保会议精神情况的汇报，听取市委办公室关于成立市委全面深化改革领导小组有关情况的汇报。

第六十六次

2014年4月9日上午召开，刘圣珍主持，纪家栋、李兴伟、姜水清、赵希胜、张升山、王福考、郝曙光、邹学新、王保岚出席会议，张锐、曹杰军、黄迪勇、纪玉水、丁朝霞、丁乃奇列席，刘莉、王仁臣、王志强、李美玲、王志超、赵彦军和各镇（街道、经济开发区）党（工）委书记、部分市直单位主要负责人列席相关议题。

会议集中学习《面向未来的赶考——习近平总书记指导河北省党的群众路线教育实践活动回访记》，听取市委党的群众路线教育实践活动领导小组办公室关于市委常委领导班子听取意见建议工作方案的汇报，听取市委市政府信访局关于领导干部公开接待群众来访具体要求的汇报。

第六十七次

2014年4月14日下午召开，刘圣珍主持，纪家栋、李兴伟、姜水清、赵希胜、张升山、王福考、郝曙光、邹学新、王保岚出席会议，于永才、张锐、曹杰军、黄迪勇、纪玉水、丁朝霞、丁乃奇列席，李信斋、刘莉、王仁臣、王志强、李美玲、王志超、赵彦军和各镇（街道、经济开发区）党（工）委书记、部分市直单位主要负责人列席相关议题。

会议集中观看专题教育片《苏联亡党亡国二十年祭》，听取市安监局关于全市安全隐患排查情况的汇报，听取市政府办公室关于在全市开展调结构稳增长抓落实现场推进活动实施方案的汇报，听取市委党的群众路线教育实践活动领导小组办公室关于基层党组织书记集中培训工作方案的汇报、关于市委常委教育实践活动交流研讨会议方案的汇报、关于在党的群众路线教育实践活动中开展“千名党员干部联村大走访”活动的实施意见的汇报、关于市委常委指导教育实践活动工作方案的汇报、关于市委常委领导班子开展集体学习的情况说明。

第六十八次

2014年4月21日上午召开，刘圣珍主持，纪家栋、李兴伟、姜水清、赵希胜、张升山、王福考、郝曙光、邹学新、王保岚出席会议，于永才、曹杰军、黄迪勇、纪玉水、丁朝霞列席，王明兴、刘莉、王仁臣、王志强、李美玲、王志超、赵彦军和部分市直单位主要负责人列席相关议题。

会议听取市纪委关于2014年党风廉政建设和反腐败工作的意见的汇报，听取市委党的群众路线教育实践活动领导小组办公室关于《教育实践活动莱西市委督导组谈话工作方案》的汇报，研究了干部任免事项。

第六十九次

2014年4月28日下午召开，刘圣珍主持，纪家栋、姜水清、张升山、王福考、郝曙光、邹学新、王保岚出席会议，于永才、张锐、曹杰军、黄迪勇、纪玉水、丁朝霞列席，李信斋、王明兴、王仁臣、王志强、李美玲、王志超、赵彦军和各镇（街道、经济开发区）党（工）委书记、部分市直单位主要负责人列席相关议题。

会议传达学习郭树清省长到莱西市调研群众路线教育实践活动座谈会上的重要讲话精神，传达《季建业悔过书（摘要）》，听取市政府办公室关于一季度经济运行情况及下步措施的汇报，听取市委党的群众路线教育实践活动领导小组办公室关于在党的群众路线教育实践活动中深入开展“五项整治”行动的实施方案的汇报，听取市纪委关于李华违纪问题处理情况的汇报，研究了干部任免事项。

第七十次

2014 年 5 月 12 日召开，刘圣珍主持，纪家栋、姜水清、王福考、郝曙光、王保岚出席会议，于永才、张锐、纪玉水、丁朝霞、李焜列席，各镇（街道、经济开发区）党（工）委书记、部分市直单位主要负责人列席相关议题。

会议听取市政府办公室关于“5・11”事故有关情况的汇报，听取市考核办关于2014年镇（街道）和市直单位考核意见及细则的汇报，听取市委、市政府信访局关于近期信访稳定工作情况的汇报，听取市旅游局关于加快莱西市旅游业发展的若干意见有关情况的汇报，听取市委组织部关于全国、全省、青岛市组织工作和组织部长会议精神及莱西市贯彻落实意见的汇报。

第七十三次

2014 年 5 月 30 日召开，刘圣珍主持，纪家栋、姜水清、梅红波、张升山、王福考、郝曙光、邹学新、王保岚出席会议，于永才、张锐、黄迪勇、丁朝霞、丁乃奇列席，各镇（街道、经济开发区）党（工）委书记、部分市直单位主要负责人列席相关议题。

会议听取市委党的群众路线教育实践活动领导小组办公室关于青岛市委常委、市纪委书记何建平和省市赴莱西联合督导组组长刘杰在参加教育实践活动调研座谈会上讲话精神的汇报，听取市委党的群众路线教育实践活动领导小组办公室关于青岛市第二批党的群众路线教育实践活动工作推进会议精神及莱西市贯彻落实建议的汇报。

第七十五次

2014 年 6 月 23 日上午召开，刘圣珍主持，纪家栋、姜水清、赵希胜、梅红波、张升山、王福考、郝曙光、邹学新、王保岚出席会议，于永才、张锐列席，丁朝霞，各镇（街道、经济开发区）党（工）委书记、部分市直单位主要负责人列席相关议题。

会议听取市考核办关于 2013 年镇（街道）和市直单位考核情况、表彰建议和问责建议的汇报，听取市考核办关于 2013 年青岛市考核情况分析及 2014 年考核建议的汇报，听取市编委办关于整合卫生人口和计划生育部门职责机构编制的实施方案的汇报，听取市委组织部关于领导干部任职年龄政策调整方案的汇报。会议还研究了民主生活会筹备、市委常委会议会务组织和迎接省委组织部专项检查等工作。

第七十八次

2014 年 7 月 29 日上午召开，刘圣珍主持，纪家栋、姜水清、赵希胜、梅红波、张升山、王福考、郝曙光、邹学新、王保岚出席会议，于永才、张锐列席，曹杰军人列席相关议题。

会议听取市联社关于莱西市人民政府与青岛市供销社区域战略合作协议有关情况的汇报，听取市教体局关于推行中小学校长职级制改革工作情况的汇报，听取市发改局关于上半年经济运行情况及下步措施的汇报，听取市政府办公室关于 2014 年政府实事进展情况的汇报，听取市城建局关于基础设施重点工程和旧城改造进展情况的汇报，听取市纪委关于姜合波严重违纪问题处理情况的汇报，会议原则同意汇报的意见。

第七十九次

2014 年 8 月 14 日上午召开，刘圣珍主持，纪家栋、姜水清、赵希胜、梅红波、张升山、王福考、郝曙光、邹学新、王保岚出席会议，于永才、张锐列席，丁朝霞列席相关议题。

会议听取市纪委关于建立党政正职“五个不直接分管”和“末位表态”制度的意见的汇报，听取市委组织部关于卫生局和计生局机构整合后党组织设置和隶属关系调整有关建议的汇报，研究了有关干部任免事项。

第八十次

2014 年 8 月 28 日上午召开，刘圣珍主持，纪家栋、姜水清、梅红波、张升山、王福考、郝曙光、邹学新、王保岚出席会议，于永才、张锐列席会议。

会议听取市委办公室关于省委十届九次全体会议精神、青岛市委十一届六次全体会议精神及莱西市贯彻落实意见的汇报，听取市委党的群众路线教育实践活动领导小组办公室关于青岛市党的群众路线教育实践活动视频会议精神贯彻落实建议的汇报，研究了有关干部任免事项。

第八十一次

2014年9月4日上午召开，刘圣珍主持，纪家栋、姜水清、赵希胜、梅红波、张升山、王福考、郝曙光、邹学新、王保岚出席会议，于永才列席会议，王明兴、刘莉、黄迪勇、丁朝霞、王仁臣、王志强、李美玲、王志超、孙焕伟列席相关议题。

会议传达省委赴青岛督导组第一副组长彭绪进赴莱西调研座谈讲话精神，研究了有关干部任免事项。

第八十二次

2014年9月26日上午召开，刘圣珍主持，纪家栋、邢福栋、姜水清、赵希胜、梅红波、王福考、郝曙光、邹学新、王保岚出席会议，于永才列席会议。

会议听取市编委办关于市政府职能转变和机构改革实施方案有关情况的汇报，集中学习“落实党风廉政建设主体责任和监督责任”系列文章，会议还对国庆节前及节日期间有关工作进行了强调部署。

第八十三次

2014年10月11日上午召开，刘圣珍主持，纪家栋、邢福栋、姜水清、赵希胜、王福考、郝曙光、邹学新、王保岚出席会议，于永才列席会议，曹杰军、黄迪勇列席相关议题。

会议听取市委农工委办关于农村环境综合整治情况的汇报，听取市发改局关于三季度经济运行情况及下步措施的汇报，听取市委统战部关于成立莱西市海外联谊会有关情况的汇报，听取市委组织部关于干部选拔任用动议的建议。市委常委围绕学习贯彻习近平总书记在中央党的群众路线教育实践活动总结大会上的重要讲话精神交流发言。

第八十四次

2014年10月20日下午召开，刘圣珍主持，纪家栋、邢福栋、姜水清、赵希胜、梅红波、张升山、王福考、郝曙光、邹学新、王保岚出席会议，于永才列席会议。

会议听取市委党的群众路线教育实践活动领导小组办公室关于中央、省委和青岛市委党的群众路线教育实践活动总结大会精神及莱西市贯彻落实建议的汇报。

第八十五次

2014年10月23日上午召开，刘圣珍主持，纪家栋、邢福栋、赵希胜、梅红波、张升山、王福考、郝曙光、王保岚出席会议，丁朝霞列席相关议题。

会议听取市委组织部关于青岛市村（社区）“两委”换届选举工作会议精神及莱西市贯彻落实建议的汇报，听取市委组织部关于赴南开大学区域经济发展与产业转型升级专题研讨班建议方案的汇报，研究了有关干部任免事项。

第八十六次

2014年11月21日上午召开，刘圣珍主持，纪家栋、邢福栋、姜水清、赵希胜、张升山、王福考、郝曙光、邹学新、王保岚出席会议，于永才、张锐、曹杰军、纪玉水、丁朝霞，各镇（街道、经济开发区）党（工）委书记和部分市直单位主要负责列席会议，刘莉、李焜、王仁臣、王志强、李美玲、孙焕伟、赵彦军列席相关议题。

会议传达学习中共中央办公厅《关于深化“四风”整治、巩固和拓展党的群众路线教育实践活动成果的指导意见》，传达青岛市转方式调结构惠民生项目现场观摩会议及张新起市长入镇走访调研讲话精神，听取市发改局关于2014年青岛市重点项目工作情况的汇报，听取市城建局关于重点工程进展情况的汇报，听取市政府办公室关于2014年政府实事进展情况的汇报，会议还书面传达青岛市保密专题党课会议精神，并对做好当前保密工作进行强调部署。

第八十七次

2014年12月26日上午召开，刘圣珍主持，纪家栋、邢福栋、姜水清、梅红波、张升山、王福考、郝曙光、邹学新、王保岚出席会议，于永才、张锐列席会议。

会议对做好当前各项工作进行强调部署，听取市人大常委会办公室关于召开市十七届人大四次会议有关工作的汇报，听取市政协办公室关于召开市政协八届四次会议有关工作的汇报。

（市委办）

·组织工作·

党的群众路线教育实践活动

按照中央、省委和青岛市委的统一安排部署，从2014年3月7日开始，全市启动第二批党的群众路线教育实践活动，共有1791个党组织43769名党员参加活动。截至2014年11月上旬，完成学习教育、听取意见，查摆问题、开展批评，整改落实、建章立制3个环节的工作任务。活动中，全市各级党组织和广大党员干部把握“照镜子、正衣冠、洗洗澡、治治病”的总要求，紧紧聚焦“四风”，落实“三严三实”要求，坚持带头示范，行在先、做在前，做到以上率下；加强理论武装，深入学、强党性，打牢思想基础；突出问题导向，全面查、深入改，做到动真碰硬；坚持开门搞活动，听民声、解民难，突出群众主体地位；抓专项整治，正党风、肃法纪，做到取信于民；巩固活动成果，建机制、抓执行，推动改进作风常态化长效化；设计实施党员干部联村大走访等四项主题实践活动，做到规定动作不走样，自选动作有特色；实行统筹兼顾，一手抓活动、一手抓发展，做到两不误两促进。通过开展教育实践活动，全市党员干部宗旨意识、群众观念增强，思想作风、工作作风进一步转变，一批制约科学发展的问题得到解决，一系列为民务实清廉的机制得以确立，教育实践活动取得丰富的理论成果、实践成果和制度成果，得到上级领导的肯定和人民群众的积极评价。

干部人事制度改革

学习新《干部选拔任用条例》，对全市干部工作进行规范完善。开展选人用人自查自纠，会同人社、教育、卫生部门，对2010年以来干部调整情况进行摸底梳理，重点对是否符合任职资格、选拔任用程序是否严格、选拔任用全过程基础资料是否完备、干部人事档案是否齐全规范、执行干部选拔任用监督制度是否到位等方面进行排查整改，通过省委组织部选人用人专项检查。开展各种专项整治活动，先后对超职数配备干部、党政领导干部在企业兼职（任职）、相关人员在行业协会商会类社会组织兼职（任职）、领导干部在社会团体兼职（任职）、提前离岗等问题进行专门清理规范和整改。结合政府机构改革和工商、质监管理体制调整，根据干部队伍建设需要，对全市干部队伍进行适当调整，激发干部工作积极主动性，树立“凭德才、看实绩”的用人导向。年内，共调整市管干部139名、中层干部216名。从严加强干部监督管理，严格落实治理拉票行为测评、选拔工作全程纪实、个人有关事项报告等制度，对干部选拔任用各环节实施全程监督。开展干部“一报告两评议”工作，通报上年度干部选拔任用工作情况，组织全市领导干部对全市上年度干部选拔任用工作进行评议。坚持落实经济责任审计制度，协调市审计局、教育体育局对20名干部进行任中审计，对38名干部进行离任审计。严格组织系统“双向约谈”制度，年内共约谈干部176人次。修订《莱西市干部监督信息交流办法》，将监督信息交流部门由9家增加到20家，拓宽干部监督信息交流的渠道。完善干部监督信息库，库内信息增至4000余条，实现信息资源优化组合，形成事前监督合力。

干部教育培训

推进高端师资资源共享，开展网络主体班次培训，与中央党校合作，举办“中青年干部网络培训班”，是全国首个试点单位，通过中央党校知名专家教学视频进行网上培训，降低培训成本，实现短期培训效益最大化。围绕市委、市政府中心工作安排，组织举办省外培训班2期，以区域经济发展与产业转型升级为主题，组织市级领导、镇（街道）党政主要负责人和部分市直业务部门主要负责人共70人，赴南开大学举办2期专题培训班。发挥市委党校主阵地作用，举办市内主体班次15期，其中基层党组织书记培训班3期、中青年干部及2014年重新轮换选派的农村党组织“第一书记”和在岗大学生村干部培训班各1期，累计培训干部1531人次。协同有关单位，举办统战干部、计生干部、安全生产等10期专题培训班，培训干部2600余人次。紧跟形势任务发展需要，举办专题讲座10期。邀请中央党校罗平汉、王瑜等专家教授，配合群众路线教育实践活动开展，突出党的群众路线和群众观点教育，举办专题报告会3期，培训干部1500人次。围绕贯彻落实党的十八届四中全会精神，邀请中央党校教授卓泽渊进行法理解读，培训干部700人次。以推进反腐倡廉建设、社会治理中的法治思维为题，举办专题讲座2期，培训干部1000人次。突出岗位需求，扎实开展岗位必备知识学习活动。结合形势任务需要，确定印发通用知识学习内容,与干部自主书目选学合并进行，推荐10项必选考试内容和3本阅读书目，各单位推荐通用知识学习内容50余项。发挥牵头抓总作用，依托行业素质能力再提升工程，指导部门举办培训班248期。突出问题导向，破解教育培训“针对性不强、积极性不高、学风不严”等工作难题。根据青岛市委组织部安排，承担的中组部重点调研课题《建立健全中国特色干部教育培训制度体系研究》，被中组部评为全国干部教育培训理论研讨会二等奖。

人才工作

坚持党管人才原则，强化牵头抓总作用，建立实施人才工作联席会议、责任分解、调度检查等制度，重要人才项目一事一议，形成工作合力，人才工作制度化、规范化水平不断提高。强化平台建设，着力加强高层次人才引进培养，新增省、青岛市级院士工作站各1个、青岛企业技术中心7个、青岛专家工作站8个、青岛市蔬菜种业产业技术创新战略联盟1个；引进博士、正高职称人才19名（完成率126.67%），硕士、副高职称人才184名（完成率102.22%）；引进3名国家“千人计划”专家到莱西市创业发展。强化培育引导，壮大本土人才队伍,组织开展各类优秀人才称号的推荐申报工作，培育1名高层次人才申报国家“千人计划”专家、2名高层次人才申报“泰山学者”，推荐34人申报青岛拔尖人才、2人申报享受国务院特贴人员，8名教师被评为山东省优秀教师、青岛名师，5名农村实用人才被评为青岛乡村之星，5名高技能人才获青岛市首席技师；先后获得省科技进步二等奖1项，青岛市级科技奖4项。注重加强人才的管理服务，开展拔尖人才健康体检、读书休假等活动。

村“两委”换届选举

按照省市统一部署，全市自2014年10月24日启动村（社区）“两委”换届选举工作，共涉及858个村党组织、861个村委会；25个城市社区党组织、26个城市社区居委会。市委成立换届选举工作领导小组及办公室，市委书记担任组长，市委常委、组织部部长兼任办公室主任，建立市级领导联镇包村制度，从相关部门抽调精干力量组成综合指导组、新闻宣传组、秩序维护组和信访稳控组，并向各镇派驻12个督导组，加强组织指导，通过抓好前期准备、责任落实、严格程序、信访稳控和秩序维护5个重点环节，确保换届选举稳妥推进。截至2014年12月31日，全市换届选举任务已基本完成，达到预期目标，呈现“换届秩序稳、班子活力强、兼职比例高”的特点，村党组织和村委会按期换届率分别达到为99.65%和99.76%，城市社区党组织和居委会按期换届率均达到100%。

农村党员干部现代远程教育

围绕服务党的群众路线教育实践活动，发挥远程教育网络作用，组织农村党员干部开展党的十八届三中和四中全会精神、总书记习近平系列重要讲话精神等学习活动。扎实推进农村实用人才高等学历教育，共完成招生153人。深化远程教育星级站点创建活动，修订完善《远程教育星级站点创建活动实施方案》，所有站点均达到一星级标准，39.6%的站点达到三星级标准。推进农村社区服务中心远程教育站点规范化建设，召开扩展型站点建设现场会，建成扩展型站点18个。组织推行站点信息电子档案管理系统，实现站点信息、设备信息、管理员信息的电子化、网络化管理。在青岛市率先建立开通远程教育学用服务平台，实现学习服务、网上督查、互动交流、公告公示等功能。指导远程教育讲师团成员开通专家博客与微博19个，发布农村政策、生产技术等信息357篇，搭建起互联网环境下专业技术人员与农村党员干部群众联系交流新平台。按照“严把标准范围、严格审批程序”的要求，共调整镇村管理员51名。针对镇街合并后站点多、管理任务重的新形势，指导各镇组建一支全市83人的管理员骨干队伍，明确工作职责，实行划片管理。加大党建工作宣传力度，超额完成青岛党建电视频道信息报送和课件制作任务，制作的电视片《丰碑》《全市党员干部远程教育“三智助三农”活动启动》和《大山深处圆梦人》在2014年青岛市党员教育电视片观摩交流活动中分别被评为工作纪实片类二等奖作品、电视新闻片类三等奖作品和优秀人物事迹片类三等奖作品，单位被授予党员教育电视片系列展播活动特别贡献奖。

（市委组织部）

·宣传思想工作·

贯彻落实党的群众路线教育实践活动

以党委中心组学习为重点，推进学习型党组织建设。围绕各级重大会议精神的贯彻落实和市委市政府重点工作，特别是党的十八届三中全会精神、党的十八届四中全会精神、习近平总书记系列重要讲话精神、党的群众路线教育实践活动相关学习内容，筹备召开13次市委理论学习中心组读书会。在青岛市党委中心组学习贯彻习近平总书记系列重要讲话精神座谈会上做《学习讲话精神 推动莱西在青岛北部加快崛起》的书面交流。向副科级以上领导干部推荐学习书目，编发6期《理论中心组学习资料》。做好《习近平总书记系列重要讲话读本》的学习、使用工作，将习近平总系列重要讲话精神的学习宣传贯彻引向深入。学《读本》体会文章《大力发扬“钉钉子”精神 加快建设宜居幸福新莱西》在《青岛日报》刊发；以学习宣传党的十八届三中全会精神为重点，开展理论宣讲教育工作。举办第十一届社科普及周活动，深入基层开展宣传活动12场次。组织开展青岛市“中国梦·改革篇”百姓宣讲团巡回宣讲报告会。完善理论学习网络平台，在莱西新闻网和青岛新闻网今日莱西上传学习资料330余篇；以企业文化建设为重点，做好企业思想政治工作。组织做好2014年度企业思想政治工作专业职务评审评定工作，提升企业政工干部队伍的整体素质。组织莱西市企业参加青岛市企业诚信案例征集活动，推荐青岛热电集团金莱热电有限公司女子班参加评选。选拔优秀企业职工参加青岛市“中国梦·企业梦·职工梦”职工读书演讲比赛，其中1人获三等奖。推出《健全机制 加强企业学习型党组织建设》等5篇调研成果参加青岛市企业政工优秀研究成果评选，推广企业思想政治工作创新经验。组织做好青岛市“百城万店无假货”复查迎检工作，协调服务业发展局对利客来和良茂凯悦两家示范店进行专项督查；做好党的群众路线教育实践活动相关工作。严格对照中央、省、青岛市委和莱西市委要求，紧密结合宣传思想工作实际，保质保量地完成各环节工作任务。同时，作为牵头单位，组织全市党员干部在专题组织生活会前，学习基层干部队伍作风建设相关内容，在全市范围内组织开展群众观点大讨论活动。

内外宣工作

围绕市委市政府中心工作，强化主题新闻宣传。做好媒体记者接待工作，2013年共接待《大众日报》《青岛日报》《青岛财经日报》《青岛早报》《半岛都市报》和青岛电视台等记者200多人次，重点围绕群众路线教育实践活动、新型工业化、社区建设、现代农业、大项目建设、大沽河治理、休闲体育大会等亮点工作加强采访报道，共在青岛市级以上报刊、网络、电台、电视台等新闻媒体发稿3200多篇，对莱西进行了强力外宣，提高城市美誉度和群众的满意度。其中《大众日报》头版头条以《转作风转出“莱西效率”》为题刊发莱西市群众路线教育实践活动成果，《青岛日报》头版头条以《莱西出招帮项目“清障”》《一封感谢信的容量》为题，报道莱西市发展和民生的经验，在社会上引起强烈反响；弘扬社会正气，做好典型推介。

先后推出原大河头村书记耿式资、勇救落水儿童献出生命的八旬老人葛中科两个全国过硬典型。其中耿式资在新华社内参选编、《光明日报》《经济日报》《大众日报》《青岛日报》等国内重要党报党刊刊发，并在青岛及莱西市先后做事迹报告会。葛中科先后在中央电视台新闻联播、青岛电视台、《大众日报》《青岛日报》《半岛都市报》《青岛早报》等媒体播发；加强和改进新闻舆论工作，做好沟通引导。做好负面报道引导管理工作，接待《中国改革报》《中国联合商报》《消费日报》《青岛电视台》《半岛都市报》等批评性报道媒体20多家，接待记者130多人次，涉及莱西市有关镇村挖矿、交通事故、拆迁等方面报道30多起，在调研掌握第一手材料的基础上，多次与相关媒体进行沟通，确保在第一时间内掌握消息和动态，引导好舆论，通过有效沟通，得力处置，未对莱西市造成负面影响。

把握正确舆论导向

对照青岛科学发展观考核内容要求，做好莱西市网络舆情的监控、研判、处置和引导工作。对主流网站、论坛、微博、QQ群实施动态监控，编写《舆情信息》简报，为领导决策提供重要参考。2013年以来共编写《舆情信息》33期，其中姜山大河头村村支书耿式资的先进事迹、店埠镇葛中科老人的英雄事迹、“2·25”车祸事件、“3·3”校车事故等重大网络舆情通过《舆情信息》形式上报给相关领导和责任单位。坚持《舆情处置单》工作制度，做好网络舆情处置工作，健全舆情督办机制，提高网上舆情应对水平，共处置网络事件46起。全年在热点网站和论坛发各类主题帖和跟帖800多个，删除各类有害信息150多条；加大网上正面宣传力度。加强与大众网、凤凰网、齐鲁网、青岛新闻网等网络媒体沟通，做好网上正面宣传工作，配合市委市政府重点宣传工作任务，协助在大众网、齐鲁网、青岛新闻网等网络媒体发表稿件470余篇。继续与青岛新闻网合作，办好“今日莱西”网站，全年共发表各类信息800多篇。继续办好“百篇新闻进论坛”活动，共在热点论坛发表主题帖400多条，回帖和跟帖1000多条。重视微博正面宣传，截至目前共在微博发布正面信息3200多条。发展粉丝38000多人。营造良好的网络舆论氛围；健全网络信息员、网络评论员队伍建设。为提高莱西市网络舆情信息员的业务水平，增强应对突发网络舆情的能力，4月29日，在工商局机关会议室举办全市基层干部网络素养培训班，邀请省内外著名网络舆情专家对莱西市各单位分管负责人和网络信息员进行专业知识培训，收到较好效果。5月28日，协同青岛报业传媒集团举办新媒体高峰论坛暨智慧莱西移动平台建设研讨会，邀请腾讯、青岛报业传媒集团有关专家授课，提高基层党政机关干部对于以微信为主的新兴媒体的认识；舆情信息上报工作进一步加强。拓宽舆情信息搜集渠道、加强舆情信息综合分析，创新舆情信息工作方法，逐步完善工作机制。共上报舆情信息900篇，被青岛市委宣传部采用340篇，省委宣传部采用38篇，中宣部采用8篇。

城乡精神文明建设

2014年是第四届省级文明市（2012～2014）创建周期的最后一年，根据文明城市测评的新形势、新特点和新要求，重点抓体制机制完善、特色活动开展、抓环境维护和设施更新、档案材料收集上报4项工作；推进“乡村文明行动”示范化。培育“乡村文明行动“示范镇”6个，乡村文明家园489个，其中，省级“乡村文明行动”示范镇2个（开发区、店埠镇）、乡村文明家园14个；推进公民道德实践活动大众化。加强“讲文明树新风”公益广告宣传。开展“我推荐、我评议身边好人”活动。在电视台《莱西市情》开设“莱西好人”专题专栏，每季度从不同行业、不同层面选树宣传一批“莱西好人”，在全社会营造“学好人、做好人、行善事”的浓厚氛围。连续举办三届“感动莱西”道德模范评选表彰活动，累计选树宣传各类身边好人和道德模范177名，定期在城区广场、社区举办“社区大舞台”——全市道德模范与身边好人事迹文艺巡演活动，已累计举办16场次，受众达63900多人；推进未成年人思想道德建设网络化。探索构建“学校、社会、家庭”三位一体的道德教育网络，形成齐抓共管的工作格局。督促指导全市120所城乡中小学校，按照标准要求新建、完善“乡村学校少年宫”，实现城乡全覆盖；累计争取中央和省体彩福彩帮扶资金75万元，新建和完善8个高标准的“乡村学校少年宫”；推进学雷锋志愿服务活动制度化。成立莱西市志愿服务协会，制订《莱西市青年志愿者注册管理办法》，全市完成志愿者注册登记5600多人，成立注册志愿服务队30支，建成注册志愿服务基地28个。在各级文明单位中组织开展“牵手社区·心系百姓”志愿服务活动，大批志愿者深入社区参加义务劳动，向空巢老人、农民工、残疾人、留守儿童奉献爱心；推进文明单位培育管理动态化。今年以来，新培育全国文明单位、文明村镇各1个（国土局、水集一村），省级文明单位4个（国家统计局莱西调查队、市委宣传部、日庄镇政府、夏格庄镇政府）、村镇8个、社区4个，青岛市文明单位（标兵）30个、文明村镇（标兵）26个、文明社区4个，因各种原因申请撤销不合格文明单位、村镇、社区43个；推进网络文明传播活动社会化。依托青岛文明网，建立莱西文明网，经常刊播莱西精神文明建设、乡村文明行动、未成年人思想道德建设、志愿服务等相关方面内容。指导、协调全市所有文明单位和蒲公英志愿服务队等社会层面的志愿服务组织，建立网络文明志愿者队伍，注册网络文明传播志愿者2180人。

开展各类群众性文化活动

春节、元宵节期间举办元宵节灯谜会，组织各镇办业余文化队伍及骨干广泛开展群众性的秧歌大赛、广场舞展演等文化活动，营造欢乐祥和的节日氛围。举办第十二届月湖文化艺术节、少儿才艺大赛、“梦金园杯”我的中国梦出彩莱西人大赛、第八届戏迷节暨第十届“水城梨园竞千秀”戏迷票友（吕剧组）演唱大赛、“爱在莱西”首届婚博会、首届经典电影情节模仿赛暨第二届电影歌曲演唱大赛、第二届大象书院杯“责任·莱西”征文大赛、第三届大象杯“责任·莱西”摄影大赛等大型群众性文化活动二十多场次；加强典型宣传。推荐葛中科作为青岛市弘扬社会主义核心价值观重大典型，青岛市委宣传部为此专门作批复，同意将其列入青岛市典型总体宣传计划，并协调中央、省、青岛市主要媒体，进行集中宣传、深度报道。推荐河里吴家中学教师赵美芹、姜山庄镇大河头村原党支部书记耿式资、市公安局社区民警周尚宾为青岛市弘扬社会主义核心价值观先进典型。组织推荐市书法家协会副主席兼秘书长刘波、市文化馆副馆长张冉冉、青岛大汉偶歌文化传播有限公司总经理姜玉涛为山东省第二批“齐鲁文化之星”；开展“四德”工程建设。组织“走出去”学，4月10日、11日，分两批组织全市有关单位负责人赴胶州、城阳参观学习“四德”工程建设。抓好示范点创建，在青岛市确定的20个各类示范点的基础上，确定水集街道等44个镇办、社区、机关、学校、企业作为全市“四德”工程建设示范点，为推进“四德”工程建设发挥很好的示范带动作用。6月5日，在夏格庄镇、姜山镇召开“四德”工程建设现场观摩会和工作推进会，各镇办也分别确定自己的示范点，适时召开本镇办现场观摩会，以点带面，全面铺开全市“四德”工程建设。加强“善行义举四德榜”建设，弘扬凡人善举，打造道德高地，全市82.2%的村居建成善行义举四德榜，上榜人数占全市总人口数的7.7%；加强和改进思想政治和国防教育工作。推荐莱西市革命烈士陵园、莱西市民兵训练基地、崔子范美术馆、莱西市档案馆、莱西市博物馆、胶东民俗文化博物馆等6处基地申报青岛市市国防教育基地。组织开展青少年爱国主义读书教育活动，获第二十一届全国青少年爱国主义读书教育活动组织优秀奖。

（市委宣传部）

·统战工作·

政治协商民主监督

发挥统一战线重要作用，推进社会主义协商民主，争取中国共产党莱西市委员会出台2014年政治协商计划，按照计划要求，组织党外人士座谈会、协商会、征求意见会4次。组织民主党派、无党派、非公人士开展服务社会活动6次，共有3600余人次参与各类活动，密切同各界人士的联系。

服务科学发展

围绕“服务蓝色经济和创新驱动发展”、莱西承办2015年世界休闲体育大会、新型农村社区建设、招商引资、为企业解难题等工作，开展“我为科学发展献计策”活动，共征集意见建议180余条，调研文章5篇。其中，60余篇建议被莱西市政府采纳。先后组织知识分子联谊会、九三学社、工商联开展专题调研3次。发挥非公人士“同心基金”作用，救助贫困学生和困难家庭。8月上旬，救助48户贫困学生、贫困家庭5万元。九三学社举办“三下乡”活动。3月、5月两次组织文化、农业、畜牧、卫生等部门的九三社员组成的“三下乡”服务团，将医疗、科技、卫生服务直接送到村民身边、送到田间地头。共为100余名群众进行健康查体，为80余名群众讲授蔬菜大棚种植知识，为50余位奶牛养殖户解答问题20余件。

党外代表人士队伍建设

将世界休闲体育运动大会组织筹备委员会（以下简称组委会）作为“党外代表人士实践锻炼基地”，安排16名党外干部到组委会挂职锻炼。加大党外干部安排使用力度，在2014年全市各单位减少领导职数的情况，争取市委在相关部门配备党外干部全部达到要求。举办培训班4期，培训350余人次。

新领域统战工作

海外统战工作进一步加强。10月下旬，召开莱西市海外联谊会成立大会，发展理事89人，选举产生会长1名、常务副会长1名、副会长12名、秘书长1名。建立海外统战工作联席会议制度，召开联席工作会议，对各职责部门工作进行了分工，形成了海外统战工作的合力；新生代民营企业家培养工作不断推进。各级商会、行业协会推荐出100余人的后备人选队伍，经市委统战部进行综合评价，确定70名重点培养对象，建立人员详细信息档案。分批次召开3次座谈会，对新生代民营企业家进行集中培训，并推荐7名参加中央、青岛市级的培训；引导全市工商联、民主党派、无党派人士开展中国特色社会主义实践活动。通过深化教育培训，举办座谈交流、送书荐书、开展感恩行动等活动，增进非公经济人士对中国特色社会主义的信心、对党和政府的信任、对企业发展的信心，激发非公经济发展活力；探索新媒体统战领域工作。对全市新媒体从业人员和网络人士进行调研，莱西有新媒体企业5家，媒体从业人员100余人次，工作中，通过搭建现实和虚拟两个平台加强经常性的沟通与联络，引导他们参与社会管理，把握舆论导向，帮助做好化解社会矛盾，理顺公众情绪等工作。

民族团结宗教和睦

贯彻落实党的民族政策，深化民族团结宣传教育和民族团结进步创建活动。加强对少数民族流动人口服务管理水平，对少数民族流动人口情况进行调查摸底，建立完善工作档案。贯彻党的宗教工作政策，开展宗教政策法规学习宣传活动，推动和谐宗教活动场所建设。鼓励宗教界开展慈善公益事业。坚决抵御境外宗教渗透，依法稳妥处置非法宗教活动，推进宗教领域重点难点问题的解决。做好为清真食品生产企业服务工作，2014年为三家农副产品加工企业共获得贷款贴息4850余万元，减轻了企业负担。

（市委统战部）

·政策研究工作·

2014年，莱西市委政策研究室以调研为基础，吃透上情，摸透下情，起草全市开展党的群众路线教育实践活动动员会议、全市调结构稳增长抓落实现场推进活动动员会、市委十三届五次、六次全委会等市委主要领导讲话稿72篇，起草在青岛市委十一届四次和五次全体会议、青岛市委常委群众路线教育实践活动座谈会等青岛市级会议发言材料7篇，起草对省、青岛市领导的汇报材料及市委落实有关工作情况汇报材料28篇。坚持调查研究服从、服务于市委的中心工作，服从、服务于客观现实的需要。在调研上按照“服务决策、重在使用”的原则，创新工作思路，变被动应付为主动服务，变单项服务为决策过程全服务，针对转方式调结构、社会稳定、从严治党等热点、难点问题，开展调研工作，全年共开展综合性调研活动9次，各类专项调研4次，撰写调研文章32篇，其中《莱西市打造农村基层廉政风险防控“绿色屏障”》《谨防基层维稳工作中的几个误区》两篇文章分别获得省委政研系统优秀调研成果二等奖、三等奖。统一全市参谋决策类材料报送渠道，由《决策参考》呈市委主要领导阅，一年来共编发《决策参考》23期，其中第5期关于信访稳定工作的先进典型，第16期莱西市水利抗旱设施现状、问题及对策分别得到市委书记、市长批示，为领导决策提供重要参考。先后围绕党的群众路线、党的十八大和十八届三中、四中全会等专题进行学习，正确把握中央精神政策，有针对性地提出莱西亮点工作和先进典型在青岛市级以上媒体刊物宣传报道。年内，共向青岛市级以上机构和刊物投稿96篇，被采用42篇。其中，针对群众路线问题撰写的《站稳群众立场 践行群众路线 推动科学发展中实现好群众利益》在山东通讯刊登，针对党建工作撰写的《深入实施“三项工程” 着力提升党政机关服务水平》在中直党建刊登，针对生态发展撰写的《坚持生态发展 建设宜居家园》在山东参政刊登，针对新型城镇化撰写的《莱西：“产城一体”建特色新城》在省委支部生活刊登。《做足三篇文章 彰显生态田园城市特色》《挖掘潜力 凝聚合力 增强动力 开创国土资源节约集约利用新局面》等12篇文章被青岛市级刊物刊发。

（市委政策研究室）

·机构编制工作·

2014年，筹备召开编委会议5次，根据编委会决议，制发编委文件42个。根据山东省编委办、青岛市编委办的部署和安排，对莱西市事业单位进行分类。8月14日，以市政府文件印发《莱西市人民政府关于印发〈莱西市卫生和人口计划生育部门职责机构编制整合方案〉的通知》，实施卫生计生体制改革。11月25日，《中共青岛市委、青岛市人民政府关于＜莱西市人民政府职能转变和机构改革方案＞的批复》对莱西市政府职能转变和机构改革方案进行批复，12月20日，以市委、市政府文件印发《中共莱西市委、莱西市人民政府关于印发＜莱西市人民政府职能转变和机构改革方案＞的通知》，组织推进政府职能转变和机构改革工作。2014年5月底，经市政府研究同意，成立莱西市人民政府行政审批制度改革办公室，并汇集上级的有关文件规定，编印《莱西市行政审批制度改革资料汇编》，下发《莱西市人民政府办公室关于对行政审批事项进行摸底清理的通知》，全市行政审批制度改革工作启动。全市建立统一的审核标准，明确每项指标的审核要求，按照审改办初审，部门修改完善；审改办复审，部门沟通一致；审改办组织会审，向部门反馈的“三审三议”审核流程，形成《莱西市行政审批事项目录》。11月6日，组织召开推行全市行政权力清单工作会议，就行政权力清单工作进行动员部署和专题培训，明确部门职责分工和工作流程。从市政府办法制办、公安局等部门，抽调16名工作人员组成8个审核小组，对各部门上报的行政权力事项进行集中审核。市审改办负责组织行政权力事项审核确认工作，编制形成《莱西市行政权力清单》。

（市编办）

·机关党建·

为加强基层党组织建设，年初与下设党支部签订党组织年度工作目标责任书63份，与党员个人签订工作目标责任书2000多份，发挥党员干部的先锋模范作用。调整充实支部班子13个，调整支部成员60余名，新成立支部班子9个。培训入党积极分子34人，发展新党员5名。国家级刊物《中直党建》2014年第1期推介莱西市的党建工作经验。会同市委办等单位，组织三个检查组，利用一周时间，对全市100多个市直单位的“三会一课”情况进行专题检查，并将检查结果形成汇报材料上报市委主要领导。按照市委及群众路线教育实践活动督导组要求，组织好本单位的教育实践活动，查摆“四风“突出问题并进行整改，班子查摆问题15条，班子成员查摆问题61条。开展好“回头看”活动，确保各项措施落实到实处。为创新机关建设、服务莱西发展，搭建机关干部沟通平台，在莱西政务网开设“机关干部之家”，设立“建言献策”“批评监督”“网友投稿”“咨询答疑”“警示教育”“全程回复”6个栏目。

组织“二能一会”技能大赛系列活动，读书征文比赛以读书学习、读书感悟、读书修身、读书进步、读书分享、学习领导讲话为主题，全市共有70多个单位报送文稿217篇。演讲比赛以在党的群众路线教育实践活动中，看到、听到或读到的感人的人或事为主题，全市有55个单位63名机关干部报名参赛，最终有10名选手在预赛中胜出，8人参加决赛。调研征文比赛结合党的教育实践活动，以转变工作作风，提高工作能力为主题，共收到83个单位推荐上报调研文章210篇，内容涉及面广，覆盖多个行业。“三个活动”中的70篇优秀文稿将最终汇编成册，发放全市各单位和征文参与者，供广大机关干部交流、学习、分享。组织乒乓球赛，全市共53个单位、300多名运动员参赛，展示机关干部团结协作、蓬勃向上的精神风貌。

（市委市直机关工委）

·老干部工作·

老干部政治待遇

1月29日，全市离退休干部座谈会在市行政办公中心举行，居住城区享受处级待遇的离退休干部和任副处以上实职的退休干部参加会议。市委、市人大、市政府、市政协、市纪委的领导出席会议。市委书记、市人大常委会主任刘圣珍发表讲话，希望老干部们继续发挥余热，一如既往地关心、支持全市的各项工作，多出主意，多提建议，一起推动全市各项工作再上新水平。市委副书记、市长纪家栋通报2013年全市经济社会发展情况和2013年工作打算。2月初，市委、市人大、市政府、市政协、市武装部、市纪委的领导对在莱西市任过副处以上实职的离退休干部逐一走访慰问。3月，市委老干部局被青岛市委组织部、老干部局授予青岛市老干部先进集体称号，乔文东被授予青岛市老干部先进工作者称号。5月14日市委老干部局获青岛市老干部扑克、麻将比赛优秀组织奖。7月，水集老干部党支部被山东省委组织部、老干部局授予全省离休退休干部先进集体称号；市人民检察院离退休干部党支部被评为青岛市“五好”党支部。10月15日，青岛市老干部志愿者协会在莱西市举行“送医下乡、关爱健康”老干部志愿服务活动启动仪式，青岛市政协原主席、青岛市老干部志愿者协会会长胡延森，副会长王新春、闵祥超、栾景裘，市委老干部局副巡视员、协会秘书长赵军，市政协主席丁永才，副市长丁朝霞参加启动仪式。23日，在香港路社区服务中心召开水集体街道老干部协会成立大会，同日召开全市老干部协会工作大会，青岛市委老干部局副局长张明，政治待遇处处长王建军、研究室主任刘爱民、副主任王观止和市南区、城阳区部分领导应邀参加大会。

老干部生活待遇

调高离休干部护理费标准，抗日战争参加工作的提高到每月2100元，解放战争参加工作的每月提高到1700元。“八一”建军节走访9名军转地离退休干部，每人送去两箱奶并发放服装补贴费和粮差补贴。“九九”重阳节慰问在莱西居住的44名年满90周岁的老干部，每人送奶两箱。中秋节前，看望19名安置在莱西市的外地离休干部。年底，走访10名家庭特别困难的离休干部，送去慰问金各800元。

老干部活动中心

4月，承办青岛市老干部扑克麻将比赛，来自青岛各区市100余名老干部参加了比赛，莱西市选手获得麻将比赛个人1、2名。9月，组织90余名离退休干部举办趣味运动会、钓鱼比赛、门球邀请赛等一系列活动。

老年大学

2014年老年大学开设16门课程，32个教学班，编班学员760余人。5月，举办老干部庆“五一”书画展。6月，组织60余名学员创作书画作品参加休闲体育大会为主题的全市书画展览。7月，在人民广场举办2014年度老年大学教学成果展示。

关心下一代

对全市关工委建设情况进行摸底，共在152所各类学校，12个乡镇（街道），25个市直单位，1个民营企业和全市90%的村庄成立关工委组织。3月，青岛市关工委副主任王新春到莱西军休所调研，关爱工作团对军休所老干部的事迹进行整理，并在《半岛都市报》上进行宣传报道。3～4月，联合团市委在全市中小学生中开展“学习葛中科典型事迹，增强防溺水安全意识”手抄报比赛活动，共收到作品260余幅，为获奖者发放新华书店的购书卡。永兴街社区关工委成立社区防学生溺水巡逻队。5月15日，召开全市关心下一代会议，调整关工委各指导团组成人员，对各指导团的工作职责重新进行划分和确定。6月25日，青岛市关工委主任徐长聚到莱西市调研，市委书记刘圣珍参加座谈。莱西市关工委工作受到肯定。6月，确立首批16个青少年法制教育示范基地，6月27日，青岛市关工委副主任闵祥超到莱西市为基地授牌。9月初，市关工委宣讲团走进姜山镇中心小学，由姜山镇关工委副主任李平德为全校二百余名师生进行“学党史，颂党恩，跟党走”专题辅导。9月30日，市关工委青少年教育基地永兴庄与沽河办事处张格庄小学联合举办红军长征展览，学生、家长、老师1000多人参观展览，听取北京朝阳军休所军休张维忠老人的讲解，并观看电影《长征》《四渡赤水》。

（市委老干部局）

·信访工作·

2014年，莱西市委市政府信访局共受理群众来信来访4553件次，其中接待群众来访2911起11212人次，受理群众来信1642件次，所有案件均得到妥善处理，矛盾纠纷排查率达到100%、化解率达98%，全市信访形势持续稳定。2015年2月，莱西市委市政府信访局被青岛市委市政府评为2012～2014年度全市维护稳定工作先进单位。

重视信访工作

2014年，莱西市委常委会、市长办公会、市联席会议先后多次研究指导信访工作，协调处理信访突出问题，解决信访工作中的实际困难。信访局摸排重点案件204起提报给市级领导包案，作为党的群众路线教育实践活动市级领导解决群众实际困难的规定动作。市委书记、市人大常委会主任刘圣珍和市长纪家栋先后4次组织召开51起重点信访案件调度会，逐一听取情况汇报，并提出具体工作意见。严格落实领导阅批来信制度，在全市实行“绿色邮政”，推行群众来信“两免一挂两公开”，群众写给市级领导班子的有效来信，市委市政府主要领导阅批率达92%，其他市级领导阅批率100%。市级领导共有136人次接待群众来访251起3026人次，单位和部门领导共接待群众来访1844起3563人次。

源头预防

针对全年大事多、工程多、项目多的情况，市委市政府广泛听取群众意见，回应群众关切，做到有明显社会稳定风险的政策不出台，利益关系严重失衡的项目不立项，劳民伤财的活动不开展。围绕可能引发集体上访、非正常上访和群体性事件的重点人、重点事和重点群体，坚持定期排查和集中排查相结合的方式，共排查出重点信访隐患204起，全部建立台账，并及时对责任单位进行交办，落实包案领导和具体办案人员，大量矛盾得到解决。结合市委市政府开展的以“听意见、解民忧、化民怨、转作风”为主要内容的“千名党员干部联村大走访”活动，全面摸排信访不稳定因素，着重强化对信访法规的宣传力度，从源头上减少信访案件的发生。

处置好各类信访问题

对所有的来信来访全部实行“承诺制”和“首接首办责任制”，加大初信初访办理通报力度，确保在第一时间接待好、处理好，群众初信初访按期办结率达到100%，化解率达到90%以上；组织开展两次进京非正常上访“百日会战”活动，市级领导亲自带队，分片对重点单位重点案件进行督查督办，与包案领导、与“十包一”工作人员、与信访人“三见面”。先后依法处理非正常上访人员48人次；开展信访事项“百日清仓”活动。对中央巡视组到山东巡视期间交办本市的信访事项一律由市级领导直接包案处理，各级巡视组转交信访事项及莱西市自排的204起重点信访案件全部按期办结，青岛市以上交办积案累计化解率达到80.5%；开展提升“群众满意率攻坚”活动。责任单位成立专门工作班子研究切实有效的化解方案，上级交办的101起案件，全部按期办结，群众到省上访事项满意率达81%。

做好重大活动期间的信访安保工作

三级“两会”、西太平洋海军论坛、APEC系列会议、世园会、青奥会、十八届四中全会等重大活动期间，及时成立专门的工作组，下发通知，完善预案，第一时间报送相关信息，成立由市级领导带队的稳定工作督查组，对全市信访稳定工作进行督查督办。先后10余次成立去青到省进京值班队伍，到会场等重点部位做好保卫工作，把好最后一道防线，确保全市未发生一起上访滋事闹事事件和群体性上访事件。

提高基层预防和妥善处理信访问题能力

推进信访规范化村庄、社区建设，开展基层无积案、无非访、无越级集体上访“三无”创建活动，强化基层在社会矛盾化解、信访问题处理、越级上访稳控等方面的能力。在青岛市进京非访专项整治“百日会战”总结大会上，姜山镇被青岛市信访工作领导小组授予“突出贡献单位”，夏格庄镇、院上镇、店埠镇、马连庄镇被授予全市信访“三无”单位。抓好信访宣传。采取在莱西电视台及《莱西市情》利用新闻媒体宣传、千名党员入户走访宣传、村庄张贴通告及漫画宣传、市镇两级接访人员向来访群众发放明白纸宣传及举办全市信访干部业务培训班等措施，加大对《信访条例》等信访有关规定的宣传力度。青岛市委办公厅《信息专报》、青岛市党的群众路线教育实践活动领导小组办公室《工作简报》《山东信访》《青岛信访》多次刊发莱西市经验材料。

（市信访办）

·保密工作·

制定印发《莱西市2014年工作要点》。4月下旬，市委保密委与各镇、市直单位签订《2014年度保密工作目标管理责任书》，明确各单位的责任目标，确保保密工作有人抓、有人落实、有人负责。4月17～29日，市委保密办在市委组织部举办的“莱西市2014年基层党组织书记培训班”上，向参训的基层党组织书记共935人播放保密警示教育片，进行保密教育。5月16日，召开全市保密工作会议，传达各级保密工作会议精神。5月16～30日，在部分保密要害部门进行保密警示教育。6月12日，召开保密普查动员会议。保密办抽调专门力量，精心组织，认真汇总、填写、报送《保密普查统计表》。设计编排《莱西保密提示》。全年编发《保密提示》10期，及时向市级领导和全市各单位宣传保密工作动态和失泄密案例、保密要求等。重点强化对要害部门保密工作的指导，采取上门保密教育活动，不定期开展保密抽查，确保要害部门、部位不出问题，共抽查保密要害部门10个、基层单位20个。5月28日，开展涉密载体集中销毁活动，销毁涉密载体100余包。2014年中、高考期间，加强与市教体局协调，并到现场监督指导，抓好保密室管理和考务人员的保密教育培训，确保中、高考的保密安全。

（市委保密局）

·电子政务建设·

协助做好行政审批权下放技术保障工作

按照《莱西市人民政府关于向莱西经济开发区和姜山镇下放相应行政审批权限的通知》要求，做好审批下放事项承接的各项工作，依托现有行政审批网络平台，加快审批下放事项网上办公系统建设，于6月3日正式完成姜山镇、经济开发区审批下放事项软件开发工作，组织对业务人员进行多次培训指导，系统现均已对外办件运行。

协助推进政务便民服务事项网上办理

按照上级部门和牵头单位部署要求，协助市审改办全面完成莱西市政务（办事）服务事项梳理工作，依托全市统一的网上政务服务平台，整合55个部门903余项政务便民服务事项。于8月25日建成莱西市网上便民服务大厅，现已上线试运行，市民或企业可注册登录“我的政府一站通”订阅所需信息和服务，查看所办事项等。

加强政府门户网站建设

莱西政务网在突出政府服务功能，宣传政府重大举措，报道莱西市重要活动，介绍莱西市特色资源、特色产业、名优产品，开展招商引资，展示莱西市经济文化风貌等方面继续发挥应有的作用，在“2014年中国政府网站绩效评估指标体系（区县）”绩效评估成绩全国名列61名，本年度共维护更新各类信息10231余条。重点对网站程序、域名注册查询、内容、板块、布局等多方面进行优化调整，每月平均浏览量20152、访客数14201，平均访问时长为4分25秒。升级莱西政务网站服务器集群，提升门户网站访问响应速度和服务性能。备份政务网站和审批系统数据库，保证大容量存储数据的冗余性和可恢复性。

完善行政执法系统平台

按照莱西市行政处罚权规范透明运行工作有关要求，做好行政处罚案件网上运行技术保障工作，配合市法制办重点抓好案源登记和网上投诉答复情况。升级行政执法系统服务器，提高系统运行效率。配合市科技局启用网上执法系统，更新市食药局重组职能后自由裁量权标准，优化市农业局业务办件流程。截至12月17日，莱西市网上行政处罚大厅今年录入案件570件。

完善综合电子监察视频监控系统

配合市监察局对莱西市行政审批大厅现有电子监察系统功能进行升级改造，招标采购监控设备，建成电子监察平台综合展示系统、电子监察数据中心、电子监察综合运维平台，完善深化各专项电子监察子系统建设应用。

优化网上办公硬环境

完成电子政务外网出口带宽升级和网络割接工作，为全市镇（街道）统一更换千兆交换设备，将市行政办公中心带宽出口由100M增加至200M，为全市镇（街道）及部分市直单位新增一条移动独享1000M宽带，本次升级改善了莱西市电子政务外网出口长期拥塞的状态，同时引入移动光纤链路作为互备，减小因运营商故障造成全市外网出口瘫痪的风险，为加快推进莱西市“智慧城市”建设提供有力的网络支撑保障。

完成金宏办公系统升级改造

为适应机关网上办公发展要求和信息网络技术发展趋势，经市委、市政府批准，于11月对全市金宏办公系统进行升级改造，在进一步完善功能、提升性能和增强安全性的基础上，配套建设了VPN安全接入平台和适应手机和平板电脑的移动办公系统，并于12月初举办新金宏VPN登录系统培训班，新办公系统的使用突破网络和地域限制，提升办公平台的高效性、通用性、灵活性。

搭建莱西政务网“机关干部之家”论坛

依托莱西市政务网站搭建莱西市“机关干部之家”论坛，内设建言献策、批评监督、网友投稿、咨询答疑、警示教育、领导回复六大板块，为机关党员、干部、群众搭建一个宣传、学习、服务、交流和互动平台。

升级改造金宏多媒体视频会议系统

在利用现有设备的基础上，通过安装系统必需设备、整合联通线路等系列工程将莱西市行政办公中心0433会议室由单一普通会议室打造成集“电视电话会议系统”“电视直播视频会议系统”“金宏多媒体视频会议系统”和“四、五楼内部视频会议联动系统”四位一体的多功能会议室。新会议室的建成实现“青岛市级以上－莱西－镇（街道）”三级联动的多媒体工作部署和调度，降低行政成本，提高行政效率。

（市电政办）

·党校教育·

干部培训

2014年，市委党校共举办各类培训班次40期，培训8000人次。主要包括：全市农村党组织书记群众路线教育实践活动专题培训班；新任市管干部培训班；新任职中层干部培训班；招商引资培训班；城市规划与建设培训班；现代农业培训班；计划生育培训班等。

教学管理

在总结学习置信培训的全封闭军事化管理成功经验的基础上，2014年市委党校进一步完善管理模式，切实加强学员管理、改进干部教育培训学风，注重培训效果。落实干部教育培训“十不准制度”，人手一份《学员守则》，从仪容仪表、校容校纪、内务整理到早操、上课、请销假等各个方面都提出具体要求。党校对每一个班次都专门进行入学教育，通过入学教育让学员端正学习态度，树立学员意识，严格遵守学习培训和廉洁自律的各项规定，履行《承诺书》要求，完成培训任务。实行学分制管理，制定并实施《学分制管理办法》，每天公布班组和个人的得分情况，优者奖，违者罚，根据得分评定先进集体和优秀个人。实行教师跟班管理，每个班次分成若干班组，每个班组配备1～2名教师和教官进行跟班管理，掌握所在班组的学员情况，抓好日常管理。引导学员自主选出党支部和班委，发挥班级党支部和班委的自我管理功能。

科研工作

定期组织教师参加社会实践、社会调研活动，要求每人每年下基层调研时间不少于30天，并将掌握的第一手资料用于课堂教学，真正做到教学出题目，科研做文章，成果上课堂，形成教学促科研，科研促教学的良性循环。把科研成果与评先选优、职称评聘挂钩，使科研管理工作逐步实现规范化、制度化。2014年，市委党校教职工共完成调研报告和理论文章30多篇，申报省级课题1项，青岛市级课题2项，在青岛市级报刊上发表或获得青岛市级科研优秀奖以上的理论文章10余篇，撰写的《党员姓党——牢记共产党员的身份和职责》一书由红旗出版社出版。

队伍建设

党的群众路线教育实践活动成效显著。按照“照镜子、正衣冠、洗洗澡、治治病”的总要求，聚焦“四风”，周密安排部署，推进实施，完成教育实践活动各项任务。开展“从严管理干部治理庸懒行为”活动。在全体教职工中开展理想信念、宗旨观念、职业道德、党纪政纪教育和业务技能培训，提高全体教职工的思想政治素质和业务工作能力。在领导班子建设上，加强党风廉政建设责任制，发挥党委的核心领导作用，为实现新突破奠定坚实的思想基础。在教职工队伍建设上重点做好三方面的工作：一是全面提高教师队伍素质。二是强化教职工的培训锻炼机制，定期组织教职工到上级党校、高校或其他培训机构进行学习研究。三是加大教职工的管理力度。

（市委党校）

·党史工作·

2014年，市委党史研究室撰写党史各类资料约10.8万字，征集资料20万字，征集上报各类图片52幅。年初印发《关于编写提报2013年度大事记的通知》，做好督促提报工作，征集有关单位2013年度党史大事记近20万字。开展《中共莱西党史大事记（2001～2012）》编纂工作，已经编辑到2004年，计4万字。在省委党史研究室组织的党史优秀成果评选活动中，《农村基层组织建设：问题、经验与对策——以“莱西会议”以来“莱西经验”的新发展为例》获论文类一等奖，是青岛市唯一入选一等奖的区市，论文《莱西知识青年上山下乡运动》获三等奖。在青岛市小学生“讲党史故事、诵经典诗文”社会主义核心价值观主题教育活动中获组织奖。组织开展纪念“莱西会议”展览工作，组织发动全市24家单位进行资料搜集工作，共搜集资料867件，总计搜集到文档、照片、视频、光盘、报刊等460件价值较高的资料。参与莱西第一个农村党支部——姜山镇前保驾山党支部旧址修缮工作，为室内布展提供文字1.8万字、照片12幅，并将其作为莱西5处开展干部理想信念教育和党性锻炼的红色教育资源之一向省委组织部进行申报。为《姜春云岁月足迹画册》提供有关党史资料3000字。为莱西籍老干部刘坦子女来访座谈活动提供有关资料1万字。为莱西市政协编纂的《莱西母亲河——大沽河》提供党史资料5000字。完成《抗战时期人口伤亡和财产损失调研资料汇编（青岛卷）》中涉及莱西内容的编纂、复核工作，字数总计3.7万字，征集上报图片27幅。完成本年度口述史资料《“莱西会议”始末》的采访、撰写工作，字数1.2万字，征集上报图片13幅。在青岛党史刊物发表党史信息和调研文章7篇，计1.6万字。

（市委党史研究室）

莱西市人民代表大会

·重要会议·

莱西市第十七届人民代表大会第三次会议

2014年1月9～11日举行，会期2天半，1月8日下午举行预备会议。市第十七届人民代表大会实有代表264人，有7名代表因病因事缺席，出席本次会议的代表257人。会议听取并审议市长纪家栋作的《政府工作报告》，市人大常委会党组书记、第一副主任张锐作的《莱西市人民代表大会常务委员会工作报告》，市人民法院院长曹波作的《莱西市人民法院工作报告》，市人民检察院检察长孙健作的《莱西市人民检察院工作报告》，审查莱西市2013年国民经济和社会发展计划执行情况与2014年计划草案的报告及草案、莱西市2013年预算执行情况和2014年预算草案的报告及草案，批准市人大常委会、市人民政府、市人民法院、市人民检察院等6个工作报告，并作出相应的决议。会议依照《中华人民共和国地方各级人民代表大会和地方各级人民政府组织法》的有关规定，补选史世东、孙学广、李茂岳、崔海杰（按姓名笔画为序）为莱西市第十七届人民代表大会常务委员会委员。会议期间，收到代表针对各方面工作提出的建议、批评和意见217件。

人大常委会会议

2014年，市人大常委会召开8次会议，听取和审议专项工作报告8项，依法任免国家机关工作人员114人次，接受辞职7人次，审议决定了一些重大事项。

第十八次　3月27日举行。会议传达全国、省、青岛市人代会精神，听取市人民政府关于市人大常委会对市十七届人大二次会议以来代表建议、批评和意见办理情况审议意见贯彻落实情况的报告和关于市人大常委会对市人大常委会执法检查组关于检查《中华人民共和国环境保护法》贯彻执行情况审议意见贯彻落实情况的报告,表决通过这两个报告。听取并审议市人民政府关于《中华人民共和国气象法》贯彻执行情况的报告，表决通过这个报告。审议通过市人大常委会关于许可莱西市公安局对左明玉采取强制措施的决定，决定许可莱西市公安局对莱西市第十七届人大代表左明玉采取强制措施。会议决定任命丛云蓉为莱西市人大常委会财政经济工作室副主任、左敬涛为莱西市人大常委会信访办公室主任。免去管恩富莱西市公安局局长职务。免去部分审判人员和检察人员职务。审议通过市第十七届人大常委会第十九次会议议题。

第十九次 5月28日举行。会议听取市人民政府关于市人大常委会对莱西市文化遗产保护管理情况审议意见贯彻落实情况的报告和市人民法院关于市人大常委会对执行工作情况审议意见贯彻落实情况的报告，表决通过这两个报告。听取并审议市人大常委会执法检查组关于检查《中华人民共和国安全生产法》贯彻执行情况的报告和市人民政府关于计划生育工作情况的报告，表决通过市人民政府关于计划生育工作情况的报告。审议通过市人大常委会关于许可莱西市公安局对王学军采取刑事强制措施的决定，决定许可莱西市公安局对莱西市第十七届人大代表王学军采取刑事强制措施。听取市人民法院关于增加人民陪审员名额的报告，表决通过市人大常委会关于增加人民陪审员名额的决定。会议决定任命李焜为莱西市人民政府副市长，并报莱西市第十七届人民代表大会第四次会议备案，任免部分审判人员和检察人员职务，任命57名人民陪审员。审议通过市第十七届人大常委会第二十次会议议题。

第二十次 7月11日举行。会议表决通过莱西市人大常委会关于许可莱西市人民检察院对曲磊采取取保候审强制措施的决定，决定许可莱西市人民检察院对莱西市十七届人大代表曲磊采取取保候审强制措施。

第二十一次 7月30日举行。会议听取市人民政府关于市人大常委会对《中华人民共和国气象法》贯彻执行情况审议意见贯彻落实情况的报告，表决通过这个报告。听取并审议市人民政府关于2014年上半年国民经济和社会发展计划执行情况的报告、关于2013年市级财政决算草案和2014年上半年财政预算执行情况的报告、关于2013年市本级预算执行和其他财政收支的审计工作报告。表决通过市人大常委会关于批准莱西市2013年市级财政决算的决议，决定批准市人民政府提出的莱西市2013年市级财政决算。表决通过市人民政府关于2014年上半年国民经济和社会发展计划执行情况的报告、关于2013年市级财政决算草案和2014年上半年财政预算执行情况的报告、关于2013年市本级财政预算执行和其他财政收支的审计工作报告。听取关于《莱西市人民代表大会常务委员会专题询问工作暂行办法草案》的说明，表决通过《莱西市人民代表大会常务委员会专题询问工作暂行办法》。会议任免部分审判人员和检察人员职务。审议通过市第十七届人大常委会第二十二次会议议题。

第二十二次 9月12日举行。会议审议通过人事任免事项：免去李旭光莱西市人大常委会办公室主任职务、逄贵松莱西市人大常委会科教文卫工作室主任职务、王志军水集街道人大工作办公室主任职务；任命逄贵松为莱西市人大常委会办公室主任、吴耀文为莱西市人大常委会科教文卫工作室主任、孙秀凤为莱西市人大常委会人事代表工作室副主任、臧志勇为水集街道人大工作办公室主任。免去张均芳莱西市司法局局长职务、李波莱西市交通运输局局长职务、周厚勋莱西市林业局局长职务、程灿谟莱西市文化广电新闻出版局局长职务；任命张方宝为莱西市公安局局长、张平为莱西市司法局局长、周厚勋为莱西市交通运输局局长、张洪才为莱西市林业局局长、孔祥月为莱西市文化广电新闻出版局局长、刘术林为莱西市卫生和计划生育局局长。因机构调整，张瑜莱西市卫生局局长职务，孔祥月任莱西市人口和计划生育局局长职务，由市人民政府依照地方组织法和市人大常委会任免监督国家机关工作人员办法的有关规定予以注销，并报市人大常委会备案。市政府工作部门机构调整情况，一并报市人大常委会备案。

第二十三次 9月26日举行。会议听取市人民政府关于市人大常委会对物业管理工作情况审议意见贯彻落实情况的报告、关于市人大常委会对计划生育工作情况审议意见贯彻落实情况的报告、关于市人大常委会对市人大常委会执法检查组关于检查《中华人民共和国安全生产法》贯彻执行情况审议意见贯彻落实情况的报告，表决通过这3个报告。听取并审议市人民政府关于市十七届人大三次会议以来代表建议、批评和意见办理情况的报告，关于社区矫正工作情况的报告，表决通过这两个报告。审议通过市第十七届人大常委会第二十四次会议议题。

第二十四次 11月26日举行。会议听取市人民政府关于市人大常委会对2014年上半年国民经济和社会发展计划执行情况、2013年市级财政决算草案和2014年上半年预算执行情况、2013年市本级预算执行和其他财政收支的审计工作情况等审议意见贯彻落实情况的报告，表决通过这3个报告。听取并审议市人民政府关于莱西市房地产业发展情况的报告，关于莱西市农田水利设施建设管理情况的报告，表决通过这两个报告。会议通过举行联组会议的方式，对农田水利设施建设管理情况进行专题询问。联组会议上，听取关于农田水利设施建设管理情况专题询问的说明，10名委员和3名人大代表分别进行询问，市水利局、市发改局、市财政局、市国土局、市农业局、市审计局、市产芝水库管理局等7个部门受市政府委托分别回答询问。接受于胜、李日海、张俊武、徐兆华、颜培成5人辞去市十七届人大代表职务的请求。表决通过市人大常委会关于补选部分市十七届人大代表的决定。以无记名投票的方式，对市人大常委会集中走访联系代表期间代表提出的建议、批评和意见办理落实情况和专题询问答问情况进行满意度测评。会议决定任命胡生立为莱西市人民政府副市长，并报莱西市第十七届人民代表大会第四次会议备案。免去部分检察人员职务。接受李旭光、路环宇辞去莱西市第十七届人大常委会委员职务的请求，并报莱西市第十七届人民代表大会第四次会议备案。审议通过市第十七届人大常委会第二十五次会议议题。

第二十五次 12月30日举行。会议审议通过莱西市人大常委会2015年工作要点、莱西市人大常委会关于召开莱西市十七届人大四次会议的决定和莱西市人大常委会关于召开莱西市十七届人大四次会议的实施方案，决定莱西市第十七届人民代表大会第四次会议于2015年1月20日至22日在市驻地召开。会议审议通过市人大常委会在莱西市十七届人大四次会议上的工作报告（讨论稿），并推定张锐为报告人。审议市人民法院、市人民检察院在莱西市第十七届人大四次会议上的工作报告（送审稿）。听取市人大常委会代表资格审查委员会关于补选的部分莱西市第十七届人大代表代表资格的审查报告，通过市人大常委会关于确认补选的部分莱西市第十七届人大代表的代表资格有效的决定，确认于建波、邢福栋、吴耀文、张维振、徐一冰、臧志勇（按姓名笔画为序）6名当选代表的代表资格有效。听取市人大常委会主任会议关于补充任命莱西市第十七届人大常委会代表资格审查委员会委员的提名，决定任命史世东、孙学广为莱西市第十七届人大常委会代表资格审查委员会委员。审议通过市人大常委会关于废止部分规范性文件的决定和市人大常委会关于修改部分规范性文件的决定。决定接受王学军辞去市十七届人大代表职务的请求。

·主要工作·

2014年3月14日，市人大常委会领导班子及机关党的群众路线教育实践活动动员会议在市人大常委会会议室召开。市委书记、市人大常委会主任刘圣珍出席会议并讲话。省、青岛市赴莱西联合督导组副组长李振江等及市委第三督导组成员参加会议。市人大常委会党组书记、第一副主任张锐主持会议并作动员部署。18日，全市人大代表培训班暨人大工作表彰会议在市供电公司会议室举行。青岛市委党校马克思主义研究部副主任、副教授吕飞云，青岛市人大常委会办公厅副巡视员张吉安分别就党的十八届三中全会精神和《山东省实施<代表法>办法》作专题辅导。会议对2013年全市人大工作各项先进集体和个人进行表彰通报。市人大常委会党组书记、第一副主任张锐出席会议并讲话。

3～5月，市人大常委会对本市贯彻执行《中华人民共和国安全生产法》情况进行检查。执法检查之后，形成执法检查报告。4月3日，市人大常委会举行党的群众路线教育实践活动集中学习交流会。市人大常委会党组书记、第一副主任张锐主持会议并讲话。市人大常委会副主任李信斋、王明兴、刘莉及机关全体党员干部参加会议。省、青岛市赴莱西联合督导组及市委第三督导组有关人员到会。5月6日，市人大常委会组织部分市人大常委会组成人员对市人民法院基层法庭工作情况进行视察。听取市政府的工作汇报，实地察看有关现场，进行座谈讨论，提出要加大调解力度，加强队伍建设，加快基础设施建设，加大宣传力度等4条意见和建议。5月，市人大常委会开展人大代表向选民述职活动。述职活动以选区为单位，采取召开选民代表会议的方式进行，代表在本选区内向选民代表述职并接受选民代表评议。共有78名代表向选民进行了述职，623名选民代表参加了评议会议。

6月25日，市人大常委会组织部分市人大常委会组成人员对全市矿山地质环境恢复治理情况进行视察。听取市政府的工作汇报，实地察看有关现场，进行座谈讨论，提出要建立多渠道资金投入机制，加强对矿山环境的监管，加大矿山地质环境恢复治理力度，加强宣传等4条意见和建议。6月，市人大常委会在人大代表中开展“代表联系选民月”活动。

7月上旬，市人大常委会党组书记、第一副主任张锐，副主任李信斋、王明兴、刘莉及市人大常委会委员，分为5个组，分别走访联系市级及市级以上人大代表。常委会组成人员认真听取代表参加“作表率、重实效、促发展”主题活动，走访联系选民，提建议、批评和意见及上半年参与社会公益活动、救助社会弱势群体等情况；征求代表对今年以来市人大常委会和“一府两院”工作及市十七届人大三次会议代表建议、批评和意见办理落实情况的意见和建议；着重了解代表对当前正在开展的党的群众路线教育实践活动、旧城改造等重点工作的意见和建议。走访活动结束后，市人大常委会对人大代表提出的意见、建议及时进行归纳整理。对代表提出的涉及共性问题、面上问题或需市政府协调解决的5个方面的意见和建议转交市政府办理，对代表提出的涉及具体单位、具体事的15个方面的意见和建议转交有关部门和单位处理。15日，市人大常委会召开党组专题民主生活会。市人大常委会党组书记、第一副主任张锐代表党组作对照检查，并作个人对照检查。市人大常委会党组副书记、副主任李信斋，市人大常委会党组成员、副主任刘莉及市人大常委会党组成员、办公室主任李旭光分别作个人对照检查，开展批评和自我批评。省、青岛市赴莱西联合督导组副组长辛永年、李振江及成员孙仲明、孙邵峰参加会议，市人大常委会副主任王明兴列席会议。7月上旬至中旬，市人大常委会对本市贯彻执行《中华人民共和国刑事诉讼法》情况进行检查。执法检查之后，形成执法检查报告。31日，市人大常委会领导班子党的群众路线教育实践活动专题民主生活会情况通报会在市人大常委会会议室召开。市人大常委会党组书记、第一副主任张锐，副主任李信斋、王明兴、刘莉及市人大常委会部分老干部、常委会机关全体党员干部参加会议。省、青岛市赴莱西联合督导组副组长李振江及成员孙仲明列席会议。张锐主持会议并通报市人大常委会领导班子党的群众路线教育实践活动专题民主生活会的有关情况。

8月6～21日，市人大常委会组织部分常委会组成人员组成4个督办组，对“关于实施城乡环卫一体化建设的建议”等30件代表建议进行重点督办。15日，市人大常委会在市行政办公中心召开“一府两院”上半年工作情况通报会。市人大常委会副主任李信斋主持会议。部分驻莱西的省人大代表、青岛市人大代表和莱西市人大代表90余人参加会议。市政府副市长曹杰军通报2014年上半年经济社会发展情况和下半年工作措施。市法院院长曹波、市检察院检察长孙健分别通报市法院、市检察院2014年上半年工作情况和下半年工作措施。19日，市人大常委会组织部分市人大常委会组成人员对全市金融业发展情况进行视察。听取市政府的工作汇报，实地察看有关现场，进行座谈讨论，提出要增强做好金融工作的责任感，加大金融产品创新力度，建立健全社会信用体系，加大宣传和队伍建设等4条意见和建议。22日，市人大常委会在市行政办公中心召开全市镇街人大上半年工作总结交流会议。各镇人大、各街道（经济开发区）人大工作办公室负责人员交流2014年以来人大工作开展情况和下步工作打算。市人大常委会副主任李信斋参加会议并讲话。

9月3日，市人大常委会组织部分市人大常委会组成人员对全市粮食储备工作情况进行视察。听取市政府的工作汇报，实地察看有关现场，进行座谈讨论，提出要扩大粮食储备规模，完善粮食储备体系建设，构建流通安全保障体系，建立粮食预警机制等4条意见和建议。18日，市人大常委会组织部分市人大常委会组成人员对全市新型农村社区配套建设情况进行视察。听取市政府的工作汇报，实地察看有关现场，进行座谈讨论，提出要积极稳妥推进社区建设工作，充分发挥规划作用，努力破解资金短缺瓶颈，协调推进等4条意见和建议。26日，市人大常委会集体学习习近平总书记在庆祝全国人民代表大会成立60周年大会上的重要讲话精神。市人大常委会党组书记、第一副主任张锐主持会议并讲话，市人大常委会副主任李信斋、王明兴、刘莉出席会议。

10月9～11日，市人大常委会副主任王明兴带领市人大常委会办公室、农村经济工作室部分人员，赴省人大常委会办公厅、城建环资委和德州禹城市人大常委会、济南章丘市人大常委会考察学习专题询问工作。23日，市人大常委会组织部分常委会组成人员对全市旅游业发展情况进行视察。听取市政府的工作汇报，实地察看有关现场，进行座谈讨论，提出要深化认识，错位竞争，强化宣传，健全机制等4条意见和建议。27日，市人大常委会党组及机关党的群众路线教育实践活动总结大会在市人大常委会会议室召开。市人大常委会党组书记、第一副主任张锐主持会议并作总结讲话。市人大常委会副主任李信斋、王明兴、刘莉，部分市人大常委会副县级以上离退休干部，老干部党支部书记和机关全体党员干部参加会议。

11月13日，市人大常委会举办“代表开放日”活动。部分驻莱西的省人大代表、青岛市人大代表和莱西市人大代表应邀参加活动。市人大常委会副主任李信斋主持座谈会并讲话。28～29日 青岛市人大常委会党组理论学习中心组（扩大）读书会暨全市人大常委会主任座谈会在胶州市举行。市人大常委会党组书记、第一副主任张锐参加会议并做了题为《依法履职 创新有为 推动人大工作再上新水平》的发言。

12月2日 市人大常委会组织部分市人大常委会组成人员对2014年市政府重点实事完成和2015年世界休闲体育大会筹备情况进行视察。听取市政府的工作汇报，实地察看有关现场，进行座谈讨论，提出要强化宣传，加快进度，科学谋划，精心筹备等4条意见和建议。16日，市委书记、市人大常委会主任刘圣珍在市行政办公中心主持召开座谈会，听取市人大常委会2014年工作情况的汇报和2015年的工作打算，并对今后工作提出了明确要求。市人大常委会党组书记、第一副主任张锐代表市人大常委会党组做了工作汇报，并就加强和改进人大工作提出建议。市人大常委会副主任李信斋、王明兴、刘莉分别就休体大会筹办等方面工作提出建议。市委常委、市委办公室主任王保岚，市人大常委会各工作部门负责人员及市人大常委会机关工作人员参加座谈会。

·重要活动·

5月15日，青岛市人大常委会教科文卫工作室主任鲍洪义带领调研组，到本市调研传染病防治工作和《传染病防治法》实施情况。听取市政府的工作汇报，实地察看有关现场，进行座谈讨论。市人大常委会副主任刘莉、市政府副市长丁朝霞陪同调研。

6月13日，青岛市人大常委会副秘书长、内务司法工作室主任夏伟丽带领调研组，到本市调研刑事诉讼法贯彻执行情况。调研组听取部分人大代表和执业律师的意见建议。市人大常委会副主任刘莉陪同调研。

7月10日，青岛市人大常委会研究室副主任王立军带领调研组，到本市调研加强和改进人大工作情况。听取市人大常委会工作情况汇报，进行座谈讨论。市人大常委会副主任李信斋陪同调研。15日，青岛市人大常委会副秘书长王为带领调研组，到本市调研人大信访工作情况。听取人大信访工作情况汇报，进行座谈讨论。市人大常委会党组书记、第一副主任张锐，副主任刘莉陪同调研。29日，青岛市人大民侨外委员会主任委员、青岛市人大常委会民侨外工作室主任刘少平带领调研组，到本市调研有关农村土地政策变化对乡村旅游发展的影响。听取市政府的工作汇报，实地察看有关现场，进行座谈讨论。市人大常委会副主任刘莉陪同调研。

8月20日，德州市临邑县人大常委会主任孙书臣带领考察组，到本市考察学习人大机关建设工作经验。参观市人大常委会机关，听取工作汇报，进行座谈交流。市人大常委会党组书记、第一副主任张锐，副主任李信斋陪同考察。

9月29日，青岛市人大常委会主任王文华带领驻青省人大代表村容镇貌综合整治专题调研组，到本市调研农村环境综合整治工作开展情况。听取青岛市和莱西市政府的工作汇报，实地察看有关现场，进行座谈讨论。青岛市副市长徐振溪，青岛市人大常委会秘书长高岩，青岛市人大常委会人事代表工作室主任张少蕙，青岛市农委主任由翠玉和莱西市委书记、市人大常委会主任刘圣珍，市委副书记、市长纪家栋，市人大常委会党组书记、第一副主任张锐，市委常委、市委办公室主任王保岚陪同调研。

10月29日，青岛市交通运输委党委书记、主任王勇到本市集中走访联系驻莱西的青岛市人大代表。市委副书记、市长纪家栋，市人大常委会副主任李信斋、副市长曹杰军陪同走访。30日，德州市禹城市人大常委会副主任段昭基、蔡光华带领考察组，到本市考察人大机关建设工作。听取工作介绍，实地察看有关现场，进行座谈讨论。市人大常委会副主任王明兴陪同考察。

12月4日，青岛市人大常委会主任王文华带领调研组，到本市调研“三农”、民生和社区建设等方面的工作以及基层人大工作开展情况。青岛市人大常委会副主任张锡君，秘书长高岩及部分青岛市人大常委会委员参加调研。莱西市委书记、市人大常委会主任刘圣珍，市人大常委会党组书记、第一副主任张锐，市委常委、市委办公室主任王保岚，市人大常委会副主任王明兴陪同调研。15～17日，贵州省安顺市西秀区人大常委会主任苟海明，副主任李才荣、金泽智带领考察组，到本市考察农业产业化工作情况。市人大常委会党组书记、第一副主任张锐，副主任李信斋、王明兴、刘莉，副市长胡生立分别陪同考察。24日，青岛市人大常委会副主任邹川宁带领调研组。到本市调研2015年世界休闲体育大会筹办情况，并征求对青岛市人大常委会党组教育实践活动专题民主生活会整改落实情况和深化作风建设的意见。听取市政府的工作汇报，实地察看有关现场，进行座谈讨论。青岛市人大常委会教科文卫工作室主任鲍洪义参加调研。市人大常委会党组书记、第一副主任张锐，市人大常委会副主任刘莉，市政府副市长纪玉水陪同调研。

（艾明星）

莱西市人民政府

·市长办公会议·

第十七届人民政府第四十八次市长办公会议

2014年1月3日上午召开，赵希胜、张升山、曹杰军、黄迪勇、纪玉水、张 琳、丁乃奇参加了会议。会议听取市财政局关于莱西市2014年财政收支预算（草案）编制情况、市政府办公室关于2014年市政府拟办实事和重点工程有关情况、市民政局关于建立大救助机制有关情况、市交通运输局关于文明交通秩序创建活动工作方案、市国土局关于姜山镇姜山路东等3宗土地收回及出让有关情况、2015年世界休闲体育大会组委会体育部关于休体大会自行车赛和轮滑马拉松赛赛道设置有关情况、市卫生局关于市人民医院加盟青岛大学医疗集团有关情况的汇报。

第四十九次

2014年1月13日召开，赵希胜、曹杰军、黄迪勇、纪玉水、丁朝霞、丁乃奇参加会议。会议听取市房管局关于豪帝花园等项目房屋所有权证办理有关问题、市国土局关于颐和花苑网点等项目办理土地使用权证有关情况、市工信局关于智慧城市框架协议及工作进展情况、市金融办关于修改莱西市金融工作考核办法有关情况和关于给予在全国中小企业股份转让系统挂牌企业资金补助有关情况、市联社关于莱西市人民政府与青岛市供销社区域战略合作协议有关情况、市人社局关于人事任免事项的汇报。

第五十次

2014年1月27日下午召开，张升山、黄迪勇、丁朝霞参加会议。会议听取市公安局关于道路交通、危爆物品、输气管道、消防安全大检查隐患排查情况、市城建局关于莱西市建设工程有关情况、市安监局关于全市涉氨制冷企业安全生产专项整治情况、市审计局关于全市行政事业国有企业等单位固定资产出租出售核查情况、市财政局关于27宗工业用地项目形象进度查验情况、市财政局关于莱西市望城街道辇止头新型社区项目合作协议有关情况的汇报。

第五十一次

2014年2月26日下午召开，张升山、曹杰军、纪玉水、丁朝霞、丁乃奇参加会议。会议听取“2·25”较大道路交通事故有关情况通报、听取市安监局关于青岛市安全生产专题会议精神及当前工作措施、市政府办公室关于市十七届人大三次会议代表建议和市政协八届三次会议提案情况及办理意见、市国资办、机关事务管理局关于全市机关事业单位办公用房清理处置情况、市财政局关于莱西市违规公务用车清退处置意见、市财政局关于加强镇级财政财务管理考核的意见有关情况的汇报。

第五十二次

2014年2月28日上午召开，赵希胜、张升山、曹杰军、黄迪勇、丁朝霞参加会议。会议听取市政府办公室关于调整市政府领导工作分工意见的汇报。

第五十三次

2014年3月15日下午召开，赵希胜、张升山、曹杰军、黄迪勇、纪玉水、丁朝霞、丁乃奇参加会议。会议听取市安监局关于全市安全生产工作会议筹备情况、市财政局关于莱西市申请国家农业综合开发现代农业园区试点项目有关情况、市国土局关于提高预存征地补偿款收取土地级差收益有关情况、市公安局关于大沽河堤顶道路配套交通安全设施情况、市发改局关于青荣城际铁路夏格庄站建设有关情况、青岛昌阳投资开发有限公司关于出资建设青荣城际铁路夏格庄站有关情况、2015年世界休闲体育大会组委会新闻宣传媒体部关于媒体中心改造建设意见、银江智慧城市研究院关于智慧城市总体规划与设计有关情况的汇报。

第五十四次

2014年4月1日下午召开，张升山、曹杰军、黄迪勇、纪玉水、丁朝霞、丁乃奇参加会议。会议听取市教体局关于向农村原民办代课教师发放教龄补助有关情况、市政府办法制办关于清理影响建设工程执法相关文件情况、市民政局关于调整莱西市城乡低保及农村五保供养等标准、关于为全市80周岁以上低保老年人发放高龄津贴、关于追加养老机构老年人意外伤害责任保险所需资金预算、店埠镇政府关于成立国家农业综合开发现代农业园区工作领导小组有关情况、市监察局关于姜玉光严重违纪违法问题处理情况的汇报。

第五十五次

2014年4月12日上午召开，赵希胜、张升山、曹杰军、纪玉水、丁朝霞、丁乃奇参加会议。会议听取市政府办公室关于《市政府领导班子参加党的群众路线教育实践活动学习教育听取意见环节日程安排》有关情况、关于《市政府领导班子听取意见工作方案》有关情况、关于在全市开展调结构稳增长抓落实现场推进活动实施方案、市旅游局关于加快莱西市旅游业发展的若干意见起草情况、市安委会办公室关于全市安全隐患排查情况、市公安局关于贯彻落实青岛市道路交通安全工作会议精神有关情况、市金融办关于促进金融机构加快发展意见有关情况、市国土局关于北京路南青岛交银小学东等3宗土地出让有关情况、市城建局关于世界休闲体育大会运动员村建设情况的汇报。

第五十六次

2014年4月28日下午召开，张升山、曹杰军、黄迪勇、纪玉水、丁朝霞参加会议。会议听取市政府办公室关于一季度经济运行情况及下步措施、市环保局关于大沽河流域（镇街）污水管网建设有关情况、市财政局关于调整城镇土地使用税税额标准有关情况、关于提高莱西市镇级机关事业单位工作人员津贴补贴情况、关于实行镇级财政国库集中支付改革、市公安局关于莱西市31处道路安全隐患整改及204国道设施升级改造工程建设方案、2015年世界休闲体育大会组委会规划建设部关于2015年世界休闲体育大会官方网站建设情况的汇报。

第五十七次

2014年5月14日上午召开，张升山、曹杰军、纪玉水、丁朝霞、丁乃奇参加会议。会议听取市旅游局关于举办青岛莱西休闲汇有关情况、市国土局关于全市2014年违法违规用地情况、市民政局关于为60周岁以上失能和半失能“三无”老人、低保老人购买居家养老服务情况、市国土局关于合肥路北青岛路西2宗土地出让情况、市城建局关于市文化中心项目建筑设计有关情况、2015年世界休闲体育大会组委会新闻宣传媒体部关于2015年世界休闲体育大会主题口号征集评选工作情况、市监察局关于辛华兴严重违纪违法问题处理情况的汇报。

第五十八次

2014年6月13日下午召开，张升山、曹杰军、纪玉水、丁朝霞参加会议。会议听取市联社关于莱西市供销合作社综合改革试点工作有关情况、市城建局关于调整莱西市工程项目招标规模标准、市教体局关于支持经济欠发达乡镇教育工作的情况、市国土局关于姜山镇杭州路东等14宗土地出让有关情况、市发改局关于全国新增千亿斤粮食产能规划项目有关情况、市老龄委办关于落实65周岁及以上老年人免费乘坐公交车政策有关情况、市政府办公室关于调整市政府领导工作分工有关情况的汇报。

第五十九次

2014年7月7日上午召开，赵希胜、张升山、曹杰军、黄迪勇、纪玉水、丁朝霞参加会议。会议听取市林业局关于做好青岛市创建国家森林城市迎检工作、市政府办公室关于青岛市政府六大领域专项治理工作部署贯彻落实情况、市安委会办公室关于市政府安委会第十二次（扩大）会议筹备方案、市安监局关于青岛昌华集团股份有限公司等四家企业关闭后相关问题处理情况、市公安局关于建设莱西市“天网”工程有关情况、市水利局关于水利发展“十三五”规划编制工作有关情况、关于小型水利工程管理体制改革有关情况、市国土局关于地理信息公共平台建设有关情况、市城建局关于莱西市污水处理厂三期扩建工程有关情况、关于污泥无害化处置项目有关情况、市科技局关于加快科技企业孵化器建设与发展意见的汇报。

第六十次

2014年7月23日上午召开，赵希胜、张升山、曹杰军、黄迪勇、纪玉水、丁朝霞参加会议。会议听取市环保局关于实施河长、湖长制管理工作方案、市水利局关于当前抗旱工作有关情况、市民政局关于2014年度义务兵家庭优待金统筹和发放工作、关于发放2014年度自主就业退役士兵一次性经济补助、市教体局关于推行中小学校长职级制度改革工作的情况汇报。

第六十一次

2014年7月28日下午召开，赵希胜、张升山、曹杰军、黄迪勇、纪玉水、丁朝霞参加会议。会议听取市发改局关于上半年经济运行情况及下步措施和青岛市重点项目、固定资产投资过亿元项目进展情况、市财政局关于莱西市2014年上半年财政预算执行情况、市工信局关于上半年工业经济运行分析和下半年工作打算、市商务局关于全市上半年外经贸工作情况及下步工作措施、市委农工委办关于2014年全市新型农村社区建设进展情况、市国土局关于莱西市土地管理工作有关情况、市科技局关于2012～2013年度科技奖励资金有关情况的汇报。

第六十二次

2014年8月7日下午召开，张升山、黄迪勇、纪玉水、丁朝霞、李焜参加会议。会议听取六大领域专项治理工作指挥分部工作方案、市政府办公室关于固定资产投资过亿元项目进展情况、市财政局关于调整莱西市建筑业和房地产业税收收入隶属划分有关情况、市交通运输局关于桥梁维修及改建方案、姜山镇政府关于北京新能源汽车股份有限公司青岛分公司项目进展情况、青岛昌阳投资开发有限公司关于北京新能源汽车股份有限公司青岛分公司项目建设资金筹集等有关情况、市城建局关于城区环卫、绿化等市政公用车辆报废及拟购置情况、市监察局关于按期解除毕诗军撤职处分的汇报。

第六十三次

2014年9月10日下午召开，张升山、曹杰军、黄迪勇、纪玉水、丁朝霞参加会议。会议听取六项治理各指挥分部工作开展情况、市水利局关于莱西市水利发展“十三五”规划编制有关情况、市教体局关于教育发展改革系列问题、市政府应急办关于莱西市突发事件应急预案管理办法有关情况、市委农工委办关于开展新型农村社区建设“抓落实、促开工”百日行动情况、市政府办公室关于2014年市政府领导参加《行风在线》节目有关情况、青岛昌阳投资开发有限公司关于对重庆路金田花园房地产进行处置、市监察局关于给予张振兴开除处分的汇报。

第六十四次

2014年9月24日上午召开，赵希胜、曹杰军、纪玉水、丁朝霞参加会议。会议听取市政府办公室关于《莱西市人民政府工作规则》修订情况、市国土局关于莱西市土地一级开发整理管理办法起草情况、市林业局关于莱西市森林资源普查及动态监测信息系统建设有关情况的汇报。

第十七届人民政府第一次常务会议

2014年10月15日下午召开，赵希胜、张升山、曹杰军、丁朝霞参加会议。会议听取市政府办公室关于《莱西市人民政府常务会议工作规则》起草情况、市财政局关于莱西市申请2014年农业综合开发第二批土地治理项目有关情况、市房管局关于贯彻实施《青岛市国有土地上房屋征收与补偿条例》有关情况、市房管局关于青荣城际铁路莱西站、还建工程项目及站前广场征收情况、市国资办关于改进和加强全市行政事业单位及国有企业固定资产出租管理工作情况、市国资办关于李权庄、朴木粮所用地出让为社区建设用地情况、市城建局关于拟开展第二十届山东省环卫工人节庆祝活动情况、市城建局关于智慧城市试点申报工作情况的汇报。

第二次

2014年10月27日上午召开，赵希胜、张升山、曹杰军、黄迪勇、纪玉水、丁朝霞参加会议。会议听取市政府应急办关于莱西市突发事件信息接报及协调处置工作规程有关情况、市工信局关于2012、2013年度工业企业转方式调结构考核奖励情况、市工信局关于扶持企业发展加快工业转型升级意见、市委农工委办关于城乡环卫一体化工作有关情况、市国土局关于莱西市农村宅基地审批有关情况、市财政局和市金融办关于贯彻上级财政金融工作会议精神有关情况、市财政局关于创新融资渠道和方式开展融资工作的汇报。

第三次

2014年11月12日上午召开，张升山、曹杰军、纪玉水、李焜参加会议。会议听取市国土局关于下达2014年和2015年耕地保护责任目标有关情况、关于大沽河11条支流清障补偿情况、关于望城街道合肥路南青岛路西等3宗土地出让有关情况的汇报、市教体局关于莱西市学前教育三年行动计划（2014～2016）的情况、关于莱西一中北校教师公寓整体拍卖处置意见的汇报，传达学习了《青岛市人民政府专题会议工作规则》等三项制度规定。

第四次

2014年11月25日下午召开，张升山、黄迪勇、纪玉水、丁朝霞参加会议。会议听取市房管局关于青荣城际铁路莱西北站、还建工程项目及站前广场涉及国有土地上房屋征收情况、市交通运输局关于G204上跨铁路桥有关情况、市委农工委办关于开展大沽河沿岸村庄环境整治提升大干200天活动有关情况、市国土局关于上海路南南京路东等9宗土地出让有关情况、姜山镇政府关于北京新能源汽车股份有限公司青岛分公司项目进展情况、店埠镇政府关于青岛国际农副产品交易物流项目推进有关情况、市城建局关于变更青岛莱西市月湖公园相关事项的汇报。

第五次

2014年12月29日下午召开，赵希胜、张升山、曹杰军、黄迪勇、纪玉水、丁朝霞、胡生立参加会议。会议听取市政府办公室关于《政府工作报告（汇报稿）》有关情况、市房管局关于《莱西市业主大会和业主委员会指导意见（审议稿）》起草有关情况、市环保局关于划定高污染燃料禁燃区的决定起草情况、市金融办关于给予莱西市宏远小额贷款有限公司业务补助及奖励、关于支持企业在“四板”挂牌的汇报，同时，对当前相关工作进行了部署。

·政务督查·

2014年，市政府督查室围绕市委、市政府中心工作和全市总体工作部署，履行政务督查工作职能，推动市委、市政府各项决策的实施和落实。年内获青岛市“民生在线”“行风在线”优秀上线单位、青岛市“三民活动”优秀组织单位、莱西市人大代表建议先进承办单位、莱西市政协提案先进承办单位等称号。

根据上级要求和政府工作实际，全年分别对青岛市政府实事莱西部分、政府工作报告、莱西实事、基础设施重点工程、全市主要经济指标完成情况，新开工、竣工投资过亿元项目建设进展情况、青岛及莱西市重点项目建设情况等多项工作进行专题督查，全年共下发政务督查专报115期，为领导及时、准确决策提供依据。

根据市委、市政府工作重点，针对特定阶段领导交办的临时性重点工作开展专项督查，2014年主要对大沽河综合治理、农村环境卫生综合整治、校安工程、行风在线评议、林业生产、农村危房改造验收、秸秆禁烧等阶段性重点工作及人大代表建议和政协提案办理情况进行定期督查，落实进展情况，及时督促办理，解决一大批关系全市经济社会发展的突出问题。共下发《政务督查通知》66期，开展阶段性专项督查80余次（其中，市级领导在《政务督查专报》批示22期），均按期完成工作任务，推动了政府工作落实。完成2014年代表建议、政协提案的办理任务。年内，共收到由政府系统办理的莱西市级人大代表建议205件，提案151件，均按期办理结束。

·信息调研·

开展调查研究和信息整理工作

年初，调研室根据全市经济社会发展各项重点工作部署，提前梳理确定出全年调研工作计划安排。共围绕全市金融业运行情况、医养结合模式、农村三资管理、财政运行安全等方面工作以及政府工作报告的撰写，开展20余次专题调研，形成的调研报告多次被市领导批示。在集中精力抓调研的同时，注重信息搜集和整理，安排专人从事信息编发和上报工作。共编发《每日动态》249期、《工作情况》14期、《领导参阅》16期、《信息专报》10期，其中3期被市领导批示。

做好综合文稿撰写工作

在工作中，始终坚持做到两个注重：一是注重积累和研究。始终保持对上级政策和文件精神、市领导思路和言论以及全市性重点工作的关注，注意搜集和积累素材。建立党报党刊简报和市领导论点库，分类整理存档，以备不时之需。二是注重群策群力。始终坚持集体研究、全员参与的老传统，在起草前，先就材料的立意、架构、内容等方面多次集体讨论研究，确定详细提纲后，按块分工到每个人，经过多次集体讨论修改，最后汇总成稿。2014年，共起草综合材料100余篇，完成政府工作报告、市政府全体会议市长讲话、休体大会300天誓师大会市长讲话等重要文字材料，得到领导的肯定。

完成其他各项工作

2014年，调研室根据办公室总体安排，在调研信息和文稿起草工作之外，承担了一部分其他工作，均保质保量地按时完成各项工作任务。全程参与组织筹备民生在线、行风在线上线活动，满意率均位列四市第一；在省长郭树清调研、青岛市项目大观摩、市长张新起驻点调研以及雀巢咖啡工厂开业等重要活动中，完成方案制定，解说词、项目简介、领导讲话等材料的起草，以及驻点协调等工作任务；参与拟稿、制发的政府工作规则、领导工作分工、人员任命议案等公文，未出现失误和纰漏；调研室还承担着全市ppt材料的搜集制作和经济运行平台的数据统计等工作。

（市政府办）

·为民服务热线·

受理市民诉求

按照“一号受理、分类处理、单位承办、跟踪监督、限时办结、回访检查、发回重办、监察问责、审结归档”等9个环节固化业务流程，实现多种受理形式、渠道的统一整合和全过程网上办理、监督。年内，热线办理平台共办理市民来电事项8698件、二级效能投诉119件、青岛政务热线转交事项8081件、三级（省、青岛、莱西）政府信箱1745件、青岛、莱西二级纠风网1161件、民生舆情17件、二级政风行风在线回访事项（青岛市级）341件，共计20162件。月均处理1680件，工作日均处理76件。

回访督查

按照“事事有回音，件件有答复”的工作要求，为确保市民诉求和意见建议得到处理，热线办按照100%回访要求，对所有来电事项实行100%回访，共回访督查17431件，对所有来信事项实行100%网络互动，共答复2731件。

上级交办事项的处理

今年以来，共收到省政府省长信箱办公室交办的需上报结果信件21件，全部按要求向市政府主要领导和分管领导进行办理和呈报，向青岛市政府办公厅政务热线办及省政府省长信箱办公室报送调查报告21起。

市民诉求工作清单制度

自3月份群众路线主题教育实践活动开展以来，为切实解决群众合理诉求的办理工作，实行每周工作清单制度，结合市委常委包帮镇街和市政府市长工作分工，共向市委、市政府领导报送《为民服务热线工作专报》675件，市委、市政府领导批示100余件，较好地解决了群众反映问题的解决，提高群众诉求办理工作满意率。

领导包案制

根据群众路线教育实践活动省市督导组要求，会同信访部门对2014年重点问题进行梳理，确定190件疑难问题提交给省市联合督导组。市委书记刘圣珍专门召集会议就市热线办梳理出的重点民生问题进行研究部署，并提出具体意见：对梳理出的民生问题，要按照领导干部“一岗双责”的要求，全部落实市级领导包案责任制，不要层层转批转办，要真协调、真落实，集中时间，集中力量，加大重点民生问题的解决力度，进展情况将每月定期向省市督导组汇报。

（市为民服务热线办）

·应急管理·

完善值班工作流程，提高应急值守能力。重新梳理应急政务值守工作流程，制定《政务值班工作规程》。争取市委、市政府支持，加大应急管理考核在科学发展考核中的分值，调动全市各级重视应急、加强应急，提高应急值守能力。

开展预案修编演练，提高应急实战能力。将2014年作为“预案修编演练年”。出台《莱西市突发事件应急预案管理办法》，编制市级专项预案51个。组织实施160多次应急演练。其中8月份组织开展的莱西市处置电网大面积停电事件政企联合实战演练，是省内首家由县级政府组织开展的“无脚本”处置大面积停电事件应急演练。

加强部门协调联动，提高应急处置能力。制定出台《莱西市突发事件信息接报及协调处置工作规程》，重新修订《突发事件信息报告单》，健全完善由相关专业联动部门参与的应急救援联动机制，处置“2·25”“10·1”较大道路交通事故2起，处置一般突发事件60多起。

加强指挥平台建设，提高应急指挥能力。全市智慧城市规划建设全面展开，完成数字化城管系统建设，天网工程、休体大会信息系统、数字地理信息平台加快推进。购置应急移动信息采集平台，实现事故现场与指挥中心影像信息交流互动，接入山洪灾害监测预警系统、森林防火实时监控系统，提高应急指挥调度能力。

加强应急队伍建设，提高处置保障能力。全市共登记专兼职应急抢险队伍34支2200余人，应急救援志愿者队伍1058人。10月12日莱西市举办青岛2014环大沽河马拉松赛，近万名运动员和爱好者参赛，500多名志愿者服务赛事。登记专家队伍4支41人，专家在应急事件处置过程中发挥了重要作用。

创新宣传教育模式，提高全民应急能力。在莱西政务网应急工作板块设立应急动态栏目，在广播电视台、《莱西市情》上设立应急专栏，组织开展应急管理科目学习培训和“5•12”防灾减灾日、《青岛市高层建筑消防安全管理办法》解读手册发放仪式等集中宣传活动，共展示各种刊板200余块，发放宣传资料8000余册，明白纸6万余份。

抓好活动创建工作，提高应急综合水平。将应急管理示范单位创建作为加强基层应急管理的主抓手，全市创建莱西市级应急管理示范单位404处。开展减灾示范社区建设，新建综合减灾示范社区3处。开工建设市体育中心体育场、体育馆和市体育中心休闲广场，新增应急避难场所3处，面积10.1万平方米。

（市政府办）

·法制工作·

依法决策

重新修订《莱西市人民政府工作规则》，分列专章对实行科学民主决策、坚持依法行政、推进政务公开、加强行政监督做出具体规定。健全政府常务会议工作规则、政府专题会议工作规则、议事协调机构和临时机构工作规则以及会议纪要管理规定等制度；严格执行合法性审查制度，对提交政府常务会、专题会议议题和会议纪要涉及法律问题的，行政事业单位对外订立合同、信访复查以及土地征收、征用、出让等事项，均由法制办事先进行合法性审查，未经合法性审查或经审查不合法的，不予审议或发文。2014年，共审查议题、会议纪要等决策事项117件，审查行政事业单位对外订立各类合同草案203件，陪同市委、市政府领导接访17次，参与信访调查和复查意见审查15次，审查涉及土地的批复、请示等文件219件，保障了相关决策事项的合法性，促进了经济和社会各项工作的有序开展。

规范性文件管理

2014年，共审查市政府规范性文件草案16件，已出台10件。审查备案部门规范性文件5件；对12件次法律、法规、规章征求意见稿提出修改意见、建议；严格执行规范性文件有效期制度和定期清理制度，对新一届市委成立以来出台的有关文件进行全面清理，共清理出以市委市政府、市政府、市委办政府办、政府办名义发布的规范性文件106个，拟保留86件、修改8件、废止12件。

行政执法监督指导

推行行政执法案卷评查制度，在全市行政执法部门组织开展行政执法案卷评查工作，评查行政处罚案卷800余卷，行政许可案卷600余卷，行政强制案卷40余卷，行政复议案卷29卷，重点抽查80卷，集中评查28卷，提出整改意见280多条；落实《莱西市网上行政处罚及执法监督管理办法》，审核调整裁量标准，全市12个机关568件行政处罚案件全部实行网上透明运行；落实执法证件管理制度，审验行政执法证件1800余个，对离开执法岗位的129个执法证件予以收回注销，组织279名新增行政执法人员报名、培训和考试工作，组织办理听证主持人证件30个，全市2047个行政执法证件的相关信息全部实现动态管理和网上公开查询。

行政复议应诉

落实《莱西市人民政府行政复议工作规定》。减少一般程序性问题的请示汇报，复议专用章由法制办掌管使用，复议法律文书盖章不用再层层报批，提高复议工作效率，缩短办案时间。2014年，莱西市政府共受理行政复议案件39件，已结案29件，其中，维持行政机关具体行政行为的14件；因申请人撤回复议申请而终止审理的13件；撤销行政机关具体行政行为的2件。对复议过程中发现的问题，依照行政复议法的规定发出行政复议意见书，行政复议综合纠错率超过50%；落实行政机关负责人行政诉讼出庭应诉制度，依法提供证据、依据，积极出庭应诉，督促行政机关自觉履行法院和复议机关做出的判决、裁定和决定、意见，同时，对发现案件存在问题的，及时提出整改意见和建议，并坚决予以纠正。2014年共发生行政应诉案件9件、被复议案件5件，无败诉案件和行政赔偿案件发生。

相对集中行政复议权

印发《莱西市开展行政复议委员会试点暨推行相对集中行政复议权工作实施方案》和《关于成立行政复议委员会的通知》，组建莱西市政府行政复议委员会。同时，印发《关于做好相对集中行政复议权暨修改行政复议权利告知内容等工作的通知》，对相对集中行政复议权后如何进行行政复议权利告知进行安排部署。

（李　红）

·人事工作·

人事管理

在公开考录方面，打造机关事业单位“阳光招考”品牌，在机关事业单位公开招聘工作人员中，采取当场公布面试分数、考生考官“双抽号”等考录办法，确保招考工作公开、公平、公正，今年共招录公务员（含参公人员）38人，事业单位工作人员168人。

在调配任免方面，加强中层干部任用管理，严格按照民主推荐和组织考察等程序选拔和任用中层干部，先后考察任免和续聘中层干部153名，将一大批年富力强、想干事、能干事、干得成事的干部充实到中层职位上。

在机构改革方面，完成市食品药品工商质监管理体制改革人员划转工作，按照上级文件精神，组织工商局进行划转考试，共有125人参加考试，市工商局所属工商所向市食药监局所属食药监所划转行政人员47人，划转空编15个。

在考试培训方面，采取集中辅导与自主选学相结合的方式，对专业技术人员进行培训教育，共组织1500余人报名参加专业技术人员突发事件应对能力培养与提高继续教育公需科目的学习，配合青岛市人社局做好经济、审计、统计、卫生等多项专业技术资格考试，先后办理发放各类考试合格证书2100余份；配合莱西市委组织部开展干部在线学习工作，重点做好参学人员学习管理、技术服务、信息报送等工作，干部在线学习工作进展顺利。

人才服务

做好专业技术人员的资格推荐评审工作，共向青岛上报工程中级评审材料120份，上报高级评审材料25份。建立事业单位岗位竞聘结果电子台账，对莱西市1097个高级、5010个中级专业技术岗位严格管理，出现空岗时全部实行竞聘上岗。

在引智引才方面，注重高端人才引进，通过参加青岛市“蓝洽会”等高层次人才洽谈活动，组团到人才、高校比较集中的地区主动招聘等方式，引进各类人才，共引进外国专家、留学归国人才等各类人才（本科及以上）5055人，其中高端人才有国家“千人计划”人选3人。

审批服务

在工资福利待遇审批方面，落实机关事业单位工作人员待遇调控政策，调增机关事业单位工作人员津补贴标准，在职人员人均月增长346元，退休人员人均月增长221元；实行乡镇机关事业单位工作人员津补贴制度，有8个乡镇3081名工作人员月均享受补贴299元；落实机关事业单位工作人员及离退休人员发放物业补贴政策，人均每月发放物业补贴170元。建立企业军转干部生活补助动态增长机制，落实企业军转干部各项待遇，先后为159名企业军转干部发放各种补助、补贴281.8万元，企业军转干部解困工作成效明显。

（市人社局）

·外事侨务·

外事工作

共办理因公出国（境）团组7批次18人次，其中自行组团2批次12人次，随团5批次6人次，以上团组全部按规定要求向市委党的群众路线教育实践活动领导小组请假。汇总整理各单位上报的2015年因公出访计划，为明年的因公出国（境）提供依据。同时，根据中共青岛市委外事工作领导小组办公室《关于提报因公出访团组对外协议签署及执行情况的通知》的要求，对符合条件的出访团组进行严格的梳理和自查，及时上交协议复印件，并撰写自查报告。

4月，协调青岛市委办公厅安排雀巢大中华区总裁狄可为、候任总裁张国华拜会青岛市委书记李群和莱西市委书记刘圣珍；6月20日，接待韩国釜山沙上区企业家协会一行到莱西市考察访问，签署经济合作协议1份，投资协议2份；9月，接待南非农村企业发展研修班访问莱西市；协助九联公司与雀巢公司对接合作宠物食品项目事宜。

侨务工作

《归侨侨眷权益保护法》得到较好落实。3月，办理“三侨”考生手续1人次。按照上级文件，落实困难归侨补助金发放，共给符合条件的8位困难归侨发放补贴3.9万元。10月，根据青岛侨办的要求，制定《莱西市海外侨情调研工作方案》，并在全市范围下发，目前，该活动仍在推进。4月，青岛市侨办副主任唐志强走访侨资企业，召开侨资企业座谈会，听取侨界意见，处理涉侨工作中的热点、难点问题。8月，青岛市政府侨办主任尹明琴带队赴莱西市调研侨务工作，听取市外桥办领导的侨务工作汇报，并同市长纪家栋、副市长丁朝霞及部分侨资企业负责人进行座谈及实地走访。根据青岛侨办要求，开展侨资企业调查工作、“侨企知识产权纠纷”调研活动，及时掌握侨资企业的发展动态。

2015年世界休闲体育大会市场开发

先后与梦想望城、中凯地产、中钞国鼎等企业接触洽谈，交流合作意向，就相关合作方式进行初步对接。前往广州、深圳、成都、上海、济南等城市进行市场推广，走访联系企业，挖掘休闲体育大会市场价值，寻找潜在市场机会与合作商。根据学习计划和相关赛事活动日程，先后赴韩国、上海、济南、南京、济宁、绍兴、海阳、青岛世园会等地学习相关活动的市场开发框架与细节，并进行适当的推广宣传，为今后的市场开发、赞助商服务工作等积累经验。结合自身情况与以往赛事经验，先后起草《青岛2015世界休闲体育大会赞助层级设定及回报权益》《青岛2015世界休闲体育大会赞助回报量化表》以及《青岛2015世界休闲体育大会代理招商管理办法》等市场开发文本。在钓鱼测试赛中承担赞助商服务和后勤组车辆安排、调度工作并完成任务。在马拉松比赛中承担市场开发相关工作，共完成招商金额28万元人民币。

（迟 婧）

·行政审批·

2014年，围绕推进行政审批制度改革，贯彻市委、市政府重大决策部署，推进各项工作的落实，中心大厅的整体办事效率提高30%。对全市投资项目实行联合注册、联合选址、联合审图，实现即收即办、随到随办，加快了项目开工建设速度，共受理企业联合注册452件；受理联合审图22件；联合选址办理时限由最初的20多天压缩为1个工作日。中心为51个青岛市级重点项目建立绿色快速通道审批台账，对重点项目审批进行全程跟踪服务，提高项目开工建设速度。

严格把好一口受理关、一表核算关、先费后证关和收费减免关。中心对全市建设项目一口受理，建立起项目基本情况信息库，与审批收费部门共享，既防止收费流失，又防止搭车收费。将《集中收费核算表》贯穿建设项目收费和办证全过程，建设单位一律凭《核算表》缴费、办理证照。建设单位未足额缴纳规费的，一律不给予发放相关审批证照，保证所有规费应收尽收、足额收取。对大项目一律按《大项目认定及收费标准审批表》执行，需减免缓收费的，必须出具市政府会议纪要。2014年，大厅收费24.6亿元，其中建设项目收费18.8亿元。

中心进一步创新公共资源交易规则，开通招投标绿色快速通道，实行资格后审、备案后置和履约后查，维护招投标活动的严肃性，提高企业的参与度，有效促进招投标市场的充分、公平和有序竞争，加快全市重点工程建设速度。共组织公开招标项目181个，中标金额12亿元，节约财政资金8746万元，节支比例6.7%，走在青岛市前列。

·为民服务·

市行政服务中心转变服务思想，利用市镇村三级为民服务体系，主动服务群众，全面实行“登门服务、代办服务、延时服务、预约服务”四个服务制度。登门服务将以往联合选址串联审批改为并联审批，建设项目规划选址由中心综合窗口组织城建、国土、发改等8个窗口召开联审会议并进行联合现场勘察，只要符合规定，1个工作日就可以办结；老弱病残的办事人，只需一个电话或一封邮件提出申请，市镇村三级代办员核对信息属实后，即可实现登门服务。代办服务在市镇两级建立代办服务网络，市级设立代办窗口，镇级安排专职代办员，对重点项目在注册、登记、用地、开工、验收等环节全程帮办、代办，建立起审批部门和办事企业交流沟通的便捷渠道。对下班前受理群众申请事项，工作人员自动提供延时服务，实行日清日结。对即办件，坚持当场办结，把审批证件发放到群众手中；对承诺件，坚持当场审核提供的材料，符合办理条件的，立即出具办件承诺通知书，并在承诺期间内办结；对提交材料不齐全的，坚持当面告知、发放明白纸，并出具一次性告知通知单。通过中心网络服务平台、莱西市情公布预约服务事项和预约电话，办事企业和群众可以采取当面预约、电话预约、信函预约等形式预约窗口工作人员进行双休日、节假日服务。对需单个窗口办理的预约服务事项，由服务窗口与当事人进行预约确认，坚持当场办结；对需多个窗口办理的预约服务事项，由中心综合窗口负责组织相关窗口工作人员联合办公；对需要镇级办理的预约服务事项，由中心代办窗口协调镇村代办人员进行办理，预约服务实现行政审批全天候办公。2014年，“四个服务”已为企业、群众办事860余次，赢得群众的普遍好评。同年11月，青岛市现场推进活动和优质服务活动评价组到莱西市检查，对抓项目服务，保障工作推进的四个创新做法给予赞扬。《青岛日报》、大众网、青岛电视台等多家媒体，先后对中心的服务成果进行集中报道。

（市行政服务中心）

·人民防空·

指挥通信体系建设

整组人防专业队伍，按照统一整组、归口建设、归口管理、归口使用的原则，调整和补充专业队伍的领导和队员，编制花名册，按照实装、实物、实兵要求开展专业训练。按照《人民防空训练规定》和《人民防空训练与考核大纲》要求，做好业务知识培训和专业技能训练，参加市办组织的应急通信演练。对警报设施进行巡检，做好损坏部件登记统计和更换工作。邀请市防办警报科技术人员对全市20家防空警报器设点单位管理员进行专业培训。11月14日，在全市范围内组织防空警报试鸣活动，警报鸣响率达100%。

群众防空组织建设

整组抢险抢修、医疗救护、消防、治安、防化防疫、通信、运输7种常备专业队，修订档案，按计划完成年度训练任务。社区人防志愿者队伍进一步健全，城镇社区均建立人防志愿者队伍，并定期组织人防技能培训。

人防工程审批与管理

优化人防工程审批流程，重新规范内部审批程序，制订项目审批运行规范。按照“职权法定、权责一致、公开透明、便民高效”的原则对行政审批事项、行政权力事项、政务服务事项进行重新梳理，编制行政权力事项清单和政务服务事项清单并依法进行公开，接受社会监督，切实做到依法行政，法无授权不可为。召开加强防空地下室建设管理的专题会议，明确要求各相关单位要严格执行人防审批前置的相关规定。防空地下室与建设项目同步规划、同步设计，规划方案中要体现出防空地下室的位置、面积、功能。在经济开发区和姜山镇行政服务中心设立2处代办点，建立各项管理制度和运行机制，并对相关代办人员开展业务培训。建立竣工验收备案管理制度，规范流程，明确职责，完善备案程序、范围和标准以及办理时限。强化人防工程质量监督，加强对建设、监理单位管理与考核，建立人防工程建设巡检制度，对相关企业履行工程质量责任情况进行定期监督检查。

人防宣传教育

做好示范社区创建工作。开展示范社区创建活动，依托街道办事处、社区居委会建立基层人防工作机制，制订应急预案，配置应急救援器材，完善社区民防设施，开展社区民防演练及宣传教育工作，获青岛市人民防空宣传教育先进单位。其中，5个社区被评为示范化社区，3人被评为青岛市人民防空宣传教育先进个人称号。组织开展了“国际民防日”宣传活动。在月湖广场、人民广场、大型住宅小区等人流量大、人员密集场所巡回摆放人防知识看板，悬挂宣传横幅，设立咨询台，发放民防知识书籍，宣传国家、省、市及莱西市人民防空建设有关情况。各人防宣传教育示范社区也组织开展人防知识竞赛、疏散逃生演练、消防知识讲座等多种形式的宣教活动。组织开展5·12防灾宣传教育周活动。联合减灾委成员单位在月湖广场举行集中宣传，组织开展地震应急避险逃生演练。同时各镇政府、街道办事处、社区居委会以及各中小学校都开展形式多样的防灾知识宣传活动。

·无线电管理·

2014年，市无线电管理工作呈现出许多新变化，业务管理逐步进入常规，监测技术、手段逐步健全，业务开展顺利。加强宣传，普及无委知识。拟定翔实的《莱西市无线电管理工作宣传方案》，明确宣传时间、内容、形式及经费投入等。9月宣传月期间，共投入1.86万余元，印发宣传单1万余份，横幅30余条，展板15块；世界无线电日期间协调广电、城建局、行管局、新闻中心等部门通过电视、LED广告屏、报纸等宣传无线电管理知识，扩大无线电管理知识的受众面。与公安、城建、服务业发展局等单位成立联合执法小组清理整顿无线电对讲机，重点对宾馆、超市、酒店、工地等场所进行对讲机清点检查，共清理核查对讲机320部。向各设台单位下发《关于开展无线电台站数据清理登记工作的通知》，摸清各类无线电台站的布局、数量和各项技术参数底子，熟悉和掌握已设置的台站以及频率利用效率。青岛无委办为保障2015年世界休闲体育大会在莱西顺利召开，在莱西市加设小型监测站，加强莱西市无委对管辖区域内电磁环境的监控、检测。

（市政府办）

·市机关事务管理·

提升后勤服务质量

把精细化、人性化、规范化管理贯穿服务工作始终，服务标准不断提高。餐饮保障方面，把餐饮服务作为重点，加强食品安全管理，改善烹饪技术，加强成本管理。安全保卫方面，加大管理力度，落实各项措施。消防安全检查5次，发现隐患28处，送达隐患通知书9份，处置消防主机报警38次。设施设备方面，细化工作程序，横向对比法，提高工作效率和办事能力。

节能水平提升

强化能耗数据统计，提高网报质量。坚持每季度对能耗数据报表进行抽查，发现有数据变化较大的单位时，及时与联络员联系，了解原因，从源头上杜绝错误数据，确保报表数据的正确性。开展示范单位创建，促进典型示范带动。组织各公共机构单位参加青岛市节水型单位评选。经青岛市考核组严格审查，市机关事务管理局、交通局、质监局3家单位被评为青岛市节水型单位。加强宣传培训，提升节能意识和水平。今年在节能宣传周期间，组织各单位开展“携手节能低碳，共建碧水蓝天”为主题的节能宣传活动。根据青岛市公共机构节能办统一部署，下发《关于全市公共结构开展能源紧缺体验和绿色低碳出行活动的通知》，在全市公共机构开展了能源紧缺体验和绿色低碳出行活动。

（市机关事务管理局）

·政府采购·

2014年，政府采购预算总额3.414亿元，采购总额3.054亿元，节约资金3462.82万元，资金节约率10.14%。在政府采购总额中，其中货物类采购2.535亿元，主要有教育设备设施、农用物资、公安交通安全设施、环卫设备等项目；工程类采购614万元，主要是城建垃圾转运站项目；服务类采购4575.15万元，主要是项目监理、天网工程光纤租赁等。

贯彻青岛市集中采购目录

青岛市财政局政府集中采购目录印发以后，结合莱西市实际调研，转发通知文件，针对新目录比较细化、可操作性较强的特点，就贯彻有关问题进行要求。确定实行集中采购与分散采购相结合的组织形式，采取大宗集中采购、部门集中采购、部门分散采购等多种方式互为补充的执行方式。集中采购限额标准：货物类、服务类采购限额标准为3万元，工程类10万元。公开招标限额标准为50万元。预算50万元及以上项目使用公开招标以外方式采购的，须事前到市公共资源交易大厅按规定程序审批。预算3万元（含3万元）以上、50万元以下的项目，可以采用竞争性谈判和询价等方式进行。在事后监督方面，除严格强调违规处罚制度办法外，对未按规定组织采购的，市国库支付中心及其他单位财务部门不予结报。

对公务差旅机票实行采购

为加强对行事单位公务差旅机票采购资金的管理，规范采购行为，提高资金使用效益，对加强公务差旅机票采购资金的管理进行探讨。研究外地的做法和经验，结合上级有关规定及莱西市实际，印发《关于公务差旅机票实行定点采购的通知》，对机票定点采购范围、机票定点采购价格优惠、结算和备案、机票采购定点企业及期限、监督检查等做明确规定。与航空公司多方进行谈判与争取，确定3.5%的优惠率，取得较好的节支效果。为方便单位采购，根据以往执行情况存在的问题及单位提出的建议，确定四个定点采购企业，较好地解决了单位订票、取票及结算不方便的问题。

控制公务用车总量

根据上级公务用车管理的有关要求及莱西市公务用车配备使用管理的规定，按照公车购置审批程序报批车辆，即：单位向公务用车管理委员会提出购置申请，由管委会办公室提报管委会审批，管委会主任同意后报经市政府主要领导批准，管委会办公室根据领导批示报请青岛市机关事务局批准，经批复后下达批复文件，按照政府采购流程采购；控制车辆总量，按标准、按编制、按采购程序配置车辆，在审批车辆过程中从严把关，确保莱西市车辆总量不超过上级核定的编制总数；在配车标准上，配车控制在排量1.8升以下、价格18万元以内的国产自主品牌轿车；车辆购置按照政府采购规定办理，做到车辆更新审批有编制、配置按标准、购置按规定；加强公车使用及监督管理，从严掌握公务车辆使用范围，建立健全公务用车使用管理制度，对违规行为依照党纪、政纪有关规定严肃处理，开展违规公务用车清退工作，按照上级要求，对违规车辆按规定进行处置，莱西市公务用车管理走向制度化、规范化轨道。

（市财政局）

中国人民政治协商会议莱西市委员会

·重要会议·

政协莱西市第八届委员会第三次会议

2014年1月8～10日在莱西市委党校举行。这次会议是在全市上下贯彻落实中共十八届三中全会、中央经济工作会议以及中共莱西市委十三届四次全体会议暨莱西市第十七届人民政府第三次全体会议精神，开创经济社会发展新局面的新形势下召开的一次会议。会议在中共莱西市委的领导和市人大、市政府的大力支持下，经过全体政协委员和与会人员的努力，完成各项议程。会议充满着团结、民主、求实、鼓劲、和谐的氛围，开得隆重热烈、富有成效、圆满成功。

会议听取和讨论中共莱西市委书记刘圣珍的讲话。委员们认为，讲话高度概括莱西市一年来经济社会发展的主要成绩，结合新形势、新任务的要求，明确提出2015年的奋斗目标。讲话对2014年的政协工作给予肯定，对如何做好新形势下的政协工作提出希望和要求。

会议听取和审议政协莱西市第八届委员会常务委员会工作报告和提案工作报告。委员们认为，一年来，在中共莱西市委的正确领导下，在市人大、市政府的大力支持下，市政协常务委员会坚持以邓小平理论、“三个代表”重要思想和科学发展观为指导，贯彻中共十八大和十八届二中、三中全会精神，紧紧围绕市委、市政府的中心工作，团结和带领全体政协委员，突出团结和民主两大主题，履行政治协商、民主监督、参政议政职能，齐心协力谋发展，尽心竭力惠民生，凝心聚力促和谐，为加快建设宜居幸福新莱西做出积极贡献。两个报告提出的2014年的工作要求，符合莱西市经济社会发展和政协工作的实际，思路清晰，任务明确，措施得力，是切实可行的。

出席会议的政协委员列席了莱西市第十七届人民代表大会第三次会议，听取并讨论政府工作报告和其他报告，对以上报告表示完全赞同。

会议还在发扬民主的基础上，经过酝酿讨论，补选了5名政协莱西市第八届委员会常务委员。

会议期间，与会人员还以高度的责任感和使命感，利用分组讨论、政协提案等形式，就抓好政府工作报告的贯彻落实，促进莱西市改革、发展和稳定等问题，提出一些意见和建议。

政协莱西市八届十四次常委（扩大）会议

3 月 24 日在市行政办公中心召开。市政协主席于永才，副主席王仁臣、王志强、李美玲、王志超、赵彦军在主席台就座。全体政协常委出席会议，各专委会办公室主任、各政协工作组组长及政协各镇（街道、开发区）工作委员会主任列席会议。

会议传达学习全国、省、青岛市三级政协会议精神。于永才强调，要把市政协八届三次全会和 2014 年工作要点做出的部署和安排落实好，确保全年工作起好步、开好局。要提高抓落实的认识，把“讲大局、强责任、提能力、抓落实”这一主题，落实到推进每一个项目、解决每一道难题上。要强化抓落实的责任，牢记自己的责任所在、使命所在，立足本职，把各项工作抓得紧而又紧，办得实而又实。要掌握抓落实的方法，改进抓落实的作风。

政协莱西市八届十五次常委（扩大）会议

9 月 2 日在市行政办公中心召开，市政协党组书记、主席于永才出席会议并讲话，市政协党组副书记、副主席王仁臣主持会议。

会议分两个阶段召开，第一阶段听取市政府关于上半年全市经济社会发展情况的通报，听取市政府办公室关于今年以来政协提案办理情况的通报。会议第二阶段，审议通过辞去和增补委员名单（草案）。会议决定辞去丁晓堃、于学青、刘在运、李桂德等 4 人八届政协委员职务，增补李波为八届政协委员；审议通过有关人事任免事项（草案）。会议决定李波任市政协经济与人口资源环境工作办公室主任，刘晓明任市政协社会法制与港澳台侨工作办公室副主任，刘在运不再担任市政协经济与人口资源环境工作办公室主任。

·重要活动·

3 月 14 日，在报市委群众路线教育活动领导小组同意后，市政协党组及机关召开了党的群众路线教育实践活动动员会议。活动开展以来，市政协以习近平总书记系列重要讲话精神为根本遵循，把开展活动作为首要政治任务，在省、青岛市联合督导组和市委督导组的精心指导下，科学谋划、精心组织，整个活动有序推进。做好了学习教育、听取意见，查摆问题、开展批评，整改落实、建章立制三个阶段的规定动作，推进政协各项工作的有序开展。新闻媒体先后 11 次报道市政协教育实践活动的动态和经验做法。在整个教育实践活动中，完成了各项整治工作，会议和文件同比分别减少 21%、27%，腾退办公用房 397 平方米，清理公务用车 2 部，压缩“三公”经费 10%。同时，为巩固活动成效，按照可操作、可执行、可监督、可问责的原则，修订完善一批行之有效、指导力强、长期管用的规章制度，其中，新研究制定《中共莱西市政协党组关于加强自身建设的意见》等 8 项加强自身建设的措施；修订完善《政协莱西市委员会提案工作条例》等 13 项规章制度，使政协的主要工作均实现有章可依，转变作风的长效机制和刚性约束机制初步形成。

4 月 17 日，由省政协常委、民族和宗教委员会主任、省食品药品监管局原局长李民带领的省政协调研组，到莱西市就重点项目建设情况、农村群众宗教信仰情况进行调研。市委书记、市人大常委会主任刘圣珍，市政协主席于永才，市委常委、市委办公室主任王保岚，市政协副主席赵彦军陪同调研。

4 月 17 日，市政协对全市内外资项目建设工作情况进行视察。市政协主席于永才，副主席王仁臣、王志强、李美玲、王志超，秘书长张绍东及各专委会办主任和部分政协委员，在市政府常务副市长赵希胜及市招商局、商务局主要负责人员的陪同下，先后实地察看青岛力力惠生物科技有限公司、海瑞普电力科技有限公司、青岛七好营养科技有限公司、青岛国林臭氧装备产业基地等项目，听取市招商局、商务局主要负责人有关工作情况介绍，并进行座谈。

5 月 28 日，青岛市政协副主席郄晋生带领青岛市政协调研组到莱西市，就新型农村社区集体经济资产产权制度改革情况进行调研。市政协主席于永才、市政府副市长黄迪勇、市政协副主席王志强陪同调研。

5月30日，市政协主席于永才，副主席王仁臣、王志强、赵彦军及部分市政协老干部对全市休闲体育和旅游产业发展情况进行观摩调研。市政府副市长纪玉水陪同调研。观摩调研组一行先后来到2015年世界休闲体育大会场馆建设现场、生态休闲体育公园、青岛国际蔬果食品交易物流港等地，实地察看项目建设进展情况，详细了解了莱西市休闲体育和旅游产业发展情况，并对莱西市当前各项工作的开展表示肯定。

8月5日，省政协调研组到莱西市就“坚持三个导向，推进山东省农业现代化进程”进行专题调研，青岛市政协副主席王修林、市政协主席于永才、市政府副市长黄迪勇、市政协副主席王志强陪同调研。

9月4日，青岛市政协副主席、党组成员杨宏钧到莱西市，就“完善多种养老模式，促进养老事业发展”开展调研，市委书记、市人大常委会主任刘圣珍，市政协主席于永才，市委常委、市委办公室主任王保岚，市政府副市长丁朝霞、市政协副主席王仁臣陪同。

9月16日，青岛市政协副主席李学海带领青岛市政协考察组，到莱西市考察大沽河治理及学校、村庄发展情况。市委书记、市人大常委会主任刘圣珍，市委常委、市委办公室主任王保岚，市政协副主席王仁臣陪同调研。

10月23日，青岛市政协副主席李学海带领青岛市政协考察团，到莱西市考察世界休闲体育大会筹备情况。市政协主席于永才，市政府副市长纪玉水，市政协王志强、王志超陪同。李学海一行到休闲体育公园建设场地、宏远长安奥园运动员村、市体育中心了解项目建设情况，并听取相关情况汇报。随后，在市行政办公中心举行座谈会。休闲体育大会相关负责人介绍了大会筹备情况。李学海对休闲体育大会筹备工作给予了肯定，他指出，体育场馆和其他设施建设要高起点规划、高标准建设、高水平管理，打造精品工程；要提升市民精神文明素质，形成全民爱护城市、美化城市的良好氛围；要多方面多渠道宣传，加大媒体的宣传力度；要借助承办休闲体育大会的机遇，打造区域旅游特色，加快推进美丽乡村建设，推动莱西经济社会发展；要通过精心筹备、认真组织、做好赛后工作，将大会办成一届真正让百姓受益的“盛会”。

10月25日，莱阳市政协主席、党组书记初秀勇带领莱阳市政协考察团到莱西市考察，就加强和改进政协工作与莱西市进行讨论和交流。市政协主席于永才，副主席王仁臣、王志强、赵彦军陪同考察。考察人员在详细了解莱西市的经济社会发展和政协工作情况后表示，希望今后两市政协继续加强沟通、交流与合作，增进友谊，争取在更广阔的领域实现互动、互补、互惠，携手并进，共同做好政协工作，为促进两地经济社会发展做出新贡献。

10月下旬，由市政协主席、副主席带队，分24个组别召开政协委员座谈会。座谈会中，各组交流了八届三次会议以来组织委员开展政协工作、履行政协职能的情况；各位委员汇报交流了在本职岗位上发挥作用、履行委员职责以及参与经济建设、维护社会和谐稳定等工作情况。同时，市政协还对反映社情民意，对八届三次会议以来政协工作、提案办理落实情况及明年政协工作征求意见、建议。

10月28日，市政协对全市环境保护工作情况进行视察。市政协领导班子成员于永才、王志强、李美玲、王志超、孙焕伟、赵彦军、李波、张绍东及各专委会办主任和部分政协委员，在市政府副市长曹杰军及市环保局主要负责人的陪同下，先后实地察看青岛中清能生物能源有限公司、青岛金莱热电有限公司的污染治理情况，听取市环保局主要负责人有关工作情况介绍，并进行座谈。

11月27日，市政协对世界休闲体育大会筹备工作情况进行视察。市政协领导班子成员于永才、王志强、李美玲、王志超、孙焕伟、赵彦军、李波、张绍东及各专委会办主任和部分政协委员，在市政府副市长纪玉水及世界休闲体育大会组委会有关负责人的陪同下，先后实地察看休闲体育大会体育场、馆，攀岩、障碍轮滑场地，休闲体育大会运动员村，休闲体育公园建设现场，听取世界休闲体育大会组委会有关负责人的工作情况介绍，并进行座谈。

12 月 15 日，市委刘圣珍书记到市政协进行工作调研，听取市政协今年工作情况的汇报，征求市政协对市委市政府工作的意见和建议，并发表重要讲话。市政协主席于永才，市委常委、市委办公室主任王保岚，市政协副主席王仁臣、王志强、李美玲、王志超、孙焕伟、赵彦军陪同调研。

（市政协）

中国共产党纪律检查委员会

·反腐倡廉·

落实党风廉政建设主体责任

在落实党风廉政建设主体责任方面，莱西市委以上率下，为全市各级各部门做出了表率。2014 年，市委先后召开 7 次常委会议，研究部署党风廉政建设和反腐败工作。印发《2014 年党风廉政建设和反腐败实施意见》《贯彻落实〈建立健全惩治和预防腐败体系 2013 — 2017 年工作规划〉的实施办法》《2014 年“廉洁莱西”建设重点工作及责任分工》3 个指导性文件，出台《关于党风廉政建设责任制考核的实施办法》，把反腐倡廉工作抓在手上。召开市委十三届五次全会，专门对贯彻落实“两个责任”进行全面部署。制定《党风廉政建设主体责任落实情况定期检查和分析通报制度》，由市委领导带队对落实“两个责任”情况进行专项检查。市纪委强化监督责任，在全市组织开展党风廉政建设责任书签订工作，通过签字背书层层夯实责任。实施部门党政主要负责人向市纪委全会述责述廉制度，市发改局、商务局等 5 个单位首次向全委会进行述责述廉。落实市纪委常委与部门党政领导干部和镇（街道）纪委书记约谈制度，共约谈部门领导干部 36 人次，约谈纪委书记 19 人次。

作风建设

抓住作风建设不放松，落实中央八项规定精神以及省、青岛和莱西市委要求，坚决改进作风、纠正“四风”。狠抓重要时间节点。在元旦、春节、中秋、国庆等重要节点，连续下发通知，重申纪律要求，始终保持标准不降、要求不松、力度不减。针对公车私用、公款送礼、公款吃喝、公款旅游、滥发节日礼品等易发问题，组织监督检查 18 次，查处违规行为 3 起，廉洁过节氛围初步形成。改进监督检查方式。制定下发《改进作风有关规定落实情况监督检查办法》《莱西市机关事业单位及其工作人员作风和效能问责办法》等，层层压实监督责任，为加强作风建设提供制度保障。实施联合督查、异地督查，先后邀请兄弟单位协助开展明察暗访 4 次，提高督查效果。实施专项督查，对部分市直单位及各镇（街道）“三公”经费管理使用情况进行专项检查，查找问题 4 项，全部责令限期整改。畅通群众举报渠道，完善有奖举报办法，调动群众参与作风建设的积极性，受理群众监督举报 47 件，查实处理 13 件。开展专项治理。开展会所整治工作，全市 1016 名干部做出公开承诺。结合群众路线教育实践活动，在全市开展“五项整治”行动，集中治理和整顿党员干部作风建设方面存在的问题。规范党员领导干部婚丧喜庆事宜，逐级实行报告制度，31 名干部按规定进行申报，2 名干部因违反纪律规定受到党纪处分。严肃查处追责。对违反作风建设规定的行为，一经查实，严肃处理，点名道姓公开曝光。2014 年，共下发通报 7 期，通报违规违纪人员 36 人，其中市管干部 6 人，5 人受到党纪处分。

惩治腐败

坚持有腐必惩、有贪必肃，把执纪办案作为履行职责、强化震慑的突破口，人力物力向办案一线转移，集中力量查办大案要案。2014 年，全市纪检监察系统共立查党员干部违纪案件 140 起，同比上升 20.7%。其中自办案件 88 起，占 62.9%；立查大案要案 50 起，占立查案件总数的 35.7%；收缴违纪资金 390 万元。全年审结各类违反党政纪案件 145 起，党政处分 145 人，移交司法机关 7 人。市检察院查办贪污贿赂、失职渎职案件 22 起，市人民法院审结领导干部违法犯罪案件 2 起。

惩防体系建设

制定下发实施意见，推行党政一把手“五个不直接分管”和“末位表态”制度，市直部门党政正职不再直接分管干部人事、财务管理、工程建设、行政审批和物资采购工作，并在研究“三重一大”事项时实行末位表态。坚持用制度管人管权管事，提升制度建设水平。2014 年，共制定出台规章制度 14 项，其中“五不一末”制度、述责述廉制度、党员领导干部操办婚丧喜庆等事宜申报制度等，走在青岛市乃至全省前列。

编印《党员干部常用党纪条规一本通》，发放到各级党员干部并组织学习。建立廉政教育片资料库，组织各单位观看 261 场次，受教育人员达 1400 余人。完善廉政知识测试制度，808 名科级党员领导干部参加测试，初试通过率达 97.2%。持续加大警示教育力度，组织 1973 名党员领导干部赴青岛市警示教育基地参观学习，30 名部门主要负责人到北墅监狱监区接受警示教育。坚持用身边事教育身边人，创办《以案示警》教育专题，已编发 5 期典型案例。积极创新宣传教育渠道，借助微博、微信等新兴媒体，延伸教育触角，“廉洁莱西”政务微博共刊发纪检动态 182 条，全市 2000 余名党员干部加入“廉洁青岛”微信平台。

围绕中央、省、青岛和莱西市委、市政府决议决策、重大部署，开展效能监察和专项督查，及时跟进问责。加强对群众关注热点问题的监督检查，围绕安全生产、越级上访、非法采砂等开展监督检查 19 次。加大安全生产责任事故调查处理力度，强化责任追究，对 10 个单位和 22 名干部做出问责处理。切实做好市民诉求受理工作，全年办理市民来电事项 20162 件次，对 119 件行政效能投诉进行调查处理，查实 25 件，对 16 人做出处理。

自身建设

突出主责主业，梳理确认承担的工作任务，缩减参与的议事协调机构，委局参与各类议事协调机构由 130 个减少到 16 个。突出监督重点，创新监督方式，加强对市管领导干部、落实八项规定精神、履行”两个责任”等情况的监督检查，提高监督质量和效果。坚持思想先转、重心先转、力量先转，充实办案力量，纪委常年办案人员保持在 10 人以上，参与执纪监督办案一线人员占比达到 70%。规范镇（街道）纪委书记工作分工，实施区域化管理，着力解决办案难、力量弱和发展不平衡问题。2014 年，镇（街道）查办违纪案件 29 起，比 2013 年增加 81.3%。

以作风建设为突破口，完善机关规章制度，严格政治纪律、工作纪律、办案纪律、保密纪律，强化纪律约束和自律意识。加强内部监督，定期对工作纪律、工作作风、办事效率进行督促检查，发现问题及时处理、公开曝光。完善干部教育培训计划，改进机关学习制度，有针对性地举办专题辅导、业务研讨，注重提高纪检监察干部政治素质和业务能力。继续实施以干代训，组织 16 名镇（街道）纪检干部到市纪委跟班学习，直接参与案件查办，提高基层纪检干部办案能力。

坚持以问题为导向，改进工作督察方式，提高派驻机构发现问题、解决问题、查处违纪违规行为的能力。年内，派驻机构共参与监督部门重大事项 164 项，纠正存在问题 26 个，实施综合督查、专项督查 42 次，提供案件线索 4 件，提出整改意见建议 99 条，督促部门建立健全制度 242 项。在青岛市纪委召开的落实监督责任经验交流会上，莱西市就发挥派驻机构监督作用作典型发言。

·重要会议·

1月27日，中共莱西市纪委十三届四次全体（扩大）会议在市行政办公中心召开，会议传达学习总书记习近平在中央纪委三次全会上的重要讲话和中央、省、青岛市纪委全会精神。市委常委、市纪委书记姜水清代表市纪委常委会做《工作报告》，市委书记刘圣珍讲话。

12月9日，中共莱西市纪委十三届五次全体（扩大）会议在市行政办公中心召开，市委常委、纪委书记姜水清作《党风廉政建设警示教育报告》；市人社局、民政局、发改局、工信局、商务局5个部门主要负责人向会议述职述廉。

·重要活动·

清理议事协调机构

按照回归主责主业的要求，市纪委监察局对参与的议事协调机构进行全面清理，继续保留或参与议事协调机构16个，进一步明确纪检监察机关职能定位，聚焦党风廉政建设和反腐败斗争中心任务。

警示教育

8月9日，市纪委组织全市655名副科级以上党员领导干部参加德廉知识测试，首考通过率96.2%，青岛市纪委相关领导和市委常委、纪委书记姜水清进行巡考。11月29日，市纪委组织缺考和考试未合格人员补考，通过率100%。两次考试结果分别报莱西市组织部门和青岛市纪委备案。

9月24日，市纪委组织部分单位的共计30名党政正职干部到山东省北墅监狱进行参观，接受警示教育。

（市纪委）

莱西市人民武装部

思想政治建设

开展“牢记强军目标、献身强军实践”主题教育，开展“我的强军梦·我的价值观”群众性大讨论和“战斗力标准大讨论”，开展“四靠”“四反”及香港占中形势教育，引导干部职工自觉做到信念不动摇、思想不松懈、斗志不衰退、作风不涣散，为促进战斗力提升和各项任务完成提供思想支撑。坚持开展“党员奉献日”“慈善一日捐”和经常性谈心等活动，促进干部职工的思想稳定。民兵政治教育重点抓好参训民兵的课堂教育，结合民兵整组、国防教育、重大节日等时机抓好普通民兵的政治教育。利用《中国民兵》等“两报两刊”，搞好民兵刊授教育，做好对民兵预备役工作的宣传报道。民兵刊授教育被《中国民兵》《黄河民兵》杂志社分别评为“三等奖”、被《山东国防教育报》杂志社评为“二等奖”。

民兵组织建设

坚持把民兵组织整顿工作作为第一季度中心工作来抓。整组前，组织干部职工和专武干部学习民兵组织建设基本理论，完成函授作业题，进行“拉网式”的调查摸底。整组中，联合市政府下发整组工作通知、实施方案和检查验收标准细则。期间组织相关人员对照检查验收标准细则进行检查督导，针对检查存在的突出问题，联合市政府下发检查通报，对标准较低的单位限期予以整改，完成上级赋予莱西市基干民兵的整组工作。民兵应急分队注重与各镇街道的治安巡逻小分队结合，建设一支集应急作战、应急救援和维稳处突于一体的应急骨干队伍，带动和促进莱西市民兵预备役建设质量整体跃升，在迎接警备区民兵整组验收得到区首长的好评。

战备训练工作

针对民兵组织结构调整变化大的实际，按照"立足作战需求、注重专业对口"的原则，修订完善反"台独"应急作战人民武装动员的计划方案。民兵训练坚持按纲施训、依法治训，注重提高训练质量，保证训练效果。4月份参加警备区组织的民兵教练员和应急分队骨干集训，为提高莱西市民兵训练质量储备人才。6月上旬组织30名民兵进行为期1周的封闭式训练，选取训练尖子并参加警备区组织的比武考核，莱西市有3名民兵训练尖子参加比武考核，取得较好的成绩。10月底，参加警备区组织的联合演练，市武装部人员全员参加完成演练任务。12月，市武装部关于做好支援保障部队冬季野营拉练工作的经验做法被警备区转发推广。

兵役工作

为贯彻上级关于"一季征兵、全年准备"的指示精神，5月份结合专武干部例会，对2014年度兵役登记工作进行安排部署，兵役登记期间，共印发《莱西市兵役登记公告》1000余份，《兵役登记表》10000余份。为搞好征兵宣传，在莱西电视台、《莱西市情》《半岛都市报》等报刊刊登政策信息，发表征兵短信2万余条，各基层武装部走上街道、集市、村庄设置咨询站，悬挂横幅，出动宣传车，进行广泛宣传，营造报国参军的浓厚氛围。学习《廉洁征兵六条措施》，结合莱西市实际，与卫生局研究出台《体检工作人员奖惩十条措施》，调整更换部分体检组人员，组织业务培训，并逐一签订责任书，采取封闭式设站、编组式体检、无缝式运转的方法，有效杜绝了体检工作人员徇私舞弊。坚持"集体定兵、公开定兵、择优定兵"原则，对体检、政治考核合格的青年全面衡量、综合分析，按质量情况排队，由基层党委择优推荐，专题召开定兵会议逐一审定，较好地确保兵员质量。经过全部人员的共同努力，高标准地完成新兵征集任务。

正规化管理工作

树立安全发展理念，注重加强依法管理、科学管理。经常组织安全常识教育和法律法规学习，定期开展安全检查和作风纪律教育整顿活动，营造党委依法决策、机关依法指导、基层依法运转、干部职工依法办事的良好氛围。先后开展"揭短亮丑、纠弊律己、履职尽责"教育整顿，安全隐患排查、"学法规、用法规、守法规"等活动深入扎实、成效明显。落实值班、值勤、车辆使用、人员外出请示报告、各类登记统计等各项规章制度，抓好民兵装备仓库安全管理，贯彻军区关于大抓安全的一系列指示精神，牢固树立安全发展理念，注重加强依法管理、科学管理。

党管武装工作

落实双重领导、双向兼职等制度，能够自觉做到重要文件及时送阅、及时请示，重要工作和重大活动及时汇报，落实军地联席会、现场办公会、议军会、军事日等各项制度，市委、市政府领导对武装工作亲自过问、重大活动积极参与、重点问题靠上来解决。每年利用"八一""十一"等重大节日，组织干部职工和民兵预备役人员开展科技兴农、科技兴厂、"3·12"植树节和环境卫生综合整治活动，通过开展一系列活动，促进民兵预备役工作深入发展。会同信访、司法、公安、法院等部门，及时调解和协调处理涉军纠纷案件。

党委班子建设

坚持以能力建设和先进性建设为重点，以党的群众路线教育实践活动为契机，以"三严三实"要求为导向，狠抓党委班子和干部队伍建设，加强两级军区和警备区党委全会精神的学习贯彻，谋划人武部建设的思路更加清晰，目标更加明确。部党委坚持把"建一流班子，创一流业绩"作为共同的目标追求，精诚团结，在研究部署工作时能够很快达成共识，在督导落实中能够齐抓共管，使党委既有决策力，又有执行力。坚持民主集中制原则，在经费开支、人员调整、兑现奖惩以及大项建设等问题上，按照党委议事程序办事，不搞个人说了算。开展"讲党性、守党规、严党纪"学习教育，对党中央查处周永康、徐才厚、鲁先诚腐败案件进行警示教育，并组织学习焦裕禄、朱彦夫等楷模人物事迹，进行反正对比学习，匡正党员干部的价值取向。

（孙召喜 赵明卫）

民主党派

莱西市现有一个民主党派，即九三学社莱西市基层委员会，该组织成立于1988年1月16日，现有社员58人。

中共莱西市委贯彻《中共中央关于进一步加强中国共产党领导的多党合作和政治协商制度建设的意见》精神，落实党同民主党派“长期共存、互相监督、肝胆相照、荣辱与共”的方针，重视发展民主党派的参政和监督作用。帮助民主党派解决工作中的实际困难。在待遇方面，依照党政部门的政治生活待遇，一视同仁。民主党派的经费在市财力许可的情况下，予以照顾，适当增加，保证民主党派用于开展政治活动、社会活动和党务工作所需的经费。

2014年，九三学社莱西市七届基层委员会按照社青岛市委确定的工作任务和总体要求，以中共十八大精神为指导，紧紧围绕市委、市政府的中心工作，把发展作为参政议政第一要务，加强自身建设，履行参政党职能，服务经济社会，促进基层委员会的各项工作和自身建设的进步。一是认真学习，积极组织有关活动。学习和宣传《九三学社章程》。贯彻中共十八大、十八届三中、四中全会精神和总书记习近平系列重要讲话精神。通过召开会议、向社员下发通知及有关材料、学习交流文章等多种形式，带领广大社员学习和领会各级会议精神。开展“以坚持走中国特色社会主义政治发展道路为主题的政治交接学习教育活动”，继承和发扬九三学社老一辈长期与中国共产党团结合作形成的政治信念、优良传统和高尚风范，巩固多党合作和政治协商的政治基础和组织基础。二是进一步加强组织建设。做好后备干部的物色、推荐和培养、培训工作，把政治素质好，热心社务工作，有责任心，有奉献精神的代表性人士充实到后备干部队伍中来。完善基层组织各项工作制度，共接受2人加入九三学社，壮大了九三学社的力量。三是参政议政。“两会”期间组织发动社员在充分调研的基础上撰写建议和提案20余份。四是为社员办实事。为每一位社员订一份报纸杂志；每一位社员送生日蛋糕、挂历、贺年卡；帮助部分老社员解决生活中的一些问题；帮助部分社员解决了小孩上学读书问题；帮助部分年老体弱的社员办理“大病门诊”，解决看病难，报销难等后顾之忧；组织全体社员外地考察学习1次；走访社员所在单位党委，鼓励社员在本职岗位上建功立业，同时也为社员参加社内活动创造方便条件。

（市委统战部）

人民团体

·莱西市总工会·

春节“送温暖”活动

2月，市总工会经过调查摸底、材料申报、研究审核、集中公示，确定困难职工和困难劳模名单，在全市共救济209名困难职工、48名困难劳模，共发放救济金58余万元。

农村劳动力专业培训

4月，市总工会干部职工学校开展农村劳动力专业培训，共培训25个班次，培训人员1209人。共有1205人取得资格证书，为他们实现就业奠定良好的基础。

培养创建劳模创新工作室

4月，市总工会下发莱西市创建劳模创新工作室工作实施意见，部署创建。通过创建劳模创新工作室，为劳模和职工群众搭建一个锐意创新、攻坚克难的阵地，发挥作用、展示才能的平台。2014年培育创建莱西市级劳模创新工作室3个，莱西市建筑总公司创建为青岛市级劳模创新工作室。

开展工资集体协商要约行动

4～6月，市总工会在全市企业中开展工资集体协商要约行动，制定下发《莱西市总工会关于开展2014年工资集体协商要约行动活动的通知》并在莱西市情专刊宣传。通过集中要约月活动，全市工会共发出要约书540份，收到答复书520份，新签续签工资集体合同495份。

服务职工

5月，市总工会按照青岛市总工会确定的职工服务中心七项标准对职工技术协会办公室所在建筑进行改造装修，完成各项硬件改造，改造装修资金投入102.3万元。同月，市总工会报请市编委办撤销职工技术协会办公室设立职工服务中心，8月25日编委办正式行文确认。6月，市总工会开展“助你创业行动”，活动中针对性地组织多种形式的咨询指导和培训服务，选树9名青岛市创业带头人和一个创业示范基地，通过这些创业带头人共带动200余名下岗失业人员实现了再就业。8月，市总工会在全市各行各业中开展“关爱职工、防暑降温、夏送清凉”活动。活动中，市总工会领导班子成员分5路，分别到10余户企业一线岗位走访慰问，为高温下坚守工作的职工送去3万余元防暑降温物品和安全生产宣传资料。同月，市总工会开展“金秋助学”活动，为36名当年考入大学的困难职工子女发放66000元助学金。9月，请青岛心理健康专家教授李克富，到青岛九联集团有限公司为女职工开展生理心理健康讲座。共有260人参加。

市总工会聘请专业律师担任法律顾问，适时进行法律援助；建立健全劳动争议调解委员会及工会法律监督委员会，年内共接处政府信箱职工来信3起，职工上访5起，电话咨询8起，“12351”2起，参与5起事故调查处理，处结率100%。

开展专题调研月活动

11月，市总工会开展专题调研月活动，实施全员参与，摸清摸准全市工会工作状况，找准问题症结，提出改进措施，共撰写调研论文9篇，并于12月初，在工会机关内部进行交流、评比、总结。12月，青岛市总工会主席于睿带领调研组到莱西市调研工会工作。

国家宪法日暨全国法制宣传日活动

12月4日，市总工会组织人员在月湖广场参加国家宪法日暨全国法制宣传日活动，并就职工基本养老保险、失业保险、休息休假、工会福利、劳动合同签订等内容进行宣传咨询，共发放宣传书本及明白纸500余份。

“查隐患、保安全、促发展”群众性安全生产活动

2014年市总工会组织开展“查隐患、保安全、

促发展”群众性安全生产活动，全市有1160家企业，12万余名职工投入到活动中来，分别占全市建会企业的53%和57%，市总工会督导组深入12个镇办和15个市直单位，包靠160个企业，督导活动480人次，组织开展各类安全生产培训62次，培训职工16800人次。

职工互助保障

2014年全市共有145个单位18410人次参加互助保障计划，比2013年增长17.2%，增长2701人次，保费增长7.6%，增长73975元。年内共有1091人次得到救助，赔付资金达到80多万元。

（市总工会）

·共青团莱西市委员会·

青少年思想政治工作

开展青少年思想引导系列活动。以“3·5”学雷锋日、中央电视台宣传学习葛中科救人事迹、世园会开幕、“六一”等为契机，组织开展“学雷锋”、手抄报比赛、核心价值观记心中等系列活动20余次。开展青少年团员意识教育活动。制定下发《关于在全市各级团组织中开展增强团员意识主题教育活动的实施意见》，并将活动纳入基层团建书记项目深入推进。创新思想引领的方式方法。通过组织开展森林防火警示青年观察、“弘扬五四精神 深化群众路线”青年座谈对话、“同植友谊树 共建青年林”生态绿化体验等系列板块活动，组织引领青年思想和行动，感受经济社会发展带来的巨大变化。推进新媒体平台建设。建立完善团市委官方微博，微信平台和青农微信群，设立专人负责日常维护和信息发布。到2014年年底，新浪及腾讯微博粉丝均达到5000余人。成立覆盖镇街、教育、社会组织、创业带头人等多个领域共200人的网络宣传队伍，引导青年弘扬网络主旋律，传播社会正能量。

带领团员青年创业创优

组织各级青年文明号集体和创建集体开展青年文明号二十周年系列活动，扩大青年文明号的社会影响力和美誉度。组织全市各行业的50余名青年企业家成立莱西市青年企业家协会，为青年创业交流、互动、发展搭建了平台。6月，组织90名农村青年参加两期青年创业就业信息技能培训班，系统学习Windows8、office2013、软件使用技能、基础IT知识等实用技能。开展“学雷锋、青春行”“青春助力关爱农民工子女”“青春助力送清凉”等志愿服务品牌活动20多项。在服务重大赛会方面，协调召开会议，协调招募2015年世界休闲体育大会志愿者1000余人。10月12日，协助休闲体育大会组委会人力资源部招募476名志愿者参与青岛环大沽河马拉松比赛志愿服务活动。

服务青少年成长成才

加大对莱西蒲公英公益平台的联系和扶持。以政府购买社会工作服务的方式开展了“莱西萤火虫计划”。开展圆梦计划、爱心募捐、爱心午餐、爱心书屋、爱心校车活动10次，帮助100余名贫困孤残疾病青少年、留守儿童。启动“雪佛兰·红粉笔计划”。“五四”“六一”期间，组织10多名志愿者为500余名农村留守儿童捐赠12000多元的学习用品，并在学校门口安置了自制的交通安全警示牌。志愿者们还为在校学生上了一堂生动的交通安全自护教育公益课。“六一”前夕联系《京华时报》《公益周刊》合作实施的流动图书馆活动走进滨河小学。在学校停留3周左右的时间，由志愿者全程陪伴孩子们进行阅读学习，1000余名学生受益。开展“科普知识进校园”活动。9月12日，组织中国地质大学的大学生社会实践团在香港路小学开展了“科普知识进校园”活动。同时，进行了现场防震减灾演练，训练孩子们的遇险应急能力，引导他们科学认知，科学应对。开展希望工程爱心助学活动。在莱西市情、金宏网等媒体向社会各界发出捐资助学的倡议，争取社会力量参与，共收到捐款401200元，资助996名中小学生。争取上级资金6.9万元，资助53名大中小学生。争取1名莱西籍企业家捐资60万元，达成捐助马连庄镇鲁岚小学改扩建项目协议。5月29日，在城南小学开展了爱心助学活动，走访慰问了部分贫困学生，共对城南小学等9所学校的80名贫困学生进行了每人400元的爱心资助，帮助孩子们渡过难关，顺利完成学业。

维护青少年权益

围绕工作重点，扎实推进重点青少年群体帮扶。召开工作推进会，下发《莱西市重点青少年群体服务管理和预防犯罪工作实施意见》《重点青少年群体信息摸排通知》，将重点青少年群体服务管理和预违法犯罪工作纳入全市综治考核体系。在此基础上定期开展专项调度，确保排查摸底工作有序开展。创新方式方法，全面开展青少年自护教育。开展"彩虹伞·平安春节""远离网吧、文明上网"、学习葛中科手抄报比赛、"安全小卫士"等系列自护教育活动20余次。加强法制宣传，优化青少年成长环境。开展法制公益讲堂4次，通过案例讲解、法制宣传等方式向青少年们进行普法宣传。"6·26"国际禁毒日当天，协同公安、检察院一起开展"珍爱生命 远离毒品"青少年禁毒宣传教育活动2次。

开展阳光行动，帮助广大考生轻松备考。公开各级中高考减压热线。成立阳光心理咨询服务队，深入一中南校等学校，开展中高考前减压讲座10多场次。开展预防青少年违法犯罪工作调度暨"青少年维权岗在行动"专项活动。9月，采取座谈、调研、现场观摩等形式，对各成员单位及青少年维权岗今年以来工作进展情况进行调度。组织省级青少年维权岗--检察院公诉科、青岛市青少年维权岗莱西市人民法院、劳动保障监察局、市公安局青岛路派出所等单位集中开展活动，维护青少年合法权益。

建立"晴朗的天空"青少年法制服务4S工作站。在香港路社区建立包括阳光维权热线、阳光导航教室、阳光心灵港湾、阳光援助家园四个以阳光（Sunny）为开头命名的职能部门青少年法制服务4S工作站，聘请一批优秀的志愿者长期为青少年提供细致、周到、规范的法制服务，受到广大青少年和家长的好评。10月，在工作站开展预防青少年违法犯罪漫画比赛活动，优秀作品在4S站公开展览，在青少年中宣扬正能量，引导青少年健康成长。

巩固和扩大与青年的密切联系

做好基层团队和青年社团组织建设。推进全市非公有制经济组织和社会组织团建工作，已新建20家非公企业团组织。新成立莱西市农村专业合作组织团工委和莱西市花生产业协会团工委，农业专业合作组织团组织63家，建立农村青年致富带头人联谊会。向银行积极推介，争取面向创业青年发放小额贷款59人，培养"领头雁"36人。召开莱西市少工委五届七次全委会，对全市少先队工作进行全面的总结部署。

做好各类典型的推介工作。莱西市沽河青年林青少年绿化基地获评首届青岛市青少年绿化基地。青岛凯顺养兔专业合作社获评首届青岛市示范性青年农民专业合作社。高海清个人创业事迹被《中国青年报》头版刊登。

规范团员队伍建设。根据省团员发展试点工作要求，改革和规范团员发展思路，突出学校共青团工作的基础性战略性地位，科学制定和规划年度团员发展计划。

（团市委）

·莱西市妇女联合会·

提升妇女素质

开展农村妇女科技培训。3月，根据12处镇（街）产业结构特点、经济发展状况以及技术应用条件，有侧重地对农村妇女开展科技服务。组织巾帼科技服务队开展"送科技下乡"6场次，受益妇女1000余人。利用巾帼创业示范基地开展实地培训，使妇女学到的技术更具有实际操作性。全市各级妇女组织共开展科技培训40余场次，培训妇女2400余人次。实施"新型女农民培训计划"，组织600多名妇女参加远程教育培训，为农村妇女提供技术信息、市场销售等服务。

搭建妇女创业就业平台。与人社局联合在人力资源市场举办妇女专场招聘洽谈会2场，集信息发布、政策咨询、用工招聘为一体，针对下岗失业妇女、大中专院校毕业女学生、农村富余妇女劳动力开展服务，共提供操作工、缝纫工等适合妇女就业的岗位 4598 个，入场求职人数达 3100 余人，当场达成就业意向 1390 人。面向全市征集创业项目，经过筛选把适合妇女的 10 个有价值的创业项目简介印成宣传纸，发放给妇女。培养扶持巾帼致富带头人、女经纪人等妇女创业典型，同时利用媒体宣传她们自强不息、勇于创业的优秀事迹，激发妇女的创业热情。发挥女企业家的“传、帮、带”作用，榕昕牧业的黄淑艳带动 50 多名妇女搞奶牛养殖，平均年收入在 5 万元以上。年内，市妇联获山东省三八红旗集体、青岛市优秀妇女组织等称号。

凝聚妇女力量

以“最美家庭”为载体提升家庭文明程度。开展寻找“最美家庭”活动，通过召开动员会、设立宣传栏、张贴宣传画、事迹展播等形式，将寻找的过程深化成发现美、寻找美、宣传美的过程，宣扬社会正能量。创新学习型家庭、五好文明家庭、廉洁家庭、科学教子家庭等载体，先后开展“家庭阅读月”、城市居民广场舞大赛、温馨家庭故事征集等活动，将多元精神文化元素融入家庭，提升家庭文明水平。在“妇女之家”启动“展家庭风采、享成长感悟”好家训征集活动，举办家风家训评议会 20余次。开展“优秀家庭角色”评选活动，涌现出“好婆婆”“好媳妇”“好母亲”“好妻子”等优秀家庭角色 20 余名。

以“新农村新生活”培训为载体提升农村妇女整体素质。与市文明办联合组织成立“新农村新生活”培训讲师团，聘请党校、医院、文化局、教体局等专业人员 12 名，发挥各自所长进行授课。截至目前全市已开展培训 43 场次，培训妇女群众 6100 余人次。通过培训，广大妇女认识到自己在清洁美化家园、建设生态新农村中的主体作用，引导广大妇女和家庭树立文明和谐的理念。

以“父母学堂”为载体提升家庭教育水平。市家教指导中心对全市的家庭教育工作进行具体部署和指导，镇（街）家庭教育指导站负责制订本镇（街）家庭教育工作规划、工作措施、目标任务等。全市村（社区）“父母学堂”开展家庭教育授课及宣传实践活动均在 6 次以上。

以“中国梦”为载体凝聚妇女力量。开展“中国梦 巾帼行”主题宣传教育活动，在“妇女之家”等阵地开辟宣传栏，通过组织收看视频、召开座谈会等多种形式宣传“中国梦”的丰富内涵。“三八”节期间挑选 10 名各行各业拼搏进取、奋发有为的女性代表，与市电视台联合对她们进行采访，并制作纪录片“巾帼风采”，激励广大妇女同筑“巾帼梦”。母亲节、儿童节期间，开展走访慰问、结对帮扶等活动，多种方式为弱势群体“圆梦”。

维护妇女权益

3 月，举办妇女维权月集中宣传活动，发放宣传资料 1500 余份，同时提供法律咨询、心理疏导等服务，提高宣传的针对性和实效性。坚持维权和维稳相结合，参与全市开展的非正常上访专项整治百日会战活动，层层对妇女群众中存在的不稳定因素进行排查，并及时做好疏导工作。与法院联合建立化解家事纠纷联动机制，择机参与与妇女权益密切相关案件的调解工作。5 月 29 日少年审判庭开放日当天，通过刊板展示、现场讲解的方式，开展禁毒宣传教育活动，200 余名青少年和居民受到教育。开展“平安家庭”创建工作。1 ~ 2 月，通过“掌上莱西”、莱西市情等媒体，对“平安家庭”拍客大赛获奖作品进行宣传，展示莱西市“平安家庭”建设成果。在市直单位招募 52 名“平安行　你我他”道路交通安全志愿者，并进行登记备案。组织志愿者到行人、车辆较为集中的路口担当文明交通使者，开展安全劝导，协助执勤交警维护交通秩序。扎实开展以维护妇女权益为重点的村规民约修订工作。通过以点带面、逐步推进的做法，全市 861 个村全部制定《维护妇女权益村规民约》，经验做法被青岛市妇联推广。发挥莲姐热线作用，共接待群众来电来访 56 起，处结率 100%。

借势借力、整合资源，关爱留守流动妇女、老年贫困妇女、残疾母亲、“春蕾女童”等特殊妇女儿童群体。6 ~ 9 月与青岛杰丰农业有限公司联合开展“奉献爱心 传递真情——关爱春蕾女童”大型公益采摘活动，活动中募集资金 2.6 万元，全部用于资助“春蕾女童”。截至目前共收到“春蕾计划”捐款20余万元，待资助的480名女童已全部结对资助。“六一”儿童节期间，全体市级领导及市妇儿工委部分成员单位负责人分组走访看望全市12所小学和部分“春蕾女童”，给学校送去电子琴、书籍等节日礼品，为120名“春蕾女童”发放助学金36700元。“三八”节、母亲节期间开展走访慰问贫困妇女、残疾母亲等活动，涉及金额2万余元。争取青岛市妇联支持为105户贫困妇女发放麦收帮扶资金21120元、为60户贫困家庭婴儿发放奶粉。

联合34个妇儿工委成员单位开展两纲宣传月活动，发放男女平等基本国策、两纲知识宣传材料5000余份，解答咨询120余人次。协调市广播电视局、新闻中心对“两癌”检查项目内容、意义及“两癌”检查情况进行宣传报道。协调市卫生局不定期进行督查，及时掌握查体进度，帮助解决查体中遇到的困难。邀请卫生部门的专家举办妇女健康知识大讲堂，使广大妇女增强自我保健意识，掌握妇科疾病防治知识。年初举办两纲监测统计培训班，指导各成员单位填报监测统计表，目前各项指标均达到中期监测评估要求。

（市妇联）

·莱西市工商业联合会·

非公有制经济人士思想政治工作

加强教育培训，注重正面引导。开展党的十八大精神系列学习活动，组织开展十八大精神通报会、知识竞赛、经济形势分析会，增进非公有制经济人士对中国特色社会主义的认识。开展“交心、暖心、凝心”活动，引导广大非公有制经济人士牢固树立对中国特色社会主义的信念、对党和政府的信任、对企业发展的信心。走访会员企业37家，分商会召开座谈会议15次，宣传市委市政府发展民营企业的有关政策，掌握民营企业存在的问题和需求，为扎实开展服务会员企业工作明确方向。

引导民营企业参与新农村建设。会员企业投资60多亿元，投资农村社区、产业园区、基地、市场、观光园等项目80多个，帮助农民增收5亿多元。青岛三木装饰城借机家居装饰业兴盛的有利时机，扩大生产规模，投资1000多万元，新建商铺面积12000多平方米，新增商户50多户。青岛好利特生物科技有限公司、青岛润地丰科技有限公司等10多家农药、化肥生产企业和青岛方源果蔬冷藏有限公司、青岛农发绿色食品有限公司等10多家食品加工企业，采取“企业+农户+基地”的生产经营模式，实行利益捆绑，资源共享，促进企业良好发展。

扎实做好非公经济组织党建工作。实现规模以上非公企业党组织实现全覆盖，规模以下企业具备建立党组织条件的企业，实现党的组织覆盖；同时，探索开展非公有制组织党组织纪检工作，增强党组织的号召力、凝聚力和战斗力。

非公有制经济人士理想信念教育

印发学习材料，举办“合作共赢　塑造智慧型企业”——民营企业家代表与中恒融智培训与咨询公司专家团座谈会、“企业领导韬略与阳光心态”培训班，提升企业家素质。开展“民营企业家与中国梦”专题征文活动，共收到征文25篇。在青岛市工商联组织的演讲比赛获得二等奖。开展感恩行动和光彩事业活动，在慈善一日捐、捐资助学、对口救助贫困户等活动中，民营企业家共捐款120多万元，捐助贫困学生300多个，救助贫困家庭400多户。协调会员企业与职业教育中心合作，实施校企联营，定向培训专业技术人员1130多人。会同科技部门举办产学研合作洽谈会，帮助青岛敏深风电设备有限公司做好山东省创新企业奖申报工作。9月14日的《青岛新闻》播发莱西市为民营企业办实事、解难题先进做法。

发展壮大会员组织

通过报刊、网站等媒体以及电视台、新闻媒体等，及时宣传工商联工作。新成立4个同业商会，新发展会员135个。实行工商联班子成员包联基层分会和同业商会制度，发挥基层分会组织的积极性、主动性和创造性。

参政议政

按照市联的工作部署，开展民营企业承担社会责任、民营企业代际传承和规模以上民营企业做大做强、小微企业生存发展等课题调研，为工商联工作的开展提供依据，为党委政府的决策提供参考。在今年两会召开期间，组织引导工商联界别的人大代表和政协委员就关系经济社会发展和人民群众关心的热点难点问题积极建言献策，67名工商联界别的人大代表和政协委员共提出建议和提案85件。

促进民营企业转方式调结构

组织会员企业参加青岛市工商联举办的北京大学EMBA总裁研修、中国企业管理创新国际论坛、青岛企业实战网络营销等培训5次，提高会员企业的整体素质。按照市联的统一安排，在"碳联盟"组建过程中，莱西市的泰星石墨有限公司、新泰碳素有限公司等石墨加工企业积极与青岛市科技大学联系、洽谈石墨深加工项目，为企业发展储备后劲。发挥小微企业城市商业合作商会作用，多层次多渠道地缓解中小企业融资难问题，共为会员企业融资贷款8500万元。加强信息平台建设，发挥青岛市工商联信息服务平台作用，经常、及时登录信息平台发布、接受信息，宣传推介莱西市工商联工作，推介莱西市会员企业。

（市工商联）

·莱西市红十字会·

应急救护知识培训和普及

5月12日，在月湖广场开展了"人人学急救，急救为人人"知识普及宣传活动。联合应急办、教体局等单位，在开发区中学、城北中学、莱西四中等城区学校开展应急避险、应急救护演练活动和应急救护知识普及活动。5月8日，联合水集街道北部社区服务中心，开展水集街道北部社区"联富"杯居民健步行活动暨"红十字服务进社区"活动启动仪式，为29名社区志愿者进行救护员培训，成立"水集街道北部社区红十字'微尘'志愿服务队"，并现场进行授旗，现场为7个居委会配备急救箱，对社区第一批培训合格的29名救护员现场分发急救包。全年普及6场，普及人数5600人。开展应急救护员培训进社区、进企业、进机关等，全年完成救护员培训10场，培训人数334人。

募捐救助

争取"微尘"基金支持，救助先心病、白血病、贫困学生等10名，救助金7.9万元。"阳光少年"救助贫困学生100名，救助金5万元。建设博爱小学1所，争取资金5万元。春节送温暖活动中，分批次慰问困难职工、贫困户、红十字奉献者等共计100余人，发放慰问金和米、油等过节用品合计8万余元。4月20日和10月19日，青岛红十字中韩博爱医疗团一行40余人，分别走进莱西市马连庄镇崔格庄村和沽河街道张格庄村开展为农民义诊服务和红十字志愿者奉献活动，共为800余名农民进行义诊和咨询。活动期间，市红十字会向义诊群众免费发放服装鞋帽等生活用品，总价值8万余元。

1月和5月，分别开展第七批和第八批"红十字光明行动"，救助金18万元，在全市免费手术救助农村贫困白内障患者200名。开展"红十字阳光精神行动"，医疗救助贫困精神病患者40名，救助金8万元。开展红十字"暖冬"行动，拨付救助金2万元，为莱西市精神残疾康复中心更换被褥，同时发放服装、鞋、面粉等，合计总价值10余万元。1月25日，联合青岛信元公司开展一系列助学活动，共救助贫困中学生23名，发放助学金2.88万元。募集服装5000件、布鞋114双，发往青海省玉树县结古镇果青小学，救助贫困学生206名。

关爱生命

推进造血干细胞捐献志愿者资料库扩容，全年完成造血干细胞采样123人份。开展捐献遗体（角膜）工作，4月2日，组织各乡镇（街道）秘书长和学生代表，在凤凰岭公墓开展"向遗体捐献者致敬"清明节悼念活动。全年完成遗体捐献志愿者登记23名，捐献遗体4例，眼角膜3例，器官捐献1例，实现突破。

志愿服务

成立博爱服务驿站。通过协调和联系，在水集街道办事处的支持下，在北部社区服务中心成立第一个博爱服务驿站，成立志愿者队伍并进行应急救援演练，同时，配齐相关制度、红十字文化和应急救护相关知识宣传挂牌。

加强“蒲公英红十字志愿服务团队”建设。通过宣传指导，莱西蒲公英红十字志愿服务团队现有红十字志愿者 350 多人，活动开展涉及敬老助残，扶危济困，捐资助学等各个层面。6 月 1 日和 7 月 21 日蒲公英红十字志愿者先后在人民广场、月湖广场组织了两次大型慈善义演，募集善款 2 万余元，组织“爱撒仲秋”回访孤寡老人活动、温暖有你“捐衣献爱心，温暖在人间”活动、“情满重阳节”等活动，为孤寡老人送米送面送月饼、给老人庆祝生日、义务派送轮椅等。蒲公英红十字志愿服务团队专门设立“一元基金”“爱心午餐”“爱心校车”项目，“爱心午餐”项目救助贫困学生 100 余名，组织开展新年圆梦活动，先后调查走访 30 多个村庄学校，共发放圆梦卡 210 张。

（市红十字会）

法　治

综　述

2014年，市委政法委围绕市委、市政府中心工作，加强矛盾隐患排查调处、重点时期安保、社会治安防范、综治主题创建和基层服务管理等工作，提高公众安全感和社会治安满意度，促进社会和谐安全稳定。

促进社会和谐稳定

出台《莱西市重大事项社会稳定风险评估制度实施细则（试行）》等规范性文件，先后对63件事项进行评估，停止或暂停实施7件，有效预防和减少不稳定因素。依托916名基层专职信息联络员，排查调处各类矛盾隐患2058起。全市共聘用调解员3319人，建立各类调解组织1175个，形成人民调解、司法调解、行政调解和信访工作相衔接的“大调解”工作格局。明确信访案件的受理、处置流程，先后2次组成评查组，对相关案件进行评查，逐案出具评查意见，有效遏制涉法涉诉信访案件的发生。依法处理非正常上访人员45人次，有效规范信访秩序。夏格庄镇《健全组织网络、注重规范管理、提升化解社会矛盾战斗力》在青岛市学习“枫桥经验”预防化解社会矛盾工作会议上进行经验交流发言。

提高社会治安水平

先后开展“黎明行动”“夜间清查”“周末出击”等行动，共打掉恶势力团伙4个，痞霸团伙14个，抓获团伙成员70人，破获刑事案件54起。实行社区治安三级分类防控，178名民警直接参与高发案件红色社区治安巡防，打击违法犯罪活动。治安志愿者参与黄色等级社区治安防范，弥补警力不足难题。在绿色等级社区，开展“社区六进”及“万名机关干部进社区”，拓宽治安巡防覆盖面。抽选70名精干警力，加强重点区域武装巡逻，严防发生暴恐恶性事件。开展“秋季攻势”“缉毒会战”等集中行动，破获刑事案件2197起，破案打击工作取得明显成效。莱西市社区矫正管理教育服务中心（莱西市曙光基地）建成并投入使用，进一步提高社区矫正工作规范化水平。

治安突出问题专项治理

开展“交通安全、消防安全、治安安全、校园安全、食品安全、信访安全”专项整治，加强社会面侵财性案件防控、居民社区控案和输油气管道治安整治，检查高危化工企业、公众聚集场所、劳动密集型企业、“九小场所”等社会单位377家，督促整改安全隐患367处。加强交通枢纽和公交客运系统安全检查，下达《道路交通安全隐患整改通知书》135份，加强对重点人员、物品的检查管控，严防危爆物品非法上车。全面调查摸底铁路沿线治安状况，排查登记暂住人口120余人，摸排解决各类矛盾纠纷5起。针对蓝烟铁路沿线喷洒农药导致莱西段部分村庄群众农作物死亡重大矛盾纠纷，协调青岛市综治办、护路办、青岛铁路工务段及莱西市相关单位和事发地，召开专题协调会，落实工作责任和措施，为妥善解决路地矛盾打下坚实基础。

服务管理平台建设

投资2.5亿元的“天网”工程立杆和布线工作已经开工。在镇村全面推进以“综治室、警务室、调解室”和“视频监控平台”为核心的社区综治“三室一平台”建设，在全市12处镇（办）、24处社区服务中心安装运行《莱西市综治信息服务管理平台》，将人口、法人、房屋、城乡部件基础信息等录入系统，实现对人、事、物、情的信息管理。将全市划分为141个大网格 、936个中网格和3147个小网格，建立精细化网格服务管理模式。以社区、集市、村庄为网格，将群防群治队伍编成小组小队，开展治安大巡逻大防控。成立莱西市治安志愿者协会，600余名志愿者队伍组织公益活动12次，为大病儿童救助募捐10次，救助失学困难学生26人，为贫困山区孩子派送圆梦卡300张。先后对葛中科等8名见义勇为模范发放奖励资金5万元，走访慰问26名见义勇为困难人员，发放救助资金58万元。其中葛中科先进事迹被央视“新闻联播”报道。

规范化建设

深化政法队伍建设，以党的群众路线实践教育活动为契机，通过集中学习、自学、业务培训等方式，提高政法干部的执政能力。与院上镇、马连庄镇48户贫困家庭及16名学生开展“一对一”结对帮扶，全体机关干部共捐赠帮扶资金2.5万元。建立完善专项检查、个案抽查、案件评查、涉法涉诉信访重点案件督查的督查工作机制。积极推行“阳光政法”，通过在莱西市情、电视台等新闻媒体开辟专栏，公开监督电话、邀请人大代表、政协委员等参与重点案件的审理，提高执法、司法的公信力。在青岛政法系统率先建成莱西政法门户网站、规范化视频会议室和青岛政法网。落实《青岛政法网网站管理办法》，先后发布工作动态、重大信息200余篇，较好地宣传政法工作。

（市委政法委）

公安工作

维护稳定

增强服务意识，落实服务措施，主动为企业解决各类困难200余次，开办法制讲座10次。组织力量、完善预案，强化应急反恐工作。抽调36名民警持枪参加火车站、汽车站全天候巡逻，5月，在莱西湖防洪大堤组织进行爆炸恐怖袭击处置演练。周密制定青岛2014环大沽河马拉松赛安保方案，出动警力500余名圆满完成比赛安保任务。

严打整治

成立信息研判行动队，专业研究侦破各类系列性侵财案件，年内“两抢一盗”案件破案率同比上升0.8%。推进“双打”会战，重拳出击大案要案，先后侦破“6·18”抢劫劫持人质案、“8·10”平度绑架人质、公安部督办吴某某等重大贩卖毒品等重大案件，省、市领导对莱西市公安局处置“6·18”抢劫劫持人质案给予肯定。年内，破获各类刑事案件879起，实现连续4年的命案全破；提请批准逮捕774人，打掉团伙33个、人员145人，追逃91人，追缴涉案物品价值600余万元；接报刑事警情比2013年同期下降5.86%，抢劫、盗抢和扒窃案件比2013年同期分别下降28.79%、28.62%和49.62%，刑事发案在青岛农村5市处于最低水平。

警务管理创新

依托社区警务实行“1+2+N”巡控模式，推动治安防范社会化；借力“智慧城市”推进“天网”工程建设，实现科技防范新提升；推广“车之盾”提升小案侦防效能；“五侦合一”侦防模式有力推进。1月16日青岛市局在市公安局召开刑侦情报信息暨破案打击工作现场会，肯定莱西刑侦合一工作经验。

专项整治

开展“平安畅通县区”创建活动，保持交通形势总体平稳。先后开展两次“清剿火患”活动强化消防安全监管，没有发生重大火灾事故。加强危爆、剧毒物品管理，堵漏洞保安全，守住“不炸响”的底线。

（于 超 张 芬）

检察工作

综述

2014年，市人民检察院获得全省和青岛市先进基层检察院称号，被确定为全省廉政文化示范点和全省检察机关“文明接待室”，姜山检察室被省检察院记集体二等功，驻市看守所检察室和驻北墅监狱检察室分别被表彰为全国检察机关二级和三级规范化检察室，1名干警被高检院记个人一等功，21个集体和个人受到青岛市级以上表彰奖励。

服务大局

共批准逮捕571件716人，提起公诉693件935人。针对毒品犯罪多发、频发的态势，与公安、法院等部门开展专项行动，加大对毒品犯罪的打击力度，批捕涉毒犯罪嫌疑人238人，已起诉212人，对涉毒分子起到震慑作用；针对群众高度关注的食品药品安全问题，开展专项活动，依法批捕生产销售伪劣农药、“毒豆芽”“甲醛白菜”的犯罪嫌疑人9人，已起诉11人。落实办案风险评估预警、检调对接、不捕说理、公开听证等工作机制，将矛盾化解贯穿执法办案全过程；探索控告申诉部门与派驻检察室“联合接访、联合初核、联合答复”工作模式，妥善化解多起集体上访案件，服务农村换届选举工作，收到良好社会效果。开展查办土地批租、工程建设、新型城镇化和农业现代化建设领域职务犯罪专项工作；开展打击破坏市场经济秩序专项整治行动，起诉涉嫌金融诈骗、非法经营、虚开增值税发票等案件14件24人，涉案总金额5000余万元，有效维护了诚信有序的市场环境。

反腐倡廉

共立案查处贪污贿赂、挪用公款等职务犯罪嫌疑人23人，渎职侵权等职务犯罪嫌疑人7人。通过办案，为国家和集体挽回经济损失900余万元。完善侦防一体化工作机制，结合办案，向有关单位发出安全生产、惠农补贴等方面的检察建议8份.利用职务犯罪警示教育基地，先后为17批800余名党员干部提供廉政教育。依托派驻检察室，围绕农村“两委”换届选举和职务犯罪案发规律，面向农村基层、市直部门和国有企业，在全市开展专题性巡回宣讲18场次，受教育人数达4000余人。推行职务犯罪预防志愿者制度，选聘预防志愿者50名，开展职务犯罪预防进乡村、进国企、进大项目活动，推进社会化预防体系建设。

诉讼监督

完善行政执法与刑事司法相衔接机制，开展对行政执法机关移送涉嫌犯罪案件专项监督活动，解决有案不立、以罚代刑问题，依法督促行政机关向公安机关移送刑事案件9件；加大对重大责任事故案件监督力度，督促公安机关对4名重大生产事故责任人员立案侦查。提请和建议提请上级检察机关对6件民事申诉案件提出抗诉，已调解改判2件，通过检察建议形式，办理行政执法检察监督、执行监督等案件10件。监督公安机关立案12件12人，不捕不诉57人，追诉漏罪4起、漏犯16人；提起刑事抗诉5件，其中二审调解结案3件，改判2件；开展减刑、假释、暂予监外执行专项监督，重点对职务犯罪、破坏金融管理秩序犯罪和金融诈骗犯罪、黑社会性质组织犯罪进行细致排查，建议对5名暂予监外执行罪犯予以收监，维护刑罚执行的公平公正。

基础建设

在规范检察室管理运行的同时，加强检察室与业务部门的衔接，开通高清远程视频接访系统，基层群众可以直接到派驻检察室行使控告、申诉权，并与接访人进行视频对话；强化对基层司法所、派出所、派出法庭的横向监督，建立信息共享和联席会议制度，就近监督社区矫正人员和监外执行罪犯帮教改造情况。建成检务督察信息中心，研发全方位检务督察信息平台，融合重点工作推进、统一业务应用、全视通等七大信息系统，对干警落实工作部署、值班出勤、公诉出庭和办案提审、公车使用等进行全方位监督和全过程调控，以信息化督察促进作风建设、工作效率、办案质量的全面提升。推行阳光检务，依托检察机关案件信息公开系统，推进法律文书公开工作，先后对524条程序性信息、123份法律文书、10条重要案件信息进行网上公开，方便案件当事人查询；推行律师网上预约查询机制，提供案件的办案期限、诉讼阶段、承办人员、处理结果等诉讼程序信息。

队伍建设

推进三级联动工作机制，根据需要设立10个工作推进组，发挥领导班子模范带头作用，分工负责，深入一线抓推进、促落实，激发领导班子工作积极性。坚决贯彻落实中央八项规定，开展党的群众路线教育实践活动，查摆纠正“四风”问题。组织干警认真学习党的十八届三中、四中全会精神和习近平重要讲话精神，打造信念坚定、执法为民、敢于担当、清正廉洁的检察队伍。开展“守纪律、正检风、做表率”专题活动，改进工作作风。推进素质工程，开展检察官教检察官、业务竞赛等各种素能提升活动，组织参加各类培训40余期1000余人次。先后有11名干警获得青岛市级以上表彰奖励或在业务竞赛中获奖。

（市检察院）

法院工作

2014年，市人民法院开展“司法公开年”主题活动，努力打造“司法公开促公正，司法公信赢民心”服务品牌，整体工作取得进展。便民诉讼服务工作经验，先后被青岛中院和省高院推广，《人民法院报》《大众日报》《青岛日报》等10余家新闻媒体进行报道。年内，共新收各类案件8052件，审、执结各类案件8005件，结案标的额7.2亿元。

惩治刑事犯罪

共审结各类刑事案件709件。始终保持对严重暴力犯罪的高压态势，审结抢劫、绑架、放火等案件159件。严惩职务犯罪，审结贪污、受贿、挪用公款等案件16件。依法维护老百姓舌尖上的安全，审结“病死牛肉”“毒白菜”“毒豆芽”等案件8件，对12名被告人判处6至9个月不等的刑期，对5名被告人判处缓刑并开出“禁止令”。严惩各类毒品犯罪，审结贩卖毒品、容留他人吸毒等案件182件，遏制毒品问题蔓延势头。落实宽严相济的刑事政策，依法判处缓刑、管制等非监禁刑371人。

化解民事纠纷

共审结各类民事案件4177件。坚持“调解优先、调判结合”原则，调撤结案2664件，调撤率达到63.78%，运用调解方式化解劳动争议，调解青岛泰光制鞋有限公司10名职工追偿劳动报酬等多起群体性劳动纠纷，被评为青岛市劳动人事争议调解工作示范单位。成立少年家事审判庭，专业化审理离婚、继承、抚养等所有涉及未成年人的家事案件，保护未成年人合法权益，审结案件268件。发挥小额诉讼程序快捷、便民、一审终审的优势，审结涉25名农民工劳务合同纠纷等75件民生案件，平均审理时间16天，赢得当事人的好评。

规范经济秩序

共审结各类商事案件1205件，结案标的额5.3亿元。在金融借款案件大幅增长的形势下，成立金融案件专门合议庭，依法化解金融风险，保障金融业健康发展，审结金融借款案件336件、标的额3.7亿元，同比增长35.48%和135.28%。依法维护市场交易秩序，审结买卖合同、股权转让等案件487件，保障实体经济健康发展。建立保险纠纷诉调对接机制，成立青岛首家保险纠纷调解基层工作站，共调解案件49件，《人民法院报》《青岛日报》等媒体进行专题报道。

依法行政

共审结各类行政案件123件。加大涉重点项目行政案件审理力度，妥善解决涉月湖商城二期工程房屋征收案件15件。回应人民群众对生态环境的新期待，成立环境资源合议庭，提出司法建议11条。健全与行政机关的良性互动机制，分别到市人社局、市食品药品监督管理局等行政机关举办讲座13次，推进法治政府建设。

执行工作

共执结各类案件1791件，执结标的额1.7亿元。开展“转变执行作风、规范执行行为”专项活动，树立“以人为本”的执行理念，为群众解决困难，执结青岛东方化工股份有限公司系列案，执结案款8800余万元，有效化解公司债务及欠缴职工社会保险金等遗留问题。加大执行工作力度，用足用活查封、扣押、拘传、拘留等常规措施，共开展“凌晨执行”“假日执行”行动43次、拘传被执行人213人、司法拘留22人。加大执行信用惩戒力度，将436名具有履行能力而不履行判决义务的被执行人纳入“失信被执行人名单”，对其中25人限制出境、129人限制高消费、46人下达“限飞令”。推进执行联动机制建设，与工商、国土、房产、金融机构等部门搭建司法查控网络平台，对被执行人的存款、房产等信息进行查询和冻结，共冻结存款764万元。

（市法院）

司法行政

安置帮教和社区矫正

在南墅镇投资建设高标准、综合性、实用化的过渡性安置基地——莱西市曙光基地（莱西市社区矫正管理教育服务中心）并投入使用，有效推动莱西市社区矫正工作发展。对全市2700余名社区服刑、刑满释放人员进行“拉网式”集中排查，将50名重点社区服刑人员纳入电子定位系统，实现管理全覆盖、动态全掌控，无越界、脱管；会同检察院对全市11名监外执行人员的档案和社区服刑情况进行检查，落实管控责任；受法院、监狱委托，办理审前社会调查418件，调查评估意见采纳率达99%；接收社区服刑人员467名，按期解除社区矫正481名；进监狱开展法律教育，帮教90余人次，为2人办理低保。年内全市700余名社区服刑人员再犯罪率控制在0.06%以内，2000余名刑释解教人员重新犯罪率控制在2%以下。《内延外伸、上下联动不断提升社区矫正工作水平》被司法部《司法所工作》转发推广。

普法和依法治理

按照“每月一法”工作要求，开展“12·4”国家宪法日等大型集中法制宣传12场次，悬挂横幅120余条，展出法制宣传刊板160余块，发放各种法制宣传材料5万多份，解答群众法律咨询1500多人次。开展“法律六进”活动，深化“关爱明天、普法先行”宣传教育品牌，组织法制副校长开展进校讲法40余场次，受教育学生达5万多人；开展“法律进乡村、进社区”活动80多场次，发放宣传资料8600余份，解答群众法律咨询1200余人次；组织法律服务工作者深入企业开展法制讲座、进行法律咨询60余次，受教育职工17000余人；7月，在组织全市12个镇（街）、83个市直单位、141所学校14200余人开展“六五”普法知识考试，参考率97%，优秀率92%。

人民调解

整合社会资源，扩大医疗、交通、劳动等行业性专业人民调解组织建设覆盖面，推动人民调解组织和人民调解工作向物业、消费、环保等行业或领域延伸，全市调委会达到954个，排查调处矛盾纠纷2038起；建设社区司法工作室72处，建成率达62%。总结推广基层司法所受法院委托调解民事案件、人民调解协议司法确认工作试点经验，在全市设立“便民诉讼联系点”60处，化解诉前、诉后矛盾纠纷200余起，有效降低社会诉讼成本。姜山、开发区等8处司法所被评为“省级规范化司法所”。

律师工作

组织律师和法律工作者参与“万名律师服务群众百日活动”和“百名律师、法律服务工作者联千村活动”，建立律师、基层法律服务工作者联系农户制度，组织律师和法律工作者到乡镇集市进行“送法下乡助春耕”主题巡回宣传活动，解答法律咨询1500人次，接受代理10人次。发挥律师在普及法律知识、调处矛盾纠纷、协调利益关系等方面的专业优势，帮助社区起草、修改村规民约，提供各类法律咨询，化解群众性上访案件。年内9家律师事务所、57名执业律师顺利通过省厅及青岛市局检查验收。全市律师代理各类案件712件，担任法律顾问92家，累计为政府、企业、事业单位避免和挽回经济损失2000余万元。

基层法律服务

基层法律工作者分别担任法律顾问130家，代理各类诉讼案件1145件，调解纠纷235起，解答法律咨询3051人次。受理投诉案件6件。年内全市10家法律服务所、84名法律服务工作者顺利通过省厅及青岛市局检查验收。

公证工作

办理各类公证事项7165件，比2013年增长20.8%，其中国内民事公证3319件，国内经济公证718件，国内执行证书11件，涉外民事公证3042件，涉港澳台公证75件。贴近基层，服务三农，针对农业承包、土地流转、打击坑农害农等事项积极提供公证服务，为农民诉讼维权提供保障。为夏格庄镇铁路沿线7个村庄受灾面积400余亩的100余户菜农进行证据保全，为涉灾菜农依法诉讼维权提供依据和支持。

法律援助和“12348”专线

降低受援门槛，办理法律援助案件627件，解答法律咨询691件，接待群众来访723人次；加大对弱势群体关注力度，办理女工维权上访案、婚姻纠纷案、赡养抚养纠纷案等500余件。为某公司107名女工提供法律援助，讨回工资40余万元，使集体上访及时转入劳动争议仲裁；为青岛日荣渔业有限公司107名工人提供法律援助讨回工资408372元。被青岛市司法局记集体三等功，被青岛市妇联授予妇女维权先进集体称号，被省妇联授予省级妇女维权服务示范站称号。参与处理各类信访案件，定期安排律师参与信访工作，陪同领导处理信访案件23次，出具法律意见49条。改进“12348”服务方式，提高预防和处置矛盾纠纷的能力，解答群众电话法律咨询2536件，接待群众来访705件858人次。

（市司法局）

工　业

综述

2014年，莱西市以科学发展为主题，以转方式调结构为主线，以项目为主导，突出膨胀总量、优化结构、提高效益，新型工业化加快推进。

工业体系

规模以上工业总产值增长17%，工业增加值增长12.1%，增幅位列青岛第4位。引导鼓励传统产业创新发展，提高食品加工、纺织服装、橡胶化工、机械制造四大主导产业竞争力，四大主导产业完成产值760亿元，增长7.7%，占规模以上工业的67%。坚持市场主导和政府引导相结合，培植壮大新能源、新材料、节能环保、生物医药、信息技术五大新兴产业，五大新兴产业完成产值165亿元，高于全市平均增速14个百分点。骨干企业运行质量和效益不断提高，纳税过千万元企业增至33家，税收过亿元企业增至4家，新增规模以上企业8家，主营业务收入过亿元企业总数达到55家。六大产业集聚区加快建设，全市工业产业集聚度达到70%，同比提高6个百分点，集聚集约发展水平不断提高。

产业板块

立足区位条件的提升和交通优势的凸显，以产业集聚区为依托，优化经济发展空间布局，拉长本土优势产业链条，着力夯筑“配套完善、定位明晰、集聚明显”的产业板块。主城区推进老工业企业环保搬迁，加快“腾笼换鸟”步伐，启动经济增长新引擎，关停昌华集团等落后产能企业6家，东方化工生产区拆迁结束，“梦想望城”项目开建，开启莱西市旧工业片区、旧村改造与商业地产捆绑开发的序幕。引导行业协会、专业公司和大企业集团在工业园中建设产业园区，发展小企业产业园。精密机械产业园一期工程完成95%，4家企业已投产。中一中小企业产业园已有4家企业投产，5家企业工程已基本竣工，二期钢结构主体已基本完工。总投资60亿元的合联产业新城产业园项目开工建设。华通高端装备产业园总投资16亿元，规划占地905亩，总建筑面积35万平方米，已完成联合厂房5.6万平方米。年内六大产业集聚区实现规模以上工业总产值696.2亿元、税收7.2亿元，完成固定资产投资283.1亿元。

科技创新

提升科技创新能力，新建科技企业孵化器3.6万平方米，入孵企业14家，投入运营完成率195.83%。全年实施工业技术改造投资500万元以上技改项目108个，完成技改投资142.6亿元，增长20.5%。完成发明专利授权60项，增长9.3%。25家高新技术企业申报成功，居青岛首位。争取国家中小企业创新基金2项、农业科技成果转化资金和海洋经济创新资金各1项。新增青岛以上院士工作站2家，引进国家“千人计划”专家3名。新增驰著名商标、名牌产品17件。建立完善技术市场体系，新认定青岛市技术转移服务中介机构2家、技术合同登记服务点1家，实现莱西市技术转移服务机构和技术合同登记服务点“零”的突破。

企业服务

开通青岛市中小企业云服务平台莱西分平台，目前共发展注册用户410户。加强融资服务，全年共帮助中小微企业融资5.9亿元。先后举办政策宣讲班、专题培训班等多种形式培训活动，培训学员1200余人次。组织企业参加青岛市专精特新成果展、中博会等展会共30余次，参展企业上百家。精密机械和中一机械两个中小企业产业园得到青岛市财政股权投资形式的资金扶持，合联小企业产业园列入青岛市2015年小企业产业园培育计划。

主要行业

2014年莱西市立足产业基础，按照优势产业高端化、传统产业创新化、新兴产业规模化的思路，加大结构调整力度，发展食品加工、纺织服装、橡胶化工、机械制造四大传统主导产业和新能源、新材料、生物医药、节能环保和信息技术五大战略性新兴产业，培育骨干企业和高新技术企业。

机械制造业

2014年规模机械制造业完成产值138.2亿元，同比增长17.9%。主要生产企业有青岛吉明美机械制造有限公司、青岛奥司登精密铸造有限公司、青岛海松机械有限公司、青岛海力达齿轮箱有限公司、青岛和信机床等。产品包括产汽车专用轴承、油封、仪表、起重机械齿轮箱、数控机床等机械零部件和设备。青岛吉明美机械制造有限公司主要生产链杆、汽车专用轴承、油封等各种机械零部件，90%以上的产品为世界著名的轿车生产厂家配套。

食品加工业

2014年食品加工业完成产值381.6亿元，同比增长4.9%，占全市规模以上工业的35.5%。主要企业有青岛九联集团股份有限公司、青岛万福集团股份有限公司、青岛雀巢有限公司、青岛东生集团股份有限公司、青岛佳德食品股份有限公司、青岛宝泉花生制品有限公司、青岛海生果业有限公司、青岛锐宗食品有限公司、青岛洛山果仁有限公司、青岛五谷康食品有限公司、青岛谷香源食品有限公司、青岛六合万福有限公司、青岛希杰食品有限公司、青岛五洲食品有限公司、青岛金海源食品有限公司等，形成了出口鸡（鸭）、猪肉、牛羊肉制品、花生制品、蔬菜加工、果汁、奶制品等主导产业。鸡（鸭）、生猪、猪肉肉制品等加工产业实现原料基地工厂化、生产加工标准化、经营管理现代化。是全省最大的奶牛生产基地、全国最大的花生集散地。东生、长寿、佳德、洛山果仁、谷香源、中粮信远、宝泉等花生加工企业年出口花生16万吨，名列全国前列。

橡胶化工业

2014年橡胶化工业完成产值85.3亿元，同比增长9.1%。主要企业：青岛耐可森轮胎有限公司、青岛耐可森橡胶有限公司、青岛伊科思新材料有限公司、青岛第派新材料有限公司、青岛金浪化工股份有限公司、青岛瀚生生物科技股份有限公司、青岛凯源祥化工有限公司、青岛金正农药有限公司、青岛永昌因特皮革有限公司、青岛橡六胶管有限公司等企业，产品有合成橡胶、尿素、碳酸氢铵、各种复合肥、专用肥、农药、橡胶制品、皮革制品、胶管制品等。青岛永昌因特皮革有限公司生产加工各类皮革，原材料全部由国外进口，年可加工牛皮4500万S/F，产品全部外销。

纺织服装业

2014年纺织服装业完成产值128.1亿元，同比增长6.2%。主要企业有：青岛乐好服饰有限公司、青岛泰光制鞋有限公司、青岛信元服装有限公司、青岛凤凰东翔印染限公司、青岛高登路鞋业有限公司、青岛即发针织有限公司、青岛好事中制衣有限公司、青岛二和纤维有限公司、青岛喜盈门染织有限公司、青岛棉花纤维有限公司等一批股份制企业、民营企业和外资企业。产品主要集中在西服、麻制品、针织品、布匹印染、各种男女皮鞋、化纤布等领域。青岛凤凰东翔印染有限公司主要生产经营蜡染布产品、服装及进出口业务，是国内首家生产真蜡产品的企业，印染设备、工艺技术、产品质量均居同行业前列。

新能源

2014年新能源实现产值4.0亿元，同比增长27%。莱西市新能源产业主要包括太阳能、风电装备及风力发电、生物质能发电和废旧资源综合利用的生物能源开发利用。该产业主要以钢毅太阳能、山奎太阳能、敏深风电、南墅的大唐风力发电、格瑞恩生物质能、中清能、福瑞斯生物能源有限公司为代表。目前已拥有青岛市级企业技术中心2个，青岛名牌产品3个。太阳能热利用产业优势明显，已形成太阳能热利用产业研发和产业化基地，太阳能热水器年产能突破30万平方米，在青岛地区占有一席之地。风能利用加快推进，润莱风电南墅风电场的建设，并网容量200千瓦。生物质能燃烧利用及发电装装置正在推进建设，农副产品深加工垃圾填埋气体收集利用联产发电使生活垃圾及农产品深加工垃圾得到无害化处理，废旧资源得到综合利用。

新材料

2014年新材料实现产值115.2亿元，同比增长26.1%。莱西市新材料产业主要涉及无机非金属石墨材料、橡胶新材料、稀土永磁材料、环保节能节材建筑材料等领域。产业基础较好，拥有一批市场竞争力强、市场占有率高的名牌产品。拥有国内最大的反式异戊橡胶生产基地和南墅石墨新材料加工基地。主要以天和达石墨、广星电子、大华电子、第派新材料、伊科思新材料、麦格奈特、永敬宝丰新材料、鲁红建材等企业为代表。拥有青岛市级企业技术中心2个，青岛市名牌3个。

生物医药

2014年生物医药产业实现产值23.6亿元，同比增长23.1%。该产业主要以海诺生物工程、瀚生生物科技、海纳生物科技、泰源科技等企业为代表。拥有省级企业技术中心2个，青岛市级企业技术中心3个，博士后工作站1个，驰名商标2个，山东名牌2个，拥有新药创制平台。其中，瀚生生物科技的仿生农药生物制药研发平台是青岛市唯一一个仿生药物研发平台，生物制药的研发和产业化能力居青岛市前列。目前瀚生生物科技正在争取认定国家级企业技术中心。

节能环保

莱西市的节能环保产业仍处于起步阶段，代表性企业是青岛新天地静脉产业园。

信息技术

2014年信息技术产业完成产值18.4亿元，同比增长34.3%。主要以可慧网络科技有限公司为代表，该公司注册于2006年，集研发、生产、销售及运营为一体，产品涉及游戏、物联网、云计算三大领域，公司依托强大的技术实力，坚持自主创新，打造世界领先的无插件多人实时网页游戏平台、嵌入式核心操作系统、基于云计算核心的节能自动化控制系统与自控终端、基于云计算核心的智慧家居控制中心iWiscloud、无线自组网的环境及空气质量传感器、无线自组网智能开关以及WisOS云计算操作系统平台等系列物联网云计算产品。2013年成功打入新加坡市场，成立Singapore Wiscloud Technology Pte. Ltd(新加坡维思科技有限公司)，主要负责高端技术人才聚合以及产品的海外市场推广业务。

工业企业选介

青岛雀巢有限公司

1867年成立于瑞士韦威市，是世界上最大的食品和饮料公司，在全球有近500家工厂，33万多名员工。青岛雀巢有限公司是雀巢集团在中国的第一大全资工厂，注册资本9.3亿元人民币，现有乳制品和咖啡两个工厂，总占地面积33.6万平方米，建筑面积约6万平方米，员工总数近600人。2014年实现销售收入28.5亿元，实现税收1.38亿元。其中青岛雀巢乳制品厂于1996年开始运行，是山东省乳品行业的龙头企业，主要产品有鹰唛炼乳、超高温灭菌奶、淡奶（雀巢三花牌）和淡奶油，新产品有浓缩果汁和植物奶油。青岛雀巢咖啡工厂于2011年8月开始动工，正式投产于2013年1月15日，比预计投产时间提前6个多月，项目总投资8.8亿元人民币，占地总面积236000平方米，主要产品为纯咖啡，用于东莞雀巢咖啡有限公司和上海雀巢有限公司生产和加工咖啡混合饮品。

青岛万福集团股份有限公司

是一个以农副产品加工出口为主的国家大型企业。主要从事蔬菜制品、肉制品、调理食品、花生制品、优质饲料等系列300多个品种的生产和优良品种猪、优良品种鸡的繁育、饲养、宰杀、深加工等。公司现拥有总资产16亿元，拥有万吨大型低温冷藏库、5000吨恒温保鲜库及先进的生产加工设备，建起拥有4万亩的蔬菜种植基地，年宰杀生猪200万头、宰杀肉食鸡3000万只。目前，公司共带动38000多农户从事蔬菜种植、畜禽养殖，每年为农民增加收入4亿多元。2014年公司实现销售收入55.46亿元。公司冷冻蔬菜对日出口量列全国同行业前三位，生猪屠宰业列全省前五位。

青岛九联集团股份有限公司

是一个集种禽繁育、肉鸡养殖、饲料生产、宰杀加工、熟食制品加工、进出口贸易为一体的国家大型肉食鸡专业化生产一条龙企业。公司创立于1988年，经过20几年的艰苦拼搏，从一个总投资10几万元的小型蛋鸡场，迅速发展到下辖100多个生产企业，总资产29亿元，员工10000余人的大型企业集团。2014年实现销售收入81.3亿元，完成工业总产值82亿元，实现税收4050万元。公司目前建有规模化、标准化养殖场83座、1000余栋鸡舍，年出栏商品肉鸡1.3亿只，是中国目前最大的现代化肉鸡养殖基地、出口备案基地和优质鸡肉原料供应基地；拥有肉鸡缮宰加工厂3座，年宰杀能力1.5亿只，生产鸡肉产品30万吨；鸡肉熟食制品加工厂5座，年加工熟食制品10万吨；产品主要出口日本、欧盟、美国、加拿大、俄罗斯、南非等国家和地区，国内销售网络已辐射100多个大中城市，与铭基食品、上海福喜、河南双汇、烟台中宠、肯德基、上海大江等国内优秀的快餐公司、食品加工企业、超市、高校以及五百多家优质经销商建立业务合作关系。

青岛耐克森轮胎有限公司

由香港NEXENTIRE HONG KONG HOLDINGS LIMITED投资成立，项目总投资35934万美元，注册资本12217万美元，占地面积52.67公顷，建筑面积254808平方米，主要从事半钢子午轮胎生产，日产轮胎30000条，产品70%外销。

青岛耐克森橡胶有限公司

系韩国耐克森（株）投资兴建的外商独资企业。投资总额2亿美元，注册资本8000万美元，占地面积60000平方米，建筑面积46000平方米主要生产加工机动车内胎、实心轮胎、高尔夫球及其他橡胶制品。年产实心轮胎20万条、高尔夫球240万个，产品100%外销。

青岛泰光制鞋有限公司

是由韩国泰光实业株式会社投资的一家外商独资企业，专业生产世界名牌“耐克”鞋。公司始建于1995年，占地20公顷，建筑面积72913.26平方米，1996年正式投产，投资总额6390万美元，注册资本2300万美元。现有员工6500人，公司拥有世界先进的现代化制鞋生产线10条，设备全部来自英国、美国、意大利、韩国等国家。青岛泰光是山东省同行业中规模最大的制鞋工厂，是耐克公司全球的四大加工厂之一。2014年共生产耐克鞋820万双，实现工业总产值134900万元，税收1亿元，实现销售收入13.68亿元，完成进出口2.92亿美元。

青岛凤凰东翔印染有限公司

位于水集服装产业园，占地面积22公顷，拥有在岗员工1600余人，是2003年由青岛凤凰印染有限公司与香港穗发控股有限公司合资组建的印染企业，总投资1250万美元。公司于2005年投入试生产，2007年收购燕莎纺织印染有限公司，进一步扩大产能规模，形成东、西两厂区的格局，2009年新增1.5亿元生产线两条，实现产能和产品结构的调整。公司主要生产经营蜡染布产品、服装及进出口业务，是国内首家生产真蜡产品的企业，印染设备、工艺技术、产品质量均居同行业前列。凤凰品牌被评为山东省著名商标，并被中国印染行业协会亲授中国蜡染布生产基地，主导产品真蜡防印花布畅销非洲，深受消费者喜爱。

博锐克制动系统（青岛）有限公司

原阿菲尼亚（青岛）制动系统有限公司，由美国博锐克(BPI)集团投资建设，位于204国道东侧，前冯北村南。该集团刹车片雷贝斯托品牌生产历史长达80年。项目投资总额3000万美元，占地9.8公顷，建筑面积7.2万平方米，主要生产汽车制动部件，产品分为3个层次，最高级是跑车、赛车级产品，其次是给汽车主机厂做配套的产品，最后是汽车售后服务市场的高档产品，主要特点是无噪音，制动性能柔和，制动力矩摩擦系数均衡满足制动要求，使用寿命长。投产后用工可达2000人，年产刹车片2000万套，出口创汇2亿美元。

青岛吉明美机械制造有限公司

是外商独资企业，成立于1996年3月25日，投资总额4514万美元，其中注册资金2150万美元，由日本GMB株式会社投资成立。1997年3月28日正式投产，公司是以生产连杆、汽车专用轴承、油封等速万向节及其锻造毛坯件和各种机械零部件为主的技术密集型企业。产品现出口韩国、日本、泰国、德国、意大利、英国、美国、新加坡等。日本GMB株式会社已有60年的经营历史，属中型企业，主要生产万向节、水泵、轴承等汽车配件，具有良好的国际信誉。

（市工信局）

民营经济

发展概况

截至2014年年底，全市实有个体工商户64716户，资金数额总量7.8亿元。2014年，全市新登记个体工商户34746户，同比增长232.4%；资金数额4.5亿元，同比增长178.2%。

全市共有私营企业7310户，注册资本累计达到188.3亿元。全市新登记私营企业1522户，同比增长41.6%；注册资本37.8亿元，同比增长61%。

全市共有农民专业合作社2199户，出资总额达到29.7亿元，与2013年同期相比，分别增长15.6%、24.8%。2014年新登记农民专业合作社296户，同比增长72.6%，出资额5.9亿元，同比增长59.4%。

发展特点

私营企业抓住改革机遇发展壮大。2014年3月1日以来，市工商部门根据国发〔2014〕7号文件精神，推进注册资本登记制度改革，实行注册资本认缴登记制、年度报告公示制、先照后照登记制、简化住所登记手续等多项工商注册制度便利化措施，社会投资信心增强、创业热情进一步激发，全市民营企业新登记数量大幅增加。全年共新登记私营企业1522户，同比增长41.6%，其中注册资金在1000万元以上的私营企业91家，注册资金23.4亿元，在全年新登记的各类型企业中所占比重达到58.2%。2014年新设私营企业的数量和投资额同比2013年均又有较大幅度增长，民间投资创业热情不断高涨。

主辅业分离和个体转企向纵深发展。工商登记制度改革降低准入门槛、减少筹建成本、主动简政放权，也为莱西市经济转型升级和结构优化带来政策红利。2014年以来，市民营经济为提高专业化水平，提升企业竞争力，开始探索将其服务主业的物流、销售、餐饮、专业配套等服务环节分离出来，一部分发展进入到瓶颈阶段的个体工商户也正在尝试转型升级为企业。为助推企业主辅业分离及个体工商户转企业，市委市政府及时出台《企业主辅业分离和个体工商户转企工作推进方案》，对私营企业主辅业分离、个体工商户转企业给予政策支持，市工商局则对重点分离企业实施“一企一策”“一事一议”，现场办公，提供个性化服务。截至2014年年底，共有79家民营市场主体完成主辅业分离及个体工商户转型升级，另有50余家私营企业及个体工商户也开始相关工作。莱西市民营经济通过主辅业分离及个体转企这一华丽转身，在培育服务业市场主体，扩大服务业总量的同时也进一步优化了莱西市经济结构，增加了生产总值总量，成为拉动莱西市经济持续健康稳定增长的重要引擎。

新型市场主体成为民营经济新生代。一是新型农村市场主体得到扶持和发展。截至2014年年底，莱西市共有土地股份合作社120家、农业合作联合社2家，新设立家庭农场119家、采摘园25家，新型涉农民营市场主体有效的解决农民手头资金少，不能投资的难题，提高农村土地利用效率，推动规模化农业以及现代农业发展。二是网络市场主体取得突破性发展。7月17日，青岛市政府办公厅《关于加快电子商务发展的意见》的发布实施，催生电子商务和网络经济成为莱西市新的经济增长点。2014年，莱西市共新设立电子商务企业11家，同比增长78.6%。新兴网络市场主体的快速发展，表明莱西市企业上网行为开始从基础的网站宣传和内部应用向电子商务化倾斜，对电子商务的投资力度加大，电子商务类企业日益成为莱西市民营经济发展的新生力量。

民营企业选介

青岛晟任现代农业发展有限公司

2011年3月依托于青岛晟仁果蔬专业合作社成立青岛晟任现代农业发展有限公司。公司坐落于莱西市姜山工业园，拥有资产2000余万元。公司聘请2名高级农艺师为技术顾问、3名农业大学毕业生为技术员，聘请市农业局蔬菜、植保、土肥、质量管理等为技术指导单位。并与青岛市蔬菜站、青岛农业大学、青岛农科院、青岛大学等科研院所保持良好的联系，2011年正式被青岛市人事局确定为大学生创业基地，为公司的健康发展奠定了基础。公司以“绿色蔬菜，健康生活”为目标，引进山东寿光先进经验与技术，大力发展绿色、生态效益农业，采用日光温室大棚，以蔬菜种植为主。

中保驾山无公害蔬菜认证种植基地66.67公顷，该种植基地地势平坦，日常进行封闭式管理，交通运输便捷，紧挨国道，产品外运有保障。同时公司坚持以“公司＋基地＋农户＋超市”的发展形式与农民建立密切的合作关系，带动周边农民脱贫致富，为农民持续增收打下基础。

公司于2008年注册“晟仁”牌商标主要从事超市无公害蔬菜和订单蔬菜种植生产，其中以健康、无农残的超市蔬菜为主导产品，产品有叶菜类、茄果类、瓜果类、荚果类、葱蒜类、保健类6大类30多个品种。2013年获得青岛市著名商标称号，产品入驻利客来、利群等各大超市和社区超市，为市民供应安全放心蔬菜。

青岛颐顺五洲商贸有限公司

成立于2010年12月14日，位于莱西市重庆中路15号12栋网点112–2号。注册资本伍拾万元，在册员工18人。

公司主要从事家用电器的批发零售。是无锡小天鹅股份有限公司小天鹅洗衣机青岛区域总代理。合肥美菱电器股份有限公司青岛区域总代理，四川长虹电器股份有限公司（长虹电视、长虹空调）莱西区域总代理。公司在三大上市公司的大力支持鼎力相助下事业蒸蒸日上，年均销货额在2000万元以上。

青岛神龙潮汽车集团

2002年创办，是集新车销售、维修保养、配件供应、钣金喷漆、事故救援、保险理赔、车友俱乐部于一体的现代化汽车服务集团公司。公司现占地60余亩，员工180余人，拥有“青岛神龙潮·上海大众4S店”“青岛神龙华泰·雪弗兰4S店”“青岛神龙翔·别克4S店” “青岛神龙划翔·二手车置换服务公司” 。

莱西金店

是莱西市最早的金银饰品专卖店，建店近30年来，始终奉行“货真价实，信誉第一”的经营原则，严把进货渠道，未出现任何质量问题，是“消费者满意单位”和“无假冒商品诚信示范店” 。莱西金店现拥有一处专卖店，六处商场专柜，是梦金园黄金、中国黄金、中国珠宝、爱迪尔钻石、爱得康翡翠、子冈玉坊等著名珠宝品牌的莱西总代理，并在莱西各大商场设立品牌专柜。先后举办“魅力莱西”形象大使海选、“腕力王争霸赛”“我的中国梦 出彩莱西人”“国际跆拳道·武术邀请赛”等大型公益活动。

近几年来，莱西金店在风光秀丽的月湖公园南畔，投资创建面积3000多平方米，拥有50多个房间的新型商务酒店——都市118连锁酒店莱西月湖店。在莱西沽河街道办事处刘家岭村投资规划占地200多亩的锦绣金岭生态农业休闲观光园。

2014年6月26日，由于老店拆迁，莱西金店总店乔迁至文化东路18号，位于风光秀丽的月湖公园南大门斜对面。

青岛良友源杰大酒店

是集客房、餐饮、游泳、健身、会议于一体的挂牌国际四星级酒店，是莱西最高星级酒店之一。酒店位于莱西市上海路37号，毗邻莱西市政府大楼，于2008年4月12日正式营业，酒店拥有风格迥异装修豪华的宴会包房34间，中餐零点大厅、多功能厅各一处，能同时容纳800余人就餐，酒店餐饮经营定位以精品海鲜、青岛地方特色菜为主，其中该店名菜“至尊佛跳墙”于2013年获得“良茂凯悦杯莱西名菜”的称号。酒店拥有各类豪华客房121间。拥有3个形式各异大小不一的会议室，是各类中小型会议的最佳场所。整个酒店营业面积达到12000多平方米。

酒店开业至今获得过山东省卫生厅认证的“食品卫生信誉度A级单位”，青岛市卫生局颁发的“公共场所卫生信誉度A级单位” ，被青岛市服务业发展领导小组核定为“青岛市服务业重点企业” 。

青岛天邦线业有限公司

公司始建于1990年，占地面积30000平方米，是一家专业从事橡胶纤维骨架材料生产经营的高新技术企业。公司拥有雄厚的技术力量，先进的生产设备，完善的检测手段，并与美国杜邦公司及多家科研院所进行密切的技术合作，致力于新型橡胶骨架材料的研制和开发，在全球享有较高知名度。

公司从意大利、德国引进先进的捻线机、浸胶机，从日本、美国引进先进的检测、实验设备。主要产品有聚酯浸胶线绳、聚酯浸胶胶管纱、芳纶浸胶线绳、芳纶胶管纱、尼龙浸胶线绳、尼龙浸胶胶管纱、维纶浸胶胶管纱、人造丝浸胶胶管纱、高强耐撕裂网布、缆绳等等，产品种类十分丰富，不断满足多样化的市场需求。产品广泛应用于包布带、切边带、多楔带、汽车V带、同步带、输送带、橡胶履带、橡胶水坝等领域，产品销往欧美、中东、东南亚等地区和全国各地。

青岛广星电子材料有限公司

前身是青岛骏赫石墨有限公司，于2010年8月16日改制成立。位于“石墨之乡”莱西市南墅镇石墨新材料产业集聚区内，是主要从事石墨系列产品及石墨高精尖新材料研发、生产和销售的综合型企业。

公司注册资金1000万元，占地面积6.8万平方米。现有员工120名，其中工程技术人员46名。2012年年末公司资产总额3507万元，资产负债率10%，各类石墨年产量达到30000吨，是国内规模较大品种较全的专业化石墨产品制造基地之一。主要产品为鳞片石墨、高纯石墨、球形石墨等九个系列，30多个品种，近300个规格。产品销往全国各地，并出口日本、韩国、美国、欧洲等几十个国家和地区。

（市工商局）

农　业

综　述

打造现代农业产业集聚带

以创建国家级现代农业示范区为目标，紧紧抓住大沽河治理宝贵机遇，优化资源配置，提升沿岸农业基础设施水平，将大沽河流域建设成为集农业生产经营、观光旅游、休闲娱乐为一体的现代高效农业发展聚集带。2014年，建设现代农业园区18个，总投资达到13.8亿元，园区总数达到51个。粮油生产示范区建设成效明显，农业经济持续平稳发展。2014年，全市实现粮油生产“十二连丰”，莱西市被农业部评为全国粮食生产先进县。全市4.67万公顷小麦、4万公顷玉米、1333公顷花生实行良种补贴，推广小麦一喷三防补贴面积4.33万公顷，完成测土配方施肥推广应用面积7.67万公顷，推广使用缓控释肥面积3666公顷，应用水肥一体化技术1667公顷，完成土壤有机质提升面积8333公顷。全市小麦收获面积4.41万公顷，总产28.96万吨；玉米面积4.65万公顷，总产32.61万吨；花生面积1.81万公顷，总产8.7万吨。

农业产业化优势扩大

发挥奶牛、肉鸡、生猪产业集群优势，以“两区一场”建设（畜牧业示范园区、“退户进区”养殖小区、畜禽标准化养殖场）为依托，做优做特畜牧业，实施畜禽养殖“退户进区”、规模化养殖场和示范园区建设，改变传统养殖业“小、散、乱、脏”的局面，推进产业化、规模化、集约化经营。龙头企业队伍不断壮大，全市青岛市级以上农业产业化龙头企业总数达到60家，其中国家级4家、省级9家。到2014年年底，全市存栏奶牛9.44万头，同比增长0.43%；出栏生猪94.8万头、肉食鸡13515万只，同比分别增长0.32%和0.01%；蛋鸡存栏760.75万只，同比增长0.02%；全年渔业增殖放流数量达到100万尾。全市创建畜牧养殖示范园区5处，新建、改扩建标准化畜禽养殖场（区）达到43处。工厂化渔业养殖呈现新面貌，新发展高标准渔业养殖基地3个，占地5190亩，澳斑鱼、花白鲢、观赏鱼等育苗繁殖能力得到提升，渔业生产能力和效益进一步提高。

提高农业生产装备水平

水利工程建设步伐加快。投资2661.39万元，完成小农水重点县二期工程；投资2406.17万元，完成店埠镇节水灌溉二期项目建设；针对春季旱情，动员镇村和群众开展小型农田水利工程建设，开展抗旱浇水保苗；科学调度三座大中型水库放水2300万立方米，灌溉农田22万亩；争取各级财政列资1623万元，按照“投资少、效益好、群众拥护”的原则，对因抗旱兴建的小型水利工程项目进行资金补助。投资50万元实施高格庄水库增设检修闸门工程，投资285.58万元实施北墅水库溢洪道左岸砌石末端水毁修复工程。投资5216万元实施农村规模化供水二期工程。投资1410万元，实施16个移民后期扶持项目。投资4090万元，实施国家库区移民避险解困试点项目。投资600万元，完成青山和榛子沟小流域综合治理工程。农机装备水平进一步提高。全市农机总动力增加1.2万千瓦，达到131.47万千瓦，其中，大中型拖拉机和联合收获机总量分别达到4237台和3137台。小麦机收水平稳定保持在99%以上，玉米机收水平大幅跃升，比2013年提高6个百分点，超过90%。全市经济作物机械化生产水平达到65%，主要农作物机械化综合作业水平达到86.5%。

城乡一体化步伐加快

把新型农村社区建设作为“一把手”工程，因地制宜，积极稳妥推进。全市新开工集聚类社区14个，开工率、正负零达标率均达到100%；新型农村社区服务中心实现全覆盖，达标率居青岛市两区四市第一。11月20日，青岛市新型农村社区建设工作现场调度会在莱西市召开，现场观摩了莱西市5个社区建设现场。青岛市市长张新起、副市长黄龙华出席会议并讲话，对莱西市社区工作建设给予肯定。规范社区服务中心运行管理，拨付各镇街社区服务中心运转经费2560万元，通过典型引路，实现全市新型农村社区服务中心规范化、正常化运转。

打造幸福宜居新莱西

在全市实行一个标准要求、一个标准整治、一个标准考核，紧紧抓住农村村内“三大堆”、卫生死角、暴露垃圾等治理难点和重点，实行镇干部包村、村干部包片，全市农村人居环境焕然一新。全市累计清理农村垃圾427.6万立方米、“三大堆”16.6万个，拆除违章建筑10623处、5.9万平方米；打捞水面漂浮物、清理暴露垃圾，累计清理河道、沟渠22.2万米；围绕“田园生态，休闲莱西”这一主题，以美丽乡村建设为重点，建设美丽乡村示范点11个，配套村庄基础设施工程76项，培育多元化生态文明乡村建设体系。9月29日，青岛市人大常委会组织驻青省人大代表到莱西市进行专题调研，对莱西市农村环境综合整治工作给予肯定。将村庄绿化纳入农村环境综合整治工作，实施绿化村庄332个，植树117万株。全年完成造林3.8万亩，绿化道路322公里，植树1072万株。围绕“田园生态，休闲莱西”的主题，利用现有农业产业资源和农村民俗文化资源，整体规划、科学布局，培育多元化生态文明乡村建设体系，投资2800万元，实施美丽乡村建设示范点建设11个，配套建设基础设施工程76项，完成培育乡村旅游示范点42个。

释放农业农村发展活力

农村改革进展顺利。全市755个村庄完成调查摸底、勘察测绘、登记录入和颁发证书工作，完成率和完成进度均居青岛市首位。完成15个村庄的农村集体经济组织产权制度改革工作，按程序进行清产核资和股份量化。引导农村土地依法规范流转，全市土地流转面积达30.2万亩。新型农业经营主体发展迅速。截至2014年年底，在工商部门注册登记的家庭农场达到2453家，注册登记的农民专业合作社达到1800多家，培育示范家庭农场50家，其中青岛市级示范家庭农场17家，培育推荐国家级示范社4家、省级示范社4家、青岛市级示范合作社42家。农业产业化龙头企业和示范合作社、示范家庭农场数量均居青岛市首位。

（市农工委办）

种植业

粮油生产

依托农业部粮油高产创建项目实施，整合测土配方施肥、良种统供、病虫害统防统治等各类项目资源，坚持良种良法配套，粮油作物单产进一步提高。全市小麦收获面积4.41万公顷，预计平均单产424.9公斤，比2013年增加11.9公斤，增长2.88%，总产28.96万吨。全市玉米面积4.65万公顷，预计平均单产468公斤，比2013年增加5.2公斤，增产 1.12%，总产 32.61 万吨。全市花生面积 1.81 万公顷，预计平均亩产 315.3 公斤，增加 4.3 公斤，增产 1.38%，总产 8.7 万吨，实现了粮油生产“十二连丰”，莱西市被农业部评为全国粮食生产先进县。

蔬菜生产

蔬菜效益稳步提高。全市共完成蔬菜播种面积 3.47 万公顷，其中设施栽培总面积达 1.4 万公顷，新增设施面积 246.67 公顷，完成蔬菜收获 210 万吨。栽培面积和产量均位于青岛市 12 区市第二位。从国内外科研单位、知名种子公司引进试种 20 多个优质蔬菜新品种，已筛选出荷兰番茄、甜椒、胡萝卜、黑圆茄子、水果黄瓜等 10 余个优良品种，产量和品质都有较大提升。推广应用标准化生产和无公害防治技术、两网一膜一黄板、水肥一体化、标准化栽培等新技术措施，为蔬菜安全生产提供有力的技术支撑，确保蔬菜产品的质量安全。

果品生产

果品更新换代步伐加快。果园面积稳定在 6666.67 公顷，果品总产 22 万吨。依托青岛市标准园建设和矮砧集约栽培新模式项目的实施，通过整修田间道路、铺设低压管道等改造措施，全市新改建果园 266.67 公顷；其中，完成新建自根砧矮化密植果园 66.67 公顷，总面积达到 240 公顷，居全国县级市前列。加快了全市果业更新换代步伐。

农业产业化

现代农业园区规划建设实现新突破。2014 年，莱西市按照提升一批、扩建一批、新建一批的思路，围绕国家级现代农业示范区和大沽河现代农业产业带建设，立足优质主导产业，宣传发动，因地制宜开展农业园区规划建设，投资 4.12 亿元，建设现代农业园区 18 个。总投资达到 13.8 亿元，园区总数达到 51 个，其中大沽河沿岸 11 个、种植类园区 34 个，通过现代农业园区建设，带动全市现代农业发展。

农业产业化工作成效显著。以培育农产品加工企业、合作社、家庭农场及种植大户等新兴经营主体为重点，提高全市农业产业化水平。青岛市级以上农业产业化龙头企业总数达到 60 家，其中国家级 4 家、省级 9 家。依托农副产品加工龙头企业，莱西市培育形成牛奶加工、肉鸡加工、猪肉加工、蔬菜加工、果品加工、花生加工六大农业产业链条，将 80% 以上的农户纳入产业化经营体系。2014 年，在工商部门注册登记的家庭农场达到 2453 家，培育示范家庭农场 50 家，其中青岛市级示范家庭农场 17 家。在工商部门注册登记的农民专业合作社达到 1800 多家，培育推荐国家级示范社 4 家、省级示范社 4 家、青岛市级示范合作社 42 家，示范合作社数量居青岛市首位。

农产品质量安全监管

每个镇设立镇级农产品质量安全监管中心和镇级农产品质量检测室，并配备 4 名工作人员，857 个涉农村庄全部配备村级协管员。在店埠镇和沽河街道两处青岛市级示范镇建设 3 处示范基地，在示范基地内，严格按照标准化操作规程组织生产，开展“三品一标”农产品质量认证和品牌培育，规范 2 个示范镇的农业投入品监管。将全市 38 个农业标准化生产基地全部纳入追溯体系，包括“三品一标”农产品种植基地 29 个，市级财政扶持的示范园 2 个、示范合作社 7 个。

全市共检查农资生产厂家及农资经营业户 516 家，抽检农资样品 327 个，查获假冒伪劣农资 1 吨多，查处农资违法案件 125 起。接待来访群众 131 人，受理群众投诉案件 46 起，为农民挽回直接经济损失 11 万余元。全市 8 家高毒农药经营单位，实现信息化监管追溯管理，将符合农药经营“六项制度”规定的 430 家农资经营单位纳入农药监管信息化追溯系统。地规范农资市场，从源头上保障农产品质量安全。

全市已建设各类农业标准化生产基地 42 处，通过认证有效期内的“三品一标”基地（含专业合作社）36 处，55 个产品。其中：无公害农产品 28 个，绿色食品 10 个，有机农产品 8 个，地理标志农产品 9 个，有 2 项农产品被评为中国名牌农产品，2 项农产品被评为山东名牌农产品，4 项农产品被认定为青岛名牌农产品，莱西市被农业部评为“全国无公害农产品生产示范县（市）”“全国农产品标准化生产综合示范区”和“全国绿色食品原料标准化生产示范县”。

配套完善市级农产品质量监督检测。投资320多万元，建立市农产品质量监督检测中心，2008年6月通过山东省质量技术监督局资质认定和计量认证。2014年10月份，按照青岛市农委的统一要求，在12个镇（街道、开发区）建立镇级检测室。

农业科技服务与培训

组织全市100余名农业技术指导员，开展“百村千户科技行”活动。共举办各类技术培训班160场次，电视讲座16场次，田间指导1.1万户，培训农民1.4万人次，其中培训新型职业农民3200人，赠送农民科技书籍5000册，发放技术明白纸6万余份。示范推广新技术23项、新品种44个。

测土配方施肥

从以往的土壤测试、试验示范等基础性工作为主，改为推广普及应用为主，围绕省、市测土施肥普及行动方案，加强技术培训，推广网络建设，开展个性化服务，重点是加强对农业园区、种植业合作社、种粮大户的技术指导，全面开展普及应用。全年，共举办培训班6次，电视宣传报道3次，组织测土配方定点生产企业赶科技大集、进村入户宣传推广13批次，发放宣传材料5600多份，营造良好的舆论环境。技术保障和推广应用也有条不紊地推进，采集土样500个；完成2个万亩示范方、5个千亩示范片、10个百亩示范方的建设；安排田间试验10个。

加强测土配方施肥技术的网络建设，提升网络终端的科技含量和技术水平，在原有系统基础上开发网络版和手机平台查询。为测土配方施肥技术的普及和推广，提供了更加科学方便的服务手段。测土配方施肥终端查询系统已普及到镇、村。

农村改革

按照“严格程序、依法规范、试点先行、稳步推进”的原则，首先，在日庄镇进行农村土地承包经营权确权登记颁证试点，在此基础上，完成755个村庄的农村土地承包经营权确权登记颁证工作，占村庄总数的88%。截至2014年年底，全市755个村庄的调查摸底、勘察测绘、系统录入、确权登记、证书发放等各项工作均按期完成。青岛市先后于2013年8月14日和2014年4月23日在莱西市召开现场会。

农村产权制度改革。按照青岛市农委下达的任务，完成15个村庄的农村集体经济组织产权制度改革工作，按程序进行清产核资和股份量化。

引导农户依法有序流转承包土地。全市土地流转面积达2.03公顷，占全市耕地总面积的28.2%。其中流向种植大户和农户的1.6万公顷，占流转总量的79.5%；流向农民专合作社、农业园区和家庭农场等新型经营主体的4133公顷，占流转总量的20.5%。流转出的土地主要以种植粮食作物为主，占流转总量的59.6%，种植蔬菜等其他经济作物占流转总量的30%左右。流转期限以中短期为主，1～5年流转面积占66%，5～10年流转面积占19%，10年以上流转面积占15%。

创新土地流转方式。探索建立土地承包经营权流转风险防范机制，发展规模适度的家庭农场，引导农民以土地经营权入股等方式，发展农村股份合作经济。在全市培育一大批具备现代农业经营素质和技能的新型经营主体，其中培育农民专业合作社1800多家，培育6.67公顷以上的种植大户和家庭农场1300多家，新建各类农业园区50多个。

推进农村土地所有权、承包权和经营权三权分置改革。探索用土地经营权证进行抵押贷款的新方式，释放农村土地的市场价值，促进农村经济社会发展，实现城乡统筹发展。市农业局协调金融部门，规范信贷操作流程，明确办理权限和时限，减少辗转环节，办贷时间大大缩短，办贷效率大大提高，为广大农户提供更加优质、便捷的服务。2014年10月，市农业局会同农商银行合作开通办贷绿色通道，为河头店镇振军家庭农场发放土地经营权贷款40万元，从土地经营权证发放，资产、经营调查，到贷款审查、审批等环节全程实行优先安排、简化程序、压茬办理，从申请到发放贷款只用两天时间。

（市农业局）

畜牧养殖业

2014年，莱西市坚持走畜牧业标准化、生态型、可持续发展路子，统筹兼顾公共卫生安全、畜产品质量安全、生态环境安全，以市场为导向，以科技为动力，依托龙头企业，培育奶牛、肉牛（羊）、肉鸡、生猪四大主导产业，加快畜牧业生产方式转变，提升畜牧业标准化、现代化发展水平，促进全市畜牧业生产持续健康发展。到年底，全市存栏奶牛9.44万头，同比增长0.43%，出栏生猪95万头、肉食鸡13515万只，同比分别增长0.53%和0.01%，肉蛋奶总产量达到73.9万吨，同比增长0.2%，畜牧业在农村经济发展和农民增收中的地位和作用增强。

畜禽养殖区域布局规划

2014年，为切实解决畜禽养殖业环境污染问题，在调查的基础上，制定《莱西市畜禽养殖布局规划方案》，将全市畜禽养殖区域划定为禁止养殖区、限制养殖区和适合养殖区，调整优化全市畜禽养殖业生产布局，开展畜禽养殖污染综合防治，促进畜牧业生产与生态环境协调发展，实现畜禽养殖废弃物的减量化、无害化和生态化，推进生态文明建设。目前，畜禽养殖布局规划方案正在修订中。

现代化养殖

重点抓青岛福源康牧业有限公司生猪养殖示范园区等4处重点示范园区建设。按照青岛市示范园区建设标准，进行科学规划，统筹安排，配套可视化电子监控、病死动物高温高压或焚烧处理、粪便设施化处理等必备的设施设备，核心养殖区、加工区建有展示观摩区，打造园区亮点示范工程。

转变养殖方式，加快推进标准化养殖场（区）和畜禽“退户进区”工程建设，推行健康、生态养殖，提升畜牧业产业化、规模化、标准化发展水平。年内，全市新建、改扩建养殖场43处，新建、改扩建畜禽“退户进区”养殖小区13处，其中，有7处小区率先通过青岛市验收。新建的养殖场（区）凸显数量多、建设标准高、饲养规模大等特点。其中，青岛盛世牧业占地20公顷，饲养奶牛规模3800头，现奶牛存栏500头；莱河大自然牧场占地10.67公顷，饲养奶牛规模1000头。青岛燕妮奶牛专业合作社奶牛养殖小区，占地面积2.67公顷，奶牛饲养规模600头；青岛众合绿源奶牛养殖专业合作社占地面积2公顷，奶牛饲养规模500头。莱西市标准化养殖场（区）建设工作走在青岛市前列。

肉牛规模养殖

2014年，莱西市进一步调整优化畜牧业产业结构，在稳定生猪、蛋鸡、肉鸡等食粮畜禽发展的同时，重点发展肉牛、肉羊、奶牛等食草节粮型畜禽，实现奶牛、肉牛（肉羊）主导产业优势互补、驱动发展。全市新发展100头以上的规模化肉牛场7处。其中，青岛榕昕牧业有限公司肉牛场占地面积20公顷，饲养规模8000头，现已建设标准化肉牛舍4栋，存栏肉牛800头。青岛鼎丰畜牧养殖专业合作社肉牛场占地面积24公顷，饲养规模3000头，现已建设标准化牛舍6栋，存栏肉牛300头。

饲料青贮

将青岛市下发的关于扶持标准化农作物秸秆青贮池建设的通知下发到各基层动物监督站和广大奶牛养殖场户，做好宣传和组织发动，在建设过程中，组织基层动物监督站技术人员做好技术指导。年内，全市共有28个奶牛养殖场户建设青贮池60个，容积10万多立方米。其中符合青岛市青贮池建设条件要求的有20个奶牛养殖场户建设青贮池44个，容积9万多立方米。新建的青贮池凸现数量多、规模大、标准高等特点。如青岛盛世牧业新建标准化青贮池5个，容积4万多立方米；莱西广力肉牛养殖场新建标准化青贮池3个，容积16379立方米。

青贮工作中，引导奶牛养殖场、户，抓住有利时机，解决好青贮与三秋生产争时间的问题，根据各自实际，多种形式开展青贮，确保青贮速度和质量。鼓励奶牛养殖场、户购买大型铡草机、联合收割机等机械设备，6月，在莱西市夏格庄镇青岛昌盛兴农机公司组织全市规模奶牛养殖场户举办青贮机械使用和奶牛养殖技术培训班，提高养殖场户对青贮机械的认识，提高青贮的效率和质量。年内全市开展玉米秸秆青贮58.5万吨，其中，全株玉米青贮30万吨以上，青贮池建设数量和青贮数量居青岛市各市区首位。9月22日，青岛市在莱西市召开青岛市农作物秸秆青贮现场会，推广莱西市的经验做法。

重大动物疫病防控

按照青岛市防控重大动物疫病指挥部的统一部署，在全市范围内开展春夏秋三季高致病性禽流感、口蹄疫、猪瘟、高致病性猪蓝耳病等重大动物疫病强制免疫工作。免疫高致病性禽流感367.7万羽，生猪口蹄疫54.3万头，猪瘟55.3万头，高致病性猪蓝耳病49.6万头，牛O-亚I口蹄疫10.7万头，羊O-亚I口蹄疫8.4万只，奶牛A型口蹄疫12.8万头。对兽医实验室进行改扩建，更新改造相关的设施设备，充实专业技术人员，提升检测能力，达到农业部、省畜牧兽医局要求的动物疫病诊断、检测要求。对所储备的重大动物疫病防控物资按照青岛市局下达的任务数及时进行更新、充实，同时，对相应的仓储条件进行维修和完善。1月3日，在沽河街道办事处举办青岛市重大动物疫情应急演练，青岛及莱西市两级防控重大动物疫病指挥部各成员单位、各区市畜牧兽医部门派员进行观摩。通过演练，强化防控指挥系统的上下协作，密切部门间的协调配合，锻炼应急队伍，增强应急处置能力。

畜产品安全监管

层层签订责任书，划片包干，落实畜产品安全监管责任。严把产地、屠宰、市场关，严厉打击流通环节和畜产品市场的违法行为。开展饲料、兽药等投入品生产经营和使用环节的监督检查工作，定期抽检，强化监管。年内，已抽检饲料154批、兽药158批。对经检测发现的假劣兽药、饲料产品，依法查处，实施追根溯源，杜绝安全隐患。抽检样品1044批次，检测合格率100%。共依法查处兽医卫生执法案件31起，罚没罚金61419元；查处兽药饲料案件17起，罚没罚金23.775万元；检查畜禽定点屠宰厂（点）8个，立案查处违法案件2起，罚没罚金4300元。理顺无疫区认证机构，健全工作机制，制定无疫区评估工作方案，成立市动物疫病预防与控制中心，加挂市畜牧兽医工作站牌子，抓好体制建设和计量认证工作。加强实验室规范化建设和管理，对相关的设施设备更新改造，争取一次通过省质监部门的计量认证和农业部的资格认证。

（市畜牧局）

果业·花卉业

果业

2014年，全市新改建果园266.67公顷，果园总面积达到1.37万公顷，果品总产21万吨。其中，完成新建自根砧矮化密植果园66.67公顷，总面积达到240公顷，居全国县级市前列。

随着农业结构的调整优化，树种和品种布局正在向区域化、规模化发展。苹果主要分布在马连庄、河头店、南墅等镇的低山丘陵区及孙受、武备、望城等镇的大小沽河沿岸。主栽品种为晚熟红富士，辅以嘎拉、乔纳金、新红星等中早熟品种。梨主要分布在日庄、武备、河头店、马连庄等镇河滩地及缓坡丘陵区。主栽品种为日韩系的新高、水晶、园黄和丰水等。桃主要分布在水集、武备、南墅等镇（街道）。主栽品种有中华寿桃、艳光、丽春、川中岛等。

推广新品种优质富士苹果自根砧木富士-M9T337共133.33公顷。

推广以下新技术：果实全园套袋技术。全市推广应用果实套袋14亿多个，其中优质纸袋达70%以上；果园铺反光膜5333.33公顷，提高果品质量；果园实行壁蜂授粉推广6666.67公顷；园地土壤免耕技术。全市推广园地土壤免耕技术5333.33公顷，其中生草果园3333.33公顷，覆草果园2000公顷。1333.33公顷果园推行节水灌溉；测土配方施肥技术。取土样800个代表果园3333.33公顷。在增施有机肥的基础上，全市有1.2万多公顷果园推广应用测土配方施肥技术，有效地提高了肥料利用率和园地土壤肥力；设施栽培技术。全市拥有果树设施栽培面积400公顷，形成马连庄和河头店等镇的大棚草莓、葡萄；孙受和院上镇的大棚葡萄；武备的大棚油桃规模化的种植区。

花卉业

2014年，全市有花卉保护地栽培面积141.93公顷，产量1770万株，销售收入3900多万元；设施花卉栽培面积46.67公顷，产量500万株，销售收入近2000万元。引进花卉新品种20个，花卉生产能力有所提高，规模优势、品牌优势正在形成。姜山镇万紫花卉生产基地、沽河街道花卉生产基地是莱西市的花卉主产区，主要生产盆花和切花，带动全市花卉业的发展。

（市农业局）

水利

2014年，全市共完成水利建设工程354项，各级投资2.34亿元。扩大、改善灌溉面积5066.67公顷，治理水土流失面积12平方公里。

农业节水增效项目

完成小农水重点县二期工程、节水灌溉二期项目和220项镇村小型农田水利工程。针对今年春季旱情，动员群众通过打井、挖塘等小型水源工程设施建设，开展抗旱浇水保苗；科学调度三座大中型水库放水2300万立方米，灌溉农田1.47万公顷；争取各级财政投资，按照“投资少、效益好、群众拥护”的原则，对因抗旱兴建的113个小型水利工程项目进行资金补助。

防洪减灾工程项目

完成大沽河防洪工程所剩余的闸坝、桥梁衔接段护岸工程及护岸草皮种植等尾工。展开五沽河治理工程和大沽河支流治理工程。防汛工作扎实到位，做到责任、队伍、物料、预案、制度等五落实，全市安全度过汛期。实施高格庄水库增设检修闸门工程和北墅水库溢洪道左岸砌石末端水毁修复工程。完成青山和榛子沟小流域综合治理工程。

城乡供水一体化建设

根据青岛市规划总体目标要求，莱西市共规划农村规模化供水改造工程13项，设计总投资1.917亿元，分三期实施。2014年，实施二期工程。三期工程已完成工程设计和实施方案编制等前期工作。

移民后期扶持项目

做好库区移民信访稳定和人口变化管理工作，及时发放年度扶持资金。实施16个移民后期扶持项目。争取中央和省资金实施国家库区移民避险解困试点项目。

落实水资源管理制度

执行水资源调度令，抓好取水许可和取水户日常管理工作。开展水资源管理专项整治行动，排查整治无证取水、不安装取水计量设施、不依法缴纳水资源费等违法取水用水行为，共排查企业400多户，新增取水户24户。

水政综合执法

建立综合执法工作机制，组织执法人员对全市水利管理区域进行排查，重点检查水事违法隐患，打击河道管理范围内违法采砂、乱采滥挖等水事违法行为，共查处水事违法案件52起，查扣水事违法机具100多部。

推进小型水利工程管理体制改革

按照青岛统一部署，自2014年开始进行小型水利工程管理体制改革，争取市政府出台《莱西市深化小型水利工程管理体制改革实施方案》，全市已完成摸底调查工作，完成试点镇工作。通过工程管理体制改革，可有效解决莱西市小型水利工程产权经营权不明晰、管理责任难以落实、工程老化失修效益衰减等问题，建立科学的管理体制和良性运行机制，确保工程安全运行和效益充分发挥。

（市水利局）

水 文

汛前准备

修订汛期测报方案、洪水测报方案、安全生产制度、值班制度、突发应急制度等，用各类预案方案规范测报工作。完善汛期防汛目标责任制，严格执行责任追究制度，健全各类测报方案及相关工作制度。完善局机关、水文站汛期值班制度及安全生产管理制度等；组织学习上级主管部门下达的有关文件精神，提高职工“防大汛，抗大洪”的意识。

针对不时出现的旱情，根据不同旱情发展形势制定相应的应对机制，分析旱情形势，制定墒情简报，上报有关部门，把握旱情形势。上半年莱西市有效降雨较少，至7月中旬，莱西市大部分土壤相对湿度在42%至50%之间，出现中旱；东南部、西南部、北部，土壤相对湿度在33%至39%之间出现重旱。为及时掌握旱情动态，7月份增加监测次数，加密监测站点，提高监测数据的精度，为农民的抗旱保墒提供帮助。年内，发墒情简报25期。

根据市政府的统一安排，自4月16日起，从大沽河上游产芝、北墅和黄同水库调水抗旱，市水文局利用周末两天时间，完成莱西范围内11处断面的水尺的设立和水尺零点的引测任务，调水开始后，为确保调水期间水文监测信息及时畅通，全体职工齐上阵、昼夜坚守，按照市局制定的实施方案进行，先后出动4部车辆，共测流58次，观测的水位800余次。及时将监测数据上报市局及莱西市有关部门，为当地政府科学调度水库、闸坝运行提供准确数据。

汛期测报及水情发布

面对汛期，市水文局制定应急值班制度。确保遇到强降雨时，全体干部职工24小时在岗。明确责任人，保证不出现漏报和脱岗情况。年内，全市累计降雨量581.5毫米，较常年平均偏少25.6毫米，较2013年偏多43.4毫米。单日最大降雨发生在7月25日为孙受雨量站，降雨量285.2毫米。整个汛期总编发水情电报680多份，编辑发布雨水情信息简报23期，发送雨水情信息短信约8000余条。水文快讯21期。受台风“麦德姆”影响，7月24日17时到25日14时，莱西市普降大到暴雨，局部大暴雨，市水文局按照汛前准备方案应对，对水库监测、河道测流、水情发报、物资保障等都进行明确分工，测流过程中，使用巡测车和ADCP等先进监测设备，升级防汛指挥系统网络平台，向市政府及街道相关部门编发水文快讯6期，向市局报送信息90条、8处监测城市积水情况，每隔1小时向半岛报和莱西新闻提供实时降雨量。

用水总量监测

2013年水利部水文局确定青岛为全国用水总量监测试点市。为在全市推进用水总量监测工作，做好全国试点工作，2014年4月确定莱西市为全市用水总量监测示范市。市编委下发文件在各镇(街道)、经济开发区水务工作站增加水文站用水总量监测职能，负责各自辖区内用水总量监测工作。继2013年成立的望城乡镇服务中心，2014年上半年成立夏格庄镇水文服务中心。经汇总统计，1～5月，地表水3190.1万立方米，地下水2567.2万立方米；6～9月，地表水990.8万立方米，地下水1221.6万立方米，1～9月，莱西市用水量7969.7万立方米。

服务社会

市水文局参加每年的“5·12”防灾减灾活动，制作宣传展板和单页，为防灾减灾工作做出水文方面的努力。每年多次参与政府组织的“环境卫生集中整治日”活动，美化亮化工程等活动，为世界休闲大会组委会提供产芝水库和姜山湖相关水文资料。组织单位的全体干部职工参加每年一次的“慈善一日捐”活动，共计捐款1550元。为南墅镇崔家洼孤儿捐款2000元。

在莱西市区潴河公园景点区安装LED彩色大屏幕，实时显示潴河当前水位，有雨之日，滚动播出降雨简讯。便于市民解降雨信息，指导市民出行和农民耕种。

（市水文局）

水 产

工厂化养殖

青岛七好营养科技有限公司是一家专业从事水产养殖、高档水产饲料及新蛋白源的研发、生产、销售和服务于一体的高科技创新型企业。公司位于莱西市望城街道办事处，占地面积135亩。公司进行全封闭式工业化循环水安全养殖，目前正在养殖的七好澳斑（澳洲鳕鲈）有50万尾。公司全封闭工业化循环水养殖技术已经达到国内外先进水平，养殖生产全过程零用药，保证食品安全与可追溯。饲料生产车间计划2015年6月投产，生产的饲料品种有七好澳斑饲料、大菱鲆饲料、石斑鱼饲料、鲟鱼饲料、海参饲料等。

增殖放流

2014年，通过积极争取全市增殖放流数量从2013年的80万尾增加到100万尾，提高放流苗种质量、数量，使增殖放流工作真正体现生态修复作用。

渔业项目

青岛祥和农庄水产养殖合作社、青岛滕达源淡水养殖专业合作社申请青岛市2014年现代渔业项目；青岛成林家园淡水鱼养殖专业合作社申请青岛市2014年渔业标准化健康养殖项目。

海洋经济创新项目

山东恩宝生物科技有限公司海藻双控复合型缓释系列肥料研发与产业化获国家海洋经济创新发展区域示范项目扶持资金500万元，海洋经济创新发展区域示范项目支持探索和采用形式多样的产学研用融合发展的模式，鼓励校所（校校、所所）、企校（企所）合作，鼓励上下游企业之间建立实质性的合作关系，这也是涉水企业突破发展的机遇。

渔业执法

2014年，开展电捕鱼集中行动月专项行动，重点打击电、炸、毒鱼等手段进行非法捕捉的不法分子；开展“渔业安全生产月”打非治违专项行动等活动，聘请专家对经营企业安全生产设施、船舶及码头进行检查，确保渔业生产安全有序进行。全年共受理河头店马台村池塘、三里庄池塘、李家洼水库等6起污染事故，通过调解程序，为养殖户挽回渔业损失。

渔业安全生产

坚持“安全第一，预防为主”的基本方针，强化对安全生产管理工作的领导。落实安全生产责任制。年初，与各水库管理局（所）签订目标责任书，明确安全职责和目标任务。建立健全渔业安全生产年度考核制度。全年没有出现一起渔业安全生产事故。2014年，全市水产养殖总面积4676公顷，水产品产量1.05万吨，渔业总产值1.22亿元。市水产局被青岛市海洋与渔业局评为全市海洋与渔业工作先进单位。

（徐慧萍）

农 机

2014年，莱西市农机总动力达到131.47万千瓦，比2013年增长0.8%；农机固定资产总值达到10.32亿元，比2013年增长0.98%，继续位居青岛市前列。全市驾驶员在册数达到37145人，拖拉机在册数达到41080台（其中大中型拖拉机6058台），收获机械3546台、播种机8301台、畜牧水产养殖机械6891台，各类配套机具达到9.68万台（件）。2014年，获得青岛市农机工作优秀单位、农机安全监理工作先进单位、农机化示范创建工作先进单位、农机化宣传工作先进单位等多项称号。

农业机械装备总量

2014年，全年新增各类农业机械1407台，其中，收获机械465台，耕整机械27台，设施农业设备126台，动力机械725台，畜牧水产养殖机械63台，收获后处理机械1台，种植施肥机械55台，排灌机械71台。在农机装备总量增长的同时，存量结构优化，各种高性能农机装备得到推广，农业机械的应用领域不断拓展。

农业机械作业

截至 2014 年年底，全市农业机械化综合作业水平达到 85.6%，比 2013 年提高 2.5 个百分点。小麦机收率达到 99.9%，玉米机播率 100%，创历史新高；玉米和花生机械化收获有新进展，完成玉米机收面积 3.97 万公顷，机收率 90.1%；完成花生机收面积 1.09 万公顷，机收率达 70%；粮食机械迅猛发展，初加工能力提高，明显提高了抗御自然灾害的能力；完成玉米纯秸秆还田面积 1.89 万公顷，玉米秸秆青贮面积 2.08 万公顷，秸秆机械化还田和综合利用率达到 65% 以上；畜牧水产养殖机械使用率提高。

农机社会化服务

2014 年，重点加强农机专业合作社规范化建设，支持建设一批农机专业合作社示范社，能为农民提供产前、产中、产后系列化、规范化及订单式、保姆式服务，初步改变莱西市一家一户的小作坊式生产方式，降低农机资产浪费，在加快农机化集约经营，转变传统落后耕作方式方面发挥作用。2014 年，全市已注册的农机专业合作社达到 126 个，合作社成员 2680 人，累计完成作业面积 220 多万亩，占全市作业面积的 60%，实现作业收入 8800 多万元。

保护性耕作推广

2014 年，改变思路，创新思维，推行核心示范市成方连片推进辐射带动模式，推动保护性耕作项目整体推进速度，走在青岛市前列。全市共规划建设保护性耕示范区 5 个，实施面积 880 公顷，辐射带动面积 8666.67 公顷。同时，抓住农业部开展农机深松整地试点的有利时机，争取青岛财政资金 100 万元，年内完成深松作业面积 2093.33 公顷，在取得粮食增产、培肥地力、促进装备优化等方面取得明显成效。

农机安全监理

2014 年，全市拖拉机新挂牌 654 副，新办证 295 个，换证 1628 个；检验拖拉机、联合收割机 3.7 万台，年检率 92.3%。共查处农机无牌行驶 337 台、无证驾驶 367 人、脱检 3897 台、违章载人 95 台次、其他违法行为 311 台次，实施行政处罚 56 人次；检查农机维修网点、合作社 163 家，检查中小学及幼儿园 175 家，排查隐患 336 处，完成隐患治理 309 处，落实整改措施的 316 处。截至 12 月底，全市未发生一起重特大农机伤亡事故，全市农机安全生产形式持续稳定。

农机化教育培训

2014 年，举办农机驾驶员培训、新型职业农民培训、农机修理工培训等各类培训班 13 期，培训各类农机化从业人员 1200 余人次。农机教育培训工作成为莱西市农机化工作的一个突出亮点，为莱西市农机化发展提供有力的智力支撑。5 月 26 日，青岛市农机局在莱西市召开青岛市农机驾驶员培训考试现场会，推广莱西市农机驾驶员培训考试规范化建设经验。

（市农机局）

蚕桑业

2014 年，莱西市共放养蚕种 1806 张，蚕茧收购量 7.1 万公斤，蚕农茧款收入 306.7 万元，同比分别增长 –24.7%、–25.3% 和 –29.6%，平均张产茧 39.4 公斤，和上年持平。

“飞防”美国白蛾是致蚕茧生产大幅减收的主要原因。2014 年是莱西市“飞防”美国白蛾第四年，飞防面积、持续时间是自 2011 年以来最大和最长的一年，致使常规一年养四季蚕，变成实际上一年只养春秋两季。全市夏蚕放养蚕种 285 张，蚕茧收购量 762 公斤，几近绝产，历史上首次出现一季蚕绝收情况。

果叶两用桑持续健康发展。全市果叶两用桑面积达到 29.33 公顷，同比增加 25%。继上年经济开发区在新安村举办桑葚采摘节之后，水集办事处又在中庄扶村举办大型桑葚采摘节，影响广泛。目前莱西市共有大小桑葚采摘园 7 处，推动了果叶两用桑持续快速发展。

（市丝绸公司）

国内贸易

消费品市场情况

2014年，莱西市实现社会消费品零售额232.2亿元，同比增长12.4%，增速列青岛10区市第6位。从行业看，批发业实现零售额32亿元，同比增长5.9%；零售业实现零售额168亿元，同比增长13.6%；住宿业实现零售额0.37亿元，同比增长14.6%；餐饮业实现零售额32.3亿元，增长13.1%。

餐饮与服务业

2014年莱西市餐饮服务业营业额达32亿元，同比增长13%。

全市餐饮服务业围绕规模化、特色化、大众化经营方向，优化经营结构，同时一批新型餐饮企业不断涌现。2014年莱西市新增餐饮酒店236家，总数达1245家。其中，大中型餐饮酒店159家，包括四星级酒店2家（源杰大酒店、悦海喜来大酒店），三星级酒店1家（豪邦度假村）。在建大型酒店有4家（格林豪泰商务酒店、青岛君洲大酒店、金照阳光大酒店、瑞鑫宇雅阁度假大酒店）。

在尊重市场规律和企业主体地位基础上，莱西市引导中高档餐饮企业主动转型升级，转变营销目标市场。一方面将更多精力、资源放在商务和家庭市场开发，吸引商务宴请、会议服务、节庆、婚宴等高附加值领域，巩固原有市场地位和品牌形象；另一方面，重视推出休闲餐饮、自助餐饮、特色套餐、家庭套餐等物美价廉经营品种，吸引大众化消费群体，拓展新的利润增长点。

推进"早餐示范工程"，鼓励引导大型餐饮企业建设主食加工配送中心和早餐网点，引进知名早餐供应企业，满足市民早餐服务需求。2014年，经营中的早餐示范工程承办企业有营业网点15处。鼓励连锁餐饮、特色餐饮发展，大力推行连锁经营、特色快餐，改变传统经营方式，推动行业品牌化和规范化，满足市民新需求。发展农家乐等旅游餐饮。结合莱西市"休闲田园游"示范点建设，利用农业资源优势，建设有特色"农家乐"休闲餐饮园区，以适应假日经济和旅游业发展需要。同时加大对莱西湖、姜山湿地、大沽河、大青山等旅游资源开发力度，鼓励餐饮企业与当地旅游特色融合发展，通过旅游业大发展推进餐饮行业快速发展。

发挥莱西市各相关部门职能作用，商务、旅游、公安、消防、工商、食药、卫生、城管等部门履行自身职责，加强对餐饮企业监督管理，确保依法规范经营，打击侵犯消费者合法权益行为，提高对消防隐患、食品安全、卫生条件、门店形象整治水平，提升市民对餐饮消费信心。

（市服务业发展局）

·莱西名菜·

序号	菜品名称	所属企业	经营地址	菜品简介
1	浓汤鸡煲翅	青岛悦海喜来酒店	石岛中路5号	汤底熬制时间长，充分结合了鱼翅的鲜味。成菜鲜香不腻，营养价值高
2	至尊佛跳墙	青岛良友金阁食府	上海路37号	原料：鱼翅、鲍鱼、肉粒、鸡块、元贝肉、羊肚菌、松茸菌加高汤炖5个小时，最后放海参1条。口味：咸鲜、肉味香浓
3	香葱焗鱼嘴	青岛豪邦度假村	文化东路13号	选莱西湖野生大鲢鱼鱼头，用沙锅将各种香料垫底烹制而成。成菜色泽金黄，口味醇香，食之不腻
4	珍珠鱼脑	莱西宾馆	黄海路	原料：花鲢、高汤、葱、姜、香菜等。制作方法：1.将花鲢宰杀，头剔骨出肉。2.鱼身成茸、制丸子。成品：色泽洁白，弹性十足，口感滑嫩、营养丰富
5	砂锅鱼头滋补汤	莱西市东山鱼馆	韶存庄	用莱西湖花鲢头炖制而成。特点：汤色奶白，汤汁润滋，口感鲜美
6	家常鲤鱼	莱西市湖滨生态园宾馆	莱西湖公园	采用莱西湖6斤以上野生金鲤加工而成。菜口色泽金黄，鳞脆肉香
7	香煎银雪鱼	莱西源盛福酒楼	南京路51号	用上好的龙雪鱼经腌制后煎制而成。成品肉白滑嫩，味道独特
8	程鹏海鲜	程鹏海鲜楼	南京北路160号	海鲜种类全、新鲜、味美，营养丰富
9	金汤鲈鱼狮子头	参陆玖大酒店	烟台路63号	主料选用渤海湾野生鲈鱼，配以嫩五花肉、蟹黄等，金汤即胡萝卜汤。特点：汤色金黄，口感滑嫩
10	诸葛烤鲤鱼	青岛渔旺生态园	莱西湖	野生鲤鱼川味改进做法。特点：微麻中带辣，色泽红润

·莱西名吃·

序号	菜品名称	所属企业	经营地址	菜品简介
1	村外村日庄火烧	莱西市村外村火烧坊	日庄镇五子埠后村	采用老式发酵，手工造型，土炉烤制。成品风味独特，天然清香。2005 年获莱西名吃称号
	于氏割瓣火烧	于氏割瓣火烧坊	日庄五子埠后村	选用优质面粉、鲜鸡蛋、植物油、精制白糖等为主料。用传统式艺纯手工烤制而成，风味独特、百吃不厌
	家合兴日庄火烧	日庄五子埠后家合兴火烧坊	日庄五子埠后村	始于清光绪年间，已传十七代。其加工方法独特：一是压面时用杠子压制，非手工所能为，因而成品亦称“杠子头火烧”；二是烘烤时烤炉建于室内，无烟囱，便于炭火均匀燃烧；三是割瓣，火烧烤至半熟时，用小刀沿边割成五瓣，便于火烧内的水分蒸发及吸收炭火香味。特点：割瓣火烧香硬耐嚼，脆而不糊，若烩食，外软内硬，其味更佳。1999 年获莱西民俗特色小吃称号
2	院上正宗烤鸡	莱西市院上仁来正宗烤鸡店	院上镇驻地	选用纯种本地公鸡，采用家传秘方，由 28 味中草药及香料炮制，经全果木挂炉烤制而成。烤鸡肉鲜味美，骨香肉嫩，香而不腻。1999 年获莱西民俗特色小吃，2005 年获莱西名吃称号
3	黄帝膳用鸡	青岛通脉食品有限公司	经济开发区中沙	黄帝膳鸡又名贺寿鸡，配方源于我国古代食典贵族膳，经现代工艺改进加工而成。系根据中医原理，选用散养童子鸡，采用岭南名山中的 20 余种名贵佐料，经过 12 道工艺，历时 24 小时炮制方成。成品色泽微黄，皮爽骨香，食而不腻，具有活血化气、固神益智、养颜强体之功效。
4	迎宾水煎包	迎宾阁大酒店	威海中路	采用专用小麦粉发酵做皮，用放心鲜肉及蔬菜调馅，传统铁锅煎制，成品形似菊花，上口呈白色，蓬松柔软，底部呈麦黄色，焦脆醇香，含汤馅味道浓厚、悠然绵长
5	沽河烤鸭	莱西市沽河烤鸭店	沽河办 323 号	采用微山湖无污染水域散养鸭，融合数十种天然中药材秘制配料腌制，纯果木炭烘烤而成。成品色泽金黄油亮，外酥肉嫩，入口奇香
6	旭东猪头肉	莱西市旭东饭店	团岛路 3 号	始创于 1978 年。该产品采用传统式艺及 20 多味天然香料精制而成。色泽红润，肉香浓郁，肥而不腻，百吃不厌
7	广胜水饺	广胜大酒店	南京北路	系引进济南名吃陶然饺子的基础上，按照本地口味改进而来，现点现包，种类多，馅大味鲜

续表

8	马连庄黄瓜皮	义德饭店	马连庄镇驻地	经多年潜心研制而成，已有30年历史。成品既有“红、黄、绿”的色彩，又有“酸、辣、甜”的口味，色、香、味俱佳
9	泰竹大包	青岛新中艺金店有限公司	威海中路8号	制作加工精细，选料讲究，配方科学，营养搭配合理，价格适中，深受市民欢迎
10	大青山野菜	大青山美食苑	南京北路	选大青山时令野菜，吸收传统农家风味，无污染，营养丰富

·莱西特色小吃·

序号	菜品名称	所属企业	经营地址	菜品简介
1	福慧居馅饼	莱西市福慧居馅饼粥店	长岛路	馅饼选料考究、皮薄馅多、色泽金黄、口感鲜香
2	院上利章烤鸡	莱西市院上利章烤鸡店	院上镇驻地	本品选用当地公鸡，用20余味中药煨制，果木烧炉，以炉温烤制而成。味香爽口，营养丰富
3	客乐跑山鸡	客乐酒家	长岛路3号	选江西四季自然山区散养的以野草、蚂蚱、小虫为食的绿色鸡为原料加工而成。成品肉质独特，营养丰富
4	董山后棒骨	董山后棒骨海鲜店	银泰小区	已有20余年历史。棒骨取至农村自养无激素饲料喂养的生猪，用精心调制老汤煮制而成。骨香肉鲜、汤浓爽口
5	小林麻辣烫	小林麻辣烫	望城装饰城	吸收著名川味小吃麻辣烫精华，以口感极佳的烫面为主料，选用多种名贵中草药，配以富含维生素的当地新鲜蔬菜为辅料，其味麻、辣、鲜、香，既可做主食，又是一道风味独特的佐菜
6	泽口烧鹅	莱西市姜山泽口鹅鸭店	姜山吕家泽口村	选用本地散养鹅烧制而成。其特点：色泽红亮、口味纯正、肉质鲜嫩、香而不腻，具有强身健体之功效
7	院上驴肉	莱西市大方圆酒楼	院上镇驻地	采用23种珍贵香辛料，精选优质驴肉，用秘方煮制而成。成品富含胶原蛋白，脂肪低，色鲜味美，久吃不厌
8	城西鸭子	青岛莱西城西酒店	石岛路	采用本地散养鸭，低盐、低温腌制后加工，自然风干而成．菜品具有补中益气、强盘壮骨、息风定惊之功效。

续表

9	辛庄三鲜水饺	莱西市又一餐饭店	望城辛庄	选用万福精肉、高筋面粉、渤海特产海米，加当地绿色紫根韭菜，用传统手艺加工而成。馅鲜味美
10	剁椒鱼头	莱西市宝霞生态园	日庄大埠阴村	选取莱西湖优质花鲢鱼头盐制后，配上湖北阿瓦山寨剁椒蒸熟即可。此菜香辣可口，面条劲道、鲜美

（市服务业发展局）

粮油流通

莱西市粮食办公室共有3个辖属单位，分别是：莱西市粮食储运站、青岛莱西军粮供应站、青岛莱西市金谷粮油有限公司（国有控股企业）。2014年，全系统共完成销售收入4.7亿元，实现利润68万元。市粮食办公室先后获全省粮食执法效能提升活动先进单位、山东省粮食系统先进集体和全国粮食流通监督检查示范单位等称号。辖属的青岛莱西市金谷粮油有限公司连续9年获全省十大粮油购销企业称号。

粮油购销

继续做好粮油市场信息采编工作，为企业经营搞好信息指导，为上级领导决策提供服务。全年共编发《粮油市场快讯》48期，小麦、玉米专刊3期，发至辖属各企业、班子成员和各科室，并报送莱西市委、市政府、市人大、市政协及青岛是粮食局、农发行，为领导决策和指导企业经营提供有力服务，取得良好效果，指导企业增效100多万元。发挥国有粮食购销企业在粮食流通中主渠道作用，狠抓当地粮源收购，与粮食产销区多家大型粮食骨干企业集团合作经营，采取委托代购、边购边销、外调外销灵活多样经营方式，达到优势互补，实施省际粮食产销区域合作，做活粮食大流通文章，全年粮食经营量达65万余吨，满足莱西市粮食市场需求，确保粮食安全，企业也取得良好经济效益。

硬件建设

莱西市粮食仓储与交易中心建设项目，是青岛市政府规划建设的三大资源类交易平台项目之一，已纳入青岛市粮食局确定的“品”字形粮食大物流总体规划，并被列为莱西市“十二五”规划。市粮食办公室围绕打造半岛地区粮油购销“航空母舰”，加快推进半岛地区粮食仓储与交易中心建设，按照粮食仓储物流项目总体规划，加快库房建设。同时抓住国家实施“粮安工程”大好机遇，按照国家规定的“一县一库、3 ~ 5个库点”框架及全面规划、分步实施原则，莱西市2014 ~ 2015年仓库维修改造规划，是以市地方储备库为主库区，辐射莱西市库供站和青岛莱西市金谷粮油有限公司辖属夏格庄、牛溪埠、周格庄、日庄4个基层库点。项目总投资606万元，其中争取国家、省财政配套资金360万元，地方财政补助246万元，项目资金主要用于仓库维修改造和设施项目功能提升。维修改造库房总仓容3.11万吨，投资404万元；设施项目功能提升投资202万元。项目进展顺利，前期筹备工作已于2014年12月末前全面完成。根据莱西市人民政府关于将李权庄粮所用地划为社区建设用地的意见，按照国务院关于国有粮库拆除实行“拆一建一”原则规定，用补偿资金及土地出让后收益，在原绕岭粮所新建12500吨新库房，前期相关工作进展顺利。

地方储备

截至2014年年末，莱西市地方粮食储备规模为27000吨，其中2014年新增储备小麦10000吨，食用植物油储备规模为500吨。为确保储备粮油数量真实、质量完好、储存安全，市粮食办公室实行一把手负责制，安排责任心强、业务水平高人员具体负责，层层落实，明确责任，与负责储备单位签订保管协议，严格管理，实行责任追究制度，每季度组织一次储备粮油专项检查，对库存粮油数量、质量、品种、安全、管理制度落实情况等进行全面检查，同时不定期开展抽查，发现问题及时解决。由莱西市粮食储运站储备小麦23000吨、储备花生油200吨，由青岛莱西市金谷粮油有限公司储备小麦4000吨，储备花生油300吨。承储单位完成6000吨储备小麦和500吨储备油轮换工作。按照国家粮食局关于开展全国粮食库存检查统一要求，市粮食办公室组织人员对下属企业库存粮油进行实地检查，经过实地测量计算，库存粮油账账相符、账实相符，全部达到国家规定“一符三专四落实”要求，提取样品化验质量完全达到规定储存标准。

行政执法

2014年，市粮食办公室行政执法工作以“执法为民、服务社会”为宗旨，以“维护粮食流通秩序、保障国家粮食安全”为工作目标，围绕“依法行政，依法管粮”总体要求，发挥监督和服务作用，维护全市粮食流通秩序，粮食行政执法工作迈上新台阶。在队伍建设、制度建设、执法实践、工作创新等方面都取得进展。在2014年4月召开的全省粮食流通监督检查工作会议上，莱西市代表青岛市作题为《完善机制，依法管粮，推动粮食流通监督检查工作再上新台阶》典型发言。开展全社会粮食供需平衡调查，为上级部门提供真实可靠统计资料和数据。做好粮食收购许可工作，落实收购市场准入制度。在辖区内依法进行夏秋两季粮食收购资格核查，对16户粮食收购企业粮食收购资格进行审查。2014年查处无证经营等行政执法案件50多例，责令整改40余起，移交工商管理等部门处理近10起，组织开展食品安全及《粮食流通管理条例》颁布施行10周年宣传活动。牵头组织有关部门开展食品安全联合执法活动，严厉查处相关企业和经营业户存在问题，取得成效。做到日常监管常态化，专项检查规范化，处罚程序合法化，依法行政公开化，执法机制联合化，法规宣传经常化。

（市粮食办）

供销合作商业

2014年，莱西市供销社被省委、省政府确定为全省供销社18个综合改革试点县市之一（青岛市唯一试点县市），青岛市供销社与莱西市政府签订区域战略合作协议，面对机遇，全市供销社系统以改革统揽全局，按照省社批复的《莱西市供销合作社综合改革试点实施方案》要求和区域战略合作协议相关规划内容，推进组织、经营、服务和管理体系创新，在体制机制改革、推进服务规模化、流通现代化、提升农民社员素质、党建带社建社村共建和新项目建设等方面迈出新步伐，综合改革试点工作初见成效。

全市供销社系统年完成商品销售总额7.2236亿元，占年度计划101.3%，较2013年增加8819万元，增长13.91%。其中：日用消费品零售额9624万元，较2013年增加1509万元，农资销售额45234万元，较2013年增加3175万元，农产品收购总额12049万元，较2013年增加3549万元，再生资源年收购总额841万元，较2013年增加261万元。全系统实现利税151万元，较2013年增加16万元。

7月16日，市政府召开全市供销社综合改革试点启动会议，成立莱西市供销社综合改革试点领导小组，市政府主要领导任改革试点领导小组组长，分管副市长任副组长，41个相关部门负责人为成员。9月初，市联社成立一把手任组长的改革试点推进工作领导小组，领导小组下设推进体制机制改革工作小组、推进服务规模化工作小组、推进流通现代化工作小组和推进开放办社工作小组等4个工作组，分解任务，落实责任，推动综合改革试点工作全面提速。

以青岛市供销社与莱西市政府签订区域战略合作协议为契机，争取资金和政策扶持。6月13日，青岛市供销社与莱西市政府签订区域战略合作协议，签约协议中就莱西市供销社改革发展出台一系列扶持政策，青岛市供销社每年争取给予莱西市供销社至少一个“新网工程”扶持项目，一个农业综合开发扶持项目，设立“青岛市供销合作发展专项资金”政策，优先支持莱西市供销社发展，每年安排至少两个项目；莱西市政府自2014年起设立“莱西市供销合作发展专项资金”，资金规模每年100万元。

市联社组织班子成员和部分下属企业负责人先后到招远、郓城等县市供销社参观学习改革改制、土地托管等方面经验做法，立足莱西当地实际，对改革试点工作具体推进措施进行修改完善，便于有效推进试点工作。

通过报纸、电视台等媒体加大宣传力度，让社会各界关注改革、支持改革；同时，改革试点工作领导小组成员单位各司其职，通力配合，全力推进改革工作。

全市供销社系统新组建专业合作社15个，专业合作社联合社8个。如周格庄供销社依托胡萝卜加工出口渠道优势，组织领办起“青岛永丰源果蔬专业合作社”，首批发展入社种植户26户，专业社在良种供应、技术指导、农资配送和产品销售等方面为社员提供服务，产品主要出口韩国、越南和马来西亚等国家和地区，年出口量达10000吨；青岛广大果蔬专业合作社在跨地域成立专业合作社联合社方面进行大胆探索，在宁夏联合当地4家农民专业合作社注册资本100万元，成立“中宁县庆收农民专业合作社联合社”，其中青岛广大果蔬专业合作社占50%股份，该专业合作社联合社将在宁夏中宁县发展枸杞种植基地，注册品牌，通过“农超对接”模式，把特色农产品销售到北京、天津和杭州等大城市，这是青岛市供销社系统成立首家跨省农民专业合作社联合社，该联合社现已整合5000多亩枸杞种植基地，年销售鲜枸杞500吨，干枸杞300吨。

截至12月末，联系发展共建村50个。如夏格庄供销社与夏格庄镇曲家泊南村等5个村签订“社村共建”合作协议，供销社根据共建村需求，成本价配送农用物资，包销农民生产的甜瓜和胡萝卜，免费测土配方，定期举办农业技术培训等，让共建村农民得到实惠，初步构筑起以村级党组织为政治核心、基层供销社为经济支撑、农民合作社为载体“三位一体”新型农村社会化服务体系。

各基层供销社在土地托管方面加快进度，已签订土地托管协议2814.47公顷，其中全托管481.1公顷，半托管2333.3公顷。如院上供销社与院上镇南辛庄村签订73公顷大蒜种植托管协议，河头店中心社与南墅镇夏庄村签订13.3公顷西红柿、黄瓜种植托管协议，孙受供销社建立一处20公顷规模家庭农场，主要种植出口级胡萝卜，从种苗引进、耕地播种、施肥灌溉到产品销售全部由供销社负责，逐步探索出“以服务规模化促农业现代化”新路子，形成“农民外出打工、供销社给农民打工”新格局，有效解决农民单家独户种田成本高、收益低等问题。

新建农产品种植基地4个，即：周格庄供销社在龙水街道小院村发展土豆种植基地66.67公顷，院上供销社在院上南辛庄村发展大蒜种植基地73.3公顷，院里供销社在姜山镇兴隆屯村发展黑玉米种植基地13.3公顷，水集供销社在上海路南发展果树新品种研发中心基地20公顷。

全系统培育龙头企业4个，即：青岛广大果蔬专业合作社，年销售果品蔬菜15000吨，青岛田园果品有限公司，年销售果品2000吨，青岛双桥食品有限公司，年销售蔬菜4000吨，青岛绿亿食品有限公司，年销售蔬菜9500吨；新建为农服务中心1个，即：青岛粮满仓农业生产资料有限公司农化中心，面积800平方米；新建商贸中心1个，即：夏格庄供销社来客缘生活购物中心，面积3000平方米；新建综合服务中心2个，即：武备供销社综合服务中心，面积800平方米，唐家供销社综合服务中心，面积300平方米；青岛粮满仓农业生产资料有限公司完善提升农资连锁配送经营业态，投资30余万元建设改造农资销售网点16处。

（市联社）

烟草经营

2014年，莱西市烟草专卖局（营销部）共销售卷烟25374箱，实现单箱销售额24330元，实现销售收入6.17亿元，同比增长9.77%。

全市零售户户均卷烟盈利额达18221元，实现企业效益和社会效益同步提升，受到市政府、零售户和社会各界赞誉。

2014年，对莱西市全部861个自然村进行消费调查，选取102个婚庆信息联系点，22个婚庆定点销售店，发放自制灯箱30个、自制刊版120张、吊旗1500张、喜事用烟异形长条60条，改造卷烟背柜20节，为农村市场整体盈利水平提升起到促进作用。共开展零售户集中培训10次，共培训辖区零售户1320户，联系各工业公司对零售客户进行系统全面营销知识培训。其中山东中烟公司300户，湖北中烟公司100户、福建中烟公司100户。全年系列培训得到广大零售客户认可。根据行业上级进行现代零售终端建设相关要求，以“百店精品、千店特色、万店靓丽”主要思路，结合莱西地区实际，打造精品店15户、特色店290户、靓丽店1000户。通过推广E通系统平台、现代终端设施改造、开展微信营销等措施提高莱西地区整体零售终端建设水平，促进辖区零售客户综合经营能力。推行“精益管理”理念，将客户服务部、稽查中队、专卖管理所合并办公，重新启用南岚管理所、李权庄管理所，拉近与零售客户距离。抽调客户经理与客户服务部主任组成市场服务小组，拜访客户频次明显提升，有效为零售户解决日常经营中实际困难。

2014年，联系交通银行为客户办理大额信用卡，解决客户订货资金不足情况，全年共办理交通银行融资客户100户，改善客户资金运转，促进盈利水平。

（马智勇）

盐业经营

2014年，莱西市盐务局共计销售各类盐产品10918吨，完成年度计划107.5 %，同比增加669吨，增幅4.1%。其中：小包装食盐销售2301吨，完成年度计划100.3%，同比增加121吨，增幅6%，；大包装食盐销售5185吨，完成年度计划107.3%，同比增加102吨，增幅2%。小工业盐销售3432吨，完成年度计划113.9%，同比增加424吨，增幅16%。2014年，共出动执法人员4700余人次，同比增长4.9%；查处盐业违法案件322起，同比增长128.3%，其中一般程序13起，简易程序309起；罚没盐61.27吨，同比增长27.4%；罚款7.6万元，同比增长51.1%；办理食盐零售许可审批25个；

端掉制售窝点1个，案件结案率和举报案件查处率都达100%，未出现被复议或诉讼案件；盐业市场网格化监督管理科学有效，形成执法人员在网格中监督、用盐单位在网格中运行、责权明晰监督运行体系，有2455个用盐单位在网格中运行，其中商店1505个，饭店765个，企业食堂115个，学校食堂45个，用盐企业25个。市盐务局先后被评为“青岛市文明单位标兵”“青岛市盐业系统工会工作先进单位”“青岛市盐业系统安全生产工作先进单位”等称号。

经营管理

完善目标考核体系，强化考核激励，严格奖惩兑现，用体制推动工作，用机制激发干劲，调动送销人员工作自觉性和积极性；创新营销措施，完善食盐零售网络。将辖区市场科学划分为4个直送区域，把食盐访销与配送、盐政执法与宣传、市场信息反馈、客户资料收集建档等融为一体，以销售任务为目标，以基层网点信息反馈为导向，以销助查，以查促销；同时完善配送工作，推行客户经理制，按照定时、定量、定点、定线路、定客户工作措施，健全配送人员工作职责，提高对食盐市场监管能力。加强食盐应急保障管理，增强应对突发事件能力。强化《莱西市食盐供应应急预案》修编和演练工作，实现将《食盐供应应急预案》由部门应急预案上升为市级专项应急预案。抓好宣传，引导消费。通过印制发放健康用盐明白纸、开展宣传日集中宣传、集市巡回常态化宣传、健康用盐“六进”日常宣传，利用好市政府政务信息网，以及广播电视报纸等现代媒体技术进行宣传。通过全方位、多手段、广覆盖宣传，加强绿色盐、低钠盐以及其他新多品种盐推广力度，扩大盐业影响力和知名度，引导市民科学健康用盐。2014年，开展集中宣传3次，出动宣传车辆15次，接受咨询2000余次，发放宣传材料50000余份；多品种营养盐和绿色食盐销售比例达90%。

盐政执法

结合莱西市不同时段市场实际，开展“两节”期间食盐市场秩序整治、全国“两会”期间盐业市场秩序整治等行动，先后出动执法人员1000余人次，检查食品生产厂、食品加工小作坊1100家次，食盐零售门店2300个次，检查食品批发市场、集贸市场50处，检查食堂、饭店、餐馆600户次，查获违法盐产品2.5吨，散发宣传资料20000余份，私盐对食盐市场冲销得到控制；抓住时机开展联合执法检查。以莱西市食品安全包镇联动执法活动为契机，联合公安、工商、质监、食药等职能部门，以城乡接合部集贸市场、副食品批发市场、餐饮服务行业、食品加工及酱腌单位为重点，先后开展11次联合执法检查；按照青岛市盐务局要求，开展盐政执法大会战活动，严厉打击各种涉盐违法行为，全面净化辖区盐业市场，促进盐业市场秩序健康稳定，为食盐专营政策有序实施保驾护航，确保食盐安全。

2014年，市盐务局案审会召开13次案件审查委员会会议，对本年度查处一般程序案件处理进行集体讨论，杜绝事实不清、证据不确凿、程序不合法、定性不准确、引用法律条文不正确、处罚意见不适当、自由裁量权滥用等情况发生，减少执法随意性，确保执法结果公平公正，从根本上堵塞执法漏洞，防范执法风险。

非盐产业经营

完善非盐经营考核办法，探索非盐产品经营机制和经营模式，在分销定价、货款回收、产品配送、售后服务、区域拓展、广告宣传等方面，建立统一经营模式，同时注意成本控制，深挖增效潜能，强化风险意识，规避经营风险，努力促进非盐经营规模化、效益最大化和发展持续化。

畜牧用盐管理

莱西市盐务局在2014年畜牧盐经营中突出“变堵为疏”，管理与服务并重，取得效果。制定畜牧用盐管理供应方案，变原来以堵为主，变为管理和服务并重，赢得群众理解和信任。组建专项工作小组，深入各镇村调查了解奶牛养殖单位、饲料加工企业用盐情况，走访镇农业、畜牧、林业等部门，通过进村入户摸清各镇村现有奶牛、饲料加工企业数量，并登记造册，以便供应。突出服务功能，建立每个养殖户信息档案，实行电话预约送货上门服务，及时沟通协调，预约送货时间、数量，及时供应到位。加强对畜牧盐市场管理，维护畜牧盐市场秩序健康稳定，防止畜牧盐流入食盐市场。

安全生产

莱西市盐务局把安全生产工作同其他业务工作一同研究、一同部署、一同考核。工作中将安全生产工作与局属企业安全生产标准化创建评审工作紧密结合，促进市盐务局将安全管理、投入、技术装备升级改造、教育培训等措施落实到位。按照青岛市盐务局统一部署，莱西市盐务局适时成立安全生产委员会和安全生产工作领导小组办公室，明确日常监管部门和工作职责，明确重点部门、敏感岗位、特殊人员安全职责，并与相关人员及岗位签订安全生产责任书，将安全生产职责分解到岗位，落实到人，引导各部门注重事故预防，注重过程控制。坚持每两周召开一次安全生产专题会议，同时健全防火、防盗、交通、培训等多项部门专项安全生产制度、岗位安全操作规程和应急处置预案，强化监督检查，认真排查、整改安全隐患，组织干部职工进行各项应急处置预案实战演练，顺利通过国家安全生产标准化三级单位验收。

（市盐务局）

集市贸易

截至2014年年末，莱西市各类商品交易市场共有152处，其中办理登记注册市场有125处，按照市场性质划分，全市有专业市场15处，综合性商品市场137处；按照城乡市场划分，其中城区市场19处，农村综合性集贸市场133处，按照交易额划分，全市过亿元市场6处，亿元以下市场143处。2014年全市市场成交额80亿元，其中过亿元市场全年成交额32亿元，占全市市场成交额40%；全市农村综合性集贸市场除孙受、夏格庄、李权庄、院上、日庄、绕岭首集有专业市场用地外，其余皆为沿街赶集市场。

（市市场监督管理局）

主要餐饮企业选介

莱西华玺大酒店

莱西华玺大酒店由利群集团投资，于2014年7月30日建成开业。酒店位于黄金商业核心地段，毗邻长途汽车站、大型购物广场、月湖公园等设施。酒店是莱西市经营及在建酒店中规模最大、档次最高，按照五星级标准建设的一家综合性涉外酒店，也是利群集团酒店连锁中又一颗新星。

酒店楼高22层，由国内设计师精心设计233间各类客房，倾心打造可容纳1200人大型宴会厅，800人多功能厅，配备国宴厅、国宾厅、德泰厅、贵宾厅、董事厅等9个中小型会议室。利群贵宾室、华玺贵宾室是商务客人举办高标准、高档次接待会务等活动首选场所。会议室配备无线高速互联网、高档音响设备，并有专业服务人员提供完善服务。

酒店特设无烟楼层、无障碍房、女士特色房、喜庆婚房、行政房等。房间装修豪华、设施完备。百兆网络、卫星电视、24小时中央空调和热水、IDD、DDD、静音冰箱、保险柜、24小时管家服务和立体安全保卫等一应俱全。

酒店汇聚东方佳肴、西式餐点、日韩料理等美食餐厅。还设瑞尚阁咖啡厅、海琴大堂吧、利群轩宴会包房等多个风格各异主题餐厅，满足不同商旅游人用餐需求。康体中心配备健身房、操房、茶吧、棋牌室等娱乐设施，在休闲娱乐同时，享受高品位悠闲生活。

青岛豪邦度假村

青岛豪邦度假村地处青岛莱西市，南临蜿蜒清澈潴河，北倚风景秀丽月湖公园，交通便利，环境优雅，集餐饮、住宿、娱乐、休闲度假为一体三星级旅游饭店。占地70亩，建筑面积近33000平方米，有高档别墅楼群和各类豪华客房，客房备有中央空调、卫星电视。客房装修采用环保材料，富丽典雅，使客人感觉舒适而又温馨浪漫。酒店营业面积3000平方米，有2个宴会大厅、31间VIP包间。酒楼以现代豪华瑰丽配以中国传统特色为主要装饰，格调高雅华贵。酒店娱乐设施有现代豪华装饰KTV包间30多间及大型演艺舞台。酒店配套设施有桑拿浴、乒乓球室、健身房、大中型会议室、超市和精品店等。

2010年获得“山东省餐饮百强企业”称号、“食品卫生A级达标企业”称号，成为莱西乃至青岛市为数不多达标企业;连年被青岛市旅游局评为“青岛市诚信星级饭店”称号、被市消防委员会评为“消防安全工作先进单位”称号,2013年获得山东省旅游局颁发的“全省诚信旅游示范单位”称号。

悦海喜来酒店

莱西悦海喜来酒店，全称：青岛悦海喜来酒店有限公司，英文名称：Sea Party Hotel。

酒店地处莱西市烟台路与石岛路交会处，位于市中心，近邻月湖公园、莱西市政府、莱西湖、烟青公路和同三高速公路，地理位置优越，交通便利。酒店总投资9000万元，建设集餐饮、客房、娱乐休闲于一体现代化综合型建筑，占地8872平方米，建筑面积15668平方米，主楼高6层，裙楼高4层，于2007年6月建成开业。

酒店设有莱西菜馆、燕喜堂、盛世堂、大渔料理、多功能厅和30间宴会包房，可同时容纳1500人就餐。酒店拥有各类套房、标准间共84间，其中特价标准间7间、豪华标准间31间、豪华大床间33间、复式套房8间、商务套房2间、豪华套房2间、行政套房1间，每间客房均配备卫星电视系统、高速INTER-NET接口、客房小酒吧及电子保险箱，可提供给客人多种类型服务。酒店拥有近4000平方米满庭芳水会及阳光四季游泳健身中心，拥有鹅颈浴、热漩涡池、多功能按摩水床，有各式按摩休闲包房27间及近400平方米休息大厅及小型网吧。

白鹭湖温泉度假区

莱西白鹭湖温泉度假区由宏景地产斥巨资倾力打造，于2013年4月开业，总占地面积80公顷，一期温泉投资1.5亿元，占地13.3公顷 。度假区位于风景秀丽大沽河畔，风格独特47个温泉泡池像一颗颗璀璨钻石镶嵌于12万平方米南北两湖间，形成国内最具特色温泉旅游度假目的地，集温泉养生、餐饮客房、商务会议、健身娱乐于一体国际性主题温泉旅游度假区。

一期温泉度假区建筑面积达3.5万平方米，是山东省内最具特色淡水温泉度假酒店。温泉度假区拥有131间豪华舒适客房，专为休闲度假商务旅客设计；白鹭湖度假区温泉水来自地下1500米无污染且富含钠、钾、镁、氡、氟等矿物质淡水温泉，温泉区可分室内温泉和露天温泉：种类奇特的室内温泉有中药六合汤、木桶浴、美人汤、情侣池、沐足阁等,露天温泉拥有SPA馆、五玉池、特色鱼疗池、游泳池、儿童戏水区，可满足不同人群泡浴养生需求；集客房温泉于一体的46套VIP温泉汤院， 客人在多种极富养生特色温泉区理疗养生外，还可以在温泉汤院里独享温泉水所带来乐趣，体验尊贵、私密、与世无争；餐饮区同时容纳300人就餐零点大厅和风格各异豪华餐饮包间13间，集全国各地美食和本地特色美味于一体；酒店拥有6个商务会议厅，总面积超过600平方米，休闲娱乐有台球区、壁球馆、棋牌室、健身房，KTV包房、简餐以及按摩美容美体等各项娱乐设施。

2014年荣获“青岛市乡村旅游特色点”、莱西市旅游美食大赛荣获“十大金牌菜”“十大特色小吃”“十大团队餐”等奖项。

（市服务业发展局）

主要商场、专业市场选介

利客来莱西购物中心

青岛利客来集团莱西购物中心位于莱西市烟台路与威海路交会处，是青岛利客来集团异地开设的第一家大型购物中心，经营面积20000平方米，东邻市月湖广场和月湖公园，北接夜市，西面与南面紧靠商业街，占据莱西市最繁华商圈中心，是莱西市地理位置最佳、整体销售规模最大、商业评效最高、影响力最强零售商场。

自2002年开业以来，莱西购物中心始终坚持“做大做强，区域领先”发展目标，坚持走城乡一体化发展道路不动摇发展思路，成功开设4800平方米李权庄商场、4000平方米江山商场、8000平方米东庄头商场、3000平方米冯格庄商场、8000平方米南墅商场、3500平方米南京路超市、2000平方米龙口路超市7家门店，形成“一个城区中心总店，7家乡镇社区直营店”连锁发展格局，先后荣获山东省消费者满意单位、山东省服务名牌、青岛市食品安全标杆商场、青岛市诚信企业、青岛市百城万店无假货示范店等荣誉称号，成为莱西市商业企业城乡一体化连锁发展典型。

利客来莱西购物中心始终秉持“以信经商、以德取利、以礼行事、以义为人、以实为本、以人为荣”核心理念，不断拓展经营服务领域，践行企业文化和核心价值观，将发展目光投向更广阔空间，实现跨越式发展新目标。

（市服务业发展局）

莱西利群购物广场

是利群集团第22座万米商厦，营业面积达16000多平方米，是一座集休闲、购物、娱乐为一体综合性商厦。2014年实现销售1.7亿元，实现利税1222万元。

商场一层主要经营化妆珠宝、钟表眼镜、皮具、运动休闲服装、男装、女装、针织、羊绒羊毛、床上用品等。

商场二层为综合性超市。主要经营各种食品、烟酒糖茶、蔬菜水果、生鲜加工、日用百货等。“想在您前面，做到您心里”是利群购物广场经营宗旨，保证生鲜、食品、肉类天天新

鲜。家电区域各类高中档家用电器品种齐全。利群莱西购物广场自2005年8月24日开业以来，得到莱西人民大力支持和帮助，全体员工秉承利群集团“用心去做、永不满足”精神，打造莱西人民购物休闲首选之地。

青岛良茂凯悦百货有限公司

成立于1993年4月份，1998年实行股份制改造，成立粮贸大厦有限公司，2007年9月29日公司正式更名为青岛良茂凯悦百货有限公司。为扩大经营规模，增强竞争实力，公司于2001年实行大规模扩建改造，扩建后营业面积增至1.2万平方米，经营品种4.5万余种，主营家电、电动车、服装、鞋帽、羊毛衫、纺织品、百货、食品、烟草等。为适应日趋激烈竞争环境，更大程度满足城区居民消费需求，为提高企业整体竞争实力，公司推进“万村千乡市场工程”及配送中心建设。超市事业部在营运部配合下发展加盟店和配送中心建设工作，截至年末，共发展连锁店229家。2014年实现销售2.7亿元，实现上缴税金579万元。

青岛良茂凯悦百货有限公司自创建以来，始终坚持“顾客第一、服务第一、质量第一、信誉第一”经营宗旨，发扬“团结、开拓、拼搏、发展”企业精神，遵守“诚信、公平、情义”职业道德，创建具有自身特色“亲情无限，真诚永远”服务品牌。青岛良茂凯悦百货有限公司先后荣获市“物价计量信得过单位”“无假冒商品示范店”“优质服务先进单位”“山东省消费者满意单位”等荣誉称号。

莱西利群商厦

是一座集购物、休闲、餐饮为一体综合性购物中心。处于莱西市商圈核心位置，距月湖公园不到100米，于闹市中取静，为顾客提供满意舒心购物环境。2014年实现销售1.3亿元。

莱西商厦于2013年12月7日开业。商厦分地下两层，地上四层，其中地上1至4层为百货商场，囊括化妆珠宝、名品服饰、家电百货等众多品类商品，在品牌引进方面，引入众多中高端品牌，充分满足莱西百姓购物需求，特别引进“屈臣氏”“玖姿”等独家品牌，受到广大莱西市民欢迎。

青岛东庄头蔬菜批发市场

位于青岛、烟台、潍坊、威海四个开放城市中间的莱西市。东到兰烟铁路和204国道8公里、烟（台）青（岛）一级公路15公里、烟台海港和国际空港150公里。西临同江至三亚全国大环海高速公路（专设市场路口）一公里。南距青岛海港80公里、国际空港50公里。北离804国道和潍（坊）莱（阳）高速公路（专设市场路口）13公里。青（岛）龙（口）一级公路穿场而过，地理位置优越，交通运输便利。

市场坐落在大沽河中游平原中心，是全国著名优质蔬菜产区，蔬菜种植面积达80多万亩。通过推广反季节种植和保护地栽培，一年四季都有大量鲜菜上市，主要有：白菜、油菜、韭菜、菠菜、大头菜、芸豆、黄瓜、西红柿、茄子、土豆、元葱、大葱、蒜薹、蘑菇、茭瓜、菜花、香菜、韭苔、菜豆、芹菜、青椒、蛇瓜、尖椒、青萝卜、白萝卜、胡萝卜、心里美、大蒜、生姜、芋头、莴苣、地瓜、花生、蒜苗、冬瓜、苦瓜、生菜、南瓜等，品种达100多个，其中香菜、大白菜、白（青）萝卜、胡萝卜、质优量大，全国闻名，当地出产香菜香味浓郁、脆甜可口，出产大白菜日上市量达300多万公斤，2014年成交总量13.6亿公斤，成交总额16.8亿元，蔬菜销往青岛、烟台、福建、广东、深圳、黑龙江、吉林、内蒙古等全国20多个省、市、自治区，并出口俄罗斯、韩国、日本、新加坡等国家和中国香港、台湾地区。分别被农业部命名为“中国香菜之乡”“中国大白菜之乡”。市场建立无公害检测系统，每天对上市蔬菜进行残留农药检测，确保让消费者吃上放心菜，推行净菜上市、标准化包装，受到各地客商普遍欢迎。

市场占地32公顷，交易场地全部硬化，建有玻璃钢交易大棚18000平方米，冷风库总库容55000吨，2000吨速冻库和3000吨蔬菜加工厂。安装电子大屏幕和电子结算系统，信息系统已与农业部、商务部信息中心并网，是农业部农产品信息网信息采集点。有餐饮、旅馆、商业、农资、医疗、机械维修等服务行业380多家，公安、工商、交通、邮电、金融等部门都在市场设有办事机构，综合服务功能完善。市场以“发展农村菜园子，丰富城市菜篮子，为四面菜农造福，帮八方客商发财”为宗旨，以“公平、合理、安全、方便”为服务标准，在处理各种矛盾纠纷时，坚持“对本村人严，对外村人宽，本村人让理给外村人；对当地人严，对外地人宽，当地人让理给外地人；对熟人严，对生人宽，熟人让理给生人”管理原则。市场交易秩序良好，服务热情周到，人们称赞：到东庄头市场办事方便，人财安全，本人省心，家人放心。

自1994年以来，先后获得“青岛市十大商品市场”“山东省三十强市场”“省级规范化文明市场”“全国菜篮子放心工程”等优秀企业称号，是农业部和中国蔬菜流通协会的“定点市场”，被农业部授予全国农产品加工流通“大型企业”。注册的“东庄头”商标在2012年5月被青岛市工商局审定为“青岛市著名商标”，2012年9月被山东省工商局审定为“山东省著名商标”。

马连庄果蔬批发市场

创建于2007年7月，现占地20公顷，有交易大棚18000平方米。是全国果蔬最大村办甜瓜批发市场。有高标准温室，优质品种展室、引进新品种示范室和新技术育苗室。购置并安装信息系统设备及软件136台（套），购置无公害检测设备54台（套），增购电子磅4台。

马连庄果蔬批发市场建设对扩大市场规模、促进市场发展、增强市场辐射带动作用产生积极效果。

自2008年以来，尤其是2014年市场交易量明显扩大，每天早上二三点钟，市场上开始交易。到上午八九点钟交易基本结束。甜瓜交易旺季，市场每天上市车辆3000～4000辆，上市人数达15000多人，交易量每天可达100多万公斤，多时可达150多万公斤，年交易量达1.25亿公斤，年交易额达10亿元。产品销往北京、上海、天津、济南、青岛、南京、杭州、太原、郑州、哈尔滨、大连等全国十几个省市。市场辐射范围由原来的马连庄镇，到现在辐射到河头店、南墅、日庄等镇和平度、莱阳、招远等县市。市场建设带动当地高效农业发展和农民致富，市场周边地区种植甜瓜、草莓面积不断扩大。以甜瓜为例，市场建设前，马连庄瓜田面积仅4000多亩，截至2014年年末，带动周边发展瓜田面积10万亩，销路好价格高，年初甜瓜最贵时达到20多元一斤。市场规模扩大，带动餐饮业、旅馆业和农业生产资料销售发展。市场发展，促进当地种植业发展和农民发家致富。

青岛莱西市三木家具建材装饰材料市场

成立于1998年5月，占地面积5万平方米。现拥有家具商场1个，营业面积6万平方米；装饰装潢材料超市1个，营业面积5000平方米，进驻超市业户38家；市场内租赁商铺300家，现有从业人员1200余人。经过几次改扩建，青岛莱西市三木家具建材装饰材料市场已成为胶东地区具有影响力综合性装饰材料市场，为方便群众、拓展就业渠道、促进当地经济发展做出贡献。

市场自创建以来，坚持“顾客第一、质量第一、服务第一、信誉第一”经营宗旨，遵守“诚信、公平、情义”职业道德，塑造诚信、公平企业形象；坚持以职业道德建设为中心，加强市场内经营业户思想政治教育，使市场内从业人员素质整体提高，并将管理措施与优质服务相结合，使市场内从业人员在制度规范下，专心投入经营和服务工作。多年来青岛莱西三木家具建材装饰材料市场管理手段和管理水平明显提高，市场知名度、信誉度和服务水平不断提升，市场内各项制度措施不断完善，市场成交额不断带来新突破，业户收入明显增长，2014年被评为“山东省文明诚信市场”称号。

（市服务业发展局）

对外贸易·经济合作

外贸进出口

2014年莱西市实现外贸进出口327690万美元，完成全年目标109.2%，同比增长11.2%。其中，进口83139万美元，同比增长7.1%；出口244551万美元，同比增长12.6%。

莱西市有进出口实绩企业306家，同比增长157家，占51.3%；持平3家，占1%；下降146家，占47.7%。其中，有出口实绩企业295家，同比增长154家，占52.2%；持平5家，占1.7%；下降136家，占46.1%。

外资企业中159家有进出口实绩，比2013年同期减少10家，实现进出口206933万美元，同比增长0.6%。其中，进口59291万美元，同比增长4.8%；151家企业有出口实绩，比2013年同期减少7家，实现出口147642万美元，同比下降1%，所占比重为60.4%，比2013年同期减少8.4个百分点。

民营企业中147家有进出口实绩，比2013年同期减少20家，实现进出口86128万美元，同比增长19.6%。其中，进口4966万美元，同比下降17.2%；144家企业有出口业绩，比2013年同期减少18家，实现出口81162万美元，同比增长23%，所占比重33.2%，比2013年同期增加2.8个百分点。

2014年，九大类商品出口179178万美元，同比增长6.7%，所占比重为73.3%，比2013年同期减少5.3个百分点。

九大类商品出口情况如下表：

序号	商品名称	企业个数	出口额	同比（%）	比重（%）
1	橡胶轮胎	3	33310	5.4	13.6
2	鞋类	6	24355	3.4	10
3	机电产品	56	35467	30.4	14.5
4	纺织品	27	26834	9.3	11
5	鸡产品	1	19938	1.2	8.2
6	花生	27	8157	15	3.3
7	箱包	8	12169	–15	5
8	蔬菜	27	9745	–11.5	4
9	服装	34	9203	2.6	3.8
	合 计	189	179178	6.7	73.3

（金额单位：万美元）

30家重点企业实现进出口201935万美元，同比增长3.37%，同比增长14家。其中，出口148335万美元，同比增长2.3%，同比增长16家。重点企业进出口和出口所占比重分别为61.6%和60.7%。对主要市场出口203289万美元，同比增长1.2%。其中，同比增长的有韩国、非洲、中东，同比下降的有欧盟、日本、美国、东南亚、南美洲，具体情况如下表：

序号	地 区	出口额	同比%	比重%
1	欧 盟	36859	-1.6	15.1
2	日 本	37767	-2	15.4
3	美 国	33724	-3.7	13.8
4	韩 国	35720	12.2	14.6
5	非 洲	25163	16.6	10.3
6	东南亚	17924	-13.5	7.3
7	南美洲	8858	-11.6	3.6
8	中 东	7274	28	3
	合 计	203289	1.2	83.1

（金额单位：万美元）

一般贸易进出口137819万美元，同比增长4.3%。其中进口16450万美元，同比下降0.8%；出口121369万美元，同比增长5%，所占比重为49.6%，比2013年同期减少3.7个百分点。

加工贸易进出口155844万美元，同比增长6%。其中进口47691万美元，同比增长4.5%；出口108153万美元，同比增长6.8%，所占比重为44.2%，比2013年同期增加3.7个百分点。

对外经济合作

2014年莱西市办理境外投资企业备案初审13家，共完成境外投资中方投资额5312万美元，同比92.46%，超额完成青岛市分配的5000万美元建议目标。较大的项目有：青岛钰昊奶业发展有限公司在马来西亚设立钰昊奶业发展有限公司、青岛万林脱水蔬菜有限公司在美国设立金大蒜有限公司和青岛莱瑞发制品有限公司在美国设立莱瑞发制品有限公司。

利用外资

2014年新批准过千万美元合资项目3个：

青岛东海高科农业生物有限公司，外方为日本投资者株式会社AKIRA，总投资7500万美元，注册资本2500万美元，合同外资2400万美元。从事有机肥料研发与生产。

青岛中鲁博利新能源有限公司，外方为香港博利国际贸易有限公司，总投资2.8亿美元，注册资本1亿美元，合同外资5000万美元。从事高效环保立板风光互补发电设备制造；立板风光互补发电示范站建设。

青岛协和万福食品有限公司增资，外方为日本三菱FD食品株式会社，投资总额2720万美元，注册资本1156万美元，合同外资578万美元。从事冷冻干燥蔬菜生产；肉制品、水产加工品、方便食品生产。

2014年莱西市共批准外商投资项目45个（含增资项目29个），合同利用外资65218万美元，同比增长30.72%。实际到账外资47585万美元，同比增长12.98%，占年计划107.42%。

招商活动

2014年，根据莱西市委、市政府“加快转方式、调结构，推动经济扩总量、提质量”总体要求，瞄准行业巨头、产业龙头、创新源头，特别是世界500强、中国500强和行业前3强开展定向招商。一方面与澳大利亚贸易委员会、荷兰贸易促进委员会、德国巴伐利亚州、我国台湾地区世贸中心等驻青岛办事处对接联络，及时获取海外招商信息。另一方面加强与省内外贸促系统联系与交流，利用他们在当地人脉资源，帮助邀请客户，以项目推介座谈会等方式广泛开展招商活动。2014年联系两批国外客商到莱西考察，赴浙江、济南、深圳等地开展招商活动3次。年内内资新投产项目2个，新开工项目1个，新签约项目1个，实际投资2亿元人民币；引进外资项目1个，实际到账外资600万美元。

（市商务局）

国际贸易促进

为企业提供国际经贸信息服务。更好地为会员企业提供好贸促资讯服务工作，莱西市贸促会广泛搜集国内外重要经贸、国际展博会、市场供求和项目合作等信息并通过信息平台及时向广大中小企业提供相关资讯服务，为企业应对金融危机、开拓国际市场提供支持。5月份，为会员企业青岛鲁林脱水蔬菜有限公司在德国投资以及办理欧派克签证手续提供相关信息咨询和审批手续服务；帮助1户会员企业成功在青岛蓝海股权交易中心上市，帮助2户会员企业融资2000余万元。为企业办理原产地证书。以新投产企业为重点对象，深入企业走访或通过信函形式介绍市贸促会办证优势及流程，争取这部分企业到会办证。同时，通过工商窗口代发对外宣传手册，让更多具有出口业务的新注册企业到会办理原产地证书。2014年预计新增注册企业12家，办理一般原产地证明书623份，优惠产地证372份。多渠道发展国际商会会员，9月份召开莱西市国际商会第三届会员代表大会，新发展商会会员6家，商会直属会员企业达160家。市贸易促会采取组织会员企业参加法律讲座、国际商会沙龙、展会和洽谈会、主动上门拜访等方式，加强与有关企业沟通交流，宣传介绍市贸促会和国际商会职能和服务措施。建立商会网站，为会员企业搭建信息交流平台。更好地为会员企业提供好贸促资讯服务工作，11月，市贸促会建立独立国际商会宣传网站，充实服务内容，提高服务时效，拓宽覆盖面。

（市贸促会）

外经贸企业选介

青岛雀巢公司

1867年成立于瑞士韦威市，是世界上最大的食品和饮料公司，在全球有近五百家工厂，33万多名员工。青岛雀巢有限公司是雀巢集团在中国的第一大全资工厂，注册资本9.3亿元人民币，现有乳制品和咖啡两个工厂，总占地面积33.6万平方米，建筑面积约6万平方米，员工总数近600人。2014年实现销售收入28.6亿元，实现税收1.4亿元。

青岛雀巢乳制品厂于1996年开始运行，是山东省乳品行业龙头企业，主要产品有鹰唛炼乳、超高温灭菌奶、淡奶（雀巢三花牌）和淡奶油，新产品有浓缩果汁和植物奶油。2013年产量14万吨，2014年产量14.8万吨。公司与当地政府密切配合，积极发展畜牧业，为农民提供技术支持和服务，截至2014年年末，日收购鲜奶量550吨，注册奶户1275多户，奶牛6万余头。

青岛雀巢咖啡工厂于2011年8月开始动工，正式投产于2013年1月15日，比预计投产时间提前6个多月，项目总投资8.8亿元人民币，占地总面积236000平方米，主要产品为纯咖啡，用于东莞雀巢咖啡有限公司和上海雀巢有限公司生产和加工咖啡混合饮品，2014年产量为4368吨，实现销售收入2.4亿元人民币，实现税收2000万元。

作为雀巢大中华区第二家咖啡工厂，青岛雀巢咖啡工厂制造加工方式保证最大限度保护自然资源和环境，包括水、能源、空气，例如，用咖啡废渣烧锅炉变废物为能源，并且工厂配有世界一流废水处理设施，防止周边水污染。

青岛泰光制鞋有限公司

创建于1996年，坐落在青岛莱西市姜山工业园区内，占地面积20公顷，建筑面积16万平方米，是一家大型韩国独资制鞋企业。投资总额6390万美元，注册资本2300万美元。主要生产旅游鞋及制作自用生产设备和模具，是美国NIKE公司正式授权、管理规范的NIKE运动鞋加工、出口企业，也是NIKE鞋类产品全球四大战略合作伙伴之一。

公司自成立以来，不断为员工工作生活环境做出改善，提供很多教育培训机会，致力于培养制鞋行业综合素质全面发展优秀员工。现有工人6700多名，管理者300多名，其中有40多名韩国管理者；2014年公司实现销售收入116803万元，出口创汇1.8亿美元，上缴税金10244万元。

公司每年都会开发包含新技术的新产品，并在鞋类比赛中频频获奖。泰光公司企业文化核心基于一个信念：泰光制鞋有限公司是由各种各样人才组成，尊重他们与众不同个性，并为每一位同事提供平等机会。重视环保、劳动安全和卫生，遵守环境保护、安全和卫生方面各项政策及标准，建立完善的体系以求最大限度降低对环境负面影响，减少失业伤害和疾病，以提升雇员总体健康状况。

公司自成立以来，遵守国家、省市有关法律法规，致力于员工工作生活环境改进，带动当地经济发展。发展的同时推进企业当地化工作，提高全体员工素质，取得显著成绩。在注重经济效益同时，更注重社会效益，对当地教育、养老、贫困家庭等都不惜花费巨资支持。受到耐克公司及各级政府高度评价。历年得到青岛市政府、莱西市政府、中国外商投资企业协会表彰。

青岛耐克森轮胎有限公司

由韩国耐克森轮胎(株)投资于2005年12月成立，投资总额5.35亿美元，主要生产加工半钢子午轮胎及其他橡胶制品，产品70%外销。公司占地789亩，投资完成后年产轮胎2100万条。

公司共分五期进行投资。其中一期投资总额9897万美元，注册资本3365万美元。于2006年5月12日举行工程开工奠基仪式。2007年末，公司一期工程子午轮胎车间、炼胶车间、物流仓库、附属工程（变电室、办公楼、宿舍楼）已完工，并进口、安装部分设备，2007年12月3日正式生产。

经过2008年、2010年、2012年连续增资，公司投资总额达35934万美元，注册资本12217万美元，增资后日产轮胎30000条。公司拥有员工1537人，日产轮胎3万条。

2014年实现销售收入21亿元，完成出口15亿元，实现纳税1.5亿元。2013年公司销售额达20亿人民币，完成出口创汇15.06亿元，内销4.94亿人民币；各种税收总额达1.85亿元。

2014年，公司在上海设立上海耐克森轮胎销售有限公司，并在上海、广州、成都、北京、沈阳等地设立营业支店，产品销往欧美、中东、亚太、非洲等120多个国家。公司荣获2011年山东省商务厅先进外贸企业称号和奖牌；多次获莱西市环境保护局颁发的环境保护工作先进单位称号和奖牌。被山东省总工会评为山东省双爱双评先进单位；被青岛市人社局和青岛市总工会评为劳资关系和谐企业称号。

（市科技和工业信息化局）

莱西经济开发区

总面积63.88平方公里，辖40个村庄、5个城市居委会，总人口6.3万。2014年，完成地区生产总值43亿元，地方财政收入1.4亿元，外资到账7250万美元，进出口2.8亿美元，农民人均收入17680元，规模以上企业达119家，各项指标保持平稳较快增长。

园区建设

立足打造升级发展新平台，抓住青岛汽车产业新城建设和一汽大众、一汽商用车、北汽新能源汽车等项目在周边落户带来的机遇，在市区东部规划建设占地10平方公里汽车配件产业园，与青岛汽车产业新城签订园区合作建设协议。工业园起步区占地1.95平方公里，将构建“两轴三区”空间发展布局（两轴：北京东路和纵二路；三区：汽车配件产业一区、二区、现代物流综合区），一期工程规划建设“三纵三横”6条主干道路，总长度9196米。截至2014年年末，北京东路东延线西段680米路基工程和管网配套工程完工，其他道路正在进行规划设计。对苏州路、威海东路进行翻修，对上海路、常州路等路段雨污管网进行配套。

招商引资和项目建设

以现代装备制造、现代物流、新材料、生物医药、电子信息等产业为重点，强化专业招商、产业招商、以商招商、以会招商，坚持招大引强，分头对接世界500强和国内500强等大企业，构建布局合理新型产业体系。先后引进投资5亿元鞍雨虹新型建材、3亿元景华彩纺织、1.5亿元汇通汽车销售、1.2亿元科亚克材料科技等6个过亿元大项目。

全面开展百日会战和现场服务活动，强化包帮、调度、督查三位一体项目跟踪服务机制，促进项目加快建设进度，形成在建一批、拟开工一批、拟签约一批项目梯次推进格局。其中：新开工项目8个，主要有：中鸿重型机械、世和模具、风和日丽热力、源企禾五金、科亚克材料科技、吉运达齿轮箱、景华彩纺织等。其中，中鸿重机项目是莱西市第一家整车生产项目；世和模具由韩国最大轮胎模具企业投资兴建。世和模具、科亚克材料科技两个项目已投产，其他项目工程进展顺利。续建项目10个，主要有：海瑞普电力科技、衣润服饰、麦格耐特科技、慧宝生物科技、凯丰万象机械、中农华商生物技术、永强新工贸、信通机械、渔码头食品等。其中，海瑞普电力科技、衣润服饰、麦格耐特科技已投产，其他项目主体工程均已全部结束。拟开工项目6个，主要有迪趣文化城、鞍雨虹新型建材、广宇新材料、宝润通科技、海格尔力机械和元亨利电子等。其中，投资150亿元的迪趣文化城总体规划已经完成审批，一期工程占地800亩，建筑面积43万平方米。

投资380万元行政服务中心投入运行，行政审批权下放工作正式实施，涉及245项审批事项。依托行政服务中心，开辟绿色通道制度。

立足推进经济新常态要求，改造提升传统产业，发展新兴产业，推进企业产业转型升级和创新增效。迪趣文化城项目为提升开发区文化和旅游层次提供平台；世和模具、麦格耐特科技等项目投产，产业优化升级步伐提速。同时，培育企业进军资本市场，宏远公司和新诺科材料科技2家企业在青岛蓝海股权交易中心正式挂牌交易，成功登陆“四板”市场，其中，宏远是青岛市首家登陆“四板”市场的小贷公司。

（市经济开发区管委会）

国内合作与交流

内资引进

2014年，莱西市国内招商工作突出“招大、引强、选优”，开展“调结构、稳增长、抓落实”现场推进和“走谈百个项目”活动，加大项目建设力度，呈现良好发展态势。

2014年，全市实际利用内资完成140亿元，占年计划106.9%。全市投资5000万元以上在建内资项目123个，投资总额702.3亿元。

123个在建项目中，投资亿元以上项目116个，同比增加14个，投资总额697.6亿元。其中：“梦想望城”项目景观公园及形象展示中心已建设完成并投入使用，首期8.8万平方米主体工程已正式动工；合联姜山产业新城项目招商中心主体完工；东庄头国际农产品交易中心项目博览中心主体结束，正在进行办公区及冷链物流、电子结算中心、食品安全检测中心基础建设；北汽莱西新能源汽车生产基地项目总装车间基础开始浇筑，涂装车间、能源中心、焊装车间和KD库钢结构基础完工；精密机械产业园项目8个车间钢构框架完成，1个车间试投产，办公楼和宿舍楼主体封顶，正在内部装修；明星新燃能科技项目车间主体已封顶，正在进行室内外装修；中鸿重型机械项目一号、五号车间正在封顶；德州扒鸡项目车间基础工程正在施工。总投资143.7亿元48个项目已投产，总投资53.6亿元9个项目计划在12月份竣工，全市项目保持较快建设速度。

全市投资5000万元以上新开工内资项目73个，同比增加5个，投资总额459.2亿元。投资亿元以上新开工项目67个，同比增加4个，投资总额455.1亿元。投资3亿元以上新开工项目34个，同比增加2个，投资总额399.8亿元。梦想望城、合联产业新城、东庄头国际农产品交易中心、华通机械装备产业园、北汽莱西新能源汽车生产基地、中鸿重型机械、德州扒鸡等投资5亿元以上新开工内资大项目20个，同比增加3个，投资总额354.2亿元。新开工项目投资数额较大、增幅较高，对内资到位起到明显支撑作用。

截至12月，全市投资5000万元以上新签约内资项目38个，同比增加8个，投资总额499.5亿元。投资亿元以上新签约项目36个，同比增加5个，投资总额447.9亿元，同比增长90.8%，其中，投资5亿元以上新签约大项目13个，同比增加3个，投资总额389.6亿元，同比增长137.4%。

2014年，全市国内招商突出重点区域、重点企业，创新招商方式，推行展会招商、组团招商和驻点招商，先后组织赴青岛及周边、长三角、珠三角、环渤海、中西部等地区，采取专人跟进、莱西籍在外友好人士及中介机构共同参与等形式开展定向招商400余次，莱西市招商知名度和影响力进一步增强，招商层次和效果明显提升。截至12月，全市协议投资5000万元以上在谈项目50个，协议投资总额315.1亿元。

截至12月，已准入投资5000万元以上内资项目66个。抓好OA项目管理平台建设。将全市投资5000万元以上在谈、签约、在建内资项目统一纳入OA项目管理平台，明确项目投资方、建设内容、签约、开工、竣工、投产等节点要求，对未按时开工建设、不达投资计划内资项目，在全市OA管理系统上进行亮牌管理。

依托莱西市重点产业和园区，策划推出投资5亿元以上重点招商推介项目16个，主要涉及高端装备制造、新能源、新材料、节能环保、生物医药、信息技术、食品饮料、纺织服装等产业。多方收集莱西市在外成功人士有关信息，充实在外人士信息库，为开展招商引资提供信息服务平台。截至12月，人士库已收集莱西籍在外人士360余人，涵盖党政机关、知名企业、社会团体等多个层面。及时完善全市可用招商闲置厂房库，并实行动态管理。

（市招商局）

对口支援与帮扶

2014年，莱西市对口支援贵州省安顺市西秀区10万元；由市发改局牵头带领莱西市部分农产品深加工企业负责人赴安顺市西秀区现场考察投资环境，争取投资建厂。

（市发改局）

经济事务管理

发展规划与综合调控

2014年，莱西市公共财政预算收入增长19.8%；城镇登记失业率1.32%；人口自然增长率3.63‰。全市生产总值增长10%；城乡居民收入分别增长10%和11%；社会消费品零售额增长13%；完成青岛下达进出口、外资到账、实际利用内资和节能减排各项任务。

经济运行

规模以上工业总产值增长17%，其中五大新兴产业产值增速高于全市14个百分点。纳税过千万元企业增至33家，其中新增税收过亿元企业2家，总数达4家。振宇中兴机械等5家企业成功登陆“四板”。公共财政预算收入突破40亿元，达41.99亿元，其中税收增长24%，占比达77.8%。金融机构存、贷款余额分别突破300亿元、200亿元，增长16.3%和25.4%；新增存贷比达101.5%，提高7.7个百分点；税收地方留成突破亿元，增长31.1%。完成出口退税8.36亿元，争取用地指标346公顷，帮助中小微企业融资5.9亿元。大沽河旅游规划编制结束，全面启动乡村旅游示范点创建，举办青岛旅游休闲汇等系列节庆活动，旅游总收入突破30亿元，增长22%。农业机械化综合作业水平达86.5%，农业产业化龙头企业、示范合作社数量列青岛首位。青岛市唯一国家现代农业示范园落户店埠镇。新建基本农田保护示范区1867公顷，新增灌溉面积8000公顷，连续3年列青岛农业综合开发绩效评价第1名。新建、改扩建畜禽标准化养殖场43处，肉蛋奶总产量和人均占有量保持全省领先。粮油生产“十二连丰”，被评为全国粮食生产先进县。

转型发展

开展项目建设百日会战，强化重大项目调度推进，43个过亿元项目开工，23个过亿元项目竣工，数量列青岛第5位。拉动固定资产投资增长19%，其中先进制造业、新兴产业投资分别增长26%和29%。与即墨市签订一汽大众华东生产基地汽车配件产业园合作建设协议，东庄头国际农副产品交易物流港、北汽新能源汽车生产基地等重点项目顺利推进，为长远发展奠定基础。主城区现代服务业加快发展，华玺大酒店正式营业，营业收入过亿元商场增至4家，银行业金融机构增至18家，青岛北路汽车销售商圈初具规模；旧城区改造进展顺利，东方化工生产区拆迁结束，“梦想望城”项目开建，开启莱西市旧工业片区、旧村改造与商业地产捆绑开发序幕。经济开发区汽车配件产业园起步区配套工程启动，中鸿重型机械等8个项目开工，海瑞普电力科技等6个项目竣工。姜山先进制造业功能区产业集聚度明显提高，精密机械产业园、华通高新装备产业园等园中园加快推进，开工、竣工过亿元项目数量分别占到全市37%和26%。沽河食品谷扩容增量，秋润食品建成试投产，德州扒鸡等6个过亿元项目推进顺利，普华物流等4个项目竣工。南墅石墨新材料产业园承载能力提高，原南墅石墨矿土地资产成功收回，污水处理厂开工建设。

创新引转型

工业技改投入增长20.5%。建设科技企业孵化器3.6万平方米，入孵企业14家。获得国家中小企业创新基金2项、农业科技成果转化资金和海洋经济创新资金各1项，新增青岛市以上院士工作站2家，新引进国家“千人计划”专家3名，技术合同交易额增长358%。新增驰著名商标、名牌产品17件。新认定高新技术企业25家，居青岛首位。

节能减排促转型

关停昌华集团等落后产能企业6家，实施重点节能改造项目5个，万元GDP能耗下降3.8%。完成脱硫、除尘等43项治理工程，化学需氧量、二氧化硫排放量分别削减820吨和195吨。

改革创新

实施新一轮政府机构改革，政府组成部门精简为24个，压缩行政事业编制749个，全面推行事业单位绩效工资改革，清理行政审批事项84项。取消企业注册部分前置审批，办理时限提速30%。经济开发区和姜山镇两处行政服务中心投入运行。新农合成建制移交人社部门统一管理，建立城乡一体居民社会医疗保险制度。

制定国有资产出租管理办法，启动镇级国库集中支付改革试点，成功发行企业债券10亿元，财政管理绩效跨入全国县级200强。合理调整建筑业和房地产业税收划分，有效规范税收秩序。公立医院改革正式启动，药品实现“零差率”销售。社会救助第三方评估顺利推行。实施工商登记制度改革，新登记市场主体总量、注册资本总额分别增长236%和36%。供销社、旅游两项省级综合改革试点快速启动，设立发展专项资金，与青岛市供销社签订区域战略合作协议，完成旅游综合改革方案。试点集体经济组织产权制度改革，率先完成755个村庄土地承包经营权确权登记，相关经验被青岛市推广。引导农村土地依法规范流转，流转面积达21333公顷。

城乡建设

完成姜山新城总体规划、青荣城际铁路莱西北站广场规划和14个集聚类社区修建性详细规划，对“千熙之城”等50个项目规划进行评审完善。

青荣城际铁路济南方向开通，莱西北站投入使用，莱西市迈入“半岛同城时代”。青龙高速公路莱西至城阳段主线贯通，结束莱西市至青岛市区无直达高速公路历史。提升城市功能，累计硬化道路36.3万平方米，铺设排水管网22公里，改造旧灯具494套，新增绿地18万平方米、供热面积80万平方米，市民文化中心主体完工。

姜山新城合联新型产业城招商中心主体完工，企业标准化厂房、蓝领公寓和核心区主干道路相继开工，进入全省示范镇综合考核前20强。沽河新城基础配套项目陆续展开，大沽河城区综合服务区开工建设，威海西路翻修工程竣工通车。姜山、南墅和店埠入选全国重点镇。

历时3年大沽河治理工程全面完工，呈现水清、岸绿、景美生态景观，成为带动沿岸产业发展资源河和造福两岸人民幸福河。新造林、补植造林4.82万亩，绿化村庄50个。龙泉湖社区、龙水社区一期等22项新型农村社区工程完工，青岛市在莱西召开了现场会。改造农村危房1000户，承办省农村危房改造现场会。开展农村环境综合整治，新建垃圾中转站4个，城乡环卫一体化基本实现。

智慧城市规划建设全面展开，世界休闲体育大会信息系统、数字地理信息平台加快推进，完成数字化城管系统建设，设置天网工程监控点位2320个、信号灯路口52个、电子警察31处。开展市容秩序综合整治活动，完成24个小区环境综合整治，拆除违法建筑7300平方米。

民生工作

民生投入达28.2亿元，占财政支出60%，提高9.2个百分点。7件政府实事全部完成预期目标。

新增城乡就业2.45万人。社会保险收支额持续增长。发放村医补助和养老保险补助。调增机关事业单位人员津补贴。新农合、城乡低保、农村五保等标准提高，发放各类救助金6695万元。新建养老服务机构3处、日间照料中心81处，扩大高龄津贴范围，落实65周岁以上老人免费乘坐城区公交车待遇，为389名困难老人提供居家养老服务。

投入1.48亿元，创建现代化学校41所、标准化幼儿园28所，济南路小学、香港路幼儿园投入使用，60所中小学标准化食堂通过验收，教育均衡化水平提高。建立学生成长绿色评价机制，探索普通高中特色化、多元化发展路子，高考一本达线人数、达线率创历史新高。人民医院综合提升工程顺利推进，部分医院挂大靠强，服务能力明显提高。基本公共卫生服务项目增加11大类43项，人均经费提高到40元。依法规范文化市场秩序，2014年，被评为省“扫黄打非”先进单位。开展送戏送电影下乡活动，新建卫星数字农家书屋60家，市图书馆升级为国家一级馆。荣获首届全国木偶大赛银奖。参与完成吕剧电影《断桥惊魂》拍摄。成功承办第23届省运会射箭预赛。妇女儿童、民族宗教工作得到加强。残疾人、慈善事业健康发展。统计、气象工作有序展开。应急、防震减灾、人防工作扎实开展。科普、档案、史志工作取得新成效。

执行“党政同责”和“一岗双责”，建立安全生产长效机制，整改各类安全隐患7000余项。实施大气和水污染防治行动计划，划定高污染燃料禁燃区，淘汰黄标车2470辆，连续2年实现秸秆零焚烧。查处食品药品违法违规案件500余件，“食安莱西”建设步伐加快。健全治安防控体系，刑事发案率青岛4市最低，群众安全感在省电话民意调查中列青岛第一。社区矫正管理服务中心投入使用，被评为省“六五”普法中期先进市。健全领导干部公开接访机制，信访秩序进一步规范。

行政效能

坚持问题导向，开展群众路线教育实践活动。修订市政府工作规则，制定常务会议规则等规范性文件6个，完善公众参与、专家论证、风险评估、合法性审查、集体讨论决定行政决策程序。立项督查81条群众反映问题，整改完成76条。开展镇村财务专项整治活动。妥善解决市属老工业企业遗留问题，清理社保欠费5000余万元。落实中央八项规定，公务接待经费下降45%，公务出国经费下降15%，公车购置和运行经费下降17%。自觉接受人大、政协监督，坚持重大事项向人大报告、向政协通报制度，356件代表建议和政协提案全部按期办结。受理行政复议案件42件，办结率100%。行风在线满意率达98%，居青岛4市第一。坚持招投标、政府采购制度，节约财政资金1.1亿元。落实党风廉政建设责任制，强化行政监察和审计监督，廉政建设加强。

（市发改局）

财　政

2014年，莱西市地方财政收入完成426867万元，完成全年计划107.3%，比2013年增长19.7%；地方财政支出完成469416万元，当年实现收支平衡目标。

全市公共财政预算收入完成419867万元，同比增长19.8%，增收69396万元。其中：国税部门完成地方税收34988万元，同比增长20.8%，增收6035万元；地税部门完成地方税收110581万元，同比增长0.9%，增收1012万元；财政及其他完成274298万元。

国税、地税等财源建设职能部门，依托财源建设信息平台共享涉税信息，共清理欠税6310万元。制定《关于调整房地产开发和建设工程项目税收隶属划分的通知》，对建筑业和房地产业税收收入隶属划分进行调整，规范行业税收征管秩序。2014年税收占比达77.8%，同比提高2.7个百分点。

2014年，莱西市纳税50强企业纳税总额达119048万元，比2013年增长11%；骨干税源企业中青岛耐克森轮胎有限公司、青岛雀巢有限公司、青岛泰光制鞋有限公司、青岛凤凰印染有限公司4家企业纳税总额过亿元，比2013年增加2家，共实现地方税收19498万元，同比增长20.9%。除制造业外，金融业成为莱西市支柱行业新增长点，全年金融业税收地方留成突破亿元，同比增长31.1%，拉动支柱行业税收增幅3.6个百分点。

青岛莱西市资产运营有限公司不断转变融资理念、创新融资方式，开展多领域、多渠道融资业务，首次发行企业债券额10亿元，不仅填补莱西市在国内资本市场空白，也为大沽河治理、市民文化中心建设、休闲体育大会场馆建设、青荣轻轨姜山站建设、北汽新能源汽车莱西基地建设等事关民生重大项目提供有力资金保障。

青岛昌阳投资担保有限公司不断改进、优化工作流程，审慎开展融资担保业务，积极为招商引资、新建企业、中小微企业和实体经济开辟融资渠道和绿色通道，帮助企业解决融资难题，担保审批效率提速30%。2014年新增流动资金担保1.8亿元，累计担保总额达5亿多元，为莱西市企业和经济发展注入新活力。

争取青岛市唯一一个国家级现代农业示范园项目，重点开发3个项目区、18个产业化项目，立项开发总面积3867公顷，直接受益农户1.2万户，农业基础设施和农民生产生活条件得到改善。在青岛市农业综合开发绩效评价中，莱西市连续3年获得全市第一名。开展28个美丽乡村建设试点项目，推进村内道路硬化、卫生净化、村庄绿化、亮化等工作，改善村容和人居环境，促进农村公益事业发展。

民生投入28.2亿元，占地方公共财政支出比重达60%，比2013年提高9.2个百分点，提高机关事业单位人员津补贴、新农合、城乡低保、农村五保标准，全力支持现代化学校、标准化幼儿园和人民医院综合提升工程建设，财政公共服务均等化、优质化水平提高。

在夏格庄镇成功开展镇级财政国库集中支付改革试点工作，镇级财政资金管理进一步规范，为全面推开积累经验。完善非税收入征管系统，实现非税收入执收单位、财政和银行三方联网，提高资金安全系数，征缴管理效率提高57%。成立莱西市预算绩效管理中心，尝试开展预算评审和预算绩效评价工作，莱西市在财政部县级财政支出绩效考核中首次跨入全国200强。

印发《关于加强镇级财政财务管理的意见》，将镇级财政财务管理考核纳入2014年度镇（街道）及党政正职科学发展综合考核指标体系，以考核促管理。开展镇级财政所规范化建设工作，12个财政所全部通过青岛市验收，累计争取青岛市补助资金190万元，各财政所基础设施建设、职能建设和资金监管水平得到改善和提高。

（市财政局）

国家税务

概况

2014年，莱西市国税局共组织收入12.6亿元，比2013年增长16.5%，其中区县级收入3.5亿元，比2013年增长20.8%，为经济社会发展提供坚强财力保障。市国税局在莱西市行风评议中名列第一，继续保持“省级文明单位”称号，局党委被莱西市委授予“先进基层党组织称号”。青岛市国税局党组和莱西市委市政府对市国税局工作给予充分肯定和较高评价。

税收征管

推进税制改革，全面做好营改增扩围试点工作，密切关注征管改革运行状况，探索新征管模式下税源管理工作新途径、新方法，探索建立一系列加强税收征管长效机制，推行各项强化税源管理新举措，加强各税种管理和国际税收管理，控管户数增长26.86%，全年共评估入库各类税款2498.8万元。

依法行政

贯彻依法治国各项要求，强化依法行政培训，加强税收执法督察和执法监察，建立评估复查和稽查案件“一案双查双报双追究”制度，不断规范税收执法行为。加大稽查打击力度，全年共检查纳税人141户，查补入库各类税款907万元，协同公安机关提请批准逮捕犯罪嫌疑人8人，震慑涉税犯罪分子，整顿和规范税收秩序。

纳税服务

开展便民办税春风行动，开展税收宣传系列活动，落实首问责任制，率先实行网上税务审批，推动《全国县级税务机关纳税服务规范》在莱西落地生根。主动服务全市经济发展战略，成立大项目税收服务办公室，为莱西市经济发展建言献策，得到市委市政府赞许。

教育实践活动

把开展好党的群众路线教育实践活动当作一项重要政治任务来抓，领导干部坚持以上率下，全局干部积极参与配合，走好上下联动“一盘棋”，唱响便民办税“春之曲”，打好整改落实“主动仗”，保持作风建设“永远在路上”，持续发力，全局上下精神面貌焕然一新，教育实践活动取得成效。

队伍建设

坚持以“好干部”标准选干部、带队伍。加强党建工作，加大教育培训力度，强化绩效管理，形成有利于提高凝聚力、战斗力和创造力用人导向、工作导向，2014年，共选拔出8名副科级领导干部和1名主任科员、6名副主任科员，干部选拔工作实现常态化。推进文明创建和国税文化建设，开展培育和践行社会主义核心价值观主题教育系列活动，加强党风廉政建设，落实从严治党各项要求，严厉查处不正之风和违纪行为，同时在政策允许范围内，解决基层实际问题，千方百计维护好干部切身利益，全局干部呈现昂扬向上，充满激情新姿态。

2014年缴纳国税前20强企业名单

序号	纳税人名称
1	青岛雀巢有限公司
2	青岛耐克森轮胎有限公司
3	青岛泰光制鞋有限公司
4	青岛九联集团股份有限公司
5	青岛耐克森橡胶有限公司
6	青岛凤凰东翔印染有限公司
7	国网山东莱西市供电公司
8	青岛永昌因特皮革有限公司
9	青岛吉明美机械制造有限公司
10	希杰（青岛）食品有限公司
11	青岛埃维燃气有限公司
12	青岛明和橡胶有限公司

续表

序号	纳税人名称
13	青岛有你珂部件有限公司
14	青岛锦鲜化工有限公司
15	青岛彤德莱工贸有限公司
16	青岛福瑞斯生物能源科技开发有限公司
17	青岛新天地固体废物综合处置有限公司
18	山东省北墅生建钢管厂
19	青岛奥司登精密铸造有限公司
20	青岛丽发针织有限公司

（市国税局）

地方税务

经济概况

2014年，莱西市（区）国民生产总值（GDP）实现651.7亿元，比2013年增长8.6%。其中，第一产业增加值61.05亿元，增长5.40%，第二产业增加值309.55亿元，增长8.5%，第三产业增加值281.10亿元，增长9.40%。全市（区）实现地方财政一般预算收入41.99亿元，增长19.80%。2014年实现利税总额82.08亿元，增长11.50%，其中利润61.72亿元，增长5.60%。全社会完成固定资产投资51.68亿元，增长16.10%。全年实现社会消费品零售额23.22亿元，增长12.40%。全市（区）实现外贸进出口总额32.77亿美元，增长11.20%；全年共批准利用外资项目19个，实际利用外资达6.52亿美元，增长30.72%。年末全市（区）总人口为74.20万人，城镇居民人均可支配收入32881元，增长8.71%。

税收概况

2014年，累计组织各项收入13.25亿元，比2013年增长2.62%，其中税收收入12.46亿元，同比增长2.56%。税收收入中，中央级完成1.25亿元，增长3.80%；莱西市级完成11.06亿元，增长2.13%；青岛市（区）以下级完成11.21亿元，增长2.42%。各税种收入中，营业税完成4.05亿元，下降2.03%；企业所得税完成1.05亿元，增长30.37%；个人所得税完成1.03亿元，下降13.99%；土地使用税完成2.38亿元，增长27.45%。

税收征管

立足基础数据质量，全年修订补充完善各类数据11000余项；对无证照户、临时登记户、报验登记户、外出经营证明进行专项清理，注销、变更处理不符合规定登记户181户、核销过期报验登记户、外出经营证明1100余户；围绕管理增收，健全征管评查良性互动管理机制，并强化重点税种、重点项目、重点行业以及欠税管理等工作举措，用行之有效征管手段实现组织收入质量稳步提高，风险防范能力增强。

税收执法

2014年，共对78户纳税人实施立案专项检查，查补入库税款、滞纳金及罚款1430.6万元；规范税务行政裁量权，坚持“处罚与教育相结合”原则，规范行政处罚自由裁量权，2014年共实施行政处罚608户次；落实结构性减税和各项税收优惠政策，规范税收备案、审批减免流程，落实税收优惠政策，累计减免地方各税6600余万元；开展执法督察，将执法督察与税源改革、风险管理、收入质量、绩效管理相结合，打破执法督察一次性、专业性和阶段性局限，做到执法监督工作常态化、规范化。

纳税服务

将教育实践活动与“便民办税春风行动”紧密融合，落实《全国县级税务机关纳税服务规范》1.0版，实行集中前台受理、集中政策咨询、集中催报催缴、集中行政处罚“四集中”纳税服务新格局，办税环节、办税次数、办税时间等平均减少30%以上，即办事项增加50%以上；应用“VPN”技术，开启流动办税，为“世休会”开通绿色办税渠道，成功上线移动POS系统，在全系统范围内首次实现流动办税POS刷卡直接入库；畅通涉税维权渠道，落实举报投诉处理规定，规范举报投诉处理流转操作规程，2014年共推进解决万福公寓、豪帝商城、工商新村、农副产品交易市场等历史遗留小区800余户业主办证难问题。

干部队伍

深入开展党的群众路线教育实践活动整改落实和作风建设“巩固深化拓展”主题活动，推进制度建设，深化“四风”整治，让干部保持作风建设永远在路上精神状态；按照“人岗相适、能岗相适、德岗相适”原则，优化干部队伍结构，增强活力；以能力建设为主线，以基层一线干部培训和骨干人才培养为重点，发挥各科室教育培训主体作用，采取多种方式，实施分岗位、分类型培训，提升干部职工业务水平和岗位技能，为推进税收现代化提供人才保障和智力支持。

廉政建设

成立绩效监督中心，强化劳动纪律考核，实现效能监督；组织参观反腐倡廉教育基地，开展职务犯罪讲座，观看廉政警示教育片，加强重要节点、重大节日监督检查力度；创建廉政文化品牌，打造集成果展示和教育为一体“廉政文化走廊”，营造“以廉为荣、以贪为耻”良好氛围；签订《家庭助廉承诺书》，评选优秀“廉内助”、召开座谈会，筑牢家庭廉政防线；建立婚丧喜庆等事项备案制度，杜绝借机敛财等不良现象；围绕关键环节和重点岗位，进行风险排查，强化程序观念和风险意识，提高廉政防控能力；召开座谈会，开展实地走访、网络公开举报投诉电话和邮箱等，强化社会监督。2014年度荣获青岛市地税系统纪检监察先进单位和莱西市行政执法类政风行风评议第一名。

2014年缴纳地税前20强企业名单

序号	纳税人名称
1	青岛东方化工股份有限公司
2	青岛昌阳投资开发有限公司
3	莱西市建筑总公司
4	青岛耐克森轮胎有限公司
5	青岛万福宏远置业有限公司
6	青岛农村商业银行股份有限公司莱西支行
7	青岛莱西市资产运营有限公司
8	青岛雀巢有限公司
9	中国农业银行股份有限公司莱西市支行
10	青岛吉通工程有限公司

续表

11	青岛泰光制鞋有限公司
12	青岛宏远置业集团有限公司
13	青岛盛泰置业有限公司
14	青岛德源泰置业有限公司莱西分公司
15	青岛九联集团股份有限公司
16	青岛银泰房地产开发有限公司
17	青岛华商置业有限公司
18	中国银行股份有限公司莱西支行
19	青岛东庄头国际农产品交易市场管理有限公司
20	青岛中凯房地产开发有限公司

（市地方税务局）

农村经济管理

农民负担监督管理

2014年，市农业局以推进村级一事一议工作为抓手，加强农民负担监管工作，不断巩固减负成果。从四个方面加强村级一事一议项目建设，将过去验收环节严格管理前置，重视项目核准前源头管理、项目实施中过程管理、项目验收中档案管理、项目建成后跟踪问效管理，打造一批一事一议优质示范工程、民心工程。年内，全市共计实施71个村级公益事业建设一事一议财政奖补项目，其中修建村内街道和生产道路项目38个，人畜安全饮水工程项目3个，村内小型水利设施项目3个。清淤、开挖平塘7个，浆沏排水沟2.3公里。受益村民7.43万余人。项目总投资1460.72万元，其中参加一事一议筹资1.31万人，共计筹资32.69万元，投劳折资691.19万元，集体自筹111.09万元。按青岛市统一规定以筹资筹劳作为奖补基数，申请财政奖补资金723.89万元。成立农民负担专项检查工作组，对全市及涉农有关部门进行定期专项审计。检查内容主要包括义务教育、计划生育、农村建房、婚姻登记、生猪屠宰等涉农收费情况，村组织及农民专业合作社收费情况，各项惠农政策落实，一事一议筹资筹劳情况。通过检查、督促、纠正和完善等手段，促进各项减轻农民负担政策贯彻落实，为防止农民负担反弹、维护农民合法权益起到积极作用。

农村集体“三资”管理

根据省、青岛市统一部署，在河头店镇和经济开发区进行试点基础上，经过8个多月工作，通过制定实施方案、宣传培训、现场观摩、阶段工作调度、督查等措施，10月末基本完成农村集体“三资”清产核资。全市12处镇、街道、861个行政村全面完成“三资”数据摸底核实、公示确认、上报和资产、资源台账、登记簿及制度建立。根据青岛市新型农村社区建设指导意见及市委、市政府工作部署，制定、下发《莱西市村级组织运转经费补助资金管理办法》和《莱西市村级财政补助资金账务处理规范》。全年村级组织运转经费补助资金654.93万元，全部拨付到位。

农村土地流转管理

按照“要引导，更要指导，要规划，更要规范，要保护，更要保障，要稳定，更要稳妥”原则，推进农村土地流转、适度规模经营。全市土地流转面积达21333公顷。其中，转包面积12867公顷，出租面积4067公顷，转让面积1000公顷，互换面积400公顷，其他流转面积1800公顷。

农民专业合作社建设与发展

按照“有序、有度、有效”原则，通过宣传引导、典型带动、培训提高等办法和手段，引导专业合作社向“用地集约化、模式农场化、生产规模化、运作市场化”方向发展；坚持“引导与指导、规划与规范、稳定与稳妥、保证与保障”八要素，深化农民专业合作社有序发展和规范管理，全市农民专业合作社数量和质量得到突破和提升。年内，全市新增注册农民专业合作社193家，达1953家，占青岛市农民专业合作社总数1/4，居青岛市五市首位。同时，引导农民专业合作社开展创先争优活动，创建国家级示范合作社4个，省级示范合作社6个，青岛市级示范合作社85个。

家庭农场建设与发展

为促进家庭农场这一农业新型经营主体快速健康发展，提升农业生产专业化、集约化、标准化、商品化水平，促进农村发展、农业增效、农民增收。全市通过宣传引导、典型带动、培训提高等办法和手段，发展家庭农场。2014年，工商注册家庭农场达2460个，居青岛市五市前列。同时，引导家庭农场开展创先争优活动，创建青岛市级示范家庭农场17个。

（市农业局）

国有资产管理

2014年，莱西市制定印发《莱西市行政事业单位固定资产出租管理办法》和《莱西市国有企业资产出租管理办法》，加强对出租收入和支出管理，规范资产出租行为，增加国有资产收益。开展市直行政事业单位办公用房清理工作，对64个单位办公用房占用情况进行统计清理，共腾空办公用房6113平方米。根据青岛市《关于严格清退违规用车的通知》要求，清退处置违规车辆77辆，委托青岛市金海拍卖有限公司进行拍卖。扩大拍卖信息发布渠道，公示时间比正常时间延长5天，以密封递价方式，实现拍卖收入260.7万元，高出评估价格4.7%。

（市财政局）

国土资源管理

土地管理

截至2014年年末，全市土地总面积15.6822万公顷，其中，农用地面积12.2477万公顷，建设用地面积2.7558万公顷，未利用地面积0.6787万公顷，分别占全市总面积78. 1％、17.57％ 、4.33％。人均耕地面积0.1225公顷。

土地规划

控制新增建设用地，严格土地利用年度计划，维护土地利用总体规划权威性，保障大沽河整治、青荣城际铁路等全市重点项目用地需求。

耕地保护

构建耕地保护共同责任机制，建立政府领导、部门合作、齐抓共管耕地保护共同责任机制。市、镇签订《耕地保护目标责任书》，市委、市政府将耕地保护工作纳入年度综合考评内容，考评结果与评先挂钩；实现耕地占补平衡，立项增减挂钩项目

187公顷，可节余指标170公顷。验收土地整理项目54个，新增耕地139公顷，建设高标准基本农田6867公顷。对纳入国土资源部农村土地整治监测监管系统的385个土地整治项目进行备案信息整改。为山东高速集团、龙口南山中油天然气有限公司补充耕地91.8公顷，为市财政增加收入6886万元。超额完成青岛市耕地保护目标责任书确定的耕地保有量、基本农田保护面积、开发复垦补充耕地等各项任务；基本农田数据库建设全面启动，推进矿山地质环境恢复治理，投资5800万元的南墅矿山治理一期工程通过上级初验，复垦土地约17.7公顷。投资1000万元的南墅矿山治理二期工程完成野外作业。

用地管理与土地市场

从源头规范土地征收补偿，将新征地预存款收缴额度提高到10万元/亩，为征地补偿费按时拨付到位提供保障。全年完成大沽河及11条支流整治工程、青荣城际铁路四电用地及改线、青岛沃尔新能源风力发电有限公司、华电莱西新能源发电有限公司、南水路南延等项目清点补偿，清点土地面积667公顷；全年争取计划外用地指标64.7公顷，批回土地346公顷，确保重点项目用地；全年供应土地113宗、288公顷，2014年供地率、用地率分别达85.03%、98.78%；完成经济开发区54平方公里主区、发展方向区土地集约利用调查评价；全年储备土地293公顷、招拍挂出让土地294公顷，成交总额10.32亿元。

地籍管理

推进农村集体土地确权发证工作，完成全市宅基地使用权登记发证745个村、22.3万宗农村宅基地材料审核；完成全市1334宗、4002亩农村集体土地使用权建档工作，完善率达100%；办理初始登记156宗、"两证合一"及商品房土地登记9836宗，房改房土地登记882宗；办理抵押登记1225宗，抵押面积1944.59公顷，抵押贷款387368.42万元；办理查解封登记216宗；档案利用16580次。测绘各类土地3867公顷，调处青岛黄海啤酒厂、青岛琴畅集团等土地权属纠纷案件10件；推进地理信息系统建设，结合省"一个平台，两个市场"及青岛市"一张图"工程建设，完善地理信息系统功能，提高数字化国土管理水平。

测绘管理

截至2014年年末，全市共有测绘资质单位6家，其中乙级1家、丙级1家、丁级4家，测绘资质单位从业人员73人，测绘服务总值578.6万元，其中私营企业完成服务总值132万元，主要以国土资源、城乡建设与规划、水利电力行业为主。建立测绘地理信息成果利用共享机制，先后对6家测绘单位进行抽查，检查测绘项目6个，合格率100%。完成测量标志用地权属登记发证7个。

资源管理

境内已发现各类矿产资源，探明储量有19种，以非金属矿为主。其中，金属矿产有铁、钛、金3种，稀土矿产1种，以及伴生铌、伴生钽2种矿产；非金属矿产有重晶石、钾长石、石墨、大理石、沸石、珍珠岩、膨润土、透辉岩、安山岩、砖瓦用黏土、伴生硫铁矿11种；水气矿产有矿泉水和地下水2种。优势矿种为石墨、沸石、透辉岩、金。已发现各类矿产地107处，其中大型矿床4处、中型矿床4处、小型矿床20处、矿点和矿化点79处。

矿业权管理

对全市30个采矿权，34个探矿权进行年检，对17个乙类矿进行采矿权延续、变更登记；对地下开采矿山企业实行定期巡查，发现矿山企业安全隐患5处，及时下达责令整改通知书、停工通知书，现场签订矿山企业督查责任表，监督矿山企业依法、安全、规范生产。

灾害防治

制定《莱西市2014年地质灾害防治方案》，组织开展汛前矿山安全生产大检查活动，聘请青岛市地质勘查专家进行现场勘察，排查地质灾害点33处，下发地质灾害明白卡、避险卡500余份，开展地质灾害预警预报30多次，实现地质灾害"零事故"；贯彻实施《地质灾害防治条例》《山东省地质环境保护条例》等法律法规，实行地质环境治理保证金制度，截至2014年年末，全市矿山企业保证金缴存面100%。

执法监察

以执法监察为重点，查防结合，打击土地矿产违法违规行为。以卫片执法检查为主线，对国土资源部下发的遥感监测图斑逐一进行实地核查、变更入库，对违法违规用地立案查处，全市违法占用耕地比例为0.15%；开展大沽河、小沽河流域非法采砂专项行动、采选矿加工企业集中整治行动，取缔非法采矿点6处，关停所有采选矿厂；信访调处案件比2013年同比下降15.8%，按期办结率达100%。

宣传教育

利用“3·19”矿产资源法颁布日、“4·22”世界地球日、“6·25”全国土地日、“8·29“测绘法颁布日、“12·4”全国宪法日等宣传时机，组织局机关、国土资源所在城区、镇(办)主要街道设立咨询点60余次，发放宣传材料33000余份，更新局机关、国土所固定宣传栏内容60余次，悬挂宣传横幅200余幅，设置大型宣传拱门6次；向市政府、镇（办）领导干部、人大代表、政协委员赠送学习宣传材料，在莱西电视台、广播电台、政务网站设立“阳光国土”宣传专栏，共组织宣传专题85期。通过各种方式宣传，提高各级领导干部和社会各界人士对国土资源法律、法规、政策理解，在全社会树立依法用地和节约集约用地思想意识。

队伍建设

推出“机关开放日”、创建服务子品牌、窗口单位清单式服务、“优质服务主题月”、流动服务进社区、企业联络员“一对一”服务、开设电视、电台国土宣传服务专栏等便民利民服务举措，拓宽服务渠道，执政为民能力得到提升；组织干部职工观看多部作风建设、廉政教育片，实地参观青岛市廉政教育基地，局党委书记、党委成员、中层干部层层签订党风廉政责任书，开展整治“会所中的歪风”承诺和专项整治收“红包”及购物卡活动；加强干部使用管理，对34名国土所工作人员进行大换岗；办理人大代表建议、政协委员提案6件，面复率和满意率100%，完成政风行风在线、网络问政、民生在线等工作；加强门户网站建设，做好政府信息公开工作，共发布各类行政许可等信息500余条，办理依法申请信息公开16次，均及时给予答复。

（市国土资源局）

安全生产监督管理

2014年，莱西市应监管生产经营单位3000余家，其中涉氨制冷企业142家，矿山企业30余家，危化品企业109家，烟花爆竹批发、零售企业共计118家。

全年突出加强市级、部门、镇办、企业四级安全生产工作领导力量。由市长担任安委会主任，作为全市安全生产第一责任人；常务副市长担任安委会常务副主任，分管安全生产工作；各副市长担任安委会副主任，按照“一岗双责”要求，牵头抓好分管领域安全生产工作，并作为分管领域内安全生产第一责任人，先后召开6次市委常委会、市政府常务会议专题研究安全生产工作，一个月召开一次安委会全体会议。实施市级领导带队检查安全生产制度，全年开展3轮活动，市级领导共带队检查110次。2014年，莱西市出台《关于明确党委政府及其部门安全生产监督管理职责的规定》，对各部门、各单位安全生产监督管理职责进行明确分工，市政府与各镇办、安委会成员单位签订目标责任书，做到一级抓一级，层层抓落实。

由市委组织部统一对辖区12个镇办、安监办负责人进行任命，规范安监队伍。市委、市政府针对安监局工作人员编制少，老龄化严重情况，增加编制11人，将市安监大队升格为副科级单位；在全市各镇成立12个安监中队，有3个镇安监中队不少于5人，有6个中队不少于8人，有3个中队不少于10人，选拔一批政策水平高，遵纪守法，坚持原则，工作认真负责，掌握一定安全生产知识和管理能力，能适应安全管理工作人员从事安监工作，全市安监中队现有人数98人，配备执法车辆13辆。2014年1月10日，莱西市执法监察队伍标准化建设按照山东省统一标准通过验收达标。莱西市安监局成立于2005年，自成立以来，各方面工作底子较薄，人、财、物、交通工具、办公场所均欠账较大。对此，2014年初莱西市专门召开市委常委会和市政府常务会议进行研究，一举解决安全生产监督工作面临的困难。在财力紧张情况下，市财政预算增设300万元安全生产专项资金，各镇财政保证每年30万元专项资金投入；市安监局每个科室都配备工作摄像机、录音笔、打印机等器材，并对办公电脑进行更新升级；完成数字化会议平台建设，与国家及省、市视频会议实现对接；按照省安全生产执法监察装备标准，投入44万元购齐执法装备，为监察大队及各中队配备执法PDA、便携式打印机等设备及安全防护装备，并投入46万元新增执法用车3部。为解决安全生产工作干什么、怎么干问题，市政府重点对市、镇两级安全队伍进行专项培训，聘请青岛市安监局领导以及专家分批授课，年内组织分类培训20余次，市安监局所有干部职工均取得执法许可证，镇（办）有70余人考取执法许可证。

莱西市出台《2014年全市安全生产网格化监管推进工作方案》，截至年末，共有35个部门，148个科室，727家企业纳入网格化监管系统，140家社区已开通网格化终端，配备社区安全巡查员，并申报安全社区和安全示范社区22个。采取自查、抽查、排查、专项检查和联合执法等多种形式检查活动。2014年，全市共出动执法人员11345人次，查处安全隐患7540处，已整改安全隐患7146处，整改率达95%，整改隐患394处；全市日常检查企业965家，检查次数4715次，执法检查企业350家，检查次数1625次，专项检查企业680家，检查次数3094次，组织应急演练889次；全市下达执法文书516份，对32家企业违法行为进行行政处罚，下达行政处罚决定书32份，共罚款126.19万元。结合安全生产资质专项检查行动，对企业单位和相关人员进行上岗资格管理，全面提升莱西市安全生产规范化、法制化管理水平。截至年末，已对15个行业领域安全生产资质进行专项检查行动，检查总计1399起，发现无证或证照不全132起，并予以处理。按照《莱西市2014年安全生产宣传工作方案》，通过电视台、广播电台等常规媒体和微博、微信等网络媒体以及报刊、标语等，宣传安全知识，社区建立安全巡检档案，配备专职人员进行宣传。

2014年9月以来，结合莱西市实际，开展“六打六治”打非治违专项行动，突出抓好涉氨制冷、非煤矿山、道路交通、城镇燃气等领域整治，成效明显。期间，全市共召开安全生产专题会议6次，组织执法检查组128个，组织跨地区、跨部门联合执法1次，实施暗查暗访73次，检查企事业单位和场所1205家次，打击非法违法、治理违规违章行为4321起，备案重大非法违法行为30件，其中，关闭取缔企业11家，暂扣或吊销有关许可证6家，责令停产整顿13家。发挥“问安莱西–12350”安全生产隐患有奖举报机制作用，共受理、查处、协调处理各类举报82起，查实47起。聘请青岛市涉氨制冷方面专家亲自到企业对负责人及安全生产技术人员进行授课并对全市18家有单冻机加工间涉氨制冷企业进行全方位“体检式”安全排查。重点对企业安全制度、相关操作规程、单冻机车间隔离、设备操作间、机房安全设施配备及操作人员操作技术等进行深入检查，排查出一般隐患540条并提出整改建议，市安监局对14家涉氨制冷企业下达整改通知。企业积极配合安全生产监督工作，全年累计投入整改资金4080余万元，其中，九联集团投资1100万元、万福集团投资1000余万元进行隐患整改，青岛市政府检查组对这两家企业进行督查，对隐患整改情况给予肯定。截至年末，全市氨改氟企业已达53家。市政府聘请专家将全市非煤矿山企业排查完毕，共组织专家154人次，检查矿山40处，对4处露天矿山下达停产整顿通知书，关闭4处露天小矿山和2处地下矿山。全市地下矿山均处于停产状态，矿山企业已做好储量评估和安全评估前准备工作，储量不足或安全生产条件评估不合格将关闭；六打六治期间，市公安消防大队共检查一般单位和重点单位256家，发现隐患492处，下发《责令改正通知书》74份。从12月1日起，在全市开展食品加工和劳动密集型企业消防安全专项整治工作。市安监局聘请专家和监理机构对全市147家生产、经营危险化学品企业进行隐患排查，发现隐患82处，已整改62处，其余20处正在整改。市公安局和安监局查获非法营销烟花爆竹案件1起，共查处非法储存烟花爆竹528件，其中烟花152箱，爆竹376箱，案值11万余元。市安监局对2013年21家烟花爆竹零售点进行处罚，对2014年12家未按规定管理和销售烟花爆竹零售点吊销烟花爆竹经营许可证；同时对申请发证118家进行培训和考试，年末已有115家考试合格。

按照《关于印发2014年“问安莱西”安全文化体系建设工作要点的通知》要求，深化“问安莱西”安全文化体系建设活动。莱西市定期聘请专家对企业主要负责人、企业安全生产负责人、企业安全员进行培训，提高安全意识。全年共举办17期培训班，共计培训特种作业人员、企业主要负责人、安全生产管理人员2481人次。围绕“问安莱西”活动，刊发“问安莱西”专栏28期、微信14期，播放安全生产警示教育片200多场次；在市区和各镇街主干道进行宣传，张贴安全生产标语1280余条，悬挂宣传横幅90余条，发放宣传册6500余份，解答群众咨询1000余人次；组织全市中小学生暑期安全教育1期，刊发《青岛日报》专题报道2篇；组织安委会成员单位和全市重点企业主要负责人收听收看省、青岛市有关新《中华人民共和国安全生产法》培训会议，举办新《中华人民共和国安全生产法》专题培训班4期，共培训职能部门、企业安全生产负责人800人，发放新《中华人民共和国安全生产法》学习资料1000余份。在全市上下营造政府高度重视、部门落实监管、企业广泛参与、社会积极支持安全生产良好局面。

（市安监局）

物价管理

2014年，莱西市物价检查所落实国家、省和青岛市价格监督检查与反垄断工作会议精神，突出工作重点，优化莱西市经济社会发展环境，全年共受理价格投诉举报486件，处结率100%，查处各类价格违法案件65起，实施经济制裁入库额150余万元，同时加强机关思想、纪律、作风教育整顿，提高队伍整体素质和形象。

根据上级部署，先后组织开展明码标价规范检查月、《青岛市价格条例》双月规范、重要节假日市场、教育及民办教育机构履行价格报备手续、旅游、商业银行服务、涉企收费、农贸市场明码标价等行业专项检查活动，汇总上报检查情况。受理查处价格举报案件。形成上下联动、程序严谨、反应敏捷、满意为准价格投诉举报工作机制。做到有报必查、有查必果。受理市为民服务热线转办、上级交办、“12358”价格投诉电话和来访案件，及时协调解决价格纠纷、责令退还当事人多收价款并以此为线索查处价格违法案件6起，其中大案要案3起。

做好市级领导及市国土资源局《政风行风在线》相关问题调查答复处理、人大建议政协提案办理工作。

（市发改局）

工商行政管理

2014年，莱西市工商行政管理局推进注册资本登记制度改革，对接青岛市局，升级登记业务系统，再造工作流程；多次赴胶州等地，学习先进经验；投入专项资金购置新版营业执照打印设备、增设“企业登记排队叫号机”，保障改革顺利启动。通过企业座谈会、登记窗口印发明白纸、做客“行风在线”等形式，引导社会正确认识工商登记制度改革内容要点，做好政策宣传和权威解读。抽调业务熟练、责任心强工作人员充实到一线登记窗口；加大工作培训力度，利用现场教学和视频会议等方式，使登记窗口人员熟练掌握有关新登记规范要求；落实网上登记、预约登记等便民举措，为群众提供优质高效服务。下放审批权限。扩大经济开发区和姜山镇登记管理权限，缩短申请人办事时间。全年新登记各类市场主体36371户，同比增长236.36％；注册资本719938万元，同比增长25.25％。

利用全市农业产业优势和特色优势，以蔬菜、水果、淡水产品、畜禽及其加工产品为主，以工商所为单位，梳理汇总商标培育梯次队伍；根据摸底情况，科学制定2014年商标发展计划指标数；加大商标注册宣传引导工作力度，利用办理执照、市场巡查、送法下乡等时机，通过答复咨询、发放宣传单页、组织专题培训等形式，增强商事主体商标创建意识。2014年，莱西市新增“乐好”中国驰名商标1件，山东省著名商标3件，青岛市著名商标5件。同时“官道小米”地理标志商标已申请成功，实现莱西市地理标志商标零突破。

推进企业诚信体系建设，组织举办“2013年度守重企业”培训班，2014年全市新增国家级守重企业1家，青岛永乐农业发展有限公司等3家青岛市级“守重”企业尚在认定。开展助企融资工作，开通动产抵押登记“直通车”，截至年末，已办理动产抵押登记45件，助企融资2.14亿元；10月份按照《青岛市工商局关于开展银企对接信用融资活动的实施方案》要求，与民生银行达成战略合作，已有5家企业通过现金和承兑汇票方式解决融资需求，预计发放贷款750万元。

在确保局长学法日培训效果基础上，采取“专家授课、经验交流、以会代训、岗位练兵、以案学法”等形式，开展“执法大练兵”活动，做到“干什么、学什么、缺什么、补什么”。结合“权利清单”清理工作，把履职到位要求贯穿各项工作之中，善于用法治思维和法治方式来解决改革进程中遇到的问题，做到行政权力进清单，清单之外不可为，行使职权受监督。2014年，共查办案件162起，均零复议、零诉讼。

根据省局、市局工作统一安排，结合商品销售季节性特点，加大对农资、成品油、建材等商品质量抽检力度。其中，检查农资经营户756户次，组织抽检农资722个批次，罚没款40余万元，促进农资市场秩序好转。以供电、医疗、通信等垄断性行业为重点，严厉查处商业贿赂、不公平格式合同等违法行为。上半年，查处某医院商业贿赂案、某生物科技有限公司不正当竞争案等一批大案要案。开展“打仿冒反侵权”市场整治行动，依法查获仿冒“耐克”“阿迪达斯”等名牌运动鞋200余双，查处某化工有限公司涉嫌伪造厂名厂址一案，罚没款入库30.4万元。

9月组织召开各工商所网监业务人员培训会，对网监系统软件使用进行培训，同时明确对各所搜索建档情况实行周通报制度。截至11月末，已搜索网络经营主体25853户，建档441户，其中企业366户，个体户75户。通过在媒体滚动播放提示信息、开辟专栏、对辖区企业逐一走访等多种形式，提醒市场主体及时履行年报义务，为实现宽进严管奠定基础。全市年度报告已报送632户，其中企业400户，个体户232户。

按照《莱西市2014年“安全年”行动计划》要求，参与配合各项安全生产检查，按要求汇总上报安全生产大检查情况报表；各工商所同步启动辖区安全生产网格化监管，全年先后开展安全生产无照经营检查、涉氨制冷企业安全生产、安全生产百日攻坚等6次专项行动，排查出餐饮娱乐、涉氨制冷、烟花爆竹、城镇燃气等行业安全隐患46处，共出动执法人员1100余人次，检查各类市场主体1697家次，立案查处无照经营案件18起，罚没款入库9.7万元。

建立“12315”执法体系与消保维权工作体系、农村“一会两站”联系工作机制，形成上下贯通、反映机敏、组织严密消费维权网络，为消费者提供方便快捷维权服务。

强化“从数据分析中找原因、找监管方向”理念，每月对投诉、举报进行汇总分析，及时发现监管盲区。2014年11月，市工商行政管理局召开包括大型商贸流通、汽车销售、珠宝首饰、婚纱摄影等领域16家企业消费维权约谈会，通报企业自身问题，指导大中型流通服务企业设立投诉台，配备经过培训、熟悉业务专兼职消费纠纷处置人员，做到有责投诉不出门，降低维权成本。

围绕“新消法 新权益 新责任”年主题，组织市质监、农业、卫生等9家职能部门开展“3·15”系列宣传活动，同步启动“3·15”走进良贸、利客来活动。为掌握消费投诉动态，每月对投诉、举报进行汇总分析，每季将消费投诉分析报告报市政府领导审阅；针对消费领域存在热点难点问题，发布消费警示、提示4期及12例典型案例。组织全市名优企业参与消费维权知识竞赛，提升消费教育效果。2014年，“12315”指挥中心共受理消费者咨询470余件，投诉791件、举报129件，为消费者挽回经济损失150余万元。

根据教育实践活动工作要求，开展“学习教育 听取意见”“查摆问题 开展批评”和“整改落实 建章立制”各个环节活动。按要求相继召开班子和基层工商所民主生活会，规定动作标准到位；开展“走访解促”活动，召开“薛为怀先进事迹宣讲会”，自选动作亮点纷呈，达到统一思想、改进作风、红脸出汗、加油鼓劲目的。

把严守党的纪律摆在首位，推进惩治和预防腐败体系建设，构建权力运行监督制约机制，强化责任担当，严格执纪问责；把落实主体责任作为重大政治任务，列入重要议事日程，确保主体责任落实到位；坚持把党风廉政建设要求融入业务工作，确保党风廉政建设主体责任与业务工作同部署、同推进、同落实、同检查；全面开展廉政教育活动，通过组织广大干部开展警示教育、举办廉政知识测试、签订廉政承诺书等一系列活动，增强对廉政教育现实感受；参加青岛、莱西两级“政风行风在线”，接受群众监督，查找并解决工作中存在“四风”问题，以作风大转变推动效能提高、职责落实和形象提升。

（市市场监督管理局）

质量技术监督管理

质量强市

2014年，莱西市质量技术监督局根据质量强市工作需要，完善莱西市质量强市工作领导小组，明确各成员单位工作职责，保证质量强市活动顺利开展。为确保将国务院《质量发展纲要（2011–2020年）》落到实处，组织召开落实企业主体责任工作会议，与全市238家企业签订年度质量安全责任承诺书，健全质量激励和考核机制，严格监督生产企业落实企业质量安全主体责任，完成对工业产品和食品相关产品316家分类监管。为提高全社会质量意识，开展“3·15消费者维权日”、“质量月”咨询服务活动，发放宣传、质量明白纸等材料3200份，举办质量大讲堂、实验室开放、质监邀您看企业等4大系列活动，参与人数达350人次，使质量强市战略深入人心，形成关心质量人人有责社会氛围。

名牌战略

为帮助企业解决品牌创建中困难，组织专业技术力量深入企业一线，查找困难所在，提出可行建议性意见。为企业送法律、送理念、送信息、送标准、送技术、送管理230人次，免费赠送资料1300份，利用多种形式宣传名牌战略对提升企业知名度和产品市场竞争力重要作用，帮助企业树立品牌观念。2014年，新培育申报山东名牌产品3个，在全市现有山东省名牌产品16个基础上，帮扶莱西建筑总公司申报青岛市市长质量奖，通过名牌产品创建，初步形成以名牌产品为龙头促进资源优化配置局面，推动质量提升，促进经济发展。

标准战略

引导企业开展技术标准制定修订，采用国际标准和国外先进标准组织生产，并根据企业自主创新，指导帮助企业转化为企业标准。2014年共完成企业标准备案58个，修订备案标准27个。帮助企业做到有产品就要有标准，有标准就要执行标准，并按标准组织生产，2014年帮助指导青岛好利特生物农药有限公司等3家企业通过标准"2A"良好行为验收。按照《青岛市标准化资助奖励办法》要求，对青岛东生等5家企业6个标准化项目进行申报，共获标准化奖励15.9万元，有效提升企业技术水平，增强企业产品社会竞争力。

质量安全

通过签订质量安全承诺书、聘请社会监督员、完善乡镇质量安全监管网络等形式，督促企业落实质量安全主体责任。按照法律法规赋予职责，根据全市工业生产企业不同质量状况，制定相应分类监管类别和巡查计划，对63家获证企业建立更新企业质量档案，开展不定期进行巡查和回访，建立工业企业巡查记录131份，做到质量状况有底、有数。把全市21家化肥和12家农药生产企业列为排查整治重点对象，全年定检建材类企业17家，化肥生产企业17家，石墨生产企业4家，农药生产企业12家，定检产品50批次。通过强化监管，使定检企业产品合格率达100%，提高全市工业企业产品质量水平。

安全保障

按照市安委会文件要求，开展涉氨制冷企业、百日攻坚等专项检查活动17个，检查涉氨制冷企业165家、特种设备生产使用单位88家、电梯使用单位42家、大型游乐设施运营单位3家、液化气站32家，签订《特种设备生产使用单位承诺书》《气瓶充装单位安全承诺书》68份，收到特种设备使用单位自查报告38份，发现消除各类安全隐患125处，查处为民服务热线投诉举报5起。受理特种设备安装开工告知146家，新办理使用登记特种设备641台，登记设备增幅为18.2%。检验特种设备2196台，全市特种设备平均定检率达96.1%。新修订《莱西市特种设备应急管理预案》，明确应急处置流程，加强预案可操作性。1月份，在青岛鑫海源食品有限公司开展压力容器泄漏事故应急救援演练，全年共开展电梯应急演练3次，有效提升应急能力水平。

安全监管

根据省政府办公厅及省食安委文件要求，2014年初，开展肉制品、植物油、白酒等8项重点整治工作，节庆期间专项整治3次。落实主体责任核查制度，结合专项整治，对工业明胶、地沟油等风险问题加班加点核对排查，共出动监管人员324人次，指导企业完成问题整改33项，约谈企业14家，为企业提出合理化建议5项，防止和消除食品安全隐患。做好企业申领生产许可派遣观察员工作，2014年共派遣观察员18人次，合格18家，帮扶18家企业落实隐患整改，开展委托加工备案4家，使全市食品生产企业获证通过率达100%，保证食品安全。

规范秩序

2014年，围绕"打击侵犯知产和制售假冒商品专项行动"和质检"利剑行动"等专项执法行动，在全市范围内先后开展建材、汽车配件、汽柴油等方面专项执法行动19次，出动执法人员1502人次，检查企业611家，立案查处违法案件35起，办结11起，罚没款到位6.6万元，查处无证生产窝点1个，完成不合格后处理10起。为保证广大农民利益，开展执法打假、质监服务、法制宣传三下乡活动，以农药、化肥为重点产品，开展“春季”“秋季”两次农资专项整治，检查农资产品生产企业86家，抽检农资产品32批次，对3家生产、经营不合格农资和5家销售计量不合格农药企业进行依法查处，打击违法行为，净化市场。

执法协作

对内实行监检联动，实行协同执法，执法部门与管理科室、技术机构加强配合，完善内部案源流转制度，为行政执法办理提供技术支撑，2014年联合开展电梯、液化气站、涉氨企业等隐患专项行动3次，立案查处违法案件28起，强化行政执法协同性，有效性。对外加强与青岛市质监、工商、食药监、公安等部门配合，对行政执法中发现重点、难点进行联合执法，共同打击制假造假违法行为，2014年移交公安机关案件2起，增强行政执法震慑力。

投诉举报

为快速处理消费者举报申诉，建立“12365举报处置中心”，配备专人和专用电脑，实行24小时值班制度，专门受理生产领域产品质量申、投诉，接受对产品质量、食品生产、计量、特种设备、认证认可和工业产品生产许可等违法行为举报。2014年受理投诉举报33起、质量申诉15起，办结率100%，为消费者挽回损失3万元，收到消费者好评。

质量检验

2014年，市质监局加强实验室硬件、软件建设，先后通过省级实验室评审验收，使产品资质认证达34个，食品参数认证达127个，产品检验项目1919个；其他产品参数认证达24个，产品检验项目达246个，大幅提高产品质量检验能力。按照市政府下达的产品质量监督检验计划，全年共完成工业产品定检47批次；肥料市监督抽查26批次；食品监督抽查1582批次；肥料省能力验证2批次，微生物省能力验证1批次。为帮助企业提高质量水平，发挥技术优势，对社会开展委托检验服务，协助企业增强自身化验能力。与128家企业签订委托检验协议，检验复混肥料产品210批次、建材产品110批次、食品产品490批次、饲料等其他产品63批次。在完成委托检验同时，为企业免费培训化验员16余名，帮助企业扩建实验室12家，增强企业自身质量控制能力。

计量检测

对现有22套计量标准装置，4套定量包装商品检验设备，对照计量标准装置规程要求，改善检定环境，健全各类制度，按照质量手册开展运行，使开展的31项检定项目、30项校准项目、4个定量包装商品检验参数全部达国家标准要求。在10月份省质监局组织的计量授权考核中，一次性通过专家验收。根据计量法律法规规定，对用于公共卫生、安全防护等领域在用计量器具依法开展强制检定，全年对170家建立强检计量器具台账，检定计量器12350台件，强制检定计量器具受检率达98%以上，检定合格率100%。为帮助企业开展节能降耗，增加经济效益，使企业合理配备能源计量器具，提高自身计量检测能力，指导6家重点用能单位建立能源计量信息系统，组织6家重点用能单位进行年度用能情况自查，并现场检查2家，审查2家，建立有效计量监控和节能评价，为重点用能企业节能降耗奠定基础。

服务民生

重点关注与市民生活息息相关水、电、热、汽民用四表及医疗、商场超市和农贸市场等重点行业，对民用四表检校、使用情况进行摸底调查，对夏粮收购用计量衡器进行专项监督检查，在多个行业开展诚信计量承诺活动，让计量走进百姓生活。先后与中国计量科学院、省计量院、青岛市计量所以及城阳计量所开展业务合作，帮助莱西市吉明美机械制造有限公司、天海高科 、耐克森轮胎等12个内外资企业检测计量器具1262台件，为企业降低送检成本，提高企业在用计量器具准确率，增强服务有效性。

党的群众路线教育

根据莱西市委关于开展党的群众路线教育实践活动统一部署，立足质监工作实际，加强组织领导，精心安排部署，创新学习方法，经过半年时间有序组织和深入开展，共有6个基层党支部，80名党员参加活动，使党员干部党性修养进一步提升、队伍建设进一步加强、干部风气进一步净化、服务群众水平进一步提高、体制机制进一步健全。

规范行政

先后完善学习、工作、财务管理、车辆管理等34项规章制度，在全局形成遵章守纪、令行禁止良好习惯。制定《莱西市质量技术监督局岗位目标责任制》，逐级分解目标任务，做到千斤担子众人挑，人人身上有目标。完善《岗位廉政实施方案》《岗位考核奖惩办法》，考核结果与年终责任制和评先树优挂钩，确保全年目标考核任务完成。

廉洁勤政

成立党风廉政建设领导小组，制定下发《2014年党风廉政建设实施意见》，与14个科室队所签订党风廉政建设责任制，落实一岗双责，将廉政建设与业务工作同布置，同落实，同考核。系统学习十八大精神，中共中央改进作风、密切联系群众八项规定，根据上级要求，实行双休日及重大节日对全局工作用车封存制度，严禁公车私用，将八项规定落到实处。

（市质量技术监督管理局）

食品药品监督管理

2014年，莱西市食品药品监督管理局按照青岛市深化食品药品监管体制改革要求，并结合莱西市实际情况，整合市食安办、工商局、质监局食品监管职能，于2014年6月组建完成新的食品药品监督管理局，标志着莱西市食品药品监管体制改革取得阶段性成果。此次改革以整合监管职能和机构为重点，转变政府职能，减少监管环节，明确部门责任，优化资源配置，对生产、流通、消费环节食品药品安全性、有效性实施统一监督管理。

装备配备

市食药监局按照体制改革人员划转工作方案要求，重新设计市食品药品监管职能、组织架构、人员配置等内容，顺利完成市食安办、工商局、质监局有关人员划转工作。内部设立5个职能科室，12个食品药品监管所负责辖区内食品药品安全监管和行政执法，食品药品稽查大队负责辖区内食品药品重大案件查处。所有新划转52人已于5月全部到位，全体人员全部参加为期一周岗前脱产培训，提高合并人员整体素质和业务技能；各镇（办）食药所人员、场所、装备全部到位，整合监管队伍和技术资源，统筹做好体制改革和监管工作，加强基础监管能力建设。

监管合力

原由市政府办公室承担的食品安全综合协调、组织查处食品安全重大事故、统一发布重大食品安全信息的职责，市质量技术监督局承担的生产环节食品安全监督管理职责，市工商行政管理局承担的流通环节食品安全监督管理职责，划入市食品药品监督管理局；承接青岛市食品药品监督管理局下放药品经营（零售）许可（药品零售连锁经营与第二类精神药品经营资格许可除外）职责，青岛市食品药品监督管理局下放的第一类医疗器械产品生产注册许可职责，青岛市食品药品监督管理局下放食品流通许可和餐饮服务许可(中央厨房等需青岛市级食品药品监督管理部门许可职责)；增加对餐饮服务场所和药品批发、零售经营场所控制吸烟的监督管理职责。

职能整合后，莱西市食品药品监管工作将结束多部门监管格局，市食药监局将全面负责生产、流通和消费环节食品安全和药品安全，同时承担市政府食品安全委员会日常工作，食品药品安全监管由分段监管走向生产、流通、餐桌全过程监管。

2014年，市食药监局一季度在青岛食药系统综合考评中列第一位。同期，莱西市食品药品抽检合格率达两个 100%。

监管体系

建立市、镇、村三级“纵横协作、部门联合、三级共管”食品安全网络监管体系，强化源头监管。在市级，市食安委各成员单位明确 1 名分管负责人和相关科室负责职能领域内食品安全监管工作；在镇级，成立食品药品安全委员会办公室，由 1 名镇政府领导分管，安排 4 名以上专职监管员开展日常监管、摸底排查和专项整治等工作，同时市食药监局在各镇设置镇级监管所，每所配备 5 ~ 6 名工作人员，负责辖区内食品药品监管工作；在村级，各行政村分别设置食品安全监控点，选任 1 名食品安全协管员，监督辖区内食品生产经营单位食品安全情况和收集上报食品安全信息。截至年末，全市在市、镇、村三级建起的食品安全监管队伍达 1000 余人。

下发《莱西市食品安全工作制度》《关于调整莱西市食品安全委员会成员的通知》《关于进一步明确食品安全监管职责分工的通知》等文件；与镇办、监管部门签订《食品安全责任书》，将食品安全列入年度目标绩效考核，强化各镇办、各监管部门食品安全工作责任意识。按照“以人为本，减少危害”原则，修订完善《莱西市食品安全应急预案》，确保一旦发生食品安全事故能够及时、有序处置，把危害和影响控制到最低程度和最小范围。

办结率和满意率

以打造“精品窗口”为目标，推进工作落实和服务机制创新，提高服务能力和水平。做好提前告知，在受理窗口发放一次性告知、样板等材料，向社会大众公布对行政许可审批法律依据、准入条件、申请资料、审批程序、承诺时限等内容。推行行政审批内部流转机制，由各镇监管所、科室受理申请事项，转报审批大厅窗口办理，专人现场验收，大厅窗口制发证件效能化、简约化流程。2014 年，共计办理餐饮服务许可材料 109 件；办理单体药品零售企业许可 2 家，变更 15 家，注销 7 家；办理一类医疗器械生产企业产品注册 9 件；保健食品备案 9 家，学生小餐桌备案 3 家；接受群众各种咨询解答 300 余次；按时限办结率达 100%，群众满意率达 100%。

建立预审制度，首次提出服务前置相关举措，详细规定餐饮单位新建、改建、扩建前，可以预约本单位相关监管人员现场指导，提出专业整改意见。统一尺度，统一标准，确保案件审核和行政审批公平公开。规范行政执法行为，制定《案件投诉举报受理制度》《重大案件集体讨论制度》《行政处罚听证制度》等一系列制度。上半年，查办食品、药品、医疗器械和保健食品违法案件 18 起，其中食品 12 起，药品（医疗器械）5 起，移送公安机关 1 起，结案 15 起；均是一般程序办理案件，无行政复议、行政诉讼案件。

165 次联合执法检查 5400 余户次

加强对重点环节整治力度，加强对乳制品、酒类、食用植物油、肉制品、饮料、食品添加剂等重点品种专项治理力度。突出抓好散装食品、食品储运、重点品种监管和食品小摊贩规范管理，全面禁止销售散装油、酱油、醋等食品品种，推行婴幼儿配方乳粉、临界保质期食品、转基因食品专柜销售，并在显著位置设立销售提示牌，严格销售设施和条件，健全管理制度，落实专人负责质量安全工作。集中力量抓好农村食品市场监管，严格农村食品经营主体许可，及时清理和纠正不合格市场经营主体。强化农村学校及周边食品、农村食品摊贩、农村农产品市场监管，打击假劣食品、仿冒食品和来源不明食品销售行为，确保农村食品市场安全。

截至年末，开展联合执法检查 165 次，出动执法人员 2500 余人次，检查各类食品生产经营业户 5400 余户次，办理群众举报 30 件次，立案查处违法案件 149 起，行政处罚 22.1 万元，无害化处理病死畜禽 1200 余公斤，罚没不合格食品 18.5 吨，有力净化食品市场环境，保障公众身体健康和生命安全。

（市食品药品监督管理局）

莱西市人民法院

狠抓执法办案　延伸司法服务

青岛中院党组书记、院长祝华视察莱西法院工作

2015年，市法院在市委的坚强领导下，全面贯彻党的十八大和十八届三中、四中全会精神，高举中国特色社会主义伟大旗帜，以邓小平理论、“三个代表”重要思想、科学发展观为指导，深入贯彻习近平总书记系列重要讲话精神，以“司法行为规范年”主题活动为抓手，扎实开展“三严三实”专题教育活动，紧紧围绕“努力让人民群众在每一个司法案件中都感受到公平正义”的目标，牢牢把握司法为民、公正司法主线，加强审判工作，各项工作取得了新的发展进步。

一、聚焦审判执行中心工作，狠抓执法办案第一要务

（一）高度重视，全力以赴做好清理积案工作。今年以来，受立案登记制改革等因素影响，市法院收案数量大幅增长。为确保完成全年工作任务，市法院于8月10日起开展了为期4个月的“清积案、提效能”办案竞赛活动，明确提出年底必须实现案件结收比达到100%的工作目标，强化激励措施、鼓劲加压，调动法官办案积极性。全省法院加强审判执行工作电视电话会议结束后，市法院认真分析存在问题，抓紧制定清理积案工作计划，下发《关于进一步加强执法办案工作的紧急通知》，规定年底前干警无特殊情况不得请假，从10月22日起，全院干警周六加班，确保集中时间精力清理积案。

举行新闻发布会
发布行政审判白皮书

召开青年法官论坛

（二）加强审判管理。实现对审判执行工作态势、数据指标、案件质量进行全面动态分析研判，每月召开一次党组扩大会，对审判执行数据进行分析，未达标庭室负责人在党组扩大会上要进行说明表态。以审限管理为抓手，进一步规范案件中止程序，杜绝非因法定事由中止案件，实行临近审限提醒制度，每月发布2期审限通报，提高法官审限意识，切实提高审限内结案率，防止案件边清边积。

（三）实行院领导带头办案和综合部门法官挂庭办案制度。充分发挥领导干部先锋模范作用，带头加班、带头办案，带动广大法官多办案、快办案、办好案。认真执行《领导干部及综合部门法官挂庭办案暂行规定》，根据工作实际情况，给院庭长与综合部门法官定量定任务，将办案数量、办案质量纳入个人年度工作考核，进一步提高办案数量。截止到目前，庭长以上结案1216件，综合部门法官结案239件。

二、坚持司法为民，努力提高人民群众满意度

（一）积极推进多元化纠纷解决机制改革。主动协调、调动各方面力量参与矛盾纠纷的调处化解工作，努力实现诉调对接平台从单一平面的衔接向多元立体的服务功能转变。与青岛市保险行业协会、莱西市公安局、人社局、房产局、卫计局等分别建立保险纠纷、交通事故、劳动争议、房地产纠纷、医疗纠纷等诉调对接解决机制，在青岛基层法院率先挂牌成立多元化纠纷解决调解中心并运行，引导人民群众理性表达诉求，依法维护权益。其中市法院成立青岛首家保险纠纷调解基层工作站的工作经验在《人民法院报》进行了报道。

莱西法院在莱西市看守所新建的科技审判庭正式投入使用

（二）继续完善“三位一体”便民诉讼服务机制。依托全市60个便民诉讼联系点，开展诉前调解、法律宣传工作，主动将矛盾化解在诉前和萌芽状态。坚持把便于群众诉讼摆在第一位，扎实开展巡回审判工作，配发巡回审判装备箱，实现就地化解矛盾纠纷,共巡回审判案件142件。积极推动司法确认工作，充分发挥司法确认成本低、时间短、有保障的优势，有效降低诉讼成本、减轻当事人诉累，共司法确认案件76件。

（三）深入推进司法公开。依托司法公开三大平台，着力构建开放、动态、透明、便民的阳光司法机制。通过电子触摸屏、微博、微信等技术手段，为公众和当事人提供了全方位、多元化的司法服务。依托庭审同步录音录像技术，做好庭审直播工作，今年通过山东法院庭审直播网进行庭审直播案件数量居青岛基层法院首位。建立新闻发布会例会制度，先后召开了“司法行为规范年”通报会、《行政审判白皮书》及打击拒执犯罪专项行动新闻发布会，取得了良好社会效果。

开展“送法进校园活动”

法官开展劳动争议调解工作

法官赴社区进行巡回审判

为当事人发放执行案款

（四）加强人民法庭及信息化建设。今年市法院新建成科技审判庭4处。10月20日，在莱西市看守所新建的科技审判庭正式投入使用，新审判庭安保、庭审直播等设备齐全，可以实现远程提讯、庭审直播、同步录音录像，新审判庭的建成使用减少了刑事审判的押解环节，极大提高了开庭过程的安全性，节约了时间和警力。为全院干警配发了法务通，使移动信息化平台覆盖审判工作的各个环节，做到案件网上办理、网上流转，向信息化要质量、要效率，切实提高法院工作科学化水平。

莱西市公安局

创青岛最安全城市　建群众最满意队伍

2015年，全市公安机关紧紧围绕提升人民群众安全感和满意度这一根本目标，以世界休闲体育大会安保工作为主线，以“创青岛最安全城市，建群众最满意队伍”为目标，务实创新，自觉服务全市工作大局，忠实履职，奋发有为，公安工作和公安队伍建设取得新的发展。全市未发生恶性刑事案件、重大安全事故和群死群伤事件，刑事发案仍为四市最低，社会治安局势持续良好。

主动出击，挥重拳严打整治，着力维护社会治安稳定。一是加强大要案件侦办。以打击刑事犯罪新型工作机制为引领，对突发的大要案快速反应，集中优势兵力，统筹各类资源，全力攻坚，快侦快破，今年以来发生的大要案全部破获，及时消除了社会影响，成功侦破了“1.29”特大盗窃金店案、“12.18”重大电信诈骗案、房某卫系列入室强奸案等一批大要案件。二是严打侵财类犯罪。以街头“两抢”、入室盗窃、盗窃摩托车、电动车、电信诈骗等多发性侵财犯罪，组织开展了打击多发性侵财犯罪“猎狐”等一系列专项行动，共破获“两抢一盗”案件150余起，抓获“两抢一盗”犯罪嫌疑人近百名。三是严打涉毒违法犯罪。结合公安部“百城禁毒会战”，立足实际，重视和加强禁毒情报信息研判，积极拓展涉毒案件线索来源，以强劲攻势严厉打击各类涉毒违法犯罪行为，取得了良好战果。7月17日，青岛市吸毒人员动态管控工作现场推进会在我市召开，青岛市局领导对我市吸毒人员动态管控工作给予充分肯定，要求在青岛市推广莱西模式。四是建立常态长效巡防机制。建立完善“黎明行动”、“夜间清查”、“周末出击”、“大巡控”等治安防控措施的长效机制。持续开展夜间警力进农村、社区巡逻防控行动，从机关科室抽调警力，分乘30部警车组成15个巡逻组，深入15个农村派出所，会同当地派出所警力实行警车列队亮警灯、响警报，对农村地区社会面开展夜间巡逻防控行动，有力维护了社会治安秩序。

青岛市吸毒人员动态管控工作现场推进会在我市召开

加大安全监管力度，严防发生安全事故，着力提升安全监管水平。一是交通安全整治扎实推进。深入开展“对生命安全负责、向交通事故宣战”专项整治，加强对“七类重点车辆”所涉及的“七种违法行为”的安全监管，逐一建立监管台帐，签订《交通安全责任书》；交警会同各派出所组织“七种违法行为”集中统一行动，严打道路交通违法犯罪；深入开展黄标车治理淘汰工作，市政府领导多次召开专题会议调度推动，市财政已安排专项补贴资金2096万元，在行政审批大厅设立了联合办理窗口，确保黄标车治理淘汰工作走在青岛前列。二是强化消防安全监管。围绕深化“五项整治”行动，在全市范围内下发了食品加工和劳动密集型企业消防安全整治工作方案，增强部门共同参与整治合力。重点加强对涉氨制冷企业专项整治、全市重点行业领域安全生产专项整治、“九小场所”消防安全专项整治以及网吧、KTV等公众娱乐场所以及养老机构的消防安全专项整治等多项行动，全市消防形势总体平稳。三是加强危爆物品管理。扎实开展非煤矿山领域专项整治，严厉打击非法制贩烟花爆竹违法犯罪活动，切实加强剧毒化学品安全管理。期间，对全市炸药库、剧毒化学用品、放射源从业单位全面加强日常检查监管；严厉打击非法制贩烟花爆竹违法犯罪活动，严防危爆物品事故的发生。

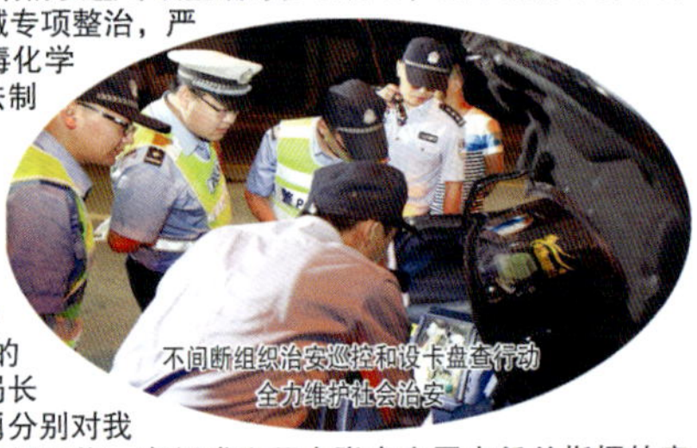
不间断组织治安巡控和设卡盘查行动
全力维护社会治安

精心组织安排，严密工作措施，全警全力圆满完成休体大会安保任务。为确保“青岛2015世界休闲体育大会”顺利召开，全市公安机关在市委、市政府和青岛市公安局的坚强领导下，坚持大事不出、小事也不出的“底线”思维，提前着手，全警动员，精心组织，强化措施，狠抓落实，圆满完成了各项赛事安全保卫任务。大会期间，全局先后出动警力2.5万余人次，车辆6000余台次，加班加点30余万小时，安抚疏导急躁狂热的群众200余人，调处纠纷100余起，救助醉酒、生病、失散老人儿童等60余人次，为大会的圆满成功提供了坚实保障。大会安保期间，青岛市委常委、政法委书记徐学武，青岛市政府副市长、公安局长黄龙华等同志先后赴莱西实地调研，对安保工作给予肯定。市委副书记、市长纪家栋，市政府副市长黄迪勇分别对我局圆满完成休体大会安保做出批示。一是确保大会安保维稳工作高效有序运行。全局高度重视休体大会安保工作，专门成立了由张方宝同志任总指挥的安全保卫指挥部，确立了安全第一、党委成员分兵把口、各项重大活动保卫与面上稳定相结合的工作原则，明确了“四个坚决防止发生和三个确保”的总体目标。多次召开党委会研究休体大会安保，7月14日和9月5日，分别召开全市公安机关世休会安保誓师大会和世休会安保战前动员大会，深入贯彻市委市政府部署要求，坚持打赢休体大会安保攻坚战。在反复实地勘验的基础上，制定了休体大会安保工作总体方案、社会面管控工作方案、体育场馆等重点区域部位安保工作方案以及各种应急预案，落实任务分工，统筹组织实施。从8月11日起启动战时机制，全局上下时刻处于战备状态，以铁的纪律保证各项安保工作落地到位，确保圆满完成休体大会安保任务。二是突出核心区域现场保卫。期间青岛市局统一组织调派其它单位及各分市局共计800余名警力，增援我市安保工作。所有赛事活动执勤民警都提前上岗，开展排爆、消防安全检查，消除安全隐患，在场地检票口安装X光机以及高标准安检门，对所有入场观众进行安检，有序疏导观众人流，防止了爆炸、踩踏、挤伤事故的发生。加强活动路线的安全保卫，对活动现场提前进行勘查，专门制定了活动线路安全保卫工作方案，严格停车数量和通行证发放，严格行车路线管制，在关键路口合理设置导向牌、示意牌，尽全力确保道路畅通。加强运动员村等重点部位安全保卫，按照“分级管理、属地管理”的原则，严格落实运动员村以及相关领导下榻的华玺宾馆安全保卫责任，确保了领导、来宾、运动员、媒体记者和技术人员的人身、财产的绝对安全。三是加强社会面控制净化治安环境。围绕做好对重点人、重点事的防控工作，利用5、6月份的时间开展拉网式不遗漏的细致摸排，积极配合主管部门和责任单位，全面做好教育疏导、防范控制、调处化解工作；围绕加强反恐维稳工作，对摸排出的重点人员全部纳入视线之内、掌控之中。严打刑事犯罪，组织“平安世休会”专项行动，重点严厉打击暴力犯罪、系列性侵财犯罪和毒品犯罪，大力收缴和严惩涉枪涉爆物品，坚持大案必破，小案多破，切实提升群众的安全感，提升莱西的美誉度。围绕进一步严密社会面圈层防控，借力“智慧城市”建设，专门为休体大会运动场馆、赛点、运动员村、休闲运动公园、沽河大道、莱西湖、姜山湿地等重点部位新建高清监控点68处，提升了场馆安全系数。围绕重点领域安全监管，坚持打好“缉枪治爆攻坚战、道路交通整治战、消防安全治理战、人口管控战”等四个攻坚战，全面消除社会面治安隐患。

不辱使命，护航盛典

紧抓队伍建设，全面加强从严治警，打造风清气正的公安队伍。深入开展“三严三实”专题教育。根据各级领导部署要求，市公安局在全局副科级以上干部中组织开展“三严三实”专题教育。期间，张方宝局长以《践行“三严三实”要求打造忠诚干净担当的公安队伍》为题，专门为全局参学人员上了专题党课。之后，各党委成员到分管联系单位和所在支部开展调研并为党员干部讲党课。局党委组织理论中心组学习研讨两次，党委成员充分发挥模范作用，带头蹲点调研，带头交流心得，带头查摆问题，带头进行整改，确保各项工作有效落实。完善组织机构设置，推进公安各项改革。严格按照组织程序，本着公平、公正、以德为先、德才兼备的原则，7月初，根据《莱西市公安局规范内设机构的方案》进行了机构改革，根据岗位需求，提拔、重用、交流了249名同志，整个调整过程中，没有引起民警投诉、信访等问题发生，得到了广大民警充分认可，赢得了各级领导高度赞同，实现了人力资源的优化配置，提升了队伍士气和工作干劲，进一步转变了队伍作风，营造了干事创业的热烈氛围。加强教育培训工作，大力提升素质能力。牢固树立向教育训练要战斗力的理念，坚持实战导向，完善“轮训轮值、战训合一”训练模式，围绕反暴恐和休体大会安保工作设置训练内容，突出抓好应急处突、警务云信息化应用、执法能力提升、敏感案事件排查化解、警务礼仪、应对新媒体能力等重点课题的培训，进一步加强民警的专业化培训，培养更多的岗位专家和业务能手，切实提升队伍的攻坚力和战斗力。

召开“三严三实”党课暨专题教育动员部署会

莱西市教育体育局

把握新常态 抢抓新机遇 全力加速莱西教育事业发展

2015年，市教育体育局坚持立德树人导向，突出教学改革和办学条件改善、管理水平的提升和体制机制的创新，积极打造“平安教育、均衡教育、幸福教育”，有力地推动了各项工作开展，7月顺利通过山东省国家义务教育发展基本均衡县评估验收，标志着我市教育迈入新的发展阶段。

办学条件得到极大改善

投资6亿元对7所农村中小学进行了整体新建或迁建。投资1亿元对所有农村中小学操场实施塑胶化改造。投资1498万元对教学仪器、图书、计算机、桌椅等进行了更新和充实。投资6140万元实施了欠发达乡镇校舍改造工程。投资2580万元对一中及实验学校供暖及管网进行了改造。投资820万元对50所农村食堂进行了改建。

新启用的绕岭小学教学楼

学校干净整洁的新塑胶操场

教育教学质量全面提升

今年我市高考取得新的突破，文化课本科一批达线1180人，再次创我市高考历史最好成绩，其中有五名同学被北大、清华录取。初中中考成绩优秀率、良好率、及格率领先兄弟区市。小学以习惯养成和兴趣培养为重点，学校内涵发展水平得到了全面提高。

学生在微机室里学习

教育发展活力不断增强

稳步推进中考制度改革，中考更加体现公平与公正。一中北校更名为“莱西市实验学校”并增设初中部，在市实验学校高中部、莱西七中开展“初高中七年一贯制”学制改革试点。成功举办了“莱西市职业教育校企合作交流会”，与多家企业开启了校企合作新模式。大胆进行课堂教学改革，导学案+微课助学模式实现大面积推广。在青岛郊区市中成立了首个中小学家委会专业委员会。12所学校和城阳区、市北区的各6所学校结成了合作办学对子。

教师利用录播室给学生上课

城乡教育布局进一步优化

出台了《莱西市农村义务教育学校布局调整方案》。三年内逐步撤并一批农村中小学。已完成13所中小学的撤并工作，济南路中学建设着手启动。新引进了规划占地280亩、计划投资总额3.5亿元的莱西国开实验学校、青岛国开第二中学，民办学校引进实现破题。

母亲节感恩教育活动现场

小学生在图书阅览室里读书学习

教育信息化建设加快推进

对全市网络中心进行了安全防护和存储升级。计划投资105万元的学生创客活动中心在实验中学启动建设。网络视频录播系统得到广泛应用，目前已同步收集名师课堂400余节。4所学校开展了同步课堂试点工作。学校视频会议系统实现经常化使用，集中会议数量同比减少了65%。出台了《莱西市幼儿园信息化建设实施方案》，完成了第一批幼儿园信息化建设任务。

教师队伍建设得到加强

新招聘中小学教师162名，新补充的128名非事业编制幼儿教师，全市各级教师年龄结构和学科结构得到了有力改善。坚持“走出去、请进来”相结合，利用三级培训平台积极开展各类培训，教师素质得到显著提升。扎实深入开展“青青义教”活动，为教育再次赢得社会和家长的广泛赞誉。

教育保持了和谐稳定

扎实开展了“平安和谐校园365天”安保品牌创建活动，学生安全得到有效保障。认真做好信访工作，严厉打击教师有偿家教、违规补课行为，信访查处率、处结率均达到了95%以上，信访量实现大幅下降，有效地维护了全市教育系统的稳定。

校园足球联赛现场

学生在舞蹈室学习芭蕾舞

莱西市财政局

——精筹惟公　理财为民

2014年，在中共莱西市委的正确领导和市人大及其常委会、市政协的监督支持下，财税部门认真贯彻党的十八大和十八届三中、四中全会精神，以骨干税源为支撑，牢牢抓住新的税收增长点，不断创新资金筹集方式和资金监管措施，圆满完成了当年各项预算收支任务。

一坚持稳中求进，全市财税工作保持良好发展态势

1.财税部门密切协作，公共财政预算收入平稳增长。2014年，全市公共财政预算收入完成419867万元，同比增长19.8%，增收69396万元。

市财政局三严三实动员会议

2.税收秩序进一步规范，收入结构不断优化。财源建设职能部门依托财源建设信息平台共享涉税信息，共清理欠税6310万元。制定了《关于调整房地产开发和建设工程项目税收隶属划分的通知》，对建筑业和房地产业税收收入隶属划分进行了调整，进一步规范了行业税收征管秩序。2014年税收占比达到77.8%，同比提.高2.7个百分点。

3.骨干税源支撑有力，新税收增长点拉动明显。2014年，我市纳税50强企业纳税总额达到119048万元，比上年增长11%；骨干税源企业中4家企业纳税总额过亿元，比上年增加两家，共实现地方税收19498万元，同比增长20.9%。

财政局开展廉政谈话活动

二资金筹集力度不断加大，公共财政服务水平进一步提高

1.创新融资方式，重点支出需求保障坚强有力。青岛莱西市资产运营有限公司不断创新融资方式，首次发行企业债券额10亿元，不仅填补了我市在国内资本市场的空白，也为大沽河治理、市民文化中心建设、休闲体育大会场馆建设、青荣轻轨姜山站建设、北汽新能源汽车莱西基地建设等事关国计民生的重大项目提供了有力的资金保障。

2.优化评审担保流程，着力扶持中小微企业和实体经济健康发展。青岛昌阳投资担保有限公司不断改进、优化工作流程，积极为招商引资新建企业、中小微企业和实体经济开辟新的融资渠道和绿色通道，帮助企业解决融资难题，担保审批效率提速30%。

3.积极争取上级专项资金，农业基础设施和农村公益事业投入力度持续加大。积极争取中央、青岛级资金支持，争取到青岛市唯一一个国家级现代农业示范园项目，重点开发3个项目区、18个产业化项目，立项开发总面积5.8万亩，直接受益农户1.2万户，农业基础设施和农民生产生活条件得到明显改善。在青岛市农业综合开发绩效评价中，我市连续三年获得全市第一名。积极开展28个美丽乡村建设试点项目，稳步推进村内道路硬化、卫生净化、村庄绿化、亮化等工作，改善了村容和人居环境，有力地促进了农村公益事业快速发展。

产芝村美丽乡村建设

三资金监管措施持续创新，财政管理效益不断提升

1.财政改革工作持续推进，资金管理绩效进一步提升。在夏格庄镇成功开展了镇级财政国库集中支付改革试点工作，镇级财政资金管理进一步规范，为下一步全面推开积累经验。完善了非税收入征管系统，实现了非税收入执收单位、财政和银行三方联网，提高了资金安全系数，征缴管理效率提高57%。成立了莱西市预算绩效管理中心，尝试开展了预算评审和预算绩效评价工作，我市在财政部县级财政支出绩效考核中首次跨入全国200强。

世界休闲体育公园一隅

2.注重加强国资监管，力保国有资产保值增值。一是建立健全管理制度。制定印发了《莱西市行政事业单位固定资产出租管理办法》和《莱西市国有企业资产出租管理办法》，加强对出租收入和支出的管理，规范资产出租行为，增加国有资产收益。清退处置违规车辆77辆，以密封递价的方式，实现拍卖收入260.7万元，高出评估价格4.7%。

高标准农田花岭项目区自流灌溉项目蓄水池

3.坚持考、奖并举，着力规范镇级财务管理。印发了《关于加强镇级财政财务管理的意见》，将镇级财政财务管理考核纳入2014年度镇（街道）及党政正职科学发展综合考核指标体系，以考核促管理。扎实开展镇级财政所规范化建设工作，累计争取青岛市补助资金190万元，各财政所基础设施建设、职能建设和资金监管水平得到明显改善和提高。

莱西市城乡建设局

“水城”大变样　六大整治提“颜值”

以提升为重心，精心迎办世界休闲体育大会

为全面改善城乡环境面貌，快速提升城市建设管理水平，圆满完成世界休闲体育大会承办任务，2015年，市城建局在加快体育场馆、文化中心等配套项目建设的同时，先后组织实施了城市规划、道路整治、绿化景观、污水整治、环境卫生和亮化六大整治提升工程，深入开展了宣传氛围营造活动和农村环境综合治理行动，为9月12日-21日全面举办2015世界休闲体育大会，呈现了一个更加美丽、休闲的城市面貌。

体育场顺利举行2015世界休闲体育大会开

修编城市规划，构建经济发展框架

今年，以全新的理念修编《莱西市城市总体规划》，并对城市发展战略、产业布局、综合交通、生态建设进行重点研究，组织修改《莱西市城镇体系规划》、《莱西市新型城镇化规划》和编制《莱西市城市综合交通规划》，全面提升城市规划水平。同时启动城市规划展览馆布展，把各项规划建设成果及新修改的城市总体规划展示其中，全方位、多角度展现我市城市建设的沧桑巨变及城市发展总体趋向，让国内外更多的人认识莱西、了解莱西。

加快基础设施建设，完善城市功能

今年，市城建局共承担世界休闲体育大会基础设施配套、城市道路整治、绿化景观提升、污水整治、环境卫生提升和亮化提升等基础设施建设重点工程共47项。主要包括加快体育场馆、文化中心项目建设、布设城市规划展览馆、城区主干道沥青罩面、出入主通道两侧全面绿化和亮化、实施环卫管理精细化、主要路段两侧园林景观精品化等，努力完善城市功能、建设精品工程、打造亮点景观，使城乡面貌发生脱胎换骨的变化，提升城市形象，助力莱西发展。

城市管理精细化，提升城市环境品位

今年，城建局不断加强环卫、市政、绿化等精细化管理，目前，城区配有机扫车19台、洒水冲洗车4台，采取“人机结合”方式，每天对北京路、青岛路、烟台路、威海路20余条主次干道进行机械化清扫、洒水作业。实施垃圾落地限时制，重点加大人行道、绿地、树池卫生清理；实行包路段、包区域、包费用的“三包”管理办法，将道路及其附属设施实行分片包干；进一步细化绿化养护网格化管理模式，将城区绿地划分为6个片区，由6个绿化养护管理队承担养护任务。实施“保洁、管理、执法、监督”联动协作的模式，加强城区绿地的动态管护。

完成体育场馆建设，“铺路”世休会

今年，市城建局承担实施了世界休闲体育大会体育场馆、文化中心、自行车赛道穿309线大沽河大桥辅路工程和体育中心原建成区室外景观提升工程。其中，2015年世界休闲体育大会体育场、体育馆工程于2013年10月开工建设。体育场建设规模约为10000座，占地72亩，建筑面积13400平方米，分为东、西两个看台，场内设400米标准跑道。体育馆建设规模4000座，占地47亩，建筑面积9000平方米。圆满完成了世界休闲体育大会开幕式、闭幕式及街舞、电子竞技等比赛项目。同时，城建局成功协办了9月12日-13日在月湖公园举行的世界休闲体育大会龙舟比赛。

农村环境治理，城乡环卫“不分家”

全面展开农村环境综合治理，扎实推进全市城乡环卫一体化工作。通过积极探索实践，全市城乡环卫一体化“专业保洁、规范收运、集中处理”的体系基本形成，全市13座镇村转运站已全部启用，并运转正常，达到每个镇办至少1座垃圾转运站，水集等5处镇办227个村庄实现市级全托管式管理。在山东省组织的上半年城乡环卫一体化群众满意度电话调查中，我市取得9.73分，排名从去年的110名上升至21名。

莱西市环境保护局

强化执法 综合整治 全力保障环境安全

2015年，市环境保护局以贯彻新修订的环境保护法为契机，完善机制，强化职能，严格执法，综合整治环境问题，严厉打击环境违法行为，为世界休闲体育大会成功举办和全市环境质量保持稳定与改善提供了重要保障。

市委书记刘圣珍调研嵯阳河污染治理

综合整治，水环境质量稳步改善

先后制定实施9项水污染治理方案，开展了“五湖六河”、重点行业、重点区域污染综合整治，规划建设嵯阳河流域管网工程17项，治理53家养殖场粪便污染，清淤河流3条，5个村庄、社区生活及餐饮污水接入管网，2个污水处理厂实施了提标改造，21家石墨企业停产，整治雨污混流排污口9个，实施了南墅镇污水处理厂建设工程、市污水处理厂三期扩建工程。大沽河、小沽河、洙河、五沽河、芝河、长广河、嵯阳河7条河流15个控制断面，水质达标率同比提升10.9个百分点，其中青岛市控5条河流9个断面水质达标率79.80%，名列青岛四市第二；三大饮用水源地水质达标率100%。

纪家栋市长现场检查调研大气污染防治工作

多措并举，控制大气污染

划定高污染燃料禁燃区64平方公里，其中核心区35平方公里；9家企业18台燃煤锅炉实施了脱硫、脱销和除尘治理，10家企业淘汰拆除燃煤锅炉14台；8家企业实施了扬尘治理；7家企业完成了有机废气治理；夏秋两季没有发生大面积焚烧秸秆问题。实施黄标车提前淘汰、黄改绿资金补贴政策，改造黄标车52辆。

1-10月份，全市空气环境质量优良天数同比增加33 天，优良率同比增加10.8 %，二氧化硫、二氧化氮、PM10、PM2.5浓度分别下降16.7%、12.5%、6.5%、14.3%；1-3季度共获得青岛市环境空气质量改善资金308.5万元，位列10区市第4，4市第1。

23名越南环保高级官员参观考察莱西新天地静脉产业园和姜山湿地

全面防控，保障休闲体育大会环境安全

现场巡查400多人次，对9家燃煤、有机废气及涉水企业限产30%；对16家燃煤、有机废气和涉水企业实施全面停产，近30个建筑工地、预拌混凝土企业停工，规范整治鸡粪露天晾晒点40余处，清理露天烧烤摊点132处，新建空气自动监测站3个，与原有的2个子站构建空气自动监测监控体系，实施了24小时不间断监测。

实施减排工程，全面完成“十二五”减排目标

累计投资约5000万元，完成减排工程19项，搬迁企业2家，其中3家燃煤企业总投资138万元，实施脱硫、脱硝DCS系统改造，建设九联2000吨的养殖粪便加工有机肥项目，到2015年底，全市化学需氧量可削减12.3%、氨氮削减14.6%、二氧化硫削减9.5%、氮氧化物削减14%，全面完成“十二五”减排目标。

严厉打击环境违法，保障环境安全

现场监察企业3200家次，与公安部门联合行动30余次，30家企业制定了突发性环境事件应急方案；全年接收处理信访、投诉和公开电话1400余起，共排查环境违法企业440个，下达《环境违法行为改正通知书》450余份,整改环境问题1000余个，停产整治环境违法企业31个，立案处罚严重违法案件63个，依法查封违法项目3个；向公安机关移交涉嫌环境犯罪案件3起，逮捕环境犯罪嫌疑人3名。

强化管理，项目验收、农村环境整治、强制性清洁生产、环境友好创建取得成效

清查违规建设项目460多个，验收项目158个。争取中央农村环境连片整治示范项目资金1620万元， 10个企业实施了强制性清洁生产，新天地静脉产业园、凤凰印染公司、香港路社区分别获得省级环境教育基地、青岛市环境友好企业和友好社区命名。

莱西市环保书画摄影展在崔子范美术馆举办

六五环境日宣传

莱西市交通运输局

关注民生　感受变化　共享交通

一、全力推进交通民生工程建设

一是青龙高速公路顺利开通。在所有参建人员的共同努力和广大市民的大力支持下，青龙高速公路于9月6日正式开通运营，结束了我市到青岛市区没有直通高速的历史。青龙高速公路开通后，市民到青岛更方便、快捷，行程由原来的1.5小时缩短至1小时以内。道路建设期间，在沿线区（市）中，我市第一个开工建设、第一个完成征迁、第一个实现主线贯通。

二是世休会交通基础设施保障有利。为确保2015年世界休闲体育大会顺利举办，今年，市交通运输局根据市政府的安排新建了南水路南延工程，并对湖滨路西岸进行了中修罩面，两个项目均按照计划工期安排完成建设任务，共完成投资1.9亿元，其中南水路南延长17.88公里，完成投资1.6亿元，实施了路面及绿化、亮化工程，该道路设计为一级公路，将进一步加强市区与姜山新城的联系；湖滨路西岸长19公里，完成投资3000余万元，进一步改善了湖滨行车环境，为市民观光旅游及发展休闲农业提供了方便。

青龙高速莱西段照片

三是路网设施不断完善。投资5000余万元，对绕马路、河大路等部分路段安排进行大修，目前工程已全部开工；自今年5月份开展了生命安全防护工程隐患排查，并安排资金600余万元对县道的安保设施进行完善，目前李于路和上院路已完工，其他道路正在招标，年内完工；投入资金240万元，对岳西大桥、刘家都桥等5座桥梁进行维修加固，目前已完工并通过验收。通过以上项目的实施，我市农村公路的安全畅通水平进一步提高。

省道南水路南延

二、城乡公交一体化改造顺利完成

作为市政府确定的2015年10件实事之一，我局自2015年1月8日起牵头组织实施我市城乡客运公交化改造工作。从宣传动员到所有城乡客运班车全部退出市场仅用了5天时间。1月16日，全面实施城乡客运公交化试运营。1月20日，莱西市城乡客运公交化运营正式启动，49条城乡公交线路全面开通。首批70部新能源公交车投入运行。自4月1日起，青岛公交集团莱西巴士有限公司退出我市城区公交经营。我市城区公交、城乡公交由交运集团莱西温馨巴士有限公司统一运营，通过对我市城区和城乡公交经营区域、经营线路、发车班次等进行调整优化、重新布局，使我市全城公交化工作进一步完善和规范。

城乡公交一体化正式运营

三、严查各类非法营运行为　整治道路运输市场秩序

今年以来，市交通运输局针对道路运输市场存在的突出问题和难点问题，周密计划，精心安排，点面结合，全方位开展超限超载治理、道路运输市场秩序整治和路政管理工作，维护了我市道路运输市场的良好秩序，出色、圆满完成各项重大任务，交通行政执法工作取得了较大成绩和新的突破。

根据市政府安排，今年4月15日至5月31日，由市交通运输局总体牵头组织，市委宣传部，公安局，教体局，综合行政执法局，市场监管局，市政府办法制办，市残联，各镇、街道、经济开发区等相关单位参与，在全市开展了交通秩序集中整治活动。活动中多部门密切配合，开展联合执法行动。共查扣三轮车、四轮电动车50余辆。市交通运输局建立了24小时打击非法营运值班制度，对群众举报的非法营运行为确保第一时间查处。集中整治阶段共摘除非法营运标志灯、标志帽50多件，查扣“黑出租”25辆。

通过本次集中整治活动，我市客运出租市场秩序有所好转，特别是“黑出租”的整治取得了较好的效果。活动结束后，市交通运输局持续保持打击非法营运的高压态势，每天安排充足的执法力量不间断开展查处“黑出租”执法行动，采取任务到组、责任到人的执法方式，坚持24小时打击非法营运应急值班，巩固“黑出租”治理成果。截至目前，共查扣非法营运标志灯、标志帽100多件，查扣“黑出租”80余辆，悬挂非法出租标志和从事非法营运的现象得到有效遏制。

莱西市农业局

近几年来，莱西市农业局在市委、市政府的正确领导下，认真贯彻执行党和国家有关“三农”工作的方针政策、法律法规，积极组织开展农情信息调查，及时分析农业经济工作动态，指导农产品生产基地和示范园区建设，组织指导农业灾害防控和救灾等工作，为推动全市农业更好更快的发展提供强有力的技术支持。先后荣获了全国粮食生产先进县（市）、全国首批国家农业产业化示范基地、全国绿色食品原料标准化生产示范县、全国农村集体“三资”管理示范县、山东省现代农业示范区等多项荣誉称号。

1. 农村集体经济组织产权制度改革培训会议
2. 青岛市农村土地承包经营权确权登记颁证试点工作现场会议
3. 莱西市农产品质量安全监督检测中心工作人员正在对蔬菜样品进行检测
4. 果树专家刘明现场指导苹果矮化栽培
5. 蔬菜技术指导

莱西市水利局

狠抓落实 加快推进重点水利工程建设

莱西市水利局按照“节水优先、空间均衡、系统治理、两手发力”新时期治水思路，牢牢把握经济发展新常态和水利发展新特征，坚持“以水定城、以水定人、以水定地、以水定产”的原则，以节水供水重大水利工程和民生水利建设为重点，着力提升水利支撑保障水平，着力构建城乡水生态文明新格局，扎实推进水利改革发展各项目标任务。

一是着力推进农村规模化供水工程建设。

农村规模化供水工程是青岛市政府2015年实事之一，实施北墅水厂扩建工程、高格庄水厂扩建工程和姜山水厂配套及管网配套工程。目前完成92%，项目全部完成后，我市规模化供水人口覆盖率将达到95%，全面实现城乡供水一体化。

二是加大农田水利工程建设力度。

实施高格庄灌区续建配套与节水改造工程，目前项目已开工建设，计划年底前完成主体工程。实施小农水重点县三期项目，目前完成工程总投资的90%，项目完工后可增加高效节水灌溉面积1.62万亩。2015年争取了新一批国家小农水建设项目，主要实施马连庄镇节水灌溉工程和其他小型水利工程，计划11月份开工建设。实施店埠镇节水增效示范三期项目，目前主体已完工，完成后可新增节水灌溉面积1.43万亩。实施规模化节水灌溉增效示范四期项目，目前完成46%。实施小型农田水利工程管护维修项目，目前已基本完成。实施14处上级统筹资金小型农田水利建设项目，目前已基本完成。实施镇村小型水利工程230项，目前已完成190项。认真组织实施灌溉深井项目，2015年计划完成300眼，目前已全部完成。

三是切实抓好防洪减灾工程建设。

大沽河支流治理工程列入市政府2015年重点工程，于3月1日正式开工，目前已基本完成。实施五沽河治理工程，目前已基本完成。实施北墅水库输水暗渠除险加固工程，目前已基本完成。实施莱西市山洪灾害防治项目，目前已完成。实施马连庄、大河头水库除险加固工程，计划12月底完工。实施冯库家河山洪沟防洪治理项目，项目9月24日开标，计划12月底完成。实施2015年小型沟渠及河道治理试点项目，计划12月中旬完工。实施2015年第一批水利防汛专项资金项目，计划12月底完工。

四是严格落实库区移民扶持项目

做好库区移民信访稳定和人口变化管理工作，及时发放扶持资金。进一步完善了避险解困实施方案和避险解困试点工作实施管理办法，以市政府文件印发，实施大中型水库库区移民后期扶持中央结余资金项目，目前已基本完成。

五是加快推进小流域综合治理项目

实施肖家庄、胡家沟小流域综合治理工程，目前已完成。实施姚沟小流域综合治理，目前已开工建设，计划年底完成主体工程。

莱西市卫生和计划生育局

办人民满意的卫生计生服务　为百姓健康提供有力支撑

2015年以来，市卫生和计划生育局围绕全市中心工作，按照保民生、促发展的要求，深入推进医药卫生和计生体制改革，卫生和计生建设成果惠及广大群众的成效日益显现。

卫生计生机构整合深入推进

在去年卫生计生机构改革，成立市卫生和计划生育局的基础上，启动了妇幼保健和计划生育资源整合，在城区，组建了市妇幼保健计划生育服务中心；在基层，整合了基层妇幼保健和计划生育技术服务资源，撤销了各镇计划生育服务中心（站），在卫生院加挂“妇幼保健计划生育服务站”牌子。

公共卫生服务项目全面实施

服务项目内容由初期的9大类21项增加到现在的12大类48项，服务经费由初期的人均15元，提高到人均50元。截止目前，共为71.25万名城乡居民建立了居民电子健康档案，建档率94.9%；为25.5万名高血压、糖尿病、重性精神病患者、65岁以上老年人、0—6岁儿童和孕产妇提供了免费保健。

基层医改成果巩固扩大

实行逐级考核、分级负责的模式，加强对一体化村医的监管。对村医的补助款，采取每季度拨付80%、年终根据考核结果拨付20%的方式发放，全面实行了老年乡村医生生活补助政策，解决老年乡村医生的养老保障问题。建立了药品配送企业信用管理机制，目前基本药物的网上采购率达到100%，总到货率保持在95%以上；镇村两级医疗机构的处方合格率提高到95%以上，单张处方平均金额由40元下降到18元，村级药品价格平均下降了46%。

公立医院综合改革深入实施

公立医院药品全部实行“零差率”销售。调整了诊察、护理、床位等2000种服务项目价格，实行了公立医院去行政化管理，下调了大型医疗设备检查收费的价格。同时，与医保支付政策衔接，增加的服务费纳入医保报销范围，执行了新的医保报销政策。综合改革启动以来，公立医院药占比下降3.1%，门诊均次药品费下降8.8%，群众就医负担减轻。

城区医院发展与布局日趋合理

主要是提升市人民医院向综合性医院发展的水平，支持市中医医院做强康复、养生保健等中医特色专业。市人民医院、市中医医院分别加盟了青岛大学医疗集团、山东中医药大学医疗集团，市市立医院加入了青岛市立医院医疗联合体。投资2.8亿元实施了市人民医院综合提升，规划建设了2.8万平方米的门诊医技综合楼。加强与社会资本的合作，计划同新华医疗集团合作，在北部新区建设一处新的中医医院，解决我市医疗机构布局不合理的问题。

疾病控制与卫生监督紧抓不放

针对手足口病、中东呼吸综合征等重点传染病，落实了培训、演练、医疗救治等防控措施，组织辖区韩资企业人员进行了集中培训。落实国家扩大免疫规划，共接种各类疫苗9.8万针次，“八苗”全程接种率达到93%顺利完成2015年青岛莱西世界休闲体育大会卫生保障任务。开展打击非法行医专项行动，立案查处非法行医活动76起，依法向公安机关移交无证行医5起，拆除违规医疗广告牌210块。

基层计生服务能力不断加强

建立村级档案“一统三强化”管理模式，对全市13.98万名已婚育龄妇女基础信息进行了全面核查，摸清了婚、育、节育情况。落实孕环情监测、产后、术后随访等管理措施，增加了对包括流动人口在内的符合政策的夫妇提供孕前优生健康检查，目标人群覆盖率达101.9%，长效节育措施落实率达到了77.84%，孕环情监测率达到了99.18%。采取指纹采集与身份证读卡相结合的办法，解决查环查孕漏查、假查、冒名项替查等问题，全市育龄妇女信息采集率达99.27%以上；全面落实了城镇失业无业独生子女父母一次性养老政策。

莱西市林业局

建设生态城市　打造绿色莱西

2015年，市林业局在市委、市政府的正确领导下，把造林绿化作为迎办2015年世界休闲体育大会、建设生态城市的重点工作，全面加强了林业生态建设，全年完成新造林3.02万亩，绿化村庄（社区）347个，新建改建完善农田林网2.1万亩，分别完成全年计划的100.7%、173.5%、105%。

一、突出大沽河中轴线，打造绿色景观带

经济林建设成绩斐然

围绕完善提升国家森林城市建设成果，以大沽河为轴心，采取“抓新造、促提升、保效果”的方式，对大沽河3处河心岛实施生态提升，绿化面积178亩，植树1.9万株，补植大沽河绿化工程树木1.62万株；按照美丽乡村旅游线路，对56条通村庄道路进行高标准绿化，植树76万株，同时，建设青龙高速绿化工程38公里，栽植树木12.13万株；对上海路、威海路、文化东路等九条城区主要道路及204国道、南城路、水蓬路等6条国省干道进行补植增绿，绿化道路200公里，植树74.9万株，构建起了纵横交错的绿色生态景观带。

二、突出龙头企业带动，提升林业产业化水平

通过土地流转、引进大户、创办合作社等形式，引进吉林森工、青岛深蓝科技、青岛中海建业科技等，采取公司+合作社+农户等模式，新建3处特色苗木产业园，共计2100亩，不仅为造林绿化提供了保障，同时为下一步林业科学发展提升档次增强了后劲；采取生态经济与旅游观光相结合的方式在大沽河流域发展经济林5200亩，目前，全市经济林面积达到37.03万亩，产量36万吨，年收入6.8亿元。

道路绿化

三、突出三农服务主线，加快城乡绿化步伐

坚持围村造林、景观绿化、生态经济、提升形象的主体思路，把村镇绿化与农村环境综合整治有机结合起来，绿化村庄（社区）347个，植树81.2万株。对全市405株古树名木核发了电子版“身份证”，采取安装防护栏、冠外追肥、防治病虫等多种形式延长古树名木寿命，发挥了古树名木的生态功能和社会效益。

镇村绿化效果显著

四、突出生态功能定位，筑牢大青岛北部绿色屏障

采取以封为主，封、育、管并举的方式，在南墅镇实施封山育林0.8万亩，在马连庄、南墅、沽河等镇街完成森林抚育面积6000亩。对南墅镇大青山、萌山、河头店镇萝卜山的宜林荒山和废弃采石坑、采矿区进行生态修复，造林2000亩，栽植黑松50万株。结合高尔夫球场整治工作，加大了对大沽河和姜山湖湿地的保护力度，通过网站、微博、微信公众号建立宣传主阵地，提高了干部群众对保护湿地重要性的认识，组织力量对破坏湿地资源的行为依法制止，严查严办，保证了湿地资源科学开发、有序发展。

飞机施药防治病虫害

五、突出综合治理理念，保护美好生态家园

通过加强协作执法，形成联动机制，严厉打击了各种林业违法行为，共查处林业案件7起，其中刑事案件4起，行政案件3起，处理信访案件11起，查处率达到100%；森林防火期内，通过采取加强巡查，网格化管理，死看死守等措施，全面落实“封住山，看住人，巡好山，盯住坟，防隐患”的主体要求，森林防火工作保持了安全平稳态势。结合莱西实际，研究出台了《莱西市关于加强野生动物保护管理的意见》，制定了野生动物保护有奖举报办法，为加强野生动物保护管理提供了有力的保障。通过飞机施药防治美国白蛾45.7万亩，同时采取人工防、生物防等综合措施搞好飞防以外区域防治，不仅达到了有病虫不成灾的要求，也为休闲体育大会在莱西的顺利举办创造了良好的生态环境。

青龙高速绿化

莱西市市场监督管理局

适应市场监管新常态 彰显服务经济新作为

2015年，根据市委市政府职能转变和机构改革方案精神，整合市工商行政管理局、市质量技术监督局职责，组建莱西市市场监督管理局。一年来，该局结合“三严三实”教育实践活动，以李克强总理视察工商总局时的讲话精神为指引，认真贯彻落实上级业务工作部署，紧紧围绕市委中心工作，服务发展、开拓进取，各项工作取得明显成效。

深化商事制度改革　激发市场活力

严格落实商事制度改革各项措施，大力推行“三证合一、一照一码”改革，利用电视报纸等媒体开展全方位宣传，实现政策宣传零折扣；统一规范管理原工商、质监登记窗口，提升服务水平，实现全程服务零距离；畅通注册登记绿色通道，一次性告知办理所需的全部材料，实现注册登记零障碍。1-11月份，全市新增市场主体13349户，新增注册资本10.38亿，市场主体总量达到87364户。积极推进市场主体年报公示工作，我市2013年度、2014年度市场主体综合年报率位居青岛各区市首位。

何贤德局长为企业颁发首张“三证合一”营业执照

强化行政执法监管　守护民生民利

以严查坑农、害农行为为重点，组织开展了“红盾护农打假保春耕、保秋种”行动，抽检农资750批次；严格油品质量监管，依法打击违法销售成品油和生产销售劣质成品油等违法行为，抽检成品油36批次；以营造安全放心的消费环境为目标，组织抽检服装鞋帽、钢筋建材等流通领域商品180批次，举办消费维权约谈会2次，受理消费投诉470余件，为消费者挽回经济损失120余万元。

举行莱西市市场监督管理局揭牌仪式

开展3.15消费者权益保护日纪念活动

加大职能帮扶力度　提档助企发展

制定全市商标（名牌）培育计划，优化商标（名牌）培育、发展梯队，对列入培育名单的企业进行全程培育指导和跟踪服务，不断提升企业品牌影响力。目前，全市共有中国驰名商标4件，山东省著名商标22件，青岛市著名商标27件；中国名牌2个，山东名牌30个，山东省服务名牌1个。积极搭建银企对接平台，加大对守重企业信用贷款优惠力度，不断扩大动产抵押人和抵押物范围，共帮助企业融资5.29亿元，同比增长187.5%。狠抓计量标准化工作，积极引导企业采用国家、国际标准，完成企业标准备案32个，指导帮助青岛好利特、万福（复审）2家企业做好标准化良好行为创建工作。

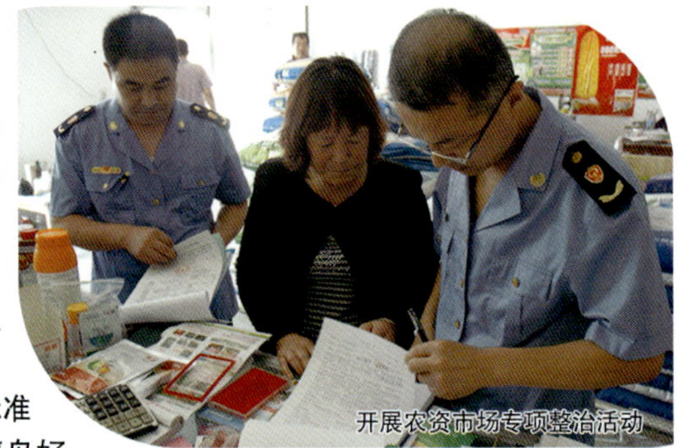
开展农资市场专项整治活动

开展电梯安全大检查

严格特种设备监察　筑牢安全防线

为保证全市安全生产形势稳定，确保休体大会期间特种设备运行安全，严格依法做好特种设备注册登记及开工告知工作，开展电梯安全监管大会战、液化气站专项整治、安全生产月等专项检查活动13次，监督检查生产使用单位216家、电梯使用单位110家、液化气站30家，签订《特种设备生产使用单位承诺书》等197份，发现存在特种设备隐患的使用单位104家，下达《特种设备安全监察指令书》104份，现已完成整改78家，有26家正在督促整改中；检验特种设备1619台，校验安全阀839个，全市特种设备平均定检率为97.29%。

莱西经济开发区

——顺应新常态　推动新发展

今年以来，经济开发区立足创建国家级开发区的目标，积极顺应经济社会发展新常态，坚持高点定位，加压奋进，经济社会实现平稳较快发展。2015年前三季度，完成固定资产投资45.6亿元，同比增长19.4%；规模以上工业总产值59.1亿元，增长18.1%；地方税收1.29亿元，增长26.8%；利用内资17亿元，增长13%；外资到账2419万美元，外贸进出口2.25亿美元，增长9%。

电商产业园正式启用

以园区建设为载体，大力夯实升级发展新平台。启动了高端装备产业园起步区配套工程，计划总投资1.1亿元。目前，北京路东延线罩面工程正在进行。实施“腾笼换鸟”，建设了占地268亩的荣一汽配园，已与10家企业达成入园意向。

以项目建设为中心，加快推进新型工业化。

一是抓招商。依托汽车和电商产业开展定向招商，储备在谈项目30多个。今年以来新签约2亿元的智和信能源科技、2亿元的群芳工贸、1.5亿元的瑞吉塑料机械和海格尔力机械等过亿元工业项目4个，签约电商企业28家。

青岛海瑞普电力科技有限公司

二是抓推进。新开工过群芳工贸、瑞吉塑料机械、聚银服饰、荣一汽配园、理合金属、广宇新材料等过亿元项目6个；8个续建项目中，风和日丽热力、永强新工贸、景华彩纺织、麦格耐特科技已投产；中鸿重机、慧宝生物、衣润服饰二期、信通机械主体工程均完工。

三是抓转型。着力培育“互联网+”产业，打造电商产业园、莱创空间、电商孵化器等板块。建筑面积5000多平的莱西市电商运营中心投入使用，包括阿里巴巴农村淘宝和跨境电商等大项目在内的28家电商企业入驻。

以美丽乡村建设为主题，不断提升群众幸福指数。环境综合治理成效显著，投入800多万元奖补资金和托管资金，城乡环卫一体化实现全覆盖，7月和8月的检查中，开发区均位列全市第一。崂阳河治污工作全面完成，13处养殖小区沉淀池和发酵棚建设工程全部完工；投资190万元建设了园区污水管网。绿化美化工程全面展开，投资2300多万元完成了青龙高速、北京路东延线、309国道、扬州路绿化工程以及扬州路和苏州路亮化工程。美丽乡村建级精品采摘园；老天宝生态园被授予3A级景区和4星级农家乐；建成了占地500亩的双龙泉现代农业示范园。

古城庄村环境建设新貌

滨河小学塑胶操场投入使用

龙水社区一期工程安置楼已经完工

龙水社区幼儿园

以改善民生为根本，着力构建和谐社会。

一是民生事业进一步完善。投资1100万元完成了5所中小学塑胶操场改造工程；投资350多万元的滨河小学和中心中学餐厅投入使用；新建500余张床位的2处老年服务中心。

二是社区建设和棚户区改造有序推进。刘家院西和谭家院西社区项目开工，建成面积21000平；水磨灌安置楼工程完工，建筑面积4.2万平。

三是安全生产成效显著。聘请第三方机构对全区危化品企业、涉氨企业等重点领域开展了隐患排查治理，安全生产形势保持稳定，被评为全省安全生产工作先进单位。

以接待服务为重点，全力为世休大会保驾护航。坚持人力物力财力倾斜，按期完成运动员村1000套公寓装修、3500平餐厅、16700平停车场等改造工程。抽调60多名骨干全程参与运动员村三级管理服务团队和外围保障等工作，配合组委会圆满完成了3000多人的接待任务。

2015年世休大会运动员村

以基层组织建设为保障，全面提升发展水平。落实“三严三实”要求，狠抓干部队伍建设，调整了4个村级干部班子，化解信访积案17起。调整设置7个管区，服务农村一线人员达50多人；为村级每年安排280万元工资性经费，实施以考定绩、以绩定酬，集体收入5万元以下的村庄全部消灭，两委干部工资得到保障，工作成效明显提高。

抢抓新机遇 聚集正能量 奋力加压冲刺 确保望城街道经济社会实现新跨越

——望城街道2015年工作纪实

2015年，望城街道紧紧围绕市委、市政府中心工作，坚持以经济发展为核心，以改善民生福祉为目标，以社会稳定和谐为保障，以党建工作为抓手，加压奋进，攻坚克难，经济社会各项事业平稳快速发展。获青岛市农村环境卫生整治优秀街道办事处、大沽河流域整治先进单位称号。

新昌盛电商物流产业园

一、以招商引资和项目建设为核心，推动经济快速发展

今年，街道共有在建项目19个，过亿元项目5个。其中，总投资6亿元、占地142亩的青岛琦泉生物质发电项目正在进行园区内基础配套建设，年内正式开工；总投资1.8亿元青岛新昌盛电商物流产业园项目二期、总投资12亿元中联材料科技项目2处生产车间都已建设完成；总投资9亿元山东凯润风电项目正在进行土地清障等工作；总投资12亿元东方雨虹新型防水材料项目将于近日签约。另有德国啤酒等5个在谈项目。发展辇止头任氏大樱桃园、张家庄正浩葡萄园等休闲旅游项目6个，举办各类节会活动8场。大力推进新型集约化农业发展模式。成立青岛乳丰奶牛、联润养殖等专业合作社155个，董氏、厚丰利庆等家庭农场119个，注册“神水岭葡萄”、“宝吉安蛋禽”等商标8个。

正浩果业采摘观光园

二、以城镇化建设为重点，紧抓旧城改造和社区建设

“梦想望城”晨园一期房屋已基本售完，目前正在进行楼房外立面装修和外墙保温工作，东方化工老厂区已拆除，二期项目年内可开工建设，已正式启动后塔村村民拆迁安置程序，年内计划签约200户；对林泉庄集聚型社区一期进行高标准绿化；启动辇止头社区一期工程建设，目前已完成围墙建设和基础开挖；强化东谭、后堤等5个社区服务中心运转，管区全部下放到社区服务中心办公。

三、以市工作重点为主导，建设宜居幸福新望城

累计投资1200余万元，清理各类垃圾20余万余吨，硬化路面4万余平，栽种苗木19万余株，拆除违章建筑300余处，修建花墙、安装栅栏3万余米，粉刷墙面22万余平，组建了183人的卫生管护队伍，39个村全部实现城乡环卫一体化全覆盖，村居面貌有了彻底转变。在2015年6月份的青岛市电话民意调查中，在青岛各区市所有镇办中取得并列第九的好成绩，被评为“青岛市农村环境卫生整治优秀街道办事处”。完成站前广场清障、青龙高速绿化带610余亩清障任务。大力推进嵯阳河流域整治工作，完成南部工业园管网铺设工作，投资60余万元对白马河、洙河、三分干实施了河道、沿岸垃圾清理和清淤工作，并安排人员强化日常巡查，严防整治效果反弹。

梦想杯篮球赛

四、以“平安望城”建设为依托，促进社会和谐稳定

畅通信访渠道，落实主要领导公开接访制度，开展难案积案调处活动，共受理来信来访案件90起，办结率达98.5%，按期处结率99%。积极开展“天网”工程，已有27个村安装了电子监控设施。认真开展辖区危化品企业安全生产大检查活动，共检查危化品企业15家，普通工贸企业11家，查出隐患34处，现已整改完成30处；完成15家职业危害因素检测；开展2次消防安全知识讲座，共有500余人参加。

五、以保障民生为基础，提升居民幸福指数

投资1400余万元，完成中小学操场塑胶化改造、校舍改造和辇止头村幼儿园标准化建设工作。投资200余万元，抗旱保收，新打机井18眼，修缮平塘10个。举办第六届农村秧歌大赛、“梦想杯”篮球赛和首届“博宇杯广场舞比赛”，新建农村文化广场6个，为33个农家书屋增配图书2000余册，坚持每月每村公开放映一部电影，丰富农村居民业余文化生活。加强社会保障体系建设。办理失业登记、灵活就业660人；实现农村富余劳动力转移就业520余人次；评定在册的低保户441户、665人，月发放补助金16.7918万元；完成50户危房改造、22户精准扶贫工作。拿出20余万元对低保边缘家庭进行特殊帮扶，班子成员、机关干部包贫困户214户，为189个贫困家庭、394人建立了精准扶贫档案。

六、以改进作风常态化为保障，突出抓好基层组织建设

博宇杯 望城街道首届健身广场舞大赛广场舞比赛

认真开展“三严三实”、“双学双讲”专题教育活动和不作为、乱作为等损害群众利益问题专项整治活动，查摆各类问题87条，并建立了整改台账，实行对账销号，逐条落实到位。借鉴浙江省先进经验做法，以扣分考核的方式倒逼党员干部履职尽责，推行了“五谈”制度、村干部坐班制度等。开展“村村树品牌”党建活动，打造后冯北为试点探索研究“党支部+合作社”发展模式，目前正在全街道范围内推广。

绿化后的林泉庄社区

打造休闲沽河　建设田园新城

2015年，沽河街道在市委、市政府的正确领导下，抓党建、打基础、保稳定、促发展，经济社会保持了良好的发展态势。

一、坚持党建统领，全力夯实基层基础。

纪家栋参加“三严三实”专题研讨

（一）通过教育培训提升干部队伍建设水平。开展驻村夜访活动，建立机关干部驻村台账，帮助村级完成整改事项378件。每月召开1次党员干部大讲堂，开展环境整治、休闲旅游、党建示范点建设等集中观摩评比活动8次，党员干部的能力和素质得到有效提升。（二）通过示范带动提升党建工作水平。实施村级党建阵地提升工程，投资1000余万元，为村庄修建文化广场20个，新建、修缮办公场所10处，安装路灯600盏、硬化道路4万平；成立了全市第一个联合社党委，在青岛市党建工作观摩会上，推广了润耕佰川联合社党委“1+X”合作社党建模式和洪国葡萄合作社党支部“支部+合作社，农民得实惠”党建经验。（三）通过监督管理提升党风廉政建设水平。坚持“一岗双责”，认真贯彻落实中央八项规定和党风廉政责任制。全面开展“ 勤廉沽河”创建，加大对党员干部的监督管理力度和违纪处理力度。全面推行党务、政务、财务公开，从源头上预防腐败，营造风清气正的发展环境。

即将竣工的青岛德州扒鸡项目

二、强化产业支撑，加快推进项目建设。

（一）招商引资取得新成效。新签约沽河妈妈科技工贸、农创天地科技、韩国玟峻生物科技等过亿元项目4个，有康师傅食品饮料、半岛冷链物流、农创天地、昌盛电光伏农业等重点在谈项目10个。

（二）项目建设展现新形象。投资4亿元的青岛市重点项目大沽河城区服务区超市、加油加气站等主体建设已全部结束，正在进行超市装修。目前，有德州扒鸡、奥帆列农生物科技等在建项目5个；有海盛达印铁制罐二期、九和宜生物科技等拟开项目6个。

三、突出民生本位，全面抓好实事办理。

环卫一体化实现全覆盖

（一）全力推进美丽乡村建设。全部村庄顺利通过环境整治合格村验收，引进2家专业保洁公司进行市场化运作，实现了环卫一体化全覆盖。西周等3个青岛市“美丽乡村”工程已基本结束，青岛市“美丽乡村”达到8个。（二）加快推进农村基础设施建设。投资2800余万元，实施莱西市万亩高标准农田示范区建设，有效改善了周边1.6万亩的农田基础设施条件；投资800多万元，在张格庄等7个村庄实施了“重点县节水灌溉”工程；投资1400万元，实施了前庄扶等10个村庄的节水灌溉及流域治理工程。（三）扎实推进社会环境建设。加强三级联防队伍建设，实施网格化管理，全力抓好信访稳控，共受理信访案件69起，成功处结62起，成功化解信访积案6起。狠抓安全生产隐患排查、整改及监督检查工作，开展日常检查301家次，专项及执法检查561次，排查隐患421项，完成整改395项，取缔非法加油、加气点4个，企业全部完成了职业病危害因素监测工作。

大沽河万亩生态园核心区

四、抓好精品打造，激发休闲旅游活力。

（一）注重发展文化产业。积极挖掘西沙埠遗址、“邴家祠堂”等文化历史资源，着力提升文化软实力。文化部文化艺术人才中心培训基地山东分基地、中国美术家学会青岛创作基地等5家美术协会相继落户，世休会期间成功举办了“大美莱西杯”书画作品邀请展，组织交流笔会12次，书画培训16场。（二）注重提升品牌效应。充分利用大沽河沿岸丰富的果蔬资源和自然风光，大力发展休闲农业和乡村旅游产业，“半岛水乡、多彩沽河”品牌知名度不断提升。成功举办了曲家庄葡萄庄园采摘节、润耕佰川第二届苹果采摘节、神岭休闲谷垂钓比赛等8个旅游节庆活动。邀请掌上莱西、旅行社等单位共同筹划，打造了沽河一日游精品路线，初步形成了南有山后韭菜、吉林森工，中有曲庄葡萄、花岭南瓜，北有润耕苹果、神岭大枣的旅游发展格局。

“大美莱西杯”书画作品邀请展成功举办

莱西市1.6万亩高标准农田示范区

特色新城　魅力姜山

——姜山镇发展侧记

姜山镇位于莱西市最南端，地处青岛、烟台、潍坊、威海四个半岛对外开放城市的中心，总面积217.28平方公里，辖94个行政村，常住人口8.3万，流动人口1.9万，总人口10.2万。姜山区位优势明显，辖区内204国道、青龙高速、青荣城际铁路3条交通大动脉南北贯穿；随着青龙高速和青荣城际铁路的开通，姜山镇迅速融入大青岛半小时经济圈发展体系，将成为山东半岛南承北接的新枢纽，胶东半岛的交通枢纽城市。

北汽新能源汽车莱西生产基地

经济指标稳步增长。2015年，全镇预计实现国内生产总值113.7亿元，同比增长9.3%；地方财政收入4.2亿元，同比增长15%；外贸进出口11亿美元；外资到账1.05亿美元，同比增长8.5%；实际利用内资8.2亿元，同比增长11.4%；规模以上工业总产值达到258亿元，同比增长11.6%；固定资产投资128.2亿元，同比增长15.1%；农民人均纯收入20970元，同比增长13%。

北汽新能源汽车莱西生产基地车间内汽车正在组装

项目建设势头强劲。通过转变招商思路，抓大放小、以商招商、产业链招商，项目建设亮点纷呈：北汽新能源汽车仅用11个月时间顺利下线，被北汽集团徐和谊董事长称赞为“莱西速度”；投资30亿元、占地400亩的合肥国轩电池以及为新能源汽车配套的10多个项目集中签约落户，国家级新能源汽车产业园正在迅速崛起；新规划了一汽大众汽车配套产业园，4个配套项目11月份集中签约落户，两个汽车产业园引领姜山镇成为汽车产业城。华通高新装备产业园海纳特钢项目正式投产，二期大型除尘设备开工建设；青岛瑞辉起重设备等7个过亿元大项目新开工建设；13个过亿元大项目推进顺利，其中，青岛海诺生物工程有限公司的“HAINUO”注册商标被认定为中国驰名商标，也我市继九联、万福后的第3个中国驰名商标；钰鑫车辆等5个大项目竣工投产，2015年，功能区税收突破8亿元。

国林臭氧二期建成

新城建设加快推进。按照“实施四个集中建设”的工作思路，姜山新城核心区集中建设推进顺利，合联姜山新型产业城4000多平的招商中心8月份投入使用，2.8万平标准厂房和4.3万平的高管公寓主体完工；为姜山新城配套、投资1.02亿元、面积3.5万平方米的特色教育新区主体工程完工，明年9月份即将投入使用。5000亩的新能源汽车产业园集中配套全面展开，由青岛市政研究院对汽车产业园进行了高标准规划设计，自7月份开始，投资1亿元对汽车产业园的南环路等4条道路正在实施硬化、绿化、亮化“九通一平”高标准建设，明年重点配套工程即将竣工，建成后将成为青岛市配套一流的工业示范园；锦绣江山国际旅游城集中建设成效明显，成功举办了青岛市规格最高的“中凯．香格丽苑”钓鱼比赛，圆满完成了第二届世界休体大会姜山赛区马术和钓鱼比赛；9月份，锦绣江山国际旅游城开始对外开放，姜山湿地成为姜山镇一道亮点的风景和生态品牌。镇驻地集中改造特色鲜明，在李权庄老驻地，由青岛城投集团投资7亿元建设的李权庄社区一期工程加快推进，明年上半年即将竣工，可满足408户、1500人入住。在姜山镇驻地，借鉴海青镇特色改造经验，挖掘姜山镇的历史文化特色，自7月份开始，对镇驻地中心大街两侧建筑，按照“牌匾门头统一、门窗建筑统一、建筑墙面统一、绿化亮化统一”的“四统一”思路，全面实施了特色改造，10月份改造工程完工，姜山镇驻地面貌焕然一新，成为具有胶东风情的特色小镇。

先进制造业功能区服务港

青岛精密机械制造小企业产业园

华通高新装备产业园

平安建设成效显著。按畅通群众诉讼通道，积极开展了领导班子成员每天轮流大接访活动，现场圆满处结矛盾纠纷180多起；建立健全了领导包案工作机制，对每起案件全部落实包案领导、包联责任人和完成时限，4起青岛市交办的信访积案全部化解，结服率100%，全镇信访案件办结率100%，初信初访结服率达90%以上，信访案件数量明显下降，今年未发生一起到省进京上访事件，维护了稳定、促进了和谐。

姜山镇审批服务中心

合联姜山新型产业城招商中心

新建设的姜山社区

前埠环境整治风貌

基层组织建设卓有成效。结合“三严三实”要求，研究制定了建立了分线作战机制、机关干部工作重心下移机制、镇村干部考核激励机制、机关干部对村庄企业实施大包联机制，解决了干多干少、干好干坏一个样问题；强化党员干部教育管理，狠抓软弱涣散党组织整治，通过派驻工作组等方式对6个软弱涣散村级班子进行了调整，土地清障、嵯阳河整治成效显著，环境整治任务高标准完成，工作经验在全市党建工作会议上进行交流推广，全镇上下形成了干群同心、真抓实干、干事创业的浓厚氛围。2015年，姜山镇被评为山东省文明镇，并通过了国家级生态镇的验收；姜山工业区被青岛市发改委确定为新能源汽车产业集聚区。

夏格庄镇

——适应新常态 实现新作为 推动新发展

2015年，夏格庄镇以建设乡风文明、宜居幸福新型城镇为目标，坚持以上率下、镇村联动、务实创新，全力推进投资福地、特色农业、梦鲤文化、宜居城镇、廉洁镇村“五个品牌”建设，经济社会事业保持了良好发展态势。1-9月份，地方税收完成3231万元，同比增长24.1%，占全年任务75.6%；内资到位完成7.9亿元，占建议目标的75.2%；外资到账完成2580万美元，占建议目标的122.9%；外贸进出口完成4320万美元，占建议目标的75.5%。先后获得了青岛市2012-2014年度平安青岛建设先进单位、青岛市第三次经济普查先进集体、青岛市老年体育工作先进单位、青岛市2015年农民读书节先进单位、青岛市文艺志愿者社区服务基地等荣誉称号。

青岛市政协副主席李学海，青岛市体育局局长纪高尚到莱西三中捐赠体育器材

工业项目持续开工建设

对年初确定的4个新开工、5个续建项目实行周调度、晨碰头、一线工作法等制度，确保项目持续推进。2个青岛市重点项目中，总投资5亿元的弘毅勤环保科技、总投资5.6亿元的乔泰管业已开工建设、抓紧施工；总投资1.8亿元的青荣轻轨夏格庄站、总投资3亿元青岛巨能管道设备、总投资1.2亿元的青岛日之容模具车间等4个项目已认定为新开工过亿元项目。

市委书记刘圣珍，市委副书记、市长纪家栋到企业观摩

现代农业项目提档升级

坚持农旅融合，积极引导青岛渭田生态休闲、高氏牧业开心牧场、金礼湾生态庄园等6处现代农业示范园项目提档升级，并举办了莱西市首届农民书画展、镇第二届文化旅游节暨金礼湾生态庄园开园、首届民俗旅游美食文化节等活动，提升了夏格庄的知名度和美誉度。容模具车间等4个项目已认定为新开工过亿元项目。

隆重表彰“八个”十佳优秀典型

城乡环卫一体化规范运行

深入开展了农村环境综合治理，农村脏乱差的局面得到彻底改变，全镇54个村庄在首批规定的时间内全部顺利通过了市合格村验收；实行服务外包协议，在全镇推行统一保洁、统一收集、统一清运、集中处理的城乡环卫一体化管理模式，实现了农村环境卫生精细化管理、洁净化保洁，在青岛市群众满意度电话测评中成绩稳步提升、跃居前列。

第二届文化旅游节

整洁的村庄街道

重点工程和民生实事顺利实施

积极争取项目、争取资金，投资1000多万元，实施了4处学校操场塑胶化、三中餐厅和3处校舍改造工程，在全市率先完成农村学校操场塑胶化；投资1.4亿元实施两期农业综合开发项目加紧施工、效果初显；投资600万元的姜猪路路面硬化大修工程有序进行、年底前竣工，渭田美丽乡村建设已完成规划、河道整治正在施工，积极配合、稳妥推进轻轨站前广场、农村污水管网等工程共计1600多亩土地的清障任务，确保了项目建设顺利进行。

中心小学塑胶操场

机关干部参与环境整治

基层党建实现新的作为

深入创建“为民当先锋、有事您找我”党建服务品牌，坚持主要领导与党员群众信息直通、班子成员手机号码公开等制度，加强与党员群众的沟通交流。在全镇1428名农村党员中全面开展了“党员家庭”挂牌工作，创新推行党员年度履职量化积分管理，引导党员围绕“十带头”内容，亮出身份、亮出职责、亮出承诺，收到了以党员带家庭、家庭带社会的良好效果。全面落实党风廉政建设党委主体责任、纪委监督责任，以创建“廉洁镇村”为抓手，强化教育引导、文化引领、制度规范、监督监管，着力打造清明政治生态。

建设中的青荣轻轨站点

青岛安惠仕生物制药有限公司

青岛海格尔工贸有限公司

蔬菜之乡　生态店埠

店埠镇适应新常态 加快建设田园生态休闲小镇

店埠成长名片

鲜多多农场-果菜馆

全国重点镇 中国蔬菜之乡 国家级生态乡镇

青岛市大沽河“一轴四城”规划四个重点小城市之一

1997年，被国家农业部命名为“中国香菜之乡”；

1998年，被国家农业部命名为“中国大白菜之乡”；

2001年，店埠香芋被国家农业部评为“优质产品”；

2005年，被确定为青岛市百万亩蔬菜生产基地之一；

2008年，被确定为“青岛市十二个重点发展小城镇”之一；

2009年，被确定为青岛市市控蔬菜基地；

鲜多多农场-热带生活馆

2009年，被认证为“青岛市出口胡萝卜质量安全示范区”；

2010年，被国家环保部确定为国家级生态乡镇；

2010年，“店埠胡萝卜”获青岛名特优农产品30强；

2010年，3万亩胡萝卜基地通过国家农业部农产品地理标志保护认证；

2011年，青岛市“大沽河周边区域镇村空间发展规划”，被列为特色镇、重点镇；

2012年，青岛市大沽河“一轴四城七小镇多社区”规划中重点发展的四个小城市之一；

2012年，“店埠胡萝卜”被评为山东省“省级特产”，“东庄头”蔬菜被评为山东省著名商标；

2013年，被确定为山东省“一村一品”示范村镇（蔬菜）；

2013年，被确定为全国“一村一品”示范村镇（胡萝卜）；

2013年，“店埠胡萝卜”被农业部评为“全国名特优新农产品”；

2014年，被住建部、发改委等7部委确定为全国重点镇；

2014年，被国家气象局确定为“全国标准化气象灾害防御镇”；

2014年，被确定为“山东省绿化模范镇”；

2015年，被确定为“山东省百镇建设示范行动”示范镇。

鲜多多农场-叶菜馆

2015年以来，店埠镇在市委、市政府坚强领导下，适应经济发展新常态，全镇上下解放思想、突破创新，经济社会各项事业继续保持超常规、跨越式发展。承办了莱西市一季度经济运行观摩现场会、青岛市调结构稳增长抓落实观摩会部分现场，4月份被评为山东省“百镇建设示范行动”示范镇。

5万亩胡萝卜种植基地

建园区引项目　夯实经济发展基础

一是园区建设。投资1570万元，完成占地2000亩的店埠工业园排污管网建设；实施“八横二纵”10条道路50025㎡绿化带配套，浆砌排水沟2500米；已引进24个过亿元项目落户，15家企业建成，12家投产。

二是招商引资与项目建设。1-10月份，在建项目16个，在谈5个，青岛市重点项目3个，扶持青岛中通电力设备有限公司在国内四板上市。青岛市重点项目：青岛有田农业科技有限公司，投资3.2亿元，占地100亩，主要从事农产品分级筛选机器人制造，10月份已投产。青岛国际农副产品交易物流港，投资33亿元，占地1393亩，主要从事农副产品与农业生产资料的交易与物流，目前精品交易中心四层封顶，会展中心与服务办公区1-8号楼十层主体封顶，正在内外部装修。青岛阿特斯电子科技有限公司，投资3.3亿元，占地92亩，主要从事电子产品加工与销售，目前办公楼、车间主体竣工，正在内外部装修、设备安装，12月份投产。

建园区引项目　夯实经济发展基础

一是国家级现代农业园建设。3年争取扶持资金9000万元，整合其他扶持资金4100多万元。一期已硬化道路27.5公里，浆砌排水沟32.3公里，建成钢架大棚700亩，铺设输水主管网9000米。园区广泛采用物联网等新技术，树国内智慧农业标杆。

二是鲜多多农场投入运营。项目投资6000万元，占地500亩，建成6000㎡的叶菜馆、果菜馆、生活馆联栋温室3个，钢架大棚200多个，栽植高档树木数万株，5月份已开门迎宾。有机蔬菜直供青岛、黄岛城区的46个社区直营店。初步建成电商平台—鲜多多农产品电子交易中心。

三是乡村旅游获得长足发展。成功举办了“中国旅游日”店埠旅游月系列活动，鲜多多农场开园、店埠博物馆开馆与第二届店埠胡萝卜文化节等活动精彩纷呈，打造了“桃源蔬乡 休闲店埠”新品牌。

四是“全产业链”发展模式日趋完善。立足蔬菜产业优势，着重在蔬菜种植、销售、加工、物流、种子研发推广、垃圾处理、农资及三产协同发展等环节招商引资，在农产品全产业链发展上日渐成为标杆、典范，经验被省委办公厅《督查工作》刊发推广。

抓投入重规范　构筑小城镇与社区新家园

青岛有田农业发展有限公司

一是不断完善社区服务体系。13处服务中心实现社区服务全覆盖，施行居民、社区、政府“三互动”，通过机关干部下沉，60多项便民服务事项下放，发挥了“一站式”服务群众功能。

二是集聚型社区建设。建成店埠中心、庄头、葛家泊等3处集聚型社区住宅968套，葛家泊社区10月底投入使用；新开工葛家疃村朝阳嘉园、耿家庄新村和朴木社区商业部分。

青岛联盛益康食品科技有限公司

三是小城镇建设规划。聘请山东省现代城市规划设计研究院完成了“店埠镇总体规划修编及镇区控制性详细规划”初步编制。投资1140万元，以兴店路为中心，实施“桃源蔬乡”城镇形象提升工程，改造沿街商铺外立面3.8万㎡。

四是建设电商镇。建设了1500㎡的莱西市农副产品电子交易平台，年内吸纳500家农产品供应商、采购商入驻平台网站，面向农产品经济人、私营业主培养农村电商新人300名。

五是打造莱西首个智慧乡村典范—“智慧店埠”项目。投资1680万元，完成11200户数字电视用户改造，利用物联网、云计算、信息智能终端等技术，创新实现党委政府与辖区群众面对面沟通、点对点服务，让老百姓足不出户，就可以在电视上浏览政务信息、民生实事，实现远程监控蔬菜大棚的智能化管理，网上购买农资、销售农产品，在线解决农技难题等。

国家级现代农业园

办实事解难题　民生事业实现新飞跃

一是环境综合整治。投入1500多万元，配备垃圾箱2100个，垃圾清运车4辆，清扫车3辆，上岗保洁人员232人，建成整得净、管得住、效果好的城乡环卫一体化体系。打造东庄头、西庄头、耿家庄、渚洲、孙洲庄、前沙湾庄、寨西头等青岛市大沽河沿岸生态示范村7个。

二是实施了兴店路北延与农博园道路硬化工程。投资1750万元，硬化道路2.7万㎡，安装太阳能路灯90盏，绿化2.5万㎡。

青岛广汇润丰汽车装备有限公司

三是污水处理工程。规划实施庄头社区、葛家泊社区、于家小里3处300立方米/日的污水处理站建设和后沙湾庄、寨西头2处150立方米/日的污水处理站建设。

四是优化教育资源，提高办学质量。将后寨中学撤并入朴木中学、天井山小学撤并入庄头小学、横岭小学撤并入中心小学、中由小学撤并入朴木小学。投资1124万元，实施8处中小学操场塑胶化改造工程建设。

以党建为统领　高起点提升镇村党员干部干事创业能力

以深入推广“五议决策流程机制”为抓手，扎实抓了农村党员日常表现量化管理等项工作，全面提高了农村基层党建整体水平，推动镇村各项工作上档次、上水平、有特色。

店埠镇未来城市综合体发展鸟瞰图

中国青岛国际农副产品交易物流港单体效果图

中国青岛国际农副产品交易物流港

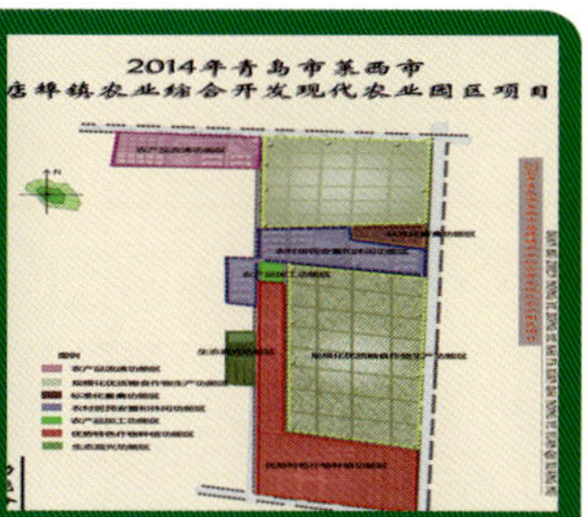

2万亩国家现代农业园区

沽河岸畔好风光　魅力院上欢迎您

“水城”大变样　“颜值”再提高

院上镇位于莱西市西南部，全镇现有村庄103个，人口8.4万人，面积169.2平方公里，耕地面积15.5万亩。镇域内沈海高速、潍莱高速、309国道、602省道、望武路、水院路等主干线纵横交错，形成了密布的交通网络；水系发达，东、南临大沽河，西临小沽河，辖区内白蟒河、武清河等川流而过。近年来，该镇紧紧围绕市委、市政府的总体工作目标，解放思想、转变作风、务实奋战，积极开创科学发展新局面。

项目建设

始终把项目建设作为经济发展着力点，新项目紧抓不放，老项目谋求创新。今年以来,实现在建项目6个，总投资9.4亿元，2500万美元，其中新开工项目3个，分别是，总投资3.2亿元的青岛中汇超洋消防科技有限公司项目，总投资1.2亿元的青岛味极美食品有限公司项目，总投资9500万元的青岛中宝塑业项目；续建项目3个，分别是，总投资2500万美元的青岛大好河山葡萄酒业酒窖项目，总投资3亿元的青岛清溪菩提树现代农业综合开发项目，总投资1亿元的天邦线业二期项目。已签约拟开工项目2个，总投资5亿元的青岛益尔锴集团智能建筑PC产业园项目，总投资3亿元的青岛奥普利新材料科技有限公司项目。

青岛大好河山葡萄酒窖项目

青岛中汇超洋消防科技有限公司项目

农业发展

立足我镇传统种植特色，围绕农产品产业升级，实行统一化管理，品牌化营销，提高了经济效益。以岘沽村、七岌村为核心带动周边村庄发展各类葡萄种植区，目前葡萄种植面积4600多亩，年产10000吨；以王家庄村为核心带动周边村庄发展油桃种植，目前油桃种植面积3000亩，大棚600个，年产6000吨；以南城线为轴线，发展高家岭中华寿桃、义诚恒家庭农场等果蔬品牌。加大农产品质量监管力度，累计完成农产品质量检测2000余次，实现了产品质量和品牌知名度同步提升。在抓好传统农业向现代农业转型升级基础上，加快“岘山沽水”休闲旅游示范区建设，举办“醉美”马拉松休闲活动、“丰收节”活动，先后吸引中外游客2000余人次。

民生事业

一是抓好环境治理。全镇配备保洁员309名，配置垃圾桶1960个,全镇环卫工作交由专业公司托管负责，村庄生活垃圾做到日产日清。二是加快新开工社区建设，完善鸿林苑社区一期、润轩佳苑社区一期配套设施建设。三是加大教育投入。实施了总投资1850万元的院上镇中心小学建设，完成了武备小学、武备幼儿园改造工程及9所学校的塑胶跑道建设。四是加快水利设施建设。建成深水井25座，实施郑家庄等农村节水灌溉工程3个，完成花园头等10个村千亿斤粮食项目。五是狠抓信访案件处理解决。实行班子成员日接访制度，重点案件由镇主要领导包案，定人定时处结，着力打造“平安院上”。六是从严从实抓好基层党建。加强党员教育管理，认真开展“夏训”及“三严三实”、“双学双讲”专题教育，不断提高服务群众能力和水平。

左一：专业托管公司清运村庄垃圾　　左二：院上镇中心小学

左三：院上镇鼎龙公园　左四：院上镇鸿林苑社区

真抓实干谋发展　锐意进取谱新篇

——南墅镇2015年工作纪实

今年以来，南墅镇按照市委、市政府的总体工作部署，转变作风、务实奋战，进一步确立了以“工业立镇，农业富民”的战略布局，以基层党建为抓手，夯实基础，力促工农业齐头并进，经济社会发展保持了稳中向好的态势。

以基层党建为抓手 进一步夯实基础，更好的服务群众

市领导视基层党建

结合新型农村社区建设，将75个村庄重新划分为7个社区，成立7个农村社区党委。机关干部下沉到社区服务中心工作。统一将便民服务事项下放，为每个社区安装了一体化信息平台和城乡养老保险系统操作权限，目前有计生、民政、社保等42项服务事项下放到社区，既方便了群众又在工作中掌握更多的社情民意。学习胶州平度的经验，10月份与联通公司共同启动开发互联网加社情民意平台，将通过该平台搭建起一套无缝隙的网格化为民服务系统，探索建立起与广大群众更有效的多层次的沟通渠道。

南墅镇2015年林果业规划效果图

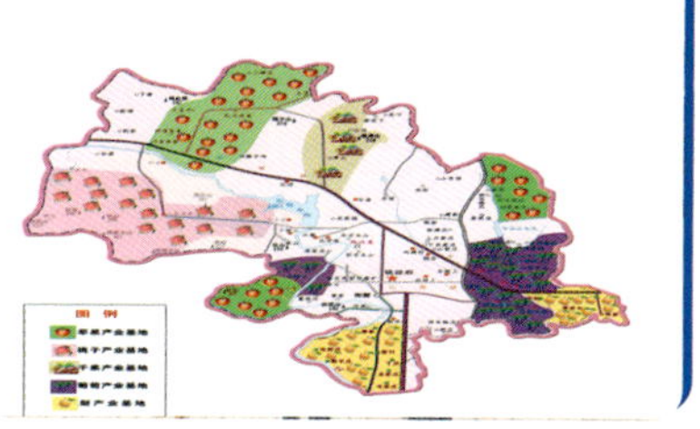

积极推进农业产业结构调整 大力发展现代农业和美丽乡村建设

立足我镇实际，依托传统的林果业优势，确立了“一镇一业，一村一品”的现代农业发展思路。制定了全镇林果业发展规划，建设7个林果业产业园，规划总林果种植面积60000亩，占全镇总耕地面积的85%以上。多次组织干部到栖霞黄岛参观学习农业产业调整。积极争取农业综合开发项目，改善农业基础设施条件，今年在镇财政收入压力较大的情况下分三次共投入资金420万元用于小农水项目和抗旱。依托大青山、青山湖，全方位推进“休闲田园游”。5月份成功举办第三届大青山槐花节；6月份我市首届农耕文化节暨东鲁农业公园开园仪式在南墅镇东鲁农业公园启动。

大青山槐花节开幕

安德烈·盖姆参加开工仪式

以重点项目建设为抓手 力促传统石墨产业转型升级

年初规划开工建设南墅石墨新材料创业中心，预计总投资3亿元占地90亩，从事石墨高新技术产业孵化，锂电池负极材料及石墨烯生产销售，石墨烯应用推广。其中青岛德通纳米技术有限公司年产1000吨石墨烯导电导热剂生产线，今年5月份开工建设，10月底建成投产；青岛高新区华高墨西科技公司氧化法石墨烯生产项目正在协议洽谈中。依托原南墅石墨矿可利用的土地对原来的特色产业园区重新进行规划，进一步完善基础设施配套，总投资6000万元的专业污水处理厂基础设施施工结束。投入资金360万元对小沽河、芝河、院后矿坑进行污染治理，效果显著。今年在建过亿项目4个；在谈项目6个；青岛市重点项目华电风力发电项目于6月份开工，目前风机吊装完成过半，年底并网发电。

环境卫生整治后村庄

民生工程　社会事业持续展开

镇村两级共投入资金700余万元，清理垃圾15000余吨；清理河道和沟渠400余条；配备垃圾箱2800多个；配备保洁员202人；配备垃圾清运车5辆。继续加大地质环境治理力度，加大镇区矿山企业的管理，减少粉尘污染，吸收资金3800万元对镇政府门前占地300亩的石墨尾矿库进行整治，土地平整后全部栽植乔木绿化，与文化广场进行对接。投资1481.22万元，对山青路等基础设施进行升级改造；投资638万为中心中学等5所小学按照要求建设塑胶操场。在建过亿项目4个；在谈项目6个；青岛市重点项目华电风力发电项目于6月份开工，目前风机吊装完成过半，年底并网发电。

镇区建设

马连庄镇

凝心聚智　催生发展新动力

今年以来马连庄镇党委以机关党建引领社区党建、村级党建，狠抓工作落实，努力增强综合经济实力，全面释放农村发展活力。全镇生产总值预计完成28亿，同比增长9.3%，地方财政收入预计完成3149万元，同比增长15%,固定资产投资预计完成17亿，同比增长21.4%，外资到账2330万美元，已经完成全年任务计划，外贸进出口预计完成2000万元，同比增长25%。

提档升级，项目建设落地开花

马连庄甜瓜湖滨生态型示范园鸟瞰图

岚桑生态园项目鸟瞰图

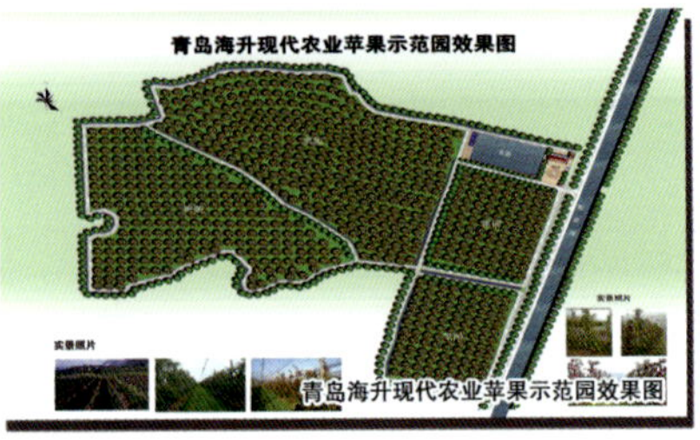
青岛海升现代农业苹果示范园效果图

把项目建设作为经济工作的生命线，坚持招商提速，做强产业升级。

一是加快推进资源招商。利用风力资源优势，积极与投资8亿元的两个风电项目对接，确保在年底前签约，明年开工建设；利用矿产资源优势，加快投资1.8亿元的陶瓷项目洽谈签约；会同市经信局加快投资3.6亿元的新能源项目审批速度。

二是加快飞地项目增资扩建。与有关镇办积极对接，争取惠运工业设备、元琦电子装备等项目尽快启动。全力抓好投资1800万美元的有你珂部件汽车速度传感器增资项目的增资扩建和投资360万美元的青岛新新体育用品二期的前期审批工作。

三是重点推进农业项目建设。共同推进投资300万美元的日资东海种苗项目、投资2000万元的陕西海升矮化苹果种植示范园扩建项目、东营客户投资3200万元的军武河现代农业科技园、大连客户投资2600万元的上柳生态科技项目。

四是推进新开工过亿元项目建设速度。投资1.1亿的海润电池材料项目争取当年开工、竣工、投产；加大投资1.6亿的岚桑湖滨生态港项目跟进力度，争取年底竣工。

以镇带村，牢筑基层党建堡垒

马连庄镇党委把坚持落实党建责任为重要抓手，从严推动党建责任"落地生根"，打造"红色马连、沽水先锋"党建品牌。一是严抓素质提升。严格落实"三会一课"制度、支部书记轮流到社区坐班制度、镇机关周五"集中学习日"、"机关干部大讲堂"、"党员奉献日"、"支书讲坛"及党委书记上党课等学习制度，教育培训实现常态化，激发机关干部活力，强化全体党员宗旨意识，机关干部和村支部书记两支队伍的素质在融合中提升。二是严抓包联督导。选派优秀机关党员到村担任党建指导员，发挥好村党支部工作指导员、党的政策宣传员、村情民意调研员、矛盾纠纷调解员等角色，推进"双学双讲"主题活动、环境卫生整治、秸秆禁烧、党员夏训等重点工作。三是党员示范带动。开展"亮身份、明职责、树形象"党员（家庭）挂牌等活动，引导农村党员干部理清发展思路，增强党性观念，发挥党支部的战斗堡垒作用和共产党员的先锋模范作用。村党组织领办各类合作社51家，带动1761户群众致富，放大了"党支部＋合作社"的党建优势，拓宽了群众增收路径，增强了村党组织的凝聚力和战斗力。

10月5日，马连庄镇首届农民文化节暨"金秋飘香"休闲田园游启动仪式现场

立足生态，提升资源挖潜力度

一是打造胶东瓜果之乡。把全镇的现代农业规划为两大片区，一是在莱西湖北岸以马连庄果蔬批发市场为依托，沿岚张路两侧规划建设万亩优质甜瓜示范区。在水利部门的支持下，抓紧推进投资2800万元的大沽河沿岸节水灌溉工程，提升示范园的档次。严格质量检测和市场准入制度，确保甜瓜生产绿色无公害，打响"马连庄"甜瓜品牌；

二是以海升矮化苹果示范园为龙头，在军武河流域规划建设万亩矮化苹果示范区，重塑马连庄苹果品牌优势。下一步，在财政等部门的支持下，加快推进投资7000万元的农业综合开发项目。争取年内引进2到3家电商企业，建立电子商务平台，拓宽优质农产品销售渠道，打造"互联网+农业"新模式。

三是打造红色生态旅游区。以青龙高速开工建设并在我镇内设有出口为契机，深度挖掘招莱掖边区指挥中心河崖村、窑山战役主战场夭山的红色资源，整理红色故事、红色人物，打造红色旅游线路。利用大沽河、军武河优美的自然生态环境，叫响春季甜瓜、夏季葡萄、秋季苹果、冬季草莓“一年四果、一季一品”的马连庄农产品品牌，大力发展乡村休闲采摘游，做好“红+绿”的结合文章。开展了首届农民文化节暨“金秋飘香”休闲田园游活动，全力推动文化乡村旅游与现代农业的融合发展。

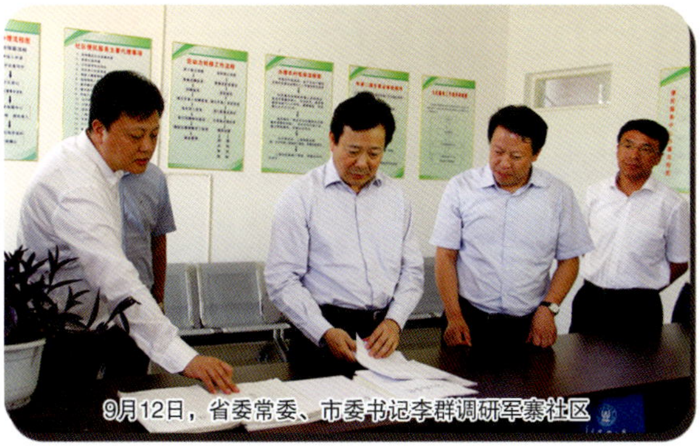
9月12日，省委常委、市委书记李群调研军寨社区

多措并举，民生工程齐头并进

马连庄镇政府通过提高服务效能，扎实推进民生工程，使群众切实感受到了“幸福指数”的节节攀升。

10月8日，莱西市委书记、人大常委会主任刘圣珍观摩调研郑家下亓村党建工作

一是稳步开展校安工程。投入642万元，开展中心幼儿园、唐家庄中学等10所学校的校园改造工程，9月份已经全部完工。清理镇政府、医院、学校等周边的马路重点摊位11处，对中心中学前集市进行了搬迁。在全镇共安装路口警示杆、校车停车及学生乘车点警示标志120余处。

二是推进镇驻地建设。拆除吉祥北路违章建筑，硬化吉祥北路，完成小莱路、省道215、迎宾路翻修工作，新规划路边停车位60个，安装太阳能路灯90盏，进一步改善了镇驻地面貌。

三是狠抓城乡环卫一体化工作。签约两家专业保洁公司，选聘村级保洁员205人，镇级环卫监督员8人，配备垃圾清运车5辆、四轮垃圾箱480个、两轮垃圾桶650个、小垃圾收集桶17000个、环保型垃圾收集袋17000个，在全市率先实现了环卫一体化专业公司运营，“户集、村收、镇清运、市处理”农村生活垃圾处理模式实现了常规运行。结合生态文明建设，引导群众植树造林68万株，提升了村庄的“颜值”。在7月份和9月份的青岛市环卫一体化电话民意调查中分别取得了青岛市第7名和第5名的成绩。

细化责任，公共服务释放“红利”

一是“网格化”监管，打造平安马连庄。对77个村庄和37家企业实行“网格化”监管，分项目对安全生产工作进行拉网式排查、跟踪式监管，做到横向到边，纵向到底，确保责任落实到每个环节，签订了《安全生产目标责任书》，促进安全生产管理制度化。组织进行了涉氨制冷企业、危险化学品企业、非煤矿山、烟花爆竹专项检查12次，职业卫生检测12家，出动排查人员579人次，检查各类生产经营企业单位107家次，现场检查记录218份，发现安全隐患177条，下达限期责令整改书133份，已完成各类整改129条，其余隐患正加快推进。

8月7日，复旦大学职业发展导师耿人健先生为镇村干部进行《责任、团队和执行力》专题讲座

二是“多样化”投入，打造惠农马连庄。为保证群众农业生活用水，抵抗旱情，共计打深水井236眼，挖掘塘中塘150余处，修复完善106处水泵站，加深塘坝54处。我镇大沽河沿岸节水灌溉工程已经立项，主要内容是建设输水廊道5处，建大型泵站5处，扩挖平塘14处，利用旧矿坑、平塘作为水源建扬水站6座，铺设节水型低压管路186公里，出水口4600个，打深井13个。工程东至大沽河西岸，西至唐孟路，南至小莱线，北至榆院路，共涉及山北头、张家院等十三个行政村，投资2845万元，计划11月份开工，建成后灌溉农田1.9万亩。

6月26日，机关干部和基层党员开展“党员奉献日，保护母亲河”活动，清理军武河河堤

三是“零距离”服务，打造便民马连庄。成立社区党委，健全服务机制，机关党员下沉半级、支部书记上浮半级到社区集中办理群众服务事项、受理群众初信初访，共排查化解矛盾纠纷86起，受理群众信访事件53件，处结重点信访积案3件，46起不稳定因素和信访案件圆满化解，初信初访化解率达到95%。投资50多万元，改造整修了集民政服务、城乡居民养老保险、劳动保障等8个大项、40多个小项为一体的便民服务中心，7月份正式投入使用，优化了办事环境，简化了办事流程，不断提升了办事效率和综合服务水平。

河头店镇：以新状态适应新常态 以新作为创造新业绩

今年来，河头店镇深入贯彻落实市委、市政府决策部署，脚踏实地干工作，心无旁骛抓发展，1-9月份，全镇实现地方财政收入1661万元；完成固定资产投资19亿元；实际利用内资18.78亿元；完成出口总额1488万美元，实现外资到账1176万美元；实现规模以上工业总产值33.7亿元。全镇经济和社会事业的快速发展，为全年各项经济指标的顺利完成打下良好基础。

一、转方式，调结构，经济社会平稳较快发展

（一）抓招商，项目建设取得新动力。抓牢在谈项目签约，对在谈项目看紧盯牢，成功签约2个新项目。加快2个竣工项目、3个新开工项目、3个续建项目后期推进，班子成员分工分线作战，实行项目建设前“一站式”服务、项目建设中“即办式”服务、项目投产后“保姆式”服务的无缝衔接，5个项目完成主体工程建设，4个项目被确定为青岛市亿元新开工项目，2个项目投产。

龙泉湖社区搬迁入住后的幸福生活

（二）抓调整，现代农业发展取得新发展。一是实施了国家千亿吨粮项目。项目区面积1.5万亩，目前已完成7个平塘开挖工程、4个拦河坝工程、6000亩土地低压灌溉工程、5000平道路硬化工程，全镇70%以上的土地实现低压灌溉全覆盖。二是推行土地“三权分置”试点改革。全镇共注册的农民专业合作社154家、家庭农场213家、流转土地2.56万亩，有效推动现代农业向优势产业倾斜、向连片经营倾斜、向区域综合开发倾斜。5月8日，为全省农村土地“三权分置”改革现场会提供了现场。

龙泉湖社区益民中学

（三）抓提升，乡村休闲旅游业绘就新蓝图。把今年作为乡村旅游业重点培育发展提升年，制定《河头店镇“休闲田园游”示范点创建活动实施意见》，规划创建10 个精品特色农业园、10 个乡村旅游特色点，打造“一带、两线”3条乡村旅游精品线路。今年来，共举办中国首届儿童露营大会、杨家寨大樱桃采摘节、“嘉龙杯”第一届休闲垂钓大赛、第三届东大寨苹果文化节等主题活动8次，发展新模式苹果栽培3000亩，新发展现代农业园区4个。

二、树理念，重引导，生态文明建设快速推进

（一）抓创新，城乡环卫一体化取得新突破。扎实推进城乡环卫一体化工作，坚持高标准要求、硬措施落实、快速度推进，环境卫生整治工作取得了阶段性成果：全镇卫生保洁工作实现网格化管理，制度化、规范化、常态化运转。现阶段重点做好“宣传、巩固、提升”三个方面工作，确保把整治付出劳动的成果转化成群众享受幸福宜居的切身体验。

（二）抓投入，造林绿化工作再上新台阶。今年投资2100万元，完成“青龙高速绿化、道路绿化、村庄绿化、成片造林”四项绿化工程，共植树72.1万棵。青龙高速公路绿化8000米，植树6.5万棵，是全市第一个完成青龙高速绿化任务的镇；田鞠路、水展路绿化1.1万米，植树1.8万棵；村庄绿化56个，植树25.8万棵；成片造林2300亩，植树38万棵。

三、谋福祉，惠民生，社会事业建设全面进步

（一）抓统筹，社区建设展现新魅力。龙泉湖社区按计划顺利推进，前期主要是开展了针对泥湾头村的搬迁安置工作。目前，泥湾头村主体搬迁工作已结尾，拆除旧房153套，搬迁入住146户。现阶段重点是做好回迁安置后的社区管理与服务工作。针对高格庄村的安置工程总设计规划方案已完成，各项材料和手续均已办理完毕，现进入土地招拍挂阶段。另外，承办的大中型水库移民避险解困项目实施顺利，得到了国家水利部移民局、省水利厅等部门的肯定。

（二）抓推进，教育均衡发展实现新跨越。总投资1450万元的中心中学迁建工程3月份开工建设。目前，主体工程已封顶，正在进行室内外装修，拟于11月份交付使用。全镇所有中小学全部达到青岛市标准化水平。

（三）抓稳定，社会和谐开创新局面。深入开展信访积案、重案化解活动，成立积案化解小组，安排主要领导包案，全镇4起积案全部得到有效化解和稳控。重视初信初访工作，以“案结事了”为信访工作核心，全镇初信初访化解率达90%以上，未发生一起到省、进京越级信访案件。

“嘉龙杯”第一届休闲垂钓大赛

第三届东大寨苹果文化节开幕式

中国首届露营大会开幕式在沁楠香生态观光园举办

青岛沁楠香生态观光园接待中心

统计管理

人口就业统计改革

国家对人口就业统计改革提出“扩面、增容、提质”要求，莱西市将扩大月度劳动力调查统计范围，每月由原来1个小区20户，涉及劳动就业人口40人左右，扩大到约20个小区400户，涉及劳动就业人口800人左右，并且增加有关农民工调查内容。

固定资产投资统计改革

固定资产投资统计改革主要是投资统计调查对象由投资项目改为法人单位，包括现行“一套表”范围法人单位调查对象、小微企业调查对象、其他有亿元以上在建项目法人单位调查对象，统计范围明显扩大；投资额计算方法由形象进度转变为财务支出。

能源统计改革

根据青岛市2014年对全市能源核定数据，对前几年历史统计数据进行调整。对节能减排降碳统计预警进行研究，研究建立2015年统计预警方案，确保完成“十二五”节能减排降碳目标。同时，加大对新增能源统计范围、指标解释和审核要求把握，研究制定二氧化碳核算方案。

（市统计局）

审计监督

2014年，莱西市审计局共完成审计项目58个，其中：预算执行审计项目9个、固定资产投资审计项目24个、领导干部经济责任审计项目25个。审计查出违纪违规金额及管理不规范金额27800.60万元，其中：预算执行审计项目违纪违规及管理不规范金额11647万元，政府性投资项目审计核减额4007.64万元。

按照年度计划，组织20名审计人员，分成9个审计组，主要审计财政部门具体组织市本级预算执行情况和市教育体育局等8个一级预算部门预算执行及其他财务收支情况，延伸审计18个二、三级预算单位。审计过程中，严格执行《审计机关审计项目质量控制办法》，制定和实施审计方案，分级把关，落实审计组长审计项目质量终身负责制等，保证审计成果真实性。审计预算内资金总额265831万元，占当年市本级预算支出65%。查处财政部门应提未提偿债准备金2329.97万元，未配套专项资金741万元以及利息收入未及时入库10.54万元等问题；一级预算部门专项资金管理不规范6706.35万元，账务核算不规范3354.02万元，固定资产管理不规范877.23万元。

决（结）算审计

推进政府性建设项目竣工决（结）算审计，完成竣工项目结算审计8项，报审造价19245.44万元，审定造价15237.80万元，审减3709.58万元；组织实施对大沽河治理、市民文化中心、休闲体育大会场馆、体育公园等10项工程全过程跟踪审计，项目概算总额89572万元。通过参与监督项目开标、关注施工质量、设计变更及工程主要设备材料市场价格等方面，促进建设单位加强管理、确保项目预期目标实现；提高跟踪审计质量，完善规范审计文书，定期对跟踪项目下达跟踪审计意见书，指出存在问题，提出整改意见。向市政府提交审计专报14篇，全部被市政府主要领导批示；加强施工现场签证管理、控制设计变更等10余条审计建议均被采纳，促进建设单位建立和完善管理制度3项。

经济责任审计

受市委组织部委托，对市委办、市公安局、市财政局等37名领导干部实施任期经济责任审计，查处违纪违规及管理不规范金额7615万元。按时向市委、市政府提交审计结果报告。为做好领导干部经济责任审计工作，改进项目计划管理，将审计对象建立审计台账，实行动态管理；建立被审计领导干部及其所在单位数据库，并进行资源共享。实行审计对象分类管理，拟定莱西市经济责任审计工作方案，对重点部门、单位及关键岗位领导干部一年审计一次，对资金、资产、资源较为密集领域领导干部每三年审计一次。审计过程中，重点关注八项规定贯彻落实、“三公经费”及公务卡管理使用情况，并在审计结果报告中单独反映。随着中央八项规定出台，相应充实经济责任审计内容，将“三公”经费及会议费开支情况，作为一项单独审计内容进行审计评价；要求对单位职工食堂核算管理情况进行审计，根据审计情况提出相应意见和建议。建立审计项目质量考核机制，从审计人员、审计组长、经济责任审计办公室、分管局长到局长分级质量控制模式，交叉审核审计资料、文书格式等，提高审计质量。

经济专项审计

抽调9名业务骨干对潍坊市土地出让收入及耕地保护资金进行专项审计，1名干部参加省审计厅统一组织的省管领导干部经济责任审计。根据省审计厅统一安排，完成新型农村合作医疗基金划转审计、财政存量资金审计，按时向青岛市审计局和市政府提交审计报告。与市监察局、市财政局联合对12处镇（街）、经济开发区2014年“三公”经费使用情况进行审计调查，向市委、市政府提交调查情况报告。

审计形象宣传

在《莱西市情》设立“审计园地”栏目宣传审计工作；编发《审计信息》25期，上报上级审计机关调研文章、征文12篇，市委、市政府调研文章、征文4篇；在各级审计刊物发表审计文章20篇，在省厅、审计署网站发表审计宣传稿件、科研论文等9篇，被各级党委、政府和审计机关采用审计信息和宣传稿件29期（篇）。

市审计局计算机审计方法有7个项目在省审计厅组织评选中获奖。其中：工程量清单工程造价审计、地税代征残疾人就业保障金征收计算机审计、基本公共卫生服务项目补助资金审计三个项目获得二等奖；莱西市2010年至2012年中小学校舍安全工程建设情况审计、农村住房建设与危房改造跟踪审计调查计算机审计、水库补助资金发放情况审计3个项目获得三等奖；学校负责人经济责任计算机审计项目获得鼓励奖。

审计经验推广

年初由市审计局和市内审协会联合下发文件，安排2014年度内审计划项目252个，安排内审信息计划60篇，科研论文、调研报告计划60篇。从5月份开始，根据青岛市审计局统一部署，对全市行政机关、事业单位、镇（办事处）、国有企业和国有控股企业内部审计情况进行一次调查摸底，填写调查表，撰写调研报告；6月份开始，根据全省内审协会统一部署，对全市2013年度年营业额突破1亿元民营企业进行分户调查；根据调研结果，形成青岛万福集团强化民营企业内部审计调研报告向上级审计机关和内审协会推荐，并于2014年9月11日在德州召开的全省民营企业内审经验交流会上代表青岛市做典型发言；从不同侧面宣传推广市人社局、市国土资源局、市教体局、万福集团、店埠镇、河头店镇等部门和单位开展内审工作好经验、好做法及取得的成效，撰文在《莱西市情》《财会信报－山东内部审计》《中国审计报》、省审计厅网站等发表。

（市审计局）

烟草专卖

2014年，莱西市烟草专卖局共查获各类涉烟违法案件100起，其中万元以上案件26起，5万元以上案件11起。破获国标级网络案件1起，省标级网络案件1起，市标级网络案件4起，县标级网络案件8起。查获各类违法卷烟359万支，案值228.47万元，其中真品卷烟203.77万支，案值173.98万元；假冒卷烟122.36万支，案值37.63万元；走私卷烟33万支，案值16.87万元；共抓捕追刑58人次，其中刑事拘留33人，提请批准逮捕22人，判刑3人。

专卖管理

莱西市烟草专卖局落实“平安莱西”建设要求，坚持专卖体制与市场机制高度统一，推动专卖管理重心向“破获网络案件”转移，遵循“两个有利于”（有利于净化市场、有利于杜绝真品卷烟非法流通）标准，致力于打造“想战、敢战、能战”高素质队伍，提升专卖管理水平。

坚持“端窝点、断源头、破网络、抓主犯”指导思想，树立“有假烟必有网络、有网络必抓主犯”理念，学习兄弟单位先进经验，优化稽查中队工作分工，开拓办案思路，丰富办案技巧，将监管重点放在“假、私、非”和“大要案”上，强化案件经营措施，分析和深挖违法案件线索，细查上线，严追下线，集中精力加强网络案件经营。2014年，在两个月内连续破获“9·27”“9·28”“10·9”“11·9”“11·14”5起万元以上大要案。

专项整治

制定《综合整治卷烟市场秩序工作实施方案》和《集中整治名烟名酒店涉烟非法经营活动专项行动实施方案》，加强与市政法委、公安、检察、法院、工商等部门协作，树立烟草、检察司法公安“一盘棋”理念，加强联合执法。依据综合整治卷烟市场秩序工作平台，提高综合治理市场管控能力。先后开展“春雷~2014”专项行动、集中整治农村边界区域涉烟非法活动专项行动、集中整治农村集贸市场涉烟非法活动专项行动、集中整治名烟名酒店涉烟非法活动专项行动、集中整治物流配货站涉烟非法活动专项行动等一系列集中整治卷烟市场秩序专项行动。

队伍建设

根据青岛市局统一部署，上半年开展以提升专卖队伍整体素质为主要内容“大练兵”、7–11月份开展以比市场控制力为主要内容“大比武”、12月份开展以网络案件收网为主要内容“大冲刺”系列活动，其中在“大比武”和“大冲刺”活动中各项专卖指标均位列青岛地区各基层单位第1名，通过环环相扣“三步走”提升市场控制力和净化水平。

规范执法

按照法律法规规定，正确行使法律赋予行政许可权，从制度建设、审批发放、后续监管、文书档案等四个方面加强烟草专卖零售许可证管理，清理虚拟客户和无证经营卷烟行为。于2014年9月26日召开莱西市烟草制品零售点合理布局听证会，通过《莱西市烟草制品零售点合理布局及相关条件规定》，并在会后公布实施，为加强烟草专卖零售许可管理，规范烟草制品市场经营秩序奠定基础。

以“柔性执法”为导向，提高执法人员依法行政意识和办案水平。在提高案件办理工作质量和案卷规范化制作水平上下功夫，按照青岛市局最新要求进行案卷制作。坚持教育为主执法工作思路，对执法人员执法行为、执法方式等情况的市场调查和考核评查，推动专卖管理工作向管理服务型升级，建设良好经营秩序和市场秩序。

（马智勇）

城市建设与管理

城市建设

2014来，莱西市以优化空间布局、推进生态建设、提升城市品位为目标，全域规划、统筹城乡、梯次推进，着力构建布局合理、协调发展城乡格局，加快宜居幸福新莱西建设步伐。截至2014年年末，城市规划区面积539平方公里，主城区建成区面积32.23平方公里，建成区人口29.88万人，城镇化水平达60.9%。

发挥市城规委在政府规划决策过程中应有参谋、监督指导作用，全市各类重大规划及重要建设项目选址、规划和设计方案，先经城市规划委员会审议，年内已组织召开10次城规委会议，对大沽河服务区、世纪迪趣文化城、梦想望城、千熙之城等近50个项目规划设计方案进行审议。委托浙江省城乡规划设计研究院编制青荣城际铁路莱西北站站前广场及周边区域详细规划，将该区域建设成南部新城区展示窗口，设计单位根据城规委意见正在对方案进行修改完善。

2014年，围绕"生态建设、城乡环卫一体化、公共服务设施配套和老城区雨污分流改造"等方面，市城建局共组织实施包括雨污分流改造工程、洙河水污染治理工程、道路翻修及配套工程、绿化工程、路灯工程、环境卫生工程、南京路两侧等建筑立面整治工程、污水处理建设工程和轻轨莱西站配套工程、农村污水管网配套工程共8大类48个小项基础设施重点工程，全年共硬化道路36.3万平方米，安装路灯66基、改造旧灯具494套，新增绿地和供热面积18万平方米、80万平方米，铺设排水管道21公里，绿化道路6条，翻修、罩面道路7条44.8公里，累计完成投资1.118亿元，洙河改造二期工程整治效果明显，世界休闲体育大会体育场、馆主体完成，市民文化中心等一批标志性建筑加快推进，城市功能品质进一步提升。截至2014年年末，莱西市城市道路总长度达516公里，道路总面积达812万平方米，雨污管道总长度达720公里，人行道板面积达145万平方米，城市绿化覆盖面积达1607公顷，园林绿地面积1334公顷，绿化覆盖率达45.52%，绿地率达39.93%，人均公共绿地面积达14.23平方米，城市路灯总数达19041盏，城区面积达32.23平方公里，城市燃气普及率达100%，城市污水集中处理率达99.9%，城市垃圾无害化处理率达100%。

抓好旧城改造、城乡环境综合整治和农村危房改造工作，争取上级扶持资金，改善城乡环境面貌，提高居民生活质量。

重点抓好四大片区改造以及任家疃、沙旺庄等13个村庄改造工作。宾馆片区一期拆迁结束，二期未签约户已进入裁决程序；长平街片区一期安置楼已竣工；二期拆迁结束，已开工建设；华廷城市广场片区剩余1家加油站未搬迁，需异地安置，加油站新址已开工建设；缤纷五洲片区西区已进入主体施工阶段，东区剩余10户已启动依法拆迁。沙旺庄、隋家屯、谭家院西村等8个村庄改造项目已完成资金平衡测算。同时，争取上级扶持政策，将任家疃、沙旺庄、长平街、月湖商城列入棚户区改造项目，争取资金647万元；将宾馆、沙旺庄、水磨灌等6个项目列入棚改融资计划，做好前期各项准备工作。

实施过城河道及流域截污、背街小巷、地下管网改造及排水防涝治理、建设扬尘治理和裸露土地绿化整理、城乡接合部及城中村环境卫生等整治任务。多次开展城乡环境综合整治进基层、进社区义务奉献日活动，动员全市干部职工1.8万余人走上街头开展卫生大扫除活动，清理建筑垃圾、生活垃圾3000余吨，清理卫生死角300余处，清理绿化带卫生150万平方米，清理乱贴乱画、非法小广告16000余张。开展小城镇环境综合整治。制定《莱西市小城镇综合整治实施方案》，成立小城镇环境综合整治领导小组，配合青岛市考核组对莱西市8个建制镇进行2次实地考核，通过整治活动，提高莱西市小城镇管理水平，镇容镇貌明显改善。加快城乡环卫一体化进程。2013年开工的院上、店埠等5处垃圾中转站设备已安装完毕，即将投入运行；2014年在河头店、马连庄等镇建设的4处垃圾中转站主体及设施安装全部完成，已做好投入准备。

2014年，组织实施农村危房改造1000户，在青岛四市中改造户数最多，争取资金最多。其中，翻建198户，修缮加固812户，所有危房改造项目已完成。9月份，省住建厅在莱西市召开全省农村危房改造暨农村人居环境工作现场会，推广莱西危房改造经验。

市政基础设施建设

2014年，莱西市政管理处共组织实施22项城区基础设施重点工程，包括荷塘街（威海路至石岛路）、银泰东街（新华街至文化路）、威海东路（204线至杭州路）道路翻修及雨污分流改造工程，苏州路（梅山路至804线）、北京路（洙河至苏州路）污水管道工程，常州路（上海路至北京路）雨污管道工程、梅山路（苏州路至204线）、扬州路（梅山路至204线）污水管道疏通、拿砂工程，济南路污水管道与青岛路主管道连接工程，龙口路（南京路至青岛路）、珠江路（泰山路至烟台路）、滨河路（G204至泰山路）、顺河路（南京路至烟台路）、上海路防洪沟、泰山路（G204至洙河）支管工程，苏州路（上海路至北京路）道路翻修及配套工程，福利中心道路翻修及配套工程，望城街道合肥路道路翻修及配套工程，威海西路（209至牛溪埠村）道路翻修工程，北京路（204线至烟台路）道路罩面工程。2014年，共完成路面翻修34.3万平方米，铺设污水管道21259米、雨水管道5103米，清砌雨水沟3604米，安装沟盖板1582块、路沿石3805米，整修人行道路1008平方米。

2014年重点工程成效：道路翻修改造时将地下管线全面理顺。在重点工程建设中，坚持“先地下，后地上”原则，对各类地下管线进行理顺，特别是供热、供气、电力等各类管线埋设距离不符合规范同步进行整治，确保地下管线运行安全。如建华街、银泰东街等小巷工工程地下管网错综复杂，施工中不怕麻烦，将地下管线全面理顺。雨污分流改造及防洪工程效果明显。雨污分流改造工程对城市水环境有明显提升作用。7月份台风“麦德姆”影响莱西市带来强降雨，城区排水系统经受住考验。尤其是雨前刚刚投入使用黄海西路防洪工程排水效果特别明显，连续20多小时强降雨，道路始终无积水，黄海中西路历年汛期积水老大难问题得到解决。道路翻修改造与交通安全设施配套“三同时”效果好。将道路交通标线与道路翻修同时设计、同时施工、同时投入使用，每条道路竣工后立即施划交通标线，使环境面貌明显改善。

城市基础建设重点项目选介

荷塘街雨污分流改造工程 工程投资167.21万元。自威海路至石岛路，道路长401米，宽8.4米，翻修路面2968平方米，铺设ф500污水管道401

米，ф400污水支管道240米，清疏排水沟401米，更换沟盖板802块并更换破损路沿石。工程于3月26日开工，6月25日竣工。

银泰东街雨污分流改造工程　工程投资101.99万元。自新华街至文化路，道路长320米，宽6.1米，翻修道路1952平方米，铺设ф500污水管道320米，ф400污水支管道230米，清疏修砌排水沟并更换破损沟盖板、路沿石。铺装人行道1008平方米。工程于3月30日开工，7月7日竣工。

威海东路雨污分流改造工程　工程投资1100万元。自204线至杭州路，道路长1492米，宽18米，翻修道路26856平方米，铺设ф500污水管道1492米，ф400污水支管道498米，ф800雨水管道1492米，ф600雨水支管498米。工程于7月23日开工，12月31日竣工。

建华街雨污分流改造工程　工程投资124.93万元。自威海路至石岛路，道路长390米，宽5.1米，翻修路面1991平方米，铺设ф400污水管道192米，ф300污水支管道190米，清疏排水沟390米，更换沟盖板780块，安装路沿石781米。工程于3月7日开工，7月15日竣工。

黄海中西路防洪及道路工程　工程投资2357万元。自烟台路至炉上河，道路长2174米，宽8.5～16米，翻修道路32503平方米；安装路沿石3812米；铺设ф300～ф500污水支管道4043米、ф200～ф600雨水支管道1274米；砌筑防洪沟长2174米、宽3.5米，广州路以东段平均深2.23米、广州路以西段平均深4.3米。工程于3月11日开工，11月24日竣工。

苏州路污水管道工程　工程投资342万元。自梅山路至804线，铺设ф800污水管道1708米，ф400～ф500污水支管道510米。工程于5月2日开工，6月30日竣工。

常州路雨污管道工程　工程投资237万元。自上海路至北京路，铺设ф400污水管道900米、污水支管300米，ф600雨水管道1800米。工程于8月19日开工，已铺设ф400污水管道680米，铺设ф600雨水管道1020米，因路南端树木等未清障，导致工程年内未竣工。

北京路污水管道工程　工程投资109.47万元。自洙河至苏州路，道路两侧铺设ф500污水管道1450米。工程于4月28日开工，7月11日竣工。

济南路污水管道与青岛路主管道连接工程　工程投资15.62万元。采用非开挖施工技术，在济南路与青岛路路口处，拉管过青岛路铺设ф500PE管50米，砌检查井两座。工程于5月10日开工，5月29日竣工。

老城区6条道路污水支管工程　工程投资697.8万元。为解决洙河水污染问题，实施龙口路（南京路至青岛路）、珠江路（泰山路至烟台路）、滨河路（G204至泰山路）、顺河路（南京路至烟台路）、泰山路（G204至洙河）和上海路防洪沟污水支管工程，共铺设ф300污水管道8325米。工程于3月25日陆续开工，5月19日全部竣工。

苏州路道路翻修及配套工程　工程投资613.22万元。自上海路至北京路，道路长1130米，行车道宽18米。铺筑沥青路面20340平方米；铺设ф400～ф500污水支管道510米。工程于4月18日开工，6月15日竣工。

威海西路道路翻修工程　工程投资1324万元。自209线至牛溪埠村，道路长3636米，宽14米，翻修道路50904平方米，挖出原路面结构层73厘米，铺筑30厘米厚碎石基层、16厘米厚5.5%水泥稳定沙砾基层、18厘米厚5.5%水泥稳定碎石基层，9厘米（5+4）沥青面层。工程于7月29日开工，11月17日竣工。

北京路道路罩面工程　工程投资5370万元。自烟台路至204线，全长5600米，宽48米，沥青罩面面积22.5万平方米，在苏州路、常州路路口过北京路各铺设过路管廊一条。先对原破损严重的砼路面和基层进行修补，砼伸缩缝灌缝后铺设宽1米的玻璃格栅，喷洒沾层油，再用10厘米厚沥青砼进行罩面。工程分两段实施，苏州路至G204段，7月23日开工，10月13日竣工；烟台路至苏州路段，8月13日开工，11月10日竣工。

（市城建局）

莱西市城市道路一览表

序号	路名	道路等级	起止地点	走向	种类	长（米）	宽（米）	备 注
1	长广路	次干路	上海路—望城路	南北	砼	8000	32	
2	深圳路	主干路	武汉路—S209线	南北	砼	1300	16	
			S209线—吉林路	南北	沥青	6150	16	
3	广州路	次干路	蓬莱西路—309线	南北	砼	4430	10	
4	青岛路	主干路	芝罘路—龙口路	南北	沥青	3045	16	
			龙口路—上海路	南北	沥青	3000	20	
			上海路—吉林路	南北	沥青	3000	24	
5	长岛路	次干路	文化路—上海路	南北	砼	2250	16	
			上海路—梅山路	南北	沥青	2501	16	
6	烟台路	主干路	G204线—G309线	南北	沥青	8280	20 ~ 32	
7	香港路	次干路	上海路—吉林路	南北	沥青	4700	24	
8	泰安路	次干路	石岛路—上海路	南北	砼	1300	11	
9	南京路	主干路	威海东路—吉林路	南北	沥青	5300	16	
		主干路	芝罘路－威海东路	南北	沥青	5174	16	
10	杭州路	主干路	G309线—上海路	南北	砼	3800	20	
			上海路—威海路	南北	砼	1603	16	
			威海东路—文化东路	南北	沥青	1100	10	
11	苏州路	主干路	北京路—G309线	南北	沥青	2726	16	
			上海路—北京路	南北	沥青	1130	18	2014年翻修
12	扬州路	主干路	上海路—G309线	南北	沥青	5000	20	
13	温州路	次干路	北京路—G309线	南北	砼	2800	10	
14	中兴路	次干路	威海东路—文化东路	南北	沥青	689.1	10.2	
15	泰山路	次干路	顺河路—G204线	南北	砼	1400	12	
16	珠海路	主干路	潍莱高速—韶存庄南	南北	砼	1517.5	16	
		主干路	G309线—康宁路	南北	砼	6412	16	
17	辽宁路	次干路	南京路—烟台路	东西	砼	1600	16	
18	梅山路	次干路	南京路—青岛路	东西	砼	2650	22	
19	济南路	次干路	南京路—青岛路	东西	砼	2650	24	
			青岛路—深圳路	东西	砼	900	16	
20	北京路	主干路	G204线—烟台路	东西	沥青	5592	48	2014年翻修
			烟台路—沽河大道	东西	砼	1770	23	
21	天津路	次干路	南京路—青岛路	东西	沥青	2360	14	
22	重庆路	次干路	南京路—青岛路	东西	沥青	2500	14	
			青岛路—深圳路	东西	砼	1000	14	
23	上海路	主干路	G204线—南京路	东西	砼	2950	32	
			南京路—青岛路	东西	砼	2438	30	
			青岛路—九联	东西	砼	4125	32	
24	红岛路	次干路	青岛路—沙岭桥	东西	砼	1510	10	
			沙岭村东—南京路	东西	沥青	454.6	24	
			青岛路—广州路	东西	沥青	388	24	
25	团岛路	次干路	深圳路—青岛路	东西	砼	980	10	
			青岛路—南京路	东西	砼	2460	12	
			南京路—杭州路	东西	砼	400	11	
26	琴岛路	次干路	烟台路—青岛路	东西	砼	930	10	
			烟台路—沙岭沟	东西	沥青	616.8	10	
			南京路—沙岭沟	东西	砼	850	10	
27	黄岛路	次干路	烟台路—青岛路	东西	砼	920	8	
			南京路—沙岭路	东西	砼	550	10	
			九联路—长广路	东西	砼	2200	16	

续表

28	石岛路	次干路	深圳路—青岛路 南京路—杭州路	东西	砼	1542	10	
			南京路—青岛路	东西	沥青	2328.2	10.1	
29	黄海路	次干路	烟台路—青岛路	东西	沥青	810	14	
			烟台路—豪帝商城东街	东西	沥青	651	8.6 ~ 11.3	
			青岛路—深圳路	东西	砼	1046	16	
30	威海路	主干路	炉上桥—广州路	东西	沥青	914	8.5 ~ 16	2014年翻修
			广州路—烟台路	东西	沥青	1260	13.6 ~ 16	2014年翻修
			烟台路—G204线	东西	沥青	3200	18	
			209线—牛溪埠村	东西	沥青	3636	14	2014年翻修
31	蓬莱路	次干路	烟台路—广州路	东西	砼	1350	16	
32	文化路	次干路	深圳南路—青岛路	东西	砼	990	16	
			青岛路—南京路	东西	沥青	2540	16	
			南京路—威海路	东西	沥青	980	12	
33	滨河路	主干路	南京南路—铁路线	东西	砼	1557	22	
		次干路	烟台路—南京路	东西	砼	2200	12	
34	珠江路	次干路	烟台路—泰山路	东西	砼	700	10	
35	龙口路	主干路	铁路线—G204线	东西	砼	670	22	
			G204线—烟台路	东西	砼	1608	18	
			烟台路—青岛路	东西	砼	700	16	
			青岛路—深圳南路	东西	沥青	1100	16	
36	顺河路	次干路	烟台路—南京路	东西	砼	1400	6	
37	武汉路	次干路	S209线—G204线	东西	砼	2800	16	
38	芝罘路	主干路	S209线—G204线	东西	沥青	1200	16	
39	福山路	次干路	卫生院—铁路立交桥	东北 西南	砼	1000	10	
40	宁波路	次干路	铁路立交桥—福山路	南北	沥青	680	12	
41	栖霞路	次干路	芝罘路—福山路	南北	砼	580	10	
42	兴湖巷	巷路	威海东路—环湖路	南北	砼	46	6	
43	望湖巷	巷路	威海东路—环湖路	南北	砼	58	4	
44	荷塘街	街路	月湖小学—文化东路	南北	砼	963.8	5	
			威海路至石岛路	南北	沥青	401	7.4	2014年翻修
45	银泰东街	街路	新华街至文化路	南北	沥青	320	6.1	2014年翻修
46	月湖街	街路	威海东路—月湖北门	南北	砼	182	5	
47	新华街	街路	中兴路—公园东门	南北	砼	500	10	
48	振华街	街路	威海路—石岛东路	南北	沥青	384.5	5	
		次干路	石岛路—琴岛路	南北	砼	500	5.5	
49	长平街	次干路	威海路—黄海路	南北	砼	245	6	
50	昌隆街	街路	蓬莱路—文化路	南北	砼	360	6	
51	华安街	街路	文化路—洙河大堤	南北	砼	268	4	
52	华康街	街路	文化路—洙河大堤	南北	砼	290	6	
53	华阳街	街路	文化路—洙河大堤	南北	沥青	318	7	
54	华新街	街路	文化路—洙河大堤	南北	砼	340	5	
55	光华街	街路	威海东路—永华街	南北	砼	200	5	
56	明华街	街路	威海东路—永华街	南北	砼	360	5	
57	迎湖街	街路	威海东路—环湖路	南北	沥青	138	9	
58	滨湖街	街路	威海东路—环湖路	南北	砼	109	4	
59	新湖街	街路	威海东路—环湖路	南北	砼	138	4	
60	春湖巷	巷路	威海东路—环湖路	南北	砼	72	5	
61	观湖巷	巷路	威海东路—环湖路	南北	砼	59	13	

续表

62		永华街	街路	明华街—荷塘西街	南北	砼	205	4.5	
63		建华街	次干路	威海路—石岛路	南北	沥青	390.3	5.1	2014年翻修
64		兴华街	次干路	威海路—石岛路	南北	沥青	396.4	5.1	
65		环湖路	次干路	公园西门—月湖街	东西	砼	900	5	
66		机关幼儿园西街	街路	石岛路—黄岛路	南北	沥青	254.2	6	
				黄岛路—琴岛路	南北	沥青	251	6	
67	开发区	衡山路	次干路	G204线—长江路	南北	沥青	796	15	
68		嵩山路	次干路	G204线—马庄村后	南北	沥青	522	10	
69		泰山路	次干路	G204线—长江路	南北	砼	813.1	10	
70		卢山路	次干路	G204线—马庄村后	南北	沥青	768.12	12.5	
71		华山路	次干路	G204线—马庄村后	南北	砼	944.5	14	
72		香山路	次干路	G204线—黄河路	南北	砼	833.86	14	
73		天山路	次干路	G204线—九江路	南北	砼	510.35	14	
74		南京路	主干路	G204线—铁路立交桥	南北	砼	666	20	
75		燕山路	次干路	滨河东路—嫩江路	南北	砼	666	10	
76		崂山路	次干路	滨河东路—龙口东路	南北	砼	398	8	
77		黄河路	次干路	衡山路—铁路线	东西	砼	1013.78	13	
78		九江路	次干路	华山路—南京路	东西	砼	519	14	
79		嫩江路	主干路	天山路—铁路桥洞	东西	砼	778	16	
80		长江路	主干路	G204线—泰山路	东西	沥青	690	16	
81		闽江路	次干路	华山路—铁路线	东西	砼	395	9.2	

（市城建局）

城市管理

城市规划

2014年，莱西市规划管理局根据青荣城际铁路工程建设指挥部出具青荣城际铁路莱西北站位置和建设用地范围，委托浙江省城乡规划设计研究院对青荣城际铁路莱西北站站前广场及周边区域详细规划进行重点研究，按照2013年市城规委第12次主任办公会意见，对规划方案进行优化调整，并于2014年9月13日报市城规委第9次主任办公会研究，截至2014年9月末，设计单位正对方案进行修改完善。

发挥市城规委在政府规划决策过程中应有参谋、监督和指导作用，全市各类重大规划及重要建设项目选址、规划和设计方案，先经城市规划委员会审议，年内已组织召开10次城规委会议，并对大沽河服务区、世纪迪趣文化城、梦想望城、千熙之城等近50个项目规划设计方案进行审议。

依据《城乡规划违法违纪行为处分办法》，结合《山东省利用遥感监测辅助城乡规划督察工作管理办法》，全面梳理莱西市城乡规划编制、审批和管理工作，落实责任、规范管理流程，并查找工作中漏洞和薄弱环节，健全各项制度，形成预防规划违法违纪行为长效机制。2014年共核发建设项目选址意见书2份，建设用地规划许可证51份，建设工程规划许可证115份。以创新机制和完善制度为突破口，修订完善《莱西市规划局办公制度》《廉政风险预警工作制度》《信访工作制度》及《政务信息公开工作制度》等，从源头上预防和治理可能发生风险，有效避免违法违纪行为发生。完善群众来信、来电、来访案件受理制度，畅通投诉举报渠道，公开省派驻胶州规划督察员联系方式，并结合群众路线设意见箱、电子邮箱，细化办理人民群众来信工作规范，做好信访案件办理。配合省派规划督察员开展工作。配合规划督察员审查莱西市各类城乡规划、重点项目和重要规划审批情况，并邀请督察员列席市城规委会2次，参与听取多个建设项目规划方案汇报，使督察员更好地了解规划、监督检查规划工作。

2014年共出规划设计条件通知书97份，调地红线113份，审结规划设计图80项，审查上会规划方案24项，审查建筑施工图纸296份。对报批电力、电信、燃气、热力等管线，深入现场调查，严格按规划要求确定管线位置，年内共完成12项管线工程审批。推进基础测绘工作。年内共完成150个建设项目地形图测量任务，其中包括：姜山国林实业、兄弟机械、恒丰工贸等72个工程现状图测量；塞纳波斐、香格丽苑二期、大沽河等46个工程定位放线工作；翡翠城、香格丽苑、银泰龙水路小区二期等32个工程1:500竣工图测量。实施建设竣工测量，更新城区1:1000地形图4幅。

（市规划管理局）

公用事业管理

城市供气 莱西市共有燃气经营企业35家。其中，液化气站34家（分布在镇、街道办事处），1家管道燃气（天然气）企业——青岛埃维燃气有限公司。其中，青岛埃维燃气有限公司于2006年4月28日由烟台埃维集团投资创建。为莱西市政府批准天然气特许经营企业，拥有莱西市辖区管道天然气及汽车加气项目独家特许经营权，投资总额5亿元。

通过协调埃维燃气实施天然气置换工作，先后兼并原昌华煤气、华燊燃气、宏军燃气等燃气公司，使全市原煤气用户、瓶组气化站用户，全部用上天然气。截至2014年12月，全市燃气管网已敷设到除日庄、马连庄、河头店外全市各乡镇，已建燃气管网660公里，建设门站及末站6座，已发展工业用户76户，商业用户67户，已发展居民用户76810户。城区居民管道燃气气化率达82%。全市已建成CNG汽车加气站1座，LPG汽车加气站2座，在建LNG汽车加气站1座。

2014年，组织召开两次全市燃气行业工作会议，全面布置全市燃气行业安全生产和隐患整改工作。结合2014年全市燃气企业经营许可证年检和换证工作，要求各单位根据安评报告和历次安全检查中提出安全隐患进行全面整改，整改不合格不予进行经营许可证年检和换证。

2014年，莱西市重新编制《莱西市城镇燃气突发事件应急预案》，并与2014年12月在文化东路邮政小区进行城镇燃气突发事件应急演练。各燃气企业按标准要求，配备应急队伍和应急救援物资。

对全市燃气市场治理整顿采取日常检查与拉网大检查相结合方式及时排查隐患。2014年，组织对全市燃气经营企业开展4次拉网式安全生产大检查，共查出安全隐患378项，下达《隐患整改通知书》138份，《责令停止违法行为通知书》3份，对查出安全隐患，责令企业限期整改，保证全市燃气行业安全稳定运行。

（市燃气管理处）

城市供热 2014年，莱西市城区共有4家集中供热企业（青岛热电集团金莱热电有限公司、青岛蓝宝石酒业股份有限公司、青岛华地热力有限公司、青岛风和日丽热力有限公司）为城区居民实施集中供热，供热总面积达495.3万平方米，比上一供热季增加59.6万平方米，供热户数44413户，城市供热覆盖率达91%。另有3家分布在乡镇供热企业（青岛金谷热电有限公司、青岛万福投资有限公司、青岛九联热电有限公司）主要为周边企业供热。

针对莱西市洙河以东地区，因无集中供热管网敷设，该区域用户无法进行集中供热情况，2014年在洙河以东，北京路南、扬州路东新建一座热源厂（青岛风和日丽热力有限公司），负责为洙河以东周边区域实行集中供热。2014–2015年供热季，已为莱西市一中北校、书苑小区等单位供热。

2014年，4家供热企业共投资约1.2亿元进行供热管网及换热站建设改造。其中，金莱热电公司共投资9000余万元，铺设岸芷汀兰供热主管网2900米，改造和敷设庭院管网约10000米；在金浪热电新上1台25T/h锅炉，2014年供热季已投入运行。对2台蒸汽锅炉进行脱硫脱硝改造，达到节能减排环保要求；对所有锅炉及附属设备进行全面检修和大修；对部分老小区以及供热效果不达标区域等供热管道进行扩径改造。对所有换热站进行升级改造，更换27台进口格兰富循环泵，加装90套管网水力平衡调节阀，对2个换热站进行星级改造，新增换热站4座。华地热力投资600余万元更换除灰机、增设变频器等设备，安装改造管道2000米；新上北庄、下屯、长安都会高层、文馨圆等4个换热站，对润发新城等30个小区换热站进行升级改造，更换大功率循环泵，改善供热效果。蓝宝石酒业公司投资2000余万元新上75吨锅炉1台，完成35吨、25吨蒸汽锅炉本体及辅助设备大修；完成安居小区、望建新村等小区主管网改造施工，对供热区域内阀门等设备进行保养、维修。风和日丽热力公司完成5000米管网铺设任务，安装完成20吨/小时锅炉1台。

2014年，莱西市重新编制《莱西市城市集中供热突发事件应急预案》，并于2014年12月在市政府北校区黄海路站前进行供热突发事件应急演练。各供热企业按标准要求配齐应急队伍和应急救援物资。

（市供热办）

城乡供水　2014年，莱西市自来水公司固定资产9056万元，综合日供水能力13.5万立方米，总装机2350千瓦，输配水管道总长725公里，用水人口47万人，城区供水管网覆盖率100%，农村供水管网覆盖率70%，保持山东省文明单位荣誉称号，被评为青岛市厂务公开民主管理工作示范单位、莱西市水利系统先进单位。

全年供水量1618万立方米，供水水质合格率99.8%以上，管网压力合格率100%，管网修漏及时率100%，设备完好率100%，用户满意率99.8%以上。

2014年，利用莱西市政道路改造时机，加快供水管网扩建、改造步伐，进行沿南京路、上海西路、沽河大道、北京路等主次干道供水主管道建设，共计铺设管道9.4公里、改造管道1.6公里，扩大供水辐射区域。按城市总体规划和园区项目布局，超前铺设供水支管网，保证落户企业、居民能及时用上水、用足水。全年完成接水施工96家，比2013年增加41%，为历年接水施工最多年份。尤其是被市政府列为重点项目的北汽新能源汽车、青荣轻轨莱西北站等，优先保证接水配套资金，精心组织施工，均按期优质为项目通水。

修订完善生产操作规程和水厂、管网运行管理制度，建立巡回检查、交接班、安全防护和事故报告等制度，严格落实岗位责任制，确保各项规程、制度执行到位。

制定安全生产月、安全生产百日攻坚行动等系列实施方案，每月集中组织两次安全检查，对发现问题督促整改。突出抓好地下供水管网普查整治工作，提高管网运行安全性。按照市应急办和水利局要求，修订和完善《莱西市城市公共供水突发事件应急预案》，为有效应对城市供水突发事件提供规范性指导文件。

落实青岛市饮用水水质提升工程3年行动计划实施方案，提升水质保障力度，在城区水厂组织实施3万立方米净水系统更新改造，改建V形滤池水处理单元，土建主体施工于2014年年末完成；对6万立方米净水系统南北两侧滤池进行联通，消除沉淀反应池清洗和故障退出时对生产的影响。

为优化净水工艺运行参数和运行条件，科学测定工艺质控点，通过降低滤速、优选净水剂种类、准确把握净水剂投加量、缩短排泥周期等措施强化混凝效果，提高出水水质，出厂水质优于国家《生活饮用水卫生标准》。

为增强水质预警能力，在水源地取水口设置化验室，对水生物、pH、耗氧量、电导率、氰化物等关键指标进行检测，一旦发现水质异常，立即进行预处理，降低水厂生产压力和安全风险。对管网末梢管段，制定定期冲洗计划并严格实施，管道维修后及时冲洗，以保证入户水质稳定、达标。

年内，水质检测中心通过省级实验室资质评定，环境、设备、人员、检测能力等方面符合并超过C级资质。

开展“用心惠民”服务力建设年活动，改进服务机制，实施微笑服务、规范服务、感动服务“三大服务行动”，巩固亲情化、精细化、承诺制“三大服务模式”，全面提高服务质量，实现惠民服务水平再提高。

以青岛市五星级服务窗口——自来水营业服务厅为依托，组织开展系列规范服务活动，提高服务水平。组织开展学习《青岛市城市供水服务规范》活动，通过宣传推广规范、把规范落实到服务全过程，提高职工规范服务水平。落实饮用水水质信息每日公示制度，保证市民对饮用水水质及时了解。

（市自来水公司）

城市供电　2014年，供电公司共投入电网发展资金16023万元（其中农网升级工程投入6505万元，占总投资额40.6%）。

电网基建项目：110千伏工程项目1个，共投入建设资金约1600万元。110千伏院西变电站共完成资金1600万元，包含主设备采购订货、主体工程建设、电气设备、输电线路设备采购及建设等项目。10千伏及以下工程项目232个，共投入建设资金10893万元。其中县域配网项目25个，完成资金3682万元，包括范家疃站10千伏线路配出工程、龙水站10千伏线路配出工程、城区、沽河、开发区、李权庄、日庄等台区改造工程、110千伏院西变电站配出工程、110千伏夏格庄变电站配出工程、10千伏南墅甲线线路改造工程、10千伏望城7号线新建线路工程、10千伏马农乙线线路改造工程等；农网升级项目51个，完成资金投入6505.6万元，主要包括10千伏绕岭Ⅷ线等7条线路改造工程、10千伏龙水Ⅰ线线路改造工程、10千伏产芝线线路改造工程、10千伏韶西线线路改造工程、马连庄供电所下疃、沽河供电所北栾家寨、河头店供电所松旺庄等台区、南墅供电所新埠等台区改造工程。

运维检修项目：运维检修项目共计3个，共投入资金393万元，主要项目包括110千伏南岚站高压柜改造工程、35千伏望亚线18#–34#杆改造工程、35千伏夏格庄、110千伏望城等站直流系统改造工程；生产大修项目共计4个，投入资金466万元，主要包括10千伏姜山线一村二支线等2条线路大修工程、35千伏日庄等8个变电站综合治理工程、35千伏院上线等线路绝缘子维修工程及供电公司图像监控系统维修工程。

营销及其他专项项目：营销投入2593万元用于营销项目用电信息采集系统改造，其他专项计划包括教育培训、非生产大修、电网等项目投入资金268万元。

城市交通　莱西巴士公司2014年1～10月完成客运收入638.5万元，较2013年同期减少约78.3万元，为集团公司下达年度生产任务计划的80.1％，完成客运量569.6万人次；1～10月完成营运行驶里程329.5万公里，较2013年同期减少15万公里，为集团公司下达计划的82.4%；1～10月亏损818.4万元（不含2013年部分燃油补贴及2014年部分政府综合补贴）。

2014年，莱西巴士公司根据安全生产标准化达标要求，先后健全各类安全规章制度、法律法规、安全生产、安全会议、目标责任书、安全培训学习、运行车辆信息、驾乘人员信息等各类基础管理档案，规范营运、技术、安全、服务、稽查、班租车等方面登记台账，使各项工作开展有记录、有处理、有结果，使一线全体驾乘人员平时工作情况动态管理，详细准确体现在各类台账中。

结合公司安全生产实际，在春运、安全生产月、国庆、冬运等重点时期邀请市交警大队、市交通局安全办、客运办等部门到公司给广大司乘人员进行安全教育培训，全年共邀请上级领导召开专题安全会议5次。7月在莱西市交通局、交警大队帮助下举行《城市公交处置突发事件—火灾应急演练》活动；根据线路特点和驾驶员素质参差不齐实际特点，通过会议学习和电化教育相结合方式开展专题安全培训，提高全体驾乘人员安全生产工作意识；严把安全培训入口，严格执行新招录驾驶员、乘务员岗前安全生产教育和岗位安全操作规范化、车厢服务规范化学习和培训，杜绝培训考核不合格人员上车营运和服务，确保岗前安全生产培训合格率达100%；加强挂靠车辆安全培训工作，组织相关人员定期参加公司安全生产教育会议。按规定和时间组织公司安全生产管理人员参加上级安全生产管理部门培训教育，全年组织参加专项安全培训教育3次，8人参加培训。

2014年，1～10月共发生交通事故12起，较2013年（23起）减少11起，其中道路交通死亡事故0起，10起全部责任事故，1起同等责任事故，1起次要责任事故。已具结2013年事故4起；清理具结2011年度积压交通事故1起。

（莱西巴士公司）

市政管理

莱西市市政管理处担负着全市市政工程施工组织、监督、验收和市政设施养护管理、道路占用挖掘审批以及污水排放、城区防汛等工作。2014年，市政管理处在市政设施管理方面，以“突出重点、统筹兼顾、标本兼治、注重长效”为工作思路，对照《青岛市市政设施养护维修服务规范》和“金砖（金块）工程”等有关标准，做到道路平整，设施完善，交通顺畅有序，环境优美舒适。

落实网格化管理，消除事故隐患　对市政设施进行24小时巡查，及时掌握每条道路设施情况及动态变化，并记入巡查台账备查。同时，为避免因井盖丢失造成坠井事故，对汛期易积水路段及安全事故易发路段进行登记备案，并对香港路、长岛路等路段已安装检查井防坠网进行定期检查，确保行人行车安全。

落实养护维修，保证设施完好　为保证道路完好，市政管理处对城区道路进行全面检测，经过技术状况评价，制定养护维修计划。对道路病害按照“先主后次，先主干、后一般”原则，及时进行维修。截至年末，已维修砼路面9500多平方米，沥青路面灌缝65000米、修补3800多平方米，维修人行道3100平方米，更换、维修沟盖板974块、古力盖316套、雨箅子666个，维修挡车柱89个，维修、更换路沿石、界石、树池石等1091块。

落实热线办理　采取专人负责、全面调度方法，保证热线事件办理时限，提高办事效率和市民满意度。截至2014年年末，共收到关于市政管理热线案件85件，处结率和满意率均达100%。

市政桥梁养护管理　根据青岛市建委《关于开展“迎办世园会 奋战100天 打造养护示范路”行动专项方案》和青岛市政处《关于进一步加强近期桥梁设施管理有关工作的通知》要求，市政管理处加强桥梁安全巡视和养护管理工作，健全“一桥一档”，制订桥梁维修加固计划，按照《城市桥梁养护技术规范》有关要求，对辖区内市政桥梁伸缩缝进行一次养护维修，清除伸缩缝内堵塞物，出现渗漏、变形、开裂、行车有异常响声、跳车时及时维修，确保桥梁伸缩装置平整、直顺、伸缩自如，处于良好工作状态。2014年，对上海路洙河桥等6座市政桥梁进行维修加固，更换、维修伸缩缝220米，维修桥面30余平方米。

市政设施应急管理　对辖区市政设施增加巡检频次和人员，及时发现隐患，及时处置。结合以往应急工作实战演练经验教训，修编《莱西市市政设施突发事故应急预案》，提高应急预案可操作性。重新整理内部安全生产管理制度，并与各施工单位签订市政工程施工、市政设施维修工程安全管理责任书，提高安全生产责任意识。加大管线和井室巡查力度，发现井盖缺失、路面下陷等隐患，落实整改责任，确保市政设施安全管理到位。

抓好城区防汛工作　为保证城区安全度汛，汛期前市政管理处对城区主次干道、易涝积水区域排水沟渠淤积情况，进行普查、摸底。6月9日，组织城建局防汛抢险队进行防汛应急演练。6月25日由市政府牵头组织召开全市城区防汛会议，沿街各单位对地界内排水沟渠进行清疏，完成城区北京路、上海路、杭州路、南京路、天津路、重庆路、香港路等40多个路段排水沟清疏工作，清疏排水沟7800多米、清挖雨箅子井4400个，管道疏通、拿砂7100米。清理上海路防洪沟5000多米，清出垃圾淤泥等4000多立方米。2014年7月，台风“麦德姆”影响莱西市带来的强降雨使城区排水系统经历考验，未发生任何安全事故。

（市市政管理处）

环境卫生管理

2014年，莱西市环境卫生管理处在青岛市科学发展观考核中，位居4市前列。先后获得全省城建行业优质服务标兵、青岛市环卫行业先进集体、青岛市创建劳动关系和谐单位等称号。

按照青岛市开展环境卫生整治大会战有关要求，结合群众满意度调查反映的问题，开展一系列活动，提高环卫作业精细化程度和服务水平。城区机扫车运行总量达17台、洒水冲洗车2台，采取“人机结合”方式，每天对北京路、青岛路、烟台路、威海路20余条主次干道进行机械化清扫、洒水作业。由机扫车完成每日两普扫，主次干道机械化清扫率达90%以上，人工负责路面垃圾巡捡，实施垃圾落地限时制，重点加大人行道、绿地、树池卫生清理，并扩大保洁范围，管理到墙角屋根，达到路两侧视野范围内不见垃圾标准，提高路面洁净度。以脏源死角、绿化带为重点，开展卫生死角“大清理”，全面排查物业管理不规范、环境卫生差开放式小区，清理杂物、垃圾31车次；对二村胡同等易形成垃圾点位置，增设206个垃圾桶，方便居民投放，垃圾不落地。以“三大服务规范”培训为重点，强化环卫作业规范管理。组织全体道路保洁、垃圾清运、公厕管理人员分三批集中培训学习青岛市城市道路清扫保洁、生活垃圾清运、公共厕所保洁管理三大服务规范，并准备结合莱西市实际制定通俗易懂彩色作业规范小手册，发放到每一个作业人员手中，强化全员规范作业意识，同时，督查人员对垃圾扫入雨水斗、明沟、绿化带，垃圾清运车走地不净等不规范行为进行严肃查处，处罚作业不规范行为15起，并进行全处通报，环卫作业人员规范作业自觉性有明显提高。制定公厕、垃圾箱、果皮箱维修、清洗计划，并按计划对青岛路、烟台路、威海路、团岛路等20条主次干道沿街及背街小巷损坏垃圾箱（桶）及围挡、果皮箱进行维修维护，共维修950余处，更换破损垃圾桶465个；制作公厕LED显示屏12个，制作安装导向牌17套共51块，维修南京路桥西公厕、青岛路公厕等易损件500余处，完善设施服务功能，为市民提供更加洁净城市环境。以沿街商业网点为重点，强化“门前责任区”卫生整治。针对商业网点“门前责任区”脏乱差问题，扩大“一店一桶”发放范围，为威海东路等沿街门店发放垃圾桶800多个，由保洁工及时收运，提升商业街区环境卫生质量。以“三不管区域”为重点，集中排查整治卫生死角。组织对城乡接合部等三不管区域卫生进行排查治理，排查出济南路深圳路西道南等卫生死角11处，并逐步进行整治，或落实责任单位，或纳入统一保洁范围，定期回头看，建立长效机制，杜绝反弹回潮。

2014年，姜山、店埠、夏格庄、院上新建5座垃圾转运站主体建设、设备安装、供电线路设备安装已完工；马连庄、河头店、南墅、马连庄4座转运站主体完工，年末建成投入使用，全市实现城乡环卫一体化全覆盖。重点加强已实施一体化管理水集街道、望城街道、沽河街道、开发区和姜山镇共358万平方米工业园区道路、190个村庄监管力度，对村内生活垃圾收集、道路保洁，执行全市统一作业标准，将城区环卫工作模式延伸至镇村，实施精细化作业，不断拓展保洁范围，达到路面干净，绿地整洁，主要道路两侧房前屋后空地不见垃圾，不见杂草、乱石头，从路面到墙根，边角分明、整齐划一标准。采取“日巡查、周检查、月考评”三级监督考核机制，环卫考核领导小组、环卫督查中心和环卫所管理人员组成三级网络，各所管理人员每天按网格化责任划分区域进行巡查，利用4次打卡考勤时间碰头汇报发现问题；督查人员每周从五个所抽取1/4村庄进行督查、打分，确保每月至少将190个村庄检查一遍，检查情况形成《督查通报》每日下发；考核领导小组分9组每月进行一次普查，打分考核，每月末综合以上情况进行汇总评比，张榜公布，奖优罚劣，促动镇村卫生质量稳定提升，实现城乡卫生标准一致，一体化村庄群众与城区市民共享文明卫生成果。

（市环境卫生管理处）

城市管理综合执法

2014年市城管执法局根据党的群众路线实践教育活动具体要求，围绕“转作风、提效能、促发展”工作目标，坚持“科学发展、执法为民、和谐城管”工作理念，以高标准完成科学发展综合考核指标内容为重点，全面开展市容秩序综合整治活动，城市面貌和环境质量实现明显好转。

依法对北部新区香港路、重庆路等70余处占路经营摊点进行清理整顿，7月中旬开始，对香港路占路经营行为进行专项整治，将摊点引导迁移至农贸市场内，新区市容环境明显好转；坚持日常管理与集中清理相结合，以加强执法巡查工作为重点，加强对城区交通拥挤、繁华地段监管力度，对示范路、严管路和规范路不同等级道路采取不同管理措施，对城区主要道路和重点区域设置定点巡查岗位实行定人、定岗、定责，随时处理可能发生突发事件；推行早、中、晚“错时工作法”、徒步巡查工作法、重点部位监控法，做到“一劝二责三处罚”，解决占路经营、流动摊点所引发交通拥堵问题；开展露天烧烤专项整治，采取与相关部门联合执法方式，对城区团岛路、重庆路、上海路等主要街道露天烧烤摊点进行集中清理。2014年共清理和规范各类占路经营、室外经营及流动摊点3300余处。

对青岛路、南京路2013年未及时进行改造门头以及两条道路延伸路段户外广告及门头牌匾进行改造，改造面积1530平方米；开展户外广告及门头牌匾专项整治，对未经审批擅自设置、不符合城市容貌标准以及存在安全隐患户外广告及门头牌匾进行专项整治。依法对北京路、南京路、重庆路、香港北路及上海路两侧50余处违规设置户外广告进行集中拆除。加强审批管理，规范城区户外广告设置行为。通过行政服务中心户外广告审批窗口，统一发放设置许可证，健全户外广告和门头牌匾管理档案，集中行使户外广告设置审批管理权。2014年共依法审批户外广告187处，清理各类拱门50余个、横幅170余条，清理落地广告牌1500余块，清除乱贴乱画小广告16000余张。

按照清理违法建筑工作总体目标，城管执法局通过加大对各类违法建筑清理查处拆除力度，做到“清理存量、严控新增”，遏制违法建筑现象发生。2014年市城管执法局参与多次违法建筑拆除活动，对城区紫荆城、名都花园等小区内擅自搭建违法建筑进行清理拆除；对月湖早市、长岛路28处违规搭建进行清理拆除，共拆除各类违法建筑5451平方米。

对城区主要道路组织开展排查摸底工作，将已有路口通道进行登记和审查。加强对背街小巷、居民小区和农贸市场等周边道路停车秩序管理，对问题突出、严重影响行人通行、存在交通安全隐患、群众反响强烈的人行道完善设置隔离设施。加大执法巡查与行政处罚力度，对存在各类安全隐患占路市场（早夜市、便民摊点群）进行排查整改规范，消除安全隐患，对不具备整改条件坚决清理取缔。2014年共查处无序占用消防通道占路经营行为40余起，依法拆除南京路、长岛路、威海路等路段两侧违法搭建6处。

对群众反映问题，做到每日一统计，及时整理上报局领导并下发到相关科队，分管局长亲自与责任科队进行现场办公，并将处理结果亲自面复或电话回复投诉举报人；对于出现反复投诉的，由分管局长亲自抓落实，亲自进行面复、约谈，群众满意率不断提高。落实人大建议与政协提案。对于校园周边环境、占路经营问题建议，市城管执法局组织开展多次专项整治活动，通过设置警示牌、张贴告示、下发明白纸、设立执法巡查点，采取部门联动、联合执法方式，对城区校区周边环境进行清理整顿，清理校园周边游商浮贩200余处，规范室外经营120余处。夏季露天烧烤、占路经营、噪音扰民等投诉增多，市城管执法局采取全日24小时备勤、夜间加派值守人员等方法，保证市民诉求得到解决。2014年共整治与查处夜间建筑施工噪音扰民、车辆撒漏污染路面、露天烧烤、居民区内餐饮店排放油烟等违法违规行为230余起。与社区联系沟通，出动执法人员60余人次，处理涉及社区占绿毁绿、乱贴乱画、违章搭建等投诉案件30余起。

（市城市管理综合执法局）

房产管理与开发

概况

2014年，莱西市完成房地产投资118714.15万元，比2013年同期154564.66万元下降23.19%；新建商品房销售3652套，同比下降23.39%；销售面积36.31万平方米，同比下降19.26%；二手房交易发证1562件，同比下降40.18%；交易面积15.68万平方米，同比下降41.03%。

全年定期在莱西电视台、莱西市情开辟楼市专栏，每周一期，全面、及时、准确宣传各类政策法规、销售动态、购房指南等信息，并从市民购房角度就楼市状态进行解释、分析，引导购房者从自身需求出发，树立科学、合理购房理念，不盲目、不跟风，避免市场出现大涨大落现象。

在楼盘滞销、市场不景气环境下，帮助开发企业理性分析市场，找准项目市场定位，应对市场变化，转变以往粗放式开发投资模式，整合优势资源，在户型设计、建筑质量、物业服务等方面全力迎合市场需求，建设高品质楼盘，增强企业竞争力，提高市场销售率。

为刺激楼盘销售，9月19日～9月21日，组织青岛中凯房地产开发有限公司等3家房地产开发企业赴青岛国际会展中心参加“2014青岛房地产业博览会”；9月20日～9月22日，组织青岛瑞晟置业有限公司等5家房地产开发企业在月湖广场举办“莱西秋季房地产交易会”。

开发企业在办理项目开发经营权证明时，即与企业签订《房地产项目开发建设合同书》，明确约定安装LED屏、监控探头、不锈钢单元防盗门等设备设施，从源头上提高小区硬件配套标准，提升小区档次，为后期物业管理奠定基础。对未按照合同约定配套到位小区，不予综合验收备案。同时，为避免企业在综合验收备案时存在问题，实施过程管理，提前介入项目建设，督促企业落实相关配套标准，争取企业在综合验收备案时可一次性通过。

物业管理

严格按照市容环境整治考核要求做好居民楼院整治提升工作，提高老旧楼院品质。2014年市政府将荷塘小区、月湖小学北小区楼前楼后道路、排水排污设施、自来水管道等整治改造列入政府实事，投资190余万元。工程3月30日开工，于6月30日结束。抓好承担青岛市城市管理综合考核中物业管理专项工作。结合莱西市人大代表和政协委员对莱西市物业管理工作提出的意见及建议，对全市物业管理体制及焦点问题进行全面梳理排查，按照“全面推进、重点突破、先易后难”原则，抓好落实和提高。在物业小区裸露土地整治、环境卫生清理、“三公开”公示栏设置、监控设施安装等方面取得阶段性成果。

按照2013年制定《莱西市物业服务企业综合考核暂行规定》，对居民小区卫生保洁、安全防范、规范服务等方面对物业企业服务状况进行综合考核，与物业服务企业资质初审、物业服务招投标、评先选优工作直接挂钩。针对从业人员自身修养和从业能力欠缺实际情况，分别3月27日和11月8日组织两期物业企业从业人员培训班，邀请物业管理专修学院专家和相关部门专业人员进行专业知识培训，使物业服务企业认识到消防安全和先进管理理念在物业工作中重要性和紧迫性。

房地产开发企业及物业管理企业名单

青岛宏远置业集团有限公司
青岛华商置业有限公司
青岛中凯房地产开发有限公司
青岛联富投资有限公司
青岛奥润物业管理有限公司
青岛宏远物业管理有限公司
青岛盛泰物业服务有限公司
青岛万家福物业管理有限公司
青岛鑫盛物业服务有限公司

莱西市祥和物业

房地产开发企业简介

青岛宏远置业有限集团　组建于1993年，公司于1998年正式成立，为民营股份制企业。集团下属青岛宏远置业集团有限公司（房地产开发二级资质）、青岛宏远建筑工程有限公司（建筑施工二级资质）、青岛宏远物业管理有限公司（物业管理二级资质）。企业能够独立承担各类大中型工程的开发、施工、安装和装饰业务，并连年被青岛市政府授予“青岛市先进私营企业”“青岛市百强私营企业”，被青岛市消协评为“消费者满意单位”，被青岛市住交会组委会评为“青岛市新锐房地产企业”，连续5年被莱西市政府授予“私营企业纳税第一名”等荣誉称号，连续3年被青岛市工商行政管理局评为“重合同守信用企业”。

公司注册资金1.26亿元，年销售收入近4亿元，年产值达4.2亿元。公司历来十分重视人才培养与引进工作，现公司拥有工程技术和经济管理人员200多人，其中工程技术人员120人，注册建造师33人。

集团公司本着“点点滴滴求合理，细微之处见管理，扎扎实实创品牌，真诚服务为用户”企业理念，以“团结、求实、诚信、创新”精神为广大用户服务。

青岛华商置业有限公司　成立于2010年年末，位于重庆中路21号，业务范围涵盖房地产开发、建筑工程施工、园艺景观绿化、装饰装潢、不动产销售、物业综合服务等以房地产开发为主业的配套关联业务。

青岛中凯房地产开发有限公司　成立于2006年，位于莱西市团岛西路10号，注册资金5000万元。公司具有较强综合实力，是莱西市房地产行业中龙头企业。

公司成功开发香格丽苑一期，得到业界和广大业主认可，同时公司在莱西拥有330余亩土地，是莱西房地产行业土地储备最多开发商之一，为公司日后发展提供保障。

青岛联富投资有限公司　成立于2009年，现有员工32人，其中高级工程师1人，经济师2人，会计师1人，工程师8人。主要从事对房地产行业投资、开发和经营。

在莱西投资开发的联富国际城市广场，位于莱西北部新城核心地段309国道与香港路交会处。占地面积16万平方米，总建筑面积约25万平方米；项目总投资达8亿元，是青岛市政府和莱西市政府重点招商引资项目，是莱西唯一一家以商品交易、仓储物流、餐饮娱乐、商务酒店、高档住宅、购物中心为一体首席大型城市综合体。

物业企业简介

青岛奥润物业管理有限公司　成立于2006年11月，现有职工120余人，是一家以发展物业管理及相关产业为主的具有独立法人资格的公司。具有国家二级物业管理资质。其中，中级以上职称10人，持全国物业管理企业经理岗位证书20人，持专业岗位技术证书物业从业人员40余名。

奥润物业公司以“持续超越我们的顾客不断增长的期望”为使命，实施品牌战略，坚持服务创新，确立“管理无盲区，服务无缺陷，工作无差错，住户无怨言”标准，倡导物业管理服务就是创造一种生活方式，创造一种健康文明的社区文化，确立以业主为中心，以社会责任为己任，从基本生活、社会生活、精神生活3个层面为业主服务，为业主创造一种完善居家生活服务系统。

青岛宏远物业管理有限公司　成立于2000年，注册资金300万元，为莱西市最早参与小区物业管理行业专业物业管理公司之一，现主要从事住宅小区物业管理，业务涉及小区保洁、秩序维护、绿化、房屋修缮、设备管理等多项物业服务领域。公司于2000年成为莱西市首家具备三级临时资质物业企业，并于2010年被正式审批为二级资质企业。现管理服务宏远花苑、滨河新村、书香门第、长安世家、水岸花园等小区，管理服务面积近100万平方米，服务业主3900多户，员工226人。

公司重诚信，守诺言，本着为业主营造一个“温馨安逸、舒心和谐”居住环境，借鉴国内外同行业先进物管企业管理服务理念，总结自身以往管理经验，积累适合本地区人文环境和生活习惯物业管理模式，树立“以人为本”服务理念，为业主做到“服务第一，业主至上”承诺。

青岛盛泰物业服务有限公司　成立于1998年，注册资本50万元，是提供各类物业项目和物业管理以及咨询服务的专业化公司。公司成立时就树立高起点、专业化、大市场持续发展思路，以“专业化管理，保姆式服务”为指导理念，在市场竞争中逐步树立起盛泰物业品牌形象，并取得良好口碑和优异成绩。

盛泰物业服务公司现有职工80余人，拥有各类物业管理专业人才，专业工种配备齐全，并拥有各种先进设备和科学管理手段，承担者为盛泰置业公司开发建设的物业项目提供物业管理服务工作。

青岛万家福物业管理有限公司　成立于2011年，具有国家物业管理三级资质。万家福物业始终秉承“事无巨细，万家共幸福”服务理念，遵循“以人为本，亲情服务”宗旨，坚持“全心全意为业主负责”“我们一直用心在做”工作态度，实行24小时全封闭物业管理，竭诚为各位业主提供尽善尽美亲情化服务，解除业主后顾之忧。万家福物业公司注重管理规范化和服务标准化、专业化建设。经过不断探索与实践，万家福物业已发展成为管理规范、信誉良好、业务精专的品牌物业管理企业。

青岛鑫盛物业管理有限公司　于2004年成立，是一家专业物业服务企业，公司拥有注册资金300万元，获得国家二级资质，并在莱西市同行业中率先通过ISO9001国际质量管理体系认证。公司已发展成为拥有中高级管理人才和专业技术人员30多名，从业人员200余人的物业服务企业。主要从事物业服务或其他特约服务。公司注重以实效提高服务质量，主要从三个方面入手，一是构建优秀服务体系，实行竞聘上岗，激活用人机制。对热衷于本职工作，具有较高物业专业知识与技能、组织能力和责任感强职工，通过竞聘优化到中层管理队伍，提高内部管理队伍素质，调动职工积极性和主动性，凝聚集体力量，提高服务效能。推出山东省内唯一“巡逻车特色服务”项目，加强小区安全防范工作。其保安巡逻人员经专业技能培训，着制式服装，携防范器械执勤，维护小区安全。

莱西市祥和物业　成立于2000年9月，具有国家物业三级资质，从业人员42人，注册资金60万元。服务的小区有：安居小区、蓝宝石小区、电信小区、市政公寓、晟秀山庄，服务面积达20余万平方米，公司服务宗旨“以小区为家，以人为本”，从而为小区业主提供大量服务工作。公司成立15年来，实施以社会化、专业化、规范化管理与服务，确保管辖区物业保值、增值及“亲情化”服务品牌建设为重点，合理调配人员，按岗位编制分工，责任明确。业主报修，小修不超过半小时，大修不超过两个小时，及时为业主排忧解难。

（市房产管理局）

住房公积金管理

住房公积金缴存和提取使用情况　根据《住房公积金管理条例》和《青岛市住房公积金管理实施办法》（青人发【1999】46号）文件规定，凡在莱西市范围内的国家机关、国有企业、城镇集体企业、外商投资企业、城镇私营企业及其他城镇企业、事业单位、民办非企业单位、社会团体及其在职职工，均应缴存住房公积金。职工和单位住房公积金月缴存额分别为职工上一年度月平均工资乘以职工住房公积金缴存比例；月缴存额上限为上一年度莱西市在岗职工月平均工资的5倍，下限由青岛市住房公积金管理中心根据上一年度月最低工资标准确定；职工和单位各自住房公积金缴存比例均不应低于5%，原则上不超过12%（2014年莱西市财政统发单位实际缴存比例为12%）。2014年，莱西市共有1102个单位、48420名职工缴存住房公积金41692万元，住房公积金累计缴存额185294万元。

2014年共提取住房公积金22306万元，其中：购房提取3917万元，还贷提取14470万元，离退休提取3105万元，其他提取814万元。住房公积金累计提取额99461万元。

住房公积金贷款情况　2014年，青岛市住房公积金莱西管理处共与15户房地产开发企业、21个开发项目签订贷款合作协议，发放住房公积金贷款668户，贷款额17572万元。累计发放贷款9878户、贷款额143990万元，累计贷款余额88526万元。

住房公积金收益情况　单位为职工缴存住房公积金和职工个人缴存住房公积金计入职工个人住房公积金账户，属于职工个人所有，并按照国家规定利率为职工计息。对于当年缴存住房公积金按照活期存款利率计息，对于上年结转住房公积金按照3个月整存整取存款利率计息。2014年，共为职工个人结付利息1736万元。

2014年，青岛市住房公积金莱西管理处实现业务入3794万元，其中，贷款利息收入3727万元，存款利息收入67万元。利息支出1925万元，实现收益1869万元。

（青岛市住房公积金莱西管理处）

建筑安装

建筑施工企业名单

莱西市现有总承包企业23家，其中特级企业1家（莱西市建筑总公司）、一级企业1家（青岛望城三宝建设有限公司）、二级企业13家（青岛万福建筑工程有限公司、青岛水集建筑有限公司、莱西市三美立建筑工程有限公司、青岛宏远建筑工程有限公司、青岛庆顺建设工程有限公司、青岛滨泰建筑工程有限公司、青岛恒岳建筑工程有限公司、青岛华商工程有限公司、青岛金东建筑安装有限公司、青岛宏东建设工程有限公司、青岛双昊建设有限公司、青岛莱西市锦冠建筑安装工程有限公司、青岛莱西九联建筑工程有限公司）、三级企业8家（青岛新明建筑工程公司、青岛姜山建筑有限公司、青岛莱西市义兴建筑工程有限公司、青岛安坤建筑工程有限公司、青岛昊海建筑工程有限公司、青岛新洪润建筑工程有限公司、莱西市海星建设有限公司、青岛莱西市电力建筑有限公司）。

建筑安装施工企业选介

莱西市建筑总公司　始建于1952年8月，是房屋建筑工程总承包特级企业，现拥有职工2000余人，其中各类专业技术人才1200余人，年施工能力1000余万平方米，主营建筑、安装、装饰、钢结构、市政及道路桥梁工程施工。近3年来，公司通过深化企业改革，创新管理机制，初步形成集团化、专业化、规模化发展格局。截至2014年年末，公司下辖青岛宝利建设有限公司、青岛海川劳务有限公司、青岛莱西建筑构件厂3个全资子公司和9个建筑分公司，走出一条快速发展、和谐发展腾飞之路。2014年，公司董事长孙涌提出打造“双百企业”（建百年企业，创百强企业）宏伟目标，用10年时间把公司打造成一个充满人文关怀、追求卓越品质、勇于担当社会责任、在全国有一定影响力和核心竞争力知名品牌企业集团的“莱西建总梦”，描绘出未来发展蓝图。

2014年，公司共举办市级、省级、全国级等各级观摩会9次，与会观摩人员接近2万人。3月11日，在公司施工的万科广场工程召开青岛市施工现场扬尘治理会议上，青岛市副市长徐振溪对莱西市建筑总公司在扬尘治理、绿色施工、现场管理方面做法给予高度评价，并强调这是全市施工现场标杆和榜样，要求青岛市各区市施工现场都要以此为标准，严格规范和管理。2014年，张新起市长、徐振溪副市长等领导分别多次视察德国企业中心、中德生态园、青医附院东院综合楼、青岛外国语学校、万科广场等工程，对莱西市建筑总公司为青岛建设付出的努力表示认可。

2014年，公司先后获得“全国优秀施工企业”“全国建筑业先进企业”“全国住宅装饰装修行业百强企业”“全国守合同重信用企业”“山东省劳动关系和谐企业”等荣誉称号，名列“青岛百强企业”第34名。创“全国建筑工程装饰奖”1项、“泰山杯”3个、“装饰泰山杯”1个、“山东省建设工程优质结构杯”5个、“山东省住宅工程质量通病专项治理示范工程”4个；创“青岛杯”11个、“青岛市住宅工程质量通病专项治理示范工程”8个、青岛市、烟台市“房屋建筑优质结构工程”30个、“青岛市标准化管理样板”工程13个；创济南市红牌工地3个。创“省级安全文明示范小区”6个、“省级安全文明工地”9个；创“青岛市施工现场综合管理样板工程”13个。共获得省级工法19项、山东省新技术应用示范工程立项6项。2014年起重机械安装262台次，安装安全继续保持零事故，位居同行安装企业之首。

青岛宏远建筑工程有限公司　始创于1993年，创立之初主要以工程建设为主，经过几年发展，现已成为一家集房地产开发、建筑安装、装饰装潢、包装等于一体综合性民营企业。拥有固定资产10067万元，职工1000余人，年产值过亿元，能独立承担各类大中型工程开发、施工、安装和装饰装潢等业务。

公司重视人才培养与引进工作，现公司拥有工程技术和经济管理人员200多人，其中高级职称人员15人，中级职称38人，初级职称120余人。注册建造师26人。为提高公司技术水平，近几年公司先后投入大量资金培训大批关键岗位、技术工人及特殊工种人员，为公司发展备足后劲。结合公司实际情况在广大员工中开展以“公司为家”“质量是企业生命”“安全是生命的保证”等主题思想教育活动，为公司质量安全管理工作奠定基础。

公司本着“建优质工程、筑百年基业、创一流服务、树行业品牌”质量方针，秉承“以规范加强管理，靠创新提高成效”经营理念。成功建设宏远龙翔一苑、龙翔二苑小区、月湖广场、宏远长安人家、宏远金田花苑、莱西一中北校、宏远长安都会、莱西市为民服务中心、宏远长安都会、宏远长安世家、宏远水岸花园、宏远滨河新村、宏远书香门第等大中型工程。

公司工程一次交验合格率始终保持在100%。在保证工程质量同时，施工中严格执行国家安全生产方针及有关标准规范，施工现场安全生产、文明施工优良率在上级部门检查中均达90%以上。企业先后创出“省优工程”2个，省级“安全文明工地”3个，“青岛杯”优良工程4个。

在新的市场形势下，公司领导确定“创一流服务，树行业品牌”发展思路。为实现可持续发展，增强企业竞争能力，同时也为能够向广大用户持续提供优质产品、一流服务，2001年在公司范围内建立起ISO9001国际质量管理体系，并于2001年11月通过北京“八一”质量管理体系认证中心认证审核。“创一流服务”使公司确定新的发展思路，在公司所建设工程中，时时站在顾客立场上来要求自己，使每一个项目工程的点点滴滴力求合理，尽最大努力达到顾客期望，从细微之处体验到公司的严格管理，使宏远建筑工程有限公司承建的每一个工程都达到优良标准。

青岛滨泰建筑工程有限公司　创建于2007年5月，注册资金为2060万元，隶属于青岛滨泰置业有限公司。房屋建筑工程施工总承包二级资质、市政公用工程施工总承包三级资质、建筑防水工程专业承包三级资质。公司下设一公司和二公司，以及青岛滨泰机械公司、设备租赁公司、装饰装潢公司、铝塑门窗加工厂、防水工程队。

公司现有职工306人，技术和管理人员162人，其中有职称的人员154人，高级职称人员3人，中级职称人员50人，初级职称人员101人，注册一级建造师5人，注册二级建造师21人，市政二级建造师12人，水利二级建造师8人，公路二级建造师9人，特种作业人员持证上岗率达100%。

公司能独立承担建筑面积12万平方米及以下的住宅小区或建筑群体，高度120米及以下的构筑物，28层及以下、单层跨度36米及以下的房屋建筑工程。另外，公司还可以独立承担城市道路工程（不含快速路）、单跨跨度20米以内的桥梁工程、公共广场工程；2万吨/日以下的给水厂、1万吨/日及以下污水处理工程，1立方米/秒及以下给水、污水泵站，5立方米/秒及以下雨水泵站，直径1

米以内供水管道以及直径1.5米以内污水管道工程;总贮存容积500立方米及以下液化气贮罐场(站),供气规模5万立方米/日燃气工程,2公斤/平方厘米及以下中压、低压燃气管道调压站,供热面积50万平方米及以下热力工程,直径0.2米以内热力管道工程;生活垃圾转运站工程以及单项工程造价200万元及以下房屋建筑防水等工程。

公司成立以来,始终坚持以“建优质工程,创名牌企业,以诚信赢得客户”为经营理念。在经营中,恪守“一流的信誉,一流的管理,一流的质量,一流的服务”的经营方针,一路探索,一路开拓,与时俱进,引领行业浪潮。

公司先后被授予“青岛市建筑业先进单位”“青岛市建筑施工安全生产先进单位”“莱西市建筑岗位培训先进单位”“莱西市建筑安全文明施工先进单位”“莱西市工程质量管理先进单位”“莱西市建筑业协会先进单位”“莱西市建设领域解决农民工工资先进单位”“莱西市工程建设造价工作先进单位”“莱西市最具爱心捐赠企业”“莱西市纳税先进单位”等荣誉称号。

青岛望城三宝建设有限公司 是集建筑施工、房地产开发、室内外装修装潢、机械化施工、金属门窗和玻璃幕墙、构件生产与加工、设备租赁于一体的集团化企业,公司现拥有资产8000多万元,其中生产经营固定资产6200多万元,职工2000多人,进口和国产先进机械总功率达10000千瓦。公司年完成生产值2.2亿元,年均施工面积30多万平方米,近年来,公司施工工程质量一次验收合格率达100%,优良品率80%以上,创省优、市优工程百余项目,连年被评为山东建设系统优秀企业,质量、安全管理先进单位,省级守合同重信用企业、AAA级资信企业、消费者满意单位,综合实力与经营业绩走在全市同行业前列,2010年通过ISO9001:2008质量管理体系、ISO14001:2004环境管理体系、GB/T28001-2001职业健康安全管理体系认证,全面质量管理体系已在公司各级部门建立健全。

公司技术力量雄厚,拥有各类专业技术人员300名,其中高中级职称占40%,职工持证上岗率为100%,特种作业人员持证上岗率100%。施工队伍技术过硬,机动灵活,出色完成各项施工任务,在青岛地区享有很高声誉。

公司注重经营管理,以“树立质量意识,建设优质工程;以真诚服务,赢得顾客满意”为质量方针,信奉“用户第一,信誉至上”经营方针,发扬“人性、科技、优质、创新”企业精神,精心组织施工,全面推行质量管理,以质量优、工期短、管理严、服务佳而赢得广大客户信赖。

(莱西市建筑企业管理处)

城镇建设

截至2014年年末,莱西城镇化水平达60.9%。2014年青岛“行风在线”活动中,群众满意率居区市前列。10月15日,《人民日报》公布中国中小城市科学发展评价指标体系研究成果:莱西市排名最具投资潜力百强中小城市第3位、综合实力百强县市第34位,均创历史新高。

坚持规划龙头地位,按照生产空间集约高效、生活空间宜居适度、生态空间山清水秀要求,结合小城镇自然环境、区位条件、经济基础,准确定位,科学规划,力求保持田园风光、乡土风情和传统风貌,注重留住“乡愁”,打造小城镇特色魅力。

高起点编制小城镇建设总体规划,完成主城区控制性详细规划、姜山新城、沽河新城总体规划和9个小城镇规划,初步形成以主城区为中心、以姜山新城和沽河新城为次中心,以9个小城镇为区域中心,115个新型社区为基础梯次发展城镇规划发展体系。姜山镇充分发挥区位优势、交通优势、资源优势，建设大青岛北部高端制造业产业基地，打造、人、自然、城市和谐发展产业城区和特色生态新区。夏格庄镇规划建设以综合发展工业和区域商贸为主导，协调发展高附加值和生态农业的园林化小城镇。马连庄镇打造以现代农业、纺织业和制造业为主的生态小镇。南墅镇规划发展高效农业，培育城镇森林，建设低能耗、低污染、低排放为标志节能环保型生态小城镇。店埠镇发挥自身农业优势，建设具有沽河水岸特色田园新城。日庄镇重点打造湖滨风情小镇等。各镇街均注重生态环境建设与生产生活建设有效结合，尊重自然、天人合一，推进产城一体耦合发展。

针对群众反映突出的污水、垃圾问题，坚持治标更治本，加大基础设施投入力度，力争从根本上治理好。2014 年，投资 1.33 亿元对南墅镇、日庄镇、马连庄镇、河头店镇、店埠镇、夏格庄镇、院上镇（包括原武备）、沽河街道（原孙受）等 7 处镇街实施污水管网铺设工程，同时新建南墅污水处理厂、扩建姜山污水处理厂，提高工业污水收集、处置能力。先后投资 6182 万元在水集、望城、沽河、经济开发区等镇街建设 13 座垃圾中转站，其中，4 座已经投入使用；姜山等 5 座垃圾中转站设备已安装结束；河头店等 4 座垃圾中转站转运车间已进入收尾阶段，年末可投入使用，实现垃圾中转站全覆盖。在水集、望城、沽河、开发区和姜山 5 处镇街率先开展环卫一体化试点工作，将 350 万平方米工业园区道路、172 个村庄以“全托管”形式进行“一杆到底”管理，配备 700 余名环卫工人，执行全市统一道路保洁、垃圾清运、设施维护等作业标准，实现“统一保洁、统一收集、统一清运、集中处理”，镇村人居环境得到明显改观。

2014 年，莱西市坚持示范引路，发挥姜山小城市试点镇、南墅省级示范镇、店埠全国重点镇示范引领作用，以点带面，整体推进，全面提高环境综合整治水平。2014 年，全市市镇两级财政共投入资金 5966 万元，参与人员 3 万人次。开展村庄植树增绿、主干道及工业园区绿化工作，栽植绿化树木 1.1 万棵，绿化面积 12 万平方米，营造三季有花、四季常绿、色彩丰富、层次分明绿化景观。按照青岛市要求，每个镇建设一条具有现代化标准示范路。莱西市对各镇街破损道路、工业园内土路进行整治硬化。注重道路硬化与截污纳管、照明设施改造相结合，全力打造市政示范路，共整治路面 11 万平方米，铺设人行道板 4.1 万平方米，整治路沿石 21600 米，安装路灯 688 盏。对镇驻地及主要街道两侧商业网点建筑立面进行整治，统一规范、统一标准，整治广告牌匾 1771 块。加大对镇街内主要街道上占道经营、车辆乱停乱放等违规行为整治力度，拆除违章建筑 4650 平方米，设立横幅、宣传牌 687 块。

8 月中旬，全市召开小城镇环境综合整治动员大会，制定《莱西市小城镇综合整治实施方案》，成立由市长任组长的小城镇环境综合整治领导小组，各级、各部门单位一把手为第一责任人，细化工作方案，层层落实责任，确保活动有序开展。健全小城镇环境综合整治日常监督检查和考评奖惩机制，各镇街每半月上报一次工作进展情况，整治领导小组办公室每月进行一次督查，督查结果作为各镇街年度绩效考核重要依据。加大环境整治工作宣传力度，利用电视、报纸等新闻媒体以及宣传车、张贴标语、发放明白纸等各种形式，倡导社会公德，营造形成人人参与、齐抓共管、合力整治良好氛围，自活动开展以来共发放公开信、明白纸 11 万多份。

（市城市化管理办公室）

新型农村社区建设

青岛（莱西）城乡社区建设投资有限公司是由青岛城乡社区建设投资集团有限公司与青岛昌阳投资开发有限公司（莱西市财政局下属公司）共同组建的国有合资公司，公司成立于2013年7月，注册资本2.6亿元，是莱西市农村新型社区建设投融资平台和开发建设主体。公司下设综合部、工程管理部、财务资产部，投资1800万元成立全资子公司-青岛城乡莱禧城镇化产业投资有限公司。

公司主要在建项目简介：

姜山镇李权庄社区建设项目（一期），该项目位于原李权庄镇驻地，总建筑面积16.9万平方米，总投资7.16亿元，主要用于安置东李权庄、西李权庄2个村1120户居民。建设内容包括：安置区住宅、社区服务中心、幼儿园、沿街商业、酒店和农贸市场等相关配套设施。

河头店镇龙泉湖社区建设项目，该项目位于河头店镇高格庄村北，泥湾头村南，西邻龙泉湖，东靠水蓬路，占地面积4.47公顷，规划建筑面积6.6万平方米，总投资超过2亿元，是山东省大中型水库移民避险解困试点项目。

店埠镇葛家泊社区建设项目，该项目位于店埠镇政府东南，占地约3.27公顷，总建筑面积约2.6万平方米，用于安置葛家泊村250户居民，公司以投融资的方式与店埠镇政府进行合作。

南水路南延工程，南水路是莱西市2015年休体大会配套道路，道路全长15.2公里，总投资3.5亿元，建设内容包括：路线、路基、路面、桥涵、景观绿化、照明和交通标志、标线等附属设施工程。

（市城乡社区建设投资有限公司）

生态建设

环境保护

环境质量

2014 年莱西市城区主要空气污染物可吸入颗粒物、细颗粒物、二氧化硫、二氧化氮的年均浓度分别是：0.098 毫克／立方米、0.060 毫克／立方米、0.032 毫克／立方米、0.032 毫克／立方米，二氧化硫和氮氧化物的年均浓度低于环境空气质量二级浓度限值，可吸入颗粒物和细颗粒物年均浓度超出环境空气质量二级浓度限值。

2014 年城区空气质量指数为Ⅰ级的天数是 32 天，占全年的 8.8%；Ⅱ级的天数是 191 天，占全年的 52.3%；Ⅲ级的天数是 94 天，占全年的 25.8%；Ⅳ级的天数是 30 天，占全年的 8.2%；Ⅴ级的天数是 15 天，占全年的 4.1%。全年优良天数为 223 天，空气质量优良率为 61.1%。

2014 年城区降水未监测到酸雨，全年降水的 pH 值在 5.72 ~ 7.23，年均值为 6.34。

地表水质量较好。集中式饮用水源地产芝水库参与评价的监测项目均达到了地表水Ⅱ类水质标准，水质达标率为 100%。大沽河马连庄和西巨家断面达到地表水Ⅱ类水质标准，大沽河沙埠断面达到地表水Ⅲ类水质标准，大沽河早朝、江家庄、后沙湾庄等断面达到地表水Ⅳ类水质标准。小沽河孙家村断面达到地表水Ⅱ类水质标准，小沽河教书庄、敬庄公路桥断面超出地表水Ⅴ类水质标准。芝河刘家都超出地表水Ⅴ类水质标准。五沽河 204 国道桥断面超出地表水Ⅴ类水质标准。洙河义谭店断面达到地表水Ⅳ类水质标准，辇止头断面达到地表水Ⅴ类水质标准。高格庄水库水质仍保持较好状态，各监测项目的年均浓度均达到了地表水Ⅲ类水质标准要求。北墅水库水质较往年有所下降，监测项目中铁的浓度符合地表水质Ⅳ类标准，其余项目年均值符合地表水Ⅲ类水质标准。月湖水质较往年有所下降，化学需氧量和总磷的年均值超出地表水Ⅴ类水质标准，其余项目年均值符合地表水Ⅳ类水质标准。

地下水共监测 6 眼水井，其中超出地下水Ⅲ类水质标准的项目主要有：总大肠菌群 6 眼水井均超标，总硬度有 5 眼水井超标，氟化物、氯化物、硝酸盐均有 2 眼水井超标，铁有 1 眼水井超标，地下水总体污染仍然较重。

城区声环境质量保持较好状态，区域环境噪声平均等效声级为 49.9dB(A)，道路交通噪声昼间平均等效声级为 63.9dB(A)，夜间平均等效声级为 55.1dB(A)。

环境管理

2014年，严格执行建设项目环境保护管理条例，加强项目环保审批管理，全年共受理环境影响评价审批事项149件，办结审批事项149件，其中登记表项目37件，报告表项目106件，报告书项目6件。办理土地储备中心项目准入条件函68件，办理工商局项目准入评价19件，办理上级环保部门审查意见2件。组织对168个项目进行环保验收，注销项目123个，验收项目“三同时”执行率100%。

水污染治理

2014年，整治污水直排口19个，投资5600余万元实施了城区雨污分流管网建设工程，铺设排水管道20余公里；《莱西市大沽河流域（镇街）污水管网专项规划》，概算投资5700余万元的姜山镇污水处理厂－三分干、南墅镇－日庄镇、店埠镇－夏格庄镇－姜山镇、院上镇—武备工业园合计64751米的污水主管网，共9个标段全部完成招投标；日处理规模8000吨的南墅镇污水处理厂建设工程6月底开工。投资30万元，建设经济开发区三期工业园污水支管网，铺设污水管道580米，解决20余家企业污水直排问题。实施了饮用水源地保护工程，增设警示标志55处，刷新警示标志120处，更新警示宣传栏3处。建设大沽河沿岸隔离栅91.8公里，防止人类活动污染。

整治畜禽养殖污染，总投资460余万元，78家养殖场建设小型沼气池；嵯阳河流域14家养殖场（户）建设污水沉淀池、粪便堆积发酵棚，解决粪污直排问题；全市推广测土配方施肥76666.7公顷，推广水肥一体化1000公顷、缓控释肥应用2000公顷，实施绿色防控13333公顷。

大气污染治理

2014年，全市实施大气污染治理工程项目43个，总投资3758万元，完成青岛金莱热电有限公司等3个高效脱硫项目；青岛鑫昊万福投资有限公司等22个高效除尘项目；青岛金浪热电有限公司等3个脱氮项目；青岛蓝宝石酒业股份有限公司等11个扬尘治理项目；对水集化工工业园的青岛瀚生生物科技有限公司等5个企业实施挥发性有机物治理工程。停产、关停废气污染企业2个；整治建筑工地扬尘污染，城区13个工地实现绿化，加强道路保洁精细化，实施机械化清扫、洒水，减轻了道路扬尘污染。2014年市政府印发《关于划定高污染燃料禁燃区决定》，范围为309国道－扬州路－扬州路南延－蓝烟铁路－204国道－芝罘路－深圳路南延－深圳路－康宁路－298省道－309国道之间区域，面积64平方公里。在高污染燃料禁燃区范围内，禁止新建、改建、扩建燃用高污染燃料的燃烧设施，已有的高污染燃料燃用设施要逐步拆除或改用清洁能源。整治秸秆焚烧污染。通过实施激励政策（秸秆留茬高度低于15厘米的给予保护性耕作补贴），落实主体责任，加强工作督导和宣传引导，全市收割66.15万亩小麦、97.28万亩秋作物，没有发生秸秆焚烧行为。

环境监管执法

开展“众人管、徒步行、随手拍”活动，查出污水直排企业6个，畜禽养殖户14个，生活污水直排口20余个。开展环保集中执法专项行动，查处环境违法案件81起，对27家企业进行了行政处罚，将2起涉嫌刑事犯罪的环境违法案件移交公安部门处理。对10家未履行环境保护职责的企业拒绝出具环保守法证明。在青岛凯源祥化工等10个企业推行环境责任保险，投保30余万元，保额5500余万元。强化重污染企业在线监控，投资240余万元，新增14家26台(套)在线监控设备，国控、省控、青岛市控重点排污企业实现了在线监控全覆盖。

排污总量削减

《莱西市“十二五”主要污染物总量减排目标责任书》确定的2014年区域内二氧化硫、化学需氧量、氨氮、氮氧化物等主要污染物年排放量分别控制在5820吨、4695吨、43939吨、2102吨以内。2014年实施了6个重点企业的污染减排工程，其中青岛金莱热电有限公司投资550万元新建锅炉烟气脱硫设施并配套DCS系统，年可减少二氧化硫1400吨，总投资350万元，采用SNCR工艺进行脱硝处理并配套 DCS 系统，年可减少氮氧化物 600 吨；投资 12 万元，完成烟气脱硫设施旁路拆除工程，年可减排二氧化硫 110 吨。青岛九联集团第六养鸡场等 13 家养殖企业，实施粪便无害化处理，年可减排 COD220 吨。青岛鑫昊万福投资有限公司投资 600 万元，建设 75 吨燃煤锅炉烟气脱硝工程，并配套 DCS 系统，投入运行可减排氮氧化物 220 吨。青岛金浪热电有限公司投资 100 万元，对燃煤锅炉进行低氮燃烧改造，年可减少氮氧化物排放 80 吨。

清洁生产

2014 年对青岛青岛永昌因特皮革有限公司等 3 户企业实施强制性清洁生产，通过了青岛市环保局组织的专家评估、验收。

农村环境连片整治

2014 年实施农村环境连片整治示范项目 9 个，项目总投资 4090 万元，中央拨付资金 1620 万元，其中，店埠镇、沽河办事处 2 个示范项目完工。《莱西市大沽河流域（镇街）污水管网专项规划》开始实施。水集、望城、沽河完成国家级生态乡镇申报工作。

机动车污染控制

2014 年共检测机动车尾气 31930 辆，发放环保合格标志 29963 枚，新车免费发放环保合格标志 11307 枚。开展车用燃油升级行动，目前，全市加油站全部销售国Ⅳ标准车用汽油和国Ⅲ标准车用柴油；实施高污染黄标车区域限行，公安、环保联勤联动，认真查处无环保标志、冒黑烟、闯限行区域等违规上路车辆，开展违法车辆检查 129 次，检查车辆 9506 辆，查处无环保标志车辆 57 辆，冒黑烟车 13 辆；受理黑烟车投诉案件 18 件；累计淘汰黄标车 2444 辆。

环境友好创建

青岛新天地环境教育基地 2014 年 1 月通过省级环境教育基地检查验收。2012 年以来，新天地以静脉产业园为依托，投资 1130 多万元，以“废物无害化、资源化，循环经济”为主题建设了环境宣传教育展馆，总面积 2700 平方米，其中展区 1080 平方米，共建看板约 60 块，设置了磁选机、风选机、CRT 切割机、焚烧炉、填埋场结构模型及废物制作的各种工艺品，及废旧家电、淘汰汽车拆解、危废焚烧中心、固体废物安全填埋场等参观点位。近年来，先后接待了“爱自然吧”学生志愿团队、威海小天使公益环保团队、德克萨斯州大学、日本北九州大学、中国海洋大学，以及中外机构、企事业单位考察团。其中中国海洋大学将园区作为了学生实习基地。2014 年接待参观考察人数参观人数达到 3710 人次。

莱西市香港路社区获得 2014 年度青岛市环境友好社区命名，青岛凤凰东翔印染有限公司获得青岛市环境友好企业命名。获得 2005 ~ 2006 年度青岛市“绿色单位”的莱西市河头店镇东大寨小学更新命名为青岛市环境友好单位。

（市环保局）

林业林政发展

2014 年，莱西市各级各部门把植树造林作为加强生态文明建设、提升城市环境竞争力、打造宜居幸福新莱西的重要抓手，坚持林业发展与城镇建设相结合、与旅游开发相结合、与生态改善相结合、与新农村建设相结合，解放思想，拓宽思路，创新机制体制，开展大规模植树造林，超额完成年度植树造林任务。共新造林 3.8 万亩，完成全年计划任务的 100%；植树总量 1072 万株，完成 107%；森林覆盖率 35.4%。

大沽河绿化工程

莱西大沽河治理工程长度占青岛市的 41.2%，其中绿化工程是莱西有史以来财政投资最多、造林规模最大、设计标准最高的绿化工程。为此，刘书记、纪市长多次现场调度，分管市长和相关部门、镇街主要领导靠上去抓推进，市财政拿出1391万元资金以奖代补。共完成绿化面积8833.9亩，植树193.6万株；在河滩地和排水沟外测50米建设绿化带折合造林20889亩，植树208.89万株；采用LED光源、太阳能供电，安装路灯1953套；采用绿篱和焊接网两种模式，建设隔离栅91.8公里。

其他绿化工程

万亩林场建设工程：开工建设大青山、江山湖、萝卜山等3处万亩林场，新造林1.5万亩，植树369.2万株。荒山造林工程：在南墅镇大青山等实施荒山造林1万亩，栽植黑松、山杏、山桃、黄栌等110万株。道路绿化工程：重点围绕休体大会通道、美丽乡村旅游线路，对309国道、南城路等6条国省干道进行补植完善，提升绿化档次。同时，每镇抓好3 ~ 5条通村庄社区道路绿化。共完成道路绿化67条、322.5公里，植树103.5万株。沿海防护林体系建设工程：按照青岛市规划要求，实施造林0.3万亩，封山育林0.5万亩，植树50万株。村庄（社区）绿化工程：实施村庄（社区）绿化381个，植树119.5万株。

（市林业局）

大青山综合开发

大青山风景区位于莱西市南墅镇西北10公里处，总面积1568公顷，南坡有小莱省级公路横贯。大青山风景区自然景观秀丽，人文景观悠久，2001年经省林业厅批准被评为省级森林公园。

自然景观

山峰：大青山风景区由主峰大青山（海拔280米）、东北峰围子山（海拔273.6米）及大庙山、小青山、汉青岭等6座主要山峰及12座小山头组成。

峡谷：大青山风景区有主要山谷5条，其中榛子沟、磨台沟、花夼沟、秦沟等沟谷曲折幽长，沟内溪水潺潺，常年不涸，山岳因得水而“活”，溪水因山而灵动。

泉源：大青山风景区共有山泉5处，常年喷涌。小莱公路以南的一处泉水为矿泉水，经地质部门化验，为优质矿泉水。

青山湖：位于小沽河上游，原名北墅水库，流域面积301平方公里，流域形状呈扇形，总储水量为3990万立方米。湖内渔业发达，养鱼面积144公顷。大青山内还有小型塘坝15处，集灌溉、防洪、休闲垂钓于一体。

动植物资源：大青山风景区空气湿润，气候温和，地形较为复杂，适宜多种野生动物栖息繁衍，据调查统计，有鸟类12目，25科，50种，兽类15种。主要鸟类有：苍鹰、雀鹰、石鸡、鹌鹑、环颈雉、岩鸽、山斑鸠、杜鹃、啄木鸟、喜鹊、灰喜鹊、大山雀、麻雀等。主要兽类有狐狸、獾、野兔等。

大青山风景区制定了林木培育规划，经年的封山育林，使得现在林木资源非常丰富。现有乔灌木树种43科，127种，其中乔木82种，灌木45种，主要有刺槐、黑松、火炬松、毛白杨等。约有草本植物48科，339种，主要有凌子草、狗尾草、棘藜、山草、山胡椒等；山中野菜众多，春有山荠菜，夏有黄花菜，秋有野蘑菇等。刺槐是大青山的基调树种，总面积328公顷；每年春夏之交，槐花盛开，洁白如雪，形成“十里大青山、万亩槐花香”的独特景观，吸引众多游客前来观赏。

人文资源

紫霞阁：2004年修建，是大青山的制高点，相对高差150米；登临高处，整个南墅镇尽收眼底，远可眺浩渺无边的莱西湖，近可赏连绵起伏的大青山。

狐仙洞：花夼沟有狐仙洞，相传有狐仙在此居住，洞口现已淤积，但岩石形状奇特，独成景观。

古迹遗址：大庙山曾有始祖庙，祭祀传说中的祖公、祖母，曾经香火旺盛。庙毁于1968年，遗址尚在。

萌山区殉国烈士纪念塔：矗立在青山湖畔望儿

埠，是市级重点保护文物。塔高13.4米，共分五层，呈六角形，为纪念抗日战争中殉国的61位英烈。

石洞：在北泊村西，洞口高约2米，宽约2米，深不见底，为防止意外发生，洞内有石板立而隔住进路。

战场遗址：位于相距大青山主峰800米的围子山上，围子山也因此而得名；抗日战争时期曾建有军事围子墙，发生过激烈的战争。墙壁现已倒塌，但遗址尚存。

综合开发

2012年注册成立大青山旅游开发有限公司，成立大青山省级森林公园管理开发领导小组，负责大青山的管护开发工作，聘请北京九鼎辉煌设计研究院对大青山进行国家级AAAA级旅游景观的规划设计，按照《大青山（国际）生态文化旅游区总体规划》进行保护性开发。

风力发电项目，致力于打造特色风车景观。位于大青山西南宫山、围石山上，目前已有两家企业投资，青岛润来风力发电有限公司投资9亿元建设风力发电场，共安装24台风机，目前24台风机已全部完工并网发电；华电国际电力股份有限公司投资20亿元建设风力发电场，目前正在风机测试阶段。

樱花谷系列旅游景观项目（在建），位于大青山西南方萌山。引进台湾名浚景观工程有限公司投资2000万美元打造大萌山樱花生态旅游景观，该项目规划了硅化木展馆、奇石馆、台湾小吃一条街、水晶洞等特色景点。现已种植樱花20公顷15000余株，流苏10公顷5000余株，五角枫1500棵，黑松20000棵；

东鲁生态农业公园项目，位于大青山南麓，2014年1月始建，总投资5000万元，流转土地500亩，建设1处集旅游参观，科教培训、生产示范、农耕体验为一体的多功能休闲园区。唐家梨采摘园，位于大青山南唐家村，2013年开始兴建，规划建设面积173公顷，主产品为韩国梨，规划建成一个集赏花、采摘、餐饮、休闲于一体的“休闲田园游”示范点，目前栽植面积已达86公顷；干鲜果品采摘基地，现有80公顷板栗、33公顷榛子、20公顷核桃、13公顷柿子、10公顷樱桃采摘基地，每到成熟时节，游客徜徉在林下，采摘时鲜果品，体验农家收获的快乐。省三星级农家乐，以大青山森林公园和青山湖为依托，按照省三星级以上标准，建成大青山山庄和青山湖农家乐两处农家乐示范点，农家小灶、休闲垂钓、时鲜果蔬，让人回归田园，流连忘返。

（南墅镇）

产芝水库

概况

产芝水库位于莱西市城西北10公里，系国家大Ⅱ型水库。始建于1958年11月，建成于1959年9月，流域面积879平方公里。最大水面面积56平方公里，总库容4.02亿立方米，兴利库容2.15亿立方米，是胶东半岛最大的内陆湖泊。

近年来，莱西市委、市政府加大对产芝水库的开发和保护力度，产芝水库管理局突出“生态优先”发展战略，推进生态文明建设，加快构建生态安全屏障，确保水库区域山清水秀、景色优美。建成全长40公里的环湖路，配套排污、排水管道18.6公里，栽植银杏、樱花、白玉兰、黄金柳等各种绿化苗木3600亩、40万株，建立环水库生态农业观光带和绿色食品开发带，形成一个以水体景观为主要特色、以蓝色游憩和绿色度假为一体的新兴亲水憩园。先后获得国家AAA级旅游景区、国家级水利风景区、山东省十佳水利风景区等称号。

环保意识宣传

水库管理局成立环境保护宣传领导小组，建立一把手亲自抓，分管领导具体抓，各相关科室负责人为责任人，一级抓一级，层层抓落实的领导体系和责任落实体系。以“突出生态优先，保护水资源”为宣传主题，以库区周边村镇为宣传重点，开展送法下乡活动。采取走村入户、张贴标语口号、悬挂横幅等形式，开展水法律法规宣传，先后出动宣传车10多次，印发资料5000多份，张贴标语60余条，挂横幅20余幅，设立固定宣传牌（碑）10块，走访群众6000多人次。普及群众法律法规知识，增强群众遵纪守法意识，营造全社会节约保护、科学利用、合理开发水资源的良好氛围。在水库周边道路设立交通标志牌12块，水源地保护标志牌18块，提醒过往司机、行人注意。设置安全警示宣传栏，在东广场设置3块产芝水库警示公告宣传栏，在环湖路西入口设置1块产芝水库安全警示公告宣传栏，在水库周边新设置90块安全警示牌，在大坝设置38处安全警示标语，提醒行人水库水深危险，注意安全，注意保护水质，同时宣传水法有关内容，保证饮用水水源地的水质安全。

环境整治

管理局以打造莱西靓丽的名片为目标，结合水库工作实际，坚持“分步实施、标本兼治、全面发动、干净彻底”的原则，按照“道路净、角落清、保洁无盲区、管理无缝隙、优美靓丽”的标准，组建专门的工作队伍，加强环境整治工作，对主要路段实行全天清理，无接缝维护，达到路面清洁无杂物、绿化带齐整无杂草、水面洁净无漂浮物、视野范围内无白色垃圾“四无”标准。确保总长42公里的环湖路干净整洁。2014年整理改造湖滨广场、湖滨公园、环湖路内侧绿化带等工程，在库区栽植各类苗木1万余棵，铺种草皮1万多平方米。近年来，在湖滨广场、湖滨公园、环湖路内外侧绿化带共栽植陆生植物、乔灌木等共40余万株，绿化面积240公顷，提高绿化率，改善地表径流，美化湖滨环境，使产芝水库56平方公里的区域实现三季有花、四季常绿。

保护莱西湖水质

建立远红外线监控系统。投资438万元，安装多个摄像基站，对水库水面和环湖路周边进行实时监控，定期检查湖区周边入湖水流水质情况，确保没有污染水源进入湖区，保证湖区水质安全。完善污水处理设施。加强水库区域生态保护，严格项目审批、建设，加强周边污水、生活垃圾处理，将周边饭店、村庄等排污纳入全市排污管道，杜绝乱搭乱建乱排现象。在环湖路外侧建设18.6公里的排污管道，阻断周边村庄污水进入水库。同时，着重加大对湖区周边酒店排污工作管理力度，引导湖滨生态园、竹苑宾馆、东山鱼馆等酒店投入50多万元，将污水直接引入污水管网，彻底解决酒店污水直接排放入库的污染问题。建立全自动水质监测系统。青岛市环保局投资200余万元建立全自动水质监测系统一套，全天候监测产芝水库对青岛及莱西市自来水公司供水水质情况。莱西湖水质经过全力保护，常年保持国家地表饮用水Ⅰ类水质。

（市产芝水库管理局）

城市绿化

2014年，莱西市园林管理处以迎办2015年世界休闲体育大会为契机，推进市重点园林绿化工程建设，落实网格化绿地管护标准，提升城市园林绿量和品质，创新思路，勤抓实干，城区绿化焕然一新。截至2014年年末，全市建成区绿化覆盖率达到45.52%，绿地率39.93%，人均公共绿地14.23平方米，洙河绿化工程（三标段）被山东省住房和城乡建设厅评为省园林绿化优质工程称号。

实施绿化重点工程

围绕“生态莱西、绿色莱西、美丽莱西”的目标，园林处年内共组织实施基础设施重点工程10项，绿化总面积8.22万平方米，工程总投资达到777万元。其中，城市主干道绿化工程4项，包括重庆中路（烟台路—长岛路）南侧绿化工程、泰安路（琴岛路—团岛路）绿化工程、团岛东路（烟台路—南京路）绿化工程、红岛西路（青岛路—广州路）绿化工程；绿化补植工程及设施维修6项，包括梅花山生态园改造提升工程、月湖广场一期绿化补植工程、南京路绿化补植工程、城区道路喷灌设施维修工程、沙岭河公园设施维修及苗木补植工程、洙河公园设施维修及苗木补植工程等绿化工程。3月份，园林处干部职工抓住春季植树的有利时机，积极开展梅花山生态园、月湖广场、重庆中路、泰安路、团岛东路、红岛西路、洙河公园等绿化工程的苗木栽植工作。

绿地养护

按照精细化管理标准，加大城区绿地养护管理力度，巩固城市绿化成果。细化绿化养护网格化管理模式，将城区绿地划分为6个片区，由6个绿化养护管理队承担养护任务。实施“保洁、管理、执法、监督”联动协作的模式，加强城区绿地的动态管护，形式严密有序的管理体系，圆满完成绿地卫生保洁、修剪、病虫害防治等各项任务，维护城区绿地良好的景观效果；推行养护管理责任制，完善养护管理奖励机制。为使精细化管护落到实处，实行责、权、益一体化的责任制，严格责任追究制度。各绿化管护队纷纷在精细化管理上自我加压，通过业务知识讲座和实际操作实现突破；狠抓精细化管理标准落实。安排专人，依照《莱西市园林绿化养护标准及考核细则》定期巡查绿地除杂草、保洁、修剪、设施维护、病虫害防治等养护事项开展情况，通过下发整改通知书、每月刊发“城市绿化动态”等方式，表彰先进，鞭策后进，多措并举提升城市绿地管护水平。

强化园林执法力度

依据《青岛市绿化条例》《青岛市绿化补偿费征收管理办法》等法律法规，园林处执法队依法处置占地种粮、私开路口、放牧牛羊、设广告牌、缠缚钉拴树木、焚烧垃圾、盗取苗木等违法行为。园林执法与公安110实施联动，从各绿化公司抽调人员参加统一巡逻，对绿化违法行为做到发现及时、出警迅速、处置有力，实行24小时值班制度，昼夜轮流上岗，查处损绿毁绿案件；与公安部门相互配合，利用城区重点区域绿地、公园安装的监控探头辅助执法，坚决查处各种损绿、毁绿案件，有效遏制了侵占公共绿地、损绿毁绿和破坏公共设施等不法行为的发生；同时加大宣传教育力度，在公园绿地增设标志牌、宣传栏，弘扬爱绿护绿典型，曝光损绿毁绿行为。全年共依法办理行政审批事项54件，没收缠绕绿化树横幅70余条，清除绿地内乱设广告牌17个。

重点绿化工程选介

梅花山生态园改造提升工程：绿化面积5万平方米，工程于4月10日开工，8月20日竣工。共栽植梅花、龙柏等乔木1706株，石楠球、连翘等花灌木410株，月季、小龙柏等地被4.8万平方米，完成投资325万元。

月湖广场一期绿化补植工程：绿化面积8000平方米，工程于4月10日开工，6月30日竣工。共栽植美国红枫、银杏等乔木252株，小龙柏等地被6200平方米，完成投资82万元。

（市园林管理处）

城市亮化

路灯管理

实行电脑系统监控和人员车辆巡查双值班制度，公布路灯故障报修电话，24小时内回复，保证路灯巡查维修工作制度化、机械化、高效化。为提高工作效率，节约电能，利用夜间进行维修，使亮灯率始终保持在98%以上。合理调整路灯启闭时间，按时对路灯设施进行养护维修，搞好背街小巷路灯维修。加强夜间值班，有效预防路灯电缆被盗。对城区路灯实行不间断巡查，发现问题及时修复，记录每次维修情况。全年共组织维修路灯917盏，处理电缆故障70余起、控制故障400余起，保证设施完好率在95%以上、亮灯率在98%以上。

亮化工程建设

在路灯工程建设中，坚持便民原则，体现以人为本的思想，突出市民关心的热点，打造精品工程，体现路灯白天看景、晚上照明的设计理念。工程总投资概算991万元。建设中，按规定公开招标，增加工程的透明度，有效地降低工程成本；实行一线工作法，问题在一线发现，在一线解决，严把材料关、质量关。年内，完成了文化东路路灯工程、重庆西路路灯工程、旧灯具改造工程等重点工程，共安装、改造路灯560基。

户外广告管理

在广告管理上严格执法，及时清除路灯设施上的违法小广告，维护市容市貌，开拓广告市场，提高广告档次，美化城区环境，创造良好的社会效益。加大户外广告执法力度和巡查力度，对出现破损的户外广告及时督促其产权单位修复，美化城市环境，提升城市品位。落实网格化管理，实行日巡查制度，及时查处非法小广告，参加环境卫生整治活动。共清理歪斜破损的广告牌800多个、清除非法小广告约3万张，保证设施完好率在95%以上。

重点亮化工程

文化东路（烟台路至南京路）路灯改造工程，道路长1400米，安装单侧10米200WLED路灯40基。4月8日开工，7月20日竣工。

旧灯具LED改造工程，对长岛路等道路的旧灯具进行LED改造，共安装150WLED灯具494套。4月10日开工，6月25日竣工。

沽河大道（上海路至二马路）电缆敷设工程，道路长6900米，新铺设电缆16000米，安装变压器5台。10月20日开工，11月20日竣工。

重庆西路（青岛路至深圳路）路灯工程，道路长960米，安装单侧12米180WLED路灯26基。4月10日开工，5月30日竣工。

（市城建局）

交通·邮政·信息

交　通

公路建设

2014年，青岛市公路管理局莱西分局强化驻地建设、施工现场、内业资料标准化管理，各项目建设优质高效，安全环保。完成大沽河堤顶路28.7公里底基层、基层铺筑工作；投资约1000万元完成国道309莱西至平度路面病害严重路段抢修工程，该线全长29.80公里，工程于2014年5月5日开工至2015年5月30完工；投资约为2160万元完成省道298南水线国道309以南段大中修工程，该工程于2014年10月4日开工，2015年3月15日竣工，全长9.02公里。在工程建设中，为避免采用挖掘机施工造成平整度差、工序多、进度慢缺点，采用维特根W2000型铣刨机对旧路面及病害部位进行铣刨，保证路基施工质量和进度。在底基层、基层施工中，采取模板支挡作业方式，取得良好效果。

公路管理

以国检巡查路况检测为重点，加强对G309线的养护，兼顾其他线路预防性养护。以安全畅通为主导，加强平交道口、排水设施改建工作，加大三四类桥梁改造加固维修以及警示桩、防护板更换保养力度。以洁净舒适为目的，实现一级公路和部分二级公路路段机械化作业，并配合人工清扫，有效保持路面洁净舒适。所管养公路优良路率和技术状况指数分别达90.2和91.5，实现路况质量再上新台阶。

对涉路工程许可申请事项严格按照《山东省公路路政许可实施办法》中相关规定，做好前期审查报审工作。许可证下达后按照批复设计、施工及交通组织方案对许可事项实施过程依法进行监督。对损坏缺失标志进行维护完善，共安装标志牌343块，施划标线13980平方米。落实路政巡查制度，路政人员累计巡查总里程252896公里，发生路赔案件90余起，处结88起，收回路赔费214468元，查处超限车辆300余辆次，收取超限超载罚款136200元。查处违章建筑1422平方米，非公路标志659处，制止清理违法开设平交道口26处，有效遏制超限超载现象，净化公路路域环境。严格执法程序、自由裁量标准、处罚网上透明运行，严格执法人员考核评议，辖区内无公路三乱现象和行政败诉案件现象发生。

文明创建

加强基层公路站、路政大队和拌和厂基础建设，使基层单位工作生活设施更加齐全，环境更加优美。完善窗口单位办公设施，促进服务质量和工作效率提高。强化党的群众路线教育实践活动要求，巩固教育实践活动效果。通过办班培训加强对外宣传，展示莱西公路良好形象。推进“四德”工程建设，开展“读好书、爱本职、献公路”主题实践活动，提高全体干部职工思想道德水平和整体素质。

明确廉政工作要求，落实好党委主体责任和纪委监督责任。强化廉政教育，提高干部职工思想认识水平。组织党员干部到青岛市反腐倡廉警示教育基地参观学习，提高党员干部廉洁从政意识；加强纪检联络员培训，提高联络员履职能力；加强廉政文化建设，通过更换廉政室宣传教育刊版，增设廉政谈话室，营造浓厚公路廉政文化氛围。

安全生产

定期召开季度安全会议、月安全例会，组织“安全生产风险评估，加强分局安全生产形势分析研究。加强安全培训工作，组织开展消防安全培训、安全管理知识培训、机械设备操作知识培训，打牢“抓安全、促生产”基础。强化安全管理手段，由上至下层层签订安全生产责任状，建立完整责任链，同时加强明察暗访，共组织安全检查12次，暗访抽查4次，共发现隐患72处，现已整改隐患53处，尚未整改但已落实监管措施、制定整改方案并完成预算上报隐患19处。加大安全预案演练力度，2014年，举行除雪防滑应急演练、防汛应急演练和战备钢桥架设演练，做好公路遇灾受损事故防范工作。健全综治和维稳工作机制，掌握涉及公路工作民生需求，办理“行风在线”问题，答复涉路事项为民服务热线问题，办复率为100%，群众满意率100%，及时预防和化解涉及公路行业各种矛盾和问题。

（青岛市公路管理局莱西分局）

公路交通运输与管理

青龙高速公路工作速 莱西至城阳段主线即将贯通。青龙高速公路莱西至城阳段在莱西市境内长38公里，自2012年5月份开工以来，莱西市征迁补偿和工程建设工作一直排在沿线区市首位。2013年9月第一个完成征迁；工程建设累计完成投资8.2亿元，占总投资89%，确保年末实现主线贯通；莱西至龙口段已完成立项准备工作。莱西至龙口段在莱西市境内长17.2公里，自5月份，根据烟台指挥部及青岛交通运输委要求，协助山东高速集团完成环评公示、压覆探矿权协议签订及土地指标购买等立项前期工作。

大沽河治理路桥工程 莱西市堤顶道路长88.2公里（全线220公里），新建跨支流桥梁6座（全线13座）。在沿线（区）市中开工较晚。在工程量大、施工难度大、工期紧张情况下，市交通运输局加强协调，克服各种困难，加快工作推进。4月20日堤顶路全部铺筑结束；6月20日，6座跨支流桥梁全部完工，按照青岛市政府规定时间节点，完成建设任务。在青岛市组织的总结考评中，考核组对莱西市工作给予肯定。在堤顶道路及跨支流桥梁建设同时，根据市政府安排，4～6月份，市交通运输局完成58条大沽河“非字形”道路及69处顺接路口硬化，完成115条堤坝内侧道路压覆石子，安装70处村庄指示牌，对5处交叉路口进行整修。所有项目通过青岛质监站及莱西市交通运输局验收，并移交沿线镇（办）管养。

承接青荣城际铁路工作 根据莱西市政府安排，自9月29日市铁路建设领导小组工作由市发改局移交到市交通运输局。在面临业务不熟悉，问题矛盾较多情况，与市发改局进行工作交接，并集中人员迅速进入状态，实行每周一调度，有效推进工作进展。已完成站前广场征迁补偿清点、评估和补偿准备。

市政府重点工程建设 2014年市交通运输局承担市政府重点工程共两项，分别是南水路南延工程和湖滨路（东岸）罩面工程。其中，湖滨路（罩面）工程已全部完工。项目全长18.2公里，宽14～16米，概算投资3288万元，主体工程已于10月3日完工并开通；南水路南延路基工程，全长15公里，概算投资5300万元，由于征迁影响，工期延长。

农村公路管理养护 争取市考核办将农村公路管理养护工作列入对镇（办）考核项目之一，落实县道县管，乡村道乡管责任机制。组织开展养护质

量年活动和春季集中养护活动，养护质量得到提升。新增2处交通运输所，分别负责南、北市道路巡查和养护管理，促进日常养护管理更加规范；逐步消除道路安全隐患。聘请专业检测机构对全市农村公路桥梁进行技术鉴定，并提出危桥维修加固方案，现已对河大路郦家2座危桥进行拆除重建。组织对全市县、乡公路安全隐患进行排查，并进行完善，截至2014年年末，完成安装桥梁护栏480延米，警示柱1653根，减速带116米。对道路病害进行小修。对李于路、夏华路、蒲刘路等道路病害进行维修，完成路面修补2700平方米，密封胶灌缝68000米；路政执法与审批更加规范。采取养护巡查与路政巡查相结合方式，加大道路巡查力度，及时发现并处理破坏路查路权现象。依法行政许可，全年许可行政审批4件。依法进行处罚，纠正路政违章案件72件，收缴罚款及补偿费106.86万元。

城乡公交化改造工作　在2013年完成城乡公交化改造经营主体确定和客运出租汽车运力增容论证基础上，2014年，研究制定莱西市城乡客运公交化工作实施意见稿。为推进莱西市城乡客运公交化（城区至镇驻地、镇驻地至村）改造工作进程，自2013年，运管处及客运办等相关部门，对全市客运市场展开调研摸底，派出人员分别到即墨、原胶南和胶州等周边区市学习经验，并与交运集团青岛莱西分公司就有关事宜进行对接，形成全市实施城乡客运公交化改造框架思路。通过研究原客运班车退出方式、退出人员安置、退出客运班车处置、新增出租车运力计划等工作，历经百余次修改，制定《莱西市人民政府关于实施城乡客运公交化工作的意见（讨论稿）》。

城乡公交站场及配套设施建设规划。　在现有客运站场布局基础上，配合青荣城际轻轨建设运营，在莱西城区增建综合交通枢纽和卫星站，在重点村镇增建交通换乘站，形成功能齐全、布局合理、网络丰富交通格局。规划交通商业综合体1处（204国道以东、滨河东路以北204亩土地，并补征毗邻30亩土地）；南部汽车站1处，与建设中的城际轻轨莱西北站实现无缝衔接；城乡公交换乘站20处（大型换乘站10处、中型换乘站6处、小型换乘站4处）；港湾停靠站点650处。

城乡公交线网规划　按照城际客运、城市客运、城乡公交、镇村公交有效衔接模式，构建城乡一体、统筹发展、布局合理、设施完善的城乡客运体系。结合莱西市实际，在现有客运班车线路基础上对城乡公交线路进行优化，规划城乡公交线路51条，大沽河流域公交线路3条，村村通公交覆盖率达100%。同时规划青岛至莱西湖、姜山湿地等旅游专线2条，莱西城区至大沽河流域旅游专线1条；计划开通青岛至莱西全国首条纯电动车（试点）城际公交线路。

安全生产工作　2014年组织召开由主要领导主持系统会议1次、分管领导主持全体成员会议5次，研究部署安全生产工作。年初，及时组织召开行业监管部门及运输企业主要负责人会议，与行业监管部门及运输企业签订《2014年度安全生产目标责任书》。在春节、两会、清明、五一、中秋、国庆、“四中全会”等重要时段都与重点运输企业签订责任书或承诺书，并及时督查责任落实情况，把安全生产责任层层分解到岗位，落实到基层。

按照“安全抓源头”工作理念，成立督查组，每月至少一次现场指导，及时发现和纠正履职不到位及违规行为，督促整改；突出以点带面，推进安全生产标准化建设达标工作。到10月末，已达标的普通货运企业2家，维修企业20家；为使安全生产各项工作取得实效，结合“安全生产月”和“打非治违”“安全生产大检查”等专项行动，实行拉网式安全隐患排查，印制安全生产举报明白纸、明白卡等，组织执法人员走上街头或深入运输企业进行宣传，共散发安全宣传材料1800余份，在全市主要街道路口及车站等公共场所悬挂安全宣传横幅6余条，起到良好宣传效果；加强铁路道口督导巡查工作，对警示标志、道口铺面、护桩、安全栏杆（缆车）、交通信号灯等安全设施、设备进行日常检查管理，保证道口警示标志牌齐全完好，安全防护设施、设备有效运行。

加大安全隐患排查力度，在形式上采取“企业自查、行业巡查、安监部门督查、专家检查和行业交叉检查”方式，进行“全覆盖、无缝隙”安全隐患排查。

2014年，组织全系统安全隐患排查活动9次，发现安全隐患672处，对存在安全隐患采取挂牌督办、专人跟踪、约谈部门负责人方式督促整改。

根据主管部门要求，结合实际情况，市交通运输局制定暗访抽查制度，采取“四不两直”方式，对基层安全生产状况进行突击检查，组织暗访活动过程中，对存在问题个人、单位和企业按照相关制度进行通报和处罚，并限期完成隐患整改。

按照年初制定出台《行业安全生产管理培训计划》要求，创新培训模式，组织各运输企业负责人和安全工作人员采取实地观摩方式相互学习、取长补短，杜绝以往只当“二传手”工作方式，组织全系统培训活动6次，其中观摩式活动2次；督导各行业监管部门根据各自分工，开展对相关从业人员安全培训、考试工作，并建立培训台账。

道路运输市场整治 2014年共组织集中统一夜查10多次，查扣“黑出租”20辆，黑教练车7辆，摘掉“黄帽”50多个。

超限超载治理 根据青岛市交通委统一部署，从3月15日开始，组织开展为期一个月春季治超专项活动。全年共查处超限车辆84辆，卸货400余吨，罚款20万元，打击车辆超限超载行为。

危化品车辆治理 根据上级统一部署和安排，市交通运输局开展为期一个月危化品集中治理活动，白天、夜晚不间断稽查，重点查处危险品运输车辆超范围经营、无从业资格证、无押运人员等行为。全年共查处危险品运输车辆违章50余辆次，查处改型车辆80多辆次。

（市交通运输局）

铁路交通运输

2014年，莱西火车站强化“岗位第一责任”意识，促进“让标准成为习惯”，加强“安全管理规范化、现场作业标准化、检查整治常态化”建设，明确工作职责、标准、流程，强化风险研判、预警、控制。深化岗位学标、对标、达标，全年共修订完善20多项安全管理规章制度，通过抓典型、控短板、促升级，完善考核内容，联挂考核，调动班组、班组长工作积极性，强化班组管理。通过加大现场检查监控力度，强化非正常情况下应急处置，安全生产过程得到有效控制。坚持用责任、纪律、作风和文化凝聚共保安全合力，顺利实现安全生产2678天。在车务段月度综合考评中，车站优良率达91.6%，在车务段监控考核中行车班组获得奖励2370元，调车班组获得奖励7730元。车站被授予“济南铁路局2014年度先进集体”荣誉称号。

受青荣城际铁路开通影响，2014年车站施工任务复杂艰巨，车站提早动手，成立组织，倒排工期，落实责任，站长、副站长轮流盯岗监控，完成大小施工任务288次，确保施工安全。5月23日至8月3日，青荣城际铁路铺轨到冲刺阶段，为满足长轨运输任务，车站从人员安排，行车组织，防范措施等各个环节，细化分工，进行层层把关。73天的奋斗，车站运输长钢轨96列3648车，其他工程车辆20列，其中500米长钢轨622根，轨枕241956根，为8月25日青荣城际铁路正线铺轨完成做出贡献。在车务系统范围内开展“五比五创”劳动竞赛评比，车站被评为全路创效模范团队，荣获“火车头奖杯”。车站抓好城际车站行车、客运人员培训工作，坚持爱岗敬业思想教育和业务知识培训同步推进，理顺有情绪职工思想，圆满完成业务代培任务，先后向高铁站输送26名技术管理人才。

2014年3月15日，莱阳站停办客运业务，原莱西站助勤的23名客运职工返回车站，结合食堂小院建设改造，客运职工边劳动边学习。客运综合楼建成后，客运职工提前介入值守，做好准备工作。8月1日，莱西站客运业务顺利开通。车站及时修订职工作业标准、流程，完善“三个出行”常态化措施，优化客运组织，不断改进服务手段，提升服务质量。在克服候车室面积狭小等不利因素情况下，先后经历暑运、中秋、国庆、元旦等节假日运输等一系列考验，创造单日发送旅客1256人历史最高纪录。客运开通5个月时间，完成旅客发送7.1万人，实现客收496.8万元，两项指标均创历史最高。

客运干部职工照顾重点旅客300多人，拾金不昧价值3万多元，为旅客寻找失物95件，受到12306表扬17次，锦旗1面，赢得赞誉，树立莱西火车站良好社会形象。王寿庆捡到万元主动归还失主被评为“济南铁路局2014年度路风十佳好事”。

莱西火车站把改善职工生产生活条件作为践行党的群众教育实践活动首要工作来抓，力所能及为职工群众办实事、办好事，筹措资金，先后解决职工提出岗位空调维修和调换、现场作业人员饮水、危及职工人身安全行车安全照明等各种工作生活问题20多个。2014年，车站班子确定以原工区空地开发为着力点，带动全站整个三线建设“以点带面”工作思路，对原先工务工区废弃房进行修旧利废，安排职工食堂、单身宿舍和运转职工强休室，并成立职工健身房、阅览室、文化书屋，开辟文化长廊，修建篮球场、网球场，增添大众健身设备等。2014年，莱西火车站被评为路局“三线”建设样板车站。车站全年重大节假日看望困难职工20余人次，看望生病住院职工5次，对因生病住院和家庭生活临时困难职工申请补贴。在春节、中秋国庆节期间，车站为一线当班职工送去时令水果、食品，给食堂提前供鱼、肉等食材，保证节日期间当班职工饮食。通过为职工送凉爽、送温暖，一线职工生产生活条件得到改善。

（莱西火车站）

邮　政

2014年，莱西邮政局函件、电子商务、保险、报刊零售4个专业超额完成全年收入计划。金融、电商、函件、保险、报刊零售、代理速递同比实现正增长，其中函件、电商、保险和零售增幅超过40%。

全年金融专业通过组织好季度劳动竞赛活动、加大对“甜瓜款”“拆迁款”“花生”“苹果”等重点项目揽收力度、组织开展各类“劳动竞赛活动”“双百千”产说会和金融大走访宣传等活动。通过以“国内小包市场开发”“书信大赛为平台专业联动”“暑假安全知识招商”“福至新春、月湖车展等节庆会展”“中秋”和“福至新春”综合营销活动等重点项目和活动有效拉动，促进邮务类各项业务较快发展。电商、分销业务，借助“打造便民服务站金银铜牌活动”“4月份便民服务站实体店突击月”、“5月份农资分销突击月”“春夏秋冬四季农资订货会”“便民服务站业务叠加产品展销会”“便民服务站村村建、村村通”等活动拉动收入增长。

按照省、市分公司“关于金融网点转型工作”相关部署要求，市邮政局16个金融网点加入“网点销售化转型”行列，并以转型网点带动和影响非转型网点发展，2014年点均产能明显提升，绿卡、网银等指标均为非转型网点2倍以上。

结合青岛市邮政局目标利润管理要求，强化财务成本费用管控、资金管理以及效益分析；在成本管控方面，制定“2014年成本费用审批管理办法”和“莱西局财务报账流程”等，将各专业营销费开支控制在省公司及青岛市分公司要求限额标准以内；在资金管理方面，加强各项业务资金及时回收，制定用户欠费管理考核办法，对用户欠费实行目标值和营业现金收现率双重管理，2014年用户欠费总额控制在青岛市局核定用户欠费目标计划以内。

完善《邮政通信服务质量奖惩考核办法》等规章制度，组织开展“强管理提质量减投诉”主题活动，实行投诉处理“七个必须”管理，减少用户投诉。在青岛市分公司组织的“青岛邮政规范化服务达标优胜支局验收”活动中，莱西市邮政局8个支局参与达标活动，其中店埠、河里吴家两个支局得分列前 3 名，得到青岛市邮政局通报奖励。

做好信访、舆情等工作，保险期满给付问题得到处理。加大安防设施投入，为莱西市 13 个农村支局配备移动金库，加强重点部位、重点环节监督检查，全局安全防范水平提升。2014 年社会综合满意度和投递服务满意度均在全区排名第一。

全年投资改造总额 204.8 万余元，其中装修改造孙受、店埠、夏格庄、朴木 4 处网点，布放存取款一体机 2 台，发展商易通 91 部。为市邮政局取得摩托车驾驶证的36名投递人员配备专用摩托车，网点服务功能和投递能力增强。

通过采取定期召开便民服务平台负责人培训班、电商、分销等专业人员亲临现场指导等举措，便民服务站交易量由今年 1 月不足 5 万笔发展到 12 月 11.4 万笔。在开展代收费同时全面搭载邮政业务，与三农服务站、商易通相结合，集代收代缴、农资销售、小额存取款和转账等业务于一体，依托代理渠道发展邮政业务能力逐步提升。

构建“物流配送中心－直营店－三农服务站”服务三农三级网络。2014年新建物流配送中心1处，直营店 2 处，三农服务站 30 处；建设科技示范田 4 万余亩；新建 30 处邮缘合作社，发展会员 2.86 万余名；在“双百千”活动中，组织农技专家讲座、厂家技术指导、测土配方等送科技下乡 32 场。强化亮化工程、民心工程，为 5 个村庄安装一体化太阳能灯 180 盏。

（市邮政局）

信 息

电信综述

“十二五”期间，莱西市经济社会处于转型发展、提升质量关键时期，龙青高速、青荣城际铁路和 209 省道拓宽等一批重大基础设施建成使用，承载能力加强，将推动城市发展空间迅速拓展，人口和产业聚集加快，为莱西市承接青岛、烟台、威海等城市辐射和产业转移，加快融入半岛半小时、一小时经济圈提供机遇。同时对城市功能完善、建设半岛交通物流枢纽和产业转移枢纽、打造有鲜明特色城市提出更高要求。2014 年，莱西市以 2015 年 9 月即将召开世界休闲体育大会为契机，加快智慧莱西重点项目建设，以点带面，完善城市管理、民生服务、娱乐休闲等配套服务体系。

2014 年莱西市重点启动智慧莱西战略部署，2015 年世界休闲体育大会也即将在莱西召开，为有效提升智慧莱西水平，需要在城市云数据中心、智慧治安、应急指挥、智慧交通、智慧城管、智慧旅游等方面加强投入与建设，建设城市统一数据中心和管理平台，做到信息及资源互联互通和共享，满足休闲体育大会、远期智慧莱西需求。

莱西市电信、网通、移动等运营商建成遍及全市 12 个镇（街道）通信网络。全市广播电视已形成覆盖城乡的传输网络，广播电视“村村通”工程已经完成。全市长途光缆线路总长度 2300 皮长公里；电话总数 19.9 万户，电话户普及率达 85.4%；互联网用户数 10.7 万户；农村电话镇级虚拟网入率达 84.3%；有线数字电视用户数 14.6 万。

全市初步构建起涉及行政执法、资金监管、重点项目监管、公共资源交易、社会舆论监督、廉政风险防控、镇级便民服务、安全生产等 8 个重要权力领域行政监察体系，实现审批事项和服务事项从申请到受理、审批、补正、办结、查询、申诉全过程网上办理，二孩生育证、农村五保供养、强农惠农资金直补、婚育证明等 20 余项便民服务事项，已全部实现网上办理。政务办建立以莱西社区服务网为主站，115 个新型城乡社区为子站社区服务网络体系。

成立智慧城市建设工作领导小组 市委、市政府成立由市政府主要领导任组长的市智慧城市建设工作领导小组，领导小组办公室设在市工信局，瞄准国内一流水平，开展莱西智慧城市整体规划和顶层设计编制工作，规划明确莱西智慧城市建设总体思路和前景展望，为智慧莱西建设指明方向，提供指导和支撑。

2014年国家级智慧城市试点申报 住建部与科技部联合下发的《关于开展国家智慧城市2014年试点申报工作的通知》（建办科函〔2014〕515号）后，莱西市委、市政府要求各相关部门要在思想上高度重视、工作上配合，准确把握申报智慧城市试点工作重点，收集智慧城市建设方面最新资料和数据，确保申报成功；同时要求各通信运营商和广电网络公司要加大信息基础设施投入和建设力度，为智慧城市建设提供有力支撑。莱西市已于2014年11月14日赴青岛市进行申报答辩，现智慧城市试点已申报成功，此次申报成功有利提升莱西市城市品位和对外形象，有利实现“工业新型化、农业现代化、市域城镇化、城乡生态化、文化旅游产业化”结合和集成。

“天网“工程 工程建设所有监控点位坐标确定工作基本结束，立杆和布线工作已全面开工，截至2014年年末，共确定点位数2176个，占计划总点位数93.8%；基坑挖掘总数1081处，其中通过验收463处，混凝土浇筑345处；检修井挖掘977处、砌筑977处；杆件立杆100根 、横臂99根；移动方光缆敷设21点位。

智能交通 工程即包括“2·25”事故在内5处路口设施建设已完成并接入支队管控平台，现正常运行中。二期工程即大沽河堤顶道路莱西段交通安全设施建设项目。主要包括：新建交通信号灯17处，电子警察5处，超速抓拍系统2处，车辆智能监测记录系统2处，路口视频监控系统12处，闪爆灯112处，中心管理平台扩容及机电安装系统建设，该项目已经建设完毕，现正常运行中。

三期工程即31处道路交通安全隐患整改及204国道安全设施改造工程建设。主要包括：新建红绿灯29处、电子警察20处、路口视频监控系统15处、超速抓拍系统18处、黄闪灯1处，改造红绿灯2处、电子警察1处、超速抓拍系统10处，增设标志牌162套。同时，升级改造智能交通监控中心1处。该期工程点位确定工作已完成，立杆和布线工作已经全面开工，截至2014年年末，共开挖信号灯杆件基坑106个，电子警察杆件基坑71个，监控杆件基坑24个，测速卡口基坑8个；浇筑信号灯杆件基坑102个，电子警察杆件基坑67个，监控杆件基坑24个；顶管施工完成14个路口；非过路管道铺设30个路口；立杆共计28根。

休体大会 信息系统建设。市工信局协同莱西市联通公司、移动公司、电信公司已将2015世界休闲体育大会铃声设置完毕；建成休体大会短信推送平台，已在全市推送短信12000余条，对休体大会起到很好宣传作用；开通休体大会官方网站，完成环大沽河自行车赛运动员注册、登记、审核、统计与成绩发布工作。

数字化城管 数字化城管系统建设，做好数字化城管系统移交给市城建局前期准备工作，以便顺利移交，按照全市统一部署开展工作。

数字地理信息平台 地理信息平台合同已签订，市国土局已与青岛市国土局进行业务对接，2015年将按照工期计划进行施工建设。

（市科技和工业信息化局）

中国移动通信集团山东有限公司莱西分公司

中国移动通信集团山东有限公司莱西分公司成立于1999年7月9日，隶属中国移动通信集团公司。公司成立15年来，已建成一个覆盖范围广、通信质量高、业务品种丰富、服务水平一流移动通信网络，网络覆盖率达100%，用户规模超过50万。

公司主要从事移动语音、数据、IP电话、多媒体及互联网接入业务，拥有“全球通”、“神州行”、“动感地带”等品牌。用户号码段包括“134”“135”“136”“137”“138”“139”“147”“150”“151”“152”“157”“158”“159”“182”“183”“184”“187”“188”等。

公司立足莱西本地市场，让利客户。为33万客户组建村网和集团网，网内通话降到3分钱。同时通过资费结构调整，先后推出全球通漫游卡、齐鲁漫游卡、神州行畅聊卡、长话卡和各类4G套餐，本地通话费降低到0.06元/分钟，长途通话费降低到0.1元/分钟，降低客户通话成本，为稳定CPI做出贡献。

公司推广各类集团业务与新业务使用，为集团客户和广大个人用户提供丰富业务类型，全时通、手机报、手机上网、手机邮箱等实用型新业务，并逐渐趋向于号簿管家、信息管家、手机证券等新业务体验。

公司开展大规模3G网络优化及4G网络建设工程，先后推出飞享套餐、商旅套餐、自选套餐等多个优惠套餐。免费为客户更换支持4G功能的USIM卡，为客户升级4G流量包，并推出各类流量套餐优惠活动，让客户在套餐价格不变情况下可以包更多流量。

截至2014年年末已铺设光纤超过5000公里，干路长度2000公里。按照高速接入、广泛覆盖、多种手段、因地制宜思路，推进接入网建设。农村地区光纤到村，市区光纤到小区，部分小区可做到光纤直接入户，网速最高可达10M/s，有效提升宽带网络接入速率。

公司以专家品质创造“移动新生活”；关注和提升业务与服务质量，营造健康、安全、放心消费环境与应用环境；为客户打造“单位集团网”“村民优惠网”“家庭优惠网”三种优惠通话网，让利客户，回馈社会。2014年公司先后荣获省四星营业厅、省级青年文明号、青岛市精神文明单位、青岛市文明单位标兵、青岛市消费者信得过单位等18个称号。分公司在内部树立“大服务”思想，不仅抓好前台营业还抓好后台外呼服务及市场经理日常服务和集团客户经理服务工作，在全体员工努力下，获得30余项荣誉，公司业务服务水平又上新台阶。

公司2014年网络建设投资达2.2亿元，完成新建及更新4G基站超过520处，3/4G网络信号覆盖超过96%的地区，信号稳定，上网速度最高可达54Mbps。分公司加大网络维护力度，保证信号畅通，通话掉话率低于0.1%。

公司参与民生工程建设，在全市建成1000多处充值服务网点，让广大客户在1公里半径内即可充值，并保证每个乡镇均有1处自办营业厅可办理各类业务，为广大农村用户提供便捷服务。

在促进就业方面，加盟代理商总数达2800个，在农村深化基础服务商工程建设，保证村村有充值点，直接拉动就业机会2000余个。

（移动通信集团山东有限公司莱西分公司）

中国联合网络通信有限公司莱西分公司

联通莱西分公司下辖24个电话局，网络容量、资产规模、用户数量等方面实力雄厚，能够为用户提供高效、优质、内容丰富信息通信服务。莱西联通始终按照“以市场为导向，为客户为中心”经营服务理念，落实各项规章制度和服务承诺，建立政府监督、客户监督以及企业管理工作制度。推广差异化客户服务品牌体系，面向不同客户推出电话呼叫中心、社区经理制、大客户经理制等差异化服务体系，建立纵向覆盖市、区、乡，横向覆盖集团客户、家庭客户、个人客户立体服务网络，为广大用户提供便捷高效通信服务。

2014年，莱西联通践行群众路线，以服务于地方经济社会发展和改善民生为己任，推进精品通信网络建设。下半年莱西分公司贯彻“光网城市”建设要求，推进光网改造普及工程，截至7月，经过历时9个月努力，全面完成光网建设，实现从传统PSTN和DSLAM设备为主打铜缆网络顺利演变为光纤到户到大楼的全光网络，使莱西市成为全青岛第二个“全光纤网络县级市”。依托青岛联通大容量、高速率、稳定可靠基础宽带通信网络，莱西联通行业信息化应用得以普及推广，实现智慧金融、智慧电网、环保业务执法通、税法通等，满足全市各级政府智能化、数字化需求，加快数字莱西、智能莱西建设步伐。

（戴 旭）

中国电信股份有限公司莱西分公司

作为中国电信集团公司在青岛地区设立的分支机构，莱西电信主要经营固定电话、移动通信、卫星通信、互联网接入及应用等综合信息服务，具备电信全业务、多产品融合服务能力和渠道体系。2014年，公司实现健康持续发展，全业务收入较2013年增长20%；3G移动电话用户发展迅猛，较2013年增长80%；固定互联网宽带用户较2013年增长85%，其中光网宽带用户较2013年增长98%。

2014年，莱西电信加快推进“光网城市”和“无线城市”建设。固网方面，引入新技术，规模开展光纤到户网络建设，实现由铜缆+DSL向光纤+PON网络演进，满足家庭客户和政企客户宽带接入需求；移动网方面，推进无线网新技术应用，做好室外基站和室内分布容量协同建设，加强网络深度覆盖，形成可比优势。截至2014年12月，建成通信管道270管程公里，实现光缆线路3247皮长公里；城域网络出口带宽达20G，宽带网络覆盖用户超过21万户；无线网基站151多个，室内分布系统25多套。截至年末，莱西电信光网宽带和4G网络已通达全市城乡，C+WIFI融合、有线无线无缝覆盖，让互联网体验发生革命性改变，为快速推进莱西市信息化建设提供网络保障。

2014年，莱西电信抓住4G业务发展黄金机遇期，加快4G业务发展，整合各方资源推进终端社会化，拓展销售渠道，做强CDMA终端产业，推出苹果IPHONE6、三星NOTE4等明星智能手机以及5.7寸大屏第六代千元智能手机，为消费者提供更丰富4G终端产品，推出177新号段，制定优惠套餐政策，让广大用户享受4G信息新生活。

建立遍布城乡近80家营业厅、卖场和销售服务门店，完善天翼客户俱乐部、网上营业厅、网上商城等个性化、差异化服务渠道。围绕企业中心工作，将“为用户服务，对用户负责，让用户满意”作为目标，深化企业文明创建活动，推进社会主义思想道德体系建设，从细化客服制度、完善服务基础建设、建设统一客户服务管理体系等方面入手，以创建青年文明号、工人先锋号及为民服务创先争优等形式多样活动为契机，加强企业作风建设，提高服务能力和服务质量，提高群众满意度，树立良好社会形象，助推公司全面发展，取得社会效益和经济效益双丰收，莱西分公司获省电信文明单位，营业厅获青岛市2014年度市级青年文明号称号。

（中国电信股份有限公司莱西分公司）

金融·证券·保险

银行业

经济金融

2014年，莱西市金融机构落实稳健货币政策，优化信贷结构，创新金融产品，加大对重点项目、小微企业及新型农业经营主体信贷支持，为辖内经济发展保驾护航。截至年末，全市各项贷款余额达217.31亿元，比年初增长25.37%。其中涉农贷款余额154.12亿元，比年初增长26.07%。

金融发展与改革

莱西市各金融机构落实稳健货币政策，从优化信贷结构入手，保持信贷总量适度、平稳增长，在促进当地产业结构调整中起到积极作用。2014年，兴业、中信银行落户莱西，至此辖区商业性银行机构达17家，全市金融机构网点达111个，从业人员1415人。金融体系不断完善，金融服务水平和管理水平得到提升。

金融服务与监管

莱西市人民银行开展党的群众路线教育实践活动，贯彻落实青岛中支《金融支持莱西加快崛起的指导意见》，提高金融管理和服务水平，保障辖区金融业合法稳健运行。2014年，各项贷款余额217.31亿元，比年初增长25.37%，存款余额309.86亿元，比年初增长16.26%，在4县市排名第一，余额存贷比70%，比年初提高5个百分点，新增存贷比101.5%，比年初提高7.7个百分点。鼓励金融创新，实现农村土地承包经营权抵押贷款、林权抵押贷款零突破，奶牛按揭贷款稳步推进。4月份青岛市政府在莱西市河头店召开农村改革、金融支持三农现场会，青岛人民银行发布《青岛市农村土地承包经营权抵押贷款管理办法（试行）》。小额贴息贷款有力支持小微企业发展。推进农村支付环境建设。2014年年末，全市共布放ATM机298台，发行银行卡245万张。开展金融消费者权益保护活动。利用赶集日开展金融知识宣传活动，使市民更加了解国债、反假、反洗钱、征信等知识。完成对兴业银行和中信银行开业验收与考核，对华夏银行、交通银行和青岛莱西元泰村镇银行开展综合执法检查。

莱西市主要金融机构概况

单位名称	行长（或其他称谓的第一负责人）	副行长（或其他称谓的同级领导）	员工总数	辖内营业网点数
人行莱西市支行	马昌武	张忠民 宋延边 孙雪梅	30	1
银监会莱西市办事处	耿以明		3	1
农发行莱西市支行	王　兵	徐永涛 吴志文	22	1
工行莱西市支行	石　松	李英杰 王维民 李英凯	99	4
农行莱西市支行	丁召明	王振峰 李忠东 王欣兆 修　英 杨骥东	254	15
中行莱西市支行	姜柏卿	张　力 崔俊伟	127	5
建行莱西市支行	孙伟波	于建波 刘国华 陈建新 赵利锋	88	3
交通银行莱西市支行	刘正伟	徐克家 杨新明	21	1
中信银行莱西市支行	沙益锋	丛连强 苏墩卫	9	1
华夏银行莱西市支行	葛　鑫	高云翔 张显平	18	1
兴业银行莱西市支行	刘加奎	孙　建	17	1
民生银行莱西市支行	姜永志	邵培科	19	1
河北银行莱西市支行	鞠　昆	马　杰	17	1
青岛银行莱西市支行	于胜功	盖波 郭广爱	32	2
单位名称	行长（或其他称谓的第一负责人）	副行长（或其他称谓的同级领导）	员工总数	辖内营业网点数
齐鲁银行莱西市支行	姜　杰	张旭峰	12	1
潍坊银行莱西市支行	徐　鹏	张　鹏	14	1
青岛农商行莱西市支行	衣林龙	李慎峰　梁玉礼 王敬涛	512	38
邮政储蓄银行莱西市支行	张琳辉	赵军胜 胡　磊	74	28
青岛莱西元泰村银行	李赛春	蔡世宁 孙文耀	47	5

莱西市主要金融机构业务概况

单位：亿元

单位名称	本外币存款余额	人民币单位存款	人民币储蓄存款	本外币贷款余额	人民币短期贷款	人民币中长期贷款
农发行莱西市支行	1.35	1.35	0	9.79	9.79	1.36
工行莱西市支行	22.26	8.15	12.97	18.11	5.48	12.63

续表

农行莱西市支行	75.24	13.60	61.02	44.34	20.91	23.04
中行莱西市支行	35.85	10.70	22.89	21.52	11.53	9.71
建行莱西市支行	10.42	5.69	4.50	22.20	8.39	13.64
交行莱西市支行	8.85	6.87	1.92	15.26	8.27	6.79
中信莱西市支行	0.76	0.67	0.09	0	0	0
华夏莱西市支行	4.47	4.44	2.08	3.56	3.14	0.42
兴业莱西市支行	1.60	1.47	0.10	3.94	3.89	0.04
民生莱西市支行	3.85	1.79	1.41	0.94	0.94	0
青岛银行莱西支行	16.93	9.87	6.98	14.50	2.80	11.70
河北银行莱西支行	0.87	0.51	0.35	0.25	0.24	0.01
齐鲁银行莱西支行	3.16	2.47	0.69	0.56	0.54	0.02
潍坊银行莱西支行	2.71	1.72	0.99	1.95	1.60	0.35
农商银行莱西市支行	84.05	12.31	71.67	50.25	28.30	21.74
邮储银行莱西市支行	27.35	0.57	26.78	2.58	1.25	1.34
莱西元泰村镇银行	7.31	0.90	6.41	7.56	6.72	0.84

（人民银行莱西支行、青岛银监局莱西办事处）

工商银行莱西支行

2014年，工商银行莱西支行克服经济下行、同业竞争、资产质量压力，审慎把握业务发展，加快经营转型步伐，强化内控管理，总体保持平稳发展态势。

截至12月末，莱西支行各项存款222675万元，较年初增长20402万元；各项贷款181279万元，较年初增长3730万元，实现拨备前利润6075万元；内控合规和客户服务管理得到加强，没有发生严重问题。

按照“扩规模、增品种、调结构、保质量”要求发展信贷业务，发挥资产业务拉动作用。结合总行“八大目标市场”，分行确定重点投向“四大板块”，结合莱西实际参与大项目竞争，北汽集团混合动力汽车项目；体育休闲大会基础设施项目等。树立正确资产发展理念，发展小微企业贷款和个人贷款；有选择发展住房开发贷款，确保用好新增贷款，不仅要符合上级行导向和政策要求，而且要防止用冒险资产业务来换取快速增长。严控新增信贷风险。2014年，在分行指导下处置房地产不良贷款4096.5万元，对于个人违约不良贷款工行莱西支行采取电话及上门催收方式，做到天天有催收，天天有结果；进入4期不良贷款及时提起法律诉讼。加强信贷文化建设，培育和执行良好信贷文化，以负责任态度，长远发展态度，防止“赌”文化，正确处理好发展与风险关系，促进支行资产业务长期、稳健、可持续发展。

按照分行绩效考核办法，在制定支行绩效考核办法基础上，实行动态管理，定期听取部门和员工对执行中问题的意见和建议，及时进行研究、修订和完善。具体考核中坚持奖惩并用，真正起到奖励先进，鞭策后进作用，按照“谁营销、谁受益”原则，在兼顾公平情况下使绩效考核保持连续性和严肃性，充分保护和调动广大员工积极性。

（工商银行莱西支行）

中国农业银行莱西支行

截至2014年年末，莱西农行共有员工249人，下设6个专业部室和15个营业网点。作为一家面向“三农”、城乡联动、融入国际、综合经营大型商业银行分支机构，莱西农行围绕地区发展需求，在支持实体经济发展同时实现各项业务迅速增长。

负债与资产业务

莱西农行通过后台集中作业、监控、授权，建立精简高效临柜业务流程,有效缩短客户等待时间;加大渠道建设，自助设备布放量达98台，居莱西同业第1位，智付通设备实现所有行政村全覆盖，农民足不出村就可办理自助缴费、明细查询和存取款等业务。至年末，全行各项存款余额75.2亿元，比年初增加8亿元。上缴税款1860万元，同比增长16%。

2014年为青荣轻轨、大沽河治理区域重点项目投放贷款总额达10亿元；主动对接农业产业化龙头企业、家庭农场、种养大户信贷需求，分层次做好不同发展阶段企业和农户全流程服务，为农业产业化龙头企业贷款总额达10亿元以上，居同业第一位，累计为新型职业农民投放贷款近1亿元，促进农民增收致富；加强对中小企业金融支持，发挥网点网络、人员配备优势，以公私联动为手段、以小微企业“简式贷”为拳头产品，加大小微企业支持力度，累计为小微企业投放贷款3亿元。开办个人住房贷款、个人创业贷款以及“房抵贷”“随薪贷”等业务，简化业务办理流程，满足城乡居民住房、消费、创业需求。各项贷款余额44.3亿元，比年初增加10.6亿元，信贷投放增量居同业第一。

内控管理

从“提高认识、区分责任、检查监督”三个环节打造一支作风优良、素质过硬、凝聚力强干部员工队伍。在提高认识上，组织多种形式合规文化创建活动，打造以制度规范行为、以纪律培养习惯合规文化。实现全年“零风险、零事故、零案件”。农行莱西支行内控管理水平连续4年保持一类行标准，获总行“平安农行”、全国精神文明建设先进单位、农行青岛市分行“运营管理先进支行”和“内控管理先进支行”称号。

（中国农业银行莱西支行）

中国银行莱西支行

中国银行莱西支行成立于1989年7月，是中国银行股份有限公司山东省分行直属支行，职工120余人。内设营业部、公司业务部、个人金融部、综合管理部4个职能部室，下辖文化路支行、威海路支行、烟台路支行、重庆路支行4个经营性支行。自助服务网点30多处，形成遍布莱西市区及乡镇综合服务网络。

业务经营

人民币各项存款余额335925万元，2014年新增25439万元；其中：人民币企业存款余额106961万元，2014年新增11956万元；储蓄存款余额228964万元，当年新增13483万元。各外币折美元存款余额3690万美元,当年新增985万美元。

人民币贷款总额212991万元，2014年新增931万元；公司贷款余额107053万元，其中，中小企业贷款余额54385万元；消费信贷余额98014万元，2014年新增7244万元。

（中国银行股份有限公司莱西支行）

邮储银行莱西支行

中国邮政储蓄银行青岛莱西支行成立于2008年5月28日，下辖28个营业网点（3个自营网点、25个代理网点），覆盖城区及全部乡镇驻地，遍布城乡邮政大网络。

截至2014年年末，邮储银行莱西支行个人储蓄存款余额达51059.42万元，对公存款结余7104.35万元。在青岛地区率先开创“公司+农户”小额贷款新模式。贷款要素调整后，贷款额度由原来5万元增加到20万元，再增加到50万元。

2014年5月，邮储银行莱西支行奶牛养殖行业“公司＋农户”小额贷款模式得到总行批复后，在市农业局、市畜牧局协调下，先后组织召开新产品推介会4次，参加推介会奶牛养殖户200余家，并在5月末实现成功放款。截至2014年年末，贷款结余达34067.61万元。其中，小额农户贷款结余13394.3万元，商务贷款结余3412.63万元，消费贷款结余9705.68万元，小企业贷款结余7555万元。

（邮储银行莱西支行）

青岛农商银行莱西支行

青岛农商银行莱西支行于2012年6月28日改制成立，现有营业网点38家，从业人员500余名，是莱西市营业网点和从业人数最多，资产规模最大，服务范围最广的地方性商业银行。

2014年，缴纳地方税2407万元，较2013年增长16.62%；各项存款余额83.98亿元，较年初增加7.68亿元，各项贷款余额为50.25亿元，较年初增加6.48亿元，涉农贷款43.17亿元，占比85.91%，存、贷款市场占有率连续多年居莱西市首位。

开展“信用工程建设”，集中授信村庄达812个，评定信用户1.21万户，累计授信18.4亿元，累计用信17.85亿元，为振军家庭农场办理全市首笔土地经营权抵押贷款40万元，开创莱西市农村土地经营权抵押贷款先河。打造“银企一家亲”客户管理品牌，实施“主办银行制度”，牵头举办“政银企座谈会”5场，召开技改企业贴息项目座谈会，为6户技改企业发放贷款6600万元。与莱西市科技局签订战略合作协议，支持科技企业16家，发放贷款9900万元；为姜山镇11家搬迁企业发放贷款1.7亿元，发放政府性贷款2亿元；国际业务结算量4.5亿美元，结售汇2.2亿美元，办理速汇金业务203笔，占全市总笔数43%。推广“村村通”工程，布设ATM机55台，农民自助服务终端180台，各种POS机1200余台，形成1.5公里金融服务圈，为广大城乡居民提供便捷金融服务。

（青岛农商银行莱西支行）

青岛莱西元泰村镇银行

2014年，青岛莱西元泰村镇银行各项存款总额7.31亿元，较年初增加1.09亿元，增幅17.58%，其中活期存款1.28亿元，较年初增加0.03亿元，定期存款6.03亿元，较年初增加1.06亿元，存款定活比为82:18；全行各项贷款余额7.56亿元，较年初增加1.17亿元，增幅18.39%，支持贷款客户1280户，户均余额59.08万元，其中涉农贷款6.94亿元，占比91.72%，小微企业贷款6.19亿元，占比81.79%，达到预定目标。

青岛莱西元泰村镇银行以“支农支小、服务社区”的市场定位，以扶持花生、果蔬、养殖等涉农小微企业、现代化农业个体经营者为重点，顺应莱西市小微企业与农村金融市场服务需求变化，相继开发出“田园丰”“畜牧兴”“花生宝”“商家乐”“创业贷”“存货贷”等信贷产品，以手续简便、办理快捷、还款灵活等优势，全年新增三农、小微企业贷款1.73亿元，有效扶持辖区经济发展，解决三农客户和小微企业融资难题。

（青岛莱西元泰村镇银行）

证券业

申万宏源证券有限公司

是由新中国第一家股份制证券公司——申银万国证券股份有限公司与国内资本市场第一家上市证券公司——宏源证券股份有限公司，于2015年1月16日合并组建而成。公司目前是国内规模最大、经营业务最齐全、营业网点分布最广泛的大型综合类证券公司之一，注册资本330亿元，拥有员工近8000名，在全国设有18家分公司和309家营业部（含西部证券），并设有我国香港地区及东京、新加坡、首尔等海外分支机构。申万宏源证券有限公司莱西营业部前身为申银万国证券青岛营业部莱西服务部，成立于1997年3月26日，2008年12月30日升级为营业部。营业部位于莱西市烟台路95号（地税局南50米），上下三层共计1200平方米，设有多个客户服务区，是莱西市规模最大，实力最强的证券、期货经营机构。

2014年营业部共实现营业收入2000万元，现有客户规模2万户，客户资产11亿元。营业部秉承"专业、创新、服务"经营理念，引导投资者正确理财，合理投资，规避市场风险，把握市场先机。2014年"新三板"面向全国运行以后，给中小企业带来机遇，挂牌新三板有利于规范企业运行，树立企业品牌形象；有利于企业吸收风险资本投入，引入战略投资者。

中信证券（山东）莱西营业部

位于莱西市青岛路青岛家园118-8号，毗邻农业银行等大型金融机构。营业部配套设施齐全，能为客户提供方便快捷的交易服务、多样的交易方式和齐全的交易品种，与各大银行合作三方存管业务，拥有广泛市场资源和优质理财产品，营业部目前拥有员工20余人，从业人员均经过专业培训，为客户提供一对一专业化投资咨询服务。

中信证券（山东）莱西营业部依托中信证券强大投研实力，能够为客户提供最新、最具个性化投资资讯服务。专业和贴心是营业部最好服务诠释，特色"股民学校"服务：定期举办专题讲座，不定期举办投资报告会，提高客户在投资、交易、风险管理等各方面水平。

中信证券（山东）有限责任公司

是中信证券股份有限公司的全资子公司，公司前身是1988年设立的青岛证券公司。1992年改制为有限责任公司，更名为青岛万通证券有限公司。2000年增资扩股后更名为万通证券有限责任公司。2004年4月完成由中信证券股份有限公司出资控股的增资重组并更名为中信万通证券有限责任公司，公司注册资本8亿元。截至2013年9月16日，中信证券股份有限公司的持股比例为100%。2014年4月15日，公司更名为中信证券（山东）有限责任公司。

公司是山东地区两家法人证券公司之一，注册地为青岛市崂山区。

公司的主营业务范围为：中国保监会批准的人身险和财产险（航意险及替代产品除外）；外币有价证券经纪业务；证券经纪（限山东省、河南省）；证券投资咨询（限山东省、河南省的证券投资顾问业务）；融资融券；证券投资基金代销；为期货公司提供中间介绍业务；代销金融产品（限山东省、河南省）（保险兼业代理业务许可证有效期至：2016-05-09；证券业务外汇经营许可证有效期至：2016-02-26）。

公司在山东、河南设有58家分支机构。从总部到各网点搭建以营销、财富管理、投资顾问和运营为骨架四大体系，形成以总部集中统一交易、服务和管理平台为枢纽，以各地市网点为支撑，以发达县区和乡镇为辐射点的营销服务网络。

公司被山东省、青岛市政府命名为“山东省服务业先进单位”“山东省纳税先进单位”“青岛市文明单位”和“青岛市金融发展突出贡献单位”。连续6年入围青岛市企业100强，连续6年入围青岛市服务业50强。在2011～2013年度证券公司分类评级中，连续3年被评为A类AA级证券公司。

（市金融办）

保险业

人民财产保险股份有限公司莱西支公司

2014年度，莱西支公司保费收入为6715万元，高于当地平安保险2400万元，高于太平洋保险2700万元；利润总额为852万元。

2014年，人保财险公司经理室加大对政府和当地大企业公关力度，营造出对公司有利发展局面；对内制订合理考核政策，并严格执行、适时调整。坚持“承保有利润、经营有效益”原则，加大效益型业务发展投入，降低赔付率，为公司盈利奠定基础。通过每个岗位签订业绩合同，落实岗位责任制，提高精细化管理水平，服务层次不断改进和深化。2014年，公司重点抓好客户服务质量建设，不断提高服务层次和质量。通过抓细节、抓流程、抓回访等几个环节，提高工作效率；深入走访保户，虚心听取意见，针对存在不足立即整改，提高公司社会美誉度。

（人民财产保险公司莱西支公司）

太平洋人寿保险股份有限公司莱西支公司

莱西支公司自2002年成立以来，历经13年，已成为莱西当地业务规模最大、客户满意保险公司之一。公司贯彻国家保监局发展和监管要求，通过提高员工服务意识，从客户角度出发，重视客户感受，变等待客户上门到主动上门服务，理赔速度赢得社会各界高度认可和良好口碑。截至2014年年末，实现全年个险标保5307.7万元，全年个险期缴保费1017.8万元。

（太平洋人寿保险公司莱西支公司）

科技·文化

科技事业

概况

2014年，莱西市科技工作创新平台载体建设、孵化器建设成效凸显，企业研发中心得到推进。在高新技术企业培育方面，发挥政策导向作用，强化项目助推作用，坚持“抓培育、抓认定”“两手抓、两手硬”。在科技成果转化方面，组织产学研合作对接，推进实施知识产权培育工程，建立、完善技术市场体系。在人才工作方面，完善人才工作机制，强化人才管理服务，发挥企业等用人单位主体作用，引导高等学校科研院所与企事业单位深度合作，使高端人才“引得来、留得住、用得好”。

2014年12月20日，莱西市委、市政府印发《莱西市人民政府职能转变和机构改革方案》，整合市工业和信息化局、市科学技术局（市知识产权局）职责，组建市科技和工业信息化局，挂市知识产权局牌子，作为市政府工作部门。

农业科技

组织申报2014年度科技部创新创业领军人才2人2项，其中1人1项通过青岛市级初评推荐，即青岛鹏远康华天然产物有限公司总经理展亚丽。争取2014年度青岛市科技计划立项5项，其中青岛市企业研发中心计划立项1项，即青岛万农达花生机械有限公司，专项经费30万元。争取青岛民生科技计划3项，即莱西市生活饮用水介水传染病及卫生安全调查防控研究、专项经费10万元；花生机械化生产关键装备研究与示范、专项经费80万元；黄瓜砧木新品种选育与配套技术研究及示范，专项经费80万元。青岛市创新创业领军人才项目计划：青岛鹏远康华天然产物有限公司展亚莉的葡萄皮红色素生产工艺研究，专项经费50万元。组织国家农业科技成果转化资金项目两个，其中青岛瀚生生物科技股份有限公司的“新型高效低毒杀菌剂噻呋酰胺原药工艺研究及产业化推广应用”获得国家资金支持60万元。组织申报2014年度青岛市科技奖项目9项，省科技进步奖2项，其中青岛万农达花生机械有限公司的“花生机械化播种与收获关键技术及装备”项目获得省级科技进步奖一等奖；青岛鹏远康华天然产物有限公司的“色谱层析法提取葡萄皮红色素工业化生产”获得青岛市技术发明奖二等奖、山东恩宝生物科技有限公司的“一种具有脲酶抑制作用的海藻酸包膜缓释尿素及其制备方法”和青岛宝泉花生制品有限公司的“利用变温压差膨化技术生产花生裹衣食品的工艺”获得青岛市技术发明奖三等奖，浩丰(青岛)食品有限公司的“青花菜贮藏保鲜机理与加工新技术研究”获得青岛市科技进步一等奖、青岛三农富康肥料有限公司的“花生施肥生理生态效应及专用肥研制”获得青岛市科技进步二等奖、青岛金妈妈农业科技有限公司的“油亮型黄瓜砧木新品种‘519’、‘214’的选育与推广”获得青岛市科技进步三等奖。指导农业科技成果评价6项，国内领先技术水平3项、国内先进技术水平3项。2014年6月和10月，青岛市蔬菜种业技术创新战略联盟分别召开春、秋季蔬菜新品种展示暨合作洽谈会，加速科技成果转化，促进联盟内蔬菜种子资源、信息交流与共享，加快优质蔬菜新品种宣传推广步伐。

工业科技和高新技术

引进中科院苏州纳米研究所千人计划谢永林博士创业项目入驻道一孵化器，2个项目获创业领军人才计划立项；筛选8家科技型企业给予科技金融支持；青岛新天地固体废物综合处置有限公司获批省级院士工作站、青岛市级国际科技合作基地。

组织、指导企业获得青岛市级以上科技立项10项，争取上级扶持资金381万元，其中2家企业获得国家中小企业创新基金立项，3家企业获青岛企业研发中心培育基地计划立项，1家企业获蓝色小巨人计划立项，2家企业获青岛国际科技合作基地计划立项，1家企业获孵化器建设补助项目，2家企业获创业创新领军人才计划立项；发动企业开展科技成果评价，组织青岛敏深风电科技有限公司6家企业申报省、市科技奖奖励，青岛天邦线业有限公司、青岛新天地固体废物综合处置有限公司分别获得省科技进步二等奖、三等奖，敏深风电获青岛科技进步三等奖。孵化器建设实现新突破。出台《莱西市加快科技企业孵化器建设与发展的意见》，新建孵化器6个，开工建设孵化器3.6万平方米，引进入孵企业67家，通过青岛认定科技型在孵企业51家，综合高企数量，科技型企业考核指标得分在青岛市10区市居第4名。指导各孵化器建立、健全运营和管理各项制度，规范完善入孵协议内容，组织、指导3个孵化器建设支撑项目按要求进度施工，在青岛孵化器工作网站每月按时填报、提交有关数据；指导南墅石墨产业孵化器、店埠创业园区孵化器、河头店兽药孵化器、道一孵化器完成注册和相关制度建设；帮助道一科技企业孵化器引进生物基塑料添加剂项目和照片处理调色板项目，其中生物基塑料添加剂项目已经投产；完成3家通过资质认定的3个孵化器、2个孵化器建设支撑项目的56个在孵企业备案登记、孵化器标志设立；组织外来高端人才申报孵化器创业项目，中科院兰化所周峰博士和清华大学研究生姚响两个项目以高分入选创业项目库。青岛东生集团股份有限公司、青岛锐智精密称量设备科技有限公司等24家认定国家高新技术企业；青岛海力商用电器有限公司、青岛福瑞斯生物能源科技开发有限公司等5家企业通过复审。2014年莱西市共有国家高新技术企业44家。与各镇、街道经委对接，组织指导12家企业新认定高企，同时筛选青岛奥斯登精密铸造有限公司、青岛金正农药有限公司等企业提前培育，协调财政、税务完成5家复审企业和25家新认定企业形式审查和现场初审，5家复审企业和24家新认定企业顺利通过，新认定数量在10区市排第1名。组织青岛伊科思新材料股份有限公司申报青岛重点实验室，新天地申报山东省工程技术研究中心，培育道一空优申报青岛市工程技术研究中心。组织道一等4家企业参加北京科博会，泰星石墨等3家企业参加深圳高交会。推进科技金融，组织有融资需求12家企业与青岛高创、华商汇通对接，通过推介为8家企业融资9900万元。

专利管理

2014年莱西市发明专利申请3437件，获得授权50件；开展专利委托执法32次，居10区市第3名。组织相关人员参加青岛市知识产权局组织的专利知识培训3次。申请获得青岛市专利专项资助资金24.8万元。青岛敏深风电科技有限公司获得16届国家专利优秀奖。青岛瀚生生物科技股份有限公司、青岛道一空优科技有限公司、青岛金妈妈农业科技有限公司3家企业被列入2014年度知识产权优势企业（贯标）培育计划。

技术市场管理

2014年莱西市全年共完成技术交易额2.72亿元，同比增长339%，居青岛第3位；新培育青岛市级技术转移机构2家，技术合同登记点1处，完成技术性收入340万元，实现市级技术转移机构、技术合同登记点和技术性收入零突破。全年培养技术经纪人6人，科技成果标准化评估师1人。

（市科技和工业信息化局）

科普活动

2014年，莱西市科协围绕实施《全民科学素质行动计划纲要》这根主线，坚持“科普工作创品牌，整体工作上水平”工作理念，调整全民科学素质工作领导小组，加强基层科协组织建设，成立莱西市科普专家服务团，建立科普工作联络员队伍，开展各项科普工作。

5月17日在月湖广场举行以“科学生活，创新圆梦”为主题的2014年科技活动周启动仪式，通过摆设科技成果展板、发放科普资料等形式，宣传当前群众最关心的食品安全、生态环保、低碳节能、健康生活等科普知识，发放各种科普图书、资料1200余本（份），解答群众咨询80余人次。

举办莱西市2014年全国科普日启动仪式暨主场活动，组织15个全民科学素质领导小组成员单位和13个青岛市科普示范基地共115名科技人员和科普志愿者参加活动，接受群众咨询350多人次，发放科普图书960本、科普资料6300多份，参加活动群众达600多人次。9月24、26日，邀请科普专家为香港路社区和颐和花园社区居民上《营养与健康》科普讲座，使居民掌握合理饮食、戒烟限酒、适量运动、心理平衡、科学搭配饮食结构等生活科普知识。组织开展社区科普文艺会演。9月27日上午，在沙岭河公园举行科普知识进社区暨迎国庆文艺会演，促进科普与文艺有机结合，近300名社区科普志愿者和社区居民观看演出。

科普教育

2014年先后两次邀请青岛市科技馆青少年科技教育专家，对莱西市河头店镇和水集街道140余名中小学教师进行青少年科技创新方面辅导，提高广大教师视野，增强引导青少年开展科技活动创新意识和实践能力。莱西市河头店镇在2014年的青岛市青少年科技创新大赛中获得奖项10项。

组织农业、畜牧等部门科普专家服务团成员，采取集中培训、田间指导和远程教育等方式，开展农民技术培训，推广新品种、新技术。全年共举办培训班78场，培训群众7630人次，田间指导260人次，举办电视讲座23场，发放各类图书资料6万余册，推广新技术17项，新品种25个。

为培养城镇劳动者就业技能和创业技能，共举办各种培训班35次，培训2256人，提高他们适应城镇环境生存能力。

参加青岛市老科协组织的赴泰安、济宁、日照参观考察活动。组织老科协参加对科普示范基地指导，全年共开展科技下乡16次，培训群众1260人次。

科技传播

4月11日在莱西市电视台、电台开播《科普园地》栏目和《科普之声》节目，做到天天有科普电视栏目播出和电台科普节目广播。共制作播出《科普园地》栏目27期，《科普之声》节目185个。

围绕“节约能源资源、保护生态环境、保障安全健康、促进创新创造”主题，编印《科学饮食》《低碳生活》科普知识系列丛书，内容丰富，图文并茂，浅显易懂，无偿发放给广大群众，对全社会普及科学知识、提高科学素质具有促进作用。

（市科协）

气象工作

概况

2014年莱西市气候特点是：气温偏高，降水集中，出现阶段性旱情，受台风“麦德姆”影响，莱西市出现大暴雨，但未造成灾害。

年平均气温12.8℃，较常年12.2℃偏高0.6℃，年极端最高气温37.6℃，出现在5月30日，年极端最低气温-11.1℃，出现在1月13日；无霜期220天；年日照总时数2379.9小时，较常年2519.4小时偏少139.5小时；年总降水量640.5毫米，较常年644.9毫米偏少4.4毫米，日最大降水量240.8毫米，出现在7月25日，最长连续降水日数4天，出现在7月22～25日，降水量248.2毫米。

业务工作

莱西市气象基础业务工作主要是预报服务、气象观测、农业气象、网络通信、设备保障、探测环境保护、气象现代化建设等工作。市气象局以公共气象服务为主线，加快气象现代化建设步伐，依托气象科技手段，全力做好气象决策服务、公众气象服务和为农气象服务工作。每年为市委、市政府、各镇办及相关部门发送气象信息900余份，通过气象手机短信平台每天为市级领导、部门领导、镇办领导、学校负责人、企业安全员、村支部书记、种养殖大户、气象信息员等2000余人免费发送天气预报和预警信息，受到社会各界普遍好评。

在9月下旬青岛市举办的气象综合业务技能竞赛中，莱西市参赛代表队荣获团体第1名、全能第1名和优秀教练奖好成绩。

“三农”气象服务

2012年至2014年，通过争取中央财政资金，莱西市连续3年实施“三农”气象服务专项建设，建成气象防灾减灾指挥中心，在各镇（办）和有关单位安装气象多媒体电子显示屏30块，在326个村庄安装气象预警大喇叭，全部镇（办）建设气象信息服务站并通过气象灾害应急准备工作认证，开发气象为农服务信息平台和手机客户端，在人民广场建设气象自动站和室外显示屏，分布在全市气象自动站已经达22个，建设设施农业小气候站，研发“一键式气象信息发布平台”，气象服务能力增强。

每年通过“3·23”世界气象日开放活动、“5·12”防灾减灾日、安全生产月、法制宣传日等活动，向市民宣传气象科普知识和防灾减灾知识，与教体局、安监局、邮政局联合举办中小学生暑期安全教育，印制10万份安全教育彩页报发放到全市中小学生手中。建设东大寨小学、夏格庄中心小学、院上中学、店埠中学4个气象科普示范学校，定期更新科普宣传内容。2014年5月22日，中国气象局科技下乡活动在莱西市举行，通过气象科技下乡启动仪式、气象科普展览、气象与农业知识讲座、气象惠农座谈会等形式，提高社会对气象防灾减灾知识了解和认知度。2014年10月，店埠镇被中国气象局授予“标准化气象灾害防御示范镇”。

人工影响天气

召开莱西市人工影响天气工作会议，组织全市40余名炮手进行气象知识和安全操作技能培训，对全市5门高炮和4部火箭进行常规年检，保证人员、装备在复杂天气条件下实施人工防雹增雨作业能力。在春夏之交，莱西市气象部门密切监视强对流天气，组织实施人工消雹作业，避免冰雹灾害发生。在冬春秋高火险期间，抓住时机开展人工增雨（雪）作业，增加降水量，缓解旱情，降低森林火险等级，净化空气。

安全生产管理

市气象局成立安全生产领导小组，分管领导靠上抓，与各科室层层签订安全生产目标责任书，责任到人。在科室每月自查安全基础上，组织全局开展安全生产大检查，将检查情况予以通报，发现安全隐患及时整改。经常组织全局干部职工进行安全知识教育，收看安全警示片，学习新颁布实施的《中华人民共和国安全生产法》，每周例会反复强调安全，包括人身安全、设备安全、网络安全、行车安全、用电安全等，大院和重点部位安装红外报警系统和高清监控系统，达到“六防”要求。

依法行政

加强对防雷和施放气球等涉及安全方面执法检查，完成安监局安全网格化管理系统录入，与安监局联合下发加强防雷设施安全检测通知，对莱西市200多个企业（含加油站、液化气站等易燃易爆场所）进行防雷设施年度检测，全年未发生雷击灾害。莱西市气象局依法规范行政审批流程，严格按照审批大厅要求开展工作，实现气象审批和中介机构窗口分离，促进莱西市防雷减灾工作开展。免费为全市所有农村中小学校防雷设施进行安全检测，汇总全部隐患情况向市教体局进行通报，并实行跟踪督查。利用安监局安全网格化管理系统定期对各企业防雷安全检测情况进行公示，对安全不达标限期整改，消除安全隐患。

精神文明创建

开展党的群众路线教育实践活动，健全践行党的群众路线长效机制，全面落实中央“八项规定”。为水磨灌村捐款2万元用于公益事业。加强卫生管理工作，实行定期检查；落实安全工作制度，被市直机关工委评为党建工作“优秀达标单位”“优秀党支部”，荣获“山东省卫生先进单位”并继续保持山东省“文明单位”称号。

（市气象局）

防震减灾

监测预报

为加强管理莱西市地震宏观异常观测点，10月上旬莱西市地震局重新制作17个宏观观测点牌子并到各观测点进行检查及挂牌。

应急演练

5月12日，市地震局与教体局在望城后塔小学联合组织“教育系统中小学地震演练暨地震知识宣传教育现场会”，参加现场会的有各中小学校分管安全的领导约220人，市应急管理办公室、市卫生局、市教体局、市地震局、市气象局、市公安局、市民政局、市安监局等部门领导列席会议；演练开始后，地震警报拉响，在室内正在上课的同学立即趴在课桌下避震；地震过后有组织地迅速撤离到安全空旷地带；学校迅速成立抗震应急指挥部，指挥长下达应急行动命令，卫生救护、抢险救灾、心理救助等小组开始运作。

应急预案修订

修订《莱西市地震应急预案》。莱西市地震应急预案是2009年12月14日，由市政府发布实施。随着新形势发展和几次机构改革，不少承担地震应急任务部门和单位的领导姓名、职责、名称等发生变化，不符合地震应急工作需要。2014年，新的《莱西市地震应急预案》已修订，于2014年12月22日由莱西市人民政府西政字〔2014〕103号文正式发布实施。

知识宣传

5月11日、5月13～5月20日、7月28日、11月1日、12月4日分别为国家第4个“防灾减灾日”“创建文明莱西宣传日”“唐山大地震38周年纪念日”“《中华人民共和国突发事件应对法》实施5周年纪念日”和“依法治市宣传活动日”。市地震局先后在月湖广场、人民广场、颐和花园社区等地组织宣传活动，向市民发放《地震法规知识》《家庭防震避震知识》《地震突发事件应急知识》等小册子1500余本，明白纸5900余份。

工作调研

7月29日上午，青岛市地震局局长仇维宏一行到莱西市调研地震前兆监测台运行情况，在莱西市地震局局长宋杰陪同下到经济开发区胡家疃村“青岛市地震监测台莱西子台”进行实地察看。

（市地震局）

文化工作

2014年，市文广新局以不断满足人民群众日益增长精神文化需求为出发点和落脚点，推动莱西市文化大发展大繁荣，各项重点工作实现创新发展。

莱西市农村公益电影放映自4月1日启动后，共放映公益电影10332场。春节以来为敬老院免费放映影片30余场，为基层党组织书记教育实践活动放映影片6场，市区广场电影放映500余场。专业艺术团体和业余剧团送戏下乡达300余场。开展农家书屋建设提升工程，2014年对全市861个农家书屋配送图书共22332册。4月份为60个农家书屋配备航天数字农家书屋设备。召开全市宣传文化工作会议，对2014年现代公共文化服务体系建设工作提出要求，并与各责任单位签订《莱西市现代公共文化服务体系建设目标责任书》。培养3支各有千人参加的特色队伍（店埠秧歌队、夏格庄扇子舞、河头店广场舞），群众文化队伍形成，打造莱西市文化“动感地带”。

围绕打造品牌文化活动，组织开展第十二届月湖文化艺术节。艺术节从7月3日开始，到10月11日结束，共由开幕式暨市吕剧团专场演出、全市团体操（舞）表演队选拔赛、艺术学校展演、首届经典电影情节模仿赛等11大板块组成。艺术节共演出40场，观众达45万人次。举办第10届戏迷票友演唱大赛吕剧组比赛。活动从3月中旬开始筹备，来自莱西市各镇（办）近200余名选手报名。预赛场设在基层分片进行，由主办方组成评委到各片选拔。比赛共分6场进行，有25名选手最终进入决赛，10名选手脱颖而出，被评为“十佳选手”。围绕休体大会倒计时一周年，组织开展手绘文化衫大赛、英语演讲比赛、全市书画联展及校园集体舞大赛等形式多样文化活动，精彩纷呈，为群众文化生活增添色彩。

全市少儿才艺大赛、“梦金园杯”我的中国梦出彩莱西人、“爱在莱西”首届婚博会、“社区大舞台”全市道德模范与身边好人事迹文艺巡演等活动也充分调动市民积极性。

2月11日向青岛市文物局报送，并经青岛市文物局向省文物局上报《关于编制西沙埠遗址保护规划立项的请示》。2月22日，中国文物信息咨询中心、省、市文物局领导及文物专家，就西沙埠遗址保护规划编制立项工作，到莱西市进行专项考察调研。3月31日至4月15日，省和青岛考古所对遗址进行考古调查勘探，4月末，委托北京国文信文物保护咨询有限公司编制《西沙埠遗址保护规划编制立项报告》完成，并经青岛市及省文物局上报到国家文物局审核批复。

打造夏格庄镇、院上镇、望城街道和沽河街道等农民书画示范点，协助策划“挚止头村历史文化产业园”规划方案。挖掘夏格庄“梦鲤故里”历史文化资源与人文自然资源潜力，研究制定夏格庄“文化旅游综合体”规划方案，以“非遗保护与城镇化同行”为主题，组织举办非遗展演展示活动。下发《莱西市文化广电新闻出版局关于公布第一批市级非物质文化遗产项目代表性传承人的通知》（西文广新字〔2014〕17号），其中12个非遗项目13位传承人榜上有名。

在首届全国木偶大赛中，莱西市木偶艺术团表演木偶戏《农夫与蛇新传》获大赛银奖。莱西木偶艺术团是唯一代表山东参赛代表队，此次荣获银奖，填补山东省木偶艺术获奖空白。

根据现实热点新闻事件，创作编排大型现代反腐倡廉吕剧电影《断桥惊魂》已举行首映式，并在各镇办进行巡演。在经典吕剧《李二嫂改嫁》创排50周年之际，市吕剧团成功复排，并于6月4日晚在莱西市进行首场汇报演出并取得圆满成功。该剧导演、舞美、灯光、设计和人物化妆均由省吕剧院担纲，是继《断桥惊魂》之后打造又一精品。10月18日至30日，剧团3名演员受邀赴日照参与微电影《大爱永无言》拍摄。

引进青岛泰林涌集团投资50亿元对姜山湿地进行保护性开发建设，已完成马术俱乐部、游艇俱乐部、观鸟屋、垂钓吧等多个旅游休闲项目建设，完成湿地百米景观大道、水上度假公园建设和2015年世界休闲体育大会配套项目规划。与青岛世纪迪趣文化城项目投资方洽谈交流《青岛世纪迪趣文化城2020·莱西——项目策划方案》。项目位于经济开发区，由迪士尼设计团队设计，以传播迪士尼文化为载体，开发建设含有迪士尼元素集餐饮娱乐、购物休闲、特色学校、商业住宅为一体大型城市综合体，建成后由迪士尼授权商经营，辐射整个山东半岛，打造半岛休闲旅游知名品牌。

2014年莱西市“扫黄打非”及文化市场管理工作保持青岛市领先地位。在青岛年终考核通报中，莱西市“扫黄打非”和文化市场管理、平安青岛创建量化工作考核均位列第1名。

（市文广新局　市文化市场执法局）

广播电视

2014年，莱西市广播电视局将电台、电视台《莱西新闻》节目播出时间由原来的10分钟延长为12分钟，组织引导记者深入基层、深入一线，挖掘新鲜新闻，丰富新闻节目，增强广播电视新闻可听性、可视性。

突出党的群众路线教育实践活动、党的十四届四中全会、关注民生、世界休闲体育大会工程建设和相关产业发展、大沽河治理等重点，两台播出大量稿件，推出一批先进典型、先进经验，为推动莱西市经济社会又好又快发展提供良好舆论支持。

结合全市“项目建设百日奋战”活动，组织精干优秀记者班子，赴镇街采写稿件，拍摄现场建设场面，采取青岛市重点项目重点报、莱西市重点项目按照时间节点动态报、先进典型全面报的思路，全方位、立体化搞好项目建设宣传报道。

关注民生宣传上，打破传统新闻编排模式，优先播发优质民生新闻稿件。2月中旬，大胆尝试，将葛中科舍己救人、农民捐献造血干细胞等新闻安排新闻节目头条播发，有力地弘扬正气，向全社会传递正能量。

对外宣传上，青岛市级以上广播电视媒体用稿360篇，比2013年增加30篇，列全省县级台首位。在中央媒体发稿实现历史性突破。2月21日，报道葛中科《六十九岁老人舍命救落水儿童》一稿，中央电视台《新闻联播》节目播发。在稿件处理上，上了节目预告提要，配发后编，加动漫图解，时间达3分钟。

与市纪委、市监察局联办《行风在线》节目，由过去的30分钟延长到50分钟。2014年，针对群众普遍关心的社会治安秩序整治、消费者维权、高考中考、社会救济等热点问题，邀请相关部门主要领导进直播间，通过热线电话、短信平台等形式与听众直接交流互动，现场解答问题。电视台对部分栏目进行改版。包装栏目撤掉《农广天地》《农业10万个为什么》，有针对性地引进《三下乡》节目，使“三农”服务类节目达4档，节目时长达85分钟，比过去延长30分钟。压缩整治广告类节目，撤掉观众反感医药广告内容，净化声频荧屏，提高广播电视格调。

党的十八届四中全会、各级两会、元旦、春节等重要时期，加强监视，所传输广播电视节目全部接入32路矩阵，发现异常及时切换。修订安全播出应急保障预案，高度警惕，预防“法轮功”邪教组织和不法分子插播、截播电视节目，安全播出工作未发生问题。

成功举办2014春季汽车及休闲用品展、秋季汽车展、农资展、皮草皮衣展、摄影设备展、莱西首次大型相亲会、首届大学生购物季、梦想望城少儿才艺大赛、第11次中韩艺术大赛、“联富.尚城家园杯荧屏之路”电视主持人选拔大赛等活动。完成广告收入835.34万元，比2013年增收202万元，增幅36.7%。

（市广播电视局）

新　闻

2014年，莱西市新闻中心调整宣传工作重点，先后开辟《贯彻党的十八大精神和十八届三中全会精神》《为民务实清廉践行党的群众路线》《办实事惠民生建设宜居幸福新莱西》《环境综治在行动》《凝聚道德力量、建设幸福宜居新莱西》《食品安全在行动》《加快推进国家公共文化服务体系建设》《讲文明 树新风》等10个余栏目，累计刊发新闻报道220篇，全年共编辑出版《莱西市情》203期，1624个版面，每期发行量达12000份。实现将传统媒体与现代新兴媒体有效结合，健全“三报一网一平台”宣传机制，建立《莱西市情》微信宣传平台，拓宽新闻宣传渠道。在办好《莱西市情》同时，健全《莱西市情》电子报、手机报和《莱西新闻网》，实现新闻宣传立体化、全覆盖。采编、印刷质量明显提高。

围绕市委、市政府月份重点工作安排，先后策划编发项目建设、民生、稳定、平安莱西、城市建设等方面头题新闻86篇，配发会议短评50篇，编发头题会议报道60篇。对全市领导干部会议、两会、《进现场 解难题 抓开工 看实效》《大沽河综合治理》《2015莱西世休会》《转方式 调结构 进企业 看发展》等全市性重大会议、活动进行大版面专题系列报道，配发社论、评论文章50篇，刊发“两会”专版100个。

（市新闻中心）

档案工作

2014年，莱西市档案馆做好档案库房防火、防高温、防潮、防尘、防鼠、防虫等“九防”工作。每月对电路及消防设备进行检查1次，并做好相关记录；每天定时对库房进行控温控湿，保持温度在16℃～20℃，相对湿度在45%～60%，并坚持每天做好库房温湿度记录；定期对档案库房投放灭鼠药，全年对各库房投放灭鼠药1次；定时对档案库房进行灭菌消毒，全年分别对档案库房、图书资料库房进行消毒4次，确保档案安全，实现档案永久保存和有效利用。

档案整理与数字化建设

整理莱西市“三讲”（讲学习、讲政治、讲正气为主要内容的党性党风教育）活动、“三个代表”重要思想学习教育活动形成的文书档案198卷，其中永久52卷，长期146卷。编制、粘贴馆藏莱西市人民政府、市地税局、市档案馆、市房产局等19个全宗1988～2001年文书档案、市信访局1963～2001年信访档案的案卷号，共计1275

卷。完成莱西市“三讲”教育活动、“三个代表”重要思想学习教育活动形成的文书档案198卷的案卷级目录、文件级目录的录入工作，其中案卷级目录198条，文件级目录2029条；完成馆藏市委组织部1988～2001年永久卷文书档案机读目录的查漏补缺工作，完成373条案卷级目录、2083条文件级目录的质量检查及1522条文件级目录的录入工作。完成文书档案35卷、5000余页的扫描工作；争取市委、市政府及市财政支持，拟写经费申请报告，根据馆藏情况，计划用3年时间完成馆藏永久、长期全部档案38350卷（按卷管理）、39368件（按件管理）、约500万页数字化工作。

档案资源体系建设

5月份在全市范围内开展专业档案管理调研统计，对全市各单位形成专业档案进行一次梳理，已上报专业档案共涉及39个单位、42个门类。并对已纳入监督指导范围专业档案进行检查，按照《专门档案管理规范》要求，对存在问题提出整改意见并责令期限整改。

文书档案归档工作、整理

在群众路线相关档案方面，与市委党的群众路线教育活动办公室联合下发《关于做好党的群众路线教育实践活动档案工作的通知》，制定档案归档、管理制度，制定教育实践活动中形成的纸质文件材料、照片、录音、录像、实物及相关电子文件的归档范围、保管期限及整理规范。市委组织部抽调市档案馆1名工作骨干到教育实践活动办公室，专门负责市委群众路线教育实践活动档案的归档、整理、移交工作。为保障全市2014年度文书档案归档工作顺利开展，年初下发文件《关于开展2014年度文书档案立卷归档工作的通知》，到2014年末，完成对全市120多个市直、企事业、镇街道单位立卷工作进行监督检查。分类分批集中业务指导，其中市直单位分老、新档案员两组，学校分市内、郊区两组，镇（街道）分南、北两组，成效显著。9～10月份上门到市人社局、市民政局等单位业务指导20余次。指导94个市直单位和12个镇（街道、经济开发区）完成2013年度文书、照片、音像、实物、专业档案等立卷归档工作。下发监督检查通知，对归档文件整理情况和机读目录数据录入情况进行检查，并督促68个市直单位对录入归档文件目录进行在线检查，确保其准确率、完整率、开放控制标注正确率均达100%。

纪念“莱西会议”展览和编纂姜春云《岁月足迹》资料搜集工作

2014年，根据市委组织部部署，制定纪念“莱西会议”资料搜集工作方案，明确责任，组织人员重点抓好资料搜集工作。查阅馆藏1990年全国村级组织建设工作座谈会及党的十一届三中全会召开至2001年涉及山东省、青岛市、莱西市党的基层组织建设相关材料、照片及视频，赴青岛市档案馆、山东省档案馆、山东省图书馆查阅1990年全国村级组织建设工作座谈会相关资料、照片、视频及在《人民日报》《光明日报》《经济日报》《工人日报》《农民日报》《中国青年报》《中国妇女报》等各大报刊刊发的新闻报道，搜集青岛电视台“青岛新闻”“岛城先锋”栏目播放的“纪念莱西会议十五周年座谈会暨农村基层组织建设工作会议”“全国东部东北部片区村务公开民主管理座谈会”“李玉妹到莱西调研农村基层党建工作”“莱西市积极探索镇务村务公开”“坚强的核心”等音像档案。截至2014年年末，共上报纸质档案资料156件，照片152张，视频15件。为编纂姜春云《岁月足迹》画册搜集资料，提供中共莱西南县委、莱西南县人民政府、莱阳县委、莱阳县政府4个全宗革命历史档案63卷，中共莱西县委全宗1952～1957年文书档案228卷，扫描1950～1955年姜春云任莱西县委办公室秘书、主任时拟写、签发文件18件，共219页。

档案查阅利用服务

采取现场查阅、来电查询、网上查阅等多种方式，在青岛市11个国家综合档案馆之间启动“在线查档 全域共享”档案信息查阅服务，加强与本地区专业档案馆、档案室联系，为老百姓提供更加便捷的档案查阅利用服务。截至年末，共查阅利用文书档案、婚姻档案、土地房产档案、报纸、图书、现行文件等1181人次、2359卷次，出具婚姻状况证明951份、查阅征用土地批复37件，报纸4件。

"档案馆日"活动

2014年6月9日上午，举办以"走进档案 认识青岛"为主题的第四届"档案馆日"活动。活动分为参观观摩和体验档案工作两部分，并启动基于金宏网"在线查档 全域共享"服务平台。数十名市民参观档案库房和爱国主义教育基地，观摩馆藏珍贵档案及历年编修志书成果，并现场体验"在线查档 全域共享"档案信息查阅服务。活动情况在6月12日《青岛日报》15版"人民走进机关"开放日专版的"各区市档案局（馆）开放日活动掠影"中进行宣传。

国有可移动文物普查和青岛市档案遗产普查

根据《国有可移动文物普查——文物认定标准（试行）》要求，全面普查馆藏档案、资料，对符合国有可移动文物标准档案、资料进行登记、上报，包括《山东通志》《莱阳县志》《建国方略》《李氏族谱》等共25册。同时做好青岛市档案局档案遗产普查工作。

（市档案馆）

地方史志与年鉴工作

2014年，莱西市史志办公室有针对性抓好第五次全国地方志工作会议、2014年山东省地方志工作电视电话会议精神和《山东省地方志编撰委员会关于做好乡镇村志编修工作的意见》贯彻落实，促进全市地方志工作迈上法制化、规范化轨道。根据全年工作需要，市史志办公室克服人员少，力量薄弱实际，联系一部分离退休或有文字基础社会人员，强化业务培训，利用业余时间对部门和单位志书编写工作进行指导，有效提高志书编撰质量和进度。

立法调研

拟定《莱西市地方志工作管理办法》，报市政府研究批准，于2014年12月正式发布实施。

业务指导

2014年，指导市第二人民医院、市总工会、二四八大队、院西村、沙望庄村等单位志书编写工作。

资料搜集与抢救

对已撤并乡镇和整体搬迁合并村庄基础性资料，通过给镇办党委书记一封信、发放明白纸等形式，宣传抢救历史资料重要性及历史资料搜集整理途径方式方法，同时安排专人进行督查指导，促进工作开展。

年鉴工作

编辑出版《莱西年鉴2014》，增设"2015年世界休闲体育大会"、大沽河治理篇目，强化地域文化板块特色。

方志馆建设

对现有馆藏书籍、资料重新清理统计、分类排列上架。出台《志书管理与借阅办法》等制度，严格志书、资料借阅手续。2014年交换志书20余种、50余册，累计藏书50余种910余册。

业务考核

完成省、青岛市业务部门交办各项工作，高质量完成2万余字《山东年鉴》《青岛年鉴》供稿任务。

为编辑《岁月的足迹》（姜春云传）查阅档案100多卷，搜集有关资料，并报编辑组。

业务合作

与莱阳市史志办公室合作出版民国版《莱阳县志》点注版。

（市史志办公室）

图书发行

2014年，莱西市新华书店树立“为教育服务，为师生服务”思想，做好全市中小学生教材教辅发行工作，确保课前到书，人手一册。按市场化运作方式，做好市场化教辅销售，满足广大师生教育、教学需求。

先后开展“美德托起明天”“读书活动点燃正能量”、寒暑假读书征文等活动，在全市营造“读书好、好读书、读好书”读书氛围，推动全民阅读活动开展。年内发行《习近平总书记系列重要讲话读本》等图书，满足广大读者对政治类读物需求。发挥品牌优势、房产优势、资金优势，开展多元经营业务，做好中小学新班班通电教设备、录播教室等政府采购中标产品服务，打造新华书店多元经营品牌。2014年，配合青岛出版集团完成企业上市运营工作。

（市新华书店）

教育·体育

教育综述

2014年，莱西市教育体育局按照“率先实现教育现代化，让城乡居民学有优教”思路，提高教育质量，加大教育投入，提高教育现代化水平，促进义务教育均衡发展和城乡教育一体化发展。

全市共有幼儿园156所，其中，局属幼儿园2所，镇中心园14所，小学附设园70所，村办园56所，民办幼儿园14所。幼儿教师共有954人，在园幼儿11569名。有各级各类学校131所，教职工7435名，在校学生80353名。其中，小学95所，教职工1069名，在校学生37296名；初中29所，教职工2838名，在校学生26294名；普通高中3所，教职工1069名，在校学生10180名；职业学校2所，教职工609名，在校学生6499人；特教中心1所，教职工51人，在校学生67名；民办学校21处，含中等非学历学校20所，中等学历学校1所，专兼职教师176人。学前3年幼儿入园率为97%，小学、初中普及率均达100%。义务教育段在校生巩固率达99%以上，高中段入学率达97%以上，高考1本达线率达39.25%。

2014年全市财政投入教育经费109751.31万元，比2013年的113223.86万元减少3472.55万元，增长-3.07%。其中，财政预算内教育经费93542.61万元，比2013年的104954.33万元减少11411.72万元，增长-10.87%；教育附加13740.7万元，比2013年的8174.4万元增加5566.3万元，增长68.09%。全市公共财政教育支出占财政支出比例的18.07%，总投入达10.13亿元。初中、小学生均公用经费每年递增2.5%，年内增至755元/生和971元/生。全面落实“一免一补”政策，全年累计为义务教育段学生减免教育书费1023.14万元，发放生活补助金35.6万元。发放学前教育国家助学金173.64万元，受助学生2894人次；发放普通高中国家助学金331.7万元，受助学生4602人次；发放中职国家助学金119.1万元，受助学生1588人次；为180名莱西市户籍高校学生办理助学贷款，贷款金额115万元。

加大基建与设施投入。投资6100万元的济南路小学和投资3000万元的香港路幼儿园于9月1日交付使用；投资6620万元、建筑面积25600平方米的28所标准化幼儿园全部完工，全市标准化幼儿园总数达119所；投入资金1200万元，完成788处教室新“班班通”建设；总投资500万元的60所青岛市标准化食堂顺利通过青岛专家组验收；8月份，“青岛市中小学建设标准化食堂总结推进现场会暨学校食品安全工作会议”在市一中北校召开，莱西市做典型发言；实施总投资5520.3万元的经济欠发达乡镇教育工程，惠及4个乡镇的7所学校，建筑面积2.9万平方米；中小学均完成教室新“班班通”建设任务，全市试点机器人实验室、数字化史地教室和心理咨询室均配备到位；新创建41所现代化学校，年内全市现代化学校达79所；建成21个录播教室和6个简易视频会议室；投放运营校车208辆，覆盖全市751个村庄，接送97所中小学16590名学生；完成全市中小学图书达标配备；首批28所学校通过青岛市中小学数字智慧校园建设评估，学校常规教育教学管理实现数字化；莱西市香港路小学、第七中学、水集中心小学和开发区滨河小学通过青岛市海洋教育特色示范校验收。

加强党的群众路线教育实践活动。制定《厉行节约反对浪费实施细则》《在职教师有偿家教行为处理暂行办法》《开展有偿家教专项整治活动实施方案》等文件，重点开展以禁止体罚学生和有偿家教为主要内容的师德师风专项教育活动。组织全市8000余名教职工签订《作风建设目标责任书》《禁止有偿家教目标责任书》，严格规范教师从教行为，推广“青青义教”活动，有偿家教得到有效控制，教育行风明显好转。在青岛市率先成立教育服务中心，明确办事流程，使教育服务进一步“接地气”、“连民心”。开展“四风”问题整治行动，先后清理办公用房360平方米，清退公车9辆，“三公”经费实现大幅度下降；在全市中小学推行国库集中支付，会计人员轮岗调整，加强财务管理。争取奖学金、助学金，全年共发放各类资助金347.8万元，受资助学生9398人。为全市4410名符合条件农村原民办代课教师发放教龄补助657.57万元。建立莱西市教育信息服务平台，将全市教育系统所有教职工、学生家长统一纳入教育信息服务范围，实现教育部门与学生家长之间无缝对接。

推进教育内部人事改革。教体局教科研人员办公室建在基层学校，局机关职能科室由原来23个缩减为14个，撤销原镇办教委和成教中心校，成立镇办中心中学教育党总支。推进校长职级制改革，推行校长去行政化，中小学干部一律取消行政级别，由教体局归口管理，选拔市直学校校长、党总支书记5名、镇办中心中学党总支书记2名、中学校长1名、小学校长6名，幼儿园园长1名，校（园）长队伍建设得到加强。公开招聘教师96名，其中53人被充实到农村中小学（园）。建立起市域内义务教育学校校长和教师定期交流制度，先后出台《关于建立结对帮扶制度的通知》《关于加强义务教育学校城乡教师交流工作的实施意见》《2014学年度校长教师交流工作实施方案》等文件，对交流范围、方式、条件、数量和相关政策提出明确要求，并抓好落实。年内达到符合交流条件中小学校长全部交流到异校工作，组织130名城区学校教师到农村学校支教，安排32名农村学校教师到城区学校挂职锻炼，组织区域内教师调配661人次。

加强干部教师培训。坚持“面向全员、突出骨干、倾斜农村、注重实效”原则，建立市、镇、校三级培训网络，实行统筹管理，分层培训，分类指导，加大教师培训力度，促进干部教师队伍建设和专业化发展。先后组织200余人次到北京、上海、衡水等教育先进地区学习；邀请“莱西院士第一人”刘维民、书法大师于从国等10余人走进校园讲学；建立全市教育培训基地，举办4期领导干部和骨干教师培训班，培训270余人次；组织4077名中小学幼儿园教师参加暑期远程研修工作；组织应急救护培训140余人次，实现全市中小学“红十字救护员”全覆盖；定期组织开展亲子活动和家长培训，为每位婴幼儿建立《成长档案》，组织3个年龄段免费早教讲座11期，开展亲子活动近20次，培训1500人次。加强现代教育技术及设备培训和应用，共举行微课制作和翻转课堂专题培训16场次，培训教师1000人次；利用录播室、学科教研博客、QQ群等平台，尝试开展网络教研，全市已建立30个学科教研中心、110个校级教研中心、近5000个教师个人工作室，网络教研体系初具规模，优质资源实现共享；启动“三个课堂”试点工作，组织各学校分主题分学科进行在线“晒课”活动，现已录制成课200余节，丰富课堂教学视频资源。

强化安全教育管理。以“平安和谐校园365天”安保品牌创建为抓手，统一规范制作应急事件处置流程图、门卫登记接待流程图，规范安全工作程序。依托《青岛市安全教育平台》开展网上安全知识学习，学习规范程度居青岛各区市首位。建立教育短信服务平台，将全市所有教职工、学生家长统一纳入教育信息服务范围，共发布教育评议、安全提示等信息21条，辐射120余万人次。先后开展冬季取暖设施、学生携带刀具、打架斗殴、交通安全、清剿火患、防溺水等16项专项整治，对发现的122处安全隐患进行跟踪督查，保证广大师生人身安全和学校财产安全。

基础教育

率先改革教育评价办法，推行绿色评价标准，首次把学生睡眠时间、作业量、心理健康、阳光体育活动1小时等身心健康指标纳入考核体系。开展教育教学“订单式”服务，针对初中学业水平考试，首次组织9个学科的电视讲座“订单”指导，得到全市学生家长和师生赞誉。在5所学校推行教育资源公共服务平台试点工作，教师实现资源共享，家长能够及时了解学生动态，学生实现网上提交作业及师生信息交流。推行小班化教学，全市60%以上中小学起始年级班额不超过40人。5月29日，在香港路小学召开莱西市督学责任区挂牌督导工作会议暨挂牌仪式，启动莱西市责任督学挂牌制度。责任督学定期到学校开展工作，加强对学校监督指导，及时帮助解决问题，端正办学思想，规范办学行为，提高教育质量，使督导与督学工作常态化。

围绕“我的中国梦”教育主题，先后组织开展“学雷锋精神 做美德少年”活动、清明祭英烈活动、“我们的节日·端午”主题活动、“讲孝德 懂感恩”书信比赛活动和“魅力世园情·相约中国梦”等系列教育活动，以读书征文、经典诵读、讲故事、演讲等活动形式，培育和践行社会主义核心价值观，提高学生思想道德修养。在普通高中推行德育“六层级三原则”活动。以学生道德发展为导向，将道德认知、道德情感、道德意志与道德行为有机结合，按照德育目标六层级、德育过程三原则开展工作，促进学校德育工作系统化、规范化建设。在高一推行“自理、自律”为重点德育教育，让学生学会高中生活，在学习、生活、交往等多方面具有独立能力和自律能力。在高二推行“自励、自尊”为重点的德育教育，引导学生在广泛参与各种实践过程中认识自我，树立自信，增强团队意识，通过自身努力赢得别人尊重。在高三推行“自主、自强”为重点的德育教育，让学生在真切的人生体验中提升自身道德境界，在为父母洗脚中感受到父母艰辛、在为老师端水中体会老师的付出、在勤工俭学中感受美好生活来之不易，让学生推己及人，关心同学，尊重师长，心怀天下，关爱大自然，道德素养明显提高。

以“人人参加阳光体育，促进学生健康成长”为宗旨，举办市、镇（办）和学校三级体育节。组织乒乓球赛、篮球赛、足球赛、趣味运动会、体育游戏等多种形式体育活动，推进学校体育工作全面发展。在第十一届全市中小学生运动会上，先后有32人次打破13项赛会纪录，创历史最高水平；在青岛市中学生运动会上，莱西一中代表队获得青岛市高中组团体总分第八名的历史最佳成绩；400多名学生参加全市中小学生现场书画比赛活动，评选出60幅优秀作品在青岛市书画展暨评比活动中，获得30个一等奖，30个二等奖；9月份，组织6所小学、3所初中赴青岛参加大型校园集体舞展演，莱西市第四中学、姜山镇中心中学和九联小学分获青岛市初中组和小学组一等奖；12月份，邀请北京银潮足球俱乐部两位外教在香港路小学组织莱西市首届校园足球教练员培训，标志着莱西市校园足球活动正式启动。

以微课制作、翻转课堂研究和“作业超市”为抓手，推行“个性化教学”或“针对性教学”，打造“高效生本愉悦课堂”。

借助小课题研究，构建“以研促训”“以研促发展”教研模式，与教学中热点焦点问题解决相结合、与教研活动开展相结合、与教师专业化发展相结合，构建以小课题研究、学校发展与提升教师专业素养相结合教研模式。5月27日在水集城厢小学召开“我自信，我成功”主题教研现场会，6月24日在南墅北墅小学召开“小学综合实践活动课程实施经验交流现场会”，12月9日在第二实验小学召开“读书立人，翰墨飘香－青岛市小学语文翻转课堂提升学生语文素养教学现场会”；12月11日，莱西市特色学校课程教学展示会在河头店镇东大寨小学举行。12月11日，教体局在城北中学召开2014年全市初中课程与教学工作会议暨城北中学“快乐教育”现场会。初中语文学科承担省“开源导流式”写作研究子课题，并先后于3月21日、12月5日和4月15日成功承办青岛市“开源导流式”写作教学现场会。全市共召开市级研讨会37次，展示青岛市公开课、城乡交流、名师开放课21节；教研员走访全市94所小学，借助随堂听评课，帮助教师梳理相应学科教学的基本流程，提供有效教学策略，促进农村课堂教学规范化；初中学段共组织青岛市级公开课、名师开放课、城乡交流课53节；组织举行莱西市级公开课91节；11位教师获得青岛市教学能手；7位教师被评为青岛市学科带头人。

在全国高中数学联赛中获得1个一等奖、2个二等奖；在第五届全国中小学数学建模研讨会上，莱西七中数学教师苏红、南岚中学数学教师李霜均获得优质课比赛一等奖。在山东省2014年初中学生物理和化学创新实验大赛中共夺得省级4个一等奖，4个二等奖，1个三等奖。在全省青少年科技创新大赛中，获得1个一等奖、1个二等奖；在全省初中物理、化学创新实验大赛中，获得4个一等奖、4个二等奖、1个三等奖；在青岛市初中生数学建模能力比赛及其他学科学生小论文比赛中，获得3个一等奖，2个二等奖，4个三等奖；在青岛市电脑制作活动各项比赛中，获得青岛郊市区初中组电脑打字比赛团体第一名、小学组电脑打字比赛团体第三名；参赛选手获得5个一等奖、5个二等奖、5个三等奖。在青岛市普通教育教研室组织的初中生数学建模能力比赛及其他各学科学生小论文比赛中，共获得3个一等奖，2个二等奖，4个三等奖。初中六科学业水平考试成绩在各区市中领先，青岛教研室通报的五项成绩数据中，及格率、平均分、优秀率、前20%占本区考生总数比例等4项成绩居青岛四县市第一名。

河头店镇开设莱西市首门陶艺课程，建立首个国际象棋班、“海牛爱心”足球室、“射箭项目重点学校”；莱西市香港路小学开发校本教材《小学生学法指导》荣获山东省优秀课程资源评选二等奖、城关中学开发的校本教材《剪纸艺术》荣获山东省三等奖；《走近名人》在第二届山东省普通中小学、特殊教育学校、幼儿园优质课程资源评选中获一等奖。市实验中学在青岛市校本课程现场会上作典型发言，在青岛市初中数学建模能力比赛中获一等奖；第二实验小学荣获山东省校本教育工作先进单位称号；11月，经济开发区中心中学在“首届全国海洋意识教育基地工作交流会暨第三届青岛市海洋教育论坛”做典型经验交流。12月，成功承办青岛市小学语文“翻转课堂”提升学生语文素养教学现场会和青岛市初中数学翻转课堂现场会，第二实验小学和实验中学做典型发言。

2014年，首次设立高中特色班，在莱西二中设立以人文科学为主的国学特色班，在一中南北校设立以科学技术为主的科技创新特色班，形成普通高中多元化发展格局。2014年，高考成绩喜人，文化课本科一批达线首次突破千人大关，达到1069人；本科一批达线率比之前达线人数最多的2013年（937人）增加231人；一本达线率为39.25%，比之前达线率最高的2013年（25.14%）提高14.11个百分点。自主招生获得重大突破，共有40多人通过北大、清华、浙大、交大、复旦、山大、海大等重点高校自主招生考试；在北大、清华自主招生中，青岛地区共有4人入围，其中2人出自莱西市；报考的983名艺体生中，有620人达省本科线。莱西一中和莱西实验学校被评为“2014年山东省普通高考优秀考点”。

加强工作交流合作，推进普通高中教育教学改革。11月19日~24日，市教体局组织31人，赴潍坊、东营、德州、聊城考察当地知名普通高中办学情况，并参加“全国普通高中多元化发展与考试招生制度改革研讨会暨聊城二中现场观摩会议”，莱西一中在会上做典型经验交流。

职业教育与成人教育

2014年，莱西市共有局属职业学校3所，其中国家级重点职业学校2所，职教中心是第三批国家中等职业教育改革发展示范学校，共有教职工609名。全市各类职业学校招生2316人，高中阶段职普比例达5.2:4.8，毕业生对口就业率达98%。投资4000多万元重点建设农业新技术培训推广中心、工厂化育苗中心、数控加工中心、酒店服务与管理实训中心、计算机实训中心、服装设计与工艺实训中心、中餐烹饪实训中心、农副产品加工实训中心、机电实训中心等校内实训基地。全市共有国家、青岛市支持建设校内实训基地9个，有3家校外实训基地被评为“青岛市优秀校外实训基地”，在青岛市技能大赛中共获得19个一等奖，25个二等奖，59个三等奖；在国家级技能大赛中共获得1金4银5铜历史最好成绩;《服装数学》《网络管理》《中国传统文化教育》《导游实务》《平面设计制作实务》《春秋女装~设计~制版~工艺》等6门课程被评为青岛市精品课程；职教中心服装设计与工艺专业被评为青岛市“双高”名牌专业。职教中心、职业中专分别与11所高校建立合作办学关系，与50余家知名大型企业签订稳定校企合作协议，进一步提升办学层次;与市人力资源和社会保障局、市民政局等联合开展短期培训，先后培训农村剩余劳动力2700人，退伍军人100多人次，取得明显经济和社会效益。

学前教育

2014年，投资6620万元，建设28所标准化幼儿园，全市幼儿园办园条件得到改善。其中，由莱西市政府投资2213万元、规模18个班的香港路幼儿园和开发区政府投资800万元、规模12个班的龙水社区幼儿园都已竣工通过验收，于9月1日正式开园招生，解决北部新区入园难问题。

市镇两级财政用于非公办幼儿教师工资、保险投入2072万元，非公办幼儿教师月人均工资达1840元，比2013年提高15%，并按企业职工基本缴费标准缴纳保险。经市教育体育局班子会研究决定，各用人单位按每人每月200元标准发放绩效工资，按每人每天60元标准发放寒暑假加班补助，此项工作成果——“提高非事业编幼儿教师待遇、促进学前教育事业健康发展”经验做法在《青岛日报》刊发，并获青岛市第二届教育体制改革创新奖（获20万元奖金）。

面向社会公开招考30名公办幼儿教师、146名非公办幼儿教师。新招聘非公办幼儿教师全日制本科学历占20%，专科学历占70%，新学期开学已全部到位。全市所有公办幼儿园及公办性质村办园幼儿教师全部实现统一配备，统一招聘，统一待遇，统一管理。市教体局制定下发《关于加强幼儿园药品、食品管理的通知》《关于进一步加强幼儿园管理工作的通知》，并对幼儿园药品、食品安全管理、用电、交通、消防等安全隐患进行多次拉网式排查，健全台账登记制度、整改落实制度、责任追究制度，彻底消除安全隐患，防止幼儿园意外事故发生，维护儿童身心健康。对全市幼儿园实行动态管理机制，采取不打招呼、不定时间方式，对全市各类幼儿园日常管理工作进行督查，对在督查中发现的问题，当场下达整改通知书，限期整改，督查结果计入各单位年终绩效考核，并实行月通报制度。在《莱西市情》刊发《致幼儿家长的一封信》，公示全市合法幼儿园信息，帮助家长树立正确、科学的育儿观念提供导向。2014年共取缔非法幼儿园17处，其中有4处已整改合格取得办园资格，13处停办，为全市所有幼儿均能享受到优质学前教育资源提供保障。年内，市机关幼儿园通过山东省示范幼儿园验收，11月被评为青岛市“十佳”幼儿园。

民办教育

2014年，市教育体育局明确局机关科室对民办学校的管理职责，建立由职成教办牵头，教体局相关科室与各镇（街道）教委共管民办学校管理机制，将安全管理、教学秩序、食品卫生、财务管理等纳入经常性督查内容，月度检查、季度检查、年检结合，建立检查台账，做到检查有记录，整改有落实，回访有反馈，使民办教育呈现健康、稳定发展趋势。

（市教育体育局）

学校（幼儿园）选介

莱西市第一中学

莱西一中，位于莱西市杭州路，是山东省规范化学校、青岛市高中教学示范学校。学校占地面积101564平方米，建筑总面积46682平方米，现有81个教学班，教职员工382人，学生3831人。学校始建于清光绪三十四年（1908年）。

莱西一中以德育“六层级三原则”、智育“五学五原则”、体育“三境界四结合”，引领教育方向，追求教育价值，办学水平再上新台阶。

学校把提高教学质量作为头等大事来抓，打造高效课堂，大力提高课堂效率，以课堂教学大比武为平台，以加强规范管理为动力，推进高效课堂建设，学校教学质量获新突破，高考成绩创历史最高纪录。

课堂教学中，学校秉持“时段性、多样性、多轮次、具体化和实践性”教学原则，拓展学生成长空间，通过“引导学、合作学、点拨学、巩固学、拓展学”“五学模式”，让学生在学习实践中构建知识系统，提升创新能力。

为提高教学规范性，促进均衡发展，学校各教研组落实集体备课，坚持“四定”“六备”“四统一”，四定即：定时间、定地点、定内容、定主讲人；六备即备课标、备教材、备学情、备教法、备学法、备教学手段；四统一即统一教学目标要求、统一教学重难点、统一习题训练、统一教学进度。

学校运用研讨式、互动式培训方式，让骨干教师、学科组长、学校领导立标垂范，通过示范课、外来老师交流课等活动开展，使教师课堂教学改革有方向，有目标，有榜样，有体验，让先进理念在实践中得到提升。

学校每学期都在全校教师中开展教学大比武活动，所有参赛教师发挥各自优势，以全新教学理念，将精心准备教学设计在课堂上展示，形成教师之间良好互动，取得很好教学效果。

按照“有作为者有地位，有地位者有大作为”管理理念，落实从骨干班主任到校长“管理九层级晋升机制”，管理团队建设得到加强。

按照“三人一组，四组一部”方法，自发成立班主任工作互助组，经验共享，值班互助，班规互用，解决班级发展不均衡问题，保证同一级部班级间协调发展。

按照“评价捆绑，合作共赢”思路，将绩效考核中个人成绩与备课组成绩捆绑，教学常规评价中个人与集体捆绑，“传帮带师徒对子”中师傅与徒弟成绩捆绑，发挥组内骨干教师作用，提升备课组整体水平。

在高一，以自理、自律为重点，让学生适应高中生活，在学习、生活、交往等多方面具有独立能力和自律能力。在高二，以自励、自尊为重点，引导学生在广泛参与各种活动过程中认识自我，树立自信，增强团队意识，通过自身努力赢得别人尊重。在高三阶段，以自主、自强为重点，为梦想中大学去奋斗。

学校与各班级确定适量优秀学生人数，对其进行动态管理。时间自由，内容自选，学习自主，竞争自发，茁壮成长。

学校为每一名边际生指定专门指导老师，对他们进行知识指导，方法引导，心理疏导，兴趣诱导，学习督导；尊重、激励、帮扶、关心、整改，全方位立体式管理，使其加速成长。

“强”，是加强，强制，是对存在问题的严格查补；“化”，是感化、文化，是以理服人，以情感人，确保学生健康成长。

（市第一中学）

莱西市实验学校

莱西市实验学校原名莱西一中北校，于2014年12月29日正式更名，是隶属于莱西市教育体育局的全额拨款事业单位。学校始建于2004年5月，2006年8月正式启用，是莱西市委、市政府着眼教育事业长远发展，立足高起点规划、高标准建设、高档次装备、高效能管理、高水平办学、高质量回报而打造的一所完全中学。校内建筑宏伟壮观，整体布局和谐优雅，办学设施配套齐全。学校总投资1.6亿元，占地300余亩，绿化用地103133平方米，建筑面积118294平方米。现有教职员工480名，在校学生4800余人。

校园分为办公区、教学区、体育运动区和生活服务区4个功能区域，共建有行政办公楼、教学楼、科技楼、艺术楼、图书楼、学生公寓楼、餐厅等19幢大楼，并附设理发、洗浴、洗衣、自助银行等生活服务设施。体育活动区建有标准篮球场、排球场和400米标准环形塑胶跑道体育场。校园网络、教室监控、班班通、多媒体等教育教学设施一应俱全。学校先后投入5000多万元用于科技楼、图书楼、艺术楼的内部器材配备和文化建设，设置录播教室、理化生实验室、阅览室、美术室、音乐室、舞蹈室等各类专门教室，为促进学生全面而有个性发展提供良好条件和可靠保证。

建校以来连续8年实现高考突破，2014年高考创历史最佳成绩，本科一批达线741人，其中纯文化课达线547人，本科一批达线率40%多，本科二批达军检线1012人。在教学成绩不断攀升，取得大面积丰收同时，每年都有一大批成绩优秀的佼佼者在全市高中脱颖而出：2013年庄永文以704

分获青岛市理科裸分第一名，被清华大学录取；耿晓云以670分获莱西市文科第一名，被北京大学录取；2014年莱西理科前三名和文科第二名都在实验学校，其中栾振庭被清华大学录取。

"高效生本愉悦课堂""缤纷大课间"和"四全(全员、全程、全科、全方位)育人模式"已成为学校素质教育品牌，学校先后被授予" 全国优秀家长学校实验基地""山东省花园式单位""山东省卫生工作先进单位""青岛市德育工作先进集体""青岛市文明单位标兵""青岛市平安和谐校园""青岛市食品安全进校园先进集体""青岛市首批现代化学校""莱西市教育教学工作先进单位"等100多项荣誉称号。

（市实验学校）

莱西市实验中学

莱西市实验中学地处莱西城区中心，于2001年4月在原莱西师范学校和水集中心中学基础上组建而成，现有65个教学班，在校学生3253人，教职工258人。学校占地面积63469平方米，建有理化生实验室、音乐教室、舞蹈教室、美术教室、计算机教室、史地教室、技术教室、多功能室、图书阅览室、心理咨询室、体育活动室、卫生保健室、科技活动室等各类专用室，塑胶操场以及篮球场、足球场、排球场、乒乓球场等体育设施配套完善，"班班通"多媒体教学设备、交互式智能平板电脑、计算机等电化教学设施齐全。

学校从本地实际出发，形成以"行健"为核心办学理念，着力培养身心健康、个性飞扬的学子，逐步形成具有本校特色课程体系。编写《写作导航》《初中数学要点导读》《物理探究》《化学探究》9本"国家课程校本化"教材，开发《走进名著》《英语沙龙》《人与自然》《时事讲座》等10种学科扩展类校本课程，开发书法、国画、器乐、舞蹈、剪纸、电脑程序、动植物标本制作、木工制作、电器拆修、泥塑陶艺等10多门兴趣校本课程。这些课程的编写、开发和实施激发学生学习兴趣，培养学生个性特长，促进学生全面发展。2014年，学校承办青岛市初中语文"开源导流式"写作教学、城乡交流现场会和青岛市初中数学翻转课堂现场会，连续11届获莱西市中小学生田径运动会团体总分第一名，连续14年获莱西市艺术节团体一等奖，连续8年获莱西市打字和程序设计团体一等奖，在历届莱西市中小学生艺术节书画现场比赛中获团体一等奖，在莱西市中小学生"爱不释书杯——品美文、荐好书"演讲比赛中夺得第一名，在青岛市初中数学建模能力比赛中获一等奖。房嵩山国画作品获省级一等奖、国画考级十级；房嵩山、李涵文获青岛市"国开杯"中小学书画大赛一等奖；李乐欣软笔楷书作品获青岛市第三届中小学课堂作业展一等奖。

学校不断深化改革，强化管理，办学水平不断提高。在2014年度莱西市教育工作目标绩效考核中获得教学效率优秀单位，通过青岛市标准化学校、青岛市现代化学校的验收工作，成功创建青岛市数字智慧校园。《山东教育》《山东教育报》《半岛都市报》《莱西市情》《莱西教育网》等众多媒体对莱西实验中学教育教学成绩和经验做法做专题报道。

（市实验中学）

莱西市第三中学

莱西市第三中学（原夏格庄镇中心中学）位于夏格庄镇驻地，夏七村西，学校现有教学班24个， 在校学生1037人，学校现有教职工94人，其中中级及以上专业职务教师43人，占教师总数45.7%。具有本科及以上学历教师74人，达到专任教师总数78.7%。学校物理、化学、生物实验室、计算机教室、音乐室、乐器排练室、舞蹈室、美术（书法）室、史地教室、图书阅览室、多功能教室、技术教室、各类仪器室、心理辅导室、卫生室等专用室、公用室齐备。拥有图书4.2万册，生均图书40.5册。教学仪器配备达国家一类标准，计算机配备达到山东省标准化学校标准要求，24个教室全部安装班班通，实现学校网络全覆盖。

学校坚持"促进学生全面发展，为学生终身发展奠基"办学理念，以"诚信博学自主创新"为校训，形成"文明守纪，开拓进取"校风和"因材施教，循循善诱"教风，使学生养成"自主学习，合作探究”学风。创建和发展“诚信教育”特色，落实山东省教育厅、青岛市教育局和莱西市教体局关于规范办学行为有关文件和规定，规范办学行为，推行素质教育。

学校努力为教师搭建专业发展平台，采取走出去、请进来、校本训、分类训相结合及校本研训和实践自训相结合方式，支持教师到上海、济南、潍坊、威海、青岛等地参加培训。每学年为每位老师补足50元报刊订阅费，鼓励教师多订、多读教育、教学研究刊物。以此促进教师专业化水平提升。校内大力开展教学研究，每学期严格组织开展公开课、推门课、验收课听评课活动，总结实践“五步流程”教学模式，在全市介绍推广，《高效课堂四五六》在青岛市教学现场会上展示，打造高效课堂经验得到市教研室肯定。学校倡导 “因材施教，循循善诱 ”教风，利用校园网和班班通，推广三会预习法、九多教学法，并改革评价办法，引领教师投入到教学改革中。

学校倡导 “自主学习 ，合作探究”学风，各班按照“异质同组”原则成立学习小组，重视学生预习自学、小组合作、班内展示、评比表彰等环节，调动全体学生自觉学习积极性，学习质量逐年提升，现已进入全市上游行列。

学校常年开展“做文明的三中人”为主题文明承诺教育活动，从“遵规守纪”做起，追求“开拓进取”校风。学校针对学生实际，分阶段有重点开展“文明守纪承诺守信”活动，学生自愿签字承诺，学校定期监督检查，加强对学生习惯养成教育。

学校于2006年通过青岛市规范化学校验收，2010年通过山东省标准化学校验收，2013年11月，学校先后通过青岛市首批教育现代化学校、青岛市首批标准化食堂和青岛市数字智慧校园验收 ,2014年11月学校被评为青岛市交通知识教育示范校。

（市第三中学）

莱西市城关中学

莱西市城关中学，其前身为水集办事处义谭店中学，始建于1987年，2001年5月更名为莱西市城关中学。学校总占地面积39600平方米（60亩）平方米，建筑面积10486平方米。学校现有25个教学班，在校学生1085人，教职员工105人，专任教师103人，中级以上专业技术职务42人。学校现有山东省教学骨干2人，青岛市青年教师优秀专业人才9人，青岛市级教学能手4人，莱西级以上教学骨干26人、莱西市优秀教师、德育先进工作者、科研先进个人34人。先后发表和获奖的市级以上各级论文达420多篇，获市级以上优质课62节次，出示莱西市级以上公开课75节，在国家、省、市各级组织各科各种竞赛中学生累计获奖316人次。

学校以“造就智慧型幸福教师 ，培养自信型快乐少年”为办学目标，确立“用勤奋奠基人生，让梦想导航未来”办学理念，2014年，以“勤奋”为核心内涵，以“快乐教育”为主题，学校翻转课堂，科学高效，已经走在莱西市前列。阳光德育，注重从小事、从细节入手，特别重视对学生行为习惯养成和学习习惯培养，受到学生、家长、社会广泛好评。读书分享，让每一位师生在读书中享受阅读、享受教育、享受人生、增长智慧。综合实践，不但开发学生智力，还培养学生动手和创新能力，提高学生综合能力。心理教育，从环境浸润、课堂领航、活动添彩、师生共进几方面入手，渗透到学校各科教学和日常管理中，成为面向全体师生常态教育活动，促进师生人格健全发展。

学校先后被授予“国家‘十五’课题优秀实验学校”“全国作文教学先进单位”“山东省国防教育先进单位”“山东省心理健康教育先进单位”“山东省教师远程研修组织工作先进单位”“青岛市文明单位”“青岛市标准化学校”“青岛市规范化学校”“青岛市现代化学校”“青岛市卫生先进单位”“青岛市初中教学示范学校”“青岛市标准化食堂”“青岛市教育管理先进单位”等27项荣誉称号。

（市城关中学）

莱西四中

莱西四中地处莱西城区中心、月湖之畔，拥有97年办学历史，是莱西市规模最大初级中学。学校占地面积58748平方米，建筑面积22417平方米，体育场馆面积24619平；现有教学班级66个，学生累计3766名；教职员工270人。教学设施设备齐备，教师用计算机人手一台，各班安装班班通。现有心理咨询室、数字化地理教室、机器人教室、阅览室等26个功能室；图书存量达到生均40册。

莱西四中先后获得“青岛市优秀家长学校”“青岛市未成年人社会课堂工作先进单位”“青岛市标准化食堂达标单位”“青岛市建设节约型学校先进单位”“莱西市教育科研工作先进单位”“莱西市教育教学工作先进单位”“莱西市初中校本课程走班优秀组织奖”等荣誉称号。

2014年5月，加入青岛市初中“翻转课堂”实验联盟，启动第二轮实验，引导以学定教、先学后教，启动翻转课堂环境下高效课堂模式重建。在推进课堂教学改革进程中，重点围绕课前预习、课前准备、上课记笔记、上课提问、课后复习、独立作业、整理错题集、整理典型习题等八大学习习惯养成，着力锻造学生学习力。在明确作业科目和时间、划分作业种类基础上，探索实施作业超市制度。通过集体备课分层次设置作业数量，分层次开展作业评价，确保优等生吃得饱、中等生吃得好、差等生吃得消。

学校以创建特色活动为目标，把所有活动统一列入学校课程，统筹规划和实施。学期初做好活动规划，确定初一普及竖笛，初二普及篮球操，初三、初四普及校园集体舞。以点带面，带动跳绳、踢毽子、拔河、合唱、舞蹈、书画等形式多样艺体活动。开展学期初好书推介会和平日朗诵会、故事会和随笔展示会，以及期末演讲比赛，形成读书活动长效机制。学期初成立合唱团、舞蹈团、器乐团、竖笛乐团和书画社等艺术社团以及篮球队、足球队、跆拳道队、围棋队等体育团队，完善社团活动章程，统筹安排，确保师资到位、活动有序。把体育课和课外活动结合起来，开展大课间活动，保证每天室外活动不少于1小时。初四级部篮球操、初三级部太极扇、韵律操、初二级部校园集体舞都在莱西市中学生运动会上精彩展示。实施三个“一”和三个“十”，落实好读书活动。即每周一节语文阅读课—语文老师负责；每周一节校本阅读课—班主任负责；每节语文课前一分钟演讲；每天早晨10分钟诵读——班主任负责；每晚10分钟读书笔记——语文老师检查；每周保证10个小时阅读时间——家长负责，通过明确教师和家长责任权限，保障学生读书时间。

学校围绕学生成长成功目标，着力落实三项工作。针对学生中存在突出问题，从规范日常秩序入手，着力培养五大习惯，即保持安静习惯、讲究卫生习惯、文明礼貌习惯、文明行路习惯、勤俭节约习惯。每学期评选艺术之星、学习之星、爱心之星、卫生之星、体育之星等八类校园之星，评选感动校园教师和学生，搭建校园星光长廊，大力宣传同学身边学习榜样。崔文萱、王慧等4名同学救助摔伤同学事迹在半岛都市报报道，得到社会广泛赞誉，被评为学校“爱心之星”“莱西市美德少年”。在学校网站建立“网上家长学校”“教子随笔”等沟通栏目，组织专家讲座，提高家长育子能力；每学期开展两次“家长开放日”活动，邀请家长走进校园、走进课堂听评课活动；建立班级家长QQ群、飞信群；常年组织家长到班级开展“家长义教”活动；方便家校交流，拓展家校沟通渠道。

（莱西四中）

莱西市职业教育中心

莱西市职业教育中心是国家级重点学校及第三批国家中职改革发展示范学校。占地120亩，有16幢功能楼。现有教学班56个，在校生2758人，教职工236人。建有国家级实训基地2个（汽车运用与维修、酒店服务与管理）；青岛市级实训基地3个（服装设计与工艺、计算机应用、中餐烹饪），实训场所65个，设备总值5108万元。

开设交通运输、信息技术、财经商贸、旅游服务、文化艺术等5大类18个专业。其中计算机应用、服装设计与工艺是青岛市骨干专业；服装设计与工艺是“青岛市双高名牌专业”、山东省教学示范专业；旅游服务与管理专业是国家示范性职业学校数字化资源共建共享计划专业课题项目组组长单位。

学校以现代职教理念为引领，以提高质量为核心，以改革创新为动力，以立德树人为根本，以创建国家级示范校为总抓手，实现“五个一流”（一流的设施、一流的管理、一流的教师、一流的课程、一流的学生）目标。

学校构建以典型工作任务为载体“公共平台+专门化方向”模块化课程体系，开发建设《网络管理》《服装数学》《中国传统文化教育（孝信篇）》《春秋女装~设计~制版~工艺》《平面设计制作实务》《导游实务》6门课程被评为青岛市精品课程；学生参加各级职业技能大赛，获全国一等奖1个、二等奖7个、三等奖5个；山东省一等奖1个、二等奖3个、三等奖2个；青岛市一、二等奖累计77个；毕业生双证书率达100%，中高级资格证书取得率95%；高职本科达线率连年位居青岛市同类职业学校前列，2014年本科达线98人，创历史新高。

学校确定“追真求美”文化主题，以“两园一场”（思圣园、知行园、青年广场）为载体，以“仁孝自信”教育为主题，以四项（读书、体育、文艺、社会实践）活动和素质拓展为抓手，大力开展传统文化进校园活动，引领师生追真、向善、求美，培养崇德向善君子人格。学校“孝信达人”被评为“青岛市德育品牌”；学校撰写《开展“仁孝自信”教育，提升师生人文素养》获得中国职业技术学会论文评选一等奖，并受邀在2014年全国学术年会上作典型发言。学校实施“精细化、数字化、人性化”管理，成功举办全市学校安全管理现场展示会。

学校推进产教融合与校企一体化办学，先后与76家企业签订联合办学协议，成立冠名班60个，订单培养率83%，优质就业率85%。

学校依托公共实训基地和师资队伍优势，年均培训新型农民、下岗职工、创业人员、退伍军人等8000多人次。学校被评为青岛市“农村劳动力转移就业培训先进集体”。

学校先后获得全国创建平安校园示范学校、山东省职业高中（中专）教学工作先进单位、青岛市文明单位、青岛市中小学德育工作先进集体、青岛市教育教学先进单位、青岛市‘健康示范餐厅’等20多项青岛市级以上荣誉称号。

（市职业教育中心）

莱西市滨河小学

2014年，滨河小学秉承“和谐发展 幸福成长”核心理念，创建为青岛市数字智慧校园和青岛市海洋教育特色学校，被评为山东省中小学教师远程研修先进单位、青岛市少先队工作先进单位。

学校通过布置美化书香校园、设立班级图书角、开放学校阅览室、建设个人书架等营造读书氛围。通过上好阅读课、做好读书笔记、抓好经典诵读、开展亲子共读、评选“诵读小明星”“手抄报”“古诗配画”“读圣贤书，写规范字”“读书明星家长”等形式开展丰富多彩读写活动。通过写字课程管理、纳入质量考核强化写字落实力度。学校承担中国教育学会“十一五”重点课题“语文学习策略研究”“探究体验式教学法”——小学五步写字法”2012年顺利结题，荣获全国优秀实验学校。从2012年至2014年，又在五步教学法基础上，探索出小学七步写字教学法、三步观察法。在莱西市第一至五届规范汉字书写比赛中有100多人获奖。在莱西市开展争做书写规范汉字小明星活动中，滨河小学共有21名学生获得“规范汉字小明星”称号。学校成功为莱西市、青岛市写字教学现场会提供观摩现场，先后被评为莱西市规范汉字书写工作先进单位、语言文字示范校、莱西市第二届中小学生规范汉字书写比赛优秀组织奖、莱西市开展争做书写规范汉字小明星活动优秀组织奖、国家级规范汉字书写特色学校等20多项市级以上荣誉称号。

（市滨河小学）

莱西市水集中心小学

莱西市水集中心小学始建于1982年，现有教职工110名，专任教师101名，35个教学班，2085名学生。学校占地面积20亩，校舍建筑总面积5844平方米。

自2012年以来，学校对原有教学用房进行修缮和调整，升级配备两个计算机房设备，添置台式电脑26台，笔记本电脑83台，现在学校教学用计算机总台数共208台，其中教师用机101台，实现人手一机；学生用机共107台，能够满足最大班额需要。2014年暑假期间，水集办事处投入195万为学校铺设塑胶操场，投入15万元完成操场硬化，学校自筹20万元进行厕所改造。学校共配备51套多媒体设备，购置46套高拍仪。全校图书共计62550册，生均达到30册。成立有网络管理中心，拥有校园网、校园广播系统、校园监视系统等先进设施，相关配备均达到省二类标准。

学校以“打造高品位文化，引领跨越式发展”为突破口，将学校文化的核心定位为：“让赏识成为一种文化”。在这一核心价值观引领下，制定提炼出一套科学体系的学校理念文化，有力推进学校特色发展、内涵发展，办学质量和水平始终居于全市前列。在课堂教学改革方面，“基于电子白板与课堂教学有效结合的研究”已经作为市级课题立项;在课程实施方面，开发学校课程，成立30多个社团，共涉及人文素养类、科学素养类和艺术体育素养类四大类别。

在青岛市第二十届中小学艺术节会演比赛中，戏曲社团参演豫剧《亲家母》荣获一等奖；在青岛市基宏杯少儿戏曲大赛中，戏曲社团姜雅新等9名同学参演节目《贵妃醉酒》荣获一等奖；，姜雅欣、李波丞、张明浩、史倩4位同学被青岛电视台邀请参加《我的青岛，我的春晚》节目录制并在青岛电视台播出。学校戏曲社团的张馨月、刘振宁等4名同学参加中央电视台戏曲频道“首届全国少儿京剧大赛”获得团体第四名好成绩，其中刘镇宁获得个人组银奖，张馨月接受主持人任鲁豫采访，并与任鲁豫现场对唱，得到嘉宾称赞。

学校先后被评为“山东省文明城市实地测评重点学校”“青岛市未成年人社会课堂工作先进学校”“青岛市优秀家长学校”“青岛市家长委员会工作实验学校”“青岛市教育工会先进集体”“青岛市现代化学校”“青岛市海洋教育特色学校”“青岛市优秀少先队集体”“莱西市教育科研工作先进单位”；学校被确定为“山东省中小学安全文化建设重点研究基地”；学校被评为青岛市“清明节”经典诗文诵读现场演示会先进单位；先后在莱西市优秀网站（综合类网站）评选中获一等奖，在青岛市第三届中小学课堂学生作业展中荣获优秀组织奖；先后承办“莱西市中小学心理健康教育经验交流会”“莱西市校本培训经验交流会”、“十二五”课题“阅读与习作高效结合与有效延展”教学研讨会，并做经验介绍。

（市水集中心小学）

莱西市实验小学

莱西市实验小学创办于1968年，原为水集二村小学，1992年莱西撤县设市后更名为“莱西市实验小学”。学校现有32个教学班，109名教职工，1860余学生。学校建起32个数字化教室，实现“班班通”；新建计算机教室2个，建起山东省内唯一一个以昆虫标本为主体公益性科普教育场馆，为学校课程开设注入新资源。

自建校以来，为把水杉的正直品格发扬光大，实验小学把“正直水杉”确定为学校德育品牌，开展一系列德育活动，以激励全体师生铸就并形成坚忍不拔、正直向上精神品格。

2014年，实验小学总结建校以来的经验，提炼出“自信自强 竞先竞优”学校精神。创作校歌《我们和水杉一起成长》。校歌以水杉树这一富有校园特点的意象作为载体，体现水杉高大、挺拔、正直等育人品格，在师生中广泛传唱。创办校刊《水杉树》。校刊2K正反彩印，设置4个板块，第一版，“我们和水杉一起长大”，反映校园动态;第二版，“阳关雨露”，意寓水杉树成长的环境，设教学有方、育儿心得等栏目；第三版，“汲取营养”，意寓水杉树成长过程，设行为习惯、卫生安全、礼仪教育等栏目；第四版，“枝繁叶茂”意寓水杉树成长，设班级精神、作品选登等栏目。师生纷纷投稿，争相传阅，“正直水杉”品格得以发扬。营造“正直水杉”校园文化环境。使“正直水杉”德育品牌外显化。开展“正直水杉”道德实践系列活动。实现学生自主发展、自信成长。推出“水杉星卡”激励评价制度，强化“自信自强、竞先竞优、正直向上”品格。

（市实验小学）

莱西市机关幼儿园

莱西市机关幼儿园是青岛市十佳幼儿园、省级示范性幼儿园，位于莱西市石岛中路7号。始建于1951年，总占地面积8333平方米，建筑面积为3743平方米，户外活动场地2886平方米，设15个年龄班，收托儿童515名。园内环境整洁优雅，现代化教育设施配备齐全，户外活动器械配置充足，活动场地宽敞舒适，为幼儿创设快乐生活、健康成长、求知发展良好环境。

全园现有保教人员70余人，教师本科学历16人，大专学历21人，学历达标率100%。获得省、市、区级优秀教师（者）荣誉称号15人；市、区级以上教学能手5人；青岛市青年教师优秀专业人才7人；出示省、市、区级优质课和公开课20人。

2014年，结合“十二五”省级课题研究，挖掘区域活动教育潜力，为幼儿创设丰富多样、多功能、多层次活动区域，提供不同层次、不同结构活动材料，培养幼儿动手操作能力、创造能力、观察能力、思维能力以及交往能力。教师在实施区域教学过程中，探索新思路、新方法、新模式，区域活动目标明确，效果显著。

每周五例会均进行短训活动，包括理论知识培训、专业技能培训、计算机技能培训、教师经验介绍等。对外聘请幼教专家进行主题讲座及时更新教育理念，邀请心理专家开展心理健康培训，先后邀请山东教育社、全国青少年儿童教育研究中心、青岛市心理健康指导中心等单位专家教授，分别就幼儿园教科研、儿童良好习惯养成、教师心理健康等问题进行讲座指导，从不同方面提高教师专业素质。在人员资金紧张情况下，筹措经费尽可能多地安排教师外出学习，参加幼儿园骨干教师培训、班主任培训、转岗培训等，每年超过50%教师参加外出培训。为全面提高教师实践能力和水平，组织教师到青岛市优质幼儿园开展访学活动，当“影子教师”，每年安排20名教师外出挂职观摩学习，促进整体教师综合素质全面提高。

2014年获评青岛市示范幼儿园、省级示范幼儿园的基础上，又通过“青岛市十佳幼儿园”验收。

（市机关幼儿园）

莱西市香港路幼儿园

莱西市香港路幼儿园是莱西市政府实事工程，直属莱西市教体局，总投资2300万元，按省级规范标准建设全日制公办幼儿园。园所占地面积18.8亩，建筑面积7418平方米。可容纳18个教学班，600多名幼儿。

幼儿园环境温馨优雅极具儿童特色，内部设施完善，功能齐全，每个教学班都设有活动室、休息室、盥洗室，活动室班班通、钢琴、空调、地暖、净化水直饮机等一应俱全，休息室配有标准化幼儿床、被褥，专人专用。此外，幼儿科学发现室、阶梯教室、美工室、舞蹈厅、阅览室等应有尽有。幼儿园还配备高标准幼儿食堂、户外活动场地全铺有安全美观绿色草坪及充足室内外玩教具等。

在园教师均为公开考录公办幼儿教师，学前教育专业专科以上学历，教育理论先进，教学经验丰富，爱岗敬业，为开办高水平幼儿园提供有力保障。

幼儿园本着“呵护快乐童年，缔造健康人格”核心办园理念，秉承“给孩子一个快乐童年”办园宗旨，遵循幼儿身心发展规律，用科学教育方法为幼儿健康快乐成长创设最优环境。教学内容涉及语言、健康、社会、科学、艺术五大领域，教学活动实施以《纲要》为指导，以《指南》为指引，以健康教育、艺术教育为特色，逐步形成自己独特办园风格。

（市香港路幼儿园）

体 育

竞技体育

2014 年，在山东省第二十三届运动会上，莱西市体校运动员获得金牌 16 枚、银牌 15 枚、铜牌 17 枚优异成绩；在青岛市田径锦标赛中，莱西市体校共获 4 枚金牌，团体总分第三，实现田径比赛金牌数“零”的突破。在全国赛艇锦标赛中，莱西市体校运动员王晓林在男子 2000 米八人单桨有舵手项目中获得冠军；在西海温泉杯华东区飞碟射击锦标赛女子飞碟双向项目中，莱西市运动员徐美玉取得个人第二名优异成绩；在全国射击冠军赛男子 25 米中心发火手枪项目中，莱西市运动员郝云祥获得第 6 名的好成绩。

2014 年莱西市共向青岛市级以上体校和体育专业队输送优秀体育人才 46 人。

群众体育

在实施全民健身计划方面，全年共举办第二届“国土杯”干部职工象棋赛、“青岛球王”羽毛球公开赛莱西分赛区选拔赛、“德志粮油”杯“庆五一”第三届老年人健身气功比赛、山东省第二十三届运动会射箭预赛、“青岛球王”乒乓球公开赛莱西分赛区选拔赛、肯德基三人制篮球赛、“塞纳波斐”杯象棋公开赛共 7 次比赛。

全年共组织进行两次社会体育指导员培训，共计培训社会体育指导员 22 人，另组织 9 名业务骨干到青岛参加健身气功新功法学习培训；举行 2 次青岛市晋升射箭裁判员培训考试，共计晋升 64 名射箭裁判。

全年对莱西市 360 人进行国民体质监测，提供体质状况分析报告和科学健身运动处方。

体育设施

2014 年共完成 180 套健身路径发放及安装工作。城区主要广场全部安装到位，镇级社区器材配备达到全覆盖。

体育活动

2014 年 5 月 24 ~ 25 日在姜山湿地成功举办“中凯 · 香格丽苑杯”2014 年江山湖湿地钓鱼比赛，比赛共有运动员 200 人，其中外地运动员 132 人，本地运动员 68 人；10 月 12 日成功举办“浩丰杯”环大沽河马拉松赛，参加运动员共 5249 人；11 月 16 日举办“奇瑞汽车杯”第一届环大沽河自行车公开赛，来自北京、天津、河北、四川等 10 多个省、市、自治区近千名骑行爱好者参加比赛。

教学活动

2014 年，莱西市体校继续加强对学生军事化管理和德育建设。以诵读《弟子规》重温国学经典、国旗下讲话、体育比赛等方式，以校园活动为载体，以学生发展为根本，推动校园体育文化建设。

5 月 16 日，莱西市“射箭项目重点学校”揭牌仪式在河头店镇东大寨小学举行，此次挂牌加深体校与东大寨小学在射箭项目上合作，拉开了莱西市射箭运动进校园序幕，将进一步促进莱西市射箭运动推广普及和射箭优秀后备人才选拔与培养。

（市体育中心）

卫生·计划生育

综 述

概况

2014年，莱西市共有医疗卫生机构885处。其中，医疗机构873处：市直医疗机构5处，基层卫生院16处，社区卫生服务中心（站）6处，厂企医院2处，民营医院10处，个体诊所和厂企医务室23处，村卫生室811处（其中，实施镇村卫生服务一体化管理卫生室627处）。卫生机构12处：市疾病控制中心、市卫生局卫生监督所、市120急救调度指挥中心、青岛市中心血站莱西献血服务部各1处，基层卫生监督与预防保健所8处。全市从事卫生事业人员4710人，其中卫生技术人员3876人，占从业人员82.3%。年内诊疗133.10万人次，门诊129.4万人次，入院10.53万人次，出院10.42万人次。

卫生计生机构改革

8月24日，整合原市卫生局、人口和计划生育局，成立莱西市卫生和计划生育局。新组建的卫生和计划生育局设行政编制28名，工勤编制2名，主要职责18项。整合妇幼保健和计划生育技术服务资源，将莱西市计生宣传站、计生药具管理站、城区计生站与市妇幼保健院进行合并，组建市妇幼保健计划生育服务中心。

县级公立医院综合改革

2014年年初，依据公立医院综合改革相关政策，借鉴第一批改革试点区市经验，对5处公立医院进行调研，主要是对改革前3年及改革后人员、收入、支出等状况进行统计、测算，争取市财政预留3000万元改革启动资金。组织公立医院主要负责人和相关人员就综合改革相关政策进行两次集中培训，先后赴东阿、即墨、黄岛等地学习县级医院综合改革经验。10月1日起，正式启动公立医院综合改革，医院药品全部实行“零差率”销售；调整诊察、护理、床位等2000种服务项目价格，与医保支付政策衔接，增加服务费纳入医保报销范围，执行新医保报销政策。2014年，公立医院药占比下降3.1%，门诊均次药品费下降8.8%，群众就医负担明显减轻。10月28日，青岛市副市长栾新到莱西市调研卫生工作，对公立医院综合改革给予肯定。

公共卫生服务

推进服务项目精细化管理，健全公共卫生专业机构与基层服务机构分工协作机制。强化人员培训，5月，邀请青岛妇儿中心专家对70名妇幼保健服务人员进行集中培训，8月，邀请省基本公共卫生服务项目专家对全市180余名工作人员进行培训。不定期赴老年人查体现场进行督导，解决工作中问题，全市65岁及以上老年人管理率提高83%，规范管理率提高90%。开展市增补项目，为1.7万名儿童进行春秋两季口腔涂氟防龋，为2.1万名老年人进行肿瘤标志物检测，发放“健康护照”1.8万册，筛查高血压、糖尿病高危人群11.2万人。7月中旬，代表青岛市通过省卫计委、财政厅年度考核。全年累计为70.2万名城乡居民建立健康档案，电子档案合格率达90.3%，管理65岁及以上老年人、孕产妇、0～6岁儿童、重性精神病人、高血压和糖尿病患者等重点人群22.3万人，举办健康教育讲座和咨询活动2800场。

医院建设与管理

加强硬件建设，改善诊疗环境。投资2.2亿元实施市人民医院综合提升工程，新建2.8万平方米门诊医技综合楼。二级医疗机构投资4460万元，增置核磁共振、64排CT、DSA等大型医疗设备，配套覆盖医院管理职能和患者就诊环节信息系统。市人民医院、市市立医院通过二级甲等医院评审。基层医疗机构投资343.5万元，建设青岛市首家镇级血液透析中心、6处“国医馆”；进行医联体建设，参与医疗技术合作。莱西市人民医院加盟青岛大学医疗集团，莱西市中医医院与青岛大学心血管病医院合作建成“心脏远程会诊中心”，设立博士生工作站。市立医院、夏格庄中心卫生院加入青岛市市立医院医疗联合体；面向社会公开考录47名医学类大学毕业生，引进2名心血管专业高层次人才，推荐选拔8名市级专业技术拔尖人才，组织2588名医护人员进行继续医学教育。

基层医改

实行包保责任制和明察暗访制，建立村医请销假及请假挂牌告知制度。每月至少进行一次暗访抽查，每季度至少进行一次逐一检查。在村卫生室电脑安装摄像头，实时掌握村医在岗情况；实行逐级考核、分级负责模式，加强对一体化村医监管。对村医补助款，采取每季度拨付80%、年终根据考核结果拨付20%方式发放，全年共发放村医补助款1960万元。建立药品配送企业信用管理机制，指导卫生院选择信誉好、配送能力强企业配送基本药品。3月份起，全面实行新版《国家基本药物目录》。基本药物网上采购率达100%，总到货率保持95%以上，3日到货率达85%以上。

基层计生服务

建立村级档案“一统三强化”（统一规范档案目录，强化培训、强化质量、强化督查）管理模式，对全市13.98万名已婚育龄妇女基础信息进行全面核查，摸清婚、育、节育情况，规范村级计生工作档案。落实孕环情监测、双月查访和产后、术后随访、二孩孕期随访等管理措施，增加对包括流动人口在内符合政策夫妇提供孕前优生健康检查，目标人群覆盖率达101.9%。采取入户说服动员、党员干部带头、温馨化服务等措施，确保长效节育措施落实。全市长效节育措施落实率达77.84%，孕环情监测率达99.18%；采取指纹采集与身份证读卡相结合的办法，在信息实名登记电子“一证制”上实现创新，解决查环查孕漏查、假查、冒名顶替查等问题，全市信息采集率达99.27%以上。

疾病控制与卫生监督

针对手足口病、人感染H7N9禽流感、埃博拉出血热等重点传染病，落实培训、演练、医疗救治等防控措施。2014年共报告法定传染病病例783例，发病率为100.92/十万，是青岛市发病率最低区市；落实国家扩大免疫规划，全年共接种各类疫苗13.8万针次，“八苗”全程接种率达93%。开展打击非法行医专项行动。立案查处非法行医活动143起，依法向公安机关移交无证行医10起，拆除违规医疗广告牌510块。11月24日，在青岛市整顿医疗秩序、打击非法行医专项行动总结大会上做典型发言。在青岛地区率先开展农村生活饮用水卫生普查工作。已调查农村生活饮用水厂60个，相关研究课题已获青岛市科技局项目立项。

（顾昭海 于新兵 郑刚）

医疗机构选介

莱西市人民医院

位于莱西市烟台路69号，占地面积59194平方米，其中业务用房面积71827平方米。开放床位1011张，设73个科室，其中职能科室21个，临床科室37个，医技科室15个。职工总数1267人，其中卫生技术人员1059人，占职工人员总数83.58%；行政工勤人员208人，占职工人员总数16.42%。卫生技术人员中，高级职称101人，中级职称375人，初级职称551人，分别占卫生技术人员总数9.54%，35.41%，52.03%。医生343人，护士609人，医护比1:1.78。

2014年，门诊量457158人次，比2013年增长21.06%。其中急诊11592人次，比2013年增长9.36%。收住院患者42434人次，比2013年增长1.83%。床位使用率92.8%，比2013年下降5.50%；床位周转次数41.8次，比2013年增长1.46%。入院与出院诊断符合率98.3%，与2013年持平。手术前后诊断符合率达95.6%，比2013年下降0.83%。门诊抢救危重病人6407人，比2013年下降2.27%；抢救成功率90.3%，比2013年下降0.55%；住院抢救危重病人2111人，比2013年增长19.27%；抢救成功率91.7%，比2013年增长2.23%。治愈率26.3%，比2013年增长5.62%；好转率70.3%，比2013年下降2.36%；病死率0.4%，比2013年下降20%。甲级病案符合率达100%，与2013年持平。业务收入41141万元，比2013年增长11%。固定资产总值9549万元，比2013年下降0.6%。新增医用空气加压氧舱、牙齿种植机、呼吸机、围产期保健仪、激光治疗仪、光子治疗仪、奥林巴斯电子胃肠镜、ICU低温治疗仪、注射泵、输液泵、呼吸机、麻醉移植喉镜、骨伤创伤治疗仪、微型电动手术吸引刀、超声切割止血刀系统等医疗设备。

2014年，医院综合提升工程标志性建筑——门诊医技综合楼于1月6日开工。综合提升工程项目总投资2.2亿元，项目建设主要包括：建筑物工程。拆除原眼科门诊楼和现有门诊楼北半部，建设门诊医技综合楼1座，2014～2015年6月建成投入使用。室外工程。拆除原有门诊医技楼，建设院内公共停车场，设计车位560个，铺设大理石2万平方米，缓解市民看病停车位不足问题，2015年年末完成整修工程。对综合办公楼、内科病房楼外墙进行整修，同时对2座楼供水配套设施全部更新，达到医用建筑安全消防标准，2016年完成。门诊医技综合楼占地面积4250平方米，地上建筑面积28145.16平方米，主楼12层。地下1层，建筑面积3500平方米。年末主体工程完工。

2014年，加强医疗费用控制，下发《关于对医保及新农合实行指标控制》《关于执行住院药品费用控制制度》的通知，明确报销额、住院费用、药比控制指标。对医用耗材进行二次议价。实行药品零差率销售。妇科开展腹腔镜子宫肌瘤摘除术。重症医学科开展 CRRT。胃肠镜室开展 13-14C 呼气试验检测螺旋杆菌和胃肠息肉及早期癌症检测。脑外科开展显微镜手术。耳鼻喉科开展呼吸睡眠检测。普外一科开展腹腔镜下手术。产科开展子宫脱垂盆底悬吊术。23 个临床科室开展共计 35 个病种临床路径管理。

科研工作方面，立项科研课题 2 个，包括“下肢交锁髓内钉远端锁钉困难临床研究”“立普妥联合针灸对超重病人颈动脉粥样硬化斑块作用及安全性评价”。

开展以为民务实清廉为主题党的群众路线教育实践活动，设立专职办公室，实施学习指导机制，跟踪落实机制，沟通联系机制，做到把教育实践活动与本院、各支部、各岗位工作相结合；与干部党员思想认识相结合；与医疗质量技术服务相结合；举办医护人员业务知识培训班 10 次；打造服务品牌，建设服务型医院，成立患者服务中心，为职工、病人创造良好工作就医环境，探索后勤服务改革，引入社会品牌服务。

2014 年，选派 15 名业务骨干到青大附院进修学习，举办业务讲座 40 多次，其中院内专家讲座 20 次，外院专家讲座 20 多次。接收青岛卫校、莱阳卫校、莱阳中医药学校实习学生 120 多人，开展实习讲座 25 次。

2014 年，获得 2013 年度科学发展综合考核先进单位、青岛市劳动和谐关系和谐单位等称号。

（市人民医院）

莱西市市立医院

位于莱西市威海西路 8 号，占地面积 2.6 万平方米，建筑面积 1.8 万平方米。开设床位 560 张，设有职能科室 9 个，临床科室 23 个，医技科室 9 个。医护比 1.82:1。职工 360 人，其中卫生技术人员 301 人，占职工总数 83.7%；行政工勤人员 59 人，占职工总数 16.3%。卫生技术人员中，高级技术职称者 32 人，中级技术职称者 168 人，初级技术职称者 101 人，分别占卫技人员 10.6%、55.8%、33.6%。

2014 年，门诊量 224394 人次，比 2013 年下降 0.62%，其中急诊 2076 人次。收住院患者 14282 人次，比 2013 年下降 9.9%；床位使用率 98.69%，床位周转次数 24.72 人次，出院诊断符合率 100%，手术前后诊断符合率 100%。抢救危重病人 298 人次，抢救成功率 83%，治愈率 23.6%，好转率 72.2%，甲级病案符合率 97%。业务收入 1.17 亿元，比 2013 年下降 4.9%。固定资产 7770 万元，比 2013 年增长 7.5%。投资 500 余万元，引进全自动酶免工作站、岛津平板式数字胃肠透视机、血凝仪、13C14C 检测仪、胶囊内镜检查系统等设备。

基础建设方面，加大学科建设力度，将妇产一科和二科合并为妇产科；成立全开放精神三科病区，方便轻度精神病人就诊治疗。针对用房紧张、布局不合理现状，对药剂科、急诊科、透析室等科室以国家标准进行合理化改造；对门诊、病房进行装修，统一楼层导诊指示牌，更新门诊住院医师桌、椅子等；搬迁超声科、内窥镜室、心脑电图室等检查科室到门诊楼。投资 400 余万元对信息系统升级，新上门诊一卡通、电子病历、合理用药、PACS、病案管理、高值耗材管理、危机值管理、患者客户关系管理、OA、电子图书等系统。

卫生改革方面，自 10 月 1 日开始，及时做好医保、农合项目审批对接工作，完成 871 种药品共计 2508 条价费零差价调整，确保各类患者正常就诊和报销。

精神文明建设方面，院内党员干部按规定参与群众路线教育实践活动，通过学习、讨论、谈心、对照检查等步骤，提高思想政治觉悟。成立文化建设领导小组，制订《医院文化建设方案（讨论稿）》，凝练院训、办院宗旨、建设目标、核心价值、服务理念等核心理念，设计医院院徽。

年内在氩氦刀肿瘤微创治疗、椎间盘微创治疗、前列腺增生微创治疗、心脑血管病介入治疗、碎石治疗、断指（趾）再植、肛肠病治疗、精神病治疗、结核病治疗、准分子激光治疗近视等多个学科形成自己专科特色。新引进睡眠呼吸监测系统，可全方位诊断各类打鼾病。

2014年，选派1名医师、1名护士到上级医院进修，1名中医师参加康复转岗培训，7名新入职住院医师参加规范化培训。临床科室每月举办1次业务技术讲座，组织参加各类业务培训1600余人次，通过请进来、送出去办法进行多种多样学习，促进全院医疗质量整体提高。

2014年，通过山东省“文明单位”复查。

（市市立医院）

莱西市中医医院

位于莱西市文化中路11号，占地面积9513平方米，其中业务用房面积18000平方米。开设床位399张，床位使用率92%;设职能科室12个，临床科室18个，医技科室12个。在职职工518人，其中，卫生技术人员442人，占职工总数85.3%，行政工勤人员76人，占职工总数14.7%。卫生技术人员中，高级职称36人，中级职称183人，初级职称223人，分别占卫生技术人员8.2%、41.4%、50.4%。医生168人，护士193人，医护比1:1.15。

2014年，门诊量137826人次，其中急诊9628人次，分别比2013年增长8.5%和11.6%，收住院病人12868人次，比2013年增长7.3%，入院与出院诊断符合率99%，治愈率38%，好转率59%，死亡率0.3%，院内感染率0.56%，甲级病案符合率99%。业务收入9018万元，比2013年增加1838万元，增长25.6%。固定资产总值7216万元，比2013年增长7.9%。新购置DR、监护仪、多功能煎药机等设备。

基础建设方面，投资560万元，率先启用PACS图像传输系统、Lis系统、His系统、OA办公系统等，在结构功能上形成医疗、服务、管理立体网络，实现规范化、标准化管理。

卫生改革方面，4月13日，举行“同圆中国梦·共铸中国心·脑心同治走基层”大型公益活动，全国36名著名医学博士生导师及志愿者100余人参加本次公益活动。开展“两癌”筛查，组织妇科、乳腺、彩超、检验专家携带彩超机、巴氏分级染色剂、涂片、显微镜等仪器，对全市5处乡镇共计26000名农村妇女进行乳腺癌、宫颈癌检查。

2014年，正式加盟山东省中医药大学医疗集团，集团定期派肿瘤科、妇科、内分泌科、心脑血管科、皮肤科专家到院坐诊。

选派16名业务骨干到北京、济南、青岛等地上级医院进行重点培训、进修；选派76人参加各类培训班、学术会议；安排院内知识讲座28场次、理论考试及技术比武16次。

（市中医医院）

莱西市皮肤病医院

位于莱西市广州路6号，占地面积2987平方米，建筑面积2157.45平方米，业务用房1677平方米。设皮肤科、性病科、内科、外科、中医科、理疗科等6个临床科室，检验科、影像科、护理科、药剂科等4个医技科室，患者服务中心、财务科、办公室等3个职能科室；外设泰安路社区服务站。职工44人，其中卫生技术人员32人，占职工人员总数72.7%；行政工勤人员12人，占职工人员总数27.3%。卫生技术人员中，高级职称1人，中级职称16人，初级职称15人，分别占卫生技术人员总数3.1%，50%，46.9%。医生15人，护士9人，医护比1.67:1。

2014年，门诊量30881人次，比2013年增长16.8%；收住院病人1315人次，比2013年增长267%；床位使用率69%，比2013年增长3%；床位周转次数为51人次，比2013年增长64.5%；入院与出院诊断符合率99%，治愈率87.5%，好转率96%。业务收入414万元，比2013年增长61.1%。固定资产总值376万元，比2013年增长2%。新购置2.96万元增敏化学发光分析仪1台。

2014年10月1日正式实施公立医院改革，西、中药按进价销售。发挥皮肤病专科优势，带动其他科室全面发展。在治疗牛皮癣、白癜风等皮肤顽症方面，增设药浴设施，采用中药外用熏洗、西药内服、紫外光照射三联疗法；采用液态氮冷冻技术治疗色素痣、扁平疣、尖锐湿疣等。

社会防治方面，组织全市麻风病下乡随访工作，整理完善全市麻风病患者病历和随访表，并录入全国麻风病防治管理系统。为39名Ⅱ级以上麻风畸残病人进行随访查体和康复指导，两次为足底溃疡患者35人发放一次性换药敷料包，为30位麻风病人发放防护鞋，为35名麻风畸残患者进行化验检查和诊断治疗，为50名畸残患者家属进行健康查体和相关知识培训，发放健康教育资料20000余份。

精神文明建设方面，加强医德医风教育，每季度进行问卷调查，通报结果并对问题查实问责；与中层以上干部签订廉洁自律承诺书，全年无违反财经纪律和违反医德医风事件；开展优质护理服务示范病房活动，强化优质服务意识；创建“无烟医院”；开展群众满意度测评工作；组织职工参加“慈善一日捐”活动，捐款9000余元；组织义务献血6人次。选派2名医生到省立医院、青岛市市立医院进修；组织工作人员对全市620名乡村和个体医生进行麻防知识培训。

2014年，获得“青岛市麻风病防治先进单位”“青岛市精神文明先进单位”等荣誉称号。

（市皮肤病医院）

莱西市妇幼保健计划生育服务中心

位于莱西市泰山路8号，占地面积10005平方米，其中业务用房面积6600平方米。开设床位40张。设职能科室4个，临床科室5个，医技科室3个，保健科室2个，社区卫生服务中心1个。医护比1.2:1。职工92人，其中卫生技术人员60人，占职工总数65%；行政工勤人员32人，占职工总数34%。卫生技术人员中，高级职称7人，占卫生技术人员11%；中级职称33人，占卫生技术人员55%；初级职称20人，占卫生技术人员66%。

2014年，门诊量69787人次，比2013年减少11820人次，下降14.5%。收住院病人1532人次，比2013年减少156人次，降低9.2%；床位使用率50%，比2013年下降12.5%；床位周转38.3次，抢救成功率99%，治愈、好转率99.5%，病死率0，院内感染率0，甲级病案符合率99.7%。业务总收入1132万元，比2013年减少6万元，下降5‰。固定资产总值12861.1余万元，比2013年增加74.5万元，增长6.1%。新增胎心监护仪一台。

母婴保健、新生儿筛查和农村妇女“两癌”筛查方面，以“一法”“两纲”为核心，全面做好各项保健工作。配合莱西市卫生和计划生育局、青岛市妇儿中心对从事母婴保健技术服务人员和单位进行培训考核和综合性检查工作。全年新生儿疾病筛查7591人次，筛查率99.1%。重视孕产妇保健工作产科建设、高危妊娠管理、产科专业技术人员培训。全年农村妇女“两癌”筛查25000人次，筛查出宫颈癌8例，乳腺6例，高度病变11例。2014年，莱西市围产儿死亡率4.55‰，婴儿死亡率3.32‰，孕产妇死亡率0，儿童系统管理率95.61%，孕产妇系统管理率93.44%，出生缺陷发生率4.68‰，托幼工作人员查体率65%。

精神文明建设方面，强化医德医风教育，改善服务态度，提高服务质量。开展爱国主义、集体主义、社会主义教育和社会公德教育。医院整体工作效率明显提高，医患关系得到改善，群众满意度达98%以上。

2014年，选派2名医师到上级医院进修学习；选送业务骨干参加上级业务部门组织的托幼卫生保健知识、儿童保健及婚姻保健知识培训；在全院开展岗位大练兵活动，鼓励职工参加各类再教育。

（市妇幼保健计划生育服务中心）

莱西市疾病控制中心

位于莱西市石岛东路10号，占地面积7803平方米，建筑面积3032平方米，其中业务用房2720平方米。设有传染病防制科、非传染病防制科、免疫规划科、疾病防治门诊部、健康查体科、检验检测科、健康教育科7个业务科室和办公室、财务科2个行政后勤科室。职工48人，其中卫生技术人员32名，占职工人员总数65%；行政工勤人员16名，占职工人员总数35%。卫生技术人员中，副高级职称3名，中级职称13名，初级职称16名，分别占卫生技术人员总数9.4%，40.6%，50%。

2014年，业务收入1391.96万元，比2013年增长7.20%。固定资产总值912.10万元，比2013年增长2.77%。投资95万元购置健康体检车和消杀车。

全年共报告法定传染病病例783例，发病率为100.92/十万，比2013年（137.66/十万）下降36.74%，全年无发生重大传染病疫情暴发流行。重点做好人感染H7N9禽流感、埃博拉、手足口、发热伴、出血热等防控工作。对从埃博拉疫区归国5名人员进行21天监测管理和流行病学调查；对2014年发生14例发热伴血小板减少综合征病例进行调查处置，对首例死亡病例住所进行彻底消毒，对其密切接触30名人员进行检测，邀请青岛市疾控中心专家讲解并现场解答发热伴血小板减少综合征有关防治知识；对4月在肖家庄砖瓦厂麻疹疫情暴发采取隔离治疗患者、室内外消毒、应急接种等综合治疗措施阻断麻疹疫情蔓延。全年艾滋病主动筛查16469人，发现感染者5人，接受自愿咨询检测838人。16处镇卫生院全部建立艾滋病检测点并通过青岛市卫计委考核验收。城区和农村居民艾滋病防治知识知晓率分别达86.19%、73.2%。共接种各类疫苗16.3万针次，基础免疫接种率达99%，儿童建卡、建证率达100%，“八苗”接种率达90%。对全市131所中小学校75716名在校学生进行健康体检，体检完成率达99.8%。垫付资金30余万元，抽检各类食品1200批次，监测公共场所321处。完成食品行业从业人员查体13260人，职业卫生查体20430人，检测碘盐300份，生活饮用水110份，餐具消毒检测700份，车间空气检测62个单位。

卫生改革方面，实施全员绩效工资发放方案。完善疾病预防控制、医疗救治、卫生执法监督和突发公共卫生事件应急处置四大公共卫生服务体系，组建基层责任制指导团队，制定工作方案和相关制度，对基层单位开展业务培训3次，督导检查4次，确保基本公共卫生服务项目各项工作落实到位。

2014年，率先通过青岛市卫计委艾滋病检测点考核验收。16处镇卫生院全部建立艾滋病检测点，逐步完善覆盖城乡艾滋病检测体系。提高艾滋病防治知识知晓率、艾滋病病人发现率、管理率和干预措施覆盖率。

2014年，获得“全省消毒与感染控制工作先进集体”“全省艾滋病防治工作先进集体”和“青岛市卫生系统文明单位”等荣誉称号。

（市疾病控制中心）

莱西市卫计局卫生监督所

位于莱西市石岛东路10号，建筑面积2600平方米，业务用房面积1485平方米。设监督一科、监督二科、综合科、财务科4个职能科室。职工16人，其中，专业技术人员12人，占职工总数75%；中级以上职称7人，占职工总数44%；初级职称5人，占职工总数31%。

医疗市场监管方面，开展打击非法行医专项行动，共立案查处53户次，移交公安1户；开展“两非”专项检查，共检查医疗机构32家，药店80余家，对存在问题提出整改意见；强制拆除推拿、按摩服务机构违规医疗广告170多块，规范医疗广告91块，行政处罚3家；与生活美容场所签订《不从事医疗美容承诺书》122份，并在其经营场所明显位置张贴；全面清理违规医疗广告，共清理69户，强制拆除门头30块、户外广告牌101块；开展一级以上医疗机构执法检查，共检查医疗机构31家，抽查执业人员177人，抽查病例256份，抽查处方644份，下达监督意见书121份，提出整改意见300余条；开展麻醉药品、疫苗管理和预防接种专项检查，共检查医疗卫生机构13家、预防接种门诊23处，对存在问题单位下达监督意见书。

饮用水、学校、公共场所卫生监督方面，开展公共场所卫生监督，共检查378家次，督导公共场所经营单位新办卫生许可证188家，审验149家，行政处罚18家。率先开展全市农村生活饮用水卫生普查，调查农村生活饮用水107个水厂，抽检214份，对存在问题，以书面形式向当地镇政府和主管部门送达整改供水卫生安全隐患建议函。对辖区内22所幼儿园开展消毒检测工作，抽检110份；高考中考卫生保障服务期间，水质检测28份，对4台检测不合格饮水机进行滤芯更换和水质复检；对居民小区90台现制现售饮用水机水质进行检测，抽检水样90份，合格率达100%。开展控烟工作专项检查，发放禁烟标志牌1000余个，对417家存在控烟问题单位下达监督意见书，行政处罚5家。

精神文明建设方面，结合工作实际，开展道德讲堂活动，不断丰富讲堂内容、完善讲堂形式，把开展道德讲堂活动作为文明创建和干部队伍作风教育重要载体，以道德讲堂为平台，打造一支“爱岗敬业、规范文明、优质高效、廉洁自律、风清气正”卫生监督执法队伍。

2014年，获得青岛市文明单位称号。

（市卫生监督所）

莱西市120急救调度指挥中心

位于莱西市黄海东路19号，成立于2011年1月1日，隶属于莱西市卫生局股级全额拨款事业单位。占地面积210平方米，建筑面积202平方米，业务用房面积202平方米。下设市人民医院、市中医医院、市市立医院、姜山中心卫生院、夏格庄中心卫生院、院上中心卫生院、马连庄中心卫生院、南墅中心卫生院等8个急救分中心。现有职工15人，其中卫生技术人员14人，占职工总数93.3%，卫生技术人员中，中级职称2人，初级职称12人，分别占卫生技术人员14.3%和85.7%。

负责全市120急救信息管理、分理、突发性灾难事故急救指挥协调等工作。2014年共接120报警电话14239起，派车13147次，空车1487次，救治转运12565人。报警数同比下降1.20%，派车数同比下降1.79%，空车数同比上升1.71%，救治数同比下降2.13%。2014年共争取资金267.5万购进4辆奔驰急救车及1辆全顺急救车，同时配套电除颤、心电图、呼吸机、监护仪等院前急救设备。

2014年，实行调度人员每日12小时工作制，每班2人，行政班2人，其余人员全天24小时开机待命。全年对120出诊情况进行800多人次电话回访，包括出车速度、医疗质量、服务质量及服务态度等，回访率达30%以上，群众满意率达90%以上，汇总反馈并整改。对各院前急救站医务人员埃博拉转运知识及防护流程进行现场提问督查。坚持每周五例会制度和学习制度；每季度组织一次全市院前工作例会或业务培训。举办全市院前急救人员培训班并颁发院前急救上岗证；组织人员举行急救知识培训活动并选派人员赴香港圣约翰救伤队学习培训。

2014年，获得青岛市院前急救先进集体称号。

（市120急救调度指挥中心）

社会生活

人力资源和社会保障

2014年，莱西市人力资源和社会保障局加大促进就业资金投入，完善促进就业政策体系，为城乡各类劳动者实现就业提供政策保障，累计落实职业技能培训补贴、大中专毕业生求职补贴等各类促进就业政策22项。健全就业监测和失业监控机制，在全市120户规模以上企业中设立企业联络人，负责定期提供企业用工和失业排放数据，为制定和落实促进就业政策、开展促进就业服务提供依据。优化用工信息搜集、发布和人力资源对接服务，先后发布用工信息2.2万余条，组织各类招聘洽谈活动87场次，实现新增城乡就业24495人，城镇登记失业率控制在1.32%。开展职业技能培训服务，利用市公共实训基地及其他经青岛市认定培训机构开展农村劳动力、失业人员、企业新录用职工等各类人员培训，累计培训4558人。

社会保障

从2014年10月开始，将全市2520名在编在职公务员（含参公人员）纳入工伤保险覆盖范围，有力保障公务员群体工伤保险权益。整合城乡居民医疗保险机构，2014年1月，根据青岛市统一部署，将原隶属市卫生局的新农合管理中心，成建制划转至市人社局，奠定一口实施医疗保险制度改革基础。推进社会保险扩面征缴，用好现场稽核、欠费预警、行政监察等促缴措施，保持参保缴费形势稳定。开展市属老企业欠费清缴工作，先后促使青岛东方化工等4户企业补缴欠费5246万元，涉及职工2053人。完善社会保险基金内控管理制度、医保基金支出总量控制和指标管理制度等制度，确保社会保险基金安全规范运行，社会保险基金按规足额支出。全年累计征缴各项社会保险费22.18亿元，支付各项社会保险待遇16.24亿元。

权益维护

开展劳动争议调解工作，落实调解前置工作制度，提高劳动争议案件调解结案率，2014年共结案劳动争议案件333起，其中调撤277起，调撤率83%。开展2013～2014年度劳动保障书面审查工作，根据年度工作安排，组织各用人单位进行书面审查网上申报和实施现场审查，累计审查用人单位2402户，对存在问题82户用人单位责令其限期整改，对9户存有劳动用工违法行为用人单位予以立案查处。开展农民工工资支付情况专项检查和人力资源市场秩序清理整顿专项行动，共检查各类用人单位166户，涉及劳动者6673人，其中农民工5913人，责令欠薪单位为88名劳动者补发工资

68.3万元，其中涉及农民工84名，涉及金额67.2万元。做好工伤认定工作，发挥“沟通先行”工作制度，在工伤认定前，主动与企业、法制办和法院等部门进行沟通，确保工伤认定无异议，2014年共受理工伤认定申请951起，已认定875起，不予认定6起，撤回申请7起。

（市人力资源和社会保障局）

民政工作

社会救助

2014年莱西市成立市级社会救助工作领导小组，出台《关于建立大救机制的意见》，在市民政局设立社会救助服务中心，各成员单位均成立工作领导小组、救助服务中心（救助窗口），形成上下贯通救助网络。6月份大救助信息平台正式运行，实现信息共享；全面推行第三方评估，4月末在全市12处镇(街道)全部成立城乡居民家庭评估中心。同时，抓好低保信息化工作，实现市镇数据统一、低保发放表及时生成，低保数据真实有效。6月10日，民政部和省民政厅领导对莱西市“第三方”评估进行专题调研，给予高度评价，认为是国内首创。从4月1日起大幅度提高城乡低保标准，农村最低生活保障标准由3480元/年提高到4200元/年，城市最低生活保障标准由480元/月提高到540元/月，扩大低保覆盖面，全市新增城乡低保对象达2000余人；开展“阳光低保”专项活动，2802名市民政局、镇（街道）民政办及村（居）两委干部和低保经办人全部签署“阳光低保”工作《承诺书》，并进行公示。把专项行动与第三方评估相结合，对全市低保进行全面复核，清退不合格家庭130个、152人，新纳入低保家庭67个、82人。《青岛日报》(头版)、青岛电视台新闻频道、党建频道、《半岛都市报》先后刊发莱西市“阳光低保”专项整治经验做法，省委党的群众教育实践活动办公室、省民政厅先后对莱西市专项行动进行检查验收并给予肯定。农村集中五保供养标准由7200元/年提高到8760元/年，分散五保供养标准由3600元/年提高到4380元/年；为全市农村五保对象全部办理意外伤害保险；完成经济开发区、沽河街道、院上镇敬老院整合，解决规模少、标准低问题。利用“防灾减灾日”，先后组织27个单位（镇街、部门）开展集中宣传、灾害风险隐患排查和各类应急演练活动；推进减灾示范社区创建，新建综合减灾示范社区3处，完成《莱西市自然灾害救助应急预案》修订工作；精心组织冬春灾民生活救济粮发放，先后发放458吨，价值142万元；全面实施镇（街道）网络报灾工作，全市镇（街道）报灾系统已全面启用，完成南墅、日庄、马连庄3处镇村级灾害信息员职业资格培训工作，全市村级灾害信息员全部实行持证上岗。率先出台《关于加强新形势下民政工作的意见》，按照5万人以上不少于5人、5万人以下不少于3人要求，配齐配强镇（街道）民政办工作人员；先后配合青岛市民政局在莱西市举办基层社会救助能力建设培训班，青岛市大救助信息平台培训班和镇级网络报灾培训，提高全市基层社会救助工作人员能力。慈善总会募集各类慈善捐款254.7余万元；发放助学资金41.1万元，资助2014年考入大学的城乡低保和贫困家庭大学生165人、资助春蕾女童4人；发放助医资金37.3万元；发放助老助困资金29.9万元；发放大病救助金342.2万元，救助城乡患大病困难群众1312人次；拨付见义勇为资金10万元；发放各类慈善救助金118.3余万元，救助困难群众300余人；共向767户城乡困难居民发放临时救助金205万元，其中紧急救助172户，占22.4%，比2013年提高12.8个百分点；完成20世纪60年代精减退职老职工普查登记工作，将困难生活补助标准由每人每年550元提高到675元，医疗补助实行银行统一发放；9月份启动新一轮廉租住房实物配租工作，12月22日配租到户。

城乡社区建设

出台《关于进一步健全社区运转机制的意见》，编印《莱西市社区运转工作文件汇编》，以建立民主互动制度为抓手，初步建立以健全社区党组织为核心、社区自治组织为主导、社区居民为主体、社区社会组织和驻区单位共同参与的社区运转和治理机制。采取网络监控、电话抽查和实地查看等方式，对社区运转工作进行每季度一次督导，重点督导社区品牌创建活动、社区服务开展情况，督导情况全市通报，与运转经费挂钩；7月下旬在夏格庄镇召开社区运转工作观摩会,重点推广夏格庄镇社区“订单服务”、河头店社区文化、水集街道社区活动等经验；总结店埠镇孙洲庄沽河爱心驿站、经济开发区洙河社区民主互动理事会等社会组织领办社区事务做法，探索社会组织参与社区运转新路子。全市通过青岛市验收110个农村社区和26个城市社区居委会，已初步搭建起社区组织和制度框架，涌现出一批敢于创新特色社区。《中国社会报》《社区》等媒体先后报道莱西市社区运转好做法。成立社工协会参与社区运转工作。5月19日成立市社工协会，探索利用社会力量参与社区运转工作。通过学习、培训和指导，在城乡社区服务中心分别重点打造沽河爱心驿站、新家园工作站、新市民之家、阳光未成年人矫正服务中心、志愿者工作站和绿洲心理咨询服务中心等6个社工品牌组织，实现社会力量融入社区建设新突破。完成社区服务设施建设任务。截至2014年年末，4个镇级社区服务中心和7个城市社区综合服务用房建设任务全部完成，提前1年全部完成“千万平方米”社区服务设施建设任务。

社会福利建设

出台《居家养老服务实施意见》，实现389名符合条件失能、半失能“三无”老人、低保老人居家养老服务全覆盖；建立80周岁以上低保老人高龄津贴制度，为1121名低保老人发放高龄津贴152.2万元；组织101名居家养老服务人员参加专业培训，取得初级护理资格证书，持证上岗达100%。按照“公建民营、医养结合”运营思路，与莱西市怡乐居养老服务中心签订运营协议，各功能区作用发挥较好。社会力量投资新建欣颐老年公寓（二期）、言林养老院、建旭养老公寓等3处养老服务机构，新增建筑面积12330平方米、床位400张；全市新（改）建城镇社区日间照料中心22处，覆盖率为88%，农村社区日间照料中心59处，覆盖率为51.3%，全部达到运营条件。加强社会养老服务机构规范化建设管理，与6处养老服务机构签订安全生产目标责任书，每月对养老机构消防、卫生情况进行检查；4月份组织全市20名养老机构负责人参加为期5天的全省养老机构管理培训班培训，11人参加省民政厅组织的高级养老护理员培训。在全市开展困境儿童摸底调查，对11名符合条件困境儿童报青岛市民政局；为全市1330名入住社会养老机构及农村敬老院老年人购买意外伤害责任保险；为全市24805名80岁以上老人发放体检补助金372.075万元。新增4名事实无人抚养儿童，与所有散居孤儿及事实无人抚养儿童均签订监护协议；在全市开展民政干部联系孤儿活动，确保孤儿基本生活、教育、医疗、康复等方面合法权益。福利企业管理服务力度加大，协调税务部门完成退税1000余万元，已落实到企业账户。

优抚安置

规范优抚对象抚恤补助金和义务兵家庭优待金县级统筹、金融机构社会化发放机制，发放优抚对象抚恤补助金2973.8万元，发放义务兵家庭优待金1395万余元；优抚对象“一站式”医疗保障进一步完善，具有城镇职工（居民）医疗保险优抚对象住院医疗及大病门诊医疗费用实行网上审批，投入优抚医疗专项资金496万元；投入供养服务资金75万元，68名孤老残障优抚对象享受居家分散供养、16名孤老优抚对象享受集中供养服务；建立优抚对象联络员制度，设立优抚对象服务中心45个，共选聘优抚对象联络员209名。依托市机械工程学校建立城乡一体化退役士兵职业技能培训，培训退役士兵80人；建立城乡一体化义务兵家庭优待金社会化发放机制，实行城乡义务兵家庭优待金市级统筹、统一标准、统一发放社会化发放模式；建立城乡一体化安置机制，为农村籍入伍自主就业退役士兵，按照每服役1年4500元标准发放安置补助金937万余元。按照社会化拥军要求建立大拥军格局，为每个驻军确定1个市直部门，2个镇（街道），3个企业，3个村（居）为共建单位，实现双拥工作“六进”目标，提升莱西市双拥工作水平。在2014年度双拥创建考评中得到省双拥考评工作组好评。

社会事务管理

完成新版莱西政区图和城区图审核校对工作，完成“即墨～莱西”“招远～莱西”线联检工作；依托市社会福利中心成立流浪乞讨救助站，救助流浪乞讨人员54人；开展婚姻登记星级服务标准创建活动，协议离婚引入司法确认，登记合格率保持100%，被民政部授予“全国3A级婚姻登记机关”荣誉称号；对行业协会商会、科技、公益慈善、城乡社区服务等4类社会组织进行直接登记试点，简化登记程序，已直接登记社会组织17家；5月份成立青岛市首家区（市）级社会组织发展促进会，推动社会组织健康发展；开展社会组织年检，年检率达93.02%。

（市民政局）

慈善工作

2014年，按照青岛市慈善总会统一部署，莱西市于5月28日在全市启动一年一度“慈善一日捐”活动。市委办公室和市政府办公室联合下发《关于开展2014年慈善一日捐活动的通知》，对活动原则、内容和范围进行明确要求。活动期间，为提高各企事业单位及广大爱心人士积极性，莱西市在电视台、电台和《莱西市情》等新闻媒体开辟《慈善在行动》专栏，播放、刊发6期“慈善一日捐”活动进展情况，并对活动中涌现出有代表性爱心企业及个人做专题报道。截至活动结束，“慈善一日捐”活动共募集善款247万余元。2014年共募集各类善款708余万元，其中“慈善一日捐”募集善款247万余元、为云南鲁甸地震灾区募集善款30余万元、定向捐款423余万元。

冠名基金

通过电视台、电台、莱西市情等新闻媒体，宣传签订个人（家庭）和企业冠名基金政策和意义，加强对社会团体、外资企业和民营企业宣传发动，通过走访企业，发放明白纸等形式，发动企业签订慈善冠名基金。截至2014年年末，慈善总会已分别与青岛九联集团股份有限公司签订9000万元慈善冠名基金、青岛埃维燃气有限公司签订1000万元慈善冠名基金、青岛莱西元泰村镇银行股份有限公司签订200万元慈善冠名基金、青岛凤凰东翔印染有限公司签订280万元慈善冠名基金、青岛滨泰置业股份有限公司330万元冠名基金、青岛良茂凯悦百货有限公司签订120万元慈善冠名基金。与12名个人（家庭）签订个人（家庭）慈善冠名基金。

慈善救助

坚持“边募捐、边救助”做法，合理利用有限慈善资金，有重点实施安老、慈孤、助医、助学、助困等救助项目。全年发放助学资金60余万元，资助2014年考入大学的城乡低保和贫困家庭大学生162人、资助在校贫困高中生264人，资助春蕾女童200余人，帮助他们顺利完成学业。发放助医资金46.3余万元，主要用于“关爱妇女儿童健康～慈善助医月月行”和“心连心救助工程”等救助项目，为患大病妇女和儿童提供慈善医疗救助发放助老助困资金60余万元，主要用于敬老院建设、帮扶困难群众等。拨付助残资金13万元，帮助残疾人危房改造。全年发放各类慈善救助金580余万元，救助困难群众5000余人。

慈善爱心

2014年，莱西市在大沽河沿岸店埠镇孙洲庄村社区服务中心开设慈善爱心超市1处，主要用于2015年世界休闲体育运动大会期间莱西市慈善宣传、募集善款等；另外，为方便广大爱心人士参与莱西市慈善事业，全市在水集街道华廷社区和水一社区设慈善爱心捐赠接收点各1处。

队伍建设

支持社会各界爱心人士成立慈善义工小队，发挥慈善义工队伍作用。2014年成立“莱西市孝亲爱国义工队”，所有队员自愿加入，利用自己空闲时间，结合各自专长，在每周一上午时间，为老年人和弱势群体理发；每周三和周六下午，在商贸区或广场等垃圾多的地方清理卫生并参与救助春蕾女童等捐款活动。通过义工队伍建设，社会广大爱心人士根据自身条件，加入到更能发挥自己作用的爱心义工队伍中，有组织地开展爱心活动，让更多需要帮助居民享受到慈善义工服务。

（市慈善总会）

双拥工作

2014年，莱西市双拥工作按照双拥在基层要求，坚持军民军地融合式发展，落实工作制度，提高服务保障能力，在2014年10月29日省双拥模范城年度考评检查中通过验收。

爱国主义教育和公祭烈士纪念日活动。清明节和公祭烈士纪念日依托爱国主义教育基地组织中小学生及社会各界缅怀烈士功绩，弘扬烈士精神，受教育群众达5万余人次。

做好退役士兵接收安置工作。组织为期3个月免费“订单式”集中培训，有58人考取中级职业资格证书，召开专场就业洽谈会，全部推荐就业；组织28名退役士兵参加双考安置，5人安置到机关企事业单位，其他全部自谋职业，发放自谋职业金及待安置期间生活补助金192.5余万元；“八一”建军节前为345名自主就业退役士兵发放一次性补助金942.88多万元。

开展孤老残障优抚对象居家养老服务活动。通过政府购买服务方式，打造政府、社会、家庭全方位、多层次供养保障网络。全年将57名符合条件纳入服务范围。

落实“一站式”优抚医疗保障工作。与卫生和人社部门联系，做好优抚医疗保障政策衔接，全面落实“一站式”医疗保障服务制度。

建立重点优抚对象免费查体和发放取暖补助制度。每年组织1次免费查体并发放取暖补助，所需费用由市财政负担。此举惠及全市3300余名重点优抚对象。

为立功受奖现役军人送喜报发放奖励金机制完备。按照优秀士兵500元、三等功1000元标准发放奖励金，并将喜报通过相应渠道送达现役军人家中，鼓励他们在部队建功立业。2014年省民政厅领导和青岛市民政局领导分别走访慰问1户（赵宗刚）莱西籍一等功臣家庭和3户（赵宗刚、于增雷、王继辉）莱西籍二等功臣家庭，分别发放10000元和5000元奖励金。

务兵家庭优待金和优抚对象抚恤补助金发放及时足额。建立义务兵家庭优待金自然增长机制，按照不低于上年度“当地农民人均纯收入”标准发放义务兵家庭优待金，对在西藏、新疆地区服役的按当年优待金的3倍、2倍标准发放。“八一”建军节前为776户义务兵家庭按每户15302元标准发放优待金，共发放1395.59341万元。优抚对象抚恤补助金按新调标准按月实行社会化发放模式，全部及时足额到位。

部队作战演习保障工作到位。71573部队7月在莱西湖进行军事训练时，双拥办协调相关单位为部队解决驻训期间场地、用水用电、食品安全、医疗支援等后勤保障任务。

结合莱西市建立大拥军格局实施意见，“八一”建军节期间，由市级领导带队开展走访慰问驻军和优抚对象，元旦、春节期间组织镇（街道）、村（居）和企业走访驻军部队，征求他们意见和建议，帮助解决实际困难，为他们送去慰问品和慰问金。2014年重点为武警八中队配备10台电脑，改善官兵学习条件。

（市民政局）

残疾人事业

2014年，莱西市残疾人联合会先后获得全国两刊宣传工作先进单位、省社区康复示范市、青岛市残疾人工作先进单位等荣誉称号。

“把握一条主线”即全面深入践行群众路线，让残疾人群众看到实实在在变化，达到预期目的。莱西市委书记刘圣珍针对莱西市残联工作做出批示，给予高度评价，要求莱西市教育活动办公室总结整理类似典型。

“创建一个品牌”即创建全国残疾人文化体育示范市。莱西市先后建立和完善10个残疾人活动场所、10个工作室、10名带头人、10支文化体育队伍和10个名人名作。在济宁市召开的第九届山东省残疾人运动会上，7名莱西籍残疾人运动员夺得10枚金牌，4枚银牌，2枚铜牌，创历史最高成绩。

“打造两个平台”建设残疾人托养中心。经市政府批准，在莱西市社会福利中心拨出3600平方米的13号楼，专门用于残疾人托养。建设残疾人康复中心。市政府在莱西市社会福利中心配备5400平方米康复楼，1500平方米娱乐场所，1200平方米餐厅，作为残疾人和其他入住人员共享公共资源，用于残疾人康复服务。

“新建三处就业基地”。在院上镇任家院村新建残疾人辅助性就业基地，其中残疾人30多名，月均收入1000元左右。在沽河街道孙受村新建残疾人蔬菜扶贫基地，扶持带动周边10多个村庄近百名残疾人从事圆葱种植，20多名残疾人从事圆葱初加工。在院上镇北辛庄村新建残疾人果业扶贫基地，组织20多名残疾人从事果业管理。

“突出四个亮点”推进残疾证办理程序化。在办证过程实行“四必须、四规范、两发放”规范程序。实施 “温馨办证”行动，组织分管领导、办证人员和鉴定医师到残疾人家中，免除费用现场办证20多个。推进残疾人就业多元化。举办技术培训班5期，培训残疾人400多名，实现残疾人稳定就业635名。对全市符合条件2652名丧偶或单身残疾人发放就业生活补贴，每年450万余元。推进残疾人托养规范化。依托6处残疾人托养中心和3处托养机构，集中托养残疾人366名。依托“爱的使者”残疾人家政服务公司，居家托养残疾人300名。残疾人康复系列化。从2014年开始对1315名低保户家庭重度残疾人发放护理补贴，每季度39万余元。开展残疾人居家康复工作，协调定点康复医院市立医院安排3名医生常年下乡，对排查确定300名残疾人实行居家康复。

（市残疾人联合会）

老龄工作

2014年莱西市60周岁及以上老人共有13.6万，占总人口18%，80周岁及以上老年人2.4万人，90周岁及以上老年人10128人，百岁及以上66人，按照相关规定已达长寿地区以上标准。全市老年人优惠乘车政策得到落实，享受高龄老人生活补助金人员覆盖面扩大，“六个老有”保障水平全面提高，老年社团建设稳步发展。

2014年，实现莱西市65周岁及以上老年人免费乘坐城区公交车。以老龄委办为牵头单位，承办青岛市政府实事—65周岁及以上老年人免费乘坐公交车。莱西市从3月起开始分步实施，并保留60～64周岁老年人半价优惠政策，从5月1日起开始实施至10月1日起全面实现老年人上车由原来凭老年证向持卡过渡，圆满完成本项实事。走访慰问莱西市新增百岁老人。4至5月，市老龄委办走访慰问20名新增百岁老人，投入资金15000元，为每位老人购买慰问品，并了解老人们生活状况，对于贫困百岁老人给予适当救济。为85周岁及以上老年人发放高龄津贴共计444.7万元。作为莱西市政府为民办七件实事之一，2014年莱西市将发放高龄津贴范围由90周岁扩大至85周岁，标准为85～89周岁每人每年400元；90～99周岁每人每年600元；百岁及以上每人每年1200元。2014年上半年，莱西市共为9761名适龄老人于6月末前一次性发放高龄津贴444.7万元，让受惠高龄老人感受到党和政府关怀。开展系列老年维权和管理宣传活动。利用4月老年维权月、10月敬老月，市老龄委办举办老年维权及老年法宣传进农村活动。市老龄委办投入资金3万余元，印制老年人权益保障法，山东省老年人优待规定、莱西市老年人乘车优惠政策解读等宣传材料，联合各乡镇司法所、农业局老干部协会、新华保险在各镇街道驻地利用赶大集时间开展系列宣传活动，全市共悬挂敬老横幅30余条，营造全市敬老爱老助老社会氛围。规范和完善老龄工作机制。市委市政府下发文件，调整市老龄委成员，市老龄委重新修订印发莱西市老龄委成员单位和老龄工作职责，确保各成员单位有人管有人干，为开展敬老惠老助老活动提供人员和制度保障。开展为老年人办理意外保险活动。自2007年青岛市老龄委办协调新华保险公司开展活动以来，市老龄委办高度重视，逐年加大宣传力度，逐步被老年人所认可。现每人每年1份只需20元，最高赔付额1万元，自费参保人数逐年增加。免费办理老年人优待证。为方便老年人外出旅游时享受到党和政府相关优惠政策，全年共为9500人办理优待证，现全市老年人持证率达50%。

国家从2010年开始，把“九九重阳节”也叫作“老年节”，并把所在的月作为“敬老月”。老人节前夕，市委、市人大、市政府、市政协四大班子领导走访慰问敬老院及各类老年人代表，为老人们送去慰问金及慰问品。开展全市庆祝老年节文艺演出。9月29日，市老龄委主办全市庆祝“老年节”文艺演出。演出开幕式上市委常委、宣传部部长、统战部部长、老龄委主任邹学新致辞，为全市老年人送上节日祝福。全市1500余名老年人观看文艺演出。表彰莱西市“优秀老人”。为提倡和鼓励老年人参与经济社会发展，创造“老有所为”社会氛围，在全市范围推荐社会公益、家庭和谐等方面选出14位有代表性老年人，在老年节庆祝演出大会上进行表彰。全市各老年社团开展庆祝老年节活动。在老人节前夕，莱西市老年书画研究会组织开展走进敬老院为老年人送字画活动，用一幅幅富有健康长寿喻义字画为老年人送上节日祝福；市老年体协、老年摄影联谊会也相继开展庆祝活动，用不同形式表达对全市老年人的祝福。在全市各中小学开展敬老主题教育活动。市教体局专门召开会议，要求各学校开展相应主题活动，培养学生们尊老敬老爱老助老道德意识和道德风尚。全市共举办尊老敬老爱老助老主题活动1000余场，学生们用点滴小事为老年人送上祝福，强化学生们尊老敬老爱老助老意识，营造尊老敬老爱老助老氛围。

市老龄委办立足在每个镇（街道）树立2个以上村级老年协会示范点，并统一规范协会章程和相关工作制度。市老年书画研究会继2013年成立以来，多次开展书画展交流和为敬老院送书画活动，9月份创刊发行“翰墨丹青”第1期，共向社会发放1万余份，深受社会拥护。

（市老龄办）

居民生活

2014年年末莱西市户籍总户数25.12万户，全市户籍总人口742008人，比2013年增加4451人；当年出生人口9014人，死亡人口6317人，人口自然增长率3.63‰。

2014年，农民人均纯收入为16990元，比2013年增长11.03%；农民人均生活消费性支出为9575元，比2013年增长11.56%。城镇居民人均可支配收入为32881元，比2013年增长8.71%；城镇居民人均消费性支出为20282元，比2013年增长8.91%。

（国家统计局莱西调查队）

民族宗教事务

莱西市是少数民族散杂区，现有朝鲜族、满族、蒙古族、回族等25个少数民族，常住人口1591人，暂住人口2900余人，占全市总人口0.6%。依法登记少数民族团体1个，即莱西市少数民族联合会。全市有7家清真食品生产企业、3家少数民族特需商品定点生产企业、12家清真网点。

少数民族联合会是党和市政府联系少数民族群众的桥梁和纽带，在做少数民族群众工作方面，有着党委、政府及其他团体不可替代的作用，通过少数民族自身去做少数民族工作更有说服力。市委民族宗教局调整充实联合会成员，注意吸引部分高层次、高学历代表人士参与进来，联合会力量进一步充实。定期组织联谊活动，每年走访少数民族企业，帮助解决问题。先后帮助少数民族企业解决广告宣传、企业环保等问题10余件次，同时，发挥会员作用，化解2起撒拉族因抢占面食市场引发的矛盾纠纷，协调解决清真拉面馆矛盾纠纷4起，为全市社会稳定发挥作用。

2014年，莱西市在原有1家少数民族特需商品定点生产企业（简称民品企业）基础上，又协助2家企业申办民品企业。做好为清真食品生产企业服务工作，2014年为3家民品企业办理贷款贴息4850余万元。与青岛市民族宗教局、青岛市财政局、青岛市人民银行联合，定期对民品企业生产经营情况进行检查，包括资金使用情况，少数民族员工任用情况，清真监制落实情况，民族政策落实情况等，对企业遇到困难和问题，及时协调解决。

为少数民族群众办实事、解难题，及时将党和政府关怀送到他们手中。2014年，争取市财政支持，及时为33名穆斯林农户发放牛羊肉价格补贴（每名200元），并将此列入每年财政预算。通过各镇办对全市被列入较为困难的少数民族家庭进行集中走访慰问，共走访慰问少数民族困难家庭20户，为36名参加高考少数民族考生审核民族成分；为10名少数民族同胞子女办理变更民族成分初审手续。

（市委统战部）

旅 游

综 述

概况

2014 年，莱西市坚持“政府主导、市场运作、部门联动、社会参与”的工作思路，以筹办 2015 年世界休闲体育大会为契机，以“田园生态 休闲莱西”为主题，抓乡村旅游发展和旅游项目建设，优化产业结构，强化旅游宣传促销，拉动全市旅游、餐饮、娱乐等消费需求，全年接待游客 730 万人次，旅游总收入突破 30 亿元，旅游业综合效益明显。

截至 2014 年年末，全市拥有国家 AAA 级旅游景区 4 处，AA 级旅游景区 6 处，国家四星级饭店 2 家，三星级饭店 1 家，国内旅行社 6 家（其中省级 AAAA 旅行社 1 家、省级 AAA 旅行社 2 家），山东省农业旅游示范点 12 家，山东省工业旅游示范点 1 家，山东省精品采摘园 18 家，山东省星级农家乐 9 家，山东省星级餐馆 2 家，山东省金牌旅游购物商店 2 家，山东省旅游强镇 2 处，山东省旅游特色村 2 处，青岛市乡村旅游特色村 1 处，青岛市乡村旅游特色点 6 处，青岛市旅游信息咨询中心 3 家，青岛市星级旅游厕所 6 处。

旅游规划编制

2014 年年初，梳理大沽河沿线旅游资源 54 处，挖掘包括红色文化、古城古镇古村、东夷文化、农耕文化、道教文化、佛教文化、恐龙文化、书法文化等 8 种类型在内的历史文化旅游资源 38 处，为科学编制旅游规划打下基础。4 月确定由青岛金石旅游规划研究院编制大沽河旅游规划；9 月 30 日，《莱西市大沽河旅游规划（2014 ～ 2025）》经市规划委员会研究通过。《规划》提出“一轴六带三区”的大沽河总体旅游空间布局，构建以大沽河莱西段与莱西湖为主体的生态旅游中轴，沿轴线重点打造 6 个主题旅游带（瓜果采摘旅游带、文化旅游度假带、环湖生态休闲带、休闲运动旅游带、生态农业旅游带、民俗文化旅游带），全面系统拉动莱西大沽河主体的旅游发展；在莱西大沽河外围区域，补充开发三片旅游联动区（龙泉湖、大青山、江山湖），对莱西大沽河旅游形成有效补充与联动发展。《规划》在推进莱西大沽河旅游产业发展的同时，将辐射带动莱西全域旅游发展。指导产芝村等重点乡村旅游（村）点完成规划，为旅游项目建设提供依据。

旅游综合改革探索

7 月 30 日，山东省旅游局下发《关于做好省级旅游综合改革试点工作的通知》，正式公布全省 14 家县市为首批旅游综合改革试点县市，其中莱西是青岛市唯一的试点市。根据省旅游局《关于贯彻落实国发[2014]31号文件促进旅游业改革发展的实施意见》文件精神要求，市旅游局坚持因地制宜和先行先试的发展原则，逐步探索“专、精、特、新”的改革路子。一是创新旅游管理体制。成立由市长任组长，分管副市长任副组长，相关部门和各镇（街道）、经济开发区主要负责人任成员的莱西市旅游产业发展工作领导小组，负责全市旅游产业的统一领导和管理，督促落实旅游业发展的各项工作；逐步推进旅游重点乡镇设置旅游工作办公室和专管员（姜山镇及沽河街道办事处已设立），配齐配强市镇两级旅游工作队伍，形成全市上下职责明确、岗位合理、配套联动的“综合产业综合抓”旅游工作机制。二是完善产业配套政策。6月份，莱西市委、市政府正式出台《关于加快旅游业发展的若干意见》，明确提出“把旅游业放在全市经济社会发展全局统筹谋划安排”的战略决策及“把莱西市建设成为胶东半岛重要的乡村旅游目的地、全国知名的生态休闲旅游城市”的发展目标，同时就规划编制、项目建设、产业配套、对外合作、人才培养等方面提出重要的扶持性政策。三是建立“政府引导、社会参与”的资金投入机制。为引导和扶持旅游业发展，在努力争取上级政策扶持资金的同时，莱西市首次设立旅游发展专项资金，并在《若干意见》中专门就土地、税费、融资等提出优惠政策，用来吸引社会资金和外地客商投资。四是搭建融资平台。联合齐鲁银行莱西支行制定《齐鲁银行小微企业互助基金贷款业务管理暂行办法》，探索中小旅游企业以互动联保方式实现融资的渠道，解决旅游中小企业发展成本高、融资难问题。

“休闲田园游”示范点创建

《中共莱西市委办公室、莱西市人民政府办公室关于开展“休闲田园游”示范点创建活动的实施意见》安排专项扶持资金585万元，并将“休闲田园游”示范点创建工作列入莱西市政府七大实事之一。为保证“休闲田园游”示范点创建工作的成效，成立市“休闲田园游”创建工作领导小组，对全市拟创建点进行现场指导、调研，并安排政府督查室、财政局、农业局及旅游局相关人员组成专门验收组，对创建点实地验收、现场打分，筛选出乡村旅游特色点、精品农业园各10个和17个节庆活动作为2014年重点扶持对象。指导发展创建山东省旅游强镇1个（水集街道）、山东省农业旅游示范点7个（曲家庄葡萄专业合作社、沁楠香休闲岛、嘉龙休闲农庄、祥泰现代农业示范园、青岛学中果蔬专业合作社、颐泰源生态园、青岛果蔬国际农产品科技博览园）、山东省精品采摘园11个（顺仪丰农产品种植场、天井山桃花溪生态休闲谷、青岛田杰有机葡萄示范采摘园、青岛晟仁果蔬观光园、善人庄葡萄种植园、唐家千亩韩国梨精品采摘园、前后屯出口胡萝卜示范园、莱西千千结梨园、青岛海升苹果示范园、青岛锦地隆品农产品有限公司、青岛大珑馥果蔬种植场）；指导山后韭菜生态休闲农业园、莱西湖农业文化生态园成功创建为国家AAA级旅游景区、承兴寺为国家AA级旅游景区；指导产芝村创建成为山东省旅游特色村和青岛市乡村旅游特色村；指导曲家庄葡萄庄园创建成为青岛市乡村旅游特色点。

旅游服务提升

指导青岛通世国际旅行社成为莱西市首家山东省AAAA级旅行社，指导丰琳国际旅行社、振华国际旅行社成为山东省AAA级旅行社；指导老天宝生态园成功晋级山东省五星级农家乐，指导梦溪山庄、渔公渔婆美丽乡村酒店成为山东省三星级农家乐，指导忠宾农家宴成为山东省二星级农家乐；在市主要路口及大沽河堤顶路设置旅游导向指示牌19块；指导莱西湖生态休闲区新建三星级厕所1处；指导建设青岛市旅游信息咨询中心2处。

借助青岛市旅游惠民联盟的平台，以莱西市民特别是本市低收入群体为对象，围绕“走进旅游、走近幸福”主题，深入基层和街道、社区，组织开展丰富多彩的旅游惠民活动：一是开展“旅游服务进社区”活动，在社区建立“社区旅游服务站(点)”，开展旅游惠民宣传；二是开展“城乡互动游”活动，与其他区市结对每周互发“城乡互动游惠民车”，开展城乡互动休闲采摘旅游；三是和青岛交运集团共同开通“旅游爱心巴士”，结合莱西市开展表彰先进环卫工人的系列活动，组织130名受表彰的先进环卫工人免费游青岛市南、崂山；四是推出旅游优惠措施，向低保家庭发放“旅游惠民护照”，切实让广大市民特别是弱势群体共享旅游发展带来的红利，拉动淡季旅游消费市场，促进旅游业持续健康发展。

印制并向市民及游客发放旅游突发事件应急手册20000册、莱西市旅游景点示意图10000份。

旅游行业管理

完成《莱西市旅游安全事件应急预案》及操作手册的修编工作，完善组织指挥体系、应急保障储备和应急救援机制，增强应急预案的针对性、实用性和可操作性。组织全市旅游企业参加青岛市旅游局举行的旅游安全培训班，提高应急管理水平；依托“青岛干部网络学院”平台，参加安全生产专题培训，提高安全应急知识储备。指导青岛豪邦度假村、青岛通世国际旅行社参加诚信创建活动，并获得省级“诚信旅游单位”称号，推动全市诚信旅游体系建设。按照“规范、认真、及时、有效”的旅游投诉处理原则，处理旅游投诉9宗，处结率100%，满意率100%。

旅游宣传营销

2014年3月，组织青岛旅行社及媒体记者到莱西市山后韭菜生态休闲农业园、白鹭湖、顺仪丰采摘园及莱西湖农业文化生态园进行采风；4月30日，在青岛电视台经济报道栏目做“‘五一’莱西近郊游”旅游专题推介；5月，制作《美丽乡村～齐鲁行 家在莱西》宣传光盘；7～11月，与莱西人民广播电台联合开办《旅游在莱西》栏目，每周五上午播出；9月16日，青岛市旅游局组织的“美丽沽河生态行”首发站放在莱西，共有100余位媒体记者及旅行社老总参与；9月28日，在青岛日报开辟“十一黄金周 莱西近郊游”专版；9月30日，在莱西市情开辟“十一黄金周 欢聚莱西享户外盛宴”专版，国庆黄金周期间，仅产芝村就接待游客上万人次，白鹭湖温泉度假区日接待量达到1500人次；10月份，在《青岛旅游》开辟“田园生态、休闲莱西”专版。

组织旅游景区、酒店整合资源，参加省旅游局组织的休闲度假旅游产品“两上线”活动，推出以白鹭湖温泉度假区、青岛豪邦度假村为核心的两条休闲度假旅游线路；借助网络平台传播优势，运营“莱西市旅游局”官方微博、微信，累计发布微信信息204条，微博消息1032条，其中官方微博位列山东省各市区县旅游官方微博影响力风云榜第7名；通过微信、微博组织“微旅游”活动8次，参加人数上万人次，开启“微营销”新模式；市旅游官方门户网站也正在建设制作过程中。

4月28日、8月27日分别在青岛市市南区、莱阳市举行以“走进大田园，城乡共休闲”“走进莱西，观2015世界休闲体育大会主办城市风采”为主题的莱西旅游推介会，并与市南区及莱阳市旅游局结成友好战略合作伙伴，开展共同打造旅游线路、联合进行旅游促销、互送客源等多层次的合作，建立旅游产品联促、客源组织联动机制，实现旅游区域合作新突破。

旅游活动

2014中国旅游日青岛主会场暨青岛莱西休闲汇启动仪式

活动由青岛市政府主办，青岛市旅游局和莱西市人民政府共同承办，以“美丽青岛 休闲莱西”为主题，遵循“政府主导、社会支持、市场运作、群众参与”的办节思路，坚持“继承、开放、创新、发展”的办节原则和“隆重、节俭、务实、高效”的办节要求，通过开展丰富多彩休闲旅游系列活动，进一步彰显“沽河水乡”特色文化和休闲旅游理念，促进全市休闲旅游产业发展，为2015世界休闲体育大会的成功举办营造良好氛围。活动自5月19日持续至6月29日。中国旅游日青岛主会场暨青岛莱西休闲汇启动仪式当天，吸引周边群众近万名，日销售额70余万元；系列活动还包括休闲骑行、休闲旅游商品展、旅游美食大赛、莱西市第一届店埠胡萝卜文化节、休闲垂钓巡回赛等11项活动。休闲旅游商品展向市民和游客全面展示了莱西市特色旅游商品和文化风貌；“美食之旅，莱西味道”——休闲汇之旅游美食大赛评选出了莱西旅游团队餐、旅游金牌菜及旅游特色小吃，为开发莱西市“美食之旅”线路打下了基础。《青岛日报》、青岛新闻网、《青岛早报》、山东旅游新闻网、莱西市情等14家媒体先后对系列活动进行相关报道。

“好客山东贺年会”旅游优惠活动

突出“中国梦、中国年”主题，以贺年会产品为核心，以满足人民群众多样化、多层次的年节旅游消费需求为出发点和落脚点，打造莱西“贺年会”文化旅游品牌。

2014青岛国庆旅游黄金周摇滚音乐汇

2014年10月1～7日，在莱西市人民广场举办2014青岛国庆旅游黄金周摇滚音乐汇，本次音乐汇紧密结合莱西文化特色，以音乐节为媒介，融旅游休闲、文化娱乐、经贸展示于一体的大型节庆活动。通过本次活动，宣传2015年世界休闲体育大会，搭建城乡互动旅游休闲平台，丰富了市民、游客的休闲旅游文化生活。

“微旅游”采摘活动

“微旅游”采摘活动由市旅游局主办，各省级精品采摘园承办，通过微信、微博等新媒体和自媒体向游客发布信息、介绍行程、组织招募，共开展包括樱桃、甜瓜、葡萄、蓝莓等在内的采摘活动8次，满足周边市民、游客近郊假日旅游消费需求。

休闲田园游系列节庆活动

以举办特色节庆活动为发展契机，2014年共举办包括“青岛·产芝乡村旅游暨开心农场启动”活动、莱西湖农业文化生态园第三届葡萄采摘节等在内的“休闲田园游”节庆活动10余次，丰富莱西市旅游市场，增加农民收入。

A级旅游景区（点）

月湖公园

国家AAA级旅游景区，位于莱西市城东南角，始建于1984年，为综合性开放公园。因圆形似“月牙”，故名“月湖”。公园总面积46.7公顷，陆地面积26.7公顷，公园自然地形起伏不平，既富有层次美，又有幽邃感，园林在设计上采取既仿古又创新的手法，使景点、景区总体布局在建筑上“得景随影”“顺乎自然”，收到湖光山色、亭台廊榭、林木花卉浑然一体的效果公园游乐场中有多种游乐设施，水上游船80多只，8处小商店，基本形成了游、购、娱、吃、住的一条龙的旅游配套服务规模。

山后韭菜生态循环农业园

国家AAA级旅游景区。位于莱西市沽河街道董家山后村，距大沽河1.5公里，是沽河街道董家山后社区配套产业园区。由青岛杰丰有机农业发展有限公司投资建设，实行“示范园＋合作社＋基地＋农户”的运营模式，致力于发展高端农业和精品农业。按照“一心二馆八区”的建设格局，以打造现代生态农业科技展示与休闲观光示范园为中心，建设“二馆”(山后韭菜文化博物馆和展览馆)，“八区”(设施农业示范区、神泉植物区、特色农产品手工作坊区、特色养殖示范区、特色休闲果品区、珍稀绿化苗木种植区、农耕体验区、特色水产养殖区)，打造集居住、休闲、旅游、采摘、餐饮及高科技示范为一体的大型生态循环休闲示范园，被评为山东省农业旅游示范点、青岛市乡村旅游特色点（田园采摘）。

莱西湖农业文化生态园

国家AAA级旅游景区。位于莱西湖环湖西路南侧（日庄镇大埠阴村后），建有停车场、游客接待中心、餐饮中心、户外露营区、幸福农场、地下餐厅等功能区，主要推出葡萄采摘、旅游度假、垂钓餐饮、亲子旅游、婚庆婚宴、农事体验等各种服务项目，被评为山东省农业旅游示范点、山东省精品采摘园。每年的 8 月下旬开始，生态园都要举办葡萄采摘节，吸引大批游客前来观光，并采摘、体验。每年接待接待来自青岛、烟台等地的游客 2 万多人次，日客流量到最高时达到 1500 多人。

莱西湖生态休闲区

国家 AAA 级旅游景区，是一处独具特色的湖泊型综合性生态休闲区。休闲区始建于 1987 年，1989 年开始对外开放，先后被授予“国家水利风景区”“省级休闲渔业示范点”“旅游企业诚信单位”等称号。

休闲区以莱西湖为主体，自然环境优美，有天然氧吧之称；占地 4800 公顷，其中水域面积 4000 公顷，湖内鱼类多达 30 余种。休闲区推出包括 128 品的“一餐吃遍天下鱼”的“全鱼宴”，享誉胶东。主要景点有：湖滨广场、湖滨公园、钓鱼湖、马银山、堤坝立体花园、西山公园、钓鱼竞技场、直角山等，其中钓鱼湖和垂钓竞技场规划面积 60 公顷，可同时为 3000 多人提供垂钓服务，钓鱼湖内建有融馨岛，规划面积 6.7 公顷。莱西湖生态休闲区陆续推出了垂钓及钓鱼比赛、划艇等各种水上体育活动及军事演习活动、越野自行车比赛、特色餐饮、自助捕鱼、葡萄长廊、儿童娱乐活动、爱国主义教育活动、观光果园、农业风光园、生态湿地观赏等一系列丰富多彩的娱乐项目，丰富了景区的展示内容，提升了景区的人气。

洙河公园

国家 AA 级旅游景区。在原洙河河道基础上经改造建设而成的开放式滨河公园，东起李家疃大桥，西至水院路大桥下游橡皮坝，总长 3190 米，建设陆地总面积 13 公顷，水面面积 29 公顷。洙河公园始建于 1992 年，始称滨河公园。莱西市政府于 1999 年 8 月 1 日命名为洙河公园。2008 年市政府投资 3500 万元对洙河公园分期进行改造。按规划，改造后的洙河自西向东，依次出现源远流长、飞虹凌波、月台远眺、滨水剧场、城市栈道、别有洞天等 6 个主要景点，为莱西增添一道靓丽的风景线。

沙岭河公园

国家 AA 级旅游景区。长 1360 米，宽约 50 米，面积 6.8 万平方米。公园借沙岭沟故道，历两载改造而成，是一处集景观绿化、滨水休闲、娱乐、教育等功能于一身的城市开放性公园。公园由“水与大地”“水与生命”“水与人”3 个有机联系的景观序列组成。水与大地段落，阐述水的形成与大地的关系，以大地之光、清塘荷韵、临水凭风 3 个广场以及飘带雕塑等为景点；水与人段落，极为人性化，有水韵广场、欢乐广场、演艺广场、林荫健身场等景点。

莱西市博物馆

国家 AA 级旅游景区。其前身为莱西市文物管理所，隶属于莱西市文广新局，于 2009 年 5 月实行免费向社会开放。共有展品 300 多件，包括先秦文化遗址和汉代墓葬出土文物、历代出土和传世陶器及书画、典籍、石刻和竹木牙雕、铜、玉器杂项等，基本上体现莱西历史发展的序列，涵盖多方面的内容。

仙足山风景区

国家 AA 级旅游景区，位于莱西市西北方向 10 公里、潍莱高速公路和沈海高速公路交会处。仙足山上的观音寺，据记载自元代修建，经清康熙年代扩建，同治二年（1863 年）四月修复，民国初期改名为北普陀观音寺，在“文化大革命“期间被毁。2007 年开始对观音寺进行复建，修“三圣殿”。该建筑面积 108 平方米，并配有 144 平方米的僧舍偏殿，仿古建琉璃瓦罩顶、飞檐斗拱、金铃吊挂、梁柱彩绘、佛像塑金、礼器齐备，主持僧、行僧常规佛事，香火兴旺，游人络绎不绝。景区内种植有 53.3 公顷果桑园，26.7 公顷樱桃园，66.7 公顷板栗园，以及柿子、杏、猕猴桃等，是游客观光采摘为一体的极佳场所。

承兴寺

国家 AA 级旅游景区，位于店埠镇寨西头村西，为莱西市级文物保护单位。该寺始建于明朝，历经清朝和民国时期数次维修，现正殿保存完好，是莱西市现存时代最早的佛教建筑文物。

该庙整体由山门、钟楼、碑亭、正殿和配殿组成，现存正殿3间，进深2间，东西长8.5米，南北宽6.5米。为单檐硬山式建筑，庙内取“金柱”（石柱）设计，檐取木柱设计。特别值得重视的是瓦兽件装饰的多样性，既有早期流行的兽面纹瓦当，也有明代流行的龙凤纹样，脊端取吻兽装饰为二龙戏珠图案，这些都反映了寨西头观音庙历经沧桑而不失古朴之风的建筑艺术风格，具有较高的保护和利用价值。

殿内正中曾有3尊观音塑像，东西两侧各塑3尊武士神像，庙内墙壁上均彩绘壁画，有山水、亭台楼阁、神仙故事等。新中国成立前，每年正月十一日，这里都会举行庙会，本县及临近县有不少戏班来此演出，以示庆祝，是当地一大文化景观。

崔子范美术馆

崔子范美术馆为青岛市首批国家AA级旅游单位之一，由山东省莱西市人民政府与中国著名国画大师崔子范共同兴建。1998年11月奠基，1999年8月落成。美术馆位于莱西市文化路，背倚月湖公园，面对洙河长堤。馆舍建筑面积2600平方米，为中国四合院式仿古风格。主要陈列、研究崔子范不同时期的书画作品及生平资料；开展艺术交流，主办和承接各种类型的中外美术作品展览；建立中国近现代美术史料、艺术档案，开展各类学术活动。

崔子范美术馆有6个大型展厅。其中2002年9月建成的崔子范生平厅用大量图片和资料介绍崔子范的生平事迹和活动资料；崔子范捐赠的国画精品常年陈列在3个展厅内，供前来的参观者观摩研究；另外两个展厅常年用于对外承接国内外优秀艺术家的大型展览。

旅游购物商店

莱西木偶艺术馆

1978年，莱西岱墅西汉木椁墓中曾出土1具身高193厘米的大木偶和数件小木偶，距今已有2000多年历史，这是中国乃至世界迄今为止所发现的年代最早、个头最大的木制偶实物，被称为中国木偶之最，莱西被誉为山东省木偶艺术之乡。2012年4月28日正式成立莱西木偶艺术馆，逐步完善开发、制作、表演、培训、传播等一系列功能，并将“根植莱西、立足青岛、面向世界”作为奋斗目标。

一楼展厅以木偶艺术品为主，同时汇集莱西工艺葫芦、莱西民间泥塑、莱西民间剪纸及民间布艺等传统民间艺术品，成为出国馈赠和旅游购物的特色纪念品。二楼小剧场主要进行木偶剧创作与排练活动，自艺术馆成立以来创作多部经典剧目，有传统戏曲节目《空城计》《四郎探母》《小姑贤》等，创新的现代剧目有《白雪公主》《西游记新传》《梁祝》《嫦娥舒袖》等，备受旅客特别是少年儿童的喜爱，逐步成为周边学校、媒体记者、旅游团体等社会组织的中国传统文化和民间艺术的参观学习基地。

青岛莱西丝绸有限公司

“莱喜丝绸”系列商品是由莱西市丝绸公司研发的丝绸旅游文化纪念品，其使用的茧丝长度、纤度、净度、色泽等指标均属国内领先。商品主要以丝绸为载体，旨在挖掘展现5000年莱西丝绸文化，传播莱西元素和青岛元素。根据《尚书。禹贡》中“莱夷作牧，厥篚檿丝，浮于汶，达于济”的记载，丝绸公司先后研发院上镇出土颜真卿《裴将军碑》等织锦书法系列产品、富涵莱西湖历史文化的《才子佳人》笔筒系列产品、富涵莱夷文化的《韶乐》绢扇和团扇系列产品、表现莱西先贤明朝大理寺卿双山张梦鲤事迹的《莱西镇纸》系列、表现青岛历史文化的《青岛铭》和韩国人主要姓氏起源等竹简雕刻工艺品，受到国内外高端旅游客户的青睐。此外丝绸公司还以丝绸为载体，挖掘展现莱西的“喜文化”，根据莱西民俗文化在半岛有代表性的特点，发挥莱西市蚕茧资源多质量高的优势，开发“莱喜”蚕丝被、素绉缎绣花睡衣等等系列产品。莱喜丝绸的“喜文化”、喜元素，也很快走向全国各地甚至国外。

（市旅游局）

人物

现任市级领导干部简历

·市委书记、副书记、常委·

刘圣珍 女，汉族，1963年4月出生，河南省宁陵县人。大学学历，中共党员。中共莱西市委书记、市人大常委会主任、市委党校校长。

纪家栋 男，汉族，1965年12月出生，山东省青岛市人。在职博士研究生学历，中共党员。中共莱西市委副书记、市政府党组书记、市长。

李兴伟 男，汉族，1973年2月出生，河北省馆陶县人。大学学历，中共党员。中共莱西市委副书记（4月离职）。

邢福栋 男，汉族，1962年2月生，山东省平度市人，大学学历，中共党员。现任中共莱西市委副书记（8月任职）。

姜水清 女，汉族，1970年11月出生，山东省平度市人。省委党校在职研究生学历，中共党员。中共莱西市委常委、市纪委书记。

赵希胜 男，汉族，1962年12月出生，山东省莱西市人。省业余大学学历，中共党员。中共莱西市委常委、市政府党组副书记、副市长。

梅红波 男，汉族，1970年11月出生，湖北省麻城市人。在职大学学历，中共党员。中共莱西市委常委、市人民武装部政委。

张升山 男，汉族，1970年5月出生，山东省莱西市人。省委党校在职研究生学历，中共党员。中共莱西市委常委、市政府党组成员、副市长。

王福考 男，汉族，1963年10月出生，山东省平度市人。省委党校在职大学学历，中共党员。中共莱西市委常委、市委政法委书记、市委群众工作部部长。

郝曙光 男，汉族，1975年11月出生，山东省垦利县人。大学学历，中共党员。中共莱西市委常委、市委组织部部长。

邹学新 男，汉族，1963年1月出生，山东省平度市人。省委党校在职大学学历，中共党员。中共莱西市委常委、市委宣传部部长、市委统战部部长、市社会主义学院院长。

王保岚 男，汉族，1972年9月出生，山东省青岛市人。省委党校在职研究生学历，中共党员。中共莱西市委常委、市委办公室主任。

（市委办）

·市人大常委会主任、第一副主任、副主任·

刘圣珍 女，汉族，1963年4月出生，河南省宁陵县人。大学学历，中共党员。中共莱西市委书记、市人大常委会主任、市委党校校长。

张 锐 男，汉族，1962年9月出生，山东省胶州市人。省委党校在职研究生学历，中共党员。莱西市人大常委会党组书记、第一副主任（正县级），13届市委委员。

李信斋 男，汉族，1962年12月出生，山东省莱西市人。省业余大学学历，中共党员。莱西市人大常委会党组副书记、副主任。

王明兴 男，汉族，1955年6月出生，山东省莱西市人。大学学历，九三学社社员。莱西市人大常委会副主任。

陈玉国 男，汉族，1959年11月出生，山东省莱西市人。省委党校在职大学学历，中共党员。莱西市人大常委会党组成员、副主任。

刘 莉 女，汉族，1965年12月出生，山东省莱西市人。省委党校在职大学学历，中共党员。莱西市人大常委会党组成员、副主任。

（市人大办）

·市人民政府市长、副市长·

纪家栋 男，汉族，1965年12月出生，山东省青岛市人。在职博士研究生学历，中共党员。中共莱西市委副书记、市政府党组书记、市长。

赵希胜 男，汉族，1962年12月出生，山东省莱西市人。省业余大学学历，中共党员。中共莱西市委常委、市政府党组副书记、副市长。

张升山 男，汉族，1970年5月出生，山东省莱西市人。省委党校在职研究生学历，中共党员。中共莱西市委常委、市政府党组成员、副市长。

曹杰军 男，汉族，1968年10月出生，山东省莱西市人。省委党校在职大学学历。中共党员。莱西市政府党组成员、副市长，13届市委委员。

黄迪勇 男，汉族，1973年9月出生，山东省即墨市人。在职研究生学历，中共党员。莱西市政府党组成员、副市长，13届市委委员。

纪玉水 男，汉族，1976年3月出生，山东省即墨市人。省委党校在职研究生，中共党员。莱西市政府党组成员、副市长，13届市委委员。

丁朝霞 女，汉族，1972年3月出生，山东省日照市人。无党派人士，省委党校在职大学学历。莱西市政府副市长。

李 焜 男，汉族，1971年9月出生，宁夏回族自治区吴忠市人，中共党员。中央党校在职大学学历，2014年4月挂任山东省莱西市人民政府党组成员，2014年5月挂任山东省莱西市人民政府党组成员、副市长（时间1年）。

胡生立 男，汉族，1968年9月出生，贵州省安顺人，中共党员。在职大学学历，2014年10月挂任山东省莱西市人民政府党组成员，2014年11月挂任山东省莱西市人民政府党组成员、副市长（时间1年）。

（市政府办）

·市政协主席、副主席·

于永才 男，汉族，1956年8月出生，山东省莱西市人。省业余大学学历，中共党员。莱西市政协党组书记、主席，13届市委委员。

王仁臣 男，汉族，1958年5月出生，山东省莱西市人。省委党校在职大学学历，中共党员。莱西市政协党组副书记、副主席。

王志强 男，汉族，1965年11月出生，山东省莱西市人。大学学历，无党派人士。莱西市政协副主席。

李美玲 女，汉族，1965年10月出生，山东省莱西市人。大学学历，无党派人士。莱西市政协副主席（不驻会），市工商联合会主席。

王志超 男，汉族，1963年12月出生，山东省莱西市人。在职大学学历，九三学社社员。莱西市政协副主席（不驻会），市教育体育局局长兼莱西一中校长，市语言文字工作指导委员会办公室主任。

孙焕伟 男，汉族，1963年8月出生，山东省莱西市人。大学学历，无党派人士。莱西市政协副主席（不驻会），市监察局副局长。

赵彦军 男，汉族，1962年3月出生，山东省莱西市人。大学学历，中共党员。莱西市政协党组成员、副主席。

（市政协办）

·市人民法院院长·

曹　波 男，汉族，1967年1月出生，山东省平度市人，大学学历，中共党员。莱西市人民法院党组书记、院长、审判委员会委员、市委政法委员会委员。

（市法院）

·市人民检察院检察长·

孙　健 男，汉族，1961年12月出生，山东省龙口市人，大学学历，中共党员。莱西市人民检察院党组书记、检察长、检察委员会委员，13届市委委员，市委政法委员会委员。

（市检察院）

·市人民武装部部长、政委·

徐卫军 男，汉族，1973年2月出生，江苏省阜宁人。在职大学学历，中共党员。莱西市人民武装部部长。

梅红波 男，汉族，1970年11月出生，湖北省麻城市人。在职大学学历，中共党员。中共莱西市委常委、市人民武装部政委。

（市人武部）

莱西的山东省人大代表（3名）

纪家栋 莱西市委副书记，市长

于乐美（女）马连庄镇崔格庄村党支部书记、村委会主任

黄淑艳（女）青岛育昕牧业开发有限公司总经理

（市人大办）

莱西市第十二批专业技术拔尖人才名单

于　洋	市林木种苗站站长，工程师
王忠辉	市第二实验小学校长，一级教师
王勃生	市文化馆副馆长，助理馆员
王海燕	市实验中学教师，二级教师
任洪春	市农产品质量监督检测中心主任、市良种繁育场场长，高级农艺师
刘维江	市规划管理局局长，高级工程师
吕文波	市委报道组报道员，高级政工师
孙红云	水集街道城西小学教师，二级教师
吴本林	青岛瀚生生物科技股份有限公司合成室副主任，工程师
张红果	市自来水公司女工委主任，国家四级演员、政工师
张行良	市建筑总公司副总经理、总工程师，高级工程师

张言哲 市财政局采购办主任，经济师
张建宁 市人民医院超声诊断科主任，副主任医师
张淑红 莱西四中教师，一级教师
李 娜 市实验小学教师，二级教师
李允荣 市人民医院泌尿外科副主任，副主任医师
李茂科 市人民医院血液净化科主任，主任医师
迟秀文 青岛金莱热电有限公司党委副书记、总经理，高级工程师
迟爱梅 姜山镇李权庄泰光中学教师，一级教师
迟瑞华 莱西经济开发区中心中学教师，一级教师
周玉忠 青岛金妈妈农业科技有限公司总经理，工程师
胡玉忠 青岛东生集团股份有限公司党委副书记、花生研究所所长，高级咨询师、高级工程师、高级技师
徐景阁 山东黄金矿业（莱西）有限公司总经理，高级工程师
莫 茜 市文化艺术研究院副院长，二级编剧
戚建明 市教体局教研室教研员，一级教师
黄令佳 青岛佳德食品股份有限公司董事长，高级经济师
程 南 南墅镇李家小学校长，一级教师
董 波 莱西一中团委书记，二级教师

（市委组织部）

莱西市第十一批贡献突出人才名单

王明磊 青岛东生集团股份有限公司董事长、国家花生加工技术研发分中心主任，高级经济师、高级工程师
任洪春 市农产品质量监督检测中心主任、市良种繁育场场长，高级农艺师

（市委组织部）

见义勇为模范事迹简介

于恩成 男，52 岁，莱西市店埠镇于家小里村村民。

2014 年 8 月 10 日下午 3 时许，店埠镇于家小里村村民于恩成，听到同村村民于理成（男，67 岁）老伴边跑边呼救："快来救人，我老伴晕倒在土豆窖子里上不来了！"闻讯后于恩成与拿着绳索前来施救的同村村民快速奔到事发地点，看到于理成歪倒在深约 2 米的地窖中，于恩成随即跳进地窖中想将其抱出。不料，地窖中的土豆因全部腐烂产生的毒气大，于恩成渐渐失去知觉晕倒下去。

虽经前来施救的村民竭尽全力使其脱离险境，但终因中毒太深，二人经抢救无效不幸离开人世。事后，舍己救人的于恩成事迹在当地被传为佳话。

赵东刚 男，47 岁，莱西市城建局市政管理处职工。

2014 年 5 月 31 日下午 3 时许，驾车途经水集街道办事处于格庄村西的赵东刚，听到大沽河边传来村民们急促的呼救声，赵东刚急忙停车跑到出事

地点，了解有人落水后，他立即脱掉衣物，跳入深达4米的水中实施营救。由于河水深、流量大，赵东刚反复三次潜入水中，终于摸到落水女子，并全力将其抱托至岸边,在岸边群众帮助下将其拖拉上岸。

该女子（王某，26岁，莱西市水集街道办事处水集二村人）由于溺水时间过长，经抢救不幸离世。赵东刚则因全力施救，背部和腹部肌肉拉伤，休息两天后才得以正常上班。

董成爱 男，44岁，莱西市店埠镇七间房村村民。

2014年8月10日上午10：30分左右，店埠镇西庄头村李某某（女，48岁，身患轻微偏瘫）在大沽河岸边散步时，不慎落入深达四米的蓄水河中。此时，正在橡胶坝下游陪同妻子洗衣服的该镇七间房村村民董成爱（男，44岁，退伍军人），闻讯后迅速跑上大堤，不顾坝高湿滑又不识水性的危险，从高近3米的河堤跳到湿滑的橡胶坝上，抓住李某某露出水面的手，将其拉到橡皮坝上。在当过村医的妻子指导下，经过十多分钟施救，已昏迷的李某某逐渐恢复呼吸，转危为安。

（市委政法委）

“感动莱西”道德模范事迹简介

播撒希望公益之花——莱西市蒲公英红十字志愿服务队

莱西市蒲公英红十字志愿服务队成立于2012年5月28日，共有队员400余人。3年来，他们通过设立“爱心午餐·爱心校车”基金、寒门学子基金，组织慈善义卖等方式募集资金，帮助79名贫困山区儿童和22名寒门子弟圆了上学梦；先后发起了7次募捐活动，救助身患白血病女童史一诺，播撒生的希望。他们定期组织到莱西湖清理垃圾，到敬老院看望鳏寡孤独老人，到贫困家庭看望孩子，带去学习和生活用品，到大街上为城市美容师们送去护肤品。莱西市蒲公英红十字志愿服务队这株公益之花成长至现在已经枝繁叶茂,400余种子飘撒在莱西大街小巷，深受市民喜爱。2013年，莱西市蒲公英红十字志愿服务项目获评青岛市重点青少年群体服务管理示范项目，他们的事迹在《大众日报》《半岛都市报》《青岛日报》《莱西市情》《掌上莱西》等媒体上刊发。

孝老尊老爱心天使——康馨护理中心爱心团队

莱西市康馨护理中心于2009年建成，拥有护工55人，一半以上护工都是90后。花季年龄，因为孝老尊老的爱心，她们做出了多数人不会作的从业选择，习惯了常人难以耐受的脏累与艰辛。所护理的160位老人，脾气喜好各不相同，有些患有痴呆症的，喜怒无常，经常有护工被扯掉头发，撞破脑袋，但是她们无怨无悔，一如既往地照顾好老人；有些年纪大了，记不住事也认不清人，刚被送来时，因为不太习惯，三天两头嚷着叫护工打电话找这个孩子、找那个孩子，为了不让老人的家人们担心记挂，护工们经常在电话里假扮老人的家人，甚至把看望他们所带的水果分开，每天都放一点在桌子上，让老人时时感受到亲人的关心，打消他们的孤独感。有付出就有回报，2012年，一位王姓大爷被家人用担架抬到护理中心，家人本来是不抱希望了，然而，护工们制定专门护理方案和营养食谱，在她们精心调理下，老人状况渐渐好转，一直到现在，已经87岁了；有位酒精中毒的李姓大叔，刚送来时，骨瘦如柴，生活不能自理，短短4个月后，酒戒了，身体也胖了，已经能够坐着吃饭、看电视了。为丰富老人的精神文化生活，护理中心经常把电影队、剧团请来演节目。正是常年的精心照料、耐心呵护，朝夕相处之下，多数老人已经把护理中心当成精神的家园、心灵的港湾，有些老人被儿女接回家过年，没住上一两天就吵着闹着要回来。康馨护理中心先后被评为青岛市“敬老文明号”，青岛市三星级养老服务机构。

社区文化活动带头人——姜翠娥

姜翠娥，女，57岁，黄海西路社区退休工人。2007年，她组建“阳光姐妹”舞蹈队，担任社区活动站站长，通过跳舞锻炼身体，结交朋友，活跃居民生活。曾经带领舞蹈队参加“中国达人秀”，在青岛五市三区秧歌大赛中获得银奖，获得青岛市广场舞最佳活力奖。健康充实的生活方式，吸引了社区越来越多的居民加入到她的队伍中，目前，阳光姐妹舞蹈队成员已达20多人。除了锻炼身体，参加比赛，她和她的“阳光姐妹”们都积极参加社区的敬老助老、暖心帮困、环境清扫志愿服务活动。每年的老人节，她们都去走访社区的孤寡老人，到养老院参加慰问演出；慷慨救助社区的2户贫困家庭，为他们送去钱物1000多元。姜翠娥的热情、真挚，传递了真善美，弘扬了正能量。她的事迹得到莱西电视台和《半岛都市报》等媒体的多次报道。近年来，她多次获得莱西市社区热心人、水集街道办事处优秀志愿者等称号。

60多位老人心中的“好闺女”——王秀梅

王秀梅，女，莱西市社会福利服务中心护理员。在近20年的服务员生涯中，她始终坚持“情系公寓、关爱老人、倍加呵护、责任如山”服务理念，勤勤恳恳，任劳任怨，视老人为自己的亲人，先后与60余位老人结下了不解之缘，被公寓老人们夸赞为“好闺女”“贴心人”。她创立了“一、二、三、四、五”服务工作法，即：一脸笑容，白夜两班交接，交代后续工作，对重症或卧床不起老人一日三餐定时喂水喂饭，做到四心（细心、热心、耐心、爱心），每班次要为卧床特护老人5次以上翻身。多年来，除刚结婚时回家过了两个春节外，其余十几个春节她都陪在公寓老人身边。面对他人的不解，她一笑置之：“图的是老人能安度晚年，享天伦之乐，我的工作我满足，我无怨无悔。”近年来，她所带领的服务组连续9年被评为先进班组，本人先后获得莱西市“民政系统先进工作者”、莱西市“三八红旗手”“青岛市千名孝星”等荣誉称号。

环卫战线的“老黄牛”——丁瑞胜

丁瑞胜，男，57岁，环卫处粪便清运工。1983年，刚入行时，老丁还是一个血气方刚的小伙子，每天穿梭在莱西城区230多座公厕之间，虽然他每天都要接触又脏又臭的厕所，但他从不怨天尤人，还把别人看来苦累不堪的工作干得有声有色，这一干就是31年。今年7月的一个中午，老城区一处居民区的化粪池因管道堵塞造成外溢，污水横流，恶臭扑鼻，附近居民连门窗都不能开，老丁第一时间组织人员和车辆赶往事发地，在近40度高温的蒸烤下，面对粪池内令人窒息的气味，老丁二话没说，掏出工具便开始疏通，身上、手上溅满了粪便，两个多小时后，才把粪便和污水清理干净，起初那些捂着口鼻远远跑开的居民纷纷围拢过来，向老丁竖起了大拇指。干一行，爱一行。30年间，老丁不仅胜任了粪便清运工作，还刻苦钻研公厕维修技术，主动承担起公厕维修的任务。从便池、阀门等零件更换，到水管、电路的铺设安装，样样精通。2010年，莱西市新上8座移动公厕，其中几座免水冲公厕涉及生物发泡等现代技术。老丁主动请缨，赶赴厂家学习，终于在新公厕建成前将各种原理学懂吃透。靠着对环卫事业执着的爱，靠着无私奉献敬业精神，老丁默默无闻地发挥着光和热，被人们赞誉为当代时传祥。

造血干细胞捐献志愿者——盖奇德

盖奇德，男，43岁，退伍军人，青岛恒辉建设工程有限公司职工。“救人一命胜造七级浮屠，面对一条鲜活的生命，我责无旁贷，我的血流在他的身上，这世上就有两个盖奇德了。”这是盖奇德捐献造血干细胞返回莱西老家时，面对红十字会工作人员说的最触动人心的话。面对垂危生命表现出的高义，让在场的人无为之不动容。他是一名军人，3年的军旅生涯在盖奇德的思想中烙下了“忠于祖国”的信念和“为民服务”的宗旨。当面对一条亟待挽救的生命时，他义无反顾，表现出军人强烈的社会责任感。他是一位志愿者，1999年，他成为莱西市红十字会最早一批造血干细胞捐献志愿者。15年后，他以45岁的年龄成为青岛市成功捐献志愿者中年龄最大的一位，以实际行动诠释“人道、博爱、奉献”的红十字精神。他释放人性光辉，在自己人生历程中留下浓墨重彩的一笔，也让这个世界有了“两个盖奇德”。

爱党爱国爱家的离休老战士——刘晓春

刘晓春，男，83岁，日庄镇泊子村离休军人，现居住在宁夏回族自治区。刘晓春自儿时起便跟随母亲徐桂芳参加抗日地下联络站工作。民国30年（1941年），日军占领日庄地区，修碉堡设封锁区，建立伪政权。刘晓春和母亲把自己的家作为抗日地下工作联络站，姐姐做饭、探听消息，他望眼放哨、送水送饭，一家人以走亲戚为名奔走于各地收集情报，输送药品、子弹等，完成上级联络站交给的各项任务。据不完全统计，刘晓春一家先后为八路军输送子弹800多发，成功掩护我军地下工作者过境10多次。自军队离休后，刘晓春虽然生活在宁夏回族自治区，但仍然心系家乡，多次不远千里回乡开展爱国主义教育。2005年，他个人出资4000多元建起泊子村抗日地下工作联络站纪念馆，被列为莱西市爱国主义教育基地。2014年9月30日，他又捐资2万余元，为泊子村兴建健身广场，为日庄中心小学购置书籍等。一颗赤子之心，满腔爱国热情。83岁高龄的老人离而不休，执着坚守，感动着我们身边每一个人。

用爱守护精神残疾人的护士长——王英

王英，女，38岁，莱西市精神残疾人托养服务中心护士长。多年来，她顶住家人不解、社会偏见，变压力为动力，付出常人难以做到的艰辛，用爱为精神残疾人撑起一片蓝天。在王英心中，精神残疾人的安全和幸福，就是她最大的幸福，托养中心100多名学员，她不让任何一个掉队。2014年7月，一位党姓学员母亲去世，服务中心担心五大三粗的老党家庭暴力间歇性发作，不敢放他假，王英了解这一情况后，主动请缨陪老党回家料理老母后事，老党感激涕零：“我这辈子，不听谁的话都可以，但必须听王护士长的话。”60多岁的老刘，无儿无女，王英主动帮他缝缝补补，逢年过节，从家里带饺子来给他吃，老刘到处夸：“服务中心的饺子虽然好吃，但不如王护士长包的香”。如今，王英不仅教会了病情稳定的学员理发、刮胡子，还教有文艺特长的学员吹口琴，把他们培养成为中心文艺宣传队骨干。王英用爱心慰藉着中心每一名精神残疾人，她常说：“只要心中有爱，世界将变成美好明天。”

社会治安的守护者——谭高峰

谭高峰，男，36岁，莱西市公安局刑警大队副大队长。他工作勤恳，业绩出色。凭着高度的责任感和对刑侦工作满腔热情，带领全体民警屡破大案、要案，有力地维护辖区社会治安的稳定，所在大队被莱西市局确定为大案队，专门负责领导交办、上级督办案件。他公而忘私，尽职尽责。自1997年参加工作以来，始终坚守一线，一心扑在刑侦工作上，加班加点1500余小时，没有休过一个完整假期。在紧抓业务工作同时不放松队伍建设，加强民警8小时以外管理，以此提高民警自身素质，实现民警自我监督，自我约束，为警员做表率。近年来，全队民警无任何违法违纪现象发生。他严于律己，不图回报。破案后，受害群众感谢他、宴请他，被他婉言谢绝；犯罪分子落入法网，有人附以重金，求他法外开恩，被他严词拒绝。近年来，先后获得全省优秀人民警察、优秀共产党员、青岛市破案能手等称号，并被记个人二等功一次、三等功二次。

践行社会主义核心价值观的时代楷模——葛中科

葛中科，69岁，退伍军人。2014年2月16日，店埠镇葛家泊村两名小学生不慎落水，葛中科发现险情奋起营救，他用叉子将近处的孩子拉上岸后，又纵身跳入2米深水塘，游向远处的孩子，在随后赶来的村民协助下，葛中科用尽最后一丝气力把第二个孩子推上岸，孩子得救了，他自己却冻僵在冰冷的水中，因体力透支过度，不幸献出宝贵生命。葛中科在他人生命安全受到威胁紧急关头，挺身而出，奋不顾身，用舍己救人的壮举践行了社会主义核心价值观，用大爱无疆的善行弘扬了中华民族传统美德，用自己的宝贵生命谱写了一曲展示新时期莱西人高尚品格和奉献精神的壮美诗篇，传递了社会主义道德建设的正能量。葛中科去世后，莱西市文明委追授其为“感动莱西”道德模范，青岛市委宣传部将其作为践行社会主义核心价值观重大典型在全市进行宣传学习，山东省人民政府追授其为烈士，中央电视台《新闻联播》播发了葛中科舍己救人的英勇事迹。

（市委宣传部）

镇·街道

水集街道

2014年，水集街道完成国内生产总值100.06亿元，同比增长13%；实现税收55115万元，同比增长12.6%；完成外资到账7572万美元；完成外贸进出口5.8亿美元，同比增长6%；实现工业总产值186.5亿元，同比增长18%；完成固定资产投资68.5亿元，同比增长26%；实际利用内资55.53亿元，同比增长28%；实现农民人均纯收入18840元，同比增长13%。

服务业大项目

新引进投资5亿元的利群步行街、投资2亿元的新琪仓储等过亿元项目8个；在建投资7.4亿元的缤纷五洲城市综合体、投资8亿元的君洲大酒店等过亿元项目14个；新投产投资5亿元的华玺大酒店等项目6个；在谈青岛喜客来大酒店、青岛海景花园大酒店、汇通天下汽车城等项目9个。

生态文明建设

大力发展乡村旅游业。抓住大沽河综合整治的机遇，整合全街道旅游资源，打造“翔龙马术—莱西湖—大沽河—产芝村—仙足山景区”精品生态旅游线路，乡村休闲旅游产业得到迅速发展；把握旅游市场新趋势，依托大沽河、莱西湖景区，突出“生态、乡村”特色，以产芝老村为基础，从生态环境、人文景观、历史文化等方面进行全方位改造，初步把产芝村打造成集观光、体验、休闲、度假为一体的综合性乡村旅游特色村。2014年水集被授予山东省旅游强镇，产芝村被授予山东省乡村旅游特色村。开展环境卫生整治。建成水集街道垃圾中转站，辖区村庄全部纳入大环卫范围，新设垃圾箱426个，新增环卫工226人，实现城乡环卫一体化管理；新硬化街道18条，总长7500米，硬化面积4.2万平方米；粉刷墙壁5.4万平方米，新安装路灯620盏，新建文化休闲广场13处，安装健身器材168件；拆除违章建筑336间，清运“三大堆”和建筑垃圾28万立方米。

民生事业

重视初信初访，落实为民服务热线受理、答复、回访制度，共受理602起，经回访满意426起；重视积案化解，落实班子成员包案制度，信访积案共38起，化解19起。拓宽信访渠道，落实班子成员公开接访制度，初信初访101起，已结服81起。

推进7个村庄改造工作，沙旺庄村多层安置楼主体已封顶，完成建筑面积2.6万平，任家疃村完成一期安置楼3.5万平方米；有序推进3个片区改造工作，月湖商城西区主体完工，长平街二期安置楼主体完工，华廷片区完成基坑工程量的50%。投资350万元为洙河小学和中心小学新建塑胶操场；投资91万元对城厢小学、城北中学校舍进行修缮；投资60余万元为城关中学、前车小学进行供暖改造；投资300余万元为村庄硬化通村路2万平方米，新建长广河桥和刘家河漫水桥。

基层组织建设

把教育实践活动作为首要政治任务，既做好“规定动作”，又突出“自选动作”。开展地毯式走访，听取群众意见建议76条，查摆“四风”问题241条，已整改完毕。召开班子专题民主生活会，进行深刻的批评与自我批评，达到“团结－批评－团结”的目的。在机关开展“机关干部联系困难家庭”活动、在社区开展“一刻钟服务圈”活动、在村庄开展“党员联户”活动，解决联系服务群众“最后一公里”问题。提前谋划，扎实推进，圆满完成村“两委”换届选举工作。

（水集街道）

望城街道

2014年，完成地区生产总值37.4亿元，同比增长10%；实现财政收入9123万元，同比增长28%；三公经费支出46.88万元，同比减少53.27%，完成固定资产投资36亿元，同比增长21.5%；完成规模以上工业总产值80.67亿元，同比增长14.4%；实际利用内资18亿元，同比增长12.5%；实现外资到账4723.6万美元，同比增长141.5%；农民人均纯收入17413元，同比增长10%。

全力推进“梦想望城”旧城改造项目

年初正式启动“梦想望城”产城一体综合开发项目，对前塔、后塔两村及东方化工、水泥厂老企业片区实施整体拆迁改造。共完成项目土地清障46.7公顷，建设完成建筑面积3000平方米的形象展示中心和占地4.67公顷的景观公园，完成项目一期合肥路北8.8万平方米商品房建设，共建设楼房20栋，房屋700余套。东方化工老企业厂房也已拆迁完成。

招商引资

共引进内外资项目19个，其中内资项目17个，外资项目2个；新开工项目17个，其中总投资2.6亿元的江源日盛节能蓄热保温材料项目、总投资2.6亿元的福润达动物营养项目、总投资1亿元的高士达红木家具3个过亿元项目实现当年完工；续建项目3个，其中青岛市重点项目——总投资6亿元的青岛七好营养科技有限公司中试车间已开始生产；在谈项目9个，其中总投资50亿元的北汽银翔30万辆整车基地项目已初步达成落户意向，总投资12亿元的东方雨虹新型防水材料项目将于近期签约。

新农村建设

加快推进农村社区。重点建设的林泉庄集聚型社区，一期工程完工，共建设8栋楼房，建筑面积20779平方米，安置居民170户，水、电、暖、气等配套管线接入，广场、绿化等配套建设完成，部分村民已入住。通过验收的辇止头、后冯北、后堤、林泉庄、东谭5个社区服务中心全部正常运转。

推进农村生态文明建设。以“农村环境综合整治大干100天”活动为契机，先后投入资金541.6万余元，增设垃圾箱536个，垃圾桶320个，垃圾车6台，清运垃圾7160吨，清理“三大堆”756个，拆除违章建筑52处，清理河道9240米，巩固城乡环卫一体化建设成果。对南水路、大沽路及沿线村庄实施重点绿化，累计植树43900株，道路绿化总长度6000米，造林绿化面积1110亩。落实秸秆禁烧工作，夏收、秋收期间未发生一起秸秆焚烧事件。

民生事业

投资166万元建设整修农田基础水利设施，新挖扩建平塘7个，整修机井6个，改善扩充灌溉面积2480亩。投资20余万元对宁波路南望城桥洞路面实施翻修硬化，解决群众出行难题。优化教育环境，投资180万元完成林泉庄、后冯北、东谭3所社区幼儿园标准化建设。投资17万元完成东谭、后堤、青岛南路社区3处老年人日间照料中心建设，使具备居家养老条件社区达到6处。通过企业带动，转移农村劳动力830人。大力发展农村文化事业，在23个村普及广场舞健身活动，举办望城街道第五届农村秧歌大赛。开展精准扶贫工作，为189个贫困家庭、共计394人建立扶贫档案。

完善群防群治体系，39个村全部设立村级治安巡逻队，实行24小时值班巡逻。加强法制宣传，共组织宣大型传活动3次，张贴悬挂宣传画、宣传标语470幅，印发宣传材料1200份。畅通信访渠道，坚持主要领导公开接访，班子成员轮流接访，共受理来信来访案件90起，办结率达98.5%，按期处结率99%，在党的十八届四中全会期间未发生一起进省到京上访案件。狠抓安全生产管理，组织涉氨、涉尘等安全生产专项检查12次，日常检查209次，查处整改涉氨制冷企业6家，关停不符合安全生产条件企业2家；检查非煤矿山3家，查处隐患23处；关停无证生产、污染严重小企业2家，关停无证液化气站1家。

党的群众路线教育实践活动

按照上级统一部署要求，自3月开始，组织全街道57个党支部、2045名党员开展以整治“四风”问题为主要内容的党的群众路线教育实践活动，活动期间，共走访企业、群众729人次，征集各类意见建议110条，帮助解决实际困难276件；领导班子成员自查问题251条，互相批评建议364条，并逐一进行整改落实。

村“两委”换届选举工作

组织管区、包村干部进村入户走访排查，摸清村庄情况，提前制定工作预案；为4个软弱涣散村选派“第一书记”，帮助村庄开展工作；组织实施村干部任期经济审计工作，委托第三方机构对全部39个村庄进行初审，并结合初审结果，对18个经济状况较复杂的村庄进行二次审计。街道39个村庄和2个城市社区党组织选举工作全部完成，按期换届率达到100%，新旧村党组织已经完成工作交接。

（望城街道）

沽河街道

位于莱西市城区西部，面积167.3平方公里，辖99个行政村，7.6万人口。区位优越，交通便捷，沈海高速公路、209省道、青荣城际轻轨、蓝烟铁路纵贯南北，莱潍高速公路、309国道横穿东西，沈海高速公路莱西出入口设在境内，地处青岛市1小时经济圈内。曾获山东省环境优美小城镇、山东省保护母亲河行动工作先进单位、山东省安全生产基层基础工作先进乡镇、青岛市农产品质量监管示范镇等称号。2014年，全街道完成地区生产总值71.2亿元，同比增长8.35%；规模以上工业生产总值162.4亿元，同比增长6.1%；固定资产投资54.2亿元，同比增长15.9%；外贸进出口3亿美元，同比增长15.6%；实际利用内资17亿元，同比增长10%；外资到账5862万美元，同比增长95%；农民人均纯收入17656.8元，同比增长12%；地方财政收入13060万元，地方税收10475万元。

产城一体建设

加快沽河新城建设步伐，完善街道概念性总规和新城规划，拓宽“一轴四区”空间布局，以“百日会战”活动为契机，推进项目建设。民生工程取得新进展。续建庄扶、沙埠2个集聚类社区，安置居民356户；投资3亿元的大沽河城区服务区开工建设；投资1400万元，完成威海西路3.98公里的翻建工作；总投资3000余万元的中心中学教学楼和综合楼、中心小学综合楼、孙受中学餐厅等校园工程投入使用；投资3亿元的莱西二中、投资6000万元的庄扶中学前期准备工作进展顺利。项目建设实现新突破。投资5亿元的普华物流等5个项目竣工投产；投资4.5亿元的德州扒鸡等4个在建项目进展顺利；投资2亿元的九和宜生等6个项目已进入开工前准备工作。服务质量获得新提高。成立清障办，锁定重点项目，实行“倒逼”机制，完成工业项目清障800亩。

发展休闲田园游

园区建设多点开花。结合大沽河综合治理，发展生态旅游农业，重点打造山后韭菜生态园、佰川佳禾生态园、神岭休闲谷等7个精品特色农业园，完成北张家寨子、早朝等4个休闲服务区建设。精品旅游两带并行。在大沽河沿线，大沽河万亩果品生态园串联张格庄苹果、西张家寨子山楂等果品资源；在沿209省道，白鹭湖温泉度假区、佰川佳禾生态园、曲家庄葡萄庄园等形成集观光采摘、温泉度假于一体的精品旅游链条。节庆活动效应显现。举办山后草莓采摘节、第三届曲家庄葡萄采摘节、西张家寨子山楂采摘节、大沽河万亩果品生态园启动仪式等8个节庆活动，吸引万余名游客前来观光采摘，激发第三产业发展活力。

改善民生

投资438万元，在老屋早等15个村实施大沽河调水工程，为于家洼等7个村铺设自来水管道6000米；投资460万元，新修驻地排水、排污渠道2500米；投资20万元，完成中心敬老院整修工作。街村环境明显改善。采取“点轴带”结合的方式，引入市场化机制，完成植树60万棵427公顷；街村户联动开展环境整治，拆除违章建筑1500多个、1.7万余平方米，清理三大堆1.6万个；投资74.2万元，为80个村庄配备垃圾箱640个、垃圾桶300个。开展乡村文明行动，共粉刷宣传画640幅、8000余平，安装宣传牌及高炮55个；完成后庄扶等2个村的乡村文明家园及张格庄等3个村的青岛市美丽乡村示范点创建工作；在长清等9个村打造乡村文明一条街。

干部作风

开展“进村、入户”“走企业问发展”等活动，征集意见建议328条，协调解决自来水、道路、手续办理等实际困难68件；班子及班子成员落实整改“四风”问题240个。梳理完善《机关管理制度》《街村两级考核办法》等9项规章制度，落实首问负责制、AB岗工作制等效能制度，教育引导机关干部在工作中尚实干、勇作为、敢担当，营造良好的机关氛围。对有信访案件或矛盾突出的38个村进行重点排查、提前介入，整顿、转化软弱涣散村庄12个，化解积案和矛盾纠纷15件，逐村制定换届方案，严格选举流程，选出一批素质高、能力强的村干部。

（沽河街道）

姜山镇

位于莱西市最南端，地处青岛、烟台、潍坊、威海四个半岛对外开放城市的中心，总面积217.28平方公里，辖94个行政村，常住人口8.3万人，流动人口1.9万人，总人口10.2万人。区位优势明显，辖区内204国道、青龙高速、青荣城际铁路3条交通大动脉南北贯穿；随着青龙高速和青荣城际铁路的开通，姜山镇融入大青岛半小时经济圈发展体系，成为山东半岛南承北接的新枢纽，胶东半岛的交通枢纽城市。2014年，国内生产总值突破100亿元，实现107.15亿元，增长11.6%；地方财政收入突破

4亿元，实现4.04亿元，增长23%；外贸进出口12.6亿美元，增长3.5%；外资到账突破1亿元，完成1.078亿美元，增长5%；实际利用内资65亿元，增长36.1%；规模以上工业总产值突破200亿元，实现225.5亿元，增长11.5%；固定资产投资突破100亿元，实现118.5亿元，增长23%；农民人均纯收入18825元，增长13%。

项目建设

以姜山新城建设发展为基础，选商引资，先后引进北汽集团、中建集团2个世界500强企业，签约落户精密机械制造二期等项目12个；海纳重工等5个项目被认定为青岛市重点项目，正在建设的亿元以上项目7个；瑞鑫宇雅阁大酒店、新能源汽车生产基地等12个项目新开工建设；国林臭氧二期等11个项目投产，新培育纳税企业16个，新增地方税收6000多万元，项目成为经济发展的强力支撑，促进产城一体化的发展。

姜山新城建设

合联姜山新型产业城4000平方米的招商中心主体完成，首期5.6万平方米企业标准化厂房开建；2.8万平方米园区商务酒店及蓝领公寓开工，以合联姜山新型产业城引领姜山新城跨越发展；中建集团承建的新城核心区3条主干道路开展标准化建设，新城道路大框架正在形成；从承接世界休体大会着眼，对姜山湿地项目实施提档升级，举办青岛市规格最高的“中凯.香格丽苑”钓鱼比赛；从为世界休体大会配套服务入手，正在建设集客房、餐饮、娱乐、大型会议中心为一体的5星级的青岛瑞鑫宇雅阁大酒店，并沿姜山湿地周边打造4个采摘园、2个现代农业观光园、2家农家乐。

现代服务业

与北京首旅集团合作保护性开发姜山湿地，2015年2个世界休体大会配套服务项目将全部完成，项目整体建成后，将成为集会议办公、休闲旅游、度假居住等多功能于一体、国际标准的休闲旅游区引进了香港环博集团，投资5亿元建设五星级大酒店和相关设施配套。发展乡村旅游业和家庭农场，登记认定家庭农场227个，总量全市第一；培育晟仁果蔬、沽顺源绿色生态园等4个省市乡村旅游示范点，发展幸福老家、晟仁果蔬两个农业品牌。发展现代化畜牧养殖小区108个，比较典型的有榕昕牧业、青岛大自然牧场、亚东畜牧等。

城市管理功能

把姜山新城管理纳入莱西市统一管理，实现城乡环卫管护、园林绿化管护一体化，协调市检察院在姜山新设立检察室，与姜山法庭、3个公安派出所联合安民保稳，小城市公检法机构设置全部齐备；正在筹备设立姜山镇城市管理行政执法中队，对城市规划、绿化、市政、环保、交通等统一管理，实现城管执法管理一体化，管理水平达到城市标准。

为民服务

从解决服务“最后一公里”问题着眼，结合市级审批权限下放，投资300万元新建行政服务中心，配套安置海关、银行、邮物流、园区派出所的等多家服务职能机构，形成园区项目和全镇群众综合服务的多功能服务港。投资900万元实现城乡环卫一体化、绿化管护一体化，并新建城管执法第九中队；投资200万元对敬老院进行标准化配套；按照省级规范化学校标准正在建设特色教育新区；投资1180万元开展工业区主干道路生态大绿化，财政列支3000多万元实行“以工补农”。2014年民生投入资金累计达到6800万元，在民生实事办理中凝聚民心，促进和谐。2014年8月被评为全国重点镇。

（姜山镇）

夏格庄镇

2014年，完成地方税收3715万元，同比增长6%；完成利用内资15.8亿元，同比增长11.3%；完成外资到账2037.5万美元，同比增长20%；完成外贸进出口5000万美元，同比增长40%。

项目建设

全年共有续建、新开工项目10个，新签约项目6个，在谈项目10个。5个续建项目中，3个青岛市重点项目推进较快，其中，华泓星塑胶一期已于5月中旬投产，并被青岛市发改委认定为固定资产投资过亿元新投产项目；夏润石油机械科技一期10月投产，二期4月开工建设；安惠仕生物制药4个车间和科研办公楼完工。5个新开工项目中，宝堂鑫机械一期7月投产，兴业银行试营业，日之容三期、海格尔二期等项目按期推进。6个新签约项目中，总投资5亿元的弘毅勤环保科技、总投资3.6亿元的乔泰管业科技、总投资3亿元的巨能管道设备、总投资2亿元的昌慧食品科技、总投资1亿元的华翔食品科技正在抓紧推进，项目建设保持良好的发展势头。

现代农业

按照“园区兴农、品牌富民”的思路，加快青岛渭田生态休闲农业示范园、万田春现代农业示范园、青岛颐丰北美红枫示范园等9个现代农业项目建设进度，其中，青岛渭田生态休闲农业示范园占地面积80公顷，已立项农业部蔬菜标准示范园。发挥夏格庄生态农业专业合作联合社职能作用，探索实行统一供种、统一标准、统一品牌、统一包装、统一销售的管理模式，着力培育、推介“渭田”牌玉系列蔬菜、“五沽河牌”绿色蔬菜品牌，实现农业品牌建设的新突破。重点培育高氏牧业开心牧场、金礼湾生态庄园、岭南风情健康农场等6处“休闲田园游”示范点，举办高氏开心牧场休闲游、夏格庄镇文化旅游节、莱西市第一届红枫节等活动，以节造势，以节促旅，提升夏格庄的知名度。加大基础设施建设投入力度，对上争取北部2000公顷、南部4000公顷的农业综合开发土地整理和配套的灌溉水源项目立项。

城镇建设

投入资金430多万元，对华安路、建设大街北段进行了综合改造升级，铺设人行道板5500平方米，安装路沿石1900米，安装太阳能路灯123基，栽植樱花1060棵；投资135万元，对南部农贸市场进行综合整治改造，对210户破损牌匾、画面不清晰牌匾进行集中整治，设立高标准灯箱广告12个，候车厅4个；以简约时尚的建筑风格为特色定位，因势利导，抓了15处、4.6万平方米的镇驻地开发和旧片区改造项目；集中规范摊位经营、车辆停放秩序。

开展“农村环境综合整治大干100天”活动。分批次、分层次组织镇村党员干部200余人次到周边及即墨、胶州等先进乡镇开展“一对一、点对点、面对面”的寻标夺标竞赛。坚持高标准、严要求，对环境整治情况驻村验收，未通过验收的村庄，每天下午召开会议进行调度，确保整治行动高效推进。全镇共投入资金380余万元，清理垃圾3万余立方米，清理三大堆1.2万处，粉刷房屋面积10万余平方米，喷绘宣传画300多幅，栽植绿化苗木20多万株，农村面貌焕然一新。

实施“3521”绿化工程。采取市场化运作，投资5800多万元，重点实施“3521”造林绿化工程（即：3条主干线，5条通村道，21个“一村一特色，一街一品种”造林绿化示范村）。2014年，全镇共植树98万株，绿化道路53公里，造林绿化面积133公顷，代表莱西迎接国家林业局植树造林工作检查。

加快推进城乡环卫一体化建设。争取上级支持，投资460万元，建设垃圾中转站1处；投入资金21.6万元，为村级配套垃圾桶900个，配备保洁员132名，在此基础上，采取环卫服务外包方式，推行统一保洁、统一收集、统一清运、集中处理“三统一、一集中”的垃圾处理模式，将从根本上改善镇村人居环境。

民生事业

民生工程有效落实。争取镇中心卫生院加入青岛市立医院（集团）医联体，11月正式挂牌，通过专家定期坐诊、远程会诊，让群众在家门口就能享受到专家诊疗服务，为夏格庄及周边群众创造了良好的就医环境。争取上级支持，投资500万元，实施中学塑胶操场配套工程；投入资金40余万元，为中学和幼儿园配套桌椅板凳1460套，改善办学条件。投资200万元，硬化长1700米、宽6米、面积1万多平双山通村路，10月底完工通车；投资45万元，配套建成占地面积2700平方米的双山文化广场，12月启用，为周边村庄群众休闲、娱乐提供了好场所。推行管区与社区二合一工作法，明确6处社区服务中心职能定位、工作职责、组织设置及人员构成，实行工作重心下移、干部力量下沉、综合服务配套、人员聚合办公，使社区服务中心成为区域性便民服务中心。

社会保持和谐稳定局面。推行领导班子成员公开接访、包案干部带案下访、机关干部定期走访、案结及时回访"四访"制度，对排查出的51起信访案件，加大调处力度，每起案件得到妥善处理。在5月召开的青岛市预防和化解矛盾工作会议上，该镇做了经验介绍；在7月份召开的青岛市"百日会战"总结大会上，被授予信访"三无"镇称号。

文化建设迈出新步伐。成立青岛华夏梦鲤文化传媒有限公司，着力培育、开发工艺品葫芦、书画等文化产品；投资660余万元建设的梦鲤文化广场、投资200余万元建设的梦鲤湖游园，为居民提供休闲娱乐的好场所。以民间文化艺术联合会为依托，定期组织开展多种形式的文化活动，丰富群众精神文化生活；公开评选、表彰夏格庄镇"十佳优秀人物"，选树、宣传一批有影响力的先进典型，弘扬新风正气，凝聚发展正能量。

基层党建

结合教育实践活动，开展干部"走读"、驻村蹲点夜访整治软弱涣散村、矛盾隐患集中调处、村级经济责任专项审计等专项整治行动。突出群众参与，扎实开展党员干部包村联户、领导班子成员与群众信息直通等做法，密切党群干群关系。开展"为民当先锋、有事您找我"党建服务品牌创建活动，推行机关干部带牌、窗口单位创建党员示范岗、机关部门和村级创建党员干部服务岗等措施；开展"百名干部包村联户服务群众"活动，组织机关干部、"两代表一委员"每月拿出2天时间，进村入户听民声、解民忧，统一制作连心卡、《民情日记》，共征求群众意见、建议120多条，为群众办实事520多件次；推行党委书记与基层党员群众信息直通、班子成员手机号码公开制度，建立微信公共服务平台，党员群众通过手机电话、微信短信、来人来访等方式与班子成员"零距离"对话，畅通群众表达诉求的渠道。基层组织建设进一步加强。在扎实开展"组织找党员，党员找组织"活动、党员集中培训、"三会一课"、民主生活会的基础上，在全镇1378名农村党员中推行"党员家庭"挂牌工作，统一制作"党员家庭"标志牌，张挂在党员家庭户门口显要位置，引导党员发挥模范带头作用。

（夏格庄镇）

店埠镇

概况

位于莱西市西南30公里，总面积107.5平方公里，耕地6666.7公顷，辖66个行政村，17500户5.8万人。大沽河、小沽河、五沽河流经，水源充足，地势平坦，土壤肥沃，物产丰富，历史上有"膏腴桃花乡"之美誉。先后被农业部命名为"中国香菜之乡"和"中国大白菜之乡"，是全国重点镇、国家级生态乡镇、全国"一村一品"示范镇和全国标准化气象灾害防御镇，是山东省文明镇、山东省绿化模范镇，是青岛市十二个重点发展小城镇之一，也是青岛市大沽河“一轴四城七小镇多社区”规划的4个重点发展的小城市之一。发展蔬菜种植面积5333.4公顷，其中国家农产品地理标志保护认证的胡萝卜种植面积3333.3公顷，是青岛市市控蔬菜基地和青岛市百万亩蔬菜生产基地之一。拥有占地32公顷的青岛东庄头蔬菜批发市场、占地73.3公顷的青岛东庄头食品工业园、占地92.87公顷的青岛国际农副产品交易物流港和占地133.4公顷的店埠工业园。

2014年，实现国民生产总值40.0259亿元，同比增长8.96%；规模以上工业总产值43.5032亿元，同比增长18.5%；固定资产投资23.4293亿元，同比增长19%；亿元以上新开工项目10个，累计完成投资20.9508亿元，同比增长11.7%；公共财政预算收入8382万元，同比增长16%；地方税收3472万元，同比增长27.2%；外贸进出口19499万美元，同比增长28.4%；外资到账2582.3万美元；实际利用内资28.8亿元，同比增长30.1%；农民人均纯收入17255元。

招商引资

投资1100万元，为占地133.4公顷的工业新区实施道路硬化、亮化、绿化等配套工程，硬化道路8.9万平方米，安装太阳能路灯168盏，绿化面积5.2万平方米，栽植柳树、法桐等苗木10万株，完成排水、排污管网建设。引进占地10公顷，投资3.2亿元的青岛运兴机械机械有限公司等17个过亿元大项目落户。17个过亿元大项目中，13个已建成，8个已投产，实现“边配套、边招商、边开工、边投产”的目标。

新建、续建项目24个，其中青岛市重点项目2个，分别是青岛国际农副产品交易物流港项目和青岛联创锦纶有限公司项目。

农业结构调整

国家级现代农业园建设 围绕做大做强设施农业、乡村旅游业，国家财政部、青岛财政局立项，3年共争取财政扶持资金9000万元，建设占地1333.3公顷的“国家农业综合开发现代农业园区”，打造优势特色作物种植区、标准化畜禽区、农产品加工区、农产品流通区、生态观光区、新型集聚社区、优质粮食作物生产区等七大功能区，促进传统农业向现代农业转变，确立店埠农业的优势地位，引领农民增收致富。

青岛国际农业博览园建设 项目总投资6000万元，占地33.4公顷，园区以“光伏农业”和“循环高效有机农业”为主题，包括高科技农业孵化基地、种苗研发基地，分科研、示范、休闲三大功能区，主要从事高端农业研究与开发，承接大型农业博览会等，打造集科研示范、园艺展示、休闲旅游于一体的国际标准农业博览中心，为中国农科院、中国农业大学等常设科研开发、研究基地。已建成建筑面积6000平方米的3个玻璃大棚，110个分别占地670平方米的钢架大棚，3.4公顷的中心湖及1000株高档树木等景观建设。

“店埠胡萝卜”品牌打造 打造占地133.4公顷的店埠胡萝卜示范园，新建建筑面积1万平方米的2个高档钢架大棚、1500平方米的胡萝卜研发中心及50个高标准钢架无支柱科技示范种植大棚已完工并投入使用。5月举办的“莱西市第一届店埠胡萝卜节”，农资、良种洽谈交易火爆，胡萝卜烹饪、雕刻、榨汁品尝、文艺节目等盛宴精彩纷呈，“店埠胡萝卜”品牌，在继通过“青岛市出口胡萝卜质量安全示范区”认证、“国家地理标志农产品”认证和被评为“山东省级特产”“全国名特新优农产品”之后，又得到进一步推广。

乡村休闲旅游 引进多家大型“农字号”企业，实施农业示范园建设，发展乡村休闲旅游。青岛颐泰源农业观光园一期投资5000万元，占地66.7公顷，新建高标准大棚36个，发展苹果、油桃、樱桃等采摘水果26.7公顷；天井山桃花溪农业休闲谷投资1.5亿元，占地66.7公顷，新建太阳能发电联栋温室6000平方米、日光温室10个，6.7公顷采摘园，10000平方米的韩国无土栽培温室和2000平方米的葡萄酒庄，先后举办草莓采摘节、番茄文化节等节庆活动。2014年中国旅游日青岛主会场暨青岛莱西休闲汇在店埠镇举办，寨西头承兴寺景区被评为国家级AA旅游景区；渔公渔婆美丽乡村

酒店被评为“山东省好客人家三星级农家乐”，颐泰源生态园与青岛果蔬国际农产品科技博览园被评为“山东省农业旅游示范点”，前后屯出口胡萝卜示范园与天井山桃花溪生态休闲谷被评为“山东省精品采摘园”。

社区建设

全镇12处达到青岛市一级、二级标准的服务中心健康运行，发挥服务群众的基本功能，实现“一站式”服务，并打造孙洲庄社区“爱心驿站”、庄头社区“民主为民”和店埠中心社区“店埠博物馆”等社区品牌。

加快集聚型社区建设，天同·太阳城社区一期工程占地14.1公顷，建筑面积85000平方米，可安置居民568户，2014年8月交付使用，水、电、气、暖、排污、网络、通信、购物、教育、健身娱乐等设施配套齐全，岭南村已完成整村拆迁。

在全镇范围内实施“镇村路域环卫一体化”管理体系，实现垃圾日产日清、集中外运与处理。2014年7月，被住建部、发改委等7部委确定为全国重点镇；在青岛市小城镇综合整治评比中名列前茅，9月中旬承办全省农村危房改造暨农村人居环境调查工作现场会。

民生工程

在大沽河河滩地及隔离网外侧50米绿化工作中，栽植竹柳、桃树等苗木30余万株，绿化面积239.1公顷。大沽河“店埠万亩林场”（706.7公顷）通过青岛市林业局验收，被评为山东省绿化示范镇。投资1.2亿元、占地8.07公顷的综合服务区项目，目前正在进行主体工程建设。

投资2280万元，新建占地4.7公顷，建筑面积8200平方米，可容纳小学15个标准班、幼儿园15个标准班的中心小学、中心幼儿园，已于2014年9月投入使用。

采取“达标制”、逐村过关的方式，全镇66个村庄全部达标。6月份，“镇村路域环卫一体化”体系正式实施，建立农村环境整治长效机制。“多层次、立体化、高标准”绿化“4纵3横”7条镇域主路，按照“一村一品、一花一果”绿化模式，打造渚洲银杏村、东庄头葡萄村等30多个特色绿化村庄。

围绕打造店埠镇“经济动脉”，对全长1700米的兴店路中段实施了沥青路面铺设工程，新铺沥青路面45000平方米，铺设人行道6000平方米，路沿石4800米，安装路灯240盏；兴店路北延工程，总投资2000万元，全长1750米，完成10米行道树绿化工程和部分路面沥青铺设。

（店埠镇）

院上镇

2014年实现地区生产总值51.8亿元，同比增长7.34%；规模以上工业总产值55.21亿元，同比增长1.7%；完成公共财政预算收入3203万元；完成固定资产投资16.6亿元；实际利用外资3160.1万元，同比增长75.12%；外贸进出口总额4518万元；农民人均纯收入16495元，同比增长13%。

项目建设

加大工业园南、北两区基础设施建设，先后投资2000余万元对园区内“四横一纵”共10万平方米道路实施高标准建设，园区道路硬化、排水、排污、供水、供电、供气、通信、绿化、亮化等工程全部竣工并投入使用。全镇以项目建设作为经济发展的突破口和着力点，全力推进经济跨越发展。截至目前，院上镇工业园已形成仓储物流、游艇生产、机械制造、新能源新材料等多元化产业结构。

在建项目6个，总投资9.96亿元，1000万美元。青岛振宇中兴机械有限公司二期位于院上工业园北区，总投资2亿元，占地75亩，规划建筑面积35000平方米，主要从事汽车缸体、配件的研发及生产。青岛海明汇农牧科技有限公司，该项目位于望城工业园，项目总投资1.5万元，占地2.7公顷，规划建筑面积15000平方米，主要从事饲料生产。青岛清溪菩提树现代农业有限公司位于院上镇姜家许村北，总投资3亿元，占地53.3公顷，主要从事旅游观光，开心农场运营，主营彩色苗木培育及种植，有机农业生产及销售。青岛大好河山葡萄酒业有限公司酒窖项目位于院上镇山口村，总投资1000万美元，占地15亩，主要从事葡萄酒研发及生产。青岛东元泰仓储有限公司位于院上镇工业园南区，总投资9600万元，占地2.7公顷，主要经营物流、货物仓储。青岛晶盈新材料科技有限公司位于院上镇工业园北区，总投资2.5万元，占地3.3公顷，主要经营铸造材料和精细化工添加剂产品生产。

已签约拟开工项目4个，总投资14.45亿元。青岛奥普利新材料有限公司位于姜山工业园华山路东，中通电力南邻，总投资3亿元，注册资本3000万元，占地6.7公顷，规划建筑面积53000平方米，主要经营输送带、胶板、胶布等橡胶产品生产及研发。青岛市鹏搏蛋白质纤维科技有限公司位于院上镇工业园北区，总投资3亿元，注册资金10000万元，占地3.3公顷，规划面积87000平方米，主要经营生物蛋白质纤维研发生产，1号车间主体竣工。青岛中汇超洋消防科技有限公司，总投资3.2亿元，注册资本1000万元，占地4.3公顷，规划建筑面积43000平方米，主营汽车缸体、配件的研发及制造。青岛东海国际种苗科技有限公司，总投资3.25亿，注册资本3000万元，占地3.3公顷，主要经营专业从事果蔬育种、种子生产销售及技术服务。

现代农业

加快现代农业发展力度，推进农业现代化、品牌化、规范化发展进程，农业发展呈现新亮点。全镇新建无公害基地1处，无公害农产品认证7个，成立各类农业专业合作社15个。引导农民实施标准化生产、规模化种植、品牌化销售，培育壮大王家庄油桃、七岌无核葡萄、王璧大山楂、曹官屯甜瓜、大里板栗等20多个农业品牌。

规划13处现代农业园区，其中3处（九顶山葡萄产业园、清溪农业产业园、莱西义诚蔬菜种植园）被列为青岛现代农业产业园。开展保护性耕作项目200公顷，深松项目267公顷，有机质提升项目867公顷，获青岛市农机示范镇称号。加快休闲田园游建设步伐，推进大沽河沿岸高端休闲农业观光带建设，新建2个青岛市重点旅游项目，分别是青岛大好河山酒庄、清溪菩提树现代农业生态公园。

社区建设

共规划建设15个集聚型社区，2014年开工建设1个。院上鸿林苑社区1期规划占地6.7公顷，投资1.2亿元，建筑面积8.7万平方米，可安置750户，人口2130人。润轩佳苑社区1期规划占地2公顷，投资6000万元，建筑面积2.426万平方米，可安置210户。鸿林苑社区、润轩佳苑社区现均已全部主体竣工，外墙粉刷已完成。七岌社区1期计划用地1.7公顷，投资6000万元，规划总建筑面积3.1万平方米，工程建成后，预计可安置村民300余户。已于2013年9月开工建设，2014年年末完成土地清障工作，开始地基建设。

民生事业

打造“森林式宜居城镇”，完成大沽河沿岸造林绿化6000亩，栽植竹柳、银杏等65万株。新硬化道路14条，新建扬水站10座，新修拦河坝2座，铺设地下管路12万米。围绕“水清、路净、村洁”的总体目标加强城乡环境综合整治，清理三大堆约7.1万个，清理垃圾6.7万吨，清理排水沟5.6万米，粉刷墙壁约10万平方米，拆除违章建筑3120处，成立青岛市靓丽美保洁公司，配套垃圾清运车15台，配备保洁人员302人，新建垃圾池600余处，配备垃圾箱450个，全镇环境卫生得到持续改善。严格执行《院上镇计划生育责任追究办法》，责任到人，当前全镇合法生育率达97.86%。投资1062万元新建院上镇中心小学，建筑面积6687平方米。投资1200万元，加固校舍30000平方米，拆除重建3500平方米；投资400万元建设院上中心中学综合教学楼。投资500万元新建或扩建五所幼儿园。投资325万元，改造5所农村中小学食堂，改建3

个水冲厕所，解决11所学校的集中取暖问题。实施武备中学校舍改造工程，改造校舍面积达4614平方米。政府积极筹措资金，先后投入40余万元为中学办理土地证、规划许可等手续，完成施工图纸的设计、审查；对工程的建设和监理进行公开招投标，并签订施工合同、监理合同。

作风建设

全镇共115个基层党组织、3340名党员参加教育实践活动，严格按照上级要求，扎实开展学习教育、听取意见，查摆问题、开展批评，整改落实、建章立制三个环节的各项工作。开展“五项整治”行动、软弱涣散党组织大整顿活动、党员干部联村大走访、“心连心”活动等，针对“四风”问题，收集合理化意见建议409条。新建《院上镇领导班子集中学习制度》《院上镇便民服务代理制度》等9个制度，修订《院上镇关于进一步加强农村财物管理的暂行规定》《院上镇机关管理规定》2个制度。

村“两委”换届工作

以管区为单位，分批次考察班子，重点考察支部书记，对不作为的干部及时调整，按照备案制度，调整支部书记5名。加强软弱涣散村治理整顿。选派10名农村工作能力强、认真负责的机关干部，配合市委选派的碑头、刘家屯等10个后进村的“第一书记”，入村指导工作，重点帮助理顺健村庄党组织班子。

经过全镇党员、干部、群众的共同努力，全镇103个党支部，2个党总支，均已完成换届；全镇103个村委会除敬庄外，全部按要求换届结束。截至目前，村“两委”成员交叉任职比例达到51％，村党组织书记和村主任一人兼达到85％，一次成功率达93％，村两委成员中妇女委员103名，达到上级要求的“每村至少有一名妇女委员”的目标，村级班子整体功能明显增强。

（院上镇）

日庄镇

位于莱西市西北部，总面积103平方千米，耕地面积6025公顷，辖87个行政村，1.62万户，总人口5.1万人。2014年，完成地区生产总值34.16亿元；规模以上工业总产值61.6亿元；固定资产投资21.6亿元；实际利用内资30亿元；实际利用外资3198.7万美元；外贸进出口12896万美元；农民人均纯收入14261元。先后获得山东省文明单位、青岛市文明单位标兵、青岛市文明机关、莱西市精神文明建设工作先进单位、全市信访工作先进单位、莱西市统战工作先进集体、莱西市防范和处理邪教工作先进单位等称号。近几年，日庄镇立足紧邻莱西湖的区位优势，围绕打造湖岸休闲旅游名镇目标，抓项目、保稳定、惠民生，经济社会事业实现较快发展。

乡村休闲旅游

以莱西湖西岸为休闲旅游发展主平台，全镇规划环湖休闲观光旅游带和小沽河高效农业观光带两条精品旅游线路，乡村休闲旅游实现较快发展。莱西湖农业文化生态园年接待游客10万人，富景农业二期工程完成投资4000万元，乐享自然中草药项目已种植中草药20公顷，总投资180亿元的新天泽项目完成一期54公顷清障，莱西湖国家农业公园项目完成详细性规划设计和20公顷清障。莱西湖农业文化生态园被评为国家AAA级旅游景区、省级农业旅游示范点和省级精品采摘园，大埠阴村被评为省级乡村旅游特色村，宝霞生态园被评为山东省好客人家三星级农家乐。小沽河沿线培育发展了西泰有机蓝莓、堤上万亩大梨、院里无核葡萄和东、西朱毛优质西兰花等观光点。西泰蓝莓采摘基地开园纳客，日接待游客500余人。

招商引资

利用市政府的“飞地”政策，在南部姜山工业园推进招商引资，先后引进福瑞斯、橡六胶管、福安伯环保能源等20余个大中型企业。投资5.3亿元的福瑞斯生物10万吨柴油、投资1.5亿元的福安伯环保能源、投资1.8亿元的海智半导体和投资1.2亿元的东邦信工电子科技主体工程已完工。投资3亿元的腾达重工机械已投产运行。在镇驻地发展建筑机械、玩具加工等特色产业，引进培育各类中小企业30余家。全镇共有规模以上企业45家。

现代农业

打造以沟东、沟西为中心的万亩无核葡萄基地，以付家庄、十甲夼为中心的千亩芹菜示范园，以堤上为中心的万亩梨园基地和以东、西朱毛为中心的千亩西兰花区；突出乐享自然中医药的龙头带动作用，培育以河头、芽儿场为中心的千亩中药材种植示范园。

乡村建设

开展环境卫生集中整治。累计投入资金800余万元，出动人工2200多人次，动用机械1630台次，清理三大堆38200处，拆除各种栅栏围挡13000处，清除垃圾990吨，整修道路120条，清理河道17000米，新修花墙1200米，新建文化广场35处，植树增绿67000株。

推进环境卫生长效化管理。由鸿日新保洁公司托管全镇主要街道的清扫保洁和垃圾清运，共安排保洁人员135名，购置垃圾清运车4部，配备垃圾箱1300个，托管面积120万平方米；建立日常托管和集中整治相结合的长效管理机制，安排专人定期监管和清理房前屋后三大堆；每月组织3次不定期督查考核，根据考核情况为公司支付托管费用，初步建立了镇村一体化环卫管理模式。

开展小城镇环境综合整治。按照建筑风格统一、商铺外墙色调统一、沿街绿化统一、配套设施统一和门头广告统一“五统一”的整治目标，累计投入资金300万元，统一更换广告牌匾122户，粉刷沿街商铺外墙1.2万平方米，修剪绿化带1800米，新铺设人行道3000平方米、路沿石1200米，浆砌排污沟渠650米，修复路面1.2万平方米，维修安装路灯30盏，取缔占路经营、乱设摊点50处，清理大型占路经营、违章建筑和私搭乱建12处，安装交通警示信号灯1处，划定停车位120余处，镇容镇貌整治成效显著。

提升生态绿化水平。围绕建设美丽乡村目标，对“四纵”（环湖路、黄水路、南城路和小沽河沿线）、“两横”（胡李路和日院路）以及通村路、围村路等重点道路实施绿化补植提升，共栽植法桐、白蜡和柳树等苗木7万株；按照“保成活、保绿化”的要求，委托专业化公司负责全镇的绿化管护和更新补植等工作。

民生事业

加大教育投入，投资1000万元，合并原华银中学和共青希望小学，新建山东省标准化学校——河北夼完全学校；加强教育基础设施建设，新建日庄中心中学阶梯教室，完善日庄、岱墅2处标准化幼儿园设施配备；加快镇区改造步伐，翻修镇驻地中心街青年路，增设中心街路口警示信号灯、监控设施，规范道路两侧商户经营；新型农村合作医疗参合率达100%，报销人次3044人，住院报销802万元；发放五保、低保等各类救助资金330万元，改造低保户危房67户；6大社区服务中心全部完工并通过青岛市验收，集聚类社区中心社区完成2栋住宅楼和2万平方米的商业房建设，已入住商户12户。

和谐发展

建立信访案件联席会议制度，领导班子每周六召开联席会议，分析重点信访案件，研究解决方案；建立多层次排查和班子成员轮流接访制度，各村庄配备1名信访信息员，形成村信访员、社区、信访办、分管领导四位一体的网格化信访排查体系，加强监督管控；建立案件分流和限时办理制度，按照“属地管理”“分级管理、归口负责”的原则，分流指派到有关部门和单位，对一般案件当天给予办理，复杂案件由联席会议研究解决方案。全年共化解矛盾纠纷115起，调处积案重案8起。

建立安全生产部门责任分工、安全生产执法检查联动和“一岗双责、党政同责”制度，每季度召开1次镇安委会成员会议，建立健全安全生产工作机制；集中开展液氨企业、道路交通、水塘机井、玩具服装、食品生产加工等劳动密集企业和非煤矿山企业的隐患整治，共开展集中整治活动689家次，下达执法文书306份次，向有关部门移交37家次，发现和督促整改安全隐患1039个；创建东白石、瓦庄2个青岛市级安全社区和日庄、院里、河头、河北夼4个莱西市级安全社区，建立安全生产文化主题广场6个。

（日庄镇）

南墅镇

总面积165.5平方公里，位于莱西市西北部，辖75个行政村，4.6万人。2014年完成国内生产总值38.95亿元，同比增长8.14%；规模以上工业总产值49.81亿元，同比增长17.5%；固定资产投资35.35亿元，同比增长15.5%；农民人均纯收入14258元，同比增长10.6%；实际利用外资2017.4万元，同比增长21.14%。先后获得青岛市森林防火工作先进单位、青岛市安全社区、青岛市创业就业工作先进单位、山东省“百镇建设示范行动”示范镇、青岛市健身球之乡、全市城乡居民社会养老保险工作先进单位、全市农村住房建设和危房改造工作先进单位、山东省农村集体经济组织清产核资工作先进单位、青岛市绿化示范镇称号。

工业

继续打造石墨新材料产业集聚区，总投资1000万元实施山河路、山岳路和山峰路改造绿化工程。投资6000万元建设南墅镇污水处理厂，日处理工业污水8000立方米。集聚区初具规模，入驻企业40多家。

升级传统石墨产业，大力发展新材料和绿色能源产业，产业结构不断完善。全年在建过亿元内资项目6个，其中新天和碳、岳石新能源是青岛市重点项目；在建外资项目1个；拟开工项目5个；在谈内外资项目5个。

小城镇建设

总投资约400万元实施镇区基础设施建设，重点实施水晶路、山青路、四食堂街、山河路改造工程。浆砌排水沟3190米，铺设人行道板12560平方米，喷涂防水涂料19604平方米，铺设大理石路沿石6018米。集中开展环境卫生综合整治活动，共清理“三大推”890余处，清理垃圾1757余立方米；全镇配备塑料垃圾桶1200个，铁皮垃圾箱400个；配备保洁员202人。

重点实施南墅社区一期工程建设。一期占地104亩，规划住宅楼22栋，已完成300套，3.2万平方米。配套建成1.2万平方米南墅利客来商场和96个1.1万平方米沿街网点房。投资400万元建设南墅社区文化广场，提升社区宜居品位。

现代农业

以实现农民增收为目标，引导传统农业向现代农业发展，扶持发展新型农业经营主体，鼓励发展专业合作、股份合作等多种形式的农民合作社，鼓励发展混合所有制农业产业化龙头企业，推动集群发展。全镇已经拥有21个农业、畜牧业产业示范园；成立家庭农场245个，农业专业合作社30多个。

实施河里吴家片自来水管网工程，实现全镇覆盖；新建夏家庄、邴家、唐家梨园3处扬水站；对姚沟、榛子沟水库进行除险加固。投资220余万元应对旱情，开挖平塘13处，维修扬水站16处。

社会事业

统筹实施村庄绿化、通道林绿化、主干公路断带补植、镇驻地绿化、工业园绿化、万亩林场6大工程，共栽植各类乔灌木16.4万株，造林3000亩；绿化村庄30个；完成南城路、小莱路以及四条通村路的林带补植。

坚持每年至少改造一所学校，2014年实施教书庄小学现代化学校创建工作；投资150万元实施北墅幼儿园、东泥幼儿园、东馆幼儿园3所幼儿园的省级标准化幼儿园建设工程；投资95万元改造中心小学食堂和北墅小学操场；投资370万元为中心中学铺设塑胶操场。

2014年新农合累计门诊结报12242人次，结报金额31.7万元；大病救助共申报50余户，申请资金40余万元；临时救助70余户，申请资金14余万元；信访维稳体系完善，坚持属地管理、源头治理，处理镇级信访108起，处置莱西市级以上访81起，全部处结，结服率达98%以上。

（南墅镇）

马连庄镇

总面积143.49平方公里，辖77个村，16684户，47512人。2014年全镇生产总值完成242053万元，固定资产投资完成171800万元，外资到账完成2887万美元，外贸进出口总额1800万美元，财政收入完成2812万元，农民人均纯收入完成15452元。

工业项目

在建项目有投资5亿元的青岛惠运办公设备有限公司和投资1.5亿元的青岛源琦机电有限公司；新投产项目有投资1.2亿元的青岛乡润生物科技有限公司和投资2亿元的青岛千松食品有限公司，分别在3月、5月正式投产；投资2亿元的青岛泰德恒通电器项目土地清障基本完毕。

民生工程

投资1600万元对中心中学、中心小学、唐家庄中学等3处中小学开展校舍改造工程和幼儿园改造工程。投资300万元开展平塘深挖、低压管道维修、损毁水利设施整修等水利工程整修。在镇驻地“一纵一横”主干道新安装太阳能路灯90盏，移栽绿化苗木800余株，整修硬化路面2500平方米，提升驻地形象；对镇驻地南入口的标志牌进行移位安装，在龙水路及迎宾路交叉路口两侧安装警示标示和限速带，提升路口的通过安全性。

生态文明

结合乡村生态文明建设，组织77个村庄投资200万元开展村庄环境卫生整治，在4月通过青岛市的检查，投资150万元购置垃圾箱，落实150名村级保洁员，推进城乡环卫一体化工作，农村生活环境得到有效改善。成立8人的小城镇管理办公室，对镇驻地商户户外广告牌进行专门清理，在镇驻地主干道路上划定车辆停放线，实行车辆定点、定向停放制度，提升镇驻地的整体形象；安排4人的专业垃圾清运队伍，并配备清运机械和车辆，合理调度全镇的养路工，对镇驻地的生活垃圾做到每日清扫、每日清运，保障镇驻地环境的干净有序。

休闲旅游

在切实抓好保护的基础上，加大生态环境改造力度，重点打造以军武河为轴线的东部绿色文明线，以唐孟路为轴线的西部绿色文明线，形成以镇驻地为中心，东西两条文明线为两翼的区域绿化新格局。加大青岛浩丰源农业生态观光园的投入，投资600万元新建占地2.7公顷的联栋高温大棚1个，投资600万元在园区东部建设占地4公顷的无支柱高温大棚20座，主要种植甜瓜、葡萄、草莓等无公害瓜果。投资200万元，配套完善钓鱼池、鱼稻立体养殖、私家菜园等休闲劳动设施建设，将青岛浩丰源农业生态观光园发展成为集休闲、采摘、娱乐、餐饮为一体的“休闲田园游”示范点。

社会稳定

加强综合治理网格化建设，关口前移抓苗头，攻坚破难抓调处，问责加压促落实，形成信访办和管区一体化工作格局，切实抓好初信初访处理，将信访案件化解在萌芽状态。全镇信访形势稳定，共处理信访案件82起，其中集体访4起，结案率100%，受理为民服务热线184起，全部按时回复。开展村“两委”换届选举工作，达到100%换届成功率，没有发生越级上访案件。

作风建设

结合群众路线教育实践活动，通过走访调研、教育培训、交流发言、集中观摩、严格考核等措施，镇村干部作风提升，为民办实事能力提高。建立健全《马连庄镇村级工作考核办法》《马连庄镇机关干部考核意见》《马连庄镇镇村干部十项管理规定》等一系列规章制度，建立按制度办事、靠制度管人的机制，提升镇村干部干事创业的积极性。镇村先后为群众落实解决农田灌溉、发展资金、道路整修等民生实事312件。结合走访、调研活动，全镇共排查出低保户以外的生活困难群众近230人（户），由镇财政出资解决他们的生活问题，并对生活困难的12名教师和104名学生进行救助。

（马连庄镇）

河头店镇

位于莱西市东北部，总面积122平方公里，辖70个行政村，4.38万人口。2014年完成生产总值26.9亿元；规模以上工业总产值39.7亿元；外贸进出口总额2053万美元；固定资产投资21.7亿元；亿元以上新开工投资项目3个；公共财政预算收入2099万元；实际利用外资1900万美元。

招商引资和项目建设

全镇新开工盛世科技、和恒丰工贸、隆德兴机械、恒联升新能源、铭宇建材等5个过亿元项目，续建哒哒食品、锦日兴科技、信利泉纺织机械3个过亿元项目，新投产拜尔精密仪器、康业鑫医药2个过亿元项目，新签约伊利奶制品加工、中谷粮仓储、中鲁博利发电设备制造3个过亿元项目，在谈过亿元项目4个。

现代农业和休闲田园游

规划实施松旺庄万亩国家级设施蔬菜标准园、东大寨万亩休闲观光果品示范区、姜格庄千亩高端草莓采摘观光园3个省级农业发展项目，培育“东山泉”草莓、“松兴旺”蔬菜、“东大寨”苹果、“心地甜”新高梨等10余个绿色食品、无公害农产品和国家地理标志农产品，先后建成国家级设施蔬菜标准园、全国最大规模新模式苹果栽培示范园及山东省最大规模单体奶牛养殖基地，被评为莱西市苹果特色镇，被确定为2014年度全国新增千亿斤粮食产能规划项目区。先后承接宁夏、日喀则、五莲等省市参观调研。

11个乡村旅游特色点建设快速推进，实现档次提升和规模扩张。在2014年12月15日山东省旅游示范点、精品采摘园和好客人家星级农家乐评审中，获省农业旅游示范点3个、省好客人家三星级农家乐1个、省精品采摘园1个，数量居全市镇办首位。10月25日举办东大寨第二届苹果节暨海尔绿色供热发布会，海尔集团120多名客户、青岛旅游协会200多名会员和莱西各界1000多名市民参加开幕式及采摘活动，提升河头店的知名度和美誉度。

社区建设

按照“居住新区、生态新区、产业新区、文化新区”的功能定位，开工建设全省第一个库区移民社区——龙泉湖社区。一期工程5栋安置楼主体及水、电、暖、道路、广场等基础设施配套均已完成，通过省移民局评估验收，并被列入国家级大中型水库移民避险解困试点工程。社区定位、争取政策扶持、基础设施配套、两区共建等经验受到青岛市长张新起及省评审组肯定。

生态绿化和环境整治

投资3580万元，重点实施工业园高标准绿化工程、绿村工程、通道林绿化工程“三项生态绿化工程”，共栽植各类树木65万株。在全镇开展春季农村环境综合整治，全镇90%以上的村庄全面完成“三大堆”清理工作，代表全市迎接青岛第三批检查验收并取得青岛市第二名好成绩。年底，完成城乡环卫一体化建设，投资320万元建设日处理能力80吨的压缩式垃圾中转站1处，投资52.7万元，新增移动铁质垃圾箱300个，重新选拔村级保洁员158名，制定《河头店镇城乡环卫一体化村镇保洁标准》，推进工作队伍和工作机制制度化、规范化，环境清理常态化。

社会事业

投资1306万元，完成肖官庄水库加固等7项水利工程；在全市率先完成农村土地确权登记颁证工作，承办4月份青岛市农村改革、金融支持三农暨春季农业生产现场会和6月份莱西市业务经验交流会，承接安徽、湖北、大连、烟台、滨州等省市参观学习10余次。投资2千余万元，实施国家级农业综合开发土地治理项目，新增灌溉面积1万亩，惠及北岚、矫格庄等6个村；完成各级“两会”、青岛“世园会”等重要时期的社会维稳工作，未发生失控漏管现象。完成村“两委”换届选举工作，全镇村党支部、村委会换届率达100%，村书记、主任“一人兼”比例达82.9%。

（河头店镇）

荣誉榜

2014 年度莱西市所受表彰奖励

2014 年度中国中小城市综合实力百强县
2014 年度中国最具投资潜力中小城市百强县
全省非税收入管理示范县
全省水政执法规范化建设示范县
山东省旅游综合改革试点县
全省供销社综合改革试点县

2014 年度市直单位所受表彰奖励汇总表

市委办	2014 年政府网站政民互动精品栏目	2014.11	青岛市政府
	2013 年度党委信息工作先进单位	2014.03	青岛市委
	2014 年青岛市文明单位标兵	2014.12	青岛市委
组织部	全国干部教育培训理论研讨会二等奖	2014.12	中组部
	全省组织系统 2013 年度宣传工作先进集体	2014.03	省委组织部
宣传部	山东省理论教育工作先进单位	2014.12	省委宣传部
	2014 年省级文明单位	2014.12	省委
统战部	《中国统一战线》宣传先进单位	2014.11	中央统战部宣传办
政法委	2014 年度国安办工作先进集体	2014.12	省国安办
人武部	2014 年度《山东国防报》发行宣传工作先进单位	2014.01	省军区
	2013 年度全国国防后备力量建设订刊用刊二等奖	2014.01	中国民兵杂志社

续表

政府办	青岛市人民防空宣传教育先进单位	2014.12	青岛市政府
人大办公室	2014 年度《人民权利报》宣传工作先进单位	2014.10	省人大常委会
	2014 年度《山东人大工作》宣传工作先进单位	2014.09	省人大常委会
政协办公室	先进委员区域活动组	2014.02	青岛市政协
法院	集体二等功	2014.01	省高院
检察院	廉政文化示范点	2014.03	省纪委
	2013 年度全省检察机关优秀基层检察院	2014.02	省检察院
	全省检察机关集体二等功	2014.09	省检察院
	全市军队转业干部安置工作先进单位	2014.10	青岛市委、市政府
编委办	2014 年度《机构与行政》宣传工作先进单位	2014.12	省编委办
	青岛市行政审批制度改革工作创新成果	2014.06	青岛市政府
妇联	山东省三八红旗集体	2014.02	省妇联
	山东省幸福进家活动红旗单位	2014.07	省妇联
残联	山东省优秀残疾人之家	2014.12	省残联
发改局	2013 年度发展散装水泥工作先进单位	2014.03	省经信委
教体局	青岛市创建全国绿化模范城市先进单位	2014.07	青岛市政府
	全市五好关工委先进集体	2014.03	青岛市关工委
	青岛市先进基层党组织	2014.06	青岛市委
	青岛城区教师到农村支教工作先进单位	2014.08	青岛市政府
	2013 年度心理健康教育先进集体	2014.01	省教育厅
	山东省教育系统先进集体	2014.09	省教育厅
	山东省首届少儿书画大赛优秀组织奖	2014.01	省教育厅
	2013 年度征兵工作先进单位	2014.04	青岛市政府
	第三批青岛市中小学十佳德育品牌	2014.09	青岛市政府
	海洋教育特色学校	2014.09	青岛市政府

续表

公安局	百城会战先进单位	2014.08	省公安厅
	打击侵财犯罪先进单位	2014.02	省公安厅
	安全感满意度先进单位	2014.02	省公安厅
	2013 年度全国公安机关追逃工作成绩突出单位	2014.05	公安部
	执法规范化建设示范单位	2014.04	省公安厅
	武器警械训练先进单位	2014.10	省公安厅
财政局	山东省乡镇财政人员业务知识测试优秀集体	2014.12	省财政厅
	全省会计管理工作先进集体	2014.10	省财政厅
	山东省财政系统先进集体	2014.12	省财政厅
	山东省创建规范化财政所先进单位	2014.04	省财政厅
	全省非税收入管理示范县	2014.05	省财政厅
	全省国资监管工作先进集体	2014.04	省国资委
	全国科普惠农兴村先进单位	2014.12	财政部
	县级财政管理绩效综合评价 200 强	2014.09	财政部
	青岛市安全生产先进单位	2014.10	青岛市政府
	青岛市创业就业先进单位	2014.05	青岛市政府
人社局	青岛市创业就业先进单位	2014.05	青岛市政府
	全市军队转业干部安置工作先进单位	2014.10	青岛市委、市政府
城建局	全省城市污水处理绩效管理考评先进单位	2014.07	省住建厅
	声像档案管理先进单位	2014.11	省住建厅
	2014 年度中国中小城市综合实力百强县	2014.10	中国中小城市科学发展评价委员会
	2014 年度中国最具投资潜力中小城市百强县	2014.10	中国中小城市科学发展评价委员会
	山东省档案管理二级单位	2014.11	省档案局
交通运输局	2013 年度全省交通运输安全生产工作先进单位	2014.02	省交通厅
农业局	全国粮食生产先进单位	2013.12	农业部
	2013 年度全省农广校系统农民教育培训工作先进集体	2014.01	省农业厅
	全省土壤肥料工作先进集体	2014.01	省农业厅
	全省农村集体经济组织清产核资工作先进单位	2014.05	省农业厅
水利局	全省水政执法规范化建设示范县	2014.12	省水利厅

续表

林业局	第十一届中国林产品交易会优秀组织奖	2014.09	省政府
	山东省第八次森林资源清查工作先进单位	2014.09	省林业厅
	全省重大林业有害生物防控工作先进集体	2014.12	省林业厅
	全省林木种质资源调查工作先进集体	2014.12	省林业厅
	2014 年青岛市文明单位	2014.12	青岛市委
安监局	2014 年青岛市文明单位	2014.12	青岛市委
卫计局	全国计划生育优质服务先进单位	2014.07	国家卫计委
	全国结核病防治工作先进集体	2014.06	国家卫计委
	全省卫生系统先进集体	2014.01	省卫计委
	百千万志愿者结核病防治知识传播行动优秀组织单位	2014.03	国家卫计委疾病控制局
	造血干细胞工作先进单位	2014.10	红十字总会
	全国示范社区卫生服务中心	2014.04	国家卫计委
	医药卫生体制改革先进单位	2014.12	省卫计委
审计局	2014 年优秀审计项目	2014.09	省审计厅
统计局	2014 年青岛市文明单位标兵	2014.12	青岛市委
	第三次经济普查省级先进单位	2015.01	省统计局
工商局	全国工商行政管理系统整治利用合同格式条款侵害消费者合法权益专项行动先进单位	2014.01	国家工商总局
	2014 年红盾护农先进单位	2014.12	国家工商总局
	2013 年度全省工商系统宣传工作先进单位	2014.03	省工商局
	2013 年度全省工商行政管理政务信息工作先进单位	2014.04	省工商局
	2013 年度全省工商系统统计工作先进单位	2014.04	省工商局
	2013 年度“平安系统”创建工作先进单位	2014.04	省工商局
	2013 年度全省工商系统消费者权益保护工作先进单位	2014.02	省工商局
	全省工商系统 2013 年度服务社会主义新农村建设工作先进单位	2014.03	省工商局
质监局	省级依法行政示范单位	2014.11	省质监局
广播电视台	2013 年度省台发稿先进集体	2013.12	省广播电视台
产芝水库管理局	全国水产健康养殖示范场	2014.01	农业部
	全国大型灌区精神文明建设先进集体	2014.02	水利部
	国家水利风景区	2014.08	水利部
	农产品地理标志登记保护	2014..08	农业部
	全国休闲渔业示范基地	2014.12	农业部
	全省水利工程管理工作先进集体	2014.10	省水利厅
	山东省旅游商品十佳品牌（土特产品类）	2014.09	省农办
	山东省旅游商品十佳品牌（名优产品类）	2014.09	省农办
	山东省旅游下乡工程示范点	2014.05	省农办
畜牧兽医局	全省畜牧兽医工作先进集体	2014.08	省人社厅

续表

水产局	山东省科学技术奖	2014.04	省政府
	青岛市科学技术奖	2014.03	青岛市政府
	国家科学技术进步奖	2014.12	国务院
农机局	2014年度全省农机维修管理职业技能开发工作先进单位	2015.01	省农机局
	2014年度全国农机科普先进集体	2014.11	农业部农机协会
旅游局	山东省旅游综合改革试点县	2014.07	省旅游局
服务业发展局	青岛市“菜篮子”工作先进单位	2015.01	青岛市政府
行政服务中心	山东省办事公开示范点	2014.10	省法制办
	青岛市基层行风建设示范窗口	2014.06	青岛市政府
	公共服务示范先进窗口	2014.12	省行改办
	2014年度青岛市行政服务中心系统先进单位	2014.09	青岛市政府
地震局	2014年度全省县级防震减灾工作优秀单位	2015.01	省地震局
文化市场执法局	2014年青岛市文明单位标兵	2014.12	青岛市委
贸促会	2014年度全省贸促工作先进单位	2014.12	省贸促会
市联社	全省供销社综合改革试点县	2014.05	省联社
国税局	2014年度税收科研优秀成果一等奖	2014.12	青岛市税务局
	2014中国税官论税制改革征文三等奖	2014.11	《中国税制改革与发展》编辑部
公路局	山东省卫生先进单位	2014.02	省爱卫会
水文局	洪水预报奖	2014.05	省水文局
国家统计局莱西调查队	2013年度业务工作考核先进单位	2014.01	国调山东总队
	2014年省级文明单位	2014.12	省委

附 录

市委文件目录

文 号	题 名	发文时间
西发〔2014〕1号	关于印发《中共莱西市委2014年工作要点》的通知	2014-01-22
西发〔2014〕2号	印发《关于明确党委政府及其部门安全生产监督管理职责的规定》的通知	2014-03-04
西发〔2014〕3号	关于深入开展党的群众路线教育实践活动的实施意见	2014-03-07
西发〔2014〕4号	关于印发《市委常委会开展党的群众路线教育实践活动实施方案》的通知	2014-03-07
西发〔2014〕5号	关于开展党员干部与群众“心连心”实践活动的实施意见	2014-04-08
西发〔2014〕6号	关于2014年党风廉政建设和反腐败工作的意见	2014-04-24
西发〔2014〕7号	关于加快旅游业发展的若干意见	2014-06-09
西发〔2014〕8号	关于印发《莱西市实施〈建立健全惩治和预防腐败体系2013–2017年工作规划〉办法》的通知	2014-07-11
西发〔2014〕9号	关于做好村“两委”换届选举工作的实施意见	2014-10-30
西发〔2014〕10号	关于做好城市社区“两委”换届选举工作的实施意见	2014-10-30
西发〔2014〕11号	关于扎实做好党的十八届四中全会精神学习贯彻工作的通知	2014-10-30
西发〔2014〕12号	关于印发《莱西市人民政府职能转变和机构改革方案》的通知	2014-12-20

市政府文件目录

文件字号	文件名称	发文时间
西政发〔2014〕1号	关于公布2014年在城乡建设和改善人民生活方面重点办好的七件实事的通知	2014-01-28
西政发〔2014〕2号	关于报批莱西市2013-2020年义务教育学校布局规划的请示	2014-01-03
西政发〔2014〕3号	关于反馈地下采矿项目审批意见的报告	2014-02-08
西政发〔2014〕4号	关于调整市政府领导工作分工的通知	2014-02-19
西政发〔2014〕5号	关于申请兴店路北延路面硬化及配套工程扶持资金的请示	2014-03-10
西政发〔2014〕6号	关于对青岛六和万福食品有限公司等企业液氨使用安全隐患挂牌督办销号的请示	2014-03-21
西政发〔2014〕7号	关于批准葛中科为烈士的请示	2014-03-24
西政发〔2014〕8号	关于免去管恩富职务的提名	2014-03-26
西政发〔2014〕9号	关于拨付产芝水库防水费用的请示	2014-04-01
西政发〔2014〕10号	关于健全青岛市2015年世界休闲体育大会执委会办公室有关事项的请示	2014-04-11
西政发〔2014〕11号	关于刻制青岛市2015年世界休闲体育大会执行委员会育馆印章的请示	2014-04-11
西政发〔2014〕12号	关于任命李琨职务的提名	2014-04-29
西政发〔2014〕13号	关于调整城镇土地使用税税额标准的请示	2014-5-12
西政发〔2014〕14号	关于2013年耕地保护责任目标履行情况的自查报告	2014-05-26
西政发〔2014〕15号	关于整合卫生人口和计划生育部门职责机构编制实施方案的请示	2014-06-03
西政发〔2014〕16号	关于创建国家级经济技术开发区的请示	2014-06-05
西政发〔2014〕17号	关于收购原青岛石墨股份有限公司破产后资产有关问题的请示	2014-06-09
西政发〔2014〕18号	关于调整市政府领导工作分工的通知	2014-06-13
西政发〔2014〕19号	关于大中型水库移民避险解困升级配套资金落实情况的报告	2014-06-13
西政发〔2014〕20号	关于对无证车用气瓶充装站和无证液化气站重大安全隐患挂牌督办销号的请示	2014-06-30
西政发〔2014〕21号	关于给予莱西市饮用水水源地生态保护补偿金的请示	2014-07-10

续表

文件字号	文件名称	发文时间
西政发〔2014〕22号	关于印发莱西市深化小型水利工程管理体制改革实施方案的通知	2014-07-17
西政发〔2014〕23号	关于青岛莱西市“2·25”较大交通事故的检查报告	2014-08-10
西政发〔2014〕24号	关于印发《莱西市卫生和人口计划生育部门职责机构编制整合方案》的通知	2014-08-14
西政发〔2014〕25号	关于青岛市2015年世界休闲体育大会筹备情况的报告	2014-08-15
西政发〔2014〕26号	关于张平等工作人员任免职务的提名	2014-08-27
西政发〔2014〕27号	关于田洪青等工作人员任免职务的通知	2014-08-30
西政发〔2014〕28号	关于赵文涛等工作人员任免职务的通知	2014-08-31
西政发〔2014〕29号	关于任命张方宝职务的提名	2014-09-05
西政发〔2014〕30号	关于任命张方宝职务的通知	2014-09-05
西政发〔2014〕31号	关于印发《莱西市人民政府工作规则》的通知	2014-09-24
西政发〔2014〕32号	关于贯彻实施《青岛市国有土地上房屋征收与补偿条例》有关问题的通知	2014-10-16
西政发〔2014〕33号	关于任命胡生立职务的提名	2014-10-31
西政发〔2014〕34号	关于对2015年世界休闲体育大会配套道路给予专项资金的补助请示	2014-11-05
西政发〔2014〕35号	关于青荣城际铁路莱西北站还建工程项目及站前广场涉及国有土地上房屋征收的决定	2014-12-05
西政发〔2014〕36号	关于对青荣城际铁路莱西北站还建工程项目及站前广场涉及国有土地上房屋实施征收的公告	2014-12-05
西政发〔2014〕37号	关于赴日本参加经贸交流活动的请示	2014-12-05
西政发〔2014〕38号	关于莱西市大沽河综合整治工程项目建设有关问题的通知	2014-12-09
西政发〔2014〕39号	关于申报莱西市店埠镇为山东省建设示范行动示范镇的请示	2014-12-12
西政发〔2014〕40号	关于解决2015年世界休闲体育运动大会经营性用地指标的请示	2014-12-16
西政发〔2014〕41号	关于恳请牛俊宪常务副市长会见北京新能源汽车股份有限公司总经理郑刚的请示	2014-12-18
西政发〔2014〕42号	关于印发《莱西市地方志工作管理办法》的通知	2014-12-23
西政发〔2014〕43号	关于组团赴韩国学习第一届世界休闲体育大会筹办工作经验的请示	2014-12-23
西政发〔2014〕44号	关于对无证车用气瓶充装站和无证液化气站等重大安全隐患挂牌督办验收销号的请示	2014-12-25
西政发〔2014〕45号	关于对青岛六和万福食品有限公司等企业液氨使用安全隐患挂牌督办销号的请示	2014-12-26

续表

文件字号	文件名称	发文时间
西政字〔2014〕2号	关于战士吕业宏家属有关情况的函	2014-01-14
西政字〔2014〕3号	关于郭永汶等工作人员任免职的通知	2014-01-15
西政字〔2014〕4号	关于申报农业部2014年新型职业农民培育试点县的批复	2014-01-27
西政字〔2014〕5号	关于龙口南山中油天然气有限公司管道工程主要污染物总量情况的函	2014-02-17
西政字〔2014〕6号	关于做好2014年度全市民兵预备役部队组织整顿工作的通知	2014-02-19
西政字〔2014〕7号	关于办理校车使用许可的批复	2014-02-26
西政字〔2014〕8号	关于拆除刘合彬违法建设房屋的批复	2014-03-05
西政字〔2014〕9号	关于表彰2013年度全市安全生产工作先进集体和先进个人的通报	2014-03-20
西政字〔2014〕10号	关于申请国家农业综合开发现代农业园区试点项目的报告	2014-03-19
西政字〔2014〕11号	关于商请扩大青荣城际铁路莱西站站房规模的函	2014-03-26
西政字〔2014〕12号	关于免去管恩富等同志职务的通知	2014-04-01
西政字〔2014〕13号	关于兵役登记的通告	2014-04-09
西政字〔2014〕14号	关于印发莱西市金融工作考核办法的通知	2014-04-14
西政字〔2014〕15号	关于对吴全国等3户实施强制执行预案的批复	2014-04-18
西政字〔2014〕16号	关于申请对吴全国等3户实施强制执行的批复	2014-04-18
西政字〔2014〕17号	关于在莱西湖西侧规划建设休闲生态旅游产业带有关情况的函	2014-04-20
西政字〔2014〕18号	关于商请帮助省道南水线K116+400-K117+350段拓宽建设的函	2014-04-23
西政字〔2014〕19号	关于商请尽快确定相关项目补助及实施意见的函	2014-04-23
西政字〔2014〕20号	关于调整莱西市劳动人事争议调解仲裁委员会成员的通知	2014-04-28
西政字〔2014〕21号	关于调整莱西市教育督导委员会组成人员的通知	2014-05-06
西政字〔2014〕22号	关于2014年游艺娱乐场所布局规划的批复	2014-05-06
西政字〔2014〕23号	关于董臣元亲属被打纠纷有关情况的函	2014-05-06
西政字〔2014〕24号	关于农作物秸秆禁烧的通告	2014-05-30
西政字〔2014〕25号	关于王宝同志家庭涉法问题有关情况的函	2014-06-10

续表

文件字号	文件名称	发文时间
西政字〔2014〕26号	关于对青岛隆德水务工程有限公司“8·27”一般机械伤害事故调查报告的批复	2014-06-18
西政字〔2014〕27号	关于对青岛橡六胶管有限公司“3·28”一般机械伤害事故调查报告的批复	2014-06-18
西政字〔2014〕28号	关于商请更改沈海高速公路牛溪埠站站名的函	2014-06-18
西政字〔2014〕29号	关于公布第三批非物质文化遗产保护项目名录的通知	2014-06-18
西政字〔2014〕30号	关于南墅镇上店村非法采砂和土地确权等问题办理情况的报告	2014-07-15
西政字〔2014〕31号	关于莱西市姜山新城总体规划的批复	2014-07-15
西政字〔2014〕32号	关于申报省旅游综合改革试点市的请示	2014-07-30
西政字〔2014〕33号	关于注销部分行政执法证件的通告	2014-08-04
西政字〔2014〕34号	关于对南墅镇原国企石墨矿遗留矿坑水污染问题调查处理情况的报告	2014-08-08
西政字〔2014〕35号	关于四川农民工讨薪被打伤有关问题办理情况的报告	2014-08-15
西政字〔2014〕36号	关于认真做好全市民营经济促进及招商工作有关事宜的通知	2014-08-22
西政字〔2014〕37号	关于在中国青岛国际农副产品交易物流港设立公用性保税库的函	2014-08-25
西政字〔2014〕38号	关于公布第五批市级文物保护单位的通知	2014-09-09
西政字〔2014〕39号	关于姜山镇人民政府申请给予瑞鑫宇雅阁度假酒店资金扶持的批复	2014-09-12
西政字〔2014〕40号	关于成立行政复议委员会的通知	2014-10-10
西政字〔2014〕41号	关于上报固体非煤矿山调查评估名单的函	2014-10-13
西政字〔2014〕42号	关于华美佳苑项目享受镇驻地改造开发项目相关优惠政策的批复	2014-10-18
西政字〔2014〕43号	关于任命王辉等工作人员职务的通知	2014-10-31
西政字〔2014〕44号	关于免去王建志职务的通知	2014-11-7
西政字〔2014〕45号	关于加快科技企业孵化器建设与发展的意见	2014-11-21
西政字〔2014〕46号	关于申请办理青岛利成磨具有限公司新上砂轮生产线有关手续的函	2014-12-08
西政字〔2014〕47号	关于矿山企业延续登记工作意见的函	2014-12-17
西政字〔2014〕48号	关于举办2015年青岛国际马拉松比赛的函	2014-12-23
西政字〔2014〕49号	关于对莱西市“7·12”青岛恒诺尔石墨有限公司一般坠落事故调查报告的批复	2014-12-26

续表

文件字号	文件名称	发文时间
西政字〔2014〕50号	关于对莱西市“8·23”青岛九联集团熟食品厂一般机械伤害事故调查报告的批复	2014-12-26
西政字〔2014〕51号	关于经济开发区管委会宏远书香门第二期工程置换土地有关问题的批复	2014-12-28
西政字〔2014〕52号	关于南墅镇污水处理厂建设有关问题的批复	2014-12-28
西政字〔2014〕53号	关于成立金融工作领导小组的通知	2014-12-29
西政字〔2014〕54号	关于成立企业上市工作领导小组的通知	2014-12-29
西政字〔2014〕55号	关于网民反映大沽河上游水源污染严重调查处置情况的报告	2014-12-29

2014年重要文件选编

中共莱西市委
关于深入开展党的群众路线教育实践活动的实施意见

西发〔2014〕3号
（2014年3月7日）

为深入贯彻落实党的十八大、十八届三中全会和习近平总书记系列重要讲话精神，按照中央、省委和青岛市委部署要求，结合莱西实际，现就在全市深入开展党的群众路线教育实践活动(以下简称教育实践活动)，提出如下实施意见。

一、总体要求

全心全意为人民服务是党的根本宗旨，群众路线是党的生命线和根本工作路线。在全党深入开展以为民务实清廉为主要内容的党的群众路线教育实践活动，是新形势下坚持党要管党、从严治党的重大决策，是顺应群众期盼、加强马克思主义执政党建设的重大部署，是推进中国特色社会主义伟大事业的重大举措。扎扎实实地开展好教育实践活动，对于保持党的先进性和纯洁性，巩固党的执政基础和执政地位；对于解决群众反映强烈的突出问题，密切党群干群关系；对于加强基层服务型党组织建设，进一步提高服务党员、服务群众工作水平，凝聚谋发展、促和谐正能量；对于实现党的十八大确定的奋斗目标，实现中华民族伟大复兴的中国梦，具有重大而深远的意义。各级党组织要进一步统一思想、提高认识，切实增强政治责任感和历史使命感，把开展教育实践活动作为当前和今后一个时期的首要政治任务，切实抓紧抓好，务必抓出成效。

要准确把握开展教育实践活动的指导思想，高举中国特色社会主义伟大旗帜，以马克思列宁主义、毛泽东思想、邓小平理论、“三个代表”重要思想、科学发展观为指导，紧紧围绕保持党的先进性和纯洁性，以为民务实清廉为主要内容，以领导机关、领导班子和领导干部为重点，突出抓好直接联系服务群众的执法监管部门和窗口单位、服务行业的教育实践活动，注重抓好镇、街道和村、社区等与群众联系密切的基层组织的教育实践活动，贯穿“照镜子、正衣冠、洗洗澡、治治病”的总要求，切实加强广大党员干部马克思主义群众观点和党的群众路线教育，把贯彻落实中央八项规定、《党政机关厉行节约反对浪费条例》、省、青岛和莱西市委相关要求作为切入点，进一步突出作风建设，着力解决形式主义、官僚主义、享乐主义和奢靡之风“四风”突出问题，着力解决人民群众反映强烈的突出问题，着力解决联系服务群众“最后一公里”问题，不断提高做好新形势下群众工作的能力，保持党同人民群众的血肉联系，发挥党密切联系群众的优势，为率先科学发展、加快建设宜居幸福新莱西提供坚强保证。

要全面贯彻落实中央的部署要求，更加注重发挥群众积极性，开门搞活动，每个环节、每项工作都让群众参与、受群众监督、请群众评判；更加强化问题导向，自始至终着力解决问题，以整改行动开局起步，以问题整改注入动力，以整改成效交出答卷；更加注重严格要求，坚持严的标准、严的措施、严的纪律，把从严从实要求贯穿始终；更加注重分类指导，区分不同层级、不同领域、不同对象，有针对性地找准突出问题，确定目标任务和推进措施，努力取得人民群众满意的成效。

二、目标任务

坚持围绕中心、服务大局，全面落实党的十八大、十八届三中全会提出的各项任务要求和省、青岛、莱西市党代会的决策部署，教育引导广大党员干部树立群众观点，弘扬优良作风，解决突出问题，保持清廉本色，使党员干部思想认识进一步提高，作风进一步转变，群众工作能力进一步增强，为民务实清廉形象进一步树立，党群干群关系进一步密切。

各级各单位要从实际出发，把主要任务聚焦到作风建设上，集中解决形式主义、官僚主义、享乐主义和奢靡之风这“四风”问题，深入整治“庸、懒、散、慢、拖、瞒”等行为，着重围绕以下几个方面，对作风之弊、行为之垢来一次大排查、大检修、大扫除。

——在形式主义方面，主要是学风不实，浅尝辄止、不求甚解，重工作轻学习、重业务轻理论，学以致用、学以资政的能力不强；到基层调研走马观花、蜻蜓点水，只见“盆景”、不见全局，避实就虚，调研成果服务决策的实效不强；唯上不唯实，搞政绩工程，做表面文章，报喜不报忧，掩盖矛盾和问题；工作推进落实不力，习惯于开开会、发发文件、提提要求，重安排部署、轻督查落实，缺乏“钉钉子”精神，工作虎头蛇尾、不了了之、作风拖拉、效率低下；对待上级部署囫囵吞枣、断章取义，执行上级决定照本宣科、生搬硬套，工作缺乏特色和创新等问题。

——在官僚主义方面，主要是群众观念淡薄，对群众缺乏感情，不能深入基层接地气，不能站在群众角度考虑问题，对群众来信来访、利益诉求漠然置之、推诿扯皮，不敢做、不愿做、不会做深入细致的群众工作；服务观念差，对上曲意奉迎，对下态度冷淡，门难进、脸难看、事难办，有的甚至不作为、乱作为，巧立名目、吃拿卡要；大局意识不强，对上级决策部署不以为然，“上有政策、下有对策”，各自为政、相互掣肘，甚至有令不行、有禁不止，履职不规范；办事不依法、不民主、不公开，凭主观意愿决策，甚至强迫命令，独断专行，主动体谅基层、关心基层、为基层排忧解难的意识不强；大局观念差，搞“一言堂”，听不得不同意见，优亲厚友、宽严失度，搞小团体、小圈子，拉帮结派、影响工作等问题。

——在享乐主义方面，主要是理想信念动摇，艰苦奋斗、吃苦耐劳的精神淡化，事业心不强，拈轻怕重，自满自足，工作只求过得去，不求过得硬；进位争先的紧迫感不强，讲成绩、看亮点多，查问题、找差距少，习惯于自己同自己比，现在同过去比，对标、达标、夺标、创标的措施不过硬，赶超跨越的成效不明显；勇于担当的魄力不足，精神懈怠，不思进取，遇事“难”字当头、自怨自弃，遇难“退”字当头，缺乏冲劲、干劲和韧劲；意志消沉，奉行及时行乐的人生哲学，贪图安逸，情趣低俗，工作讲条件，只要组织照顾，不要组织纪律，心思不用在干工作和事业上等问题。

——在奢靡之风方面，主要是勤俭节约意识不强，公务接待不规范，标准执行不严格，超范围、超标准接待；超标准配备公务用车，公车私用；社交不分类别、不分场合；自私自利，以权谋私，利用职权谋取不正当利益，为子女和亲朋好友上学、就业、升迁等拉关系、打招呼、办私事等问题。

三、方法步骤

这次教育实践活动，从2014年3月开始，到2014年9月基本完成。参加活动的范围主要包括：市级领导机关及其直属单位和企事业单位，镇、街道及所属单位，村、社区、非公有制经济组织、社会组织等基层单位的党组织和党员（参加第一批教育实践活动的市纪委、市委组织部和按照干部管理权限参加上级有关业务主管单位活动开展的部分双管单位除外）。具体到每个单位，开展教育实践活动的时间一般不少于三个月。活动中，要着力抓好以下环节：

（一）活动准备、动员部署工作

1. 组建领导机构、工作机构和督导机构。各级各单位要成立教育实践活动领导小组，党组织主要负责人任组长。抽调精干人员，成立教育实践活动领导小组办公室，强化综合指导、督查联络、文字综合、舆论宣传等方面的工作力量。下属单位比较多的，还要成立督导组，选派政治强、原则性强、责任心强的党员干部任组长，配齐配强督导力量。要加强培训，搞好工作对接，尽早进入工作状态。

2. 制定实施方案。要结合实际，坚持“规定动作”做到位、“自选动作”有特色的原则，认真研究制定实施方案，确保上级各项部署不折不扣落到实处。各级各单位实施方案要报督导组审核把关，并报上级教育实践活动领导小组办公室备案。

3. 谋划直接联系群众实践活动。各级各单位要突出“为民务实清廉”主题，围绕服务型党组织建设、深化拓展“莱西会议”精神、深化为民服务代理制等方面，结合实际，研究制定进社区、进农村、进企业、驻村（社区）联户、帮扶困难群众，特色鲜明、贴近群众需求、解决实际问题的直接联系服务群众实践活动方案，实现直接联系服务基层（群众）全覆盖，进一步增强活动效果，扩大活动影响力。

4. 排查党员组织关系。认真落实《关于开展“组织找党员、党员找组织”活动的通知》（西群办发〔2014〕1号）要求，继续开展“组织找党员、党员找组织”活动，建立健全党员组织关系规范管理的制度要求，进一步理顺党员组织关系，落实每名党员参加活动的党组织。要与本支部每名党员取得联系，讲明上级关于开展教育实践活动的部署安排，讲明党员的义务和权利、党的纪律等，对党员基本信息进行核实，建好党员信息库，并加强经常性联系，确保每名党员都能按时参加各个环节的活动。

5. 召开动员部署会议。3月上旬，市委召开会议对全市教育实践活动进行动员部署；3月中旬，市委常委会领导班子率先启动教育实践活动，市人大、市政府、市政协领导班子教育实践活动随后启动；之后，市级领导干部担任主要负责人的市直部门、市委常委联系点的教育实践活动启动；3月底前，其他部门单位召开动员会议进行部署安排，全市面上教育实践活动启动。在各级各单位动员部署会议上，党组织主要负责人要做动员部署讲话。动员部署会议主要负责人讲话要报督导组审核把关。

（二）学习教育、听取意见环节

1. 抓好领导干部集中学习。市级领导机关及其直属单位和企事业单位以及镇、街道领导班子，要采取市委书记上党课、集中轮训、中心组学习、专题辅导、自学等形式，组织党员领导干部认真学习党的十八届三中全会精神，学习习近平总书记系列重要讲话和视察山东重要讲话精神，学习规定的学习内容和指定的学习材料，集中学习讨论时间不少于3天。要保证学习质量，采取多种形式检验学习效果。各级各单位要结合实际制定详细学习计划，报督导组审阅后实施。

2. 采取灵活多样形式组织基层党员学习。要针对基层党员实际，以喜闻乐见方式，运用形象直观、通俗易懂的语言进行讲解辅导，增强学习培训的吸引力和感染力。镇（街道、经济开发区，以下简称镇）要发挥镇级党校和党员干部现代远程教育网络的作用，制定好集中轮训方案，在活动期间集中轮训所属党员，党委书记要为党员上党课。要利用农闲、班前班后、晚上和外出党员返乡等时间，组织开展好学习教育。可采取送学上门等方式，组织离退休党员及年老体弱党员参加学习教育。对常年在企业上班的党员，安排其在所在企业党组织参加集体学习活动。对在外务工经商地点不固定的流动党员，要充分利用远程教育网络和手机短信平台，抓好个性化学习。

3. 加强革命传统教育和现实教育。要充分利用党性教育基地、反腐倡廉警示教育基地以及市内外的各类红色资源，分批组织党员干部开展现场教育。要通过组织观看专题教育片，集中举办专题辅导讲座和报告会，切实加强理想信念、革命传统、党性党风党纪、道德品行和马克思主义群众观点、党的群众路线教育，筑牢改进作风、联系群众的思想根基。

4. 开展专题讨论。要结合实际，围绕马克思主义群众观点和党的群众路线，切实转变作风，深入开展专题讨论，重点研讨群众路线的时代内涵、“四风”问题的具体表现和危害、为民务实清廉的具体要求等。通过讨论，弄清“为了谁”，找准前进的目标方向；弄清“依靠谁”，找到工作的力量源泉；弄清“我是谁”，把握自己的正确定位，查找存在的风险点，增强贯彻群众路线的自觉性和坚定性。各级各单位都要围绕“践行宗旨、服务群众”主题，组织党员至少开展1次专题讨论。

5. 直接听取群众意见。各级各单位要坚持广开言路，开门搞活动，综合运用民主评议、填写调查问卷、个别访谈、召开座谈会、网络调查、设置意见箱等方式，广泛听取社会各方面的意见和建议。党员领导干部要到联系点、到基层单位、到服务对象单位开展调研，掌握实情、查找不足；执法监管部门和窗口单位、服务行业，要听取服务群体、服务对象的意见；村、社区等党员干部要进家入户，和群众拉家常、听诉求。要重视来信、来访等送上门的意见，对近年来的来信来访、群众诉求等进行整理归纳。统筹做好征求意见工作，畅通上下沟通联系渠道，实现群众意见建议信息共享，防止相互征求意见搞"公文旅行""函来函往"，防止"一窝蜂"下基层、重复征求意见。要及时搞好"回头看"，对征求意见总体情况进行客观评价，严格把好征求意见质量关。对问题看不到、查不出、找不准或者查找不深不透的，要提出明确要求，力求把意见听全，把问题找准。

6. 开展督导谈话和民主评议。各级各单位学习教育开展一段时间后，督导组要结合督导单位实际，制定谈话工作计划，与督导单位领导班子成员、中层正职等干部分别谈话。要采取双向约谈、召开座谈会等多种方式，接受干部群众约谈和来信来访，听取干部群众代表、服务对象等方面的意见建议。督导谈话基本结束后，督导组要与督导单位党组织协商，适时在参加动员部署会议人员范围内进行民主评议。督导组要对谈话和评议情况进行梳理汇总，报上级教育实践活动领导小组办公室。

（三）查摆问题、开展批评环节

1. 找准查实"四风"突出问题。紧密结合本部门本单位实际，列举"四风"问题的具体表现。市级领导班子和领导干部重点解决进位争先、学赶先进的紧迫感不强，不敢担当、不愿负责，对不良现象不敢批评，存在好人主义，对基层提要求多，深入基层帮助解决实际问题少等问题。市直机关事业单位重点查找和解决庸懒散慢拖瞒，办事拖拉，推诿扯皮，作风漂浮、落实不力、底数不清，基层情况不明，服务不主动、不作为、慢作为，不遵守作息时间，擅自离开工作岗位、办私事等问题。执法监管部门和窗口单位、服务行业重点查找和解决门难进、脸难看、事难办，滥用职权、吃拿卡要、执法不公、效率低下等问题。镇领导班子和领导干部重点查找和解决不关心群众冷暖，群众诉求解决不力，侵犯群众利益，拖欠群众钱款，不愿意做打基础、管长远、惠民生的工作，公务接待不规范等问题。村（社区）等基层党组织重点查找和解决班子软弱无力、党员教育管理不到位，服务群众意识和能力不强，决策不民主，政策不公开，办事不公正，工作方式简单，为政不廉洁，搞优亲厚友等问题。非公有制经济组织和社会组织重点查找和解决党组织功能弱化、凝聚力不强，党员意识淡薄、作用发挥不明显等问题。各级各单位都要注意解决组织涣散、纪律松弛的问题。

2. 拓宽查摆问题渠道。坚持为民务实清廉要求，学习和对照党章、对照廉政准则、对照改进作风要求、对照群众期盼、对照先进典型，采取群众提、自己找、上级点、互相帮、集体议等方式，深刻剖析检查"四风"方面的突出问题。要认真组织对照《党政机关厉行节约反对浪费条例》、《党员领导干部廉洁从政若干准则》，以及中央八项规定出台后，陆续制定下发的加强作风建设方面的相关规定进行检查，镇、村（社区）还要组织对照《农村基层干部廉洁履行职责若干规定（试行）》和村级管理有关制度进行检查。领导班子及成员要主动查摆，对班子存在的问题，班子成员要摆进去；下级存在的问题，上级要摆进去；部门、单位存在的问题，分管领导要摆进去。要重视从基层反映、群众诉求、街谈巷议、网民批评中查找问题，汇总纪检、组织、审计、信访等方面掌握的情况，运用好相关调研成果和各类提案、意见建议，对所属领导班子和领导干部状况进行综合分析，如实通报情况、反馈意见。

3. 开展谈心谈话。专题民主生活会和组织生活会前，要深入开展谈心交心。党组织主要负责同志要与班子成员逐一谈心，班子成员之间要互相谈心，班子成员与分管部门（单位）班子成员也要普遍谈心，相关单位的班子成员与党员之间、党员与党员之间也要开展谈心谈话，坦诚相待地沟通思想，推心置腹地交换意见，不避重就轻、不回避矛盾。谈心时间要安排充分，真正把班子问题谈透、自身问题谈透、对方问题谈透、拟在会上提出的批评意见谈透、改进措施谈透。特别是平时有隔阂、有误解的同志，更要通过深入谈心，相互谅解、消除分歧，力求把矛盾和问题解决在会前。各级领导干部要主动接受党员干部群众的约谈。党组织主要负责同志和督导组要掌握谈心谈话情况，对班子成员或其他党员准备在会上提的批评意见要提前逐人逐条把关，保证谈心质量，保证开展批评的效果。

4. 撰写对照检查材料。市级领导机关、市直各单位和各镇领导班子、领导班子成员及其他党员，都要撰写对照检查材料。对照检查材料要逐项列出“四风”问题具体表现、典型事例，对“三公”经费支出、职务消费、人情消费、公务用车、办公用房和住房、家属子女从业等情况要做出说明；从理想信念、宗旨意识、党性修养、政治纪律等方面剖析根源；明确努力方向和整改措施。领导班子对照检查材料，由党（工）委主要负责同志主持撰写，领导班子集体研究，并在一定范围内征求意见；班子成员对照检查材料，要自己动手撰写，突出个人特点。党组织书记要逐一审阅班子其他成员的对照检查材料。中层干部和其他党员的对照检查材料分别由分管领导、科室负责人分级审阅。班子及其成员的对照检查材料，要报上级督导组审阅把关。

村、社区等其他基层组织、班子成员及其他党员一般也要撰写对照检查材料，其内容及撰写要求可由各党委区别情况研究提出，并经市委督导组和市委教育实践活动领导小组办公室同意后组织实施。

5. 开好专题民主生活会和组织生活会。市级领导机关、市直各单位及镇领导班子要召开专题民主生活会。会前，要制定专题民主生活会方案。会上，要紧扣主题，开门见山，采取“一人谈、众人帮、逐人进行”的方式，以整风精神开展批评和自我批评，既揭短亮丑、动真碰硬，又实事求是、出以公心，不发泄私愤，不搞无原则纠纷，真正形成团结——批评——团结的氛围。班子成员相互之间提出的批评意见不少于两条。会后，要在一定范围通报专题民主生活会情况。

上级领导班子成员要参加下级党组织专题组织生活会。其他基层党组织要开好专题组织生活会，开展民主评议党员工作，党组织要进行对照检查，针对存在问题提出改进措施和办法。每名党员都要参加党支部或党小组的专题组织生活会，党员领导干部要以普通党员身份参加所在党支部或党小组的专题组织生活会。

（四）整改落实、建章立制环节

1. 认真制定整改方案。专题民主生活会后，市级领导机关、市直各单位及镇领导班子，要召开一次活动情况分析会，对查摆剖析出来的问题进行一次再梳理、再归类。要认真制定整改方案，主要负责同志要亲自主持制定领导班子整改方案，明确整改目标任务、推进措施、责任人、完成时限，并向社会公开。领导班子成员要制定个人整改措施，做到具体实在、便于操作。实行开门整改，向群众做出整改承诺，及时公布整改情况，请群众评价和监督。其他党组织、党员要根据承诺的整改事项，集中力量抓好整改，切实解决好自身存在的问题。各级各单位都要建立好整改工作台账，实行项目化管理，一项一项抓好推进和落实。

2. 抓实专项整治。要不折不扣地落实好上级部署的专项整治任务，从活动一开始就确定一批整改事项，对文山会海、检查评比泛滥，行政审批改革不到位，门难进、脸难看、事难办，违反财经纪律，公款送礼、公款吃喝、奢侈浪费，超标配备公车、多占办公用房、新建滥建楼堂馆所，党政机关、事业单位超职数配备，“三公”经费开支过大，侵害群众利益行为等问题，下猛药、出重拳，一项一项整治、一个一个攻坚。各级各单位要结合履行职能职责和作风建设实际，确定各自的整治重点，尤其要针对作风方面的顽症痼疾，抓住那些群众最反感、反映最强烈的“四风”问题，把整治侵害群众利益行为作为重中之重，加大整治力度，狠刹歪风邪气，不达目的不罢休，务求专项整治取得实效。

3. 着力解决关系群众切身利益的问题。坚持为民利民便民，本着尽力而为、量力而行原则，切实落实各项民生政策，解决群众在教育、就业、社会保障、医疗、住房、交通等方面的基本需求问题，解决生态环境、资源开发、食品药品安全、安全生产、社会治安、执法司法、土地流转、征地拆迁、补偿安置、拖欠群众钱款等方面损害群众利益的问题，解决困难群众的生产生活问题，解决与民争利的问题。畅通群众诉求表达渠道，实行领导班子成员包案化解信访问题，做好矛盾纠纷排查化解工作，打击违法犯罪，加强治安防范，让群众增强安全感、提高满意度，切身感受社会公平正义。

4. 从严正风肃纪。坚持严字当头，坚决查处发生在群众身边的不正之风和腐败问题，坚决整治特权病、冷漠病、懒散病、享乐病、挥霍病。对有问题不整改、大问题小整改、边整改边再犯的，要严肃批评教育，必要时采取组织措施和纪律措施。要加强领导班子建设和严格教育管理干部，对软、懒、散的领导班子进行整顿；对存在一般性作风问题的干部，立足于教育提高、促其改进；对群众意见大、不能认真查摆问题、没有明显改进的干部，进行组织调整。在活动中发现的重大违纪违法问题，要及时移交纪检监察机关或有关方面严肃查处。加强基层党组织建设和党员教育管理，对软弱涣散的基层党组织，进行集中整顿，为村（社区）“两委”换届打好基础；对长期不起作用甚至起副作用的党员，进行严肃教育，对不合格的要严肃党纪、给予组织处理。

5. 夯实基层基础。围绕深化拓展“莱西会议”精神，积极探索，深入总结，统筹加强各领域基层服务型党组织建设，不断扩大党的组织覆盖和工作覆盖面。坚持从“好人”中选“能人”，拓宽视野，严格标准，建设守信念、讲奉献、有本领、重品行的基层党组织书记队伍，组织带领广大党员、干部为群众提供更多更好的服务。完善为民服务代理制，抓好镇、村（社区）便民服务中心（站、点）规范化建设管理工作，不断提升服务群众的功能和水平。健全服务保障体系，建立完善稳定的基层组织运转和基本公共服务经费保障制度，推动人、财、物向基层倾斜，充分调动服务群众的积极性，让群众话有地方说、事有地方办，困难有人帮、问题有人管，打通联系服务群众“最后一公里”。

6. 完善制度机制。围绕解决“四风”方面突出问题，建立健全行得通、指导力强、能长期管用的制度规定，推动改进作风常态化长效化。市级领导机关、市直各单位和各镇要制定制度建设计划，注重制度建设的统筹衔接，防止重复建制度；对已有的制度要进行全面梳理，结合实际做好“废、改、立”工作，建立健全党员干部联系服务群众、严格党内生活、关爱服务基层等方面的制度机制，及时把教育实践活动成果用制度机制固定下来。要强化制度执行，提高党员、干部依法按制度办事意识，加强对执行制度情况的督促检查，坚决纠正有令不行、有禁不止、无视制度的问题，充分发挥制度的刚性约束作用。

四、组织领导和工作指导

要把教育实践活动作为一项重大政治任务，精心组织，统筹安排，从严要求，扎实推进，确保教育实践活动不虚不空不偏、不走过场。市委常委分别在相关镇、村和市直单位建立教育实践活动联系点，示范带动教育实践活动深入开展。各镇和下属单位比较多的市直单位领导班子成员，也要在基层单位建立联系点，指导推动教育实践活动。

（一）明确领导责任。市委对活动负总责，全市深入开展教育实践活动在市委领导下开展，成立以市委书记任组长的市委党的群众路线教育实践活动领导小组，领导小组下设办公室，负责日常工作。各级党组织是抓好本部门本单位教育实践活动的责任主体，要高度重视，认真负责。党组织主要负责同志要承担起第一责任人的责任，深入一线、靠前指挥，吃透政策原则，把握进度节奏，解决关键问题。相关部门要明确职责、密切配合，加强统筹协调、分类指导和具体指导。

（二）坚持严督实导。市委向各镇、市直单位派出督导组，各镇、下属单位比较多的市直单位也要分别向所属单位派出督导组（员）。督导组（员）要认真履行职责，严格指导把关，认真审阅活动实施方案和动员大会讲话、对照检查材料、整改方案等，全程参与专题民主生活会、组织生活会并进行点评，督促抓好各项任务的落实。要督促各级各单位认真落实上级部署，坚持教育实践活动的基本环节不能少、重点要求不变通、措施目标不走样，把“规定动作”做到位。要沉下去面对面开展工作，及时发现和解决问题，有效传导压力。要督促开展“回头看”，坚持标准、保证质量，防止降格以求。

（三）注重分类实施。这次教育实践活动采取统一部署、梯次展开、压茬进行的办法，市级领导机关先行一步，其他部门单位依次推进。要坚持时间服从质量，统筹协调、灵活安排时间进度。各级各单位要针对直属单位特别是执法监管单位、窗口单位和服务行业，不同层次、不同领域、不同行业基层党组织的特点，分类制定实施方案。市级领导机关、领导班子和领导干部要紧紧扭住解决“四风”问题不走神、不散光，在找准和解决突出问题上下功夫、见实效。各镇、市直各单位要突出服务群众这个着力点，在增强服务群众意识、提高服务群众能力上下功夫，运用驻村联户、结对帮扶、在职党员到社区报到等有效载体，把联系服务群众工作做扎实，在直接联系服务群众中受教育、转作风。非公有制经济组织和社会组织党组织要注重采取小型、业余、分散的方式开展活动。流动党员参加教育实践活动以流入地党组织为主、流出地党组织为辅。

（四）抓好宣传引导。加强正面宣传和舆论引导，创新宣传形式和载体，充分运用莱西电视台、《莱西市情》、编发教育实践活动简报等传统媒体和新兴媒体，广泛宣传上级部署要求，宣传教育实践活动进展情况和取得的成效，及时曝光反面典型。认真总结推广各级各单位活动中的好经验好做法，大力宣传为民务实清廉的先进典型，特别是注意挖掘群众身边的典型，加大向上级新闻主流媒体的宣传力度。把握好舆论引导的时机、力度和效果，发挥好言论、评论的导向作用，营造良好舆论氛围。

（五）坚持统筹兼顾。坚持两手抓、两促进，把开展教育实践活动与贯彻党的十八届三中全会精神结合起来，与落实上级系列重大决策部署结合起来，与推进本部门本单位年度重点工作结合起来，引导广大党员干部坚定信心、凝聚共识、狠抓落实，把活动中激发出来的热情转化为全面深化改革、加快建设宜居幸福新莱西的强大动力。

中共莱西市委 莱西市人民政府
关于2014年党风廉政建设和反腐败工作的意见

西发〔2014〕6号
（2014年4月24日）

2014年全市党风廉政建设和反腐败工作总的要求是：认真贯彻落实党的十八大和十八届三中全会精神，按照中央、省、青岛市的部署，坚持党要管党、从严治党，加强对党风廉政建设和反腐败工作的统一领导，创新反腐败体制机制，严明党的纪律，深入落实中央八项规定精神，坚持不懈纠正“四风”，加大查办违纪违法案件力度，保持惩治腐败高压态势，深入推进“廉洁莱西”建设，坚定不移把党风廉政建设和反腐败斗争引向深入。

一、认真贯彻落实中央、省委、青岛市委和莱西市委部署，加强反腐败体制机制创新和制度保障

认真学习贯彻党的十八大和十八届三中全会精神，深刻认识全面深化改革与推进党风廉政建设和反腐败斗争的关系，牢固树立进取意识、机遇意识、责任意识。各级党委要切实担负起党风廉政建设主体责任，加强对党风廉政建设的统一领导，健全反腐败领导体制和工作机制，落实党风廉政建设责任制。全市纪检监察组织要按照党章规定，履行好协助党委加强党风廉政建设和组织协调反腐败工作的职责。党风廉政建设和反腐败任务要融入党的组织、宣传、政法等部门各自工作，发挥人大、政协的法制建设和法律监督、民主监督作用，充分履行政府及所属职能部门的行政监管职责，法院、检察院要切实做好对贪污贿赂、失职渎职等职务犯罪的侦查、起诉和审判工作。各级党委特别是主要领导必须树立不抓党风廉政建设就是严重失职的意识，主要领导是第一责任人，领导班子成员根据工作分工对职责范围内的党风廉政建设负领导责任。要制定切实可行的责任追究制度，严格责任追究。对发生重大腐败案件和严重违纪行为的单位和部门，实行“一案双查”制度，既要追究当事人责任，又要倒查追究相关人员的领导责任。

落实上级纪委关于党的纪律检查工作双重领导体制具体化、程序化、制度化意见。强化对镇（街道、经济开发区）（以下简称镇）纪委的领导，建立健全报告工作、定期述职、约谈汇报、考核评价等制度。实施镇纪委区域化管理，加强对重点工作的协调、督促和检查。落实查办腐败案件以上级纪委领导为主的要求，线索处置和案件查办在向同级党委报告的同时必须向上级纪委报告。落实镇纪委书记、副书记的提名和考察以市纪委会同组织部门为主的要求，研究制定具体规定。

强化派驻监督工作。按照上级要求，进一步明确派驻机构的职责任务、机构设置、人员配备和工作保障，逐步将市直各单位全部纳入派驻机构统一管理，完善对派驻人员的管理、考核、激励及责任追究机制。派驻机构对市纪委负责，履行监督职责，督促单位加强党风廉政建设和反腐败工作。完善工作督察制度，加强对单位领导班子和领导干部落实党风廉政建设责任制、依法行政、规范权力运行、作风建设等情况督促检查，注重发现案件线索，强化监督职能。

二、强化纪律建设，聚焦“四风”问题，持之以恒抓好中央八项规定精神落实

严明党的政治纪律，加强对党的纪律执行情况的监督检查，在思想上政治上行动上同以习近平同志为总书记的党中央保持高度一致，决不允许有令不行、有禁不止，决不允许各自为政、阳奉阴违，保证党的十八大和十八届三中全会精神以及中央、省、青岛市和莱西市委决策部署贯彻落实。

全面加强党的纪律建设，严格执行党的政治纪律、组织纪律、财经纪律、工作纪律和生活纪律等各项纪律。各级党组织要教育引导党员干部认真学习并严格遵守党章和其他党内法规制度，增强党性，严格按照党员干部标准和廉洁从政准则要求自己，敢于同一切违反党章和党内其他法规制度的行为做斗争，坚决纠正无组织无纪律、自由主义、好人主义等现象。纪检监察机关要铁面执纪，坚决反对和认真查处违反党纪党规的行为，确保纪律刚性约束。

深化作风建设，坚决纠正“四风”。落实中央八项规定精神，必须持之以恒，在坚持中深化，在深化中坚持，由浅入深、由易到难、由简到繁、循序渐进，不断巩固和扩大成果。结合第二批党的群众路线教育实践活动的开展，着力解决干部“四风”方面存在的突出问题。健全改进作风常态化制度，坚决防止反弹。认真落实《党政机关厉行节约反对浪费条例》，规范并严格执行领导干部工作生活保障制度和严禁到风景名胜区开会等各项规定。严肃查处党员领导干部到私人会所活动、变相公款旅游等问题。实施“靶向治疗”工作法，加大执纪检查和集中整治力度，从具体问题抓起，突出重要时间节点，重点纠正领导干部利用本人及家庭成员婚丧喜庆、工作调动、乔迁等名义，收受下属单位和个人，以及有利害关系的单位和个人礼金的行为。严查用公款互相宴请、赠送节礼、高档消费行为。深化“庸懒散慢拖瞒”专项治理，继续整治“门难进、脸难看、事难办”，坚决查处“吃拿卡要报”行为。各主管、监管部门要认真履行纠风主体责任，整治损害群众利益的不正之风，深化民主评议政风行风工作。要通过综合监管、严格问责，督促和推进各级党政机关进一步转变职能、提高效率、改进作风。要严格执纪监督，制定并落实改进作风各项规定的监督检查办法，健全作风建设惩戒问责机制，对违纪违规的，要严肃查处，点名道姓通报曝光。

三、加大惩治腐败力度，坚决遏制腐败蔓延势头

加强对反腐败工作的领导，把坚决遏制腐败蔓延作为重要任务，加大惩治腐败力度，充分发挥市委反腐败工作领导小组的作用，建立健全查办案件组织协调机制，增强反腐败合力。

严肃查办发生在领导干部中的贪污贿赂、腐化堕落、失职渎职案件，严肃查办发生在重点领域、关键环节和群众身边的腐败案件，严肃查办职级不高但情节严重、影响恶劣的案件，严肃查办农村干部贪污、骗取和挪用强农惠农资金案件。规范并严格执行党内审查审批程序。进一步畅通群众投诉举报渠道，加强群众信访举报受理工作，实施公开接访、带案下访、直查快办和信访案件双向承诺制度，及时回应群众关切的突出问题。完善问题线索管理机制，认真按照有关规定和标准处置反映干部的问题线索。实施市纪委机关全员办案制度，加强与司法、审计等机关的协调配合，注重从司法案件审理、派驻机构督察、经济责任和项目审计、党风政风监督检查以及执法效能监督检查中发现案件线索，严格立案查处；对网络反映的有关线索，快速查处，妥善回应。落实责任制，强化纪律检查职能部门间的相互制约和监督。着力查清主要违纪违法事实，严肃党纪政纪处理，涉嫌犯罪的及时按程序移送司法机关。加强办案平台建设，完善案件查办人才库管理，充实和合理调配力量。继续推行分片协作、异地交叉和下查一级办案机制。进一步加强案件审理工作，认真履行审核把关和监督制约职责，严格执行案件审理“二十四字”办案要求，依纪依法公平公正审理案件。坚持以法治思维和法治方式反对腐败，提高依纪依法惩治腐败的能力。

坚持抓早抓小，治病救人。对党员干部自身存在的问题要早发现、早提醒、早纠正、早查处。全面掌握党员干部的思想、工作、生活情况，认真落实廉政谈话教育制度，对苗头性问题及时批评教育，防止小问题变成大问题。对反映的问题线索，及时采取约谈、函询等方式向本人和组织核实，加强诫勉谈话工作。继续实施受处分党员干部谈话制度，促使教育转化。健全重大案件剖析制度，强化警示教育，查找并堵塞制度漏洞，通过下发监察建议书、案件通报等形式，督促部门、单位抓好整改，实现查处一案、整改一批、教育一片的目的，发挥查办案件的治本功能。

严明纪律，加强办案安全工作。要牢固树立法纪意识，规范并严格审查程序，严守保密纪律，坚决纠正跑风漏气、违纪违规办案行为。认真落实办案安全责任制，全面排查、消除安全隐患，加强对办案点和暂扣款物的管理以及对审查过程的监督，坚决守住不发生严重安全事故的底线。对发生办案安全事故的，既要追究相关人员的直接责任，也要追究有关领导的责任。

四、强化对领导干部的教育和监督，把权力关进制度的笼子里

全面推进惩治和预防腐败体系建设，认真落实中央五年工作规划、省委实施办法、青岛市委责任分解和莱西市委落实意见，健全责任分解和检查考核机制，督促牵头和协办单位抓好任务落实。建立健全惩治和预防腐败各项制度，加强对执行情况的监督检查，提高制度执行力，强化制度硬约束，严格用党内法规和制度规范党员干部行为，把权力关进制度的笼子。

完善监督机制。认真落实党内监督各项制度，加强对领导干部特别是主要领导干部的监督，反对特权思想和特权作风。进一步完善并落实市纪委常委同单位党政领导干部廉政谈话制度。严肃党内政治生活，开展经常性的批评和自我批评。强化日常监督，加大问责力度，追究失职渎职责任。加强行政监察和审计工作，强化对职能部门履行职责情况的监督。进一步深化、拓展、提升电子监察网络，建立中介机构管理、建设工程竣工联合验收、审批绿色通道电子监察系统，完善为民服务热线办理系统，更好地发挥科技手段在监督制约中的作用，逐步实现权力运行动态监控。加强廉政风险防控机制建设，规范和制约关键岗位、关键环节的权力运行，突出对“一把手”监督，探索建立各级党政“一把手”不直接管人事、财务、工程、审批、采购等事项和研究重大决策、事项实行末位表态的“五不一末”制度。开展防止利益冲突工作。进一步发挥法律监督、民主监督和群众监督的作用，注重运用和规范互联网监督。完善农村干部监督管理体制，规范权力运行流程，发挥村务监督委员会作用。

加强党风廉政宣传教育。深入开展理想信念和宗旨教育，加强党风党纪、廉洁自律教育，筑牢拒腐防变思想道德防线。深化党员领导干部德廉知识测试，抓好示范教育，运用典型案例进行警示教育。认真加强政务微博平台建设和网络舆情处置工作，坚持正确舆论导向，做好正面宣传引导工作。推进廉政文化创建活动，营造风清气正的社会环境。

五、转职能、转方式、转作风，进一步提升纪检监察机关履职能力和水平

纪检监察组织和广大纪检监察干部要适应新形势新任务要求，巩固党的群众路线教育实践活动成果，进一步增强责任感、使命感，坚定理想信念，加强党性锻炼，争创一流业绩，树立忠诚可靠、服务人民、刚正不阿、秉公执纪的良好形象。纪检监察机关要按照“转职能、转方式、转作风”要求，聚焦中心任务，坚守责任担当，监督执纪问责，推进组织制度创新。纪检监察干部要严格自律，带头改进作风，带头纠正“四风”；强化业务培训和实践锻炼，不断提高监督检查能力、纪律审查能力和组织协调能力，更好地履职尽责。

中共莱西市委 莱西市人民政府
关于印发《莱西市人民政府职能转变和机构改革方案》的通知

西发〔2014〕12号
（2014年12月20日）

各镇、街道，经济开发区，市直各单位：

《莱西市人民政府职能转变和机构改革方案》已经青岛市委、青岛市政府批复同意，现印发给你们，望认真组织实施。

根据《中共青岛市委、青岛市人民政府关于区市政府职能转变和机构改革的意见》（青发〔2014〕11号），莱西市政府职能转变和机构改革的总体要求是：以邓小平理论、“三个代表”重要思想、科学发展观为指导，适应社会主义市场经济发展需要，准确把握建立中国特色社会主义行政体制目标和方向，与青岛市政府职能转变和机构改革相衔接，因地制宜，大胆探索，以职能转变为核心，大力简政放权，优化机构设置，严控人员编制，提高行政效能，创新行政管理方式，增强政府公信力和执行力，努力建设法治政府和服务型政府。

一、切实转变政府职能

把政府职能转变放在突出位置，按照“减少审批、减少收费、减少认证”、“集中审批、集中交易、集中支付、集中执法”、推进工商登记改革和社会组织管理改革、加强监管的思路，以深化行政审批制度改革为突破口，最大限度减少行政审批事项和政府对微观事务的管理。改进政府管理方式，强化对行政权力的制约监督，推动政府职能向创造良好发展环境、提供优质公共服务、维护社会公平正义转变，不断提高政府管理科学化水平。

（一）推进简政放权，制定审批清单。着力深化行政审批制度改革，加快建立标准明确、程序规范、制约有效、权责分明的行政审批管理制度。按照自查梳理、集中审核、征求意见、公示公布四个步骤，对现有行政审批事项以及日常管理中具有审批性质的其他事项进行全面彻底核查清理，不留死角、不留盲点。承接落实好上级政府取消、转移和下放的行政审批事项，凡已明确取消的，一律不再保留；凡转给市场和社会的，一律不得截留；凡下放给镇（街道）政府行使更为方便有效的，一律依法下放。全面清理现行投资审批、生产经营活动审批、资质资格许可和认定、评比达标表彰、评估等事项，我市自行设立的非行政许可审批事项全部取消。2014年编制完成市级行政审批项目目录并向社会公布。保留的行政审批事项，按照规范、透明、便捷、高效的要求，进一步完善管理制度，简化审批程序，优化办事流程，切实方便企业和群众。未列入目录的行政审批事项，一律不得实施。建立行政审批事项备案制度，今后各部门新增、调整和取消行政审批事项，需按照《莱西市行政审批事项备案流程》，经市政府审改办按程序批准后方可实施。

（二）规范行政权力和服务，制定权力清单和服务清单。按照谁履行、谁梳理的原则，根据法律、法规、规章、规范性文件及部门“三定”规定等，全面梳理现有行政权力和政务服务事项，推行权力清单和政务服务清单制度，2015年第一季度公布市政府行政权力清单。规范行政裁量权，明确责任主体和权力运行流程，严格依照法定权限和程序履行职责，建立政府部门履行职责情况评估制度。适应行政审批制度改革的新要求，转变管理理念，改进管理方式，切实把工作重心由事前审批转到事中事后监管上来。进一步强化监管重点，明确监管责任，把该管的事管住管好。加强对市场主体和市场行为的监督管理，着力规范市场秩序。进一步强化监管能力建设，创新监管模式，推动监管重心下移，逐步建立功能完善、防控严密、执行高效的监管体系。加强政务服务体系建设，推动公共服务方式创新。健全完善便民服务体系，积极推动行政审批事项“两集中两到位”，实行“一个窗口受理、一站式审批、一条龙服务、一个窗口收费”的运行模式，打造管理规范、功能完备、运行高效的政务服务平台。加大政府向社会力量购买服务力度，可由市场提供、社会力量能够承担的公共服务，逐步通过委托、承包、采购等方式交给市场和社会力量承担。规范政府购买服务的范围、标准、程序和方式，完善财政保障和监督评估，鼓励和公平对待社会力量提供公共服务，加快形成提供公共服务新机制。深化政务公开，推进行政权力行使依据、过程、结果公开，2015年全面推开政府部门预决算及“三公”经费公开。完善政府信息公开发布机制，落实信息公开载体。健全政府内部监督、社会监督、舆论监督等各项监督制度，拓宽群众监督渠道，让权力在阳光下运行。

二、深化政府机构改革

按照精简统一效能原则，结合实际，加大机构和职责整合力度，继续推进大部门体制，规范机构设置，理顺权责关系，完善体制机制，加快形成精干高效的政府组织体系。

（一）规范市政府机构设置

1. 按照权责统一、相对集中、统筹管理、网格运作的原则，整合、规范行政执法队伍，推动执法重心下移。逐步将跨部门、跨行业分散的行政处罚权和与之相关的监督权、行政强制权交由综合行政执法部门相对集中行使，组建市综合行政执法局，作为市政府工作部门，综合设置镇（街道）派驻执法机构，实行分区域综合执法。将市城市管理行政执法大队划转至市综合行政执法局；作为过渡，其机构规格暂维持不变。市城乡建设局不再挂市城市管理行政执法局牌子。

2. 整合市工商行政管理局、市质量技术监督局职责，组建市市场监督管理局，作为市政府工作部门。不再保留市工商行政管理局、市质量技术监督局。原工商行政管理所相应调整为市场监督管理所，作为市市场监督管理局派出机构，其具体机构编制事宜在市市场监督管理局“三定”规定中另行明确。

3. 将市林业局、市畜牧兽医局、市农业机械管理局职责整合至市农业局。将市林业局由市政府工作部门调整为市农业局直属机构；作为过渡，其机构规格暂维持不变，本届政府任期内将机构规格调整到位。将市畜牧兽医局、市农业机械管理局调整为市农业局所属事业单位；作为过渡，其机构规格暂维持不变。加强农业领域综合执法，整合涉农执法队伍，组建统一高效的农业综合行政执法机构。

4. 整合市工业和信息化局、市科学技术局（市知识产权局）职责，组建市科技和工业信息化局，挂市知识产权局牌子，作为市政府工作部门。不再保留市工业和信息化局、市科学技术局。

5. 完善生态环境保护管理体制，创新监管模式，加强基层执法力量配备，实行分区域监管。

6. 整合市卫生局职责、市人口和计划生育局的计划生育管理和服务职责，组建市卫生和计划生育局，作为市政府工作部门。不再保留市卫生局、市人口和计划生育局。

7. 将市文化市场行政执法局由市政府直属事业单位调整为市文化广电新闻出版局所属事业单位，受其委托行使行政执法权；作为过渡，市文化市场行政执法局机构规格暂维持不变。

8. 市司法局不再与市委政法委合署，作为市政府工作部门。

9. 将市老龄工作职责整合至市民政局，市老龄工作委员会办公室调整为市民政局所属事业单位，机构规格为副科级。

调整后，莱西市人民政府共设置24个工作部门。

（二）优化部门职能配置

1. 根据上级统一部署，将林地登记、土地登记等职责整合至市国土资源局。

2. 将城镇职工基本医疗保险、城镇居民基本医疗保险、新型农村合作医疗等职责整合至市人力资源和社会保障局。

（三）完善相关领域体制机制

创新社会治理管理体制，改进治理方式，加强社会治安综合治理，健全社区网格化管理、社会化服务机制，搭建基层综合服务管理平台。完善市、镇（街道）、村（社区）食品药品安全监管体系，落实监管责任，加强监管执法和技术监测力量，实施全过程无缝隙监管。建立农产品质量安全监管体系，抓好食品安全源头治理，将质量安全监管覆盖农产品生产领域。健全安全生产监管体制，落实政府相关部门监管责任和企业主体责任，加强隐患排查治理、安全预防控制和应急救援体系建设，强化安全生产监管执法力量，有效防范重特大安全事故。建立健全地方金融监管体制，落实政府对地方金融组织、金融活动的监管职责和风险处置责任，改进金融监管手段，维护区域金融稳定。完善省级以上开发区管理体制，明确开发区功能定位，规范机构编制管理，促进开发区健康发展。

（四）继续深化镇（街道）机构改革

完善镇（街道）政府功能，区分镇（街道）类型，明确履职重点，调整优化镇（街道）机构设置。在综合设置机构基础上，明确岗位设置，确保涉及社会管理、安全生产、环境保护、农产品质量安全、就业社会保障等重点领域工作，在镇（街道）有机构承担、有专人负责。落实好农产品质量监管工作人员不少于4名的要求。

在经济开发区和姜山镇探索集中审批、集中服务、集中执法的新型基层行政管理和公共服务模式，建立集中审批办理机制，依法委托下放的行政审批事项交由镇级审批服务机构集中办理，实现“一站式审批”服务。深入推进经济发达镇行政管理体制改革试点，以扩权强镇为重点，理顺市镇关系，创新体制机制，优化组织结构，完善管理方式，逐步建立适合新型城镇发展特点的行政管理体制。建立健全镇（街道）综合执法平台，完善镇（街道）与市行政执法派驻机构的联动机制，在镇域范围内实行综合执法，切实解决多头执法、执法扰民等问题。完善执法程序，规范执法行为，加强执法监督，全面落实行政执法责任制和执法经费由财政保障制度，做到严格、规范、公正、文明执法。

三、严控机构编制和财政供养人员

按照严控总量、盘活存量、优化结构、增减平衡的原则，创新机构编制管理，严肃机构编制纪律，切实管住总量，降低行政成本，把更多财力用于改善民生。

（一）严格机构管理。市政府不设部门管理机构，部门内设机构综合设置，不设3人以下科室。不在机构限额外自行设立行政机构，不新设承担行政职能的事业单位。规范行政层级管理，部门内设机构、直属机构、派出机构及部门所属事业单位等机构的规格要低于其主管部门。从严控制和规范合署办公机构、政府派出机构、挂牌机构、议事协调机构和临时机构。挂牌机构不设为实体性机构，议事协调机构和临时机构不单设办事机构，具体工作由相关职能部门承担。

（二）从严控制人员编制。行政编制不得突破中央下达的总额，事业编制实行总量控制，不得突破2012年底基数并在总量内有所减少。党政机关要在核定的行政编制数额内配备人员。严格控制参照公务员法管理事业单位和经费自理事业单位的机构编制，严格控制经费自理事业编制转为财政补助事业编制。不再核定工勤编制，机关工勤人员只出不进，工勤编制随自然减员逐步收回。从严核定部门和内设机构领导职数，市政府工作部门领导职数按2–3名配备，工作任务重、业务面宽的综合管理部门可增配1名副职，增配副职的部门数量不得超过机构限额的三分之一。市政府工作部门一般不配备各类“总师”职务，确需配备的，其级别与市政府工作部门内设机构正职相同。严格按规定设置和配备非领导职务。积极开展机关事业单位机构和人员编制核查工作。

（三）推进机构编制管理创新。按照调结构、保重点的要求，严控编制总量，向深化改革要编制，向加强管理要编制，向运用信息技术要编制，不断提高编制使用效益。盘活用好编制资源，落实省委办公厅、省政府办公厅《关于严控机构编制确保财政供养人员只减不增的意见》（鲁办发〔2014〕4号）要求，精简压缩机关事业单位编制，收回的编制由市委市政府统筹掌握、动态管理，用于充实加强中心工作、全局性工作和事关群众切身利益的重大民生保障工作。结合简政放权和执法、服务重心下移，推动编制资源向基层和一线倾斜，严禁挤占、挪用镇（街道）和基层一线人员编制。进一步完善组织、机构编制、财政和人力资源社会保障等部门协调配合机制，全面实行机构编制实名制管理和用编进人计划审核制度。按照全省统一部署，加快机构编制实名制管理信息平台建设，2014年完成机构编制与组织、财政、人力资源社会保障等部门数据信息共享，对各级行政事业编制、实有人员变化情况实行动态监管。

（四）严肃机构编制纪律。坚持机构编制集中统一管理，严格执行机构编制审批制度和程序，凡涉及职能调整以及机构、编制和领导职数增减的，统一由市机构编制部门审核，按程序报市机构编制委员会或市委、市政府审批。严禁上级部门干预下级的机构编制事项，严禁超限额设置机构或变相增设机构，严禁违反规定增加编制或超编进人，严禁行政编制和事业编制混用，严禁擅自超机构规格、超职数配备领导干部。建立机构编制违规违纪预防机制，加大对机构编制违纪违法行为的查处力度，对违反机构编制法规纪律的相关责任人员，按照有关党纪政纪规定严肃处理，涉嫌犯罪的，移送司法机关依法处理，切实维护机构编制管理的严肃性和权威性。

四、组织实施

市政府职能转变和机构改革在市委、市政府领导下，由市机构编制委员会组织实施。涉及机构整合或职责变动较大的部门“三定”规定应于改革方案印发后1个月内完成。

将政府职能转变和机构改革工作与党的群众路线教育实践活动紧密结合，不折不扣落实中央及省、市各项要求，防止搞形式、走过场。严格执行组织人事、机构编制和财经纪律，严禁在政府机构改革过程中超编或违反规定进人、超职数配备领导干部、突击提拔干部、突击岗位聘用。妥善处理改革、发展、稳定的关系，加强思想政治工作，做到思想不散、工作不断、秩序不乱、国有资产不流失，确保改革顺利进行，各项工作正常运转。机构改革期间，市机构编制部门暂停受理机构编制事项。

莱西市人民政府
关于公布2014年在城乡建设和改善人民生活方面重点办好的七件实事的通知

西政发〔2014〕1号
（2014年1月28日）

各镇政府、街道办事处，经济开发区管委会，市政府各部门，各直属企事业单位，双管单位：
市政府决定，2014年在城乡建设和改善人民生活方面重点办好七件实事。现公布如下：

一、提高全民健身水平，开工建设体育场馆等设施

（一）建设市体育中心体育场及体育馆

实事内容：在市体育中心建设规模10000座体育场，占地面积46204平方米，建筑面积约13028平方米。建设规模4000座体育馆，占地面积24252平方米，建筑面积约9508平方米。

工作安排：2014年完成主体工程、内部装修和设备安装；2015年4月份竣工。

责任单位：市城建局

分工领导：曹杰军

（二）建设市体育中心休闲广场

实事内容：在体育中心建设休闲运动攀岩场地、障碍轮滑场地，占地面积31200平方米。

工作安排：2014年4月份开工建设，9月份竣工。

责任单位：市体育中心

分工领导：纪玉水

（三）建设市生态休闲体育公园

实事内容：在上海路至威海路大沽河东西两岸河滩地段建设生态休闲体育公园，主要包括沙滩足球比赛场地等体育设施、园林绿化、景观小品等。

工作安排：2014年3月份开工建设，12月份主要比赛场地和管理用房基本完工；2015年5月份竣工。

责任单位：青岛昌阳投资开发有限公司

分工领导：赵希胜

二、扎实推进大沽河治理，实施路桥、绿化等工程

实事内容：实施大沽河堤顶道路、跨支流桥梁建设和绿化工程。

工作安排：绿化工程2014年4月底完工；路桥工程2014年6月底主体贯通，10月份完工。

责任单位：大沽河治理工作指挥部、市交通运输局、市林业局

分工领导：张升山

三、加强农村居民医疗保障，将新农合人均筹资标准由375元提高到425元

实事内容：按照青岛市的统一部署，将2014年新农合人均筹资标准提高到425元。

工作安排：2014年3月份完成。

责任单位：市人社局

分工领导：黄迪勇

四、提高学前教育水平，建设28处标准化幼儿园

实事内容：按照省定基本办园标准，在各镇街新建、改扩建28处幼儿园，合计197个班，总建筑面积34186平方米。

工作安排：2014年5月份开工，12月份竣工。

责任单位：市教体局，各镇政府、街道办事处、经济开发区管委会

分工领导：纪玉水

五、优化农村生态环境，着力打造美丽乡村

（一）开展田园生态游活动

实事内容：主要建设"休闲田园游"乡村旅游特色点，开展乡村旅游节庆活动，编制全市旅游规划等。

工作安排：2014年1月份开始启动项目筛选等工作，年内完成。

责任单位：市旅游局

分工领导：纪玉水

（二）建设4座垃圾中转站

实事内容：在南墅镇、日庄镇、河头店镇、马连庄镇，建设4座垃圾中转站。

工作安排：2014年4月底开工，9月底竣工。

责任单位：市城建局

分工领导：曹杰军

（三）改建1500座农村无害化卫生厕所

实事内容：按照青岛市的统一部署，改建农村无害化卫生厕所1500座。

工作安排：2014年12月底前完成。

责任单位：市卫生局

分工领导：纪玉水

六、提高老年人保障水平，为适龄老年人发放高龄津贴

实事内容：为85 ~ 89周岁老年人每人每年发放400元高龄津贴；90 ~ 99周岁老年人每人每年发放600元高龄津贴。

工作安排：2014年6月份完成。

责任单位：市老龄委办

分工领导：张升山

七、加快推进市容环境整治，改造部分老旧居民小区的道路、排污和供水设施

实事内容: 对荷塘小区、月湖小学北小区楼前楼后路面、排污排水管道、古力井等设施进行综合整治改造。

工作安排：2014年3月底开工，6月份竣工。

责任单位：市房管局

分工领导：曹杰军

对上述七件实事，各责任单位要切实加强组织领导，制定具体的进度计划，明确阶段性工作内容、具体措施、质量标准和完成时限。各主要责任单位要切实负起牵头责任，组织做好与相关责任单位的分工协作，抓好实施和监控。其他相关部门和单位要积极支持，密切配合。

为进一步明确任务、落实责任，加强调度、强化监督，市政府督查室将按月督促检查，严格考核，确保2014年市办实事各项目标任务全面完成。

莱西市人民政府
关于贯彻实施《青岛市国有土地上房屋征收与补偿条例》
有关问题的通知

西政发〔2014〕32号
（2014年10月16日）

各镇政府、街道办事处，经济开发区管委会，市政府各部门，各直属企事业单位，双管单位：

根据《青岛市人民政府关于贯彻实施<青岛市国有土地上房屋征收与补偿条例>的通知》（青政发〔2013〕16号）精神，为进一步规范我市国有土地上房屋征收与补偿工作，维护公共利益，保障被征收人的合法权益，现结合我市实际，就贯彻实施《青岛市国有土地上房屋征收与补偿条例》（以下简称《条例》）有关问题通知如下：

一、明确职责，加强房屋征收与补偿管理

（一）市房产管理局作为市政府确定的房屋征收部门（加挂“莱西市房屋征收与补偿办公室”牌子）负责组织实施我市行政区域内国有土地上房屋征收与补偿工作，市房产管理局可以委托房屋征收实施单位承担房屋征收与补偿的具体工作。

（二）市发改、城建（规划）、国土、财政、工商、税务、城管、监察、审计、法制等有关部门应当依法做好房屋征收与补偿的相关工作。

（三）市房产管理局要加强对房屋征收实施单位的政策培训、业务指导和考核管理。

房屋征收评估机构、征收实施单位、行政机关或具有管理公共事务职能组织的人员，从事房屋征收工作时，须接受青岛市相关部门和市房产管理局的政策培训。

二、严格程序，规范房屋征收与补偿行为

（一）市房产管理局提出拟征收房屋范围，报市政府批准后公布。

在市政府拟征收房屋范围公布后，有关部门应当暂停办理《条例》第九条第一款规定的相关手续。

（二）市房产管理局组织对拟征收房屋范围内的房屋权属、用途、建筑面积以及租赁、抵押等情况的调查。调查结果应当在拟征收房屋范围内公布。

对拟征收房屋范围内未经登记和权属、用途不清的房屋，由市政府组织国土、房管、建设（规划）、监察、财政、审计等部门进行调查、认定和处理。

（三）市房产管理局根据《条例》和调查情况，拟订房屋征收补偿方案，报市政府。

（四）市政府组织市发改、城建（规划）、国土、房管、监察、财政、审计、法制等有关部门对房屋征收补偿方案进行论证，并按《条例》第十一条、第十二条、第十三条的规定征求公众意见。

（五）市政府在做出房屋征收决定前，组织相关部门按照有关规定对拟实施的房屋征收进行社会稳定风险评估，编制房屋征收社会稳定风险评估报告，经市政府研究通过后，由市房产管理局报青岛市房屋征收部门备案。

（六）在市政府做出房屋征收决定前，市财政局负责筹集用于房屋征收的货币补偿资金。补偿资金应当专户储存、专款专用。

（七）市政府做出房屋征收决定后及时发布征收公告。市房产管理局应当在现场公示征收工作流程、房屋征收部门和受委托的征收实施单位及其工作人员名单等，接受社会监督。

自房屋征收公告发布之日起，有关部门应当停止办理房屋征收范围内《条例》第九条第一款所列事项的手续。对违反规定办理相关手续的要依法撤销，房屋征收时不予补偿。

（八）市房产管理局与被征收人按《条例》和本通知第三条的规定，就补偿方式、补偿房屋的地点和面积以及交付期限、货币补偿金额以及支付期限、搬迁期限以及搬迁补助费、停产停业损失补偿金和临时过渡方式、过渡期限、临时过渡补助费等事项，订立补偿协议。

市房产管理局与被征收人在征收补偿方案确定的征收补偿协议签订期限内达不成补偿协议，或者被征收房屋产权不明确的，由市房产管理局按照征收补偿方案提出补偿意见，报请市政府做出补偿决定，并在房屋征收范围内予以公告。

市政府做出的补偿决定生效后被征收人拒不执行的，由市房产管理局准备相关文书、资料，经市政府同意后，以市政府名义申请法院强制执行。

（九）市房产管理局按照房屋征收补偿协议或者补偿决定，向被征收人支付补偿金等费用或者交付补偿房屋。

三、统一政策，明确标准，保障被征收人合法权益

（一）房屋补偿和货币补偿标准

1. 征收住宅房屋实行房屋补偿的，应补偿面积按照下列规定执行：

（1)按照被征收房屋合法建筑面积给予补偿。征收区域内被征收房屋总面积不足二十五平方米的，按照二十五平方米计算；

（2）增加十平方米住房改善面积；

（3）被征收房屋面积与住房改善面积之和不足四十五平方米的，按照四十五平方米补偿，差额部分按照征收区域新建商品住房市场价格的百分之五十支付房款；

（4）补偿房屋的公摊面积单独计入应补偿面积。

补偿房屋建筑面积与前述规定应补偿面积有差异的部分，按照补偿房屋的市场价格找补差价。

2. 征收住宅房屋实行货币补偿的，根据上述第1目第（1）（2）、（3）小项应补偿面积之和，按照征收区域新建商品住房市场价格结算货币补偿金。

3. 征收非住宅房屋实行房屋补偿的，应补偿面积按照被征收房屋合法建筑面积进行计算。

补偿房屋建筑面积与被征收房屋合法建筑面积有差异的部分，按照补偿房屋的市场价格找补差价。

4. 征收非住宅房屋实行货币补偿的，应当根据被征收房屋合法建筑面积，按照征收区域新建同类非住宅商品房市场价格结算货币补偿金。

5. 被征收人的土地权属面积大于房屋占地面积的部分，应当对多出部分的土地使用权价值，按照《城镇土地估价规程》，参照土地用途、使用年限、取得方式等因素，采用适宜的估价方法进行评估补偿。

6. 被征收房屋的用途，以房屋权属证书的记载为准。房屋权属证书与房地产登记簿的记载不一致的，除有证据证明房地产登记簿确有错误外，以房地产登记簿为准。

7. 被征收人选择货币补偿后重新购买住房的，享受相关税收优惠政策。房屋征收部门在征收补偿完成30日内，应当将房屋征收决定和征收补偿明细等信息资料报税务部门。

（二）房屋搬迁补助费和临时过渡费

1. 征收住宅房屋

（1）搬迁补助费：先搬迁后回迁的，按每户1000元计发；先建设后拆除的，按每户500元计发。

（2）临时过渡补助费：选择货币补偿的，对被征收人按照征收房屋合法建筑面积，每月每平方米10元标准，一次性计发10个月临时过渡补助费。

选择房屋补偿的，对被征收人按照征收房屋合法建筑面积和约定的过渡期限，每月每平方米10元标准，计发临时过渡补助费。超出协议约定期限，从逾期之月起按每月每平方米15元标准，计发临时过渡补助费。

房屋建筑面积与增加的10平方米住房改善面积之和不足45平方米的，其临时过渡费按45平方米计发。

2. 征收非住宅搬迁补助费，按被征收房屋合法建筑面积，每平方米35元计发。（三）征收本市国有土地上房屋停产停业损失补偿

1. 被征收房屋符合下列条件的，房屋征收部门应当给予停产停业损失补偿：

（1）房屋权属证书记载的房屋用途为商业、办公、工业等非住宅用途；按规定程序认定为非住宅的。

（2）具有合法的营业执照、税务登记证并在市政府发布房屋征收公告之前三年内有纳税记录。

（3）房屋权属证书、营业执照、税务登记证注明的营业地址相一致。

2. 非住宅的停产停业损失补偿标准：

选择货币补偿的，根据被征收房屋合法建筑面积，按照每月每平方米 30 元标准，一次性计发 10 个月的停产停业损失补偿费。

选择房屋补偿的，根据被征收房屋合法建筑面积和协议约定的期限，按每月每平方米 30 元标准，计发停产停业损失补偿费。超出协议约定期限，从逾期之月起按每月每平方米 45 元标准，计发停产停业损失补偿费。

3. 住宅房屋用于商业经营或其他非住宅用途的，按照住宅房屋进行安置补偿。但具备本项第 1 目第（2）、（3）小项条件的，房屋征收部门应当根据实际经营面积，按照每月每平方米 30 元标准给予停产停业损失补偿费，计发停产停业损失补偿费期间不再给予临时过渡费。其中对选择货币补偿方式的，一次性计发 10 个月的停产停业损失补偿费；对选择房屋补偿方式的，按照协议约定期限，计发停产停业损失补偿费。

（四）速迁奖励费

被征收人在规定的期限内签订《房屋征收安置补偿协议》的，每户最高奖励 5000 元；在规定的期限内未签订《房屋征收安置补偿协议》的，不予奖励。

被征收人在规定期限内搬迁腾房并取得《搬迁腾房验收合格单》的，每户奖励 5000 元；在规定的期限内未取得《搬迁腾房验收合格单》的，不予奖励。

四、认真调查，合理认定，做好未登记建筑和用途不清房屋的征收与补偿

（一）未登记建筑是指未取得合法产权证件的住宅房屋、非住宅房屋等建筑物及构筑物，用途不清房屋是指房地产权证或相关批准手续未载明用途的房屋。

（二）房屋征收实施单位或其他相关单位对征收范围内未登记建筑和用途不清房屋的权属、区位、用途、建筑面积、结构等情况进行调查，未登记建筑和用途不清房屋的产权人或使用人应当积极配合。

市政府组织国土、房管、建设（规划）、监察、财政、审计等部门进行认定并出具意见。

（三）未登记建筑符合下列情形之一的，由市房产管理局按照房屋征收补偿方案的有关规定予以补偿：

1. 在 1990 年 4 月 1 日《中华人民共和国城市规划法》施行以前建成，具备居住条件或使用功能，使用人能够提供有效的建设时间及所有权证明的未登记建筑，建筑面积以房地产测绘机构实测为准。

2. 已依法取得规划或施工建设相关手续并按规定建成的，其建筑面积以批准手续载明的建筑面积为准。如已建成的未登记建筑面积小于规划或施工建设批准手续载明面积的，以房地产测绘机构实测的建筑面积为准。

3. 已取得国有土地使用证、建设工程规划许可证和建筑工程施工许可证的在建工程并按规定建设的，其建筑面积以批准手续载明的建筑面积为准。如在建工程的建筑面积小于规划或施工建设批准手续载明面积的，以房地产测绘机构实测的建筑面积为准。

（四）未登记建筑的用途以批准载明的用途为准。建设手续不全或未载明用途的，以市政府相关部门出具的认定意见为准。

（五）未登记的阁楼、地下室或半地下室等附属物，按照市政府相关部门出具的认定意见，由房屋征收评估机构结合实际使用情况评估后予以补偿。

五、加强衔接，确保房屋征收与补偿平稳推进

（一）本通知施行前，市政府已经发布征收公告的项目，仍按公告的房屋征收补偿方案执行。

（二）本通知自发布之日起施行，有效期 3 年。2010 年 4 月 23 日市政府发布的《莱西市城市房屋拆迁费用标准和支付办法》（西政字〔2010〕2 号）同时废止。

莱西市人民政府
关于印发《莱西市地方志工作管理办法》的通知

西政发〔2014〕42 号
（2014 年 12 月 24 日）

各镇政府、街道办事处，经济开发区管委会，市政府各部门，各直属企事业单位，双管单位：

现将《莱西市地方志工作管理办法》印发给你们，望认真遵照执行。

第一章 总则

第一条 为规范和加强地方志的编纂、资料管理和开发利用工作，发挥地方志促进经济社会发展的作用，根据国务院《地方志工作条例》、《山东省地方史志工作条例》和《青岛市地方志工作规定》，结合本市实际，制定本办法。

第二条 本市行政区域内地方志的编纂、资料管理和开发利用工作，适用本办法。

第三条 本办法所称地方志，包括地方志书、地方综合年鉴、专业志书、专业年鉴和相关地情文献。

地方志书是指全面系统地记述本行政区域自然、政治、经济、文化、社会的历史与现状的资料性文献。包括市志、镇（街道）志、村（社区）志。

地方综合年鉴是指全面系统地记述本行政区域内自然、政治、经济、文化、社会等方面情况的年度资料性文献，包括市年鉴、镇（街道）年鉴。

专业志书是指以行政区域名称冠名，记述行业、部门以及某一专项事业或者事物，全面反映其历史与现状的资料性文献，包括行业志、部门志和专业志。

专业年鉴是指以行政区域名称冠名，记述行业、部门以及某一专项事业或事物，全面反映其年度情况的资料性文献，包括行业年鉴、部门年鉴和专业年鉴。

相关地情文献是指除地方志书、地方综合年鉴、专业志书、专业年鉴以外，系统记述本行政区域相关领域情况的资料性文献，包括机关、社会团体、企事业单位及村（社区）编纂的以行政区域冠名的地情类出版物。

第四条 市（镇）政府领导本行政区域地方志工作，健全地方志工作机构，明确工作人员，规范业务建设，保障工作条件，将地方志工作纳入本地经济和社会发展规划，所需经费列入本级财政预算。

第五条 市史志办公室主管本行政区域的地方志工作，履行下列职责：

（一）宣传、贯彻、执行有关地方志工作的法律、法规、规章和相关政策；

（二）拟定地方志工作规划和编纂方案，制定地方志工作制度和业务规范；

（三）组织、指导、督促、检查地方志工作；

（四）编纂、审查、验收、出版地方志书、地方综合年鉴，指导编纂专业志书、专业年鉴和相关地情文献；

（五）建立健全和实施地方志资料年报制度，征集、整理、保存地情文献和资料；

（六）全面加强信息化建设，不断完善地情网，推进地方志文献资源数字化，为社会读志用志提供服务；

（七）建设市方志馆，保存地方史志文献；

（八）整理校点旧志等古籍地情文献；

（九）开发利用地方志资源，开展地情研究和地方志学术研究，开展对外文化交流；

（十）培训地方志编纂人员；

（十一）完成市政府和上级地方志工作机构交办的其他任务。

第六条 市政府对地方志工作机构和地方志承编单位的工作定期进行督查并予以通报。

第七条 市政府对地方志工作中做出突出成绩

和贡献的单位、个人，按照规定给予表彰和奖励。

第二章 地方志编纂

第八条 市史志办根据上一级地方志编纂总体工作规划，制定我市地方志编纂规划，经市政府批准后实施，并报上一级地方志工作机构备案。

以市行政区域名称冠名的地方志书、地方综合年鉴的编纂工作，由市史志办按照地方志编纂规划组织编纂。

第九条 地方志书每20年左右编修一次；遇有区划调整等，应当从实际情况出发适时组织编纂。地方综合年鉴按年度编纂出版。专业志书、专业年鉴和相关地情文献由有关单位适时组织编纂。

每一轮地方志书编修工作完成后，市史志办在编纂地方综合年鉴、专业志、搜集资料、向社会提供咨询服务的同时，启动新一轮地方志书的编修工作。

第十条 本市各级机关、人民团体、企事业单位和其他社会组织，以及驻市机构（以下称承编单位），应当按照我市地方志工作规划和任务，明确本单位地方志编纂机构和人员，参与地方志编纂，并接受市史志办的业务指导和督促检查，按照规定的期限和质量标准完成任务。

第十一条 地方志编纂人员实行专兼职相结合。专职人员应当经过专业岗位培训，具备相应的专业知识和学术水平。应当吸收多个领域的专家、学者和熟悉地情、具有较高编纂水平的人员及志愿者参加地方志编纂，科研单位、高等院校和其他社会组织应当予以支持。

编纂地方志应当做到忠于史实、准确记述相关情况。任何单位和个人不得要求编纂人员在地方志等文献中做虚假记述。

第十二条 地方志应当做到存真求实、经世致用，具有独特的文化价值和恒久的使用价值。地方志的编纂和出版发行应当符合国家有关法律、法规和国家、省、青岛市地方志工作机构制定的质量标准及编纂规范。

地方志编纂工作涉及国家秘密、商业秘密和个人隐私的，应当遵守有关法律、法规的规定；涉及军事内容的，应当遵守中央军委关于军事志编纂的有关规定。

第十三条 地方志的编纂工作应严格按照程序开展，采取分级审查负责制。

（一）市级地方志书、地方综合年鉴由市史志办组织编纂，具体程序是：

1. 市史志办按照地方志编写年限要求，结合本市实际，对需开展的地方志编纂工作，制定出编纂规划，上报市政府批准。

2. 市史志工作机构制定详细的编纂方案，提交市地方志编纂委员会讨论审议后，报市政府同意下发全市，启动编纂工作。

3. 市史志工作机构负责组织编纂人员培训、业务开展、检查验收、出版发行等工作。

4. 承编单位按照分工组织编写并进行内部评审后，提交市史志办，市史志办组织总纂修改和专家评审，承编单位应当按照总纂修改、专家评审和终审意见，开展修改和校对工作，并对相关内容负责。

5. 市志编纂形成定稿后，由市史志办写出报告，报上级地方志工作机构审定，经市政府批准后出版，样书报省、市地方志工作机构备案。市史志办负责向青岛市和山东省史志办上报备案工作。

（二）镇（街道）志、村（社区）志、专业志、专业年鉴及相关地情文献在市史志办的指导下组织编纂。具体程序是：

1. 有关镇（街道）、部门（单位）、村（社区）成立组织，制定编纂方案，报市史志办审查备案。

2. 编纂方案确定后，承编单位要制定志书篇目，经动员部署、资料征集、稿件编纂、补充资料等环节，形成初稿，由该志编纂委员会审查后，形成评审稿。

3. 评审稿形成后，在市史志办指导下组织召开志稿评审会议，根据评审意见修改完善，形成送审稿。

4. 送审稿形成后，报市史志办终审，经批准后，按照有关规定印刷出版。

5. 有关镇（街道）、部门（单位）、村（社区）在志书出版后30日内，向市史志办送交志书50本，并报送志书电子文本。市史志办负责向青岛市和山东省史志办上报备案工作。

第十四条 地方志经审查验收合格后，进入出版程序。出版形式（公开出版发行或内部准印发行）由编纂单位决定。

以行政区域名称冠名的地方志书、地方综合年鉴、专业志书、专业年鉴在版式开本、装帧式样上应统一设计风格，文字通栏横排。书名采用印刷体，不用个人题签。

第十五条 以本市行政区域名称冠名的地方志书、地方综合年鉴、专业志书、专业年鉴为职务作品，其著作权依法由组织编纂的地方志工作机构享有，参与编纂的人员享有署名权。

地方志成果可以依据有关规定参加国家、省和市优秀社会科学成果或者相关成果评奖。

第三章 地方志资料管理

第十六条 市史志办可以依法向各级机关、社会团体、企事业单位和其他组织以及个人征集文字、图表、照片、音像、电子文本、实物等各种地方志资料，有关单位和个人有提供资料的责任和义务。涉及国家秘密、商业秘密和个人隐私的，按照国家有关规定办理。

本市行政区域内的档案馆、公共图书馆、博物馆等相关单位应当免费为地方志编纂工作提供资料或者查询服务。地方志出版后应当向提供资料的档案馆、公共图书馆、博物馆无偿提供馆藏书。

第十七条 市政府应当建立本行政区域地方志资料年报制度。市史志办负责确定本地区地方志资料年报承报单位，并根据地方志资料年报工作需要进行调整。

第十八条 地方志资料年报承报单位应当按照规定组织开展地方志资料年报编写工作，于每年6月底前完成上年度地方志资料年报编写任务，并报市史志办验收。

地方综合年鉴资料承报单位应当按要求及时完成上年度年鉴资料编写任务，并报市史志办验收。

承报单位须按照规定报送地方志资料和年鉴资料，并对所提供资料的真实性与准确性负责。

地方志资料年报和地方综合年鉴资料承报单位向相关单位和个人征集地方志资料，有关单位和个人应当提供支持。

第十九条 地方志编纂过程中收集到的文字资料、图表、照片、音像、电子文本、实物等以及形成的地方志文稿，由承编单位集中统一管理，妥善保存，不得损毁；修志工作完成后，应当依法移交方志馆保存或者档案馆管理保存，个人不得据为已有或者出租、出让、转借。

第四章 地方志开发利用

第二十条 加强地方志工作信息化建设，并将其纳入我市信息化发展规划。

市史志办应当健全完善市情网，及时、准确、完整地录入和更新资料，拓展宣传渠道和方式，加强与其他网站的合作，实现地方志资源共享，为社会提供咨询和信息服务。

第二十一条 市史志办应当建立方志馆，用于地方志的保存和地情知识的普及、教育、展示，并免费向公众开放。

方志馆应当加强业务管理，强化公共服务，积极开展学术研究和国内外文化交流。

地方志承编单位撤销或者合并的，应当依法将所存地方志资料及时移送方志馆保存。

鼓励单位和个人向方志馆捐赠地方志文献资料和纪念性实物，方志馆应当向捐赠者颁发收藏纪念证书，对具有一定收藏价值的给予馆存资料的优先使用权。

第二十二条 市史志办应为区域经济社会的全面发展服务。通过地情调查、地情研究、地情咨询、地情教育等方式，拓展地方志文化服务渠道。加强地方志文化宣传，及时公布地方志书出版信息，并通过媒体向社会推介。

第五章 法律责任

第二十三条 违反本办法规定，有下列行为之一的，由市史志办提请本级人民政府责令其停止违法行为并限期改正；逾期不改正的，视情节依法追究有关单位和个人的责任：

（一）擅自编纂出版以市行政区域名称冠名的

地方志书、地方综合年鉴的；

（二）未经审查、验收、批准，将地方志稿擅自交付出版的；

（三）对已经审查批准的地方志稿擅自进行较大改动的；

（四）拒绝承担或者无故拖延地方志编纂任务、地方志资料年报任务的；

（五）拒绝向市史志办备案或者报送样书和电子文本的；

（六）提供虚假地方志资料，故意损毁地方志资料或将其据为已有的；

（七）未妥善保管地方志资料或者未按规定报送的；

（八）将收集到的地方志资料和编写的地方志稿据为已有的。

有前款第（一）项行为，造成重大损失或者恶劣影响的，地方志工作机构或者持有单位和相关部门可以依法向人民法院提起诉讼。

第二十四条 地方志书经审查验收出版后，存在违反宪法、法律、法规规定内容的，由同级或者上级人民政府责令采取相应措施予以纠正，并视情节追究有关单位和个人的责任。

第六章 附则

第二十五条 本办法自发布之日起施行，有效期5年

2014年重要报刊文章选萃

转作风转出莱西效率

吕树明

◆过去20天办结的项目仅需两个工作日

◆新开工过亿元项目28个，铆足后发优势

9月29日，记者来到位于莱西市姜山工业园的青岛华通集团中德绿色铸造示范产业园，只见高大的钢结构厂房连成一片，正进行着紧锣密鼓的最后收工。据了解，这个引进了德国顶尖技术的高端制造业项目，将建成全球唯一集铸造技术研究、电子商务中心、数字化示范工厂和高端装备制造于一体的专业化铸造示范产业园，人均年产值将达百万元以上。

这样一个“高大上”项目，此前遇到多地“争抢”，最终却选定莱西。谈及原因，负责项目建设的华通集团机械总公司办公室副主任马占新感慨：“是‘莱西效率’打动了我们。铸造核心是解决供电、供气难题，我们提出困难，就得到了意想不到的快速解决：前一天市委书记刘圣珍带队现场办公，第二天分管市长召集各部门拿出落实意见，第三天镇上就开始行动了。本来可能要经过几个月的努力，莱西几天就解决了。”

这种雷厉风行的工作节奏，是莱西在群众路线教育实践活动中显现出的新面貌。活动中，莱西将“勇作为、敢担当、抓落实”作为活动的核心和落脚点，努力在全市形成立说立行、即知即改的工作作风。

这在用人机制上体现得最为明显:8月份的全市干部调整，结果一出全市轰动：得到重用的9名干部，齐刷刷来自科学发展综合考核排名靠前或进位明显的一线单位，而按照以往的“惯例”，中间大多数干部都还需要几年的“蹲苗”。特别是48岁的原店埠镇人大主席鞠丕良，按“惯例”已过了年纪，然而由于工作业绩突出，仍被调到了沽河街道办事处主任这个更重要的岗位上。

“搞群众路线教育、转变作风不能只喊在嘴上，最关键要体现到行动上，落实在成效上。我们就要

在全市形成一个共识：不唯资历，不唯年龄，就唯一个实干，这样才能让全体干部真正‘动起来’。”刘圣珍说。

事实也的确如此：沽河街道总投资4.5亿元的德州扒鸡项目、莱西二中等三大工程的清障工作，是久拖不决的老大难问题，1年多不见起色。8月调班子后，新上任书记率领20多个机关干部，没白没黑地到群众家中做工作，结果只用10天，三大工程全部具备了动工条件。

“天天都得想工作、干工作，只要一天完不成当天的工作，不用领导说，自己就坐不住了，一点儿等不得。”沽河街道投资服务中心的一位工作人员这样告诉记者。的确，当前莱西处处都能感受到心思用在发展上、力气使在落实上带来的“莱西效率”。市商务局相关人员介绍：全市项目建设，其实近些年来已一再提速。今年在群众路线教育活动中，提速更达到了极限：重点项目原来一般需要20天办结企业注册登记、税务登记、机构代码、刻章等手续，而如今像青岛东庄头国际贸易交易管理公司这样的重点项目，只需要两个工作日！

勇作为、抓落实的作风，让越来越多的项目倾心莱西，也让越来越多的民生事业加快了“变现”。群众路线教育实践活动开展以来，成为莱西历史上发展最好最快的时期之一：

从经济发展看，合联姜山新型产业城、梦想望城综合开发、北汽新能源汽车等投资总额大、技术含量高、带动能力强的大项目先后落户，目前全市拥有过亿元新开工项目28个，新竣工项目9个，两项数量均列青岛10区市第5位，这对一直处于青岛后发区域的莱西，实为难能可贵。

民生事业迅速提高。上半年全市民生支出16.8亿元，占地方财政支出达60%。以社会保障体系建设为例：农村最低生活保障标准提高到每人每年4200元，城镇居民最低生活保障标准提高到540元，农村五保对象集中供养标准提高到每人每年8760元，分散供养标准提高到每人每年4380元。同时，向2216户贫困家庭发放救助金360.4万元，为全市1099名80周岁以上低保老年人发放了89.9万元的高龄津贴……真金白银的惠民举措，在群众中引起热烈反响。

（原载《大众日报》2014年10月5日头版头条）

一封感谢信的容量

——莱西民生事业发展见闻

王 凯 吕文波

“水集街道社区服务中心为我们百姓提供了行政需求一条龙服务，我们觉得真方便，太好了”“社区服务中心免费开放，真好，是我们休闲娱乐活动的理想场所”……这是一封寄往莱西市政府的感谢信，署名“北京路社区一居民”，信里表达了社区服务、城市环境、文化娱乐给市民带来的幸福感。可能是词汇不多可能是心情激动，信中最多的语句就是“太好了”和“真好”，但是信中讲到的亲身体验情真意切。

感谢信林林总总讲了许多，但归结起来就两个字：民生。民生之重重于山、之细细如发、之高高于天，一座城市只有把民生工程做好做实，才能让百姓发出“真好”的感叹。莱西近几年不断加大民生投入，给莱西市民带来了“城里人那样的生活”。

社区中心＋志愿服务

信中所说的水集街道办事处社区服务中心，位于莱西市天津中路，是一座五层建筑。“水集街道辖19个社区居委会，人口有12.6万，怎么让居民感受到多元、便利的服务是个难题，也是我们建社区服务中心的初衷。”水集街道副主任臧田华介绍，服务中心投资2000万元，面积5000多平方米，功能设施齐全，基本上满足了居民“小事不出社区”

的需求。

中心在一楼设立了办事大厅和服务中心，将30多个职能部门整合为十六个窗口服务区和八个办公室，实行一站式服务。方便居民办事只是一小部分职能，社区服务中心的大头是免费提供各种文化娱乐活动。中心二楼到五楼设置了图书室、社区大讲堂、老年大学、青少年天地、乒乓球室、健身房等18个便民功能区和社会服务区，所有区域均向居民免费开放。

吴晋青是青海西宁人，不久前才到莱西定居，退休无事的他在服务中心焕发了第二春。吴晋青喜欢健身，60岁了依然一身腱子肉，现在是中心健身房教练，每天带着一帮居民锻炼身体。健身房设施齐全，有十几种专业健身器材，是社区花了十多万买来的。老吴则是个不拿工资的志愿者，除了当教练还兼职干营养师，叫大家伙儿合理饮食。“咱们这儿的社区真是服务周到，我来莱西是来对了。咱不能光拿好处不出力啊，干这差事也算我做的一点贡献。”老吴说。

像老吴这样的志愿者在水集街道还有很多。服务中心五层楼这么大，却只有7名工作人员，各类专业的志愿者维持了中心的正常运转。据介绍，水集街道大力发展社区志愿服务，目前已有志愿者队伍120支，登记在册的志愿者1500人，这些志愿者同街道一起，为居民的生活提供了保障和便利。

“看不见”的“背街小巷”

“以前地上坑坑洼洼，楼都不敢下，生怕绊倒，下雨天更是没法走。现在路修好了，我天天都下来溜达。”旧街小巷整修如新，83岁的刘香兰婆婆乐地合不拢嘴。莱西城市建设把劲儿使在暗处，近年实施的“背街小巷”工程让老城区疏通了脉络。

荷塘西街小区、琴岛路小区位于莱西老城，路面年久失修多有破损，一到雨天就泥泞不堪。这些小巷旧街处在居民区内，一般人根本不会注意，小区内的居民却是苦不堪言。“背街小巷”工程实施后，莱西房管局投资580多万元，对两小区楼前楼后路面、排污排水管道、供水管道等基础设施进行了彻底的整治和改造，百姓得到了实实在在的好处。“以前我们这的水管都生锈了，喝的水不干净。现在喝的水都比以前甜。”一位居民高兴地说。相比一些华而不实的“面子工程”，这些“背街小巷”的民生意味十足。

“以后每年都会有‘背街小巷’的整治，每年两三个区块。”莱西房管局物业科长曲东伟介绍，今年将对荷塘小区、月湖小学北小区进行整治改造。这片区域紧挨着学校，附近还有一个农贸市场，每天都是车水马龙，交通压力很大。整治完成后不只居民生活环境能改善，修好的道路还能起到交通调流的作用。

据了解，目前老城区“五纵五横”10条街道已经改造完成，莱西还将用三年时间完成35个城中村改造。“看着这钱花得很冤枉，什么也没见着，但老百姓很支持，这是最大的肯定。”曲东伟说。

体育竞赛天天“主场”

目前莱西没有大型体育场馆，赛事活动总是举办地略显局促，市民活动也没有一块高标准的场地。随着世界休闲体育大会体育场馆的建设，这种局面很快就将一去不返。足球、篮球、攀岩、射击等各项体育活动，都将在此拥有专业的场地，市民可以自由地锻炼。

体育场是一个拥有两侧弧形看台的开放式场馆，占地约12000平方米，能够容纳观众一万人；圆柱形的体育馆略小，面积8000平方米左右，可容纳4000名观众，目前工程正在紧张施工。莱西城建局工作人员李林清介绍，体育场馆主体工程几个月内就将完成。一切建造完毕后，世界休闲体育大会明年的开闭幕式将在这里举办。

虽然场馆仍在施工，但已经有好奇的市民过来打听，问什么时候才能使用。市民李先生对此充满期待：“我喜欢踢足球，以前老是找不到好场地，有时候都跑到青岛去踢。这下好了，我跟球友有地方玩了。”“休闲体育大会的主办方都说了，大会就是让百姓一块乐和乐和。这里建成后是莱西的体育中心，也是市民休闲乐呵的地方。”李林清说，场馆建设是“以权谋公”的大好事，举办赛事只是场馆最初的用途，主要还是供市民休闲娱乐使用。

不只是体育场馆，莱西市借力休闲体育大会举办权，大会休闲体育公园、运动员村、市文化中心等工程正在如火如荼建设中。这些场馆和设施，都将成为市民休闲活动的场所。

（原载2014年5月3日《青岛日报》头版头条）

世界休闲体育大会缘何落户莱西

赵　涛　赵玉江

青荣城际铁路及其他重大交通基础设施项目将给莱西市带来什么？其意义绝不仅仅是方便“出行”，它能迅速汇聚大量的人流、物流、财流，激发与此相对应的更多深层的发展要素，从而对莱西的休闲旅游、交通运输、餐饮住宿、娱乐商贸、文化交流和城市发展产生更为深远的影响。

2012年10月，在世界休闲组织第十二届世界休闲大会上，世界休闲组织宣布青岛获得2015年第二届世界休闲体育大会举办权，而所有的赛事项目将由莱西市承办。

莱西，一座胶东内陆县级城市，何以能够承办世界级赛事？世界休闲组织前主席德雷克·卡塞一语道出关键：“莱西有幸成为第二届世界休闲体育大会承办地，是其优越的交通区位优势，以及丰富的休闲旅游资源，特别是水资源吸引了世界休闲组织。”

莱西地处胶东半岛中心，是青岛、烟台、威海三个城市综合发展带上的重要节点城，距青岛港80公里，青岛国际机场60公里，境内沈海高速、204国道纵贯南北，潍莱高速、济烟铁路、潍石公路横穿东西，另有两条国家级公路、五条省级公路交会，系胶东半岛的重要交通枢纽，“胶东通衢”名副其实。

2014年，“大交通”成为莱西最大的亮点。途经莱西的青荣城际铁路将于今年年底前开通济南、烟台、威海、荣成方向。青荣城际铁路建成后，烟台与青岛、威海之间将真正实现1小时半岛生活圈，缩短莱西市与青烟威三市的时空距离，进一步提升莱西市在山东半岛综合交通体系的地位，极大改善莱西市区域交通条件，满足旅客运输需求，推进城镇化和经济一体化进程，促进地区经济社会协调发展。更有济青高铁潍坊莱西支线（潍莱高铁）开工日期已定，届时莱西至潍坊缩短为20分钟、至济南缩短为1小时，莱西大交通真正进入“高速时代”，为莱西谋求打造胶东半岛城市陆路枢纽，建设半岛地区物流中心提供了广阔的发展空间。

高速、轻轨将给莱西带来什么？莱西市市长纪家栋认为：其意义绝不仅仅是方便“出行”，它能迅速汇聚大量的人流、物流、财流，激发与此相对应的更多深层的发展要素，从而对莱西的休闲旅游、交通运输、餐饮住宿、娱乐商贸、文化交流和城市发展产生更为深远的影响。

莱西不仅有路通八达之大观，更有山清水秀之美景，旅游资源丰富。境内有大沽河、小沽河、洙河等河流，更有总面积56平方公里、总库容4.02亿立方米的胶东半岛最大的水库——莱西湖和占地两万亩的胶东半岛最大的内陆湿地——姜山湿地，“水”优势在青岛各区市首屈一指。

“青山凝神韵，绿水秀莱西。”良好的生态环境造就了灵秀的莱西小城，城市绿化覆盖面积1586公顷，园林绿地面积1316公顷，绿化覆盖率45.46%，绿地率39.89%，人均公共绿地面积14.56平方米。而生态立市一直是莱西坚持不变的发展特色。为此，莱西严格控制污染项目落地，拒批可能对水源地造成污染的项目30多个，投资8600余万元实施了一系列保护性开发工程。

今年5月，青岛大沽河堤顶路全线贯通，这条纵贯莱西南北的“生态绿轴”，成为“水清、岸绿、景美”的宜居、宜游生态“景观轴”。大沽河两岸堤坝建成4米宽的自行车道，将成为2015年世界休闲体育大会自行车等相关项目的举办场所，古老的大沽河再一次向世界张开了欢迎的双臂。目前，世界休闲体育大会的各项筹备工作正在有序进行，体育场馆、运动员村主体完工，主媒体中心改造设计完成，江山湿地钓鱼场地建设已经完工，赛马、极限运动场地目前正在进行方案设计，大沽河休闲体育公园已于今年上半年开工，其他各赛场也在做开工前准备工作。

（原载2014年9月12日《大众日报》）

莱西果蔬企业抱团“进军”俄罗斯

吕文波

“来看看啊，我的苹果好，是出口俄罗斯的。”在莱西水沟头农贸市场内，卖水果的小贩李荣正卖力吆喝着，吸引了不少人的注意。记者从莱西市商务局了解到，李荣的吆喝还真不掺假，今年莱西出口俄罗斯的瓜果蔬菜确实有不小的增量，不少农户的产品打入了俄罗斯市场。

“莱西出口俄罗斯的主要是速冻菜、花生等农产品，今年出口额预计可达4500万美元，比2013年增加800万美元，增长趋势很明显。”据莱西市商务局负责人介绍，当地已经看到了俄罗斯市场的巨大潜力，越来越多的人开始奔赴俄罗斯闯市场。

“以前咱们出口俄罗斯的农副产品很少，现在正是合适的机会。”青岛富洲源食品有限公司董事长周文俊告诉记者，“俄罗斯以前主要是从欧洲进口农副产品，欧美国家对俄罗斯进行制裁以后，俄罗斯禁止进口欧洲的水果和蔬菜，我们的产品正好可以满足俄罗斯市场需求。”两个月以前，周文俊牵头成立了莱西市工商联果蔬保鲜加工业商会，“目的就是要联手一起赚外国人的钱。在欧美市场不好、出口减量的情况下，积极开拓新的市场很有必要。”周文俊直言不讳地说。目前这个协会已经有36家企业加入，而他们下一阶段要开拓的市场，正是俄罗斯。

莱西市工商联果蔬保鲜加工业商会成立不久就做出了一项重大计划：在俄罗斯成立贸易公司。“我们要在俄罗斯建一个贸易公司，然后配套建一个5000吨的冷藏库。”周文俊说，公司和仓库建成以后，莱西的产品就可以直接发到当地的公司，在俄罗斯分散出售。俄罗斯对青豆、甜玉米、花菜等半成品蔬菜的需求量很大，商会将来出口的果蔬以速冻菜和水果为主。

“直接在俄成立公司有好处：一是减少了中间环节，企业的利润率更高；二是从市场上得到的反馈更加及时，能迅速知道当地市场的需求”。周文俊介绍说，根据他掌握的数字，莱西每年出口果品蔬菜大概是2亿多美元，主要出口东南亚等国家。相比今年东南亚市场不景气，企业对俄罗斯的出口都有不同程度的增加。商会里有蔬菜果品行业储存保鲜的大户，有规模种植的大基地，只要有订单，产供销一条龙很快就能成气候。

“开拓市场不是件容易事，政府部门服务也要跟上，甚至还要‘打前站’。已经基本确定，莱西明年会到莫斯科办两个农副产品展会，第一次在明年2月份，过完春节以后。”莱西市商务局负责人透露，目前已经有3家速冻菜企业、2家保鲜菜企业、1家猪肉企业等十几家企业有参展意向，莱西果蔬将借助展会在俄罗斯开辟市场。除了筹备展会以外，莱西市商务局还组织了相应培训班，给相关企业讲解出口俄罗斯的注意事项，并通过网站、短信平台等向企业发布俄罗斯的最新市场信息。同时，青岛海关也实行了一系列支持措施，并协调有关口岸，优化通关作业，提高通关效率，加快青岛农副产品出口俄罗斯步伐。

据莱西商务局预测，通过推介产品和开拓市场，明年莱西对俄罗斯的出口额有望达到9000万美元甚至更多，比今年翻一番。

（原载2014年12月3日《农村大众》A3版头题）

用心温暖父老乡亲

朱 楠 展浩民

他下葬那天，2000多名群众自发赶来为他送行；之后两个月，村民们主动停止了一切娱乐活动。

邻村的一位村干部这么评价他："这世上若有完人，他算一个。"

他就是大河头村去世不久的前任党支部书记耿式资。

"就是豁上命，也得让老百姓好"

大河头村地处三县交界，过去是出了名的脏乱穷村，连一条像样的土路都没有。一次有人来村里收麦秸，恰逢雨季，车陷在泥浆里动弹不得。"从今以后再也不来这个破村了！"一句话，使耿式资思绪良多。"以后你忙咱家里，我忙咱村里，就是豁上命，也得让老百姓好。"1992年耿式资当选村支书后对妻子说。

要想富先修路。耿式资和村干部、党员带头义务劳动，从村外拉回碎石、沙土垫平道路，填平污水坑，陆续修整出纵横十一条街道。后来又逐步实现了道路硬化、绿化和亮化，建垃圾清运点，甚至还铺设了雨污分流的下水管道，建成了村里自己的污水处理厂。

一边改善环境，耿式资一边琢磨怎么发展经济。看到种大棚蔬菜赚钱，他就动员村民建蔬果大棚。"开始没销路，他亲自找车，带我去寿光推销。"果蔬种植户孙云义对创业之初记忆犹新，"黄瓜卖了个猪肉价，村民种大棚蔬菜的积极性就起来了。"

经济发展带动了村民收入的提高，1992年全村年人均纯收入只有几百元，2012年跃增到1.68万元。

走群众路线，就是入民群、纳民智、听民言

如何让普遍受教育程度不高的村民"知礼节"，耿式资琢磨出不少好办法。新任村支书耿守基介绍说："我们老支书提议成立了道德评议会。谁家不孝顺老人、谁家乱倒垃圾等，这些事都拿到会上让干部、村民代表评议，评议结果张榜公布。村民都是本乡本土，谁不爱面子？因此不文明、不道德的现象一下子就少了。"

耿式资说过，走群众路线就是入民群、纳民智、听民言。大河头村建立了三种民主决策形式：像宅基地和生育指标审批等大事实行集中决策，由村干部和村民代表组成的56人联席会议投票，一人一票，谁也无特权；村里待办事项实行入户决策，把需要办的事印成"明白纸"发放到户，由全体村民投票；再就是协商决策，建立村"两委"成员联系村民代表、村民代表联系农户的"双联"制度，做到决策从群众中来，再到群众中去。

如今的大河头村，已经是国家级"民主管理先进村"、省级"卫生村庄"、市级"美在家庭"道德示范点……耿式资个人也被评为山东省模范村委主任、青岛市优秀共产党员和莱西市十佳公仆。他把个人获得的奖金，都分给了其他村干部、幼儿园和孤寡老人，没往家拿回一分钱。

"我爸是个工作狂"

记者走进耿式资的家，普普通通四间瓦房。耿式资的小女儿耿建秀说："我爸是个工作狂，手机24小时开机，家里啥活都是我妈干。他甚至记不住我年龄，家里来客人问我多大了，他就过来问我'闺女你多大了？'"

耿建秀给我们拿出了耿式资生前的工作日志，最后一页定格在2013年4月19日，标题是：村北建桥工作和五保户房出售。4月上旬，耿式资查出肝癌晚期。4月20日，耿式资递交辞职报告。7月20日，耿式资去世，时年59岁。

耿式资真的是一个没有缺点的"完人"吗？记者向他身边的人求证。

耿守基想了想说："老支书原来脾气挺暴，走上领导岗位后才慢慢改变的。"

金大制革的社长、韩国人金长寿说：“在韩国、在中国，都没有遇到比耿书记更好的人了，他无私地帮我创业，我这辈子都是大河头村村民。”

2013年7月31日，耿式资资助过的病友从安徽老家寄来一封感谢信，信中说：“耿式资一生用一颗滚烫的心温暖着父老乡亲。”

（原载2014年1月9日《光明日报》）

近水楼台的莱西机遇

赵涛

大沽河发源于烟台市招远阜山，流经莱西、平度、即墨、胶州、城阳五个市区，是胶东半岛最大的河流，两岸土地肥沃哺育了岛城儿女，是名副其实的青岛母亲河。

大沽河流经莱西74.4公里，占全长的41.2%，有小沽河、洙大小60多条支流直接或间接汇入大沽河的主河道，统称为沽河水系。莱西集大沽河之精华，广吸博纳形成了“齐风鲁韵、兼容并包”的沽河文化特色。

史志记载，莱西市大部分村庄均依水而建，市驻地水集，临水建城，因集（市）而发展故名水集。这里水丰物茂，素为胶东半岛富庶之地，有“千年大沽河，膏腴桃花乡”之美誉。沽水成为莱西文化源远流长的灵魂，集中反映莱西最本质的、最深层次的特色和品位，其内涵丰富、根基深厚、影响广远。

大沽河的精髓在于农业产业化

莱西位于大沽河中上游黄金河段，水丰土沃，光照气候适宜，是发展高效种植业的优良地带。2012年2月，莱西市被国家农业部列为国家现代农业示范区。按照国家农业部要求聘请中国农科院资源与区划研究所对现代农业示范区建设进行了规划，按照国家现代农业示范区规划，我市拟重点建设“一条现代农业聚集带、一个核心示范园、三个优势产业规模种植区、九处特色农业镇、二十处标准化基地”。南部以店埠镇、孙受镇为龙头的优质蔬菜产业带，年蔬菜种植面积达53万亩。

“山后”韭菜产地位于大沽河畔，土质水质优良，韭菜品种纯正，植株粗壮，叶片肥厚，味道鲜美，营养丰富，是当地传统名牌产品，供不应求。青岛杰丰有机农业发展有限公司坚持以品质铸就品牌的宗旨，实行“公司+合作社+基地+农户”的运营模式，走高端、精品农业发展路子，建立了青岛市第一家有机韭菜基地。目前，由“山后”翡翠韭菜衍生的总占地1000余亩的“山后人家·有机农庄”初具规模，已发展有机韭菜基地200亩，辐射带动周边村庄种植韭菜5000亩，是青岛市面积最大的韭菜专业生产基地。目前，“山后”韭菜已通过了中国有机转换产品认证，并获得“2011年青岛市食品安全诚信品牌”、“山东省消费者安全放心健康品牌”等荣誉称号。

北部以马连庄镇为龙头的甜瓜、苹果产业带，果园面积稳定在20万亩，总产21.5万吨。从而形成了莱西“南菜北果”农业大格局，并培育了牛奶加工、蔬菜加工贮销等六大农业产业链条。“马连庄”甜瓜产区位于大沽河畔，土质、水质优良，加之采用良种良法，产品瓜形端正，瓜皮晶莹剔透，瓜肉香、脆、甜，口味独特，营养丰富，深受消费者青睐。产品远销北京、天津、大连等全国20多个大中城市。马连庄甜瓜专业合作社成立于2009年7月，主要从事“马连庄”甜瓜的生产和销售。合作社成立以来，先后申请注册了“马连庄”牌甜瓜商标、通过了青岛市无公害农产品产地认定、国家农业部农产品地理标志认证和无公害农产品认证。2010年获青岛市名特优农产品品牌，2012年获得山东省级名优特产王。

城水相依的城市定位展现水乡风采

莱西城区东、南、西三面为大沽河和洙河环抱，城区内七星河、沙岭河、炉上河、长广河等河流纵横交错，有着极其丰富地城市水系资源。为充分挖掘城市水系优势，提升城市品位，彰显水城特色，莱西市按照“湖河相连、水水相通、城水相依”的思路，对城区水系进行了科学规划和系统改造。利用人工方法，在城区北部沿804线将大沽河与洙河贯通。在城区中部利用上海路防洪沟拓宽改造，又将两河东西贯通。新建开放式建设流动水系明沟数条，使城区内炉上河、沙岭河南段、草泊沟、北马河、长广河等支流与环城水系连成一体，实现城区内主要河段全部贯通，集中展现湖城水乡之特色。

莱西有“中国十大宜居城市”之称号，在人居建筑上突出“真山真水融入城，生态园林嵌入城”的水系特色，注重水、居和谐。城市主要小区或围湖河依水而建，或筑渠引水，挖土成湖，与湖、河相连，体现湖城水乡建筑风格。近年来，天同太阳城、碧桂园等一批新农村建设与城市社区的高标准建设，使莱西这座具有郊区风情、园林风韵、生态风貌、现代化风格的水乡小城，散发迷人魅力。

旅游业发展与生态保护相得益彰

莱西市旅游业的快速崛起得益于水城文化，绿城水乡建设为打造半岛休闲度假中心、餐饮娱乐中心提供了有力地支撑点。在“亲水特色、乡村休闲、郊区度假”目标指导下，培育起特色鲜明的“两日游”精品线路。以世界休闲体育大会为契机，培育特色节会活动，世界休闲体育钓鱼拉力赛，木偶、泥塑、工艺葫芦、莱西剪纸、布艺等民间艺术展览，世界棋坛最大的国际象棋联赛等活动异彩纷呈。策划组织莱西山后韭菜节、莱西湖捕鱼节、莱西自行车骑行休闲节及十大休闲田园游节庆活动，形成专项旅游产品。完善提升服务设施，丰富休闲体育内涵，培育新的旅游消费点，“半岛淡水垂钓基地”、“自行车运动休闲基地”等一大批休闲体育旅游精品呼之欲出。

每到周末，莱西湖南来北往的游客络绎不绝。“每到节假日，我家的12间客房被全部订满。”日庄镇大埠荫村的村民刘玉宝聊起黄金周的收入，笑意盈盈。不仅仅是刘玉宝，整个环湖村的乡村农家宴春节期间都全部爆满。刘玉宝告诉记者，借助带动，近几年不少游客前来西湖游玩，深深爱上淳朴的田园乡村，“春节那几天总碰到游客问我村里还有没有房住，有的甚至想在这里买地盖房，以便空闲的时候来这里住上一段时间度度假。”为开发打造新产品，莱西出台了《中共莱西市委 莱西市人民政府政府关于开展“休闲田园游”示范点创建活动的实施意见》，力争利用2年左右时间，培育建成20个“休闲田园游”精品特色农业园和20个省三星级以上农家乐示范点，打造4条乡村旅游精品线路，组织举办十大“休闲田园游”节庆活动。抓好青岛市级乡村旅游特色村（点）、省级农业旅游示范点、省级精品采摘园等的评定，结合大沽河综合治理、洙河改造契机，适时推出湖河相连的水上旅游线路，打造一日游、二日游精品旅游线路。

（原载2014年4月8日《青岛日报》）

夜里拉家常问出真难题

——莱西夏格庄推出“驻村蹲点夜访”制度

王 凯 王志强

“晚上再也不用摸黑出门了，镇领导来俺村夜访，两天就安装好了26盏路灯，解决了村北片区没有路灯的问题。”莱西市夏格庄镇夏六村村民刘在君兴奋地对记者说。夏六村路灯安装本已纳入当年工作计划，由于村级组织不稳定，问题一直拖到现在，刘在君说的“驻村蹲点夜访”制度快速解决了这个难题。

村民白天忙地里的活，有什么想法和意见很少跑到政府去反映，晚上干部也都下班了，办事根本见不到人，干部走访与群众农业生产时间错位的问题在农村很常见。针对这个问题，结合教育实践活动的开展，夏格庄镇在全镇7个薄弱村庄推行了机关干部“驻村蹲点夜访”制度，面对面地倾听民意解决问题。

驻村蹲点夜访制度提出了“每周一访、每访一记、每事一复、每周一结”的工作要求，要求做到每周拿出一晚上时间，6点到9点进村入户走访。通过夜访，详细了解所驻村及走访农户的基本情况、经济状况和存在困难，并填写《民情日记》工作日记簿，记录夜访时间、对象以及相关问题的处理意见和建议，建立民情档案。对群众反映的符合政策法规的问题，及时答复，对需要进一步研究解决的，在7天内告知处理意见，以保证群众反映的问题件件有落实、事事有回音。

该镇索兰村78岁的五保户孙福宾拉着记者说：“多亏了镇村干部帮忙，我不用为养老发愁了。”原来，今年镇干部在夜访索兰村时，老人提出希望到镇敬老院去养老。第二天，夜访干部便进行了对接，让老人住进了敬老院。

“驻村蹲点夜访”活动开展以来，夏格庄镇驻村干部共走访干部群众200多人次，听取建议30多条，为群众解决实际困难30多件，化解矛盾纠纷10多起。

（原载2014年6月20日《青岛日报》）

治霾“利器”莱西造

吕文波 王宏坤

时下，雾霾、PM2.5成为热词，而随着盛夏气温不断升高，空气污染问题越来越容易为市民觉察到并成为关注的焦点。为有效改善大气环境质量，2014年莱西市对13个单位的33个项目纳入污染治理计划，年底所有项目将全部完工。而有效保证室内空气环境质量的系列产品，也有一家落户莱西的企业研发成功并隆重上市。

引发空气污染，燃煤、尾气是主因

“一遇到有风的天气，就会飘出一股刺鼻的气味儿。”“如果常年闻有味儿气体对人体健康有没有害处？”近日，莱西市环保部门不断接到市民的热线电话，求助解决。“在莱西市大气污染的主要构成因素中，燃煤污染和机动车排放的尾气是主要元凶。”5月28日，莱西市环保局副局长吕新伟向记者介绍说。

据吕新伟介绍，燃煤污染是影响大气环境质量的首要因素。莱西市的能源结构以燃煤为主，据统计，莱西市城区重点燃煤企业年用煤量达42万吨，大约可产生二氧化硫4000吨，氮氧化物5000吨，一氧化碳2万吨。燃煤产生的煤烟尘以及二氧化硫、氮氧化物，是转化构成细颗粒物和可吸入颗粒物的主要来源。城市扬尘是影响大气环境质量的重要因素。城区各种施工产生的扬尘和水泥尘，渣土运输撒漏造成道路积尘，地面裸露产生的风沙尘，露天堆积煤炭和煤灰形成的扬尘，露天烧烤产生的烟尘，这些都对大气环境造成影响。

机动车排放的尾气也是城区大气污染的重要来源。近年来，莱西市机动车保有量以每年11000辆的速度递增，包括农用车在内，2013年全市机动车拥有量达到11万辆，年约排放碳氢化合物2900多吨，氮氧化物3500多吨，一氧化碳2400多吨，颗粒物300多吨。

源头控制与高科技项目治理并举，实施大气污染综合整治

为有效控制工业废气污染，改善莱西大气环境质量，莱西市2014年实施了大气污染综合整治行动，下达了脱硫、脱硝，扬尘、有机污染物、淘汰黄标车等一篮子大气治理计划。

“城区划定高污染燃料禁燃区范围，禁燃区不再建设燃煤项目，已有的逐步淘汰。”莱西市环保局副局长吕新伟表示，将严格控制燃煤消耗总量，防治燃煤污染。并从源头控制燃煤，除热电联产外，不再审批新建燃煤发电项目，城市建成区禁止新建燃煤锅炉，全市原则上不再新上工业燃煤锅炉。同时，有计划地拆除企业小型燃煤锅炉。淘汰高污染黄标车。

此外，根据《莱西市大气污染综合治理实施方案》要求，莱西市2014年计划对13个单位的33个项目实施污染治理工程建设，包括高效脱硫、除尘、低氮燃烧和脱硝、扬尘治理、挥发性有机物污染治理等。

通过工程治理，削减二氧化硫、氮氧化物、细颗粒物和挥发性有机的排放量，经过2次综合调度，到目前为止，现在13个单位33个治理项目已陆续开工建设，其中已有3个项目基本完成工程建设，设备进入了调试运行阶段：

青岛蓝宝石酒业股份有限公司投资110万元，35吨燃煤锅炉在原有水膜除尘的基础上，增加布袋除尘工艺，已经完成设备安装，进入调试运行阶段，烟尘排放将明显减少。

青岛九联集团通过对燃煤锅炉采取增加喷淋设施降低烟尘排放，已完成1台75吨锅炉除尘设施安装，投入试运行，另外1台锅炉除尘设施正在安装施工。

青岛天时化工有限公司投资20万元对排放的废气进行冷凝回收，已完成设施安装，进入调试运行阶段，届时有机溶剂排放量将明显减少。

“还有26个项目正在施工，到年底，全市33个治理项目要全部完成投入运行。”吕新伟表示。

“道一空优”开创室内“氧吧”时代

然而，眼前让市民庆幸的是，对室内洁净有氧呼吸及空间生态的追求、健康家居生活的需求，不再是奢望。5月24日至25日，国内净化行业首款搭载室外制氧机的室内空气有氧净化系统，在“2014道一空优新品发布暨财富合作伙伴大会”上揭开了神秘的面纱。此次会议吸引了包括行业专家、经销商代表、媒体代表在内的500余人亲临现场，共同见证了道一科技2014新品的发布。

道一科技上市新品室内空气有氧净化系列产品，具备空气有氧净化、消除异味，抑制病菌、调解室内空气氧气生态等6大功能，并且极致美观，产品适用于在星级酒店VIP贵宾厅、高端商务写字楼、疗养会所、医院、图书馆、博物馆、儿童房、老人房等，通过产品的智能控制系统，抑菌、净化、室内补氧等功能实现空间的健康环保。

本次发布的系列新产品为青岛道一科技有限公司研发团队联合中科院历时3年研发，并在行业内率先攻克了市场上净化产品功能难题，实现了革命性的技术突破，荣膺了多个行业第一，开创了室内空气有氧净化、室内空气有氧净化系统多元应用等。据了解，道一科技拥有自主知识产权的专利技术已达到142个，部分自主创新产品的关键技术和核心技术已达到国内领先水平，为中国空气净化行业赢得了世界同行的尊重。

发布会上，道一科技总经理郭金昌表示，道一科技发布的上市新品室内空气有氧净化系列产品，真正满足消费者对室内洁净有氧呼吸及空间生态的追求、健康家居生活的需求。他指出，道一科技一直秉承以品质来铸就品牌，以科技创新来推动品牌，以口碑传播品牌作为道一科技的品牌立足之本，并坚持以科技的力量来实现企业、产品对消费者的服务承诺。

此次上市的新产品是一个行业内、学科内、领域内的重大突破，现场数位行业专家及学者对新品市场前景非常看好，经销商情绪高涨，现场签约接连上演小高潮，发布会现场有几十家来自全国各地经销商签约。

（原载2014年7月15日《中华建筑报》）

青岛莱西：农民当上客座教授

李焕青 于 玮

“咱村的田会禹当上大学教授啦！”近日，在山东青岛莱西市马连庄镇，农民书法家田会禹被河北邯郸学院聘为客座教授的消息传遍了十里八村。

记者走进田会禹家，他正在一张木桌前摆弄着他的石刻。闻听记者来意，田会禹高兴地展示了他的“电动石刻独门绝活”。只见他用毛笔在石板上画的方格中写下“国泰民安”四个字后，便开始了电动石刻。随着特制电钻的转动，不到6分钟，这幅隶书石刻就完成了。“我还能在石板上刻画。”说着，田会禹又拿出了一块黑色的石板，换了一个较细的钻头，向记者展示他快速作画的技艺。随着电钻的轰鸣声，一幅“君子乐道”的画作慢慢呈现在眼前。

田会禹说，他研究发明的这种“金刚钻头倒立旁侧”快速刻字技法，可以用写字的速度刻字，这种刻字技术至少比老式刻字方法快30倍。凭借这项技术，田会禹还学会了在石板上刻画。田会禹说，他目前正在为自己的发明申请国家专利和报名挑战吉尼斯世界纪录。“我爷爷曾经当过私塾先生，写得一手好字，乡亲们经常到家里求写对联。”田会禹说。正是这种熏陶使他从小就喜欢上了书法，可是因为家里穷，连练习本都买不起，后来只能辍学回家种地。

种地并没有挡住田会禹的“书法梦”，一有空闲，他就拿着树枝在地上练。练着、练着，他又琢磨开了：到底怎样才能写好字呢？“我觉着石刻最有利于体现汉字的技法，所以就开始练习石刻。”田会禹说。

20多年来，田会禹从自己刻出来的200多万个字中揣摩着汉字的书写技法，并成功研究出一套独有的石刻技法。

2014年10月，田会禹应邀为在莱西举办的中华武术·跆拳道国际邀请赛获奖运动员题字。他认识了前来参加赛事的邯郸学院太极客座教授孙建国，孙建国被他的书法吸引。最终，由孙建国牵线邯郸学院，田会禹被聘为邯郸学院书法客座教授，为邯郸学院艺术中心的学生教授汉字书写技法。

（原载2014年11月29日光明日报）

图书在版编目（CIP）数据

莱西年鉴.2015 / 莱西市史志办公室编.—北京：方志出版社；2015.12

ISBN 978-7-5144-1837-8

Ⅰ.①莱… Ⅱ.①莱… Ⅲ.①莱西市—2015—年鉴 Ⅳ.①Z525.23

中国版本图书馆 CIP 数据核字（2015）第 302582 号

莱西年鉴（2015）

编　　者：莱西市史志办公室

责任编辑：黄彦

出 版 人：冀祥德

出 版 者：方志出版社

地址　北京市朝阳区潘家园东里 9 号（国家方志馆 4 层）

邮编　100021

网址　www.fzph.org

发　　行：方志出版社发行中心

电话（010）67110500

经　　销：各地新华书店

印　　刷：青岛名扬数码印刷有限责任公司

开　　本：889x1194　　1/16

印　　张：25

字　　数：530 千字

版　　次：2015 年 12 月第 1 版　　2015 年 12 月第 1 次印刷

印　　数：0001~3000 册

ISBN 978-7-5144-1837-8　　**定价：**200.00 元

市旅游局

紧抓休闲体育大会契机 积极推进旅游综合改革

2015年以来，市旅游局以旅游综合改革为主线，以筹办世界休闲体育大会为契机，深入开展了“休闲田园游”示范点创建等活动，推动休闲旅游持续升温，实现旅游综合效益快速提升。

莱西市荣获第二十一届“亚洲金旅奖·首批十大休闲（度假）旅游目的地”称号

推进旅游综合改革工作

8月，市委、市政府印发《关于推进旅游综合改革试点工作的实施方案》（西发[2015]9号）提出“3年内把我市建设成为胶东半岛重要的乡村旅游目的地，5-8年内建成全国知名的生态休闲旅游度假城市”的发展目标，并提出了25项具体举措。市旅游局以“旅游综合改革”试点为抓手，扎实推进全市旅游工作。一是乡村旅游全面开花。摸底2015年“休闲田园游”示范点拟创建对象45家，推进景区发展、基础建设、宣传运营、服务品质、安全管理全面提升；成功举办2015中国旅游日山东分会场活动以及大青山槐花节、休闲马术文化节、中国首届儿童露营大会等节庆活动15个；聘请专业团队编写景区导游词40篇，对外推介我市旅游产品；组织35家旅游单位积极申报省级工农业旅游示范点、旅游强乡镇、好客人家农家乐、精品采摘园等称号。二是开展A级旅游景区创建。确定鲜多多农场、店埠镇博物馆等6处景区作为创建对象，并对景区硬件升级、管理服务、档案创建等工作进行创建指导。三是完善基础设施建设。开展“厕所革命”，新建厕所58处、改建17处；指导新建旅游信息咨询中心1处；在人流密集区安置旅游信息触摸屏一体机16台、旅游宣传品展示架10个。

助力2015世界休闲体育大会成功举办

在2015世界休闲体育大会筹备及举办期间，全力做好游客接待、论坛筹办、宣传营销、市场监管、服务保障等工作，为休闲体育大会的成功举办加油助力。一是牵头筹办2015世界休闲高峰论坛。于9月12日成功举办了世界休闲高峰论坛，共吸引了世界休闲组织理事、旅游管理部门、部分旅游院校和机构、知名旅游景区和旅行社、旅游服务企业等共261人参加。二是做好休闲体育大会期间游客接待工作。开通旅游专线，制定“一日游”、“二日游”旅游专线，通过专题旅游推介会、QTV-4《开心旅游》、《行风在线》等进行宣传；制定游客招徕奖励办法，鼓励旅行社组团来我市开展旅游活动；指定青岛交运集团莱西分公司为旅游专线直通车合作单位。通过评选，确定青岛府新大厦等8家酒店为休闲体育大会定点接待酒店，汇泉王朝大酒店等25家酒店为休闲体育大会推荐酒店。开展安全生产联合检查8次，检查涉旅企业35家，实现了“安全、质量、秩序、效益”四统一的目标。

2015世界休闲体育大会高峰论坛在莱西成功举办，国内外权威专家学者围绕“休闲运动，田园生活”论坛主题展开深入的交流和探讨。

2015中国旅游日青岛主会场暨青岛莱西休闲汇活动在莱西姜山湿地启动

丰富旅游宣传营销方式

一是在莱西市情及其微信和手机版、莱西新闻网同步开设“旅游天地”栏目。二是成熟运营官方微信、微博，即时发布旅游资讯。三是荣膺第21届亚洲旅游业金旅奖“亚洲金旅奖·首批十大休闲（度假）旅游目的地”。四是成功召开我市2015年旅游产品推介会、青岛2015世界休闲体育大会专题旅游线路推介会。五是成功举办“莱喜丝绸杯”莱西旅游商品创意设计大赛。六是出版发行《最休闲　莱西游》2万册。七是与QTV-4《开心旅游》栏目合作，组织观光体验式拍摄沽河游乐园、鲜多多农场、姜山湿地等旅游景区（点）。

以“走进大田园 城乡共休闲”为主题，举办2015莱西旅游推介会，对我市乡村休闲旅游线路和景区品牌进行了宣传推介

加强行业监督管理

一是开展旅游市场执法大检查。二是举办乡村旅游专题培训班2期、2015世界休闲体育大会游客接待培训班1期；三是组织3家星级饭店参加我市2015窗口行业服务礼仪技能竞赛。四是召开莱西市旅游协会2015年全体会员大会，吸纳旅游协会会员单位100多家。

莱西市体育中心

借世界休闲体育大会东风　推动体育事业蓬勃发展

2015年，在市委、市政府及上级体育局的正确领导下，体育中心以增强人民体质为出发点，坚持体育为人民服务、为经济建设服务的方针，全力筹备2015年世界休闲体育大会，保证了大会的顺利开展；广泛开展全民健身活动，努力提高国民身体素质，大力构建群众体育服务体系，保持了体育事业持续、稳定、健康发展的良好态势。

2015.09.12 上午，青岛2015世界休闲体育大会开幕式在莱西市体育中心体育场举行。图为开幕式现场壮观场面。

一、顺利完成市政府基础设施重点工程

2015年，我中心承担了东墙外停车场工程、办公楼外立面改造工程、围墙工程、区间供暖管道工程四项市政府基础设施重点工程，已顺利建设并完工，为休闲体育大会的顺利举办提供了坚实基础。

二、全力筹备2015年世界休闲体育大会，保证大会圆满成功

9月12日—21日，青岛2015世界休闲体育大会在我市成功举办。本届休闲体育大会具有以下三个特点：一是项目设置多、规格高，共有17个项目。二是亲民性强。6项赛事安排在体育馆或室内比赛，市民可以近距离与赛事互动。三是赛程安排密度大。其中11项比赛要在10天内完成，相互交叉，密度大。本次大会共有8770名专业运动员、7300名业余运动员报名参加比赛，其中包含来自92个国家和地区的975名国外运动员、1531名裁判员和2100名志愿者。加上前期举办的各项比赛参赛人员，累计参与各项赛事的总人数超过9.6万人。

三、加大资本投入，公共体育设施进一步健全完善

世界休闲体育大会的成功举办，让我市的公共体育设施有了质的飞跃。一是投资13930.7万元新建体育场50000平方米，总建筑面积约为13000平方米；投资10883.4万元新建体育馆约32000平方米，总建筑面积约9500平方米；投资615.3万元配套建设了面积为1800平方米的热身馆和射箭馆。二是投资约610万元建设6300平方米的体育休闲广场，包括攀岩和自由式轮滑两个比赛场地。三是在大沽河沿岸建设1处休闲体育公园。通过休体大会的投资建设,目前我市体育场地总面积增加到了1134400平方米，每万人拥有体育场地2.8个，人均体育场地面积达到1.5平方米。

农民健身工程

四、全面贯彻全民健身国家战略，大力发展全民健身事业

1、加大对体育类民办非企业组织的帮扶力度，已批准办理协会1个,俱乐部1个。目前全市共有各类健身俱乐部11个、协会3个。2、加强对全民健身活动的组织领导。目前我市市级社会体育指导站已达98处，其中青岛市级10处。老年体协组织实现了满堂红，全市861个行政村，村村有了老年体协组织。我市共有社会体育指导员1429名，每万人拥有社会体育指导员17人。成立了283个社会体育指导站、早晚晨练点400余个,全市常年参加体育锻炼的人数达到总人口的49%以上。3、认真完成农民健身工程和笼式足球场建设。今年共向433个村庄发放了健身器材，并安装了9处笼式足球场，为广大市民休闲健身提供了方便。

五、开拓进取寻找突破，竞技体育成绩优异

1、竞技体育取得优异成绩。今年我市体校输送的运动员在国际级比赛中获得2枚金牌，在国家级比赛中获得3枚金牌，省级比赛中获得了29金、14银、13铜，校内运动员在青岛市级比赛中共获得9金4银4铜。其中：宋美丽在U23女子排球亚锦赛中获得团体第1名；王晓林在亚洲赛艇锦标赛中获得了男子八人双桨第1名，在全国赛艇锦标赛中获得男子八人单桨有舵手第1名；于海成在第一届全国青年运动会中获得男子飞碟多向第1名；史玉霞在全国竞走大奖赛中获得女子少年组5公里第1名。2、利用自身优势实现突破。深入市区、乡镇中小学进行选材近40次，招入学生共51名，其中初一新生47名，向上级体校及专业队伍输送运动员46名。

于海成在第一届全国青年运动会中获得男子飞碟多向第1名

王晓林在亚洲赛艇锦标赛中获得了男子八人双桨第1名

六、多措并举全面推进，体彩销量再创新高

今年，针对我市体彩工作起步晚、流动人员少、体彩销量过低等困难，体彩工作人员迎难而上、突破创新:一是大力推进销售网点标准化建设，全市90%的销售网点实现了“五个统一”；二是新增乡镇终端机2台、城区中心9台，进一步拓宽了体彩市场；三是借助休闲体育大会的东风，加大宣传力度，积极进行体彩品牌宣传活动。截止到11月29日，我市体育彩票共计销售2933万元，其中电脑彩票2597万元，即开彩票336万元，同比增长34%。

体育馆

体育场

莱西市实验学校

让优秀成为一种习惯　把孩子变成爱学习的天使

莱西市实验学校原名莱西一中北校，于2014年12月29日正式更名，是隶属于莱西市教育体育局的全额拨款事业单位。学校始建于2004年5月，2006年8月正式启用，是中共莱西市委、莱西市人民政府着眼教育事业长远发展，立足高起点规划、高标准建设、高档次装备、高效能管理、高水平办学、高质量回报而倾力打造的一所完全中学。校内建筑宏伟壮观，整体布局和谐优雅，办学设施配套齐全。学校总投资1.6亿元，占地300余亩，绿化用地103133平方米，建筑面积118294平方米。现有教职员工497名，在校学生4800余人。

外教送课

校园分为办公区、教学区、体育运动区和生活服务区4个功能区域，共建有行政办公楼、教学楼、科技楼、艺术楼、图书楼、学生公寓楼、餐厅等19幢大楼，并附设理发、洗浴、洗衣、自助银行等生活服务设施。体育活动区建有标准篮球场、排球场和400米标准环型塑胶跑道体育场。校园网络、教室监控、班班通、多媒体等教育教学设施一应俱全。学校先后投入5000多万元用于科技楼、图书楼、艺术楼的内部器材配备和文化建设，设置了录播教室、理化生实验室、阅览室、美术室、音乐室、舞蹈室等各类专门教室，为促进学生全面而有个性地发展提供了良好的条件和可靠的保证。

中科院院士报告会

近年来，莱西市实验学校牢固树立“让优秀成为一种习惯，把孩子变成爱学习的天使”的办学理念，围绕 “培养具有国际视野、创新精神和实践能力的全面发展而又有个性特长的优秀毕业生，为国际国内优质高校输送合格人才”的办学目标，努力打造“自主创新学习、多元优质发展”的办学特色，进一步深化素质教育改革，不断提高教育教学质量和办学效益，以优雅的教学环境、一流的教学设施、雄厚的师资力量和骄人的办学业绩，让一批批莘莘学子从这里扬起理想的风帆。

建校以来连续九年实现高考突破。2014年有60多人考入清华北大等全国一流名校。2015年更是获得大面积丰收：一本纯文化课达线数544人，达线率为38.4%；总达线数737人，达线率为41.9%，在青岛地区名列前茅。在教学成绩不断攀升，取得大面积丰收的同时，每年都有一大批成绩优秀的佼佼者在全市高中脱颖而出：2013年庄永文以704分获青岛市理科裸分第一名，被清华大学录取；耿晓云以670分获莱西市文科第一名，被北京大学录取；2014年莱西理科前三名和文科第二名都在实验学校，其中栾振庭同学被清华大学录取。2015年耿皓琪同学以709分夺得省高考理科19名，莱西市第1名，使我校成功卫冕莱西市高考理科状元三连冠，被清华大学录取。

消防安全月教育活动

“高效生本愉悦课堂”“缤纷大课间”和“四全(全员、全程、全科、全方位)育人模式”已成为学校素质教育的品牌，学校先后被授予“全国优秀家长学校实验基地”“山东省花园式单位”“山东省卫生工作先进单位”“青岛市德育工作先进集体”“青岛市文明单位标兵”“青岛市平安和谐校园”“青岛市食品安全进校园先进集体”“青岛市首批现代化学校”“莱西市教育教学工作先进单位”等100多项荣誉称号。

顺应培养高素质创新人才的社会要求，新的时期，学校积极探索多种办学形式，科技创新特色班、初中部现已步入正常发展轨道，与高校、社会的合作办学及国际班筹建也在有条不紊地进行中。在改革开放的历史潮流中，莱西市实验学校正坚守着对教育理想的追求，秉持着对教育事业的奉献，开拓创新，锐意进取，努力把学校建设成与国际接轨的全国知名品牌学校。

运动会才艺展示

新生军训教官风采

校园石刻

莱西一中 春风化雨育栋梁

◆理念导航　◆机制驱动　◆方法创新

莱西一中秉承百年老校的优秀文化基因，在学校管理上逐步完善三种机制：师生成长的动力机制、矛盾化解的平衡机制、学校管理的规则机制。以文化之“核”、观念之“道”、机制之“矛”、方法之“剑”助推莱西一中快速发展，努力打造优秀教育品牌。

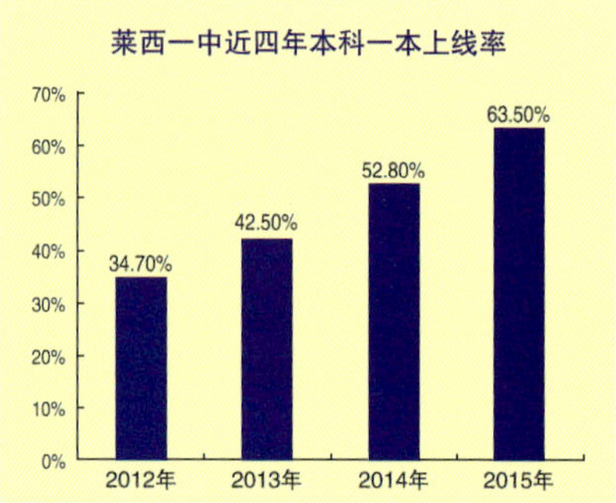

莱西一中在2015年的高考中，全校文化课考生997人，一本上线627人，理科700分以上的2人，理科690分以上的11人，680分以上的22人，其中有6名考生被清华、北大录取。被清华大学录取的刘入瑞同学，高考成绩691分，在自主招生中凭借丰富的知识和良好的素养通过了清华大学领军计划，被认定为优秀等次，获得60分加分，这是青岛市唯一一名获此殊荣的同学！2015年，莱西一中努力为学生搭建成长平台，校刊《南海风》被评为“山东省优秀课程资源”。学校的教改经验在“全国普通高中多样化发展与改革研讨会”上获得广泛好评。

“谋教学事，谋管理事，谋学校发展事”成为了莱西一中的主旋律。“理念导航，机制驱动，方法创新”是莱西一中强势崛起的关键。

2015年高考莱西一中被清华北大录取的学生

刘入瑞 清华大学 土木工程

顾　谦 清华大学 机械工程

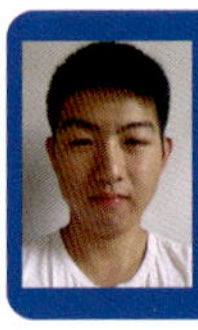
封明浩 清华大学 电子信息

刘小源 北京大学 法　学

崔大韩 北京大学 经济学院

崔湘姬 清华大学 广播传媒学院

理念导航：树立规则意识，从三个维度确立工作目标。

时间维度上，着眼于长远，跳出眼前，从长远看眼前；空间维度上，着眼于社会，跳出教育，从社会看教育；系统维度上，着眼于整体，跳出局部，从整体看局部。为此，学校在管理上树立规则意识：教师的绩效考核、评优选干、职称评定，学生的编班都有明确的规则，任何人都没有权力超越规则。在学生的培养上，确立了三个维度的培养目标，即知识技能目标——成为一个会学习的人，方法目标——在活动中成为一个勇于行动的人，情感价值目标——成为一个快乐幸福有成就感的人。

莱西一中以德育“六层级三原则”、智育“五学五原则”、体育“三境界三结合”，引领教育方向，追求教育价值，谋实事，出实招，结硕果。

机制驱动：打造三支精干团队，构建管理网络。

机制驱动管理团队。深入落实从骨干班主任到校长的“管理九层级晋升机制”，管理团队建设得到了有力加强。

互助推动班主任团队。按照“三人一组，四组一部”的方法，自发成立班主任工作互助组，经验共享，值班互助，班规互用，有效解决了班级发展不均衡问题，保证了同一级部班级间的协调发展。

评价拉动备课组团队。按照“评价捆绑，合作共赢”的思路，将绩效考核中个人成绩与备课组成绩捆绑，教学常规评价中个人与集体捆绑，“传帮带师徒结对子”中师傅与徒弟成绩捆绑，充分发挥了组内骨干教师的作用，提升了备课组整体水平。

方法创新：自主学习，自我管理，为学生搭建成长平台。

莱西一中华商园丁奖发放仪式

改革课堂教学，让学生成为课堂的主人。“教材让学生阅读，问题让学生提出，目标让学生明确，过程让学生经历，重点让学生感悟，新知让学生发现，方法让学生归纳，结论让学生总结”，以学生为本的教育教学，激活了学生的学习热情，激发了学生的学习潜能，拓展了学生的成长空间，促进了学生创新能力的发展。

为促进学生的自主学习，学校开设自修室，实行“双向选择，动态管理”的模式。在具体管理中，由学生自主管理为主，辅导员管理为辅，班级的日常纪律、卫生、体育等各方面工作，均由班委会负责；辅导员负责学生心理辅导、学法指导、习惯养成等工作。学生通过自主学习，互相切磋，更好地挖掘自身潜能。

莱西一中中凯地产第二届奖教金发放仪式

由学生会组织的2015秋季田径运动会

2015秋季开学典礼学生向家长代表献花

莱西一中以素质教育为理念，以机制建设为动力，以教学质量为核心，以品牌打造为目标，在教育教学改革之路上勇往直前！

莱西市第二中学

创新办学思路　推动学校内涵发展

山东省莱西市第二中学始建于1952年，坐落在“印象·湿地”日庄镇。东傍莱西湖，碧水蓝天，绿树成荫，环境优雅，宜于读书，是青岛市重点中学（市级规范化学校），也是莱西市政府直属的三所重点高中之一。学校占地130亩，总建筑面积3.8万平方米；现有36个教学班，在校学生1600多人。

学校以“遵循教育规律，面向全体学生，促进多元发展”为办学宗旨，教师“爱生乐教”，学生“善思乐学”，追求卓越，争创一流，逐步形成了“以人为本，为美好人生奠基”的办学理念。

近两年，学校提出了“三课两会一管理一考核”的办学思路，推动学校规范化、制度化、科学化发展，提高办学水平。

改革创新　内涵建设

上海祝庆东教授来校讲座

一是抓课堂建设。从学标、立标、达标活动做起，改革创新，形成了“课前3项任务、课堂6个步骤、课后2个反思”共11个教学相长环节的“362”教学模式，打造生本愉悦高效课堂，提高了教学效益；

二是抓课题研究。着眼解决教育教学实际问题，全员参与小课题研究，促进教师专业成长，课题助教，科研兴校；

三是抓校本课程开设。开展“优秀校本课程”评选活动，提高教师研发校本课程的积极性，开发开设“葫芦丝”“中国象棋”等三十多门校本课程，拓宽了教育视野，促进了学生的全面发展；

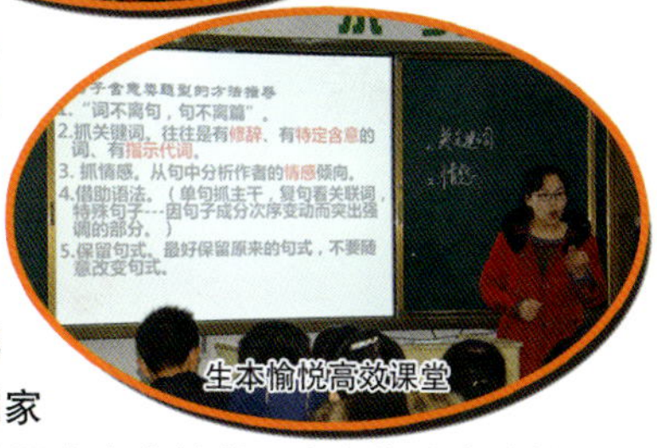
生本愉悦高效课堂

四是探索“分层选课走班”的教学模式。在高一级部着力为每个学生提供适合的课程，推动知识本位向育人为本转变；实行教学班和行政班并存的双轨管理，提高学生自主管理能力；实施全员、全程、多元、量化的学生基础素养评价方案。分层教学也促使教师进行学情诊断和针对性教学，由学科教学向学科教育转变，由单一国家课程向多元化校本课程转变，由面向部分学生向面向全体学生转变。学校开展学科分层次走班教学，为实施升本愉悦课堂教学提供了科学平台。

校学生会成立大会

新一届家委会委员与校领导合影

校园歌手大赛

学生辩论大赛

搭建平台　多元并进

一是成立校级学生会，培养学生“自我服务、自我管理、自我提升”的能力，为学生的自主发展提供舞台；

二是建立了班级、级部和校级三级家长委员会，搭建家校共建的桥梁，提高了家长对学校教育活动的知晓度、参入度和认同度。

均衡管理　习惯养成

以“九个习惯六个严禁”和“三入”活动为着力点，强化学生良好行为习惯养成，从安全、活动、卫生、纪律、学习五个方面实行班级星级管理，依据学生个人表现对各班级进行量化和宏观调控，表彰先进，鞭策后进，保障班级管理的均衡发展。

创新模式　特色发展

在局党委的正确领导下，2014年学校组建国学特色班。以博大精深的传统文化为根基，整合校内优质教育教学资源，创新人才培养模式，扬国粹精华，辐射带动，推动学校国学特色发展。国学特色班实行小班化教学，实施导师陪伴教育，为每一名学生量身定制培养方案，促进了学生全面健康成长。

我们相信，天高海阔，勇者当先。自强不息、拼搏进取的二中人，必将用辛勤与汗水，以创建一流名校的视野，继续谱写二中新的璀璨篇章！

月份班级星级管理授星仪式

自习课学生专心学习

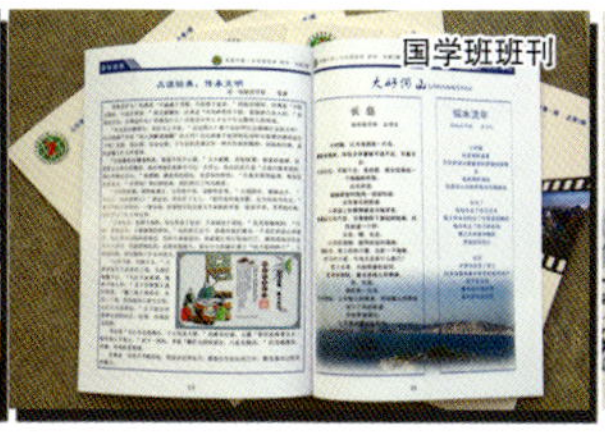
国学班班刊

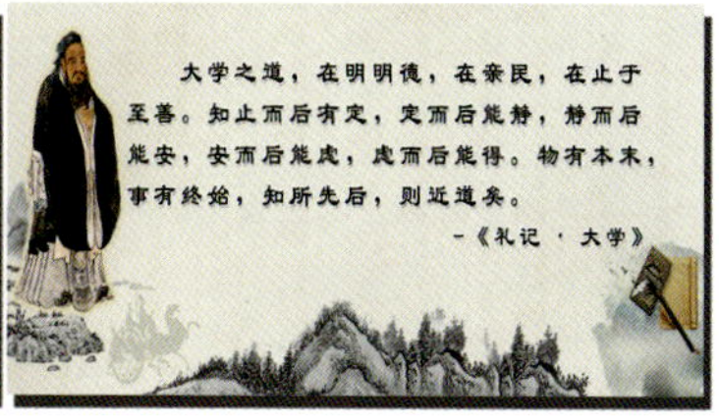

莱西市第四中学

打造特色学校　实施名牌发展战略

一年来，学校以现代化发展为目标，以义务教育均衡县创建达标为重要机遇，以打造特色学校为抓手，立足创新，积极实施名牌发展战略，推进课堂教学、课程实施、家校联教等三大板块改革，学校办学条件明显改善，办学水平获得整体提高，中考、会考、综合考评继续名列全市第一。

一、坚持质量立校，扎实推进教学改革

青岛市应急办专家莅临我校检查指导工作

围绕实施“高效课堂、高效学习”战略，深化翻转课堂研究，实行教学能力、学习能力“两翼齐飞”。

（一）启动翻转课堂实验。基于课堂改革过程中遇到的新问题新困惑，我们于2014年6月，加入青岛市初中“翻转课堂”实验联盟，开展课堂改革二轮实验，启动了翻转课堂实验环境下的高效课堂模式重建，初步改变学生的学习方式，开展了合作、探究、自主的学习培养，培养了学生自信、阳光、合作的能力，成效显著。2015年中考在青岛市名列前茅，在莱西市遥遥领先；会考三科A和B等次占比超过全市平均数9.76到13.20个百分点；教学质量调研、综合考评继续名列全市第一名。

世休会校园舞展演

（二）强化学生学习习惯养成。通过多次研讨确立了级部实验方案，制定级部阶段养成目标，采取两线合作培养、两线评价推进的步骤与办法，推进学生学习习惯养成。两线合作初步培养阶段即：一条是由班主任牵头的班级管理团队，主抓学生的落实、家长的配合。另一条是由备课组长牵头的学科教师团队，主抓课堂的训练、合作组长的监督；两线评价深化培养阶段即：一条是级部双周总结评比管理，主抓班级习惯养成的评比、监督。另一条是教导处月汇总评价管理，主抓各级部相关材料的数据汇总整理与分析。通过双线习惯培养和评价推进，初一级部的课堂高效学习习惯效果明显，初二初三的学生作业更加规范，初四级部错题管理在中考学生复习中成效显著。

家长学校工作总结

二、坚持全面发展，扎实推进课程改革

（一）抓好两大课程实施，促进学生全面发展。一是应对中考新变化，围绕课程实施过程、课后效果，改革思品课授课模式，实施1＋1，即每周1课时自学自习，1课时展示点拨。二是落实综合实践活动课课程目标。将所有综合实践课纳入学校课程表，所有技能课进专用教室授课，提高学生综合技能。4月，我校张益玮、张昕参加青岛市机器人篮球比赛荣获一等奖。

运动大课间

（二）立足创新，加强课程管理。学校开设了《泥塑》、《足球之星》、《乐高机器人》、《围棋天地》和《魅力阅读》等27门学校课程，同时加强了地校课程教学的管理与督导。重点抓好两项工作：一是抓教师配备。着力挖掘三方面资源：校内挖掘教师资源，每位教师至少兼任一门地校课程；校外挖掘社会资源，对紧缺学科教师、特长教师实行社会聘任，今年先后聘请1名英语教师、2名烘焙教师、1名舞蹈教师、1名竖笛教师、2名足球教练；积极开发家长资源，先后聘请7名家长担任社团指导教师；二是坚持每周一查。将所课程纳入学校总课程表，没有教导处批准不能调课，实行每周一抽查。这些措施为三级课程实施提供了保障，效果明显。2月，我校张毓、程子源小组参加青岛市第四届初中生创新实验大赛，荣获一等奖；崔晓慧、李奕汛参加青岛市第四届初中生创新实验成果展评荣获一等奖。

足球训练

（三）开展社团活动，坚持以赛促练。一是壮大各类社团，以人人有特长为目标，争取全校学生人人参加社团活动，人人落实2＋1活动目标。二是创新管理模式。将活动固定在每周四下午两节课时间，实行选课走班制；同时创新利用校外资源，与莱西恒舜足球俱乐部建立了长期合作关系，实现教学、活动与比赛的无缝对接，成为我校足球特色的新亮点。被青岛市教育局确定为足球特色学校。三是坚持以赛促

三、完善家校沟通，建立新型家校关系

（一）建立家长会制度和家长访校日制度。每学期至少召开学期初、期中、期末家长会3次，定期开展家长访校日活动，让家长了解学校事务，提高家校合作效力。

（二）搭建家校沟通平台。通过致家长的一封信、《家教园地》、短信电话、QQ、校园网等形式，加强家校沟通，形成强大教育合力。

（三）创建家长成长机制。学校成立三级家长委员会，制定家长委员会章程，让家长为学校发展献计献策；定期开展家庭教育专题讲座，每学期至少两次，不断更新教子理念，提高家长的素质与能力。

（四）开设家长大讲堂。让家长积极走进校园，发挥个人专长，为孩子亲自上一节课，形成了家长乐意、学生喜欢、学校收益的三赢局面。

四、抓住机遇开源节流，努力改善办学条件

借助义务教育均衡县创建验收达标的重要机遇，我们开源节流，把资金用在刀刃上，年内实现了北操场塑胶化，新建了烘焙教室、机器人教室、化学实验室、物理实验室、生物实验室等专用功能室，数量由21个增加到33个；实现了教学资源班班通、网络信息人人通；图书数量增加到14.6万册，生均图书达到40册，并与市图书馆合作，为莱西市图书馆莱西四中分馆提供共享图书10600余册。

北操场

化学实验室

烘焙教室

首批全国示范性基层电大、国家开放大学“教育部‘一村一名大学生计划’”试点工作先进单位、国家开放大学青岛分部唯一一所地方学院——

和谐发展的 青岛电大莱西分校

学校创立于1988年，是莱西市唯一一所经国家教育部备案、青岛市人民政府批准设立的地方高校。建校20多年来，始终坚持为地方经济发展培养高素质专业人才的办学方向，坚持以教学为中心、以质量立校的办学宗旨，坚持“心系天下求学人”的办学理念，先后为地方经济建设输送合格大中专毕业生13000余名，为高校输送专升本学生600余名，为莱西市各类在职人员提供培训20000余人次。迄今，毕业生已遍布全市各行业，其中已诞生副局级以上领导干部60余人，成长为单位骨干和自主创业能手、成为颇有影响力的个体业主更是难以计数。学校先后被授予“莱西市科教兴市先进单位”、“青岛市精神文明标兵单位”、“莱西市教育工作先进单位”等荣誉称号180余个。学校的办学成就和经验多次被《中国电大报》、《青岛日报》、《莱西市情》、《青岛电大报》、青岛电视台、莱西电视台等新闻媒体予以报道。

团结务实的领导班子

从2000年山东省首次开通全省普专院校“专升本”考试和2001年经教育部批准开展现代远程开放教育以来，这所原本有着丰富人文底蕴的学校更是厚积薄发，书写了一个又一个辉煌的历史。专升本录取率连续10年位居全省普专院校最前列，平均录取率占到了毕业生总数的45－75%；历次期末统考成绩均列青岛电大系统第一名；连年被评为青岛电大系统先进单位、“专升本”工作先进单位、教务教学工作先进单位等，成为青岛电大系统的一面旗帜。现代远程开放教育经过14年的创造性建设，现今不仅已达到毕业生6500余人、在校生近3000人的规模，而且无论是教学设施的现代化进程，还是教学支持服务体系的建立与完善，都已经发展成为我市发展最迅速、最具实力和社会影响力的县市级网上远程教育大学。学校先后顺利通过了国家教育部“开放教育试点项目”的中期评估和总结性评估。学校始终坚持“教学为先，学员第一，服务至上”宗旨，在发展过程中逐步确立起来的诸如“想在您前面，做到您心里”、“为您想得更多，为您做得更好”等服务理念，更是赢得了社会的广泛赞誉。学校先后获得“青岛市地方高校办学条件、教学质量评估优良单位”、“全国电大统考信得过考点”、“全国电大考试优秀考点”、“全国电大优秀招生集体”等荣誉称号。2009年末，学校以先进的办学理念、优异的教学成绩、完善的学习支持服务从全国2754所县市级电大（教学点）中脱颖而出，荣膺首批“全国示范性基层电大”称号，并获奖励基金10万元。为此，青岛电大大学生记者团、兄弟学校领导和老师曾多次慕名前来取经学习。2013年7月，国家开放大学在青岛挂牌后，莱西电大被青岛开放大学确定为青岛地区唯一一所地方学院，挂牌“青岛开放大学莱西学院”。2014年，学校作为青岛电大系统唯一代表被推荐参加国家开放大学“教育部‘一村一名大学生计划’”先进单位评选并一举从1379个县级电大中夺得一席。

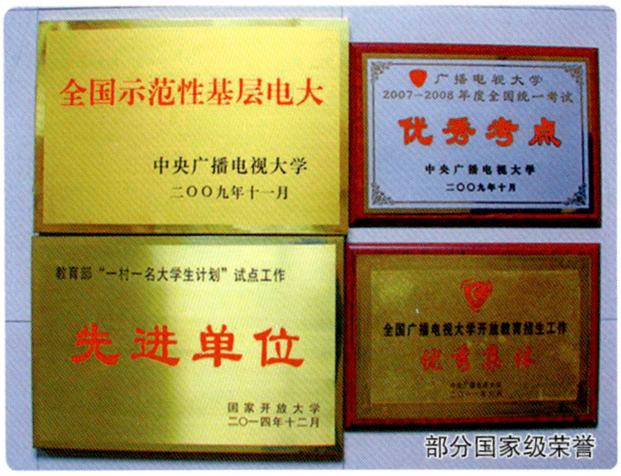

部分国家级荣誉

仰观使命之大，电大人豪情满怀；俯察任务之重，电大人充满自信。目前，远程开放教育业已成为学校赖以发展的主业。顺应形势的发展和社会广大有识之士终身学习的需求，开放教育必须不断拓宽更广泛的办学渠道，开拓更灵活的办学形式。为此，从2007年上半年开始，学校陆续在原有基础上开通了与北京语言大学、北京外国语大学、东北大学、吉林大学等高校联办的奥鹏网络教育，开通了与山东科技大学、山东师范大学、山东工商学院、青岛科技大学、青岛理工大学、潍坊学院、潍坊医学院等高校联办的函授教育，开办专业由原来的十几个扩充到现在的近三十个。同时，为充分发挥电大在构建全民学习和学习型社会中的重要支撑作用，学校率先与市老干部局合作在全市开辟了2个数字化学习港，满足了若干求学者的随处可学、时时能学的需求。

日益精进的远程教育

综合素质能力提升培训

“好风凭借力，乘势创一流”。青岛电大莱西分校将永久致力于为广大社会有识之士打造理想的求知场所和终身的学习殿堂，为把学校真正建设成为我市的远程教育中心、社区教育中心和教育培训中心而努力奋斗！

莱西市职业中等专业学校

学生为本 内涵发展 质量强校

莱西市职业中等专业学校创建于1982年，1996年1月被评为首批“国家级重点中等职业学校”，2001年5月被评为首批“青岛市教育改革十面红旗学校”，2012年9月挂牌“青岛职业技术学院莱西分院”。

学校承办全市中小学学校管理工作现场会

蔬菜嫁接项目获得国赛铜牌

学校现有教职工157人，在校学生1510人。现开设农经类、机电类、幼师类、建筑类4大类15个专业，其中，建筑工程施工专业是青岛市首批“双高”名牌专业。学校有与专业相配套的实验实训室40余个，设备总价值1200余万元。

学校坚持“内涵发展、质量强校”的发展战略，秉承“以学生发展为本”的办学理念，实施“校企合作，工学结合，学做合一”的人才培养模式，技能大赛和高职升学成绩连创新高，学生综合职业素质不断提升。

与会领导听取学生半军事化管理情况介绍

教师方队参加职业学校军训展演获得第一名

2015年，112人次19个项目参加青岛市技能比赛，获得一等奖5个、二等奖19个、三等奖32个。蔬菜嫁接作为莱西市唯一参加全国职业院校技能大赛项目，获得铜牌。162人参加高职单招考试，全部录取；91人参加加春季高考，本科达线25人，学前教育专业侯婷婷以629分的优异成绩夺得青岛市状元桂冠、山东省第三名。学生参加莱西市中小学生运动会，连续三年蝉联职业学校第一；参加第一届“市长杯”足球赛男女队均获得职业学校第一名；参加全市职业学校军训展演，囊获全部第一。应届毕业生对口就业率达到97%，受到用人单位好评和社会欢迎。成功举办了莱西市中小学学校管理工作现场会，集中展示了学校的“网格化”安全管理、学生半军事化管理、后勤服务“一诺二严一重点”管理、值班管理“五步工作法”等内容，得到了与会领导和家长的一致好评。

升旗仪式

值班教师带教导队检查晚自习情况

学生参加职业学校文艺汇演

学生教导队课间巡逻

学前教育专业学生参加世界休闲体育大会开幕式舞蹈表演

食品加工专业实训

星海楼

整洁明亮的学生餐厅

干净整洁的学生宿

莱西市职业教育中心

国家中职改革发展示范学校

莱西市职业教育中心是国家中职改革发展示范学校。现有教职工268人。教学班56个，在校生3000多人。建有国家级实训基地2个（汽车运用与维修、酒店服务与管理）；青岛市级实训基地3个（服装设计与工艺、计算机应用、中餐烹饪），实训场所65个，设备总值5108万元。

职教中心校园青年广场

开设交通运输、信息技术、财经商贸、旅游服务、文化艺术等5大类18个专业。其中计算机应用、服装设计与工艺是青岛市骨干专业；服装设计与工艺是“青岛市双高名牌专业”、山东省教学示范专业；旅游服务与管理专业是国家示范性职业学校数字化资源共建共享计划专业课题项目组组长单位。

学校坚持以现代职教理念为引领，以提高质量为核心，以改革创新为动力，以立德树人为根本，以创建国家级示范校为总抓手，努力实现“五个一流”（一流的设施、一流的管理、一流的教师、一流的课程、一流的学生）的卓越目标。

教师节期间，全校老师在“思圣园”内，诵读经典

学校构建以典型工作任务为载体的“公共平台+专门化方向”的模块化课程体系，开发建设的《网络管理》、《服装数学》、《中国传统文化教育（孝信篇）》、《春秋女装－设计－制版－工艺》、《平面设计制作实务》、《导游实务》6门课程被评为青岛市精品课程。学生参加各级职业技能大赛，获全国一等奖1个、二等奖7个、三等奖5个；山东省一等奖1个、二等奖3个、三等奖2个；青岛市一、二等奖累计77个；毕业生双证书率达100%，中高级资格证书取得率97%；近三年高职本科达线241人，本科达线率连年位

学校以“一馆、两墙、三园、五区、十二楼”环境建设为平台，以“孝、仁、信”三大经典教育为主题，通过“诵经典、塑品行”系列主题教育活动，挖掘人性纯真、仁爱、善良的本质，培养崇德向善君子人格，引领师生追真求美、自强奋进。学校“孝信达人”被评为“青岛市德育品牌”。学校实施“精细化、数字化、人性化”管理，成功举办了全市学校安全管理现场展示会。

学校积极推进产教融合与校企一体化办学，与76家企业签订联合办学协议，成立冠名班60个，订单培养率83%，优质就业率85%。

学校依托公共实训基地和师资队伍优势，年均培训新型农民、下岗职工、创业人员、退伍军人等8000多人次。学校评为青岛市“农村劳动力转移就业培训先进集体”。

学校先后获得全国创建平安校园示范学校、山东省职业高中（中专）教学工作先进单位、青岛市文明单位、青岛市中小学德育工作先进集体、青岛市教育教学先进单位、青岛市‘健康示范餐厅’等20多项青岛市级以上荣誉称号。

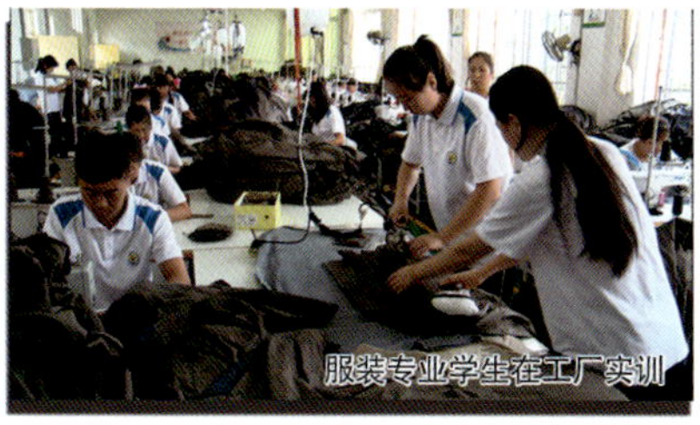
服装专业学生在工厂实训

烹饪专业学生作品考评

汽修专业学生实训

莱西市实验中学

培养身心健康　个性飞扬的创新型学子

莱西市实验中学地处莱西城区中心，于2001年4月在原莱西师范学校和水集中心中学基础上组建而成，现有67个教学班，在校学生3300余人，教职工255人。学校占地面积63469平方米,建有理化生实验室、音乐教室、舞蹈教室、美术教室、计算机教室、史地教室、技术教室、多功能室、图书阅览室、心理咨询室、体育活动室、卫生保健室、科技活动室等各类专用室，塑胶操场以及篮球场、足球场、排球场、乒乓球场等体育设施配套完善，“班班通”多媒体教学设备、交互式智能平板电脑、计算机等电化教学设施齐全。

家长委员会成立

学校紧跟时代发展的步伐，从本地实际出发，博采众长，融会贯通，逐渐形成了以“健”为核心的办学理念，着力培养身心健康、个性飞扬的学子。

学生武术表演

感恩励志现场会

学校积极开发校本课程，逐步形成具有本校特色的课程体系。编写了《写作导航》、《初中数学要点导读》、《物理探究》、《化学探究》、《思品导航》、《追溯历史足迹》、《走进地理》、《生物大视野》等9本国家课程校本化教材，开发了《走进名著》、《英语沙龙》、《人与自然》、《时事讲座》等10种学科扩展类校本课程，开发了书法、国画、器乐、舞蹈、武术、跆拳道、剪纸、电脑程序、动植物标本制作、木工制作、电器拆修、泥塑陶艺等10多门兴趣类校本课程。这些课程的编写、开发和实施激发了学生的学习兴趣，培养了学生的个性特长，促进了学生的全面发展。连续11届获莱西市中小学生田径运动会团体总分第一名，连续14年获莱西市艺术节团体一等奖，连续8年获莱西市打字和程序设计团体一等奖，在历届莱西市中小学生艺术节书画现场比赛中获团体一等奖，在莱西市中小学生“爱不释书杯—品美文、荐好书”演讲比赛中夺得第一名，在青岛市初中数学建模能力比赛中获一等奖，在第十七届“飞向北京-飞向太空”全国青少年航空航天模型（青岛赛区）“美利达”轻型遥控飞机绕标赛中获得团体总分第一名，在第十九届“七巧科技”系列活动全国总决赛中获得一等奖。

学生制作陶艺品

社会实践活动

新生军训

校园集体舞

学校不断深化改革，强化管理，办学水平不断提高。2015年度获得青岛市心理健康教育示范学校、青岛市海洋特色学校、青岛市足球特色学校、青岛市“十佳德育品牌”、全国科普示范学校等称号。青岛电视台、《半岛都市报》、《莱西市情》、莱西教育网等众多媒体对实验中学的教育教学成绩和经验做法作了专题报道。

莱西市实验小学

——教育因尊重而幸福

地处胶东半岛中部，素有“青岛后花园”之称的莱西境内，有一所深受学生和家长喜爱的学校，那就是莱西市实验小学。学校座落在蜿蜒曲折的潴河之滨、风景秀美的月湖之畔，在校学生1845名，教职工100名，学校占地15.6亩。

学校前身是水集二村小学，始建于1968年，后几易校名，数整校貌，历经近半个世纪的征程，一路奉献与播撒，几度坎坷与挫折，为教育事业积累了宝贵的财富。近几年来，学校以“打造高品位文化，引领跨越式发展”为突破口，举全校之力，集众人之智，提炼出以“尊重教育”为核心的学校文化。精心打造“尊重教育”名片，催生师生幸福，打造和谐校园，推进了学校素质教育的实质性变革！

自2010年起，学校以“生活性、实践性、自主性、互动性”原则为策略，以“尊重自己充满自信”、“尊重他人心怀感恩”、“尊重知识勤奋好学”、“尊重规则铭记责任”为教育内容，以课题为带动，跨入了自主发展、自主创新之路。“让教师品味精彩人生、让孩子拥有幸福童年”的办学目标，从根本上改进了师生生存状态，使得尊己重人充盈校园，构建了充满信任、理解、平等、关爱与和谐的校园文化。

学校充分利用尊重的育人功能，精心打造校园环境，将“尊重教育”的各种元素嵌入校园的每一个角落，力求使学校环境文化与理念文化一脉相承。建筑外文化，将“教学做合一”的思想融入办公和教学的楼体命名，激励师生乐教乐学乐行。建筑内文化，呈现知名教育家的新理念，以此激励教师汲取教育营养。以图文的方式向学生讲解礼仪常识、良好习惯、勤于学习、友爱他人，让学生知礼行礼、习若自然，提升综合素质为使学校文化成为校园成员共同的价值观念，学校不断内化教育精神。

尊己重人，学校采用人性化的柔性管理手段，创造具有亲和力的校园人文环境。妇女节、教师节，把鲜花送到每一个办公室，表达的不仅仅是一份祝福，更是理解、尊重；教职工及家属生病，前去看望、慰问；教师节学生围坐一起，把精心挑选、精心包装的礼物送给老师，整个会场洋溢着浓浓的真情，感受到的是赞赏、激励、鼓舞，是尊重之花的绽放……所有这些有效地增进了理解，凝聚了人心。

为适应教育的现代化发展，学校安排资金90万元建30余个数字化教室，实现“班班通”；安排资金30万元更新校园网；安排资金40万元为一线的教师配备计算机。投入120万，建起了山东省内唯一一个以昆虫标本为主体的公益性科普教育场馆。此外，学校充分发挥校园网站的管理功能、学习功能和教育功能，为教师提供了丰富的备课、上课资料和多样化的教案模板、素材。多媒体的应用，彻底改变了教师一支粉笔，一块黑板的传统教学模式，教学质量稳步提高。

在尊重教育理念下，学校注重道德实践，不断完善德育、艺体教育活动体系。广泛开展有利于培养学生尊重品质的主题活动，学生在体验中树立尊重意识，形成尊重品质；学生社团活动也丰富多彩，涉及到主持人、象棋、小记者、科技小实验、国画、素描、剪纸、乒乓球、书法、舞蹈、器乐、声乐等多项内容，丰富的活动和实践，为学生自我发展、自我成长、搭建了舞台，学校连续多年在莱西市艺术节文艺会演、现场书画比赛中均获一等奖；在青岛市历届中小学艺术节中，多个节目被邀请参加青岛市级汇报演出。

在尊重教育理念下，学校教师强化平等观念，重构学科教学中尊重型的师生关系。提出了“告别古板，选择微笑；告别责骂，选择鼓励”的教育态度，老师们从学生实际出发，面向全体，因材施教，尊重意识进一步提高，到处充满尊重、信任、关爱和激励，教育达到了“润物无声”的效果。

在尊重教育理念下，学校推出了激励性“星卡”评价制度，星卡由好学卡、特长卡、努力卡、进步卡、特别卡、家庭卡和集体荣誉卡组成，学生的每一次成功表现都将获得一张相应的绿卡。十张绿卡换取一张红卡，一张红卡就是一星级少年，两张红卡就是二星级少年……学生在星卡评价中获得了自信，收获了激励和良好的学习、生活习惯。

教育因尊重而幸福！创新的路上，学校也收获了成功和喜悦。先后荣获全国小公民道德建设先进集体、全国青少年儿童平安示范学校、省规范化学校、省艺术教育示范学校、省校本培训示范学校、省示范家长学校等40余个市级以上荣誉称号。我们相信，“尊重教育”的有效实施，必将汇聚成一股强大的文化力，引领实验小学在素质教育的征程上走得更高更远！

青岛瀚生生物科技股份有限公司

提高作物品质　促进生命健康

青岛瀚生生物科技股份有限公司成立于2000年，注册资本6300万元，是经青岛市人民政府批准设立的从事生物农药研制开发、原药生产合成、制剂加工复配、推广销售、技术服务的股份有限公司，是国家发改委核准的农药生产定点企业、国家高新技术企业、中国农药工业协会副会长单位、中国农药百强企业、中国专利山东明星企业、农药行业AAA级信用企业、山东省清洁生产先进单位、山东省创新型企业、山东省10强农药生产企业、标准化良好行为AAA级企业等，先后通过ISO9001、ISO14001、GB/T28001体系认证。现拥有国家博士后科研工作站、山东省企业技术中心、青岛仿生农药工程技术研究中心及青岛市新型农药产业技术创新战略联盟等研发机构，科研技术力量雄厚。

公司年终大会

公司赞助青岛农业大学奖学金照片

公司目前拥有现代化农药生产基地4处、农药制剂生产装置22套、农药原药生产装置10套、中试生产装置2套，主要生产杀虫剂、杀螨剂、杀菌剂、除草剂、叶面肥和植物生长调节剂等六大系列300多个产品。

公司已经建立了覆盖全国的市场网络，同时逐步加大开拓国际市场的营销力度，在南美、南非、东南亚国家进行了产品登记，出口到俄罗斯、土耳其、巴基斯坦、玻利维亚、尼加拉瓜等国家，并与多家世界500强企业签订了长期供货合同。

瀚生杯农化产品经理交流会

瀚生知识产权管理规范贯标启动会

在新的竞争形式下，公司不断优化调整产品结构，将绿色、环保贯穿于企业研发、生产、营销的全过程。公司严格按照国家政策导向，依托公司的研发机构，把研发符合中国农业产业发展要求的绿色环保农药新产品，作为公司的创新战略目标，立足农化行业，做精、做细、做强农化产品，侧重于农药原药产品、自有原药制剂产品；侧重于高效低毒、环境相容性好的制剂产品的开发。先后承担国家及省市级科研项目20余项，拥有国家重点新产品项目、国家火炬计划项目、国家星火计划项目、国家科技成果转化项目、山东省名牌、山东省著名商标、山东省科技进步奖及国家发明专利和国家外观设计专利等。同时，公司加强以“提高作物品质、促进生命健康”的理念走绿色农业发展之路，建立了国内农药行业一流的污水处理和监测设施，通过现代化的生产控制系统、污水处理系统和安全防护系统构筑起了立体的绿色环保生产体系，朝着入列中国核心绿色农药生产企业迈出了坚实的一步。

面对新的机遇和挑战，公司秉承“诚信、合作、学习、创新”的核心理念，以市场为导向，以创新为动力，以人才为根本，以质量为生命，以客户满意为标准，打造瀚生知名品牌，建立完善的销售网络，开创一流研发团队，加强产学研合作，建立国家级技术中心，优化调整产品结构，开发绿色环保产品，加强品牌建设，争创中国名牌，提高产品市场竞争力，始终将创建资源节约型、环境友好型企业为目标，实现企业效益和社会效益的最大化，同时力争早日实现公司公开上市发行股票，跨入世界一流农化企业行列！

展望未来，任重而道远

瀚生人将以饱满的热情和昂扬的斗志与您携手共创美好明天！

公司地址：青岛市深圳南路210号　电话：0532-88452695　传真：0532-86646911　网址：www.qdhansen.com

莱西市新华书店

以创新主导转型升级

有人说，衡量一个城市，不在于GDP有多高、也不在于有多少高楼大厦，而在于人们的幸福感，这种幸福感来自于心灵上和精神上的满足。为推动这座城市的快速成长和提升，莱西市新华书店以“传承文化、传播知识、传递幸福”为使命，解放思想、与时俱进，以创新主导产业升级，不断探索新形势下图书发行工作的新路子，取得了良好的经济效益和社会效益。

邀请名人签售

深化改革　加快完善现代企业制度

莱西市新华书店隶属于青岛城市传媒股份有限公司，2012年城市传媒借壳开始重组上市，2015年9月城市传媒正式亮相资本市场。在近三年的时间里，莱西市新华书店按照现代企业制度和上市公司要求，全面调整组织架构，形成决策层、管理层、各零售网点的层级架构。推行目标责任制，激发团队的积极性和创造性；业务管理上加强营销，整合资源和渠道，取得效果最大化；调整网点业态，兼顾当前和长远，开发和盘活存量资源并举，取得效益最大化；财务管理上加强成本核算，让财务参与经营的每一环节，取得利润最大化；人力资源管理上，着眼未来，注重培养引进复合型人才，并梯次配置人才，从而保证企业经营的发展要求；不断提高员工薪酬水平，保证员工在经营发展的同时提高收入。

书城涵泳咖啡区

书城内景

稳固主业　致力为教育教学服务

教材教辅发行不仅是新华书店的传统经营项目，也是党和国家交给新华书店的重要工作任务和职责。面对教辅新政，坚持“两手抓”，一手积极抓好免费教材发行，确保“课前到书，人手一册”；一手抓好市场化教辅的征订与发行工作，严格按照国家政策要求，深入莱西教育发展和学生学业提高的过程中，充分发挥国有渠道的综合优势和服务教育的社会价值，在征订、发行、回访等“售前”、“售后”环节上设计新的市场化操作模式和流程，确保基础教育市场主体地位的稳定。